Das Wissen des Dialogs

Humanistische Bibliothek

TEXTE UND ABHANDLUNGEN

Reihe I. Abhandlungen

BAND 68

Frank Nagel

Das Wissen des Dialogs

Epistemische Reflexion und poetische Kreativität bei Pedro Mexía und Pedro de Mercado

TUTA SUB AEGIDE PALLAS · 1683 ·

BRILL
FINK

Umschlagabbildung:
Jusepe de Ribera, *Aristoteles* (1637), Öl auf Leinwand
Indianapolis Museum of Art at Newfields, The Clowes Collection

Bibliografische Information der Deutschen Nationalbibliothek

Die Deutsche Nationalbibliothek verzeichnet diese Publikation in der Deutschen Nationalbibliografie; detaillierte bibliografische Daten sind im Internet über http://dnb.d-nb.de abrufbar.

Zugl. Habilitationsschrift, Christian-Albrechts-Universität zu Kiel, 2019
Gefördert durch ein Herzog-Ernst-Stipendium der Fritz Thyssen-Stiftung

www.fink.de

Einbandgestaltung: Evelyn Ziegler, München
Herstellung: Brill Deutschland GmbH, Paderborn

ISSN 0177-9478
ISBN 978-3-7705-6683-9 (hardback)
ISBN 978-3-8467-6683-5 (e-book)

Inhalt

KAPITEL 1

Einleitung

1.1 Historische Kanonisierung, moderne Vernachlässigung

Der literarische Dialog zählt zu den erfolgreichsten und dynamischsten Genremustern der spanischen Renaissance,[1] wovon die umfangreichen

1 Die im deutschen Sprachraum übliche Verwendung von ‚Renaissance' und ‚Humanismus' als Epochensignaturen, insbesondere für das Zeitalter der Reformation bzw. der Konfessionalisierung (vgl. Klueting 1989), geht bekanntlich auf die Kulturgeschichtsschreibung des 19. Jahrhunderts zurück und verbindet sich mit den entsprechenden Arbeiten von Jacob Burckhardt (*Die Kultur der Renaissance in Italien*, 1860) und Georg Voigt (*Die Wiederbelebung des classischen Alterthums oder das erste Jahrhundert des Humanismus*, 1859). Beide Begriffe treffen sich prinzipiell im gemeinsamen programmatischen Anliegen einer ‚Wiederentdeckung der Antike', verbunden mit der neuen Verfügbarkeit lateinischer und griechischer Schriften, Übersetzungen und Kommentare ab dem 15. Jahrhundert, die durch den Buchdruck teils ermöglicht, teils ausgeweitet wurde. Während mit ‚Renaissance' oft eher eine Periodisierung gemeint ist, flexibel angepasst an die länderspezifisch verschiedenen Entwicklungen etwa in Italien (ab Petrarca und dem Florentiner Stadtbürgertum bei Bruni und Bracciolini) und Spanien (ab Nebrija und Cisneros), verweist ‚Humanismus' nach Eckhard Keßler eher auf ein ethisch aufgefasstes Bildungsprogramm, das sich mit dem Disziplinenkanon der *studia humanitatis* verbindet und primär im italienischen Kulturraum verortet ist. Die oft juristisch oder medizinisch geschulten Humanisten, die als Sammler, Übersetzer und Kommentatoren rarer antiker Schriften auftraten, öffneten Wege einer säkularen Moral- und Naturphilosophie, unter Rückgriff auf die prestigereichen Autoritäten der Antike. Ein weiterer zentraler Aspekt des Humanismus ist nach Keßler daneben die Herausbildung neuer Formen des Selbstverhältnisses und der Subjektivität (vgl. Keßler 2008, S. 7-19, ausführlicher Leinkauf 2017, S. 113-128). Die ‚Renaissance' erscheint dann konzeptuell gedacht „als Produkt der grundlegenden geistesgeschichtlichen Bewegung [...], die als ‚Humanismus' bezeichnet wird" (Leinkauf 2017, S. 114, vgl. ebd.), wäre also Fortsetzung und Vollendung einer Tendenz, die durch den konsequenten Rückgriff auf antike Autoritäten geprägt ist und diesen eine neue normative Geltung verleiht. – Die theoretischen Anläufe zur Bestimmung der ‚spanischen Renaissance' zeugen indessen einerseits vom Bemühen, die literarischen und künstlerischen Erscheinungen des frühen bis mittleren 16. Jahrhunderts hier in europäische Kontexte einzubetten (vgl. Kallendorf 2018), andererseits aber auch von der Schwierigkeit, die primär an italienischen Entwicklungen gewonnenen Einsichten einer traditionellen Renaissanceforschung, wie sie Keßler und Leinkauf resümieren, auf die iberischen Verhältnisse zu übertragen (vgl. Ynduráin 1994, Ynduráin 2006). Im Gefolge von Bataillons Studie *Érasme et l'Espagne* (1937) konnte die spanische Renaissance zunächst vor allem als Ort einer katholischen Machtrepräsentation erscheinen, deren ideologische Agentur sich beispielhaft an der wachsenden Denunzierung erasmischer Positionen ablesen ließ, im Sinne einer vergebenen Chance der Modernisierung (vgl. Bataillon 1966, dazu kritisch Rallo Gruss 2003, zu den Fliehkräften und reformierenden Anteilen auch in

 | DOI:10.30965/9783846766835_002

und noch nicht in vollem Umfang bekannten volkssprachlichen und neulateinischen Textkorpora des 16. Jahrhunderts zeugen.[2] Ausgehend von so unterschiedlichen Traditionslinien wie dem platonischen Philosophendisput, dem ciceronianischen Patriziergespräch und der lukianischen Satire entwickelt sich etwa ab 1520 eine Blütezeit, eine „floración de los diálogos“[3], mit der sich das hybride Paradigma als Form des inszenierten gelehrten Austauschs im Gattungssystem etabliert. Dialoge modellieren hier auf höchst vielfältige Weise Wissenskultur und soziale Interaktion der Frühen Neuzeit in einer mimetischen Gesprächsfiktion, die zunächst an ein Bezugssozium der städtischen Eliten und des Landadels adressiert ist. In stilisierter Form zeigen dialogische Varietäten dabei bald den *usus disputandi* akademischer Gelehrsamkeit, bald philosophische Debatten, polemische Miniaturdramen oder komisch-phantastische Fabeln, deren außergewöhnlicher Formenreichtum als Spiegel einer in sich pluralen Schwellenzeit lesbar ist. Ein besonderes Merkmal des spanischen Korpus kann dabei in der hohen Anzahl an polygraphischen und enzyklopädischen Texten gesehen werden.[4] Dialoge thematisieren ein erhebliches Spektrum verschiedener Sachbereiche, zu denen Moral- und Naturphilosophie, Medizin und Kunstästhetik, aber auch der technische Bereich der *oficios* handwerklicher, militärischer und nautischer Prägung gehören. Das entsprechend heterogene Textmaterial des 16. Jahrhunderts verbindet daher als gemeinsamer Nenner die poetische Materialisierung von *scientia* und *sapientia* in der symbolischen Ordnung der Gesprächsmimesis, so dass sich in einem allgemeinen Sinn von wissensvermittelnden Fiktionen sprechen lässt. Insbesondere um 1540/1560 verstärkt sich diese Festlegung des

---

innerkatholischen Auseinandersetzungen dann Homza 2000). Dem stellen neuere literatur- und kulturwissenschaftliche Ansätze wiederum die imaginative Radikalität der literarischen Produktion entgegen, die sich etwa mit Blick auf den Petrarkismus Reservate einer kulturellen Alterität erschließen kann, oft in Verbindung mit italienischen Einflüssen bzw. in selbstbewusster Überbietung der entsprechenden Modelle (vgl. Navarrete 1994, Smith 1988, Garcia Gibert 2010). Womöglich ist, wie solche begrifflichen Schwankungen andeuten, für die spanische Renaissance aufgrund der bekannten kulturellen, territorialen und geopolitischen Besonderheiten noch stärker als in anderen frühneuzeitlichen Räumen mit einer Gleichzeitigkeit des Ungleichzeitigkeiten, mit Figuren des „eclecticismo“ zu rechnen (Homza 2000, S. XXII, vgl. ebd., S. XIII-XXIII, Ehrlicher 2012, Jeserich 2017).

2 Das Inventar von Jesús Gómez kennt 173 erhaltene Dialoge, vgl. Gómez 1988, S. 217-230; vgl. zum Problem der Korpora dann Ferreras 1985, S. 16-46; Redondo Pérez/Sánchez Bellido 2016.

3 Bataillon 1966, S. 643, vgl. ebd., S. 643-654 bzw. 609-698.

4 Dies zeigt etwa die Gegenüberstellung zum italienischen *Cinquecento*, dessen Dialoge stärker an ein elitäres bzw. höfisches Publikum gerichtet sind (vgl. Cox 1992), während der französische Dialog zumindest ab 1550 zunehmend philosophisch geprägt ist (vgl. Kushner 2004); zum humanistischen Enzyklopädismus in Spanien zuletzt die Beiträge im Sammelband Albert/Becker 2016, daneben Bradbury 2017.

Genres auf ein Modell des inszenierten Fachgesprächs, zulasten erasmischer und lukianischer Realisierungen, wofür die klassizistische Regulierung des Gattungssystems durch die historische Poetik, aber auch nachtridentinische Zensurbestrebungen in Stellung gebracht worden sind.[5]

Sofern angesichts der erheblichen gattungshistorischen Dynamik im 16. Jahrhundert und der zahlreichen dialogischen Varietäten überhaupt verallgemeinernde Aussagen oder typologische Unterteilungen möglich sind, könnte man für das spanische Textkorpus mit Ana Vian Herrero wohl von einer Differenzierung ausgehen, die den Bezug auf antike Traditionslinien und poetische Formprinzipien als Kriterien kombiniert und, in schematischer Zuspitzung, zwei Spielarten beschreibt. Eine erste Realisierungsdominante bilden die aristotelisch-ciceronianischen Gesprächsfiktionen, die vom archetypischen Lehrgespräch bis hin zur polemischen Expertendebatte imaginäre Verhandlung, didaktische Vermittlung und Divulgation frühneuzeitlicher Wissensbestände betreiben und zugleich die rhetorisch-dialektischen Kompetenzen der historischen Argumentationstheorie performativ vorführen. Besitz und Distribution der Wissenshoheit können dabei unterschiedlich verteilt sein, vom asymmetrischen Lehrdialog zwischen *magister* und *discipuli* bis zum polyphonen Disput einer Argumentationsgemeinschaft mit gleichberechtigten *personae*. Eine zweite Gruppe bilden die lukianisch geprägten Dialoge als satirische Zeitkritik mit oft stärker dramatisch elaborierten Formen, hier kann das wissensvermittelnde Moment auch in den Hintergrund treten und einer komödiantischen, scheinbar bühnennahen Tendenz weichen.[6] Die seit den achtziger Jahren in Spanien und Frankreich intensiv einsetzende kritische Auseinandersetzung mit dem spanischen Dialog des 16. Jahrhunderts,[7] der in den einschlägigen Arbeiten oft global als Renaissancedialog

---

5 Vgl. Gómez 1988, S. 151-177; Gómez 2015[b]; Vian Herrero 2016, S. 56-61.

6 Vgl. zu dieser groben Gliederung Vian Herrero 2010[a], S. XXXIII-XXXIV, ähnlich Rallo Gruss 2007, S. 144-145. Eine differenzierte thematische Einteilung versucht Ynduráin, dort werden mittelalterlich geprägte Formen wie der bukolische Dialog (*égloga*), die *literatura de problemas* (*queastiones, preguntas y respuestas*) oder die allegorischen Dialoge (etwa zwischen Körper und Seele) unterschieden von den neueren Tendenzen des 16. Jahrhunderts, also: geistlichen Dialogen und Dialogkatechismen, satirischen Dialogen (lukianisch, erasmisch), moral- und naturphilosophischen Dialogen, politisch-sozialen Dialogen (Leben von Pagen, Soldaten usw., politische Traktatthemen), Dialogen zur Sprache (Valdés) und Rhetoriken in Dialogform, den Sprachlehrwerken, Dialogen über die Liebe (etwa Hebreo, Collazos) und technischen Lehrdialogen über das Fachwissen der *oficios* (vgl. Ynduráin 2006).

7 Die Hauptstudien sind Castro Díaz 1977; Ferreras 1985 (in spanischer Übersetzung Ferreras 2003); Gómez 1988; später Gómez 2000; Rallo Gruss 1996; Vian Herrero 1988; Vian Herrero 1992; später die Synthese Vian Herrero 2010[a]; vgl. auch die Anthologie kritischer Arbeiten in Rallo Gruss/Malpartida Tirado 2006.

oder humanistischer Dialog bezeichnet wird, hat sich dabei zunächst eher der zweiten Ausprägung zugewendet, die womöglich aufgrund politischer Zeitbezüge, subversiven Spiels oder karnevalesker Züge attraktiver erscheinen konnte und zudem eine gewisse Spezifik der spanischen Produktion darstellt.[8] So standen wohl in der Nachfolge von Marcel Bataillons einflussreicher, zunächst auf Französisch erschienener Studie zu *Érasme et l'Espagne* (1937) lange ‚erasmisch' beziehbare Texte im Vordergrund.[9] Zu nennen sind hier etwa gleich zwei beinahe zeitgleich erschienene kritische Ausgaben des satirischen Dialogs *El Crotalón*, der als produktive Rezeption des lukianischen Hahnendialogs konzipiert worden ist und sowohl erasmische als auch pikareske Einflüsse aufnimmt; ähnliches Interesse beanspruchten der *Viaje de Turquía* als Modellierung von kultureller Alterität sowie als heterodox oder staatskritisch einzustufende Texte wie der *Diálogo de Mercurio y Carón* von Alfonso de Valdés.[10] Asunción Rallo Gruss hat darauf hingewiesen, inwiefern dieser erasmisch determinierte Blick auf die Dialoge in der Forschung der achtziger Jahre zu problematischen Verzerrungen geführt hat – zum einen, weil die entsprechenden Texte oft als politisches Zeitdokument aufgefasst und entsprechend in ihrer literarischen Fiktionsästhetik geschrumpft wurden, zum anderen, weil das erhebliche Spektrum dialogischer Varietäten insgesamt aus dem Blick geriet.[11] Die doktrinalen, enzyklopädischen oder belehrenden Dialoge standen etwa vergleichsweise weniger im Fokus des Forschungsinteresses. Sie galten oftmals, wie wir im Folgenden kurz skizzieren möchten, als bloßer Umschlagplatz eines vorgängigen und bereits abgeschlossenen Lehrwissens der antiken Modellautoren, das lediglich zu didaktischen Zwecken noch einmal neu literarisch eingefasst und als Affirmation präformierter Ideologien aufbereitet wurde. Womöglich finden sich auch hier die langen Schatten von Marcel Bataillons Studie und seiner negativen Sicht auf einen enzyklopädisch arbeitenden Humanisten wie Pedro Mexía wieder, dessen Dialoge der französische Hispanist als minderwertige Imitationsliteratur und ästhetisch

8 Lukianische Dialoge spielen in den nichtspanischen Textkorpora des 16. Jahrhunderts eine vergleichsweise geringere Rolle, im ‚gesamteuropäisch' auftretenden Forschungsüberblick bei Buron, Guérin und Lesage werden sie kaum erwähnt, vgl. Buron/Guérin/Lesage 2015, S. 11-23, wo der Blick dann auf wissenszentrierten Gesprächen im Spannungsfeld didaktisch/polemisch liegt, vgl. ebd., S. 16-18.

9 Wir verwenden in dieser Studie die Ausgabe Bataillon 1966.

10 Vgl. den Forschungsbericht von Schwartz (1992) in der thematischen Ausgabe der Zeitschrift *Ínsula*, die den „estado de la cuestión" fixieren möchte und als Zwischenbilanz zu den Arbeiten der achtziger Jahre gelten kann.

11 Vgl. das entsprechende Subkapitel „Tópicos y prejuicios literarios" in Rallo Gruss 2003, S. 43-46, ähnlich Malpartida Tirado 2005, S. 9-11.

uninteressante Epitome disqualifizierte, „tan mediocres como la *Silva*“[12]. Eine solche moderne Diskreditierung verhält sich indessen genau umgekehrt proportional zum enormen publizistischen Erfolg, den solche Wissensdialoge zu ihrer Entstehungszeit selbst verzeichnen konnten. Pedro Mexías *Diálogos o Coloquios*, die zuerst 1547 in Sevilla bei Dominico de Robertis erschienen, erfuhren insgesamt elf Auflagen noch im 16. Jahrhundert, hinzu kamen italienische, französische und englische Übersetzungen. Diese Texte zählten folglich zu den meistverbreiteten des *Siglo de Oro*. Ihre Abschattung im Kanon der literarischen Kritik würde demnach eher eine Aussage über gegenwärtige Forschungsinteressen selbst treffen, weniger über die Aufschlusskraft der Texte für die historische Wissenskultur der spanischen Renaissance.[13]

Zwei exemplarische Beispiele: Polygraphie und Medizinhumanismus

Die vorliegende Studie möchte sich gerade diesen teils marginalisierten, teils vergessenen gelehrten Verfassern der spanischen Renaissance und ihren „libros troquelados“[14] zuwenden. Im Zentrum stehen dabei zwei enzyklopädische Dialogzyklen der Mitte des 16. Jahrhunderts, die formal und inhaltlich eng aufeinander bezogen sind. Beide erheben einen Anspruch auf umfassende Abbildung des historischen Wissenskreises, dessen Felder einer säkularen Natur- und Moralphilosophie systematisch abgeschritten werden. Dies gilt für das Ensemble der *Diálogos o Coloquios* (1547) des mit Erasmus von Rotterdam befreundeten Pedro Mexía, der als wichtigster Vertreter des enzyklopädischen Humanismus in Spanien gilt, nicht zuletzt mit Blick auf die publizistisch so erfolgreiche *Silva de varia lección* (1540). Als Kosmograph an der Casa de Contratación de Indias und Chronist des Lebens von Karl V. zählt er zur Elite der historischen Gelehrtenkultur von Sevilla. Sein Dialogzyklus war zunächst als verschlüsseltes Selbstportrait humanistischer Kreise konzipiert, in deren engem Bezugssozium die anspielungsreichen Gespräche zirkulieren sollten, entwickelte sich dann aber als nützliche Epitome von universalem Wissen zu einem europäisch rezipierten Erfolgsbuch. Beeinflusst durch Mexías Werk erscheinen 1558 dann die *Diálogos de filosofía natural y moral* von Pedro de Mercado, der zum medizinischen Humanismus in Granada gehörte und dort an der Universität lehrte. Der Ort dieser weniger bekannten Dialogserie liegt wahrscheinlich vor allem im Mäzenatentum des Erzbischofs von Granada, der

---

12 Bataillon 1966, S. 648, vgl. ebd., S. 648-650.

13 Vgl. Castro Díaz 2004, S. 13-19; Ferreras 1991; zur historischen Leserforschung Prieto Bernabé 2004, zur Kanonbildung der Dialogliteratur entlang der Linien Wissensgespräch/lukianische Satire vgl. Gómez 2015[b].

14 Malpartida Tirado 2005, S. 14, vgl. ebd.

als spanischer Vertreter in den Verhandlungen des Konzils von Trient mitwirkte und eine moderat fortschrittliche Perspektive vertrat, die sich auch in seiner erasmisch beeinflussten Privatbibliothek widerspiegelt. Mercados Wissensgespräche können hier als Entscheidung für ein bestimmtes soziales Umfeld und als Instrument der Positionierung im kulturellen Feld gesehen werden, wie die Dedikationspolitik und die Adressierung der Dialoge nahelegen.[15]

Beide Verfasser bzw. deren Werkgruppen stehen, wie zu zeigen ist, im Kontext einer Explosion der humanistisch-didaktischen Wissensprosa im frühen und mittleren 16. Jahrhundert, die sich in der publizistischen Konjunktur von meist volkssprachlichen Dialogen, Enzyklopädien, Ratgebern und Miszellaneen abbildet, um nur einige Genremuster zu nennen.[16] Dabei handelt es sich in ihrer geistesgeschichtlichen Spezifik um Texte, die zugleich wissensvermittelnd *und* literarisch funktionieren und im Zeichen solcher Hybridisierung besondere Spielarten einer Fiktionalisierung von Wissen entwickeln, deren – aus der historisch späteren Analyse – ungefügig-alteritäre Mischformen genauere Würdigung einfordern. Im Folgenden möchte ich diesen gattungslogischen und epochenspezifischen Verstehenszusammenhang einführend darlegen. Dazu gilt es zunächst, die dem Genre seit seinen antiken Ursprüngen eingeschriebene, jedoch erst in der italienischen Renaissance und dann in der modernen Literaturkritik hervorgekehrte Grundrelation aus *episteme* und *fictio* zu entschlüsseln und als Boden einer ebenso lehrreichen wie metakritischen, formbewussten und imaginativen Inszenierung historischen Real- und Sachwissens aufzufassen. Wissen wird im Dialog systematisch in einen simulativen Spielraum transferiert, der Befragbarkeit erlaubt und Nachdenklichkeit fördert. Gerade mit Blick auf dieses kritische Potenzial der Gattung kommt den sprachlich-ästhetischen Manövern oft die Aufgabe zu, perspektivische Vieldeutigkeit und inhaltliche Distanznahme zum verhandelten Lehrwissen zu signalisieren. Vor diesem Hintergrund kann gezeigt werden, so unser Leitgedanke, dass enzyklopädische oder doktrinale Dialoge methodisch an einer Kreuzung zwischen Wissenschaftsgeschichte und Literaturgeschichte, zwischen historischer Epistemologie und frühneuzeitlicher Ästhetik zu situieren sind. Neben der Gattungslogik findet sich ein zweiter Bezugskontext darin, dass sich die humanistischen Verfasser im kulturellen Feld aus Gelehrtennetzwerk und Mäzenatentum immer wieder neu verorten müssen. Literarische Prestigeprojekte wie die großformatigen

15 Vgl. unsere ausführlichen Skizzen zu den Werkkontexten in Kapitel 3.1 bzw. 4.1; zur Einordnung der beiden Dialogzyklen grundsätzlich Castro Díaz 1977; Castro Díaz 2004; Malpartida Tirado 2005; Oño Guil 2008; Sainz de la Maza 2010.

16 Vgl. u.a. Prieto 1986; Alcalá Galán 1996; Blair 2010; Gernert 2019.

und seinerzeit hocherfolgreichen Dialogzyklen zur Moral- und Naturphilosophie sind daher auch Ausdruck einer Strategie der Abgrenzung und des Distinktionsgewinns mit Blick auf sozialen Aufstieg. Eine letzte Annäherung bezieht die wissensvermittelnden Dialoge auf die emergente skeptische Philosophie als epistemologische Beirrung im 16. Jahrhundert, wobei die verzweigten Zusammenhänge zwischen dem frühneuzeitlichen Literarischen und erkenntniskritischen Tendenzen zu rekonstruieren sind. Vor diesen Hintergründen will ich schließlich am Beispiel von Pedro Mexía und Pedro de Mercado die These vertreten, dass epistemisch markierte Dialoge in die historische Wissensordnung von anderer Warte aus eingreifen, als die gelehrten Traktate und Kompendien akademischer Herkunft dies tun können, dass die Dialoge in ihrer intrinsischen Hybridität ein gleichsam unikales Reflexionsmedium darstellen, das innerhalb eines fiktionalen Spielraums die Ausstellung von Wissen vorführt, zugleich aber mithilfe von pluralem Perspektivismus und ästhetischer Kritik ideologische Distanznahmen zu eben diesem Wissensmaterial vorzeichnet. Doktrinale Dialoge sind, so unsere Intuition, niemals eine reine Wiederholung oder Kompilation, sondern stets eine kommentierende Präsentation und Auswahl von Wissen, wobei die Kommentaranteile zunehmen, je stärker der Dialog fiktional ausgebaut ist. An dieser Stelle zeigt sich der ausgeprägte Meta-Charakter des Genres: Dialoge ermöglichen die Zugleichgabe von Wissen zusammen mit einem metakritischen Kommentarwissen über dieses Wissen selbst. Die Texte partizipieren daher ebenso an einem humanistischen Bildungsoptimismus wie auch an den entfestigenden Tendenzen der Skepsis, ohne je einer der beiden Seiten ganz anheimzufallen.

1.2 Primat der Funktion?

Didaktische und doktrinale Dialoge verweisen zunächst ganz allgemein auf mehrere von Thomas Leinkauf beschriebene epistemologische Grundzüge des 16. Jahrhunderts, nämlich das übergeordnete Interesse am ‚Weg zum Wissen' auf dem Boden eines erzieherischen Humanismusgedankens, aber auch die systematische Akkumulation von Real- und Sachwissen im Sinne von Topik und Universalwissenschaft, wobei die edukative Vermittlung als zentrales Anliegen der *dignitas hominis* erscheint. Zur sprachlich-ästhetischen Realisierung dieses emphatischen Wissensbegriffs gehört dann die Frage der Darbietung und didaktischen Verhandlung, die formale Methode der inventiven Topik, die Enzyklopädik, dazu passende *loci-communes*-Handbücher, aber auch Genremuster wie der Dialog als Medium der Speicherung, Verhandlung und Vermittlung von Material im humanistischen Formenkreis. Auf diese zentralen

Aspekte humanistischer Wissenskonzeptionen wollen wir in unserem Kapitel zur dialogischen Epistemologie ausführlicher eingehen.[17] Auf der Grundlage dieses emphatischen Wissensbegriffs kann auch die hohe Anzahl an wissensvermittelnden Dialogen in der spanischen Renaissance verortet werden. Folgt man der Studie von Javier García Gibert, so lässt sich dabei eine besondere historische Spezifik des humanistischen Paradigmas in Spanien herausstellen. Im europäischen Vergleich steht hier nämlich die vernakulare Aufbereitung und Verbreitung antiken Autoritätenwissens für die *eruditio civilis* eines wachsenden bürgerlich-höfischen Publikums stärker im Vordergrund als etwa in Italien, dessen bereits mit Petrarca und dem Florentiner Bürgerhumanismus des 15. Jahrhunderts einsetzende Bewegung eher an philologischer Textkritik und elitärer Akademiekultur ausgerichtet ist.[18] Der davon abweichende, gleichsam populäre Grundzug des spanischen „humanismo divulgativo“ äußere sich dann insbesondere in einem aspektreichen „humanismo literario“[19], nämlich in der starken volkssprachlichen Kultivierung jener typisch humanistischen Genremuster, die schwach ausgebaute Fiktionen mit hohen Anteilen an Real- und Sachwissen verknüpfen und zu denen neben der Epistel, den Enzyklopädien oder *misceláneas* dann ganz besonders der Dialog zu rechnen sei.[20] Damit verbinde sich ein höheres Prestige der Vernakularsprache selbst, ebenso wie der leichtere Zugang zum Wissen für weite Teile einer Bildungsschicht, die keine Gelegenheit zum Erlernen des Lateinischen gehabt hatte.[21]

Die innerspanische Forschung zu solchen Wissensgesprächen ist überwiegend einem traditionellen Humanismusbegriff verpflichtet geblieben,

---

17 Vgl. Leinkauf 2017, S. 159-221, Kapitel 2.3.

18 Vgl. zur italienischen Entwicklung Keßler 2008, S. 17-93.

19 So die Überschriften der Subkapitel in García Gibert 2010, S. 68-76 bzw. 80-85.

20 Das prägnante Anschauungsmaterial hierzu liefert die spanische Erasmus-Rezeption, die weniger über thematisch einschlägige Traktate oder die ideologische Aneignung der *philosophia Christi* fungiert, sondern primär über die Anverwandlung der literarischen Formen selbst, insbesondere eben der *Colloquia*, vgl. dazu Bataillon 1966, S. 609-698; García Gibert 2010, S. 80-85.

21 Vgl. García Gibert 2010, S. 13-26. Der Literaturwissenschaftler gewinnt diese Charakteristik (wie angedeutet) in Abgrenzung vom italienischen Humanismus des 15. und 16. Jahrhunderts, insbesondere aber in kritischer Auseinandersetzung mit älteren Debatten und von dorther nachwirkenden Stereotypen. Diese sind zum einen ideologisch markiert in der Annahme einer ‚kulturellen Verspätung‘ des spanischen Humanismus oder des Ausbleibens einer eigentlichen Renaissance aus religionshistorischen Gründen, wie sie noch Klemperer und Wantoch behauptet hatten, im Widerspruch zu Vossler und Pfandl. Sie sind zum anderen sprachlich-philologisch geprägt, da der stärkere Gebrauch der Volkssprache in spanischen Humanistenkreisen und ein geringeres Ausmaß an kritischen lateinischen Übersetzungen und Editionen (etwa des Aristoteles) als Defizit gesehen wurden, vgl. Vian Herrero 2009; Ynduráin 2004; Ynduráin 2006; Rallo Gruss 2007, S. 142-149.

der die Dichtung der fiktiven Gespräche als Akt gelehrten Zeitvertreibs und erzieherischer Bildungsabsichten im Umfeld bürgerlicher Stadtkultur begreift. Diese Wahrnehmung findet sich immerhin, wie wir im Folgenden skizzieren möchten, in zentralen Arbeiten der vergangenen Jahrzehnte, die sich mit dem Korpussegment der doktrinalen und enzyklopädischen Gesprächsfiktionen auseinandersetzen. Ein Blick in einschlägige Passagen aus den wichtigsten Arbeiten zeigt, dass die Gespräche entsprechend als vereinfachende Darstellung komplexer Sachgebiete beschrieben werden, die moralische Belehrung oder praktisches Nutzwissen gewinnbringend vermitteln möchten und dabei aus Gründen pädagogischer Effizienz den Dialog wählen. Häufig fallen dabei Leitbegriffe der ‚Vulgarisierung' (im Sinne von volkssprachlicher Übersetzung), der ideologischen Vereinfachung, der Didaktik und der Divulgation, verbunden mit der Einhegung eines ‚mittleren' Publikumskreises bürgerlicher und adliger Prägung, zwischen der illiteraten Mehrheit und einem spezialisierten Expertenkreis universitärer Herkunft. Diese verbreitete Sichtweise spiegelt sich zum Beispiel in der Konklusion von Jesús Gómez' Arbeit *El diálogo en el Renacimiento español* (1988). Sie betont die Vermittlung praktischer oder ethisch wertvoller Kenntnisse durch die humanistischen Verfasser, deren Dialoge in einem Mittelfeld zwischen elementarer und akademischer Bildung, zwischen Fiktion und Traktat entstehen.

> El Humanismo es un movimiento pedagógico estrechamente asociado a la ‚vida civil', a la vida del hombre en sociedad. Frente a la especialización técnica de la escolástica, fundamentalmente dirigida a los especialistas en cada disciplina, los humanistas manifiestan un gran interés por la divulgación de conocimientos y por su aplicación a la vida práctica. En este punto, se produce una convergencia natural entre el Humanismo y el diálogo, que es una manera adecuada, ‚agradable y provechosa', de divulgar conocimientos. Si el Humanismo está encaminado hacia la ‚cultura general' entre la escuela elemental y la especialización universitaria, el diálogo didáctico se asemeja a lo que hoy entendemos por ‚ensayo': está situado entre la literatura de ficción y el *tractatus* científico.[22]

22 Gómez 1988, S. 201, vgl. ebd., S. 199-216, 9-16. In seiner zweiten großen Studie aus dem Jahr 2000, *El diálogo renacentista*, wird der didaktisch-schulmäßige, vereinfachend-synthetische Grundzug im spanischen Dialogkorpus des 16. Jahrhunderts noch entschiedener herausgearbeitet: „Los diálogos renacentistas españoles en general son diálogos que no se utilizan como instrumentos científicos y filosóficos sino con propósito didáctico, para reproducir el proceso pedagógico de transmisión de una doctrina. [...] Parece que en los diálogos analizados predomina la certeza sobre la duda, como si hubiera en ellos una cierta desconfianza hacia las opiniones." (Gómez 2000, S. 164, vgl. ebd., S. 161-168)

Einen ähnlichen Blick findet Asunción Rallo Gruss in der Einleitung zu *La escritura dialéctica* (1996), die den doktrinalen Dialog als eine Option im Ensemble weiterer Genremuster sieht, zu denen sie die Enzyklopädien, die Episteln oder die Rategeberliteratur rechnet und unter denen sie generische Durchlässigkeiten sieht: Historisches Real- und Sachwissen konnte mit wechselnden Absichten in verschiedenen, letztlich aber konvergenten Formen materialisiert werden. Die Besonderheit des Dialogs bestehe dabei in der personalisierten Darstellungsform des Figurengesprächs, wobei der Leser sich mit dem noch unwissenden *discipulus* als fiktivem Modellrezipienten identifizieren könne:

> [Los diálogos] cumplen [...] con una intención didáctica o divulgativa, correspondiendo al método humanista de formar al hombre, no sólo en el plano intelectual sino también en el moral. Y en esta perspectiva coinciden aun con otro género característico del Renacimiento, la miscelánea (*Silva, Jardín, Floresta* o *Guía*) que teniendo asimismo modelos clásicos, parece erigirse como el diálogo y la epístola, en respuesta a la curiosidad de un lector semiletrado, que de interlocutor se metamorfosea en discípulo, ante la magia de la erudición, la dialéctica y la capacidad personalizadora que despliega el autor.[23]

Parallel dazu handelt es sich auch für Antonio Castro Díaz bei den Dialogen um „obras amenas escritas en castellano que difundan esos saberes reservados hasta entonces para unos pocos“[24]. Die vielleicht bedeutendste Forscherin zum spanischen Renaissancedialog, Ana Vian Herrero, beschreibt in der einleitenden Studie zur Anthologie *Diálogos españoles del Renacimiento* (2010), um nur ein Beispiel aus ihrem umfassenden kritischen Werk aufzunehmen, wie weitgefasste Themenbereiche insbesondere aus der Moral- und Naturphilosophie Eingang in den Dialog finden und dort bis hin zum enzyklopädischen Ausmaß aufbereitet und synthetisiert werden können, entsprechend gilt auch hier, dass „el diálogo es un medio pintiparado para ampliar el público curioso y formado“[25]. Unter diesem Publikum wird in weitgehender Übereinstimmung – stets jedoch ohne ausführliche Belege etwa aus der historischen Leser- oder Rezeptionsforschung, vielmehr im Vertrauen auf die Gültigkeit der exordialtopischen Schwellentexte der Dialoge[26] – ein entstehendes Bürgertum begriffen, das zunehmend an der universitären Ausbildung partizipiert und in höhere Verwaltungs- und Funktionärsstellen

---

23 Rallo Gruss 1996, S. 46, vgl. ebd., S. 45-53, 7-16; ähnlich Rallo Gruss 1992; Rallo Gruss 2007.

24 Castro Díaz 2004, S. 71, vgl. ebd., S. 71-83.

25 Vian Herrero 2010[a], S. XXVI, vgl. ebd., S. XVIII-XXXIV.

26 Vgl. Vian Herrero 2009, S. 425-431, misstrauisch gegenüber diesen topischen Paratexten ist Bradbury 2017, S. 163.

aufrücken kann, in denen eine bestimmte Vorbildung erforderlich ist oder als Ausdruck kultureller Distinktion Vorteile verschafft. Hinzu tritt ein adliges oder hofnahes Publikum, das selbst kein Latein erlernt hatte, gleichwohl aber Erziehung und höhere Bildung in den Mittelpunkt stellte und mit Blick auf Konversationskultur und Soziabilität einsetzte. Für diese Adressaten neben und außerhalb eines akademischen Milieus im engeren Sinne konnten die Dialoge ein passendes Medium der Wissensvermittlung darstellen, dessen Siegeszug durch den Buchdruck entscheidend begünstigt wurde. Es handelt sich also um „burgueses o cortesanos, desconocedores del latín, pero no iletrados“[27]. Ausgeschlossen werden in den genannten Darstellungen hingegen meist die Humanisten selbst als Zielgruppe, hiermit verbindet sich eine feste Koppelung von Dialog, Volkssprache und Divulgation auf der einen Seite, Traktat, Latein und Fachdiskussion auf der anderen Seite.[28]

Zu diesem Bestand an topischen Einschätzungen der frühneuzeitlichen Wissensgespräche gehört schließlich auch, dass die Dialoge vor allem Umschlagplatz von bereits vorgängigem kulturellem Wissen sind und dabei im Wesentlichen imitativ und affirmativ auftreten. Es fällt auf, wie wenig Spielräume dann noch der literarischen Gattungskomponente zugestanden werden und, damit verbunden, den eigenständigen, verformenden, eigentlich phantasievollen Umgangsformen mit solchem Wissen, aber auch den ideologiekritischen Distanznahmen. In einem Verständnis der Gattung als rein didaktischer Gebrauchsform tritt solches Potenzial in den Hintergrund, denn „la actitud crítica y la opinión personal no son primordiales en unas obras [...] cuyo objetivo principal consiste en rescatar y divulgar el saber de los antiguos“[29]. Insbesondere auf diese vermeintlich unkritische Anlage der Wissensgespräche soll noch genauer eingegangen werden.

27 Castro Díaz 2004, S. 73, vgl. ebd., S. 75; vgl. Prieto 1986, S. 232-237; Rallo Gruss 1987, S. 59; Rallo Gruss 1996, S. 8; Rallo Gruss 2007, S. 143; differenzierter Vian Herrero 2010[a], S. XVIII-XXXIV, die etwa akademische Leserkreise (S. XVIII) oder humanistische Binnengruppen (S. XXVIII-XXIX) nicht ausschließt, aber als Ausnahmen sieht.

28 Vgl. etwa für Mexía Castro Díaz 2004, S. 73, auch Courcelles 2011. Das Unzureichende einer solchen schematischen Trennung wird gelegentlich reflektiert, so bei Rallo Gruss: „el diálogo en latín significó una elección difícil de explicar desde la perspectiva actual en la mayoría de los casos“ (Rallo Gruss 2007, S. 149, vgl. ebd., vgl. Baranda Leturio 2011).

29 Castro Díaz 2004, S. 77.

1.3 Identifizierung der Leserkreise

Tatsächlich schließt die explizite Adressierung des wissbegierigen Laien, dessen *curiositas* in den stark exordialtopisch geprägten Vorworten häufig angesprochen wird,[30] andere Leserkreise keineswegs grundsätzlich aus, so dass neben dem Adel und der neuen „urban bourgeoisie" auch stärker vorgebildete Humanistenkreise oder akademische Milieus potenziell Rezipienten von Dialogen sein konnten.[31] Insgesamt lassen sich daher bei Dialogen oft mindestens zwei potenzielle Zielgruppen ermitteln, nämlich humanistische Zirkel als näheres Bezugssozium, daneben bei gedruckten Werken ein anonymes großes Publikum, so dass Virginia Cox zu Recht von einer „double audience"[32] ausgeht, deren Binnendynamik nicht schematisch eingegrenzt werden kann. Während im Kontext akademischer Gelehrsamkeit Dialoge beispielsweise als Anhang zu einem Kompendium oder Traktat erscheinen konnten, sozusagen als abschließendes Probespiel der vorher entfalteten Thesen,[33] verweist das erste Bezugssozium im Sinne der Überlegungen Bernd Häsners noch stärker auf die medienhistorischen Umbrüche zwischen Manuskriptzeitalter und aufkommendem Buchdruck. Denn in lokalen Gelehrtenkreisen konnten Dialoge auch als chiffriertes Selbstportrait und Selbstkommentierung engerer humanistischer Zirkel fungieren, als *„fashioning* einer mehr oder weniger homogenen Gruppe, in der sowohl archetypische Konstellationen, etwa die von Lehrer und Schüler, als auch ein bestimmtes soziologisches, z.B. humanistisches oder höfisches Milieu zu – wie gesagt – reduktiver Gestaltung kommen können."[34] Textinterne Spuren, die auf ein solches Funktionieren und Zirkulieren entsprechender Dialoge als humanistisches *in-group*-Spiel hindeuten, können entweder suggestiv-unscharfe Portraits von *personae* sein, die an Attributen oder Spitznamen zu erkennen sind, aber auch – paradoxerweise – gerade die elliptische, oft schematisch reduzierte Konstitution von Personen, Zeit und Ort. Dialoge kennen, wie noch dargelegt werden soll, stets nur eine minimale Expansion von Geschichte, in der flache Charaktere und angedeutete oder fehlende Raumzeitbezüge von der Konzentration auf das Argumentationsgeschehen zeugen. Gerade diese meist typisierte oder verfremdete Gestaltung konnte vom historischen Publikum indessen durchaus kontextsensitiv bezogen und aufgelöst werden, so dass in den minimalen

30 Vgl. Vian Herrero 2009; Bradbury 2017, S. 41-46; Kapitel 2.1.4.

31 Vgl. zur Ausdifferenzierung der Leserkreise im spanischen 16. Jahrhundert den Überblick bei Schwartz/Byrne 2018, S. 329-337, Zitat S. 330, auch Bouza 1999, S. 79-105.

32 Cox 1992, S. 36, für Spanien ähnlich Vian Herrero 2009, S. 443.

33 Vgl. die Beispiele bei Baranda Leturio 2011, vgl. Kapitel 2.1.4.

34 Häsner 2006, S. 180.

raumzeitlichen Skizzen und Gestalten eine Aufgabe enthalten ist, nämlich der „dem Leser aufgegebene Abgleich von reduktiver Darstellung und deren extratextuellen Referenten."[35] Die kritische Rekonstruktion solcher Rezeptionsprozesse von *dialogues-clé* ist dabei aus der historisch späteren Perspektive allerdings nur teilweise anhand von weiteren Quellen möglich, so im Fall der *Diálogos o Coloquios* von Pedro Mexía, der im kosmographisch gebildeten Antonino einen fiktiven Doppelgänger finden wird. Auch die Magistersatire des *Coloquio del Porfiado* könnte ironisches Zeitbild einer präzisen Figur gewesen sein. Der gesamte Reichtum an Anspielungen und Bezügen, den die in einer *in-group* zirkulierenden Manuskripte entfalten konnte, ist indessen kaum noch nachzuvollziehen, es handelt sich um ein „Weltwissen, dessen Träger nur zeitgenössische Leser sein können"[36]. Neben dem humanistischen *inner circle* (oder als Teil desselben) bildet dann der Mäzen einen weiteren Adressaten, namentlich in den Widmungen,[37] schließlich sollten die Dialoge oft als Prestigeprojekt soziale Distinktion und Einflussnahme ermöglichen, „als Intervention in interne Macht- und Verteilungskämpfe [...], bei denen es nicht um abstrakte Diskurshoheit und konkurrierende Wahrheitsansprüche, sondern auch ganz konkret um personale Einflusssphären [...] ging"[38]. Dies würde insbesondere das Beispiel von Pedro de Mercados *Diálogos de filosofía natural y moral* nahelegen, das im Folgenden noch ausführlich behandelt wird. Erst die zweite Gruppe des großen anonymen Publikums würde dann jenen unbestimmteren Lesertyp der großen Öffentlichkeit abbilden,[39] den ‚*Silva*-Leser', der im Sinne des beschriebenen Forschungstopos aus bürgerlichen und adligen Kreisen stammen konnte, die das Wissen als ‚kulturelles Kapital' in ihre Karrierewege einbrachten. Allerdings dürfte dieser vergleichsweise unscharfe Kreis angesichts des hohen publizistischen Erfolgs zahlreicher Dialogzyklen der quantitativ dominierende gewesen sein.

Die Annahme variabler Publikumskreise, deren Spezifik je nach konkretem Dialog und Kontext neu vermessen werden muss, passt zum Phänomen einer flexiblen Lesbarkeit zahlreicher literarisch stärker elaborierter Wissensgespräche der spanischen Renaissance, die sich gleichsam auf mehreren Ebenen rezipieren lassen. Vordergründig sind sie gewiss immer schon als Referat einzelner Sachgebiete lesbar, gleichzeitig konnten sie aber aufgrund der bezugreichen Anspielungen oder des ästhetischen Raffinements auch für

35 Ebd., S. 197.

36 Ebd., S. 187.

37 Vgl. Vian Herrero 2009, S. 443.

38 Häsner 2006, S. 185.

39 Vgl. Vian Herrero 2009, S. 443.

vorgebildete Expertenleser interessant sein. Gerade die naturphilosophischen Dialoge, die oft die ersten volkssprachlichen Darstellungen der aristotelischen Theoriebildung boten, müssen nicht als schlechte Vereinfachung höheren Wissens gesehen werden, sondern als Hinweis auf eine zunehmende Durchlässigkeit zwischen sehr verschiedenen gesellschaftlichen Milieus, die auf je individuelle Weise am Naturwissen partizipierten, so die Einsicht bei Gambino Longo:

> La vulgarisation philosophique au cours des XVe-XVIIe siècles n'implique donc pas une hiérarchisation ou une simplification des savoirs, elle en est un volet, un visage, celui par lequel les non universitaires, ceux qui n'ont pas reçu de formation en latin et grec, peuvent apprendre la philosophie. Les préfaces programmatiques de ces textes insistent sur le fait que leur œuvre n'offre pas une simplification des contenus, mais à la rigueur un transfert cristallisant mieux la pensée du Stagirite, et que leurs destinataires sont des hommes (et des femmes) aux grandes capacités intellectuelles, qui n'ont pas eu l'occasion de s'instruire en langues anciennes. Loin d'une démocratisation du savoir, cet autre public (de bourgeois, de gentilshommes, de courtisans, de dames de cour), le contexte social et culturel de l'émergence de l'Aristote vulgaire, ainsi que les auteurs prouvent l'extrême porosité entre la culture universitaire et d'autres lieux et formes de savoir, comme les cénacles, les académies et les cours princières.[40]

Dazu passen sozialgeschichtliche Untersuchungen, die zeigen, inwiefern die Naturphilosophie als Diskursobjekt zwischen verschiedenen sozialen Rollen zirkulierte und sowohl den Edelmann, aber auch Adlige, Mediziner, Chirurgen und Apotheker neben Universitätsprofessoren interessieren musste.[41]

1.4 Eine besondere poetische Konstellation

Spanische Dialoge der Renaissance, die einen hohen Anteil an historischem Real- und Sachwissen in den Figurenreden entfalten, lassen sich als liminale Texte verstehen. Einerseits stellen sie eine Art von alternativem Speichermedium dar, indem sie zum Ort einer Auseinandersetzung, Verarbeitung und Inszenierung von Wissensbeständen werden, die den historischen Diskursen entstammen, etwa der Moral- und Naturphilosophie, oder auch dem Bereich der *oficios*, also den handwerklichen, technischen und künstlerischen Disziplinen. Andererseits handelt es sich aber zugleich unstrittig

40 Gambino Longo 2017, S. 452, vgl. ebd., S. 451-456, ähnlich für Spanien Pardo Tomás 2002, S. 209-210.

41 Vgl. Shapin 2006, S. 179-181.

um Fiktionen, die mit produktiver Imagination eine fiktive Textwelt mitsamt der *personae* als Äußerungsinstanzen aufbauen. Solche poetische Darstellung von Wissen erfolgt dabei in der Renaissance typischerweise in einem doppelten Beziehungskontext. Sie ist zunächst der frühneuzeitlichen Nachahmungspoetik verpflichtet und entsprechend durch Übernahme topisierter Bestände und intertextuelle Gelehrsamkeit gekennzeichnet, als *imitatio* der antiken Modellautoren, deren autoritatives Wissen in ganzen Lehrsystemen, anerkannten Meinungen und Sentenzen kanonisiert ist. In geringerem Maße integrieren die Gespräche auch empirisches Erfahrungswissen, etwa im Bereich der Naturphilosophie. Letztlich bleiben aber die antiken Intertexte gegenüber der Außenreferenz das markierte Element.[42] Im von uns behandelten Segment des historischen Dialogkorpus im spanischen 16. Jahrhundert verbinden sich unter diesen Voraussetzungen *episteme* und *fictio* in variablen Proportionen und Mischungen. Es kommt zur inszenierten Verhandlung von Wissen durch eine fiktive Argumentationsgemeinschaft, die sich der rationalen Erschließung eines bestimmten Gegenstands zuwendet. Auf diese Weise sind die Texte zugleich Speichermedium und Reflexionsmedium eines bestimmten epistemischen Gebiets: Sie zeigen das Material, indem aus einem konkreten Einzeldiskurs bestimmte Elemente selektiert und fixiert werden, und sie zeigen zugleich ein bestimmtes Sehen auf dasselbe Material, das sich insbesondere in den Sprechakten der *personae*, der genauen Quellenauswahl und den Details der konkreten Inszenierungsstrategie äußert. An dieser Stelle offenbart sich erneut der ausgeprägte Meta-Charakter des Genres, denn der Leser wird zum Beobachter eines bestimmten Wissensgesprächs, das seinerseits Position bezieht zu theoretischen und philosophischen Annahmen in den Diskursen. Solche stark wissensverhandelnden Dialoge der spanischen Renaissance wollen wir in unserer Arbeit als epistemische oder epistemisierte Dialoge bezeichnen, da hier die massive und flächige Immersion von Aussagemengen des historischen Archivs zu besonderen Formen von Fiktionalität und Epistemologie führt, um die es uns zu tun sein wird.[43]

---

42 Vgl. Schneider/Traninger 2010, S. 9.

43 Wir berühren damit terminologisch den Konzeptbegriff der ‚epistemologischen Fiktionen' bei Thomas Klinkert (vgl. Klinkert 2010, S. 1-38). Das Problem des Kontakts zwischen Literatur und Wissenschaft wird dort jedoch anhand von romanischen Prosafiktionen nach der Aufklärung untersucht, so dass die Interferenz von zwei funktional strikt getrennten Bereichen ‚Kunst' und ‚Wissenschaft' im Blick steht, wohingegen für die Renaissance-Episteme gerade die organische Verbindung von Wissen und Dichtung im Sinne der *artes*-Lehre prägend ist, die eben gemischte Formate wie den Dialog fördert. Zwar steht auch in Klinkerts systemtheoretischem Ansatz der Gewinn eines „Metawissens" (ebd., S. 21) als Ziel epistemologischer Fiktionen im Raum, sie sind „Medium der Erkenntnis von Erkenntnis" (ebd.); unterhalb dieser Oberfläche sind jedoch die

Dass gerade stark wissensbezogene Dialoge eine hybride Gattungsform darstellen, die ähnlich wie andere humanistische Prosaformen – etwa der Geschichtsschreibung, der Deklamation oder der Satire – komplizierte Vermischungen von Fakt und Fiktion aufbauen, ist ein übergreifender Konsens der gegenwärtigen Dialogforschung.[44] Dialoge als inszenierte Gesprächsmimesis gehören damit in das schwer überschaubare generische Feld jener „Graubereiche, an denen man in der Renaissance so viel Gefallen fand“[45]. In diesem Sinne zeichnet sich auch der Dialog durch eine imaginäre Verhandlung von *episteme* im Äußerungsmodus der *fictio* aus, wobei die hybride Überlagerung von philosophisch-doktrinalem Wissen und poetischer Kreativität hier stärker vorangetrieben ist als in den anderen Darstellungsformen, da oft eine sehr umfassende Materialisierung von Wissensmengen zu verzeichnen ist. Im Dialog selbst bleibt die Explikation kultureller Aussagen dabei stets in komplizierter Verstrickung bezogen auf die ästhetischen Formprinzipien der Gesprächsmimesis. Diese besondere poetische Konstellation der Hybridität, die für die Verfasser selbst gerade den Reiz des Genremusters auszumachen scheint, verweist allgemein auf den historischen Kontext einer formativen und dynamischen Wissenskultur der Renaissance, deren *artes*-Lehre letztlich noch als verklammerte Einheit gilt, so dass poetisches Verfahren und dialektische Argumentation, die im Selbstverständnis der Epoche als Ausweis von Wissenschaftlichkeit galt, keinen Widerspruch darstellen müssen. Auch für den Bereich von Rhetorik und Poetik galt entsprechend, dass „die Mischung von Realem und Erfundenem in gewissen Grenzen für den faktualen wie für den fiktionalen Diskurs positiv sanktioniert war, insofern damit die Glaubwürdigkeit bzw. Wahrscheinlichkeit der Aussage gestärkt werden konnte“[46]. Aus der analytischen Rückschau weisen solche gemischten Formen von Erkenntnis indessen einen hohen Grad an Alterität auf, der leicht unterschätzt werden kann. Sie gehören zu den Möglichkeiten einer holistischen Epistemologie, der eine entsprechende Leserkompetenz zugeordnet werden muss, anders gesagt: „did not sixteenth-century writers and readers […] feel more confident about their ability to read fiction as philosophy?“[47]

---

vormodernen Begriffsverhältnisse von Wissen und Literatur völlig anders gelagert, so dass sich Klinkerts Theorien und Ergebnisse nicht einfach auf das 16. Jahrhundert rückprojizieren lassen, so der Befund bei Huss 2013, S. 190, vgl. auch weiter Kapitel 2.1, 2.2 und 2.3.

44 Vgl. exemplarisch Ferreras 1985; Gómez 1988; Rallo Gruss 1996; Hempfer 2002[b]; Häsner 2004; Häsner 2006; Vian Herrero 2009; Vian Herrero 2010[a]; Schneider/Traninger 2010.

45 Schneider/Traninger 2010, S. 7, vgl. ebd.

46 Ebd., S. 9.

47 Cave 1991, S. 127, vgl. ebd., S. 128-130, ähnlich Kenny 1991.

Während die strukturelle Hybridität aus *episteme* und *fictio* im Dialog der Renaissance unbestritten ist, besteht ein Dissens über die genaue Bedeutung oder Funktion der fiktionsästhetischen Elemente. Mit dem historisch späteren Begriff der Ästhetik ist dabei – rückübersetzt in die Sprechweise der Epochenformation selbst – insbesondere die diegetische Welt in ihrer raumzeitlichen Prägnanz, die Figurenkonstellation, sind aber auch sprachliche Charakteristika der humanistischen Literatur im Widerspiel von Dialektik und Rhetorik gemeint. Hier rückt eine wichtige Besonderheit der fiktiven Gespräche in den Blick, nämlich die poetische Indexikalisierung der Wissensgenerierung und -verhandlung durch eine variable Argumentationsgemeinschaft. Während die mittelalterlich-scholastische Gattungstradition in Spanien noch stärker archetypische Schulgespräche hervorgebracht hat, die mit vorgestanzten Sprachgebärden arbeiten und kaum eine elaborierte Textwelt erzeugen, also nur rudimentär geformt sind, zeigen die Dialoge des 16. Jahrhunderts im Gefolge des erasmischen Modells einen wachsenden Auf- und Ausbau der präsentierten Welt. Sie schildern Belehrung und Erkenntnis als momentanes und kontextabhängiges Geschehen, das an bestimmte situative Umstände und die zwar flachen, aber doch eingängigen Charaktere als Äußerungsinstanz gebunden bleibt. Dass solche „Textformen mit ostentativer Indexikalisierung“[48] gerade in der Renaissance zu ihrem Recht kommen, lässt sich als Konsequenz einer instabilen und pluralen Wissensordnung frühneuzeitlicher Prägung verstehen, die die unabgeschlossene Vorläufigkeit und prekäre Fundierung von Wissen betont.[49] Die genaue Funktion dieser im Renaissancedialog aufgewerteten sprachlich-ästhetischen Verfahren ist indessen, wie angedeutet, kontrovers bewertet worden. Eine traditionelle Humanismusforschung spanischer Herkunft hat sie als akzidentiellen Schmuck gesehen, der der angenehmen und daher didaktisch effizienten Vermittlung von Lehrwissen dient. Dialoge erscheinen hier als schwach fiktional grundierte Ideenprosa, in der Erziehung und ideologische Vereinfachung dominieren, während das sprachästhetische Gewand der Darstellungsform bloßes Flittergold ist, jenes „oropel“[50], das den Weg vom *prodesse* zum *delectare* ebnet und so der besseren Aufnahme eines ethisch-praktischen Nutzwissens dient. Demgegenüber möchten wir neueren Diskussionen bei Terence Cave und Corey McEleney folgen, die die poetischen Fliehkräfte etwa von Figuren der *copia*, aber auch die Rolle ästhetischer

48 Häsner 2006, S. 168.

49 Vgl. ebd., S. 168-169, vgl. Kapitel 2.1.5.

50 So Castro Díaz zu den Dialogen von Pedro Mexía (Castro Díaz 2004, S. 81, vgl. ebd., S. 43), weiter zu den Dialogen Gómez 1988, S. 199-216, Ynduráin 2006, S. 343-348.

'Überschüsse' in der humanistischen Prosa untersucht haben.[51] Mit Blick auf den Dialog ist dann unser Leitgedanke, dass die poetischen Anteile hier nicht dekorativ, sondern vielmehr konstitutiv sind, indem sie das semantisch verhandelte Wissen in eine imaginäre Szenerie einbetten und dadurch vielfältig ausleuchten und abtönen können. Wissen und Inszenierungsstrategie bilden dynamische Konstruktionsprinzipien, die dialektisch aufeinander angewiesen sind, hier die Organisation und Disposition kultureller Aussagen, dort der poetische Aufbau einer kleinen Welt der Gesprächsmimesis. Der konstitutive Sinnzuwachs dieser fiktionsästhetischen Anteile besteht nun aber, so unsere Grundannahme, eben darin, dass sie in spezifischer Weise auf die verhandelte Erkenntnisbildung zurückwirken, anders gesagt: Indexikalisierung und rhetorische Effekte versehen die epistemischen Propositionen mit einem konkreten Akzent, nuancieren sie und lassen sie in einem bestimmten Licht erscheinen, das Deutungsmuster nahelegen kann. Diese inszenatorische Perspektivierung des Wissens enthält letztlich eine Art von zweitem Wissen, indem bereits indirekte Aussagen über die zu gewinnende Erkenntnis getroffen werden: Je nachdem, wo und wann das Gespräch spielt, welche *persona* welche Wissensaussagen in den Mund gelegt bekommt, sind bereits Indizien und Wertungen in das Geschehen eingestreut, als sekundäres Wissen über das doktrinale oder theoretische Wissen selbst. Der Dialog verläuft damit gewissermaßen auf zwei parallel verlaufenden Sinnspuren, der explizit verhandelten Wissensgewinnung im Figurengespräch auf der semantischen Ebene einerseits, sowie einer ästhetisch vermittelten Forschungsbewegung andererseits, die auf den ersten Prozess zurückwirkt.[52]

Simulation von Befragbarkeit

Die theoretischen Hauptteile unserer Arbeit unternehmen den Versuch, die besondere Poetologie der epistemischen Dialoge näher zu bestimmen, indem sie die grundlegende Hybridität aus *fictio* und *episteme* ernstnehmen und die Textphänomene entsprechend zunächst aus Sicht einer dialogischen Fiktionalität, dann mit den Mitteln einer dialogischen Epistemologie einkreisen. Unsere Grundannahme bleibt dabei, dass die Mischung der Komponenten – die je nach gewähltem Beispiel differenziert und individuell ausfallen wird – zu besonderen Effekten und Verformungen sowohl bei der poetisch-rhetorischen

51 Vgl. Cave 1991; Cave 1997; McEleney 2017.

52 Wir greifen hier Anregungen aus Dieter Merschs *Epistemologien des Ästhetischen* (Mersch 2015) auf, die die Möglichkeiten einer an Material und Medium gebundenen 'ästhetischen Forschung' beschreiben und von uns im Kontext von zwei Dialoginterpretationen ausführlicher dargestellt werden, vgl. Kapitel 3.3 und 4.3.

Bauform, als auch bei der Wissensproduktion führen wird. Um die innere Dynamik dieser hybriden Gattungslogik näher zu bestimmen, ist, wie unsere Ausführungen zeigen möchten, die Figur der Alterierung von besonderer Bedeutung, schließlich besteht die Grundoperation der epistemischen Dialoge in einer Translation theoretischer oder doktrinaler Aussagemengen in den symbolischen Raum der Gesprächsmimesis, in dem mögliche Standpunkte im offenen Austausch gezeigt werden, während sich der Autor eines expliziten Urteils enthält. Im Sinne der Überlegungen von Andreas Mahler, Eckhard Lobsien und Verena Olejniczak Lobsien teilt der Dialog diese Grundoperation mit der übergreifenden Charakteristik des frühneuzeitlichen Literarischen, reflexive Spielräume der Verformung und Alterierung von Wissen aufzubauen und dieses so auf kritische Befragung und alternative Entwürfe von Weltmodellen zu öffnen.[53] Hierin lässt sich das poetische Korrelat einer bewusstseinsgeschichtlichen Situation der Renaissance sehen, die von der Pluralisierung konkurrierender Ideologeme bestimmt wird, aber auch von Erlebnissen der Kontingenz, Ungewissheit und Skepsis angesichts des Verlusts garantierter Sinnsysteme philosophischer und theologischer Herkunft.[54] Dieser Ordnungsverlust und die Schwächung der kirchlichen Leitautorität ermöglichen es literarischen Texten, imaginäre Verarbeitungen von kulturellem Wissen aufzubauen und dieses im Spiegel potenzieller Alternativen und Variationen kritisch auszuleuchten. Literarisches Denken folgt so den „Verlockungen alternativer Weltvorstellung und tentativen ‚Anders-Sagens'"[55], den „Verlockungen der Alterierung", die im weiteren Sinn zu Formen des Karnevals, der Mystik oder der Skepsis führen können.[56] Diese Auffassung des frühneuzeitlichen Literarischen als Reflexionsmedium historischer Diskurse scheint nun ungemein passend für die Dialoggattung zu sein, denn wie kaum ein anderes Format führt ja das fiktive Gespräch eine poetische Simulation von Befragbarkeit vor Augen, inszeniert spielerisch die Relativität von Propositionen, das Auf-die-Probe-Stellen von anerkannten Meinungen und topischem Autoritätenwissen. Selbst dort, wo sich im Diskussionsverlauf eine durchgehaltene ‚Wahrheit' bewährt, hat das argumentative Hin und Her gerade die Möglichkeit vernünftiger Befragung aufgewiesen, so dass der Text vielleicht die Annahme einer abschließenden Position nahelegt, zugleich aber implizit eine Haltung der Deliberation und des Zögerns anzuraten scheint. In den Ausführungen zur dialogischen Fiktionalität soll genauer dargelegt

53 Vgl. Mahler 2010; Olejniczak Lobsien 1999; Lobsien/Olejniczak Lobsien 2003; Kapitel 2.1.6.

54 Vgl. Stierle/Stempel 1987; Hempfer 2002[a].

55 Mahler 2010, S. 30.

56 Vgl. ebd., S. 31.

werden, dass das skizzierte Modell des Literarischen als produktiver Anderssetzung kultureller Wissensbestände sich sinnvoll auf den Dialog beziehen lässt, wobei in der textuellen Dynamik wohl zwei ‚Gesten der Alterierung' zusammenkommen, die auf die hybride Duplizität des Genres rückverweisen. Als poetologische Verschiebung lässt sich zunächst die Materialisierung eines frühneuzeitlichen Wissensdiskurses bzw. der daraus selektierten Elemente im imaginären Reflexionsraum der Gesprächsmimesis beschreiben, in dem epistemische Propositionen spielerisch befragbar und wandelbar werden. Sie verschmelzen dabei zugleich mit den strukturierenden Formen des Literarischen auf dem Boden eines nun fiktionalen Kommunikationsvertrags; Wissen ist fortan *auch* Teil einer versinnlichten poetischen Imagination und wird durch ästhetische Miteffekte kontaminiert, die im faktualen Traktat eher zu vermeiden wären. Diese andere Formatierung hat auch bereits eine indirekte epistemische Implikation im Sinne der Aufhebung von Eindeutigkeit: Wissensaussagen sind nun mit dem Abenteuer ihrer poetischen Darstellung durchzogen, mit Figuren einer „essentiellen Vieldeutigkeit des ästhetischen Gegenstandes"[57]. Anders gesagt, das epistemische Material ist nun „endgültig aus der Eindeutigkeit seiner Herkunft verlorengegangen […] in die Vieldeutigkeit einer ihm immanenten Geschichte"[58], diese Vieldeutigkeit wirkt aber auf das Wissen selbst zurück und verändert es erneut. Eine zweite Verschiebung epistemologischer Natur betrifft dann den Geltungsanspruch der importierten Wissensaussagen und ihre szientifische Validität. Was in der monologischen Doktrin faktualer Traktate eine philosophische Wahrheitsbehauptung sein kann, wird im Dialog tendenziell *doxa*, also topisches Meinungswissen fiktiver *personae*. Hier partizipieren die Dialoge dann an den historischen Entwicklungen der dialektischen Argumentationspraxis zwischen Valla, Erasmus und Vives, auf die in einer theoriegeschichtlichen Digression eingegangen werden wird.[59]

---

57 So die Überschrift des Aufsatzes von Blumenberg 2001, S. 112-119. Auch wenn es sich im Kontext der Renaissance gewiss um keine emphatische „ästhetische Einstellung" (ebd., S. 119) im Sinne einer nachmodernen Diskursformation handelt, die der Aufsatz von Blumenberg fokussiert, besitzt der Dialog doch eigene *fictio*-Anteile, die neben der diegetischen Fabel insbesondere in den rezeptionsästhetisch nur teilweise kontrollierbaren Stilverfahren rhetorischer Art gesehen werden können, etwa im Fall der *copia* (vgl. Cave 1997). Poetisches wird in der Renaissance-Episteme dann tendenziell wie Rhetorisches behandelt, so Leinkauf 2017, S. 386, vgl. Kapitel 2.1 und 2.3.

58 Blumenberg 2001, S. 113.

59 Vgl. Kapitel 2.3.

Ästhetische Kritik

Die genannten Charakteristika der Hybridität, der Verschiebung von Wissen in einen Reflexionsraum und der ästhetischen Kommentierung legen nahe, dass die epistemischen Dialoge der Renaissance nicht bloß schlechte Imitationsliteratur zum Zweck der Vulgarisierung sind, gleichsam als „servil aceptación"[60] der kanonischen Modelle, sondern auch Anleitungen zur kritischen Kompetenz, auch Alternativen eines Mit- und Weiterdenkens von kulturell bekanntem Wissen bieten können. Gerade in dieser Hinsicht wären sie, im Sinne unserer Annahme eines zweiten Leserkreises, für humanistische Milieus und akademische Kreise ein attraktives Format der Artikulation von Unschlüssigkeit oder Dissens, ohne dass dieser dogmatisch ausformuliert werden müsste. Die Dialoge erlauben hier ein einzigartiges Ineinander von ausführlicher Darstellung und Affirmation einer historischen Ideologie, etwa in den Langreden einer Magisterfigur, bei gleichzeitiger Materialisierung von ästhetisch signalisiertem Ressentiment. Die genaue Geltung und Aufschlusshaftigkeit dieser subtilen kritischen Manöver kann freilich nur dann näher bestimmt werden, wenn feststeht, auf welche philosophischen Positionen, auf welches kulturelle Wissen genau ein Dialog sich einlässt und inwiefern dann abweichende Vermutungen und Distanznahmen impliziert sind; hierfür ist die Rekonstruktion der Quellen von entscheidender Bedeutung. Damit dies in seiner historischen Spezifik deutlich wird, soll in den ausgewählten Dialogen unserer Arbeit das Paradigma der Naturphilosophie einen Schwerpunkt bilden. Das Herausstellen gerade dieses Diskurses zieht seine Berechtigung vor allem aus den erheblichen Transformationsprozessen des aristotelischen Naturalismus im 16. Jahrhundert, wobei sich in thesenhafter Zuspitzung die argumentativen Erweiterungen im Umfeld der Universität von Padua einer konservativen Signatur der spanischen Universitäten entgegenhalten lassen. Ein anderes Argument bildet die starke szientifische Färbung des Naturdiskurses, dessen Kontamination mit ästhetischen Ausdrucksphänomenen womöglich besondere Aufmerksamkeit verdient.

1.5 Das Paradigma der Naturphilosophie

Diskursgeschichtlich fallen die Naturgespräche von Pedro Mexía und Pedro de Mercado in eine ebenso dynamische wie heterogene Transformationsphase des Renaissance-Aristotelismus, die gerade auch die physikalischen und kosmographischen Werkbereiche des griechischen Philosophen betraf.

60 Castro Díaz 2004, S. 173.

Ein zentrales Merkmal dieser Übergangszeit ist die von Charles Schmitt beschriebene Pluralisierung aristotelischer Varianten im 16. Jahrhundert, die in scholastische, humanistische, hellenistische und byzantinische Ausprägungen auseinandergehen, um nur einige der Richtungen zu nennen. Hinzu kommt die überproportionale Wucherung von Kommentaren, Übersetzungen und Glossen, deren nur schwer überschaubare Verzweigungen einem kohärenten Lehrgebäude im Weg standen, das die mittelalterliche Scholastik noch zu konstruieren versucht hatte. Folgenreich waren dann auch die Entwicklungen der Paduaner Naturphilosophie, deren Aufwertung der empirischen Beobachtung Aporien und Erklärungslücken im klassischen Modell aufgewiesen hatte. Ausgehend von einer Rückbesinnung auf die antiken Urtexte konnten die aristotelischen Lehren von ihrer mittelalterlichen Doxifizierung abgelöst, zugleich aber auch mit neuem Erfahrungswissen kontrastiert und in ein säkulares Naturwissen überführt werden. Gerade mit Blick auf die Wetterbeobachtung wurde hier zunehmend ein abgesenkter epistemischer Standard vertreten, der sich mit Meinungswissen und Vermutungen an natürliche Erfahrungsgegenstände annäherte.[61]

Die Herausbildung der neuen Naturphilosophie in Italien und die Verjüngungskur des Aristotelismus, die sich mit der kritischen Rezeption der wiederentdeckten griechischen Kommentartraditionen verband, ist seit den Arbeiten von Eckhard Keßler, Charles Lohr und Martin Mulsow vergleichsweise breit erforscht worden;[62] ähnliche Bemühungen um die spanische Situation im 16. Jahrhundert stehen indessen noch aus.[63] Die Stellung des Landes in der frühneuzeitlichen Wissensgeschichte war lange Zeit überschattet vom Vorurteil der Rückständigkeit, das aus geographischer Peripherie und gegenreformatorischer Ideologie hergeleitet wurde und seine Bestätigung im Fehlen großer Persönlichkeiten zu finden schien, die zur *Scientific Revolution* beigetragen hätten. Dieses Vorurteil hat seinen Ursprung in einer polemischen Frage des französischen Aufklärers Nicolas Masson de Morvilliers, der in der *Encyclopédie méthodique* von 1792 die wissenschaftsgeschichtliche Nachrangigkeit des katholischen Landes gegenüber den fortschrittlich-aufgeklärten Nationen festschrieb.[64] Es überdauert gelegentlich selbst in neueren Arbeiten, etwa bei Fernando Rodríguez de la Flor, der die ‚metaphysische Halbinsel', so die Überschrift seiner Kulturgeschichte des spanischen Barock, als dauerhaftes Refugium

---

61 Wir berücksichtigen Schmitt 1975; Schmitt 1983; Bianchi 2003; Blair 2006; Keßler 2008; Martin 2009; Martin 2011; Leinkauf 2017; vgl. ausführlicher Kapitel 3.3.

62 Vgl. exemplarisch Lohr 1988; Mulsow 1998.

63 Erste Hinweise bieten Bravo García 1997; Navarro Brotóns 2002; Navarro Brotóns 2014.

64 Vgl. dazu Navarro Brotóns/Eamon 2007, S. 27-28.

eines scholastischen Aristoteles mittelalterlicher Prägung beschreibt.[65] Es spiegelt sich indirekt in einschlägigen Handbüchern oder prestigereichen Nachschlagewerken wie der *Cambridge History of Science*, die unter der Naturphilosophie der Renaissance wie selbstverständlich nur die italienische Seite behandeln.[66] Die späte Revision dieses spanienkritischen Vorurteils, dem ein seinerseits problematisches Modernisierungspathos eingeschrieben ist, beginnt mit den Grundlagenarbeiten von José María López Piñero aus den siebziger Jahren und verdichtet sich in den vergangenen Jahrzehnten in Form mehrerer Fachtagungen und Publikationen, die eine Neubewertung nahelegen.[67] Dabei rückt in den Blick, inwiefern die ‚schwarze Legende' zur Fehleinschätzung vieler historischer Zusammenhänge geführt hat, die etwa die Bedeutung der unterschiedlichen lokalen Traditionen in den Königreichen der Halbinsel, die differenzierte Universitätenlandschaft der spanischen Renaissance, die Geheimhaltung kosmographischen und nautischen Herrschaftswissens unter Karl V. und Philipp II. oder die kolonialen Entdeckungen betreffen, die oft zur Revision antiker geographischer Vorstellungen zwangen. Eine erste Intuition lautet dabei, dass die spanische Wissenschaftsgeschichte des 16. Jahrhunderts stärker als in anderen Ländern von einer Gleichzeitigkeit des Ungleichzeitigen bestimmt wird, da immer wieder Versuche einer Aussöhnung zwischen katholischer Doktrin, scholastischem Aristotelismus und neueren Einsichten unternommen werden.[68] Gerade am Beispiel der frühneuzeitlichen spanischen Naturphilosophie, die in den hier behandelten Dialogen im Mittelpunkt steht, würde der entsprechende historische Diskurs diese Vermutung wahrscheinlich bestätigen. So zeigt sich an den Universitäten grundsätzlich ein langes Überleben der scholastischen Aristoteles-Kommentare von Thomas von Aquin und Duns Scotus, die ihrerseits auf Albert den Großen zurückgingen und im 16. Jahrhundert ein Referenztext der Lehre blieben.[69] Ein bedeutender Philosoph wie der in Salamanca lehrende Pedro Espinosa fasst so in seiner *Philosophia naturalis* (1535) die Gedanken der physikalischen Hauptschriften des Aristoteles zusammen und stellt sie in das Licht der skotistischen und thomistischen Deutungstraditionen mittelalterlicher Herkunft. In seinem mehrfach aufgelegten Kommentar zur stagiritischen Physik, der auch Verwendung in der akademischen Lehre fand (*Super octo libros physicorum Aristotelis quaestiones*, 1545), integriert der in Paris ausgebildete

---

65 Vgl. Rodríguez de la Flor 1999, S. 85-121, insbesondere S. 91.

66 Vgl. exemplarisch Keßler 2008, Blair 2006.

67 Ein Überblick bei Portuondo 2017, vgl. Navarro Brotóns 2002, Navarro Brotóns/Eamon 2007 (sowie die Aufsätze im zugehörigen Sammelband), Navarro Brotóns 2014, S. 19-36.

68 Vgl. Navarro Brotóns/Eamon 2007, S. 31-32.

69 Vgl. ebd., S. 32.

Domingo de Soto hingegen auch neuere Erkenntnisse zur Bewegung im Raum und zur Schwerkraft, die gelegentlich auf Galileo vorausdeuten.[70] Gerade im Bereich der Himmelsphänomene werden dann die neueren italienischen Entwicklungen mit ihrer Aufwertung des empirischen Erfahrungswissens aber kaum rezipiert, zugunsten einer konservativen schulphilosophischen Position, denn „en las cuestiones relativas a la cosmología, Soto se adhiere en general a las tesis aristotélico-escolásticas“[71]. Neben solchen gemischten Positionen einer ‚defensiven Modernisierung‘[72] der klassischen Naturphilosophie finden sich dann im späteren 16. Jahrhundert auch bekanntere Gelehrte wie Jerónimo Muñoz, dessen *Libro del nuevo cometa* (1572) angesichts der Erscheinung einer Nova erhebliche kritische Einwände gegenüber den klassischen Theorien formuliert.[73] Indessen bleibt auch im ausgehenden 16. Jahrhundert noch die „notable supervivencia“[74] der aristotelischen Leitautorität prägend, etwa in einer orthodoxen Positionierung wie bei Diego de Zúñiga, dessen naturphilosophische Ausführungen in der *Philosophia prima pars* (1597) bereits auf Angriffe reagieren und so zuletzt eine traditionelle Sichtweise festschreiben.[75] Gleichwohl stehen, wie bereits angedeutet, eingehendere Studien zu diesen und weiteren Quellentexten noch aus, die das Panorama des spanischen Aristotelismus im 16. Jahrhundert vervollständigen und übergreifende Aussagen zum Diskurssegment der Naturphilosophie, das sich in Traktaten und Dialogen gleichermaßen artikuliert, erlauben würden.[76]

Welcher Aristoteles?

Während für Pedro Mexías wohl berühmtestes Werk, die enzyklopädische *Silva de varia lección*, bereits umfassende Untersuchungen zur Problematik der Quellenbehandlung vorliegen,[77] fehlen vergleichbare Forschungen zu den *Diálogos o Coloquios*, auf die die Ergebnisse der großangelegten *miscelánea* mit Blick auf den Gattungswechsel nicht einfach analog übertragen werden können. Für Pedro de Mercado liegt lediglich eine erste schematische Annäherung

70 Vgl. Navarro Brotóns 2002, S. 388, 391, vgl. Wallace 2018.

71 Vgl. Navarro Brotóns 2002, S. 393, vgl. zu Soto insgesamt ebd., S. 390-394.

72 Vgl. zu dieser Erscheinungsform des Renaissance-Aristotelismus für die italienische Seite Mulsow 1998, S. 327-339, 402-404.

73 Vgl. Navarro Brotóns 2002, S. 406.

74 Ebd.

75 Vgl. ebd., S. 402-406.

76 So formuliert es Navarro Brotóns, „estas obras […] aún no han sido estudiadas adecuadamente, como tantas otras obras importantes de esta materia del período renacentista“ (ebd., S. 397, ähnlich das Desiderat bei Portuondo 2017, S. 128, vgl. weiter Kapitel 3.3).

77 Vgl. Castro Díaz 1989; Cherchi 1993; Courcelles 2003.

vor.[78] Gerade bei den Naturdialogen ist jedoch die genaue Ermittlung der konkreten Vorlage entscheidend, da nur so das wissensgeschichtliche Profil innerhalb eines historischen Umfelds qualifiziert werden kann, etwa bei der Positionierung zu zentralen und vieldiskutierten aristotelischen Ideologemen wie dem der Antiperistase.[79] Die textuellen Grundvoraussetzungen der vielseitigen humanistischen Quellenbehandlung und der Renaissancetopik erleichtern diese Suche nach den eingearbeiteten Vorlagen keineswegs. Das liegt zunächst an dem extrem umfangreichen und variierten Korpus identifizierbarer Quellen, auf die sich ein reflektierter Autor wie Mexía beziehen konnte, um bei diesem besser erforschten Beispiel zu bleiben.[80] Antonio Castro Díaz hat für die sechs Dialoge insgesamt 64 Autoren mit 332 Zitationen oder paraphrasierenden Referenzen ermittelt, hinzu kommen dann indirekt bzw. über Vermittlungsinstanzen zitierte Verfasser. Dabei können diese zahlreichen Bezugnahmen formal überaus heterogen ausfallen, sie reichen vom Résumé längerer Passagen und diffusen Anknüpfungen bis zur knappen Anspielung und zum wörtlichen Zitat, gelegentlich werden auch Argumentationsschemata und Dispositionsstrukturen ganzer Modelltexte nachgeahmt.[81] Die zweite Schwierigkeit besteht in der komplizierten Dynamik aus Offenlegung und Verbergung der Vorlagen, die die Poetik der Dialoge kennzeichnet. Zwar benutzen die fiktiven Gespräche regelmäßig Marginalglossen, in denen bei Mexía – präziser als bei vielen anderen Renaissanceautoren – auch Quellenangaben erfolgen, allerdings ist damit über die genaue Vorlage oft wenig ausgesagt: Dort, wo eine antike Hauptquelle genannt wird, kann tatsächlich ein späterer lateinischer Kommentar dazu den Ausgangspunkt gebildet haben, um ein Beispiel zu nennen. Hinzu kommt die in der spanischen Renaissance übliche und verbreitete Verwendung von zwischengeschalteten Quellen, nämlich Kompendien, Repertorien, Polyantheen und *loci-communes*-Sammlungen, auf die humanistische Verfasser zurückgreifen konnten.[82] Die eigentliche Verbergung der Quellen kann hingegen poetologische oder publikumsspezifische Gründe haben. Sie gehört in erster Linie zur *verosimilitudo* und zum *decorum* der Figurenrede einzelner *personae*, bei denen die konsequent-pedantische Nennung von Fundstellen unpassend wäre. Darüber hinaus werden Quellen auch teilweise als bekannt vorausgesetzt, oder ihre Benennung erscheint irrelevant, da aus Sicht einer inventiven Topik die Wissensaussage aus sich

78 Vgl. Oño Guil 2008, S. 89-104.
79 Vgl. Mulsow 1998, S. 47-102.
80 Vgl. Castro Díaz 2004, S. 122-146.
81 Vgl. ebd., S. 132-134.
82 Vgl. zu dieser Praxis und den daran geknüpften *artes excerpendi* Infantes 1988; López Poza 2000.

heraus gültig wirken konnte, auch ohne philologische Verfolgung der Herkunft.[83] Dass in dieser sehr komplexen und assoziativen Gemengelage dennoch einzelne ideologische Positionierungen in den hier interessierenden Naturdialogen identifiziert und herauspräpariert werden können, liegt dann an der spezifischen Arbeitsweise Mexías, die verschiedentlich freigelegt worden ist. In der Regel verwenden die Texte eine zentrale klassische Referenzquelle, die dann mit indirekten Nebenquellen angereichert oder um eigene Zutaten ergänzt wird, so dass – wie in der humanistischen Wissensprosa üblich – Auswahl und Kompilation im Zentrum literarischer Produktivität stehen.[84] In den drei naturphilosophischen Stücken der *Diálogos o Coloquios* steht so stets eine der physikalischen Hauptschriften des Aristoteles im Mittelpunkt, nämlich das *Meteorologicon* oder *De caelo*, deren Stoffanordnung das Gespräch schrittweise folgt. Mexía, der selbst kein Griechisch konnte, verwendete hierbei jedoch nicht den antiken Urtext und wohl auch keine lateinische Übersetzung, sondern wich auf die Tradition der Aristoteles-Kommentare aus. Wie exemplarische Vergleiche am Beispiel des *Diálogo natural* zeigen können, werden dabei nicht die neu rezipierten griechischen Kommentare beispielsweise des Simplicius oder Philoponos gewählt, die in der Renaissance auf den Markt kommen, stattdessen wählt Mexía den schulphilosophischen Kommentar des Thomas von Aquin und legt sich so auf eine konservative Signatur fest, die von den avancierteren italienischen Diskussionen unberührt bleibt. Im Licht dieser Rekonstruktionsarbeiten lässt sich am konkreten Textbeispiel genauer verfolgen, welche Sichtweise oder Interpretation der Dialog dem überlieferten Komplex jeweils angedeihen lässt und zu welchem Aristoteles entsprechend ästhetische Kritik geäußert wird.

---

83 Vgl. Castro Díaz 2004, S. 138-142.

84 So wird Mexías Handhabung der Quellen immerhin in den ausführlicheren Untersuchungen bewertet bei Castro Díaz 2004, S. 122-146, insbesondere S. 137; vgl. Allés Torrent 2017. Dass sich diese Gewichtung in anderen Studien leicht verschiebt, zeugt nicht zuletzt von der erheblichen Schwierigkeit, die intertextuelle Gemengelage überhaupt zu entflechten: Während die erste kritische Herausgeberin von Mexías *Diálogos o Coloquios* Margaret L. Mulroney von einer direkten Autopsie bzw. Lektüre der antiken Originalwerke ausgeht und hierfür die zahlreichen präzisen Marginalglossen und wörtlichen Äquivalenzen der Zitate heranziehen kann (vgl. Mulroney 1930, S. 10-11), gelangen Conde Parrado und González Manjarrés in ihrer detaillierten Untersuchung der *Coloquios del Convite* gerade zu dem umgekehrten Ergebnis, dass Mexía seine Kenntnisse primär aus indirekten Quellen, also Enzyklopädien oder Repertorien speiste und nur fallweise zum antiken Original (in lateinischer Übersetzung) zurückkehrte (vgl. Conde Parrado/ González Manjarrés 2006, S. 439-442).

1.6 Affirmation und Relativität

Im doktrinalen oder didaktischen Dialog der spanischen Renaissance ist die epistemische Evidenz der Propositionen – und dies nicht nur in den stärker wissenschaftlich wirkenden naturphilosophischen Werken – oft als prekär, oder doch zumindest als ambivalent zu bezeichnen. Auf der einen Seite inszenieren die Gespräche auf dem Boden des beschriebenen emphatischen Wissensbegriffs der Renaissance durchaus den positiven Reichtum humanistischer Bildungsfülle, indem etwa ein fiktiver Magister ganze Lehrgebäude oder ausgewähltes Meinungswissen der prestigereichen antiken Autoritäten referiert und präsentiert. Die Dialoge entfalten dann, so erneut Rallo Gruss, den Erkenntnisoptimismus einer suchenden und sammelnden Argumentationsgemeinschaft, deren Wissenskumulation noch im Ethischen zentriert ist, auf das göttlich angelegte Vermögen des Menschen zum Wissenkönnen gründet: „Sobre la base optimista de un concepto de progreso y una seguridad en el hombre como ser perfectible, se dibujan en un amplio conjunto de obras propuestas de mejoramiento que llegan a alcanzar el nivel utópico“[85]. Auf der anderen Seite zeigen Dialoge jedoch offensichtlich nicht nur eine symbolische Affirmation vorgängigen Diskurswissens, sie artikulieren auch Ressentiment. Darauf bezieht sich die mehrfach vorgetragene These Klaus W. Hempfers, derzufolge bereits die Wahl der Dialogform durch den historischen Verfasser eine Signalwirkung für den Leser hat, die den Willen zur kritischen Revision, oder doch wenigstens zum tentativen Auf-die-Probe-Stellen anerkannter Meinungen anzeigt.[86] Anders gesagt, die Entscheidung für den Dialog hat im Sinne eines gattungslogischen Apriori verschiedene „epistemologische Implikate“[87]. Nach Hempfer verweisen diese zunächst auf die historische Diskursformation der Renaissance selbst, die durch eine Pluralisierung der Diskurse, gerade auch im Bereich von Moral- und Naturphilosophie, und durch kulturelle Relativierung bei gleichzeitiger Schwächung der theologischen Leitautorität bestimmt ist.[88] Volkssprachliche Dialoge der Renaissance böten dabei das ideale Medium, solche Pluralität der Weltmodelle in die Polyphonie des Gesprächsspiels mit seinen kontingenten Figurenmeinungen zu übersetzen.[89] Relativ und im epistemischen Standard abgesenkt ist das Figurenwissen in Dialogen dann aber auch deshalb, weil es im Selbstverständnis der

85 Rallo Gruss 2007, S. 148, vgl. ebd., S. 147-149.
86 Insbesondere Hempfer 2002[b]; Hempfer 2004; Hempfer 2013.
87 Hempfer 2004, S. 86.
88 Vgl. Hempfer 2002[a], unter Bezug auf die bekannte These bei Stempel/Stierle 1987.
89 Vgl. Hempfer 2004, S. 86.

Epoche keine echte wissenschaftliche Deduktion ist, keine strenge *scientia* betreibt, sondern – noch auf dem Boden der frühneuzeitlich rezipierten *Topik* des Aristoteles – nur wahrscheinliche oder plausible *opiniones* äußert, die vernünftiges dialektisches Argumentieren als Geben und Nehmen rationaler Gründe erlauben. Dass Dialoge also nur *doxa*, nur doxastisches Meinungswissen zur spielerischen Darstellung bringen, ist der Konsens der italienischen Dialogtheorie des *Cinquecento* bei Sigonio und Tasso,[90] die auch in die spanische Produktion ausstrahlt: Dialoge sind ein fiktives Abbild von spekulierender Wissensproduktion, nicht aber selbst Wissenschaft, auf die sie gleichwohl indirekt zurückwirken können.[91]

Inwiefern dieses auf epistemische Offenheit und Relativierung angelegte Gattungsverständnis, das Hempfer an Dialogen der italienischen Renaissance entwickelt hat, auch auf die Wissensgespräche spanischer Herkunft Anwendung findet, kann vor allem für Texte aus der frühen Erfolgsphase des Dialogs bis um die Mitte des 16. Jahrhunderts sinnvoll überprüft werden, da hier die symbolische Erprobung antiken Autoritätenwissens größeren Raum einnimmt. Im nachtridentinischen Zeitraum führen ideologische Entpluralisierung (als Ergebnis historischer Zensur) und der medienhistorische Siegeszug des Buchdrucks hingegen zu eher geschlossenen, methodisch-systematischen und vereinheitlichten Dialogen, so die wiederum am italienischen Modell erprobte These von Virginia Cox,[92] die sich allerdings relativ nahtlos auf Spanien übertragen lässt, auch hier gilt, dass „los diálogos se hacen progresivamente más librescos“[93]. Dies bedeutet jedoch nicht, wie unsere Interpretationen darlegen werden dass diese Texte ausschließlich affirmativ zur Wissensordnung etwa der Naturphilosophie stünden.[94] Distanznahme und Ressentiment äußern sich nun allerdings kaum in expliziter Form, also als offener Einwand von dialogischen *personae*, sondern in den verfeinerten Modalitäten ästhetischer Kritik, die aus den poetischen Manövern der Inszenierungsstrategie hervorgehen.

90 Vgl. ebd., S. 86-93.

91 Vgl. zur Gemäldemetapher in der italienischen Dialogtheorie Hempfer 2004, S. 91-93, weiter Kapitel 2.1.3, 2.1.4.

92 Vgl. das Kapitel „From the open dialogue to the closed book“ in Cox 1992, S. 99-113.

93 Gómez 2000, S. 85, zum Gesamtzusammenhang ebd., S. 65-86.

94 Entsprechend ist die Aussage von Jesús Gómez zu problematisieren, dass im nachtridentinischen Dialog „se produce también un progresivo abandono del pensamiento crítico característico de los primeros tiempos del humanismo y del Renacimiento, sobre todo en la época de Carlos V.“ (Gómez 2000, S. 86)

Dialogische Skepsis

Eine ganz andere Einfärbung erhält die epistemische Offenheit der Renaissancedialoge dort, wo sie in die Nähe eines frühneuzeitlichen skeptischen Denkens gestellt wird. Sie erscheint dann nicht mehr als agonales Durchspielen uneinheitlicher Sinnmodelle, im Kontext einer auseinanderfallenden ‚Pluralität der Welten'[95], sondern eher als Unbestimmtheit, als Index begrenzten menschlichen Erkenntnisvermögens, epistemischer Aporien und enzyklopädischer Überlastung. Dass die hohe Konjunktur des Dialogs im 16. Jahrhundert auch unter das Zeichen einer spanisch rezipierten *crise pyrrhonienne* gestellt werden kann,[96] ist in der Spezialforschung ebenso entschieden behauptet wie bestritten worden. Während Jacqueline Ferreras die hohe diskursgeschichtliche Aufschlusskraft jener offen erkenntniskritischen Gattungsexemplare betont, die in ihrer abschließenden Typologie als Kulminationsmoment und Erfüllung einer dem Genre eingeschriebenen Rationalität erscheinen, unterstreicht Jesús Gómez das starke quantitative Übergewicht der literarisch oft konventionellen und rudimentären Schuldialoge, etwa der Sprachlehrwerke und Dialogkatechismen.[97] Den Hintergrund hierzu bildet eine gerade für die spanische Renaissance noch zuwenig erforschte Rezeptionsgeschichte des skeptischen Denkens antiker Herkunft, die nicht über Übersetzung und Kommentar der antiken Hauptschrift des Sextus Empiricus verläuft, sondern über eine eher diffuse und vermittelte Wahrnehmung, namentlich über Ciceros Darstellung der akademischen Skepsis in den fragmentarischen *Academici libri*.[98] Hinzu treten im weiteren Sinne Traktate zur Eitelkeit menschlichen Wissens (Gianfrancesco Pico della Mirandola, Agrippa von Nettesheim) oder die florierende Paradoxenliteratur.[99] Die historische Linie einer solchen unscharfen, da keiner antiken Ausprägung eindeutig verpflichteten Tradition des Zweifelns wird indessen sichtbar, wenn man den Bogen etwa vom erasmischen *Enkomion Moriae* über Pedro Mexías hellsichtige Gelehrtensatire des *Coloquio del Porfiado*, die im paradoxen Virtuosenstück des Eselslobs gipfelt, bis zu Antonio López de Vegas pessimistischen *Paradoxas racionales* spannt, die wir in einem gesonderten Ausblick unserer Arbeit als möglichen Fluchtpunkt einer skeptischen Genealogie des spanischen Dialogs näher würdigen möchten.

---

95 Vgl. Stempel/Stierle 1987; Hempfer 2002[a].

96 Vgl. dazu Popkin 1979; Long 1995.

97 Vgl. Ferreras 1985, S. 3-14, 1077-1088; Gómez 1988; dazu ausführlicher Kapitel 2.1.

98 Erste Hinweise bei Muratta Bunsen 2016; Popkin 1979; Robbins 1998.

99 Vgl. Kapitel 2.3.4, Kapitel 2.3.5.

Epistemische Störung – Nichtwissen und Nichtverstehen
Neben der Annäherung an das tentative Profil einer ‚dialogischen Skepsis' in der spanischen Renaissance wird der Schwerpunkt unserer Arbeit dann insbesondere auf den textinternen Verfahren mit potenziell erkenntniskritischer Wirkung liegen, die der Dialog als selbstbewusstes Reflexionsmedium historischer Wissensbestände kennt. Jenseits der direkt skeptisch lesbaren Strategien (etwa dem Disput *in utramque partem* oder der Urteilssuspension) sowie der indirekt beziehbaren Prinzipien (wie dem epistemisch reduzierten Meinungs- und Vermutungswissen) sollen in den folgenden Lektüren Erscheinungsformen und Funktionen der Negativität ausführlicher berücksichtigt werden, deren zahlreiche Spielarten in ihrer besonderen Aufschlusskraft für die textuelle Bedeutungsproduktion noch nicht genügend Beachtung gefunden haben. Negative Sinnmomente lassen sich dabei, so unsere Grundannahme, als Paradoxiesignale bzw. epistemische Störungen auffassen, die Verschiebungsprozesse in der historischen Wissensordnung anzeigen, zugleich aber auch ein eigenes ästhetisches Beirrungspotenzial kennen. Im Sinne der Überlegungen von Michael Gamper tritt hier zunächst das literarische Nichtwissen auf zwei Ebenen in den Blick.[100] Während das ‚temporäre Nichtwissen' einen vorübergehenden, prinzipiell aber behebbaren Mangel an Information meint, ist im Entwurf des Germanisten mit ‚strukturellem Nichtwissen' ein Effekt historischer Diskursregulierung und -verknappung im Sinne Michel Foucaults gemeint, nämlich das diskreditierte, verdrängte, als falsch oder antiquiert geltende Wissen, das aus dem Wahren ausgeschlossen wird als „Abjekt von gesetzten Ordnungen"[101]. Gerade im Bereich der frühneuzeitlichen Naturdialoge als Reflexionsort einer zunehmend dynamisierten klassischen Kosmographie kann gezeigt werden, wie das veraltende Wissen des scholastischen Aristotelismus noch einmal ästhetisch produktiv gemacht und einer differenzierten Zeitdiagnose unterzogen wird. – Demgegenüber zeigt sich das Nichtverstehen als sprachliches Ereignis wieder stärker textimmanent im inszenierten Figurengespräch, wo es auf dem Boden der von Dirk Westerkamp entwickelten Beschreibungskategorien, die zu seinem größeren sprachphilosophischen Projekt der ‚Anoetik' gehören, aufgeschlüsselt werden kann.[102] Vordergründig gehört solches Nichtverstehen gewiss zum üblichen Repertoire didaktisch konventioneller Dialoge, wo Unverständnis, Staunen und Ungläubigkeit dem Magister Gelegenheit zur ausführlichen Darlegung einer orthodoxen Lehrmeinung bieten. Nun kennzeichnet den Dialog der

100 Vgl. Gamper 2012; Geisenhanslüke 2012; vgl. Kapitel 2.2., 2.3.4.
101 Gamper 2012, S. 16.
102 Vgl. Westerkamp 2014, S. 63-99, weiter Kapitel 2.3.4.

spanischen Renaissance jedoch, wie oben bereits angedeutet, gerade die Tendenz zur Indexikalisierung von Wissensherstellung, also zur stärkeren poetischen Ausarbeitung des Gesprächsrahmens, in deren Zuge neben der Ausmalung von Raum und Zeit auch die Charaktere an individuellem Profil gewinnen. Umso mehr wirken dann aber Sprachgebärden oder Attribute des Nichtverstehens, die einzelnen fiktiven *personae* zugeordnet werden, auf das verhandelte Wissen zurück: Die Durchbrechung doktrinalen Sagens und Sprechens kann das aufgebotene Wissen als unlogisch, kontraintuitiv, überkomplex oder potenziell falsch ausweisen. Leicht zu unterschätzen ist dabei auch, dass selbst dort, wo der Magister im Gespräch alle Zweifel ausräumt und weitere Vertiefungen überflüssig scheinen, die Beirrung, ja Trübung der empfohlenen Einsicht in der textuellen Makroproposition stehenbleibt, gleichsam inferentiell nachwirkt. Es handelt sich dann um ein imaginär verhandeltes Wissen, das – zumindest mit Blick auf die poetische Figurenkonstellation bei Pedro Mexía und Pedro de Mercado – offenbar von gebildeten Stadtbürgern rational bezweifelt werden kann, also möglicherweise dem Irrtum unterworfen ist.

KAPITEL 2

Perspektiven einer Gattungslogik

2.1 Dialogische Fiktionalität: Gesprächsmimesis im Zeichen der Nachdenklichkeit

2.1.1 *Skalen der Epistemisierung*

In der Literaturgeschichte des 16. Jahrhunderts zählt der Dialog zu jenen humanistischen Gattungsformen, die innerhalb eines fiktionalen Darstellungsrahmens hohe Mengen an epistemischen Aussagen aufnehmen, welche aus den Bereichen der religiösen Doktrin oder des innerweltlichen Real- und Sachwissens entnommen sein können. Ähnlich wie fiktive Deklamationen und Satiren, die etwa historische Ereignisse und moralische Zeitdiagnosen verknüpfen, oder die gelehrte Epistel, so zeichnet sich auch der Dialog durch eine imaginäre Verhandlung von *episteme* im Äußerungsmodus der *fictio* aus.[1] Dialoge der Renaissance sind daher, so eine erste allgemeine Annäherung, die poetische Nachahmung eines wissensbezogenen Gesprächs, für das sich in den Forschungstraditionen entsprechend Begriffe der „Gesprächsfiktion" oder der „ficción conversacional" eingebürgert haben.[2] Die kennzeichnende hybride Überlagerung von Philosophie, Wissen und Kunst ist dabei im frühneuzeitlichen Dialog womöglich stärker vorangetrieben als in den anderen humanistischen Genremustern, da hier die Epistemisierung der Fiktion oft durch einen sehr umfassenden Import faktualer Sinnkontexte geprägt wird. Hierin liegt auch ein entscheidender Unterschied zu Wissensinszenierungen etwa im Epos oder in der Novelle der Renaissance, in denen einzelne doktrinale Exkurse mithilfe bestimmter Erzählstrategien, etwa des Vortrags oder der Traumerzählung, klar von den ‚dominant' fiktionalen Gebieten abgrenzbar sind, also eher den Charakter einer Unterbrechung besitzen.[3] Im Fall der durchgehend hybridisierten Dialogform kann Bernd Häsner hingegen den

1 Vgl. zum literarischen Spektrum solcher ‚Fiktionen des Faktischen' in der Renaissance die konzise Einleitung bei Schneider/Traninger 2010, allgemein zur epistemisch-literarischen Hybridität des Dialogs Rallo Gruss 1996; Häsner 2004; Häsner 2006; Hempfer 2002[b]; Hempfer 2004; Solervicens 2005; Traninger 2012; Gómez 1988; Gómez 2000; Gómez 2015[b]; Vian Herrero 1988; Vian Herrero 2010[a].

2 Vgl. etwa Häsner 2004, S. 13-19; Vian Herrero 1988; Vian Herrero 2010[a].

3 Vgl. zu solchen Wissensinszenierungen im Epos der spanischen, französischen und italienischen Renaissance die umfassende Studie von Friedlein 2014, hier S. 16-17, für die spanische Novelle etwa Beispiele wie bei Albert 2016[b].

 | DOI:10.30965/9783846766835_003

Grundriss der Gattung als „Theoriediskurs im Modus der Fiktion“[4] beschreiben: Im Rahmen einer inszenierten Kommunikationssituation wird ein fiktives Gespräch entfaltet, dessen Verlaufsgestalt einen polyperspektivischen Meinungsaustausch abbildet, der der Wissensentfaltung dient. Gezeigt wird dabei eine Argumentationsgemeinschaft aus mindestens zwei *personae*, die sich der Verhandlung und Erschließung eines bestimmten Gegenstandsbereichs widmen.[5] Gleichwohl bleibt, wie Häsner selbst problematisiert, die begriffliche Konsistenz der ‚Theoriebildung‘ hier tendenziell unbefriedigend, da deren Semantik vor allem die philosophischen Dialoge platonischer Prägung in Erinnerung bringt, weniger aber die satirischen Werke Lukians oder auch die enzyklopädischen Gespräche der Humanisten, die gerade in der spanischen Renaissance quantitativ einen sehr bedeutenden Teil des historischen Textkorpus ausmachen: „gemeint ist natürlich ein ‚schwacher‘ Begriff von Theorie, der weder historisch genauer spezifiziert ist noch im Sinne eines modernen Theoriebegriffs notwendig bestimmte Standards an logischer Strenge und Systematizität impliziert.“[6] In den folgenden Ausführungen möchten wir daher den Begriff der Theorie zugunsten desjenigen des Wissens aufgeben und zeigen, wie sich *episteme* und *fictio* im Dialog verschränken und wie durch die Epistemisierung des literarischen Gesprächs besondere Formen von Fiktionalität unter den Voraussetzungen einer vormodernen Wissensformation der Frühen Neuzeit herausgebildet werden. Zugleich wird mit dieser terminologischen Umbesetzung verdeutlicht, dass Dialoge oft weniger eine Theorie bilden, also grundsätzlich neue Aussagen über Wirklichkeit herbeiführen, sondern eher schon bestehende Wissensdiskurse aufnehmen und in einem fiktionalen Reflexionsraum zur Diskussion stellen, um sie dort unterschiedlichen Kommentierungen zuführen. Das Wissen des Dialogs ist ganz überwiegend Stoffen aus der *scientia* oder den *artes* entnommen, die dem Text gegenüber vorgängig sind. Die begriffliche Verschiebung ist daher als eine Präzisierung zu verstehen, die die Bedeutung der literarischen Dialoge als Speicherungs- und Transformationsmedium historischer Wissensdiskurse erschließt.

Mit Blick auf das Merkmal der Hybridisierung sind dann grundsätzlich verschiedene Mischformen denkbar, die den fiktionalen Grundrahmen der Gattung bald betonen, bald in den Hintergrund drängen. Abhängig von Intention und Struktur des einzelnen Werks können so gleichsam variable Proportionen aus *episteme* und *fictio* entstehen, die sich dann historischen

4 Häsner 2004, S. 19.

5 Vgl. die ausführliche Darlegung ebd., S. 19-23.

6 Ebd., S. 19.

Realisierungen in der spanischen Tradition zuordnen lassen. Dialoge können einerseits als didaktisches Instrument zweckgebundener Unterweisung in konkreten Gebrauchskontexten erscheinen, etwa in der Katechese oder im Sprachunterricht. Diese instrumentellen Dialoge entfalten meist nur eine schwache Poetizität, hier ist das diegetische Universum des fiktiven Gesprächs rudimentär und schematisch ausgearbeitet oder fehlt ganz. Der Text zeigt sich als Sequenz doktrinal vorgestanzter Formeln und vorgängiger Wahrheiten, er arbeitet weniger mit der bildhaften Imagination eines Zwiegesprächs, sondern eher mit Schablonen typisierter Sprechhandlungen. In der meist zweigliedrigen Figurenkonstellation stehen sich allwissender Magister und fragender Schüler gegenüber, deren Wortwechsel einen formalisierten Lernprozess zeigt. Diesem Grundtyp der instrumentellen Dialoge lassen sich dann am anderen Extrempol stärker literarisch ausgebaute Fiktionen entgegensetzen, die vorwiegend im Milieu humanistischer Gelehrter und Funktionäre, akademischer und adliger Bezugssozien angesiedelt sind, so im Fall der Wissensdialoge, oder aber mit mythologischen, allegorischen und satirischen Elementen arbeiten, wie in lukianischen Texten. Gesteigerte Komplexität entsteht hier zunächst durch eine angehobene Sprecherzahl, die ein vielstimmiges, dialektisches bis polemisches Gespräch ermöglicht, zugleich ist dieses eher prozedural als resultathaft markiert, als offener Prozess des Suchens und Forschens einer fiktiven Argumentationsgemeinschaft, die ihre meinungsbegründeten Auffassungen zur Geltung bringt. Darüber hinaus werden die Verfahren der fiktionalen Gestaltung stärker elaboriert, die hier den indexikalischen Ausbau der Gesprächssituation betreffen, also die Vertiefung der Figuren und der raumzeitlichen Kontexte, aber auch die sprachlich-ästhetischen Mittel der humanistischen Rhetorik, all diese Elemente können dann auf die epistemische Verhandlung im engeren Sinne zurückwirken und so ein komplexes Ineinander von Bedeutungsproduktion herstellen.

In diesem poetologischen Spannungsfeld aus instrumentellen und literarischen Gesprächsfiktionen bezieht dann das historische Textkorpus des 16. Jahrhunderts in Spanien sein besonderes Gewicht, das im Inventar von Jesús Gómez insgesamt 173 überlieferte Dialoge umfasst, die vom hohen publizistischen Erfolg der Gattung zeugen.[7] Das spezifische Profil dieser Genrebeiträge ist in der vorliegenden Forschung kontrovers bewertet worden. Grundsätzlich lässt sich von einem quantitativen Übergewicht der instrumentellen Gattungsexemplare ausgehen, die mit pädagogischer Absicht

7 Vgl. Gómez 1988, S. 217-230, hinzu kommt die Kunde von weiteren zehn verloren gegangenen Werken, vgl. ebd., S. 233-234. Zum Problem der Korpora vgl. auch Ferreras 1985, S. 16-46; Redondo Pérez/Sánchez Bellido 2016.

ein archetypisches Lehrgespräch zwischen *magister* und *discipulus* darstellen. Den Extrempol stellen gewiss katechetische Dialoge etwa von Gaspar Astete (*Catecismo de la doctrina cristiana*, ca. 1593) oder Domingo de Soto (*Summa de la doctrina christiana*, 1554) dar, in denen die literarische Ausgestaltung zugunsten eines formelhaften Prüfungsgesprächs reduziert ist: „se trata de un examen [...] y no de un verdadero diálogo. Se sacrifica la mímesis conversacional y la argumentación dialógica en favor de la eficacia pedagógica."[8] Im Blick stehen hier allgemein Dialoge der Vermittlung abgeschlossener doktrinaler Wissensbereiche, die auf eine Konformität zwischen den Überzeugungen von Lehrer und Schüler abzielen. Wie die Untersuchungen von Jesús Gómez und seinem akademischen Lehrer Domingo Ynduráin gezeigt haben, handelt es sich bei diesen zahlenmäßig weit dominierenden Dialogen neben den Dialog-Katechismen meist um religiöse und moralphilosophische Texte, um Texte zu historischem und berufsbezogenem Fachwissen, daneben dann um Lehrwerke aus dem Bereich der Rhetorik, der Grammatik und des Sprachunterrichts. Typische Belege wären hier geistliche Dialoge von Luis de Granada, Juan de Cazalla, Juan de los Ángeles oder Alonso de Orozco, sprachliche Lehrdialoge von Juan Lorenzo Palmireno, Juan de Guzmán oder Pedro de Navarra, oder *oficios*-Dialoge zum Militär (Francisco de Valdés, Diego García de Palacio) und zur Chirurgie (Francisco Díaz), um nur einige Beispiele zu nennen.[9] Dieser hohen Anzahl instrumentell-didaktischer Gespräche steht dann eine kleinere Gruppe literarisch stärker ausgebauter Dialoge gegenüber, in denen es weniger um eine apriorisch fixierte Wahrheit geht. Solche meist mit mehreren Sprechern ausgestatteten Texte können als offene Polemik oder kollektive Suche einer fiktiven Argumentationsgemeinschaft angelegt sein. Diese inhaltlich-formal elaborierteren Dialoge sind im spanischen Textkorpus des 16. Jahrhunderts in der Minderzahl, womöglich aber diskursgeschichtlich aufschlussreicher als die vielen doktrinalen und gleichsam affirmativen Gattungsexemplare, da sie eher auf Befragung als auf Bestätigung historischer Wissensdiskurse ausgerichtet sind und kritische Momente der Skepsis enthalten können. Typische Beispiele wären hier lukianisch beeinflusste Werke wie Juan de Jaravas *Colloquio de la moxca, y de la hormiga* (1544), Villalóns *Ingeniosa comparación entre lo antiguo y lo presente* (1539), dann insbesondere Pérez de Olivas *Diálogo de la dignidad del hombre* (1546), aber auch die Dialoge von Pedro Mexía (1547) und Pedro

---

8 Gómez 2000, S. 60, zu den spanischen Dialog-Katechismen vgl. ebd., S. 53-61.

9 Vgl. zur genauen Aufstellung dieser Teilkorpora als Beleg für den grundsätzlichen „didactismo del diálogo" im spanischen 16. Jahrhundert insbesondere Gómez 1988, S. 15, 199-216, Gómez 2000, S. 22-26, zum didaktischen Grundzug auch noch einmal Ynduráin 2006, hier S. 343-348.

de Mercado (1558).[10] Gleichwohl erscheinen auch in dieser Gruppierung geistliche Dialog-Katechismen, etwa mit reformatorischem Einfluss wie bei Juan de Valdés' *Diálogo de doctrina cristiana* (1529) oder Constantino Ponce de la Fuentes *Suma de doctrina cristiana* (1543).[11] Auf den Wert dieser quantitativ unterlegenen Gegendokumente zur didaktischen Hauptströmung deutet vor allem die Studie von Jacqueline Ferreras hin, die in den skeptischen Dialogen die eigentliche Erfüllung der erkenntniskritischen Gattungslogik sieht; sie sind die vollkommene „expression littéraire d'une nouvelle conscience", deren aufgeklärte Subjektivität auf den „effet de rationalisation" und die Emanzipation des Individuums in der frühneuzeitlichen Ideengeschichte abzielt.[12] Eine ähnliche Sichtweise, wenn auch ohne diesen ideologischen Unterbau, findet sich bei Asunción Rallo Gruss, die vor allem jene Gespräche in den Vordergrund stellt, die als quasi-sokratischer Prozess des Wissens und Lernens aufgebaut sind,[13] so dass ihr die Gattung grundsätzlich als offene „escritura dialéctica"[14] gilt, so der Titel der entsprechenden Monographie.

Verbindendes Moment der heterogenen Gattungsexemplare bleibt im Sinne unserer einleitenden Überlegung indessen die Epistemisierung der Fiktion durch den Einbezug umfassender Wissensmengen, die auf die Bereiche der *scientia* und der *artes* im historischen Kontext zurückverweisen. Für solche Formen von Hybridisierung finden sich im Bereich der poststrukturalistischen Theoriebildung etablierte Beschreibungsmodelle der Interferenz oder der Interdiskursivität.[15] Aus historischer Sicht stößt die Retrojektion solcher Theoriesprache indessen an Grenzen und schattet tendenziell ab, wie ambivalent und kritisch das Problem der Diskursvermischung aus zeitgenössischer Perspektive empfunden werden konnte, und zwar insbesondere mit dem zunehmenden Einfluss der neuaristotelischen Dichtungsreflexion.[16]

10 Vgl. den Überblick bei Gómez 2000, S. 26-35.

11 Vgl. zu diesem letzteren Dialog Nagel 2021.

12 Vgl. zur Grundthese der Studie insbesondere die Einleitung und das Schlusskapitel in Ferreras 1985, S. 3-14, 1077-1088, Zitate aus dem Werktitel und S. 1078.

13 So heißt es in der einleitenden Gattungscharakterisierung: „El diálogo refleja el mismo proceso de la conquista del saber: dudas, equivocaciones, limitaciones ... hasta alcanzar la sabiduría tras un proceso de discusión y experimentación reproducible —y asimilable en sus consecuencias— por cada lector. [...] el discípulo aprende razonando a la manera socrática." (Rallo Gruss 1996, S. 10-11, vgl. ebd., S. 7-16, anders Gómez 2000, S. 22)

14 Vgl. Rallo Gruss 1996.

15 Etwa im Sinne von Link 1988.

16 Vgl. hier zunächst Schwartz 1992, S. 2, 27. Die Bemühungen der historischen Poetik zielen für Schwartz eben auf ein „racionalizar la mezcla de discursos" (ebd., S. 27) im Kontext der zunehmenden Normierung des Gattungssystems im 16. Jahrhundert durch die Präzeptisten, vgl. im Folgenden Kapitel 2.1.3 und 2.1.4.

2.1.2 *Wissensgespräche im gattungsgeschichtlichen Kontext*

Selbst eine sehr weitgehende Epistemisierung des inszenierten Gesprächs stellt dann aber den grundsätzlich dichterischen Charakter auch stark moralisierender oder enzyklopädischer Dialoge kaum in Frage, auch sie bleiben im Feld der historischen Fiktionspoetik verankert und besitzen dort ihre imaginativen Spielräume. Hierfür spricht im Kontext des frühen 16. Jahrhunderts eine weiterführende gattungstheoretische Überlegung, denn mit Blick auf das Redekriterium überlappt sich der humanistische Lehrdialog mit vergleichbaren anderen Formen dialogischen Sprechens in den Komödien, Satiren und Prosafiktionen; er kennt offensichtlich strukturelle Homologien zu einem ganzen Spektrum literarischer Genera und kann daher in einem übergreifenden Feld poetischer Praktiken situiert werden. Aus systematischer Sicht lässt sich dieses Phänomen der Familienähnlichkeiten mit Klaus Hempfers Ausführungen zur *Gattungstheorie* (1973) näher erläutern. Dieser Entwurf greift auf verschiedene Überlegungen des Strukturalismus bei Piaget sowie insbesondere der generativen Grammatik zurück, deren Annahme einer determinierenden Beziehung von programmhafter Tiefenstruktur und textuellen Phänomenen auf der Oberflächenebene nun erstmals auf Probleme der Gattungstheorie gerichtet wird.[17] So entwickelt Hempfer einen grundsätzlich kommunikativen Gattungsbegriff, der seinen Ausgang im Redekriterium nimmt. Dabei bildet jeweils eine ‚performative' oder ‚berichtende' Sprechsituation (im linguistischen Sinn) das Fundament aller generischen Strukturen, diese wurzeln folglich in universalen Aussagemodi mimetischer oder diegetischer Prägung, deren Spielregeln zur allgemeinen pragmatischen Sprecherkompetenz gehören und transhistorisch immer neu aktualisiert werden. Sie tun dies dann in Verbindung mit den weiter differenzierenden Schreibweisen, bei denen sich primäre Merkmale wie ‚dramatisch' oder ‚narrativ' (die dann der performativen oder berichtenden Sprechsituation zugeordnet werden können) von sekundären Merkmalen (wie ‚komisch', ‚satirisch') unterscheiden lassen; diese Elemente treten dann stets in spezifischen Koppelungen auf und werden als solche in historischer Textproduktion wirksam. In diesem Komplex aus Sprechsituation und Schreibweise sieht Hempfer die wirksame Tiefenstruktur ‚generischer Invarianten', die sich dann in konkreten poetischen Werken und schließlich auch in den ‚historischen Gattungen' materialisieren. Deren diachroner Wandel im kulturellen Kontext wäre dann als je neue Transformation der zugrunde liegenden Struktur

17 Vgl. Hempfer 1973, S. 26-27, 225.

beschreibbar.[18] Fasst man so ähnlich konstituierte Texte auf der Objektebene in historischen Familien zusammen, dann entspricht dies einerseits einem meist impliziten Wissen in der Sprechergemeinschaft um poetologische Normen und Schreibkompetenzen, andererseits einer konstruktivistischen Geste der späteren wissenschaftlichen Beschreibung selbst,[19] die durch begründete Gruppierungen vergleichbarer Werke historische Gattungen etabliert.[20]

In der spanischen Renaissance findet sich nun, und das wäre für unseren Zusammenhang entscheidend, eine enorme Fülle historischer Gattungen, in denen die performative dialogische Sprechsituation zusammen mit der dramatischen Schreibweise aktualisiert wird, um nur diese elementaren generischen Invarianten zu benennen. Dieser Komplex realisiert sich eben nicht nur im Dialog qua Gattung, sondern ebenso in den komischen Szenen der pikaresken Romane, den bukolischen Wechselreden, der menippeischen Satire oder überhaupt hybriden Werken wie der *Celestina*. Im weiteren Sinne stünde damit wohl die Frage im Raum, wie dieser markierte Hang zum dialogischen Schreiben in der spanischen Frühen Neuzeit ganz grundsätzlich zu bewerten ist, etwa als Reflex einer konzeptuellen Dialogizität, die im Gespräch das bevorzugte Format der Auseinandersetzung mit Phänomenen der Andersheit findet.[21] Mit Hempfer lässt sich indessen für uns festhalten, dass sich die dramatische Schreibweise zwar prominent im humanistischen Dialog realisiert und dort mit ihren lukianischen, ciceronianischen oder enzyklopädischen Verästelungen ausfaltet, zugleich aber auch in sehr zahlreichen anderen historischen Gattungen erscheint, so dass es auf der Objektebene zu mehrdeutigen Überlappungen kommen kann. Grundsätzlich wird dann deutlich, dass im Lichte der konstitutiven Relation von universaler Sprechsituation bzw. Schreibweise und historischer Gattung verschiedene Aspekte des Dialogs markiert werden können.[22] Zum einen lässt sich bei Betonung der ubiquitären

---

18 Vgl. zu diesen Hauptgedanken und der spezifischen Terminologie Hempfers ebd., S. 26-29, 221-228.

19 Vgl. zu beiden Aspekten ebd., S. 124-127.

20 Vgl. ebd., S. 128-191, zum Familienbegriff in Anschluss an Jauß' Überlegungen zur mittelalterlichen Gattungslehre insbesondere S. 110-114. Eine kritische Auseinandersetzung mit Hempfers Ansatz findet sich u.a. bei Genette 1979, S. 79-82.

21 So die Hypothese bei Wolfgang Matzat mit Blick auf den Schelmen- und den Schäferroman, Dialogizität und Marginalität bilden hier die Signatur einer problematischen kulturellen Identität, die sich im Spannungsfeld des Anderen konstruieren muss, vgl. Matzat 1997, S. 67-82.

22 Eine ähnliche Unterscheidung beschreibt Jesús Gómez, wenn auch ohne den strukturalistischen Überbau Hempfers, die Forschung habe bald den universalen dramatischen Modus, bald die historische Gattungstradition betont: „Porque la reflexión teórico-histórica sobre el género dialogado ha recibido diferentes respuestas de la crítica

Schreibweise ‚in Dialogform' das rhizomatische Geflecht von Affinitäten und Überlappungen zu anderen poetischen Möglichkeiten und hybriden Zwischenformen herausstellen, wie sie gerade in Spanien in fiktionaler Literatur anzutreffen sind (etwa mit Blick auf Werke wie die erwähnte *Celestina, El Crotalón*, bis hin zu *Rinconete y Cortadillo* oder zum *Coloquio de los perros*).[23] Man kann aber zum anderen auch der historischen Gattung mit ihrer Reihe von Referenzwerken folgen, wie dies insbesondere die Dialogforschung der achtziger Jahre mit Editionen und kritischen Studien lukianischer Haupttexte getan hat, wobei der so implizit gebildete Kanon mit seiner Klassifizierung der Spielarten freilich oft eben jene Wissensdialoge an den Rand drängte, die doch in der Epoche selbst zu den meistgelesenen Werken zählten.[24]

Eine Affinität des Dialogs zu anderen Genremustern, die Manifestationen performativen dialogischen Sprechens aufweisen, findet sich jedenfalls bei näherem Blick auf das Panorama der spanischen Literatur des 16. Jahrhunderts in besonderem Ausmaß bestätigt. Sie verdichtet sich hier im topischen Konstat der schwach ausgeprägten Genregrenzen des Dialogs

---

especializada, desde quienes siguen considerándolo todavía una modalidad genérica abierta que se confunde con otras modalidades literarias, como las colecciones de cuentos y la sátira menipea, hasta quienes [...] subrayan tanto la especifidad tanto de sus convenciones literarias como de su tradición genérica" (Gómez 2015[b], S. 48, vgl. ebd.).

23 Diese Durchlässigkeiten hat Lía Schwartz zum Verhältnis Dialog/menippeische Satire herausgearbeitet (vgl. Schwartz 1992, S. 28), allgemeiner und unter Bezug auf zahlreiche eigene Vorarbeiten Jesús Gómez in seinem Überblickskapitel „Los límites del díalogo", wo systematisch die Grenzberührungen zu Dramendialog, Roman/Novelle und kürzeren Prosastücken wie Anekdote, Fazetie, Exemplum bzw. ähnlichen ‚kleinen Formen' ausgelotet werden (vgl. Gómez 2000, S. 119-160, davor schon Gómez 1992). Aus einer anderen Perspektive lassen sich auch Durchlässigkeiten zwischen dem Dialog und den Prosaformen der Epistel sowie der *miscelánea* beobachten, in denen Rallo Gruss die „permeabilidad de la prosa del siglo XVI" insgesamt erkennt (Rallo Gruss 1992, S. 13). Allerdings ist dann nicht mehr das dialogische Redekriterium der Ausweis generischer Transitivität, sondern eher die vergleichbare didaktische Funktion von Fragen und Antworten zu Wissensbereichen, das Motiv der *curiosidad* und der Topos kultureller Dienstleistung, die den entstehenden Bürgerhumanismus kennzeichnen. Identische Wissensbausteine fluktuieren so zwischen Dialog und *miscelánea* (bei Mexía), zwischen Epistel und Dialog (bei López Pinciano oder – mit historischem Abstand – bei Guevara und Luján), vgl. Rallo Gruss 1992; Rallo Gruss 1996, S. 45-53. So entsteht freilich ein relativ weitgefasster Blick auf generische Hybridisierungen, der neben dem hier doch die Ambivalenzen erzeugenden Redekriterium weitere Themen und Topoi humanistischer Prosa berücksichtigt, vgl. das Kapitel „El diálogo, género híbrido" in Rallo Gruss 1996, S. 45-155.

24 Vgl. zu einer solchen Auffassung etwa Guillén 1985, S. 167, zur Forschungsgeschichte Schwartz 1992, S. 2, mit Blick auf die Editionen von *El Crotalón, Diálogo de las transformaciones de Pitágoras, Diálogo de Mercurio y Carón* und anderen, zum Problem eines dialogischen Kanons weiter Gómez 2015[b], S. 55-56.

mit seinem unausweichlich hybriden „*carácter permeable*“[25]. Die mehrfach vorgetragene Einsicht in solche Durchlässigkeiten hat dabei auch ein gattungshistorisches Korrelat in der spezifischen Situation der spanischen Nationalliteratur bis zur Mitte des 16. Jahrhunderts. Folgt man den Überlegungen von Jesús Gómez, so lässt sich hier gerade in der Zeit bis um 1550 von einer formativen und transitiven Phase der Gattungslandschaft ausgehen, die im Kontext einer antik ausgerichteten Imitatio-Poetik steht, zugleich aber auch italienische und volkstümliche Tendenzen aufnimmt. Mit den Mitteln der kastilischen Volkssprache wird grundsätzlich ein „clasicismo en el sistema literario renacentista“[26] angestrebt, als Rückgriff auf antike, in der Renaissance erneuerte Gattungstraditionen, wie sich zunächst an der rasch kanonisierten Lyrik Garcilasos, später auch an Prosaformen wie dem Dialog mit seiner prestigereichen Vergangenheit bei Plato, Cicero und Lukian ablesen lässt. Während dieser sukzessiven Ausgliederung dessen, was Hempfer als historische Gattungen bezeichnet, prägen dann aber gerade hybride Mischformen und Übergangsphänomene das Bild. Die Besonderheit der Gesprächsgattung mit ihrer universalen dialogischen Schreibweise besteht nun darin, dass ihr oft eine Schlüssel- oder Scharnierstellung im Geflecht entstehender Formen und Typen zukommt, im Sinne einer Öffnung generischer Felder und eines Arrangements nicht theoretisch explizierter, aber auch nicht ausgeschlossener Konstellationen.[27]

Solche hybriden Überlappungen betreffen natürlich in erster Linie die lukianischen Dialoge mit ihrer Nähe zum dialogischen Sprechen in der Komödie: Rasche Replikenwechsel mit hoher Unterbrechungsfrequenz und satirische Zeitkritik stärken die mimetische Komponente und den charakteristischen Habitus von Figuren, die so an performativer Plastizität in der Außenseite der Wahrnehmung gewinnen – auch wenn die fiktiven Gespräche nicht zur Aufführung gedacht waren, sondern ihren Spielraum allein in der Imagination des Lesers hatten. Die Familienähnlichkeit zwischen Dialog und Theater kann dann noch durch die Integration genuin dramentypischer Verfahren verstärkt werden, nämlich den Monolog, das Apartesprechen oder den Einbau deiktischer Hinweise, die dann in der Gesprächsmimesis wie ausformulierte Bühnenanweisungen erscheinen (etwa wenn *personae* den Aufgang bzw. Abtritt oder allgemein das Handeln einer weiteren Figur erwähnen). Solche

25 Schwartz 1992, S. 2. Dieser Topos der durchlässigen Gattungsgrenzen des Dialogs bildet das gemeinsame Thema einer Ausgabe der Zeitschrift *Ínsula* 542 (1992) mit der Überschrift „El diálogo en la cultura áurea: de los textos al género“, vgl. darin insbesondere die Beiträge von Schwartz, Gómez, Rallo Gruss, Sevilla Arroyo.

26 Gómez 2015[b], S. 51.

27 Vgl. ebd., S. 48-56.

Verfahren prägen die Dialoge der lukianischen Tradition wie *El Crotalón* und dessen Vorläufer, den *Diálogo de las transformaciones de Pitágoras* (ca. 1530), aber auch die unseren Wissensdialogen näher stehenden erasmischen Texte, etwa die für den Spracherwerb konzipierte *Linguae latinae exercitatio* (um 1538), in der Manuel und Eusebio von der Magd Beatriz in witzigem Wortwechsel zum Lernen angehalten werden – kleine „escenas costumbristas", die an die Tradition lateinischer und humanistischer Komödien erinnern.[28]

Im Übergangsbereich von Dialog und Erzählung tritt noch deutlicher hervor, inwiefern die fiktiven Gespräche der spanischen Renaissance in einem sehr dynamischen, teils schwer zu entwirrenden Feld literarischer Praktiken verwurzelt sind, zum Beispiel mit Blick auf das Phänomen eingelegter Binnenerzählungen. Erneut sind lukianische und erasmische Texte von solchen Überschneidungen besonders stark betroffen, zum Beispiel Alfonso de Valdés' *Diálogo de Mercurio y Carón* (1529) mit seiner Prozession zahlreicher allegorischer Seelen im zweiten Teil, die gleichsam als intradiegetische Erzähler ihre Lebensgeschichte darlegen. Zwei besonders komplexe Felder öffnen sich auch mit dem Schäferroman und dem Schelmenroman, genuin spanischen Modellen, für die eine strukturelle Homologie zum Dialog behauptet worden ist und die das Phänomen der Grenzverwischung zwischen Dialog und Novelle bzw. Roman bis zur Mitte des 16. Jahrhunderts verdeutlichen. So teilen Montemayors *Siete libros de la Diana* (1559) mit dem anonymen *Diálogo entre Cilenia y Selanio* (ca. 1555) die strukturelle Anlage eines rahmenden Gesprächs, in dem die Hirten ihr Liebesleid berichten und als Binnengeschichten ausführen, auch wenn der genannte bukolische Dialog letztlich die genregemäß lehrhafte Funktion wahrt. Wenn dann im pastoralen Dialograhmen aber interpolierte Geschichten weiter expandieren, können sie ihren doktrinalen Grundzug verlieren und in Novellen umschlagen – ein Übergangsprozess, den exemplarisch der abschließende Hirtendialog in Torquemadas mehrteiligen *Colloquios satíricos con un colloquio pastoril y gracioso al cabo dello* vorführt. Während in den ersten Teilen noch die Hirten als Instanz naturphilosophischer Belehrungen auftreten, verschiebt der abschließende Dialog den Schwerpunkt mit ausführlichen Erzählungen und Traumvisionen, die an Dante und Boccaccio anknüpfen, stark hin zu romanhafter Literarizität: „Queda clara la singularidad de este coloquio VII de Torquemada, que está en los límites del diálogo como género didáctico o argumentativo, más bien

---

28 Vgl. Gómez 2000, S. 119-126 (Zitat S. 123), mit Verweis auf vergleichbare humanistische Dialoge wie den erasmischen *Colloquium elegans* (1542) von Juan Bernal Díaz de Luco oder Werke von Maldonado und Cervantes de Salazar.

reclama su pertenencia al género de la novela dialogada."[29] – Auch die Anfänge des Schelmenromans sind mit den dann sozusagen als Aggregat aufgefassten Linien der menippeischen Satire und des lukianischen Dialogs in Verbindung gebracht worden. Gerade das episodische Erzählschema mit den verschiedenen Wandlungen etwa des Hahns im *Diálogo de las transformaciones de Pitágoras* ist auf den Pikaro mit seinen wechselnden Dienstverhältnissen und sozialen Stellungen bezogen worden; beide teilen auch den peripheren Blick auf die Gesellschaft im Zeichen ironischer Distanz. Freilich bleiben die Gespräche zwischen Micillo und dem Hahn bis auf wenige belebte Sequenzen (etwa das Wecken Micillos zu Beginn) eher statisch und ohne echtes Handlungsschema, beide Figuren sind unbeweglich, während der Protagonist des *Lazarillo de Tormes* (1554) als pikaresker Archetyp den sozialen Aufsteiger vorstellt, der die Grenzen verschiedener Teilräume überschreitet und seinen Weg in einer kohärenten Autobiographie modelliert. Die Kontroverse, ob nun die Anfänge der Pikareska überhaupt im lukianischen Dialog zu sehen sind oder hier doch bloß oberflächliche Analogien vorliegen, zeigt erneut die Schwierigkeit exakter Grenzziehungen in einem formativ-dynamischen Feld der Gattungsgeschichte, zumindest aus der Rückschau. Für die historischen Verfasser selbst waren die fluktuierenden Grenzen wahrscheinlich weniger problematisch oder pertinent, wie Maxime Chevalier bemerkt hat.[30] Gleichwohl legen einzelne Fallbeispiele, wie angedeutet, nahe, dass der Dialog auch als mögliche Triebfeder einer Genealogie neuzeitlicher literarischer Gattungen in Spanien gesehen werden kann.

Das Spektrum solcher Familienähnlichkeiten zwischen Dialog und Komödie sowie Dialog und Prosafiktion kann mit diesen knappen Hinweisen gewiss nur angedeutet, nicht erschöpfend ausgeschritten werden. Es wird aber erkennbar, dass das poetische Schreiben in Dialogform, meist in Kombination mit verbindenden Themen und Verfahren, genreübergreifend eingesetzt wird und so ein gewisses Oszillieren zwischen den sich konstituierenden historischen Gattungen im Sinne Hempfers zu beobachten ist: Bukolische oder menippeische Konstellationen können eben gleichermaßen ‚in Dialogen' oder aber in anderen Genremustern ‚in Dialogform' realisiert werden, um nur ein Beispiel herauszugreifen. Trotz aller Grenzverwischungen kollabieren aber

29 Vgl. ebd., S. 127-134 (Zitat S. 132), ähnlich Matzat 1997, S. 67-74. Zur Hypothese, dass sich aus solchen Ablösungsprozessen der immer wieder vermutete Übergang vom Dialog (als Gattung) zur Novelle in der spanischen Renaissance ablesen lässt, die sich schließlich in Werken wie Juan de Timonedas *El Patrañuelo* (1567) sozusagen als historische Gattung emanzipiert, natürlich auch unter Einfluss Boccaccios, vgl. Gómez 2000, S. 157-158.

30 „Resulta fácil, a la altura del siglo XX, distinguir estos géneros. El panorama no es tan claro para un contemporáneo de fray Luis." (Chevalier 1999, S. 11, vgl. Gómez 2000, S. 146)

die generischen Bezugsmodelle nicht vollständig. Der Dialog bleibt in den allermeisten Fällen dadurch gekennzeichnet, dass hier Argumentation und Didaxe das Gespräch gegenüber den strukturell letztlich untergeordneten mimetischen Komponenten dominieren.[31] Er verfügt zudem auch über eine eigenständige Gattungstradition mit antiken Architexten und einer mittelalterlichen Stufe, zu der agonale Streitgedichte oder dramatische Eklogen zu rechnen sind. Wichtig bleibt, dass vor dem skizzierten Hintergrund auch der Wissensdialog qua Gattung inmitten dieses dynamischen Panoramas einzuordnen ist und folglich in einem übergreifenden Feld literarischer Praktiken erscheint: „el género dialogado debe ser comprendido en relación al resto de géneros del siglo XVI perteneciente a la prosa de ficción, después de un proceso histórico de continuidades y discontinuidades“[32]. Einzelne der im Interpretationsteil noch näher behandelten Texte führen dies besonders deutlich vor Augen, etwa Pedro Mexías erasmisch beeinflusster *Coloquio del Porfiado* mit seiner Tendenz zur Komik, könnte man doch den starrsinnigen Gelehrten gewiss hier und da als Komödiencharakter wiederfinden, oder die Naturgespräche des *Diálogo natural* in und vor der Kathedrale von Sevilla.

2.1.3 *Historische Poetik: italienischer Kulturraum*

In der Poetologie der Renaissance erhebt der Dialog spätestens seit Carlo Sigonios neuaristotelischem Traktat *De dialogo liber* (1562) explizit den Anspruch, als klar definierte historische Gattung mit eigenen Schreibregeln zu gelten, hieran können die späteren Abhandlungen von Castelvetro, Tasso, Speroni sowie Espinosa de Santayana anknüpfen, die den Dialog ebenfalls als eigenes Genus auffassen und gerade auch in Abgrenzung zu alternativen Formen der Wissensverhandlung wie dem Traktat oder der Epistel profilieren.[33] Wissen kann von den humanistischen Verfassern der Renaissance offenbar in verschiedenen alternativen Formen, im monologischen Traktat wie im mehrstimmigen Dialog materialisiert werden, wobei sich mit der Genrewahl entsprechende Akzentsetzungen und Abtönungen

31 Vgl. die Kriterien bei Gómez 2000, S. 124-126, gleichwohl bleiben auch hier unentscheidbare Zwischenstufen zurück.

32 Gómez 2015[b], S. 49-50.

33 Eine abgrenzbare Gattung im historischen Formenkreis der Prosafiktionen bildet der Dialog für Gómez 1988; Ferreras 1985, S. 1005-1012; Castro Díaz 2004, S. 19-70; hierfür spricht bereits die prestigereiche antike Texttradition selbst. Abweichende Einschätzungen begreifen den Renaissancedialog hingegen eher als offene Form, die sich gerade durch unscharfe Grenzen und Überschneidungen im Konzert anderer humanistischer Genreformen auszeichnet (Epistel, *miscelánea*), vgl. Rallo Gruss 1996, S. 7-16, 45-53; vgl. Kapitel 2.1.2.

von *episteme* verbinden, auf die wir später zurückkommen wollen. Dass es sich beim Dialog dann um eine grundständig fiktionale Gattung handelt, und nicht etwa um ein rein didaktisches oder philosophisches Genre, wird bei den italienischen Präzeptisten zunehmend zum Konsens, die ausgehend von einer kurzen Belegstelle in der wiederentdeckten aristotelischen *Poetik* den Dialog auf den Leitbegriff der Mimesis bezogen und so als dichterische Nachahmung von Gesprächen in Prosaform einordnen konnten.[34] Gleichwohl war diese Auffassung nicht unumstritten und bildete den Gegenstand poetologischer Kontroversen unter den Aristoteles-Kommentatoren, wie im Folgenden noch dargelegt werden soll.

Inwiefern nun die Fiktionalität dialogischer Texte dadurch eine besondere wird, dass hier in ungewöhnlich hohem Ausmaß epistemische Propositionen integriert werden, bildet gewiss keinen zentralen Gegenstand des poetologischen Entwicklungsfelds in Spanien, weder in den späten Reflexionen von Espinosa de Santayana oder López Pinciano, noch in den Schwellentexten der Verfasser von Dialogen. Anders stellt sich die Situation in der italienischen Renaissance dar. Bei mehreren Kommentatoren wird der Dialog systematisch behandelt und ruft aufgrund seiner hybriden Signatur zwischen Philosophie und Dichtung besonderes Interesse hervor. Diese theoretische Provokation des Dialogs als „difficulty for the Renaissance theorist“[35] spiegeln dabei vier Hauptquellen, die in einer kurzen Periode dicht aufeinander folgen: der Traktat *De dialogo liber* (1562) des Humanisten Carlo Sigonio, die fundamentale Gattungskritik des reformatorischen Religionsflüchtlings Lodovico Castelvetro im Rahmen der *Poetica d'Aristoteles volgarizzata et sposta* (1570), die *Apologia dei dialoghi* (1574) des von der Inquisition denunzierten Sperone Speroni und schließlich der konzise *Discorso dell'arte del dialogo* (1584/1585) von Torquato Tasso.[36] Im Fokus dieser poetologischen Reflexionen steht zunächst die Frage nach einer möglichen Einpassung des Dialogs in die Leitkategorien

---

34 Zentrales Beweisstück ist hier eine Passage am Beginn der aristotelischen *Poetik*. Der kleine Exkurs legt dar, dass Dichtung nicht durch Verwendung von Versen, sondern durch Nachahmung von Handlungen definiert werden soll. In diesem Zusammenhang werden die sokratischen Dialoge dann den mimetischen Darstellungsformen zugeschlagen: „Diejenige Kunst, die allein die Sprache, in Prosa oder in Versen […] verwendet, hat bis jetzt keine eigene Bezeichnung erhalten. Denn wir können keine Bezeichnung angeben, die folgendes umgreift: die Mimen des Sophron und Xenarchos, die sokratischen Dialoge sowie – wenn jemand mit diesen Mitteln die Nachahmung bewerkstelligen will – die jambischen Trimeter oder elegischen Distichen oder sonstigen Versmaße.“ (Aristoteles 2006, S. 5-7, vgl. ebd.)

35 Snyder 1989, S. 52.

36 Vgl. zu diesen vier Hauptquellen der Dialogtheorie des *Cinquecento* grundsätzlich Snyder 1989.

der aristotelischen Dichtungslehre, die mehrere Verschiebungen und Umbesetzungen erforderlich macht. In diesem Zusammenhang gelangt schließlich das für uns entscheidende Problem der hybriden Doppelnatur der Dialoge, des spannungsreichen Nebeneinanders von *episteme* und *fictio* zur Sprache, wobei vor allem die poetologischen Kategorien MIMESIS, DECORUM/VEROSIMILITUDO und SCIENTIA/SAPIENTIA vorrangiges Interesse beanspruchen dürfen. Die Antworten auf das dialogische Paradox können dabei ganz verschieden ausfallen: Während etwa Sigonio eine Reduktion der Ambivalenz durch Zergliederung des fiktiven Gesprächs in getrennte Teile fordert, entwickelt Tasso eine bewusste Reflexion der gattungsspezifischen Zwischenstellung. Auf diese beiden Ansätze in der italienischen Renaissancepoetik soll im Rahmen einer theoriehistorischen Digression vertiefend eingegangen werden, auch mit Blick auf die dokumentierten Rezeptionswege Sigonios, der bei den spanischen Dialogverfassern als Referenz genannt wurde.[37] In einem zweiten Schritt sollen dann die spanischen Dichtungsreflexionen im Kontext der besonderen Quellenlage des 16. Jahrhunderts beleuchtet werden. Nach dieser Abbildung von historischen Wahrnehmungen zur Fiktionalität der Wissensdialoge zwischen Italien und Spanien können abschließend Merkmale der dialogischen Inszenierung von Erkenntnisfeldern beschrieben werden.

CINQUECENTO I — Carlo Sigonio und die epistemische Ursprungsprämisse
Als ein maßgeblicher Beitrag der italienischen Dialogtheorie des 16. Jahrhunderts kann der Traktat *De dialogo liber* von Carlo Sigonio gelten, der Griechisch und Rhetorik an den Universitäten von Venedig (1552-1560) und Padua (1560-1584) lehrte und dessen Ruhm sich vor allem auf eine umfassende Geschichte des mittelalterlichen Italiens gründete.[38] Mit der 1562 in Venedig veröffentlichten Schrift zum Dialog legte er seine erste größere poetologische Abhandlung vor, der 1565 die Übersetzung der aristotelischen *Rhetorik* folgen sollte. Der geschichtliche Ort des Traktats liegt damit zunächst im oberitalienischen Zentrum des Aristotelismus, in der Universität von Padua, wo bereits seit dem 14. Jahrhundert die vielfältigen aristotelischen Traditionen Gegenstand gelehrter Diskussion waren, insbesondere im Bereich der

37 Vgl. Gómez 1988, S. 9-10; Ferreras 1985, S. 979-981.

38 Vgl. McCuaig 1989, S. 96-250. Carlo Sigonios *De dialogo liber* liegt in einer modernen kritischen Ausgabe von Franco Pignatti vor (Sigonio 1993), die jedoch teilweise als unzuverlässig kritisiert worden ist, vgl. Lozar 2011, S. 5. Wir stützen uns zu Sigonio im Folgenden vor allem auf die Arbeiten von McCuaig 1989; Snyder 1989, S. 39-86; Hempfer 2004; Hempfer 2013; Lozar 2011; Spranzi Zuber 2001; Spranzi Zuber 2011, S. 133-160; Müller 2013.

Naturphilosophie.[39] Sigonios wahrscheinlich als Ergebnis mehrerer Vorlesungen entstandene Schrift[40] nimmt ihren Ausgang indessen im Kontext der humanistischen Sprachreflexion des *Cinquecento* und partizipiert hier vor allem an zwei Strängen der rinascimentalen Aristoteles-Tradition. So knüpft der Traktat zunächst an die komplexe Poetik-Debatte des 16. Jahrhunderts an, das in der Renaissanceforschung als Zeitalter einer beginnenden Regelpoetik gilt; hierfür können exemplarisch die Dichtungslehren bzw. Kommentare von Robortello, Minturno, oder Maggi und Lombardi einstehen, die die philologische Auslegung und mögliche Anwendung der wiederentdeckten *Poetik* des Aristoteles behandeln.[41] Sigonios Traktat situiert sich damit innerhalb der frühneuzeitlichen Kontroversen um die Dichtungslehre des *philosophus*, die zur Entstehungszeit höchste Aktualität besaßen. Vor diesem Problemhintergrund stellte sich zentral die Frage nach dem allgemeinen Kriterium von Dichtung, „nach dem genauen ‚Was-Sein' […] der Dichtung"[42] und einer analytischen Bewertung ihrer einzelnen Kategorien. Auch wenn die aristotelische Überzeugung, dass Dichtung das Ergebnis von poetischer Mimesis ist, einen vorläufigen Konsens bildete, so blieb doch strittig, ob diese Möglichkeit der Nachahmung nur in Versform oder auch in Prosa bestehe. In dieser Streitfrage nimmt der Traktat *De dialogo liber* seinen Ausgangspunkt. Bejaht man nämlich mit Sigonio die letztere Annahme bezüglich der poetischen Mimesis, dann ist auch der Dialog der Dichtung zuzurechnen und nicht etwa einem Zweig wissenschaftlicher Sachtexte.[43] Neben der Verbindung zur stagiritischen *Poetik* ist dann der Bezug zur *Topik*-Rezeption in *De dialogo liber* zu nennen. Dialoge sind die Nachahmung eines dialektischen Gesprächs mit seinen spezifischen

39 Vgl. den Überblick bei Keßler 2008, S. 139-183.

40 Sigonio machte ab 1560 Kommentare zur aristotelischen *Poetik* zum Gegenstand jener Vorlesungen, denen auch Tasso beiwohnte, vgl. McCuaig 1989, S. 50-51.

41 Wir greifen aus der Fülle der Forschungsliteratur insbesondere die Übersichten bei Kappl 2007 und Leinkauf 2017, S. 526 ff., heraus. Leinkauf betont dabei zu Recht, dass die erwähnte Tendenz zur Regulierung und Systematisierung poetischer Praxis – zumindest im deskriptiven Sinne akademischer Poetiken – ihren Gegenpol hat in der zeitgleichen Wertschätzung von Abwechslung und Vielfalt, von *varietà* und *contrarietà*, vgl. ebd.

42 Leinkauf 2017, S. 531, vgl. ebd.

43 Den Hintergrund bildet bekanntlich eine philologische Auseinandersetzung unter den italienischen Aristoteles-Kommentatoren, die sich an der (aufgrund korrupter Textüberlieferung) grammatisch zunächst unklaren und daher ambivalenten Passage aus dem ersten Kapitel der *Poetik* entzündete (vgl. Aristoteles 2006, S. 4-7). Vertreten wurde dabei etwa von Robortello und Sigonio eine Lesart, derzufolge Dichtung allein durch Nachahmung definiert werde, also auch für Prosagattungen wie den Dialog offen sei, während andere Deutungen ausdrücklich die Versform als maßgebliches Kriterium festhielten (so Pazzi de' Medici, später auch Castelvetro) und den Dialog nicht als Dichtung gelten ließen, vgl. Müller 2013, S. 10-23, weiter Snyder 1989, S. 41-45, McCuaig 1989, S. 42-53.

argumentativen Strategien, wie sie Aristoteles in der *Topik* dargelegt hat, so dass ein Nachdenken über den Dialog notwendig die entsprechenden Techniken der Gesprächsführung berücksichtigen muss.[44] Auch diese antike Schrift, die über die mittelalterliche Schultradition bei Boethius und Albert dem Großen überliefert war, wird im Paduaner Aristotelismus neu gewürdigt und interpretiert, sowohl im Licht des wiederentdeckten *Topik*-Kommentars Alexanders von Aphrodisias als auch in Agostino Nifos 1540 posthum veröffentlichter kommentierter Übersetzung.[45] Die umfangreiche Regelschrift *De dialogo liber*, die Sigonio nun dem Dialog zukommen lässt, fügt sich damit in das hier nur knapp skizzierte aristotelische Entwicklungsfeld ein. Sie gehört zugleich in die angedeutete Reihe von akademischen Poetiken, die die hohe Geltung der aristotelischen Dichtungslehre oft gerade durch deren Anwendung auf neue, oder zumindest im griechischen Ausgangstext unberücksichtigte Gattungen zu beweisen suchten, etwa die Elegie oder die Komödie.[46] Grundsätzlich gilt also: Wenn den Dialog des 16. Jahrhunderts immer schon eine Verbindung mehrerer Traditionslinien kennzeichnet, namentlich der Dialektik, der humanistischen Rhetorik und der antiken Modelle selbst, dann lagert sich folglich mit der italienischen Theoriebildung noch einmal die aristotelische *Poetik*- bzw. *Topik*-Rezeption als weiterer Bezugsdiskurs an.

Das wesentliche Anliegen des Traktats ist die Emanzipierung und theoretische Differenzierung der Dialogform, deren besondere Geltung Sigonio allerdings nicht in der rinascimentalen Konjunktur dieser Gattung, sondern vielmehr allein in den prestigereichen antiken Modellen verbürgt sieht, freilich unter Ausschluss Lukians.[47] Folglich liegt eine strategische Perspektive

---

44 Vgl. Hempfer 2004, S. 72-74.

45 Vgl. dazu kurz Spranzi Zuber 2001, S. 306-307.

46 So konnten aristotelisch fundierte Gattungstheorien zu prestigereichen Veröffentlichungen werden, die die eigene Positionierung im kulturellen Feld positiv beeinflussten, dies zeigen etwa Robortellos kurze Abhandlungen *De elegia* und *De comoedia*, die seiner Ausgabe der stagiritischen Poetik von 1548 als Anhang beigegeben waren, oder Giovanni Battista Giraldis Traktate zur Satire, zur Komödie und anderen Genremustern, vgl. Snyder 1989, S. 44-45. Zweifellos verweisen solche Lehrwerke immer schon auf die frühneuzeitliche Auffassung von Poetik als lehr- und erlernbarer Kunst, die entsprechend auf die analytische Freilegung der inneren Bauformen konkreter Genremuster angewiesen bleibt.

47 Der explizite Ausschluss Lukians aus dem Kreis nachahmenswerter Autoren in *De dialogo liber* (u.a. Sigonio 1993, S. 152, 154) hängt in erster Linie mit Sigonios Auffassung zusammen, dass der Dialog vor allem philosophische Themen behandeln soll, hierauf ist noch zurückzukommen. Neben diesem Interesse an einem seriös angelegten Gattungsverständnis, das sich an Platon und Cicero orientiert, verweist indessen Gernot Michael Müller noch auf womöglich schwerer wiegende systemische Gründe, die gegen Lukian sprechen. Dessen meist komisch-satirische Dialoge kennzeichnet nämlich eine starke Überlappung mit anderen Formen dialogischen Sprechens, sie besitzen eine starke

der Schrift in der „grundsätzlichen Nobilitierung des Genres, die er [Sigonio] durch ein bewusstes Anknüpfen an die antike Dialogtradition gewährleistet sieht."[48] In diesem Sinne formuliert bereits der Widmungsbrief an Giovanni Morone, den Kardinalbischof von Modena und Novara, hier programmatisch das Ziel: „antiquum morem dialogorum [...] praeceptis litterarum includere atque ad aliquam artis rationem revocare"[49]. Die scholastische, methodisch aufgebaute Darstellung der dialogischen Bauformen, die dann im Traktat selbst folgt, will dabei ausdrücklich auf der Grundlage aristotelischer Kriterien operieren, so dass den Grundfaktoren der Mimesis (*imitatio*), der Wahrscheinlichkeit (*verosimilitudo*) und der Handlung (*fabula/mythos*) eine hohe Geltung zukommen wird.[50] Gleichwohl treffen sich Sigonio und Aristoteles in *De dialogo liber* auf komplizierte Weise, Nähe und Ferne spielen vielfach ineinander. Denn die *Poetik* des *philosophus* und die erwähnte Debatte über den Dichtungsstatus des Dialogs bilden sozusagen nur den ersten Impuls, stellen nur noch einen Bezugspunkt im weitgespannten Geflecht gelehrter Autoritätenaussagen dar. So wird die Zuordnung des Dialogs zur Dichtung von Sigonio auch mithilfe zahlreicher weiterer antiker *testimonia* untermauert, die den Philosophenviten des Diogenes Laertius, aber auch den neuplatonischen Kommentaren von Ammonius Hermiae filius und Simplicius entstammen, welche im mittleren *Cinquecento* übersetzt und ediert wurden.[51] Hinzu kommt die Einbeziehung sedimentierter Genrekonventionen bei den großen Modellautoren selbst, aus denen sich Ansätze einer impliziten Poetik gewinnen lassen. Auch wenn gewiss Aristoteles der dominante Maßstab bleibt, so bedeutet die erhebliche Ausweitung der Quellen doch eine aufschlussreiche Relativierung. Schließlich belegt der Traktat zum einen, dass die aristotelische *Poetik* bei einzelnen Fragestellungen ergänzungsbedürftig oder lückenhaft

---

dramaturgische Affinität zur Komödie und scheinen oft eine szenische Aufführbarkeit nahezulegen. Gerade diese Familienähnlichkeit zum Theater gefährdet aber die trennscharfe Abgrenzung des Dialogs als fiktives Theoriegespräch im Medium der Schrift, und auf eben diese präzise Profilierung des Genremusters kommt es Sigonio ja an, vgl. dazu Müller 2013, S. 27-31.

48 Lozar 2011, S. 5.

49 Sigonio 1993, S. 296, vgl. Lozar 2011, S. 5-6.

50 Vgl. Sigonio 1993, S. 124 („facere solitum Aristotelem intelligimus"). Dabei ist das genaue inhaltliche Verständnis dieser Grundfaktoren im Einzelfall zu prüfen, mit Blick auf die immer wieder beobachtete Diskrepanz zwischen dem ursprünglichen Textsinn der aristotelischen *Poetik* und deren Interpretation durch die Humanisten der Renaissance, vgl. dazu die aufschlussreichen Ergebnisse bei Kappl 2007, S. 312-328, die von deutlichen semantischen Umbesetzungen im *Cinquecento* ausgeht, von einer faktischen „Ausdünnung der Begriffe" (ebd., S. 315).

51 Vgl. Spranzi Zuber 2011, S. 136.

ist, zum anderen ist der Stagirit im Ensemble der vielen Stimmen nur noch eine Referenz neben anderen, die zumindest potenziell auch zur kritischen Revision der Leitautorität führen könnten.[52]

Wichtig für unsere wissenspoetische Fragestellung ist nun, dass Carlo Sigonio die Dialogform vor allem in das Flussbett philosophischer Tradition und moralischer Zurichtung lenken will. Die einzig gültige Realisierung der Gattung ist ihm zufolge das gehobene Wissensgespräch, wie es vor allem bei Platon und Cicero mustergültig vorgebildet ist, deren Werke gleichsam die epistemische Ursprungsleistung der Gattung festgeschrieben haben. Folglich besitzen Dialoge eine ausgeprägte erkenntnisbildende Funktion, sie sollen zum Wissen oder sogar zur Wissenschaft hinführen als „honestae doctrinae parentem“[53]. Damit bildet der Dialog die zweite große philosophische Gattungsform neben dem Traktat, mit der Ausführung dieser Unterscheidung eröffnet Sigonio auch seine Schrift. Denn die antiken Denker konnten ihre Lehrschriften einerseits monologisch ausformen, dann trägt der Verfasser selbst das Für und Wider vor. Im Dialog holt sich der Verfasser andererseits Hilfe durch die Einführung fremder Figuren, die seine Argumente gemäß den üblichen Regeln der Rhetorik in *confirmatio* und *confutatio* mit unterschiedlichen Stimmen vorbringen. In diesem Fall kommt es zur poetischen Präsentation eines Wissensgesprächs, dessen fiktive *personae* eine dialektische Thesenprüfung vornehmen. Die hohe Beliebtheit dieser Möglichkeit unter den antiken Philosophen führt Sigonio auf die (schon in der aristotelischen *Poetik* erwähnte) allgemeine Neigung des Menschen zur Nachahmung zurück,[54] die sich hier in der Mimesis fremder Figurenreden äußert und mit der intellektuellen Befähigung zusammengeht.

> Mihi quidem horum de studiorum laude diligentius cogitanti, cum multae aliae rationes cur dialogus a philosophis sit inventus occurrunt, tum hae praecipue duae, quas in doctissimis duorum philosophorum commentariis Ammonii Simpliciique reperio, quarum una est ab imitandi consuetudine tracta, ab ratiocinandi altera. Imitandi vero dixi, quia, si quis omnia circumspiciat, facile intelliget quaecunque apud veteres prodita litteris et consignata monumentis sunt omnino aut simplici expositione aut adhibito aliquo imitandi studio memoriae commendata. [...] Ammonio placet, ut in iis officium omne disputationis auctor ipsae [sic] doctrinae subiret, in iis aliena inducenda persona sibi subsidium compararet. Id quod quia assequi sine aliqua alieni sermonis simulatione non posset, propterea ad imitationem quasi quidam poeta confugeret.[55]

52 Vgl. Müller 2013, S. 22-23.

53 Sigonio 1993, S. 138, vgl. Lozar 2011, S. 6 und 16-17.

54 Vgl. Aristoteles 2006, S. 10-13.

55 Sigonio 1993, S. 124.

Die Dialogform ist damit als zweites Medium philosophischer Erkenntnis neben dem Traktat festgelegt, als anspruchsvolle Nachbildung eines Wissensgesprächs, bei dem *fictio* und *episteme*, nämlich Fertigkeiten des „poeta" und Kenntnisse gelehrter „doctrinae" verschmelzen.[56] Für die gelungene Mimesis muss der Verfasser sich also zumindest teilweise dem Dichter annähern, um etwa die Rahmenfiktion und die Figurengespräche plausibel zeichnen zu können, in denen dann die Erkenntnissuche ihren Platz findet: „quasi quidam poeta confugeret"[57]. Hierbei wird vor allem die Beachtung des *decorum*, die stimmige Kongruenz von Redegegenstand, *personae* und raumzeitlichem Hintergrund im Mittelpunkt stehen, wie noch zu erläutern ist. Darüber hinaus muss der Verfasser aber auch die humanistischen Techniken der Erkenntnisgewinnung beherrschen, schließlich ist der Dialog Abbild einer dialektischen Diskussion: „dialogus vere est, ut diximus, dialecticae disputationis effigies"[58]. Die epistemische Evidenz des Dialogs ist dabei eine andere als diejenige des Traktats: Während in der monologischen Abhandlung konstative Wahrheiten logisch dargelegt werden, findet im Gespräch eine sukzessive Überzeugung mithilfe plausibler und wahrscheinlicher Ansichten statt. Es handelt sich um das Meinungswissen der *opinio*, das auf anerkannten und begründeten Aussagen, auf dem Konsens von Autoritäten beruht und daher wahrscheinlich und glaubwürdig ist, potenziell aber auch in strengere *scientia* übergehen könnte oder hierzu die Voraussetzung bildet.[59] Der Wissensbegriff des Dialogs steht daher unter anderen ontologischen und modalen Voraussetzungen als der des Traktats, er operiert mit wahrscheinlichen und plausiblen Annahmen, mit *probabilia* und *opinabilia*, die entsprechend vernünftige Diskussion erlauben und einfordern. Eine solche liegt eben dann vor, „cum autem ex probabilius [argumentamur] et quae nos assentari cogant illa quidem, verum ita ut quae conclusa sint aliter quoque accidere posse ducamus opinari putamus"[60]. Dialoge sind im Ergebnis insofern epistemische Fiktionen, als sie seit dem Altertum als prestigereiches Format des inszenierten Wissensgesprächs stabilisiert worden sind, so dass die Gattungsauffassung philosophisch grundiert ist.

---

56 Beide Zitate ebd.

57 Ebd.

58 Ebd., S. 218.

59 Vgl. Spranzi Zuber 2001; Hempfer 2013.

60 Sigonio 1993, S. 214, vgl. Lozar 2011, S. 11. In seiner Dialogpoetik entwickelt Sigonio mit scholastischer Genauigkeit eine systematische Differenzierung der verschiedenen Erkenntnisziele von *scientia, opinio dialectica* und *opinio oratoria* bzw. *fides*, auch diese rhetorischen Beweise (etwa durch Exempla) scheinen dem italienischen Aristoteliker für die Gesprächsmimesis zulässig zu sein, vgl. dazu ausführlicher Lozar 2011, S. 10-17. Zur doxastischen Erkenntnisbildung vgl. Kapitel 2.3.2, mit Blick speziell auf Sigonio weiter Hempfer 2004, Hempfer 2013, S. 506-513, Traninger 2012, S. 266.

Gleichwohl bleiben sie in Sigonios Deutung letztlich ein artifizielles Abbild von Wissenschaft, sie produzieren selbst keine definitive *scientia*, sondern materialisieren ein dialektisch verhandeltes Meinungswissen im spielerischen Rahmen der Fiktion. Doch auch unter diesen Vorzeichen gelten sie in *De dialogo liber* als Instrument des Forschens, als alternatives Medium einer heuristischen Wahrheitssuche. Das solchermaßen epistemisch grundierte Gattungsverständnis Sigonios kann sich neben den aristotelischen Bezügen indirekt auf Platon, nämlich auf eine Passage in der Platon-Vita des Diogenes Laertius stützen, derzufolge die Gesprächsmimesis gelehrte Erkenntnis unter Wahrung des *decorum* verhandeln soll.[61]

Nun positioniert sich der Dialog bekanntlich in einem Grenzgebiet zwischen Wissenschaft und Literatur, auch darauf geht Sigonio in seinem Traktat näher ein. Diese intrinsische Ambiguität wird indessen nicht als prekäre Entgrenzung, sondern als Effekt von Synergie gesehen und daher positiv sanktioniert. Mit seiner spezifischen Mischung von poetischen, dialektischen und rhetorischen Techniken bildet der Dialog dem Sigonio zufolge nämlich eine besonders anspruchsvolle Syntheseform im historischen Gattungssystem, da die verschiedenen Regelsysteme von gleich drei *artes* überzeugend verbunden werden müssten:

> Tres enim sunt artes quarum praeceptis ac institutis dialogus informatur, nempe poetarum, oratorum et dialecticorum. Poetarum, quia eadem quae in poesim in dialogum imitatio cadit; oratorum, quia soluta non numeris vincta oratione scribitur.[62]

Diese Kombination der eigentlich heterogenen Regelsysteme wird in *De dialogo liber* als besonders kunstvolle Verbindung gewürdigt, sie verlangt einen Verfasser mit herausgehobenen Fähigkeiten in mehreren Bereichen.[63] Dass

---

61 „Es ist aber der Dialog eine sich in Frage und Antwort abspielende Ausführung eines philosophischen oder politischen Themas unter angemessener Charakteristik der auftretenden Personen und gehöriger Rücksicht auf die sprachlichen Anforderungen. Die Dialektik aber ist die Unterredungskunst, durch die wir etwas als nichtig oder als richtig erweisen auf Grund des Frage- und Antwortverfahrens der Unterredner." (Diogenes Laertius 2015, S. 159, vgl. ebd., S. 159-161) Die Paraphrase dieses Zitats findet sich bei Sigonio 1993, S. 144. Dort kritisiert der italienische Humanist allerdings den Diogenes Laertius, da er das poetische Kriterium der Wahrscheinlichkeit nur unzureichend behandelt habe, vgl. ebd., vgl. Müller 2013, S. 14.

62 Sigonio 1993, S. 142, zu dieser Passage Snyder 1989, S. 53, Traninger 2012, S. 265-267.

63 So heißt es zu dieser humanistischen Vielseitigkeit des Verfassers zusammenfassend: „Ex quibus rebus apparet cuius et quanti hominis sit dialogum scribere, cuius laudem non unius, sed multarum earumque summarum artium liberalitas ac beneficentia tueatur." (Sigonio 1993, S. 144)

die darin eingefaltete Hybridität von dialektischer Erkenntnis und poetischer Fiktion auch ein prekäres Moment enthalten könnte, ist bei Sigonio nur indirekt greifbar, jedenfalls nicht ausdrücklich reflektiert, anders als nur wenige Jahrzehnte später bei Tasso. Dessen akademischer Lehrer empfiehlt nämlich eine grundsätzliche Zweiteilung des fiktiven Gesprächs, bei der stärker und schwächer fiktional durchformte Teile voneinander abgegrenzt werden. Angelehnt an die aristotelische Gliederung der Tragödie wird so eine unterteilte Struktur mit festen Sequenzen postuliert.[64] Sigonios Antwort auf das dialogische Ineinander von poetischer Fiktion und dialektischer Wissensverhandlung besteht demnach im Kunstgriff der zergliederten *dispositio*, der allerdings, so Hempfer, die innere Hybridität aus *fictio* und *episteme* nicht löst, sondern eher „überspielt"[65]. Es kommt dann zu einer zweigeteilten Textstruktur, die zwischen dem einleitenden Teil der mehr dichterisch-schildernden *prapearatio* und dem eher dialektischen Teil der Wissensdebatte unterscheidet; dazwischen steht die differenzielle „transition in the text from pure literary mimesis (*decorum*) to dialectic"[66].

Am Beginn des Textes soll die expositorische *praeparatio* stehen, die vor allem die Figuren und raumzeitlichen Umstände des fiktiven Gesprächs einführt. Dabei legt Sigonio besonderen Wert auf eine möglichst plausible und realistische Abstimmung zwischen den argumentierenden *personae* und ihrer Umgebung, ebenso wie auf eine nachvollziehbare Ausgestaltung der Zeit, mit anderen Worten: die Illusion der Mimesis und das *decorum*. Ausgehend von seinem philosophischen Gattungsverständnis, das an den antiken Musterautoren Platon und Cicero geschult ist, will Sigonio nur sozial hochrangige und durch ihre Wissensautorität ausgewiesene Experten als Sprecher zulassen, die überzeugend Lehrmeinungen darstellen und verteidigen können.[67] Die Einbettung des Gesprächs in einen besonderen Kontext muss entsprechend stark darauf bedacht sein, Glaubwürdigkeit und Wahrscheinlichkeit des Gesprächs abzusichern, um so dem Publikum die *doctrina* nahezulegen.[68] Nach Hempfer unterstreicht die so geforderte Indexikalisierung des Dialogs, vor allem eine konkrete Kontextgebundenheit der Gesprächsmimesis, sie

---

64 Vgl. Snyder 1989, S. 55.

65 So Hempfer 2004, S. 71, vgl. ebd., S. 70-72.

66 Snyder 1989, S. 66.

67 Vgl. ebd., S. 59-60; Traninger 2012, S. 264.

68 Vgl. Leinkauf 2017, S. 534-535. Mit dieser Auslegung von *verosimilitudo* als idealisierender Nachbildung von Wirklichkeit weicht Sigonio vom aristotelischen Vorbild ab, vgl. Hempfer 2004, S. 75. Ähnlich wie bei anderen Theoretikern des *Cinquecento* wird die Wahrscheinlichkeit vor allem hinsichtlich der Toleranz des Publikums operationalisiert, vgl. Kappl 2007, S. 162-169.

werte die pragmatische Rahmung der Wissensproduktion auf und mache deren konkreten Ursprung durch die detailreiche Ausmalung von Sprechort und -zeit deiktisch sichtbar. Dialoge wollen demnach die dialektische Erkenntnissuche als von Situationen abhängiges und daher tendenziell relatives oder gar kontingentes Geschehen ausweisen, als Sinnertrag nur einer bestimmten Konstellation.[69] Aus den Ausführungen des Traktats selbst geht freilich eine solche tendenziell relativistische oder gar skeptische Einfärbung der Gattungslogik, wie sie Hempfer bei Sigonio erkennen möchte, kaum hervor. Vielmehr verweist das Bemühen um konkrete Einbettung und raumzeitlichen Realitätssinn auf das Streben um höchste Glaubwürdigkeit der Gesprächsmimesis, also um eine authentische Vergegenwärtigung, um so die Annahmefähigkeit der *doctrina* durch den Rezipienten zu erleichtern. Anders gesagt: „Diese credibilitas ist die possibilitas aus der Außenperspektive der Repräsentation."[70] Denn bei entkontextualisierten Gesprächen besteht die Gefahr, dass die Lehren für den Rezipienten zu abstrakt, bezuglos oder wenig wirklich erscheinen, so dass die Übertragung der Einsichten auf die eigene Lebenssituation erschwert ist.[71]

Im Hauptteil der *contentio* folgt dann die eigentliche dialektische Debatte. Sie beginnt mit der impulsgebenden Wissensfrage selbst, der „propositio"[72] oder „quaestio"[73], die von Beginn an klar erkennbar sein muss, so wie bei Cicero, ein allmähliches Einkreisen des Gegenstands im platonischen Sinne wird nicht empfohlen.[74] Anschließend kommt es zur allmählichen *probatio*, der Erprobung der These im argumentativen Austausch.[75] Sigonios Dialogtraktat bezieht sich hierbei primär auf die aristotelische Dialektik, die im Zuge der rinascimentalen *Topik*-Rezeption Gegenstand neuerer Übersetzungen und Kommentare geworden war. Erkenntnis wird daher im Dialog mit den herkömmlichen dialektischen Verfahren generiert, also den Argumentationsformen des Syllogismus, der Induktion oder des Enthymems.[76] Die epistemische Geltung dieser sprachlichen Wissenstechniken wird dabei in der Leitdifferenz von *scientia* und *opinio* deutlich, die Sigonio auf die beiden philosophischen Gattungsformen abbildet. Dem Traktat entspricht dabei der strenge Wissensbegriff der *scientia*, die mit notwendigen, aus sich heraus wahr erscheinenden Prämissen operiert, wohingegen der Dialog ein Wissen entfaltet, das mit

69 Vgl. Hempfer 2004, S. 74-76; Snyder 1989, S. 61-63.
70 Leinkauf 2017, S. 539, vgl. ebd.
71 Vgl. zur *praeparatio* insgesamt Sigonio 1993, S. 170-204.
72 Ebd., S. 206.
73 Ebd., S. 210.
74 Vgl. ebd., S. 208.
75 Vgl. zur *contentio* insgesamt ebd., S. 206-262.
76 Vgl. dazu weiter Kapitel 2.3.2.

anerkannten Meinungen und wahrscheinlichen Annahmen vorgeht. Zwar wird in beiden Fällen die Argumentation mithilfe logischer Deduktionen entwickelt, die Herkunft der Prämissen, auf deren Grundlage diskutiert wird, ist aber qualitativ verschieden: unverrückbare ‚Wahrheiten' im Traktat, veränderliche Meinungen im Dialog.

> Siquidem scientia res eas complectimur quae aliter esse nequeunt, opinione vero eas quae evenire ac non evenire possunt; in utroque autem genere labi errore propter inscitiam possumus. Ex quo concluditur constantem ac perpetuam quandam notitiam esse, quae scientia comparatur, caducam vero atque instabilem, quae opinione.[77]

Im Folgenden wird weiter präzisiert, dass Meinungen als Argumentationsmittel nicht auf wahren, sondern bloß auf wahrscheinlichen Annahmen beruhen, „ex probabilibus" und nicht „ex iis argumentamur quae vera sint"[78]. Was aber ist an dieser Stelle mit dem *probabile* gemeint? Dem Sigonio zufolge gilt hier, dass „probabilia sunt, quae aut omnium que plurimorum aut certe sapientium opinione probantur"[79]. Meinungen sind also daher wahrscheinlich und glaubhaft, weil sie von einer Mehrheit oder einer Expertengruppe geteilt werden, die ihnen Autorität verleiht. Sie bieten keine epistemische Gewissheit, sondern beruhen eher auf Plausibilitäten. Mit dieser Definition zitiert Sigonio nahezu wörtlich den Beginn der aristotelischen *Topik*, der die ‚anerkannten Meinungen' bzw. *endoxa* ebenfalls als Grundlage dialektischen Argumentierens benennt.[80] Sie stellen keine Privatmeinung dar, sondern eine bewährte „Allerweltsmeinung"[81], die im *consensus omnium* oder im *consensus doctorum* fundiert sein kann. In der mittelalterlichen lateinischen *Topik*-Übersetzung bei Boethius wird das *endoxon* dann mit *probabile* wiedergegeben, im Sinne einer durch langen Gebrauch ‚erprobten' und daher akkreditierten Meinung, die als Grundlage vernünftigen Diskutierens sinnvoll erscheint.[82] Gleichwohl ist mit dieser zunächst einleuchtenden Übersetzung des zentralen Konzeptbegriffs der *endoxa* durch *probabilia* eine wichtige semantische Verschiebung angelegt, die dann in der Renaissance epistemisch bedeutsam wird, wie Spranzi Zuber dargelegt hat: Aus dem quantitativen oder qualitativen Prinzip eines „kumulative[n] Wahrheitsverständnis[ses]"[83]

77 Sigonio 1993, S. 214.
78 Ebd.
79 Ebd., S. 218, vgl. zum Zusammenhang Hempfer 2013, S. 506-508.
80 Vgl. Hempfer 2013, S. 507-508. Zur Begriffsgeschichte des *endoxon* vgl. von Moos 2005.
81 Von Moos 2005, S. 57, vgl. ebd.
82 Vgl. ebd., S. 67-69.
83 Ebd., S. 65.

wird eine modale Kategorie des Möglichen, des bloß Wahrscheinlichen.[84] Die *opinio* changiert auf diese Weise zwischen den ‚anerkannten Meinungen', die durch benennbare Autoritäten garantiert sein können oder im Gemeinbestand fortleben, und einem wahrscheinlichen Erfahrungswissen, ‚dem, was vermutlich in der Regel geschieht'.[85] Öffentlicher Konsens und wahrscheinliche Wahrheit gehen so ineinander über. Dies ist insofern relevant, so noch einmal Spranzi Zuber, als den allgemein zustimmungsfähigen Meinungen damit zunehmend ein Moment der Kontingenz eignet, „l'opinion a comme objet ce qui est vrai de façon *contingente*"[86]. Entsprechend ändere sich auch die Form der Zustimmung durch das Publikum: Während die Propositionen der wissenschaftlichen Demonstration aus sich heraus evident sind, bleibt bei der Aneignung doxastisch gewonnener Einsichten ein Zweifel zurück („cum dubitatione opinio"[87]), sie könnten potenziell revidiert werden.[88]

Der Dialog scheint so ein Wissen mit abgesenktem epistemischen Standard zu erzeugen, ihm entsprächen daher tendenziell jene Sachbereiche, in denen kein exaktes Wissen möglich ist und entsprechend Zweifel und sprachlicher Wettstreit vernünftig sind, also etwa Politik, Moral, Naturlehre.[89] Allerdings liegt der Unterschied zwischen *scientia* und *opinio*, wie in *De dialogo liber* weiter ausgeführt wird, nicht unbedingt in der inhärenten epistemischen Qualität der Argumente und ihrer Prämissen selbst, sondern eher in der Qualität der Zustimmung, die sie beim Rezipienten hervorrufen. Die ‚notwendigen' Argumente der Fachwissenschaft führen aus sich heraus zu innerer Gewissheit und Annahme, während die ‚wahrscheinlichen' des dialektischen Gesprächs offen ausgehandelt werden und zuletzt einen mehr hergestellten äußerlichen Sieg bewirken, den die Zuhörer anerkennen („ad exteriorem [...] victoriam"[90]). Selbst dies muss aber keineswegs grundsätzlich gegen das dialektisch produzierte Wissen sprechen. Dessen Praxis stellt vielmehr einen spezifischen Weg dar, anspruchsvolle Themen für einen größeren Kreis zu öffnen, der zwar gebildet ist, jedoch nicht unbedingt aus Experten besteht; diese Allgemeinheit wird nicht durch technische Beweisführung, sondern eher durch den

84 Vgl. Spranzi Zuber 2001, S. 301-306.

85 Vgl. Sigonio 1993, S. 165.

86 Spranzi Zuber 2001, S. 309.

87 Sigonio 1993, S. 216.

88 Vgl. Spranzi Zuber 2001, S. 308-309, Spranzi Zuber 2011, S. 146-154.

89 Nicht in allen Wissensfragen wird eben absolute Gewissheit angestrebt: „Neque enim in omnibus rebus eadem subtilitas veritatis exquiritur, verum in plerisque satis habetur si probabilia proferantur." (Sigonio 1993, S. 218) Als Beispiel werden die aristotelische Ethik, Platons *Timaios* und Galens Traktate diskutiert, vgl. ebd.

90 Ebd., S. 134, vgl. ebd.

sprachlichen Wettstreit der Argumente, das Für und Wider der Meinungen gewonnen, bei dem die überzeugendere den Sieg davonträgt. Traktat und Dialog wären dann zuletzt eher so etwas wie publikumsspezifische Varianten, wie Sigonio unter Bezug auf die Einteilung der aristotelischen Schriften in für den inneren Kreis und für das weitere Auditorium gedachte Texte ausführt. Wo die einen mit wissenschaftlich soliden und subtilen Beweisführungen arbeiten, die dem weniger geübten Leser aber nicht unmittelbar eingängig sein können, verfahren die anderen mit plausiblen Überzeugungen, die sukzessive ein Wahrheitsgefühl beim Rezipienten bewirken.[91] Derselbe Sachgegenstand könnte daher, zugespitzt formuliert, sowohl streng szientifisch als auch mehr dialektisch aufgefasst und entsprechend variabel in beiden philosophischen Genera behandelt werden („Ex quo intellegi licet easdem res ab aliis scientia ab aliis opinione percipi posse“[92]).

Der zentrale Prozess der *contentio* besteht dann entsprechend nicht in einer monologischen Darlegung der notwendig wahren Prämissen und Argumente, sondern in einem wechselseitigen Abwägen vernünftiger Meinungen durch die Figuren. Der Dialog wäre damit – so die rekurrente Metapher – das poetische Abbild einer dialektischen Disputation.

> Quanquam si dialogus vere est, ut diximus, dialecticae disputationis effigies, ne necessariis quidem admodum ac scientiam rationibus verum fere ad opinione probabilibus est tractandus. Neque enim eius est, qui veri aliquid reperiri ait, in contrarias partes de rebus disputare, sed eius, qui de omnibus se profitetur ambigere. Quam sententiam Academici quondam defenderunt qui ab Arcesilae et Cleantis disciplina manarunt, quippe qui, cum se nihil scire de omnibus opinari dicerent, contra omnium sententias probabiliter disputarent.[93]

Das dialogische Meinungswissen wird in diesem Passus explizit an die Tradition akademischer Skepsis angeknüpft, die im Modus des *in utramque partem* Für und Wider einer Behauptung abwägen konnte, ohne indessen zu einem stabilen Wissen zu gelangen. Wie stark Sigonio hier die Möglichkeit von einigermaßen gesichertem Erkenntnisgewinn im dialogischen Modell erschüttert, ist in neueren Ansätzen sehr verschieden interpretiert worden. In der Lesart von Klaus Hempfer ist der zitierte Passus mit seiner ausdrücklichen Nennung skeptischer Ahnherren der deutlichste Beleg dafür, dass der neuaristotelische Dialogtraktat in Tendenzen der frühneuzeitlichen Pluralisierung und Verunsicherung autoritativen Leitwissens einzuordnen sei.

91 Vgl. ebd., S. 134-136.

92 Ebd., S. 214, vgl. ebd., dazu Spranzi Zuber 2011, S. 137-140, 147-148.

93 Sigonio 1993, S. 218-220.

Zwar sei Sigonio kein eigentlicher Skeptiker, da die Möglichkeit von Erkenntnis ja nicht generell suspendiert werde, gleichwohl formuliere der Passus ein aufschlussreiches Bewusstsein epistemischer Unsicherheit, denn es ist „auch und gerade der Bezug auf eine probabilistisch reinterpretierte Dialektik, der zur Ausbildung eines epistemologischen Relativismus als Fundament rinascimentaler Wissenskonfigurationen beigetragen hat."[94] Ganz anders die Deutung bei Spranzi Zuber, von der Hempfer sich bewusst kritisch absetzt: Für sie ist die kontingente Argumentationsform der *opinio* kein Signal einer allmählichen Erosion der Doktrin, sondern vor allem provisorische Wahrheit, die noch Zweifel verdient und daher weiteren Forschungen im vernünftigen Gespräch zugeführt werden muss. Das dialogische *endoxon/ probabile*-Syndrom als Grundlage der inszenierten Gespräche wäre dann weniger ein diskursgeschichtliches Signal frühen skeptischen Zweifelns, sondern eher heuristisches Prinzip auf dem mühsamen Weg zur Erkenntnis, die nur über dialektische Abwägung und Thesenprüfung zu haben ist. Anders gesagt, „le fait que nos croyances soient seulement ‚probables' ne trahit pas un scepticisme même modéré concernant la possibilité d'atteindre le savoir, mais plutôt la nécessité de continuer la recherche."[95] Der weitere Verlauf der fraglichen Passage deutet jedenfalls darauf hin, dass Sigonio letztlich doch an einer Sicherung von Doktrin gelegen ist und stützt damit eher den bei Spranzi beobachteten hermeneutischen Optimismus des Dialogs. So verweist der Traktat auf eine Aussage bei Galen, derzufolge die Akademiker nach dem argumentativen Hin und Her des *in utramque partem* doch zuletzt stets die ‚richtige' Lehre offenbart hätten, zumindest gegenüber ihren Schülern.[96] Auch die sich anschließende Analyse platonischer Dialoge ist um das gelingende Vermitteln von Doktrin zentriert („tradendae doctrinae et quasi condendae disciplinae rationem [...] assignaret"[97]), das bald stärker expositiv, bald in polemischer Frage (oder einer Mischung aus beidem) erfolgen könne.[98]

Eine weitere mögliche Quelle der Entsicherung von Wissen könnte in der Eigendynamik der ästhetischen Anteile des inszenierten Gesprächs liegen. Wie genau lässt sich daher – insbesondere im argumentativen Höhepunkt der *contentio* – das Verhältnis von *fictio* und *episteme* bestimmen, inwiefern

94 Hempfer 2013, S. 510, vgl. ebd., S. 509-511.

95 Spranzi Zuber 2001, S. 310, vgl. ebd., S. 309-313.

96 „Galenus tamen in eo libro qui est ab eo de optimo docendi genere scriptus ex Favorini sententia tradit Academicos in utranque partem disseruisse illos quidem, sed iis tamen, quos in disciplinam susceperant, quod ad veritatem videretur esse propensius ostendisse." (Sigonio 1993, S. 220)

97 Ebd.

98 Vgl. ebd., S. 220-224.

beeinflusst die rhetorische Inszenierung die epistemische Geltung der dialektischen Argumente? Tatsächlich anerkennt Sigonio durchaus, dass der Dialog im Unterschied zu einer tatsächlichen dialektischen Diskussion eines umfangreicheren *ornatus* bedarf, so heißt es dazu:

> Quanquam autem dialogus quaedam est dialecticae disputationis imago, ornamentorum tamen ac luminum plus quam ipsa dialecticorum pugna atque altercatio poscit. Nam apud eos nudis pugnatur argumentis, apud hos argumenta verborum copia et elegantia vestiuntur atque ornantur. Ornatus autem non est idem omnium, non enim iisdem luminibus et figuris orationis illustrari interrupta disputatio atque perpetua potest.[99]

Wo die echte dialektische Auseinandersetzung mit den nackten Argumenten selbst auskommt („nudis pugnatur argumentis"), die die Erkenntnis für den geschulten Zuhörer unmittelbar einsichtig machen, geht es im Dialog Sigonio zufolge vorrangig um eine elegante und gefällige Einkleidung („vestiuntur atque ornantur"), die den Glanz der Wahrheit mit „luminibus et figuris orationis" hervorscheinen lässt. So kommt der rhetorische Redeschmuck zwar zu seinem Recht, hat aber eher eine erkenntnisfördernde Funktion und wird nicht als mögliche Quelle ergänzender, alternativer oder irritierender Zutaten ästhetischer Prägung gesehen.[100] Zu dieser produktiv-didaktischen Lesart des Dialogs, die einem herkömmlichen Verständnis von humanistischer Dichtung als Quelle der Belehrung entspricht, passt auch, dass die fiktionale Grundform des Dialogs nicht unbedingt betont werden soll. Dort, wo rhetorische Plausibilität (*decorum*) und poetische Wahrscheinlichkeit (*verosimilitudo*) gekonnt eingesetzt werden, gelingt es im Idealfall, dass man dem Dialog seine artifizielle Gemachtheit nicht mehr anmerkt und zu dem Eindruck gelangt, einer tatsächlichen Wissensdebatte beizuwohnen, deren Ergebnisse für den Rezipienten belangvoll werden können: „Hoc autem poeticum eius est potestatis atque naturae, ut, cum adest, efficiat ne res, ut est ficta, sic videatur. Ficta autem videbitur quae a vero longe abhorrebit nec veritatis ullam similitudinem consequetur."[101] Diese Verbergung der fiktionalen Qualität verweist wohl auch auf eine gewisse Verschiebung des Poetischen ins Rhetorische,

99 Ebd., S. 156.

100 So auch die Deutung der Passage bei Lozar 2011, S. 7, vgl. zur Abgrenzung von skeptischen Tendenzen bei Sigonio weiter ebd., S. 14 bzw. Sigonio 1993, S. 218.

101 Sigonio 1993, S. 166, vgl. Lozar 2011, S. 8. Ähnlich zu dieser Passage auch Leinkauf, unter Bezug auf Castelvetro: „‚Es ist wahr, *weil es nicht als erfunden erscheint*' (Opazität des Fiktionalen)" (Leinkauf 2017, S. 538, vgl. ebd., S. 538-539) Der poetisch-mimetische Anteil des Dialogs, als „character of the image-like relationship between a dialectical disputation and its representation in the literary dialogue", ist für Sigonio daher eher ein Problem als

mit dessen *techne* die Illusion der Wahrscheinlichkeit hergestellt werden kann. Für Sigonio ist die Rhetorik eher unterstützende Kraft in der dialektischen Vermittlung, nicht aber potenziell eigenwillige und irritierende Unterbrechung (wie später bei Tasso). Damit bestätigt sich die Beobachtung bei Snyder, dass Sigonio das ästhetische Potenzial des Dialogs – dem schon Lukian allzusehr anheimgefallen war – in erster Linie bändigen möchte, diesem womöglich auch misstraut:

> His resistance to an autonomous poetics in *De dialogo liber* is not a resistance to theory itself (far from it). It is instead a resistance to the theory of the literary text as the place of production of a disinterested esthetic pleasure (a notion at least implicit in the *Poetics*), rather than a place of production of readerly pleasure useful to the writer for explicit moral and didactic ends.[102]

Insgesamt wird die Hybridität des Dialogs bei Sigonio als Meistersynthese aus Rhetorik, Dialektik und Poetik letztlich positiv gewertet, sofern sie belehrende Funktionen besitzt und als flexibles Mittel der Erkenntnisgewinnung in gelehrten Kreisen genutzt wird, nämlich als „exclusively humanist tool for the use of a small group of *letterati* inside the university and the academy"[103]. Der Dialog ist neben dem Traktat die zweite Form der gelehrten Erkenntnis bzw. der philosophischen Genera, er gelangt zwar aufgrund des wesentlich meinungsgestützten Argumentierens nur zu wahrscheinlichen Annäherungen an die Wahrheit, allerdings sind diese nicht unbedingt geringer einzuschätzen, sie bilden vielmehr eine Art von provisorischer Gewissheit, die noch weiter zu revidieren wäre und dann potenziell in *scientia* übergehen kann. Diese dialogische Erkenntnissuche ist dann historisch legitimiert aufgrund der prestigereichen antiken Traditionen, die für Sigonio hier offenkundig eher Modellcharakter haben als die zeitgenössische italienische Praxis selbst.[104] Die erheblichen Fliehkräfte der hybriden Diskursmischung werden in einer klassizistisch regulierten Binnenstruktur gebändigt, die eine implizite Hierarchisierung von poetischem Vorbau und dialektischem Hauptteil kennt. Mit dieser philosophisch geleiteten Gattungsauffassung verbindet sich auch eine Tendenz zur Kanonisierung, als Versuch des Eingriffs in die zeitgenössische Dialogproduktion mit ihren idiomatisch und dramaturgisch so vielfältigen Varietäten. Nur wissensbezogene Dialogsujets scheinen in Sigonios

---

ein dichterischer Mehrwert, das *artificium* schwächt tendenziell die Wahrheitssemantik des Debattenertrags, vgl. Spranzi Zuber 2011, S. 145-146, Zitat S. 145.

102 Snyder 1989, S. 77, vgl. ebd., S. 75-78.

103 Ebd., S. 86.

104 Vgl. Traninger 2012, S. 264.

Lesart akzeptabel, nur Musterautoren wie Platon und Cicero gelten als nachahmenswert. Strikt zu verwerfen sind hingegen die komisch-satirischen Werke in der Tradition Lukians, die ausdrücklich als Verzerrung der philosophischen Ernstebene zurückgewiesen werden: Sie bilden für Sigonio sozusagen ‚reine Fiktionen', die den speziellen hybriden Zuschnitt des Dialogs als Instrument inszenierter Forschung verfehlen, die kunstvolle Verflechtung ist hier entwirrt und „downgraded to the status of mere fiction"[105]. Sigonio vertritt damit in letzter Konsequenz eine konservative Dialogauffassung: Zuletzt gelangen die Figuren nach einer ernsthaften dialektischen Debatte doch zu einer zumindest provisorischen Wahrheit, so dass die Möglichkeit des gemeinsamen heuristischen Erkenntnisgewinns im Gespräch bekräftigt und positiv markiert wird. Diese affirmative Engführung von Dialog und Dialektik in *De dialogo liber* wäre dann unter anderem auch lesbar als ein Beispiel für den bei Virginia Cox vermuteten Übergang von eher kontroversen und potenziell skeptischen Genrebeiträgen des frühen *Cinquecento* zu „more authoritative and monological forms of dialogue"[106], wie sie die zweite Hälfte des 16. Jahrhunderts kennzeichnen.[107]

CINQUECENTO II — Torquato Tasso, prekäre Oszillation ‚quasi mezzo'

Deutlicher noch als Sigonio benennt dessen Schüler Torquato Tasso wenige Jahre später die innere Hybridität des Dialogs und enthüllt sie als mögliches systemisches Problem einer Dichtung zwischen gelehrtem Anspruch und poetischer Gesprächsmimesis. Der *Discorso dell'arte del dialogo* entstand dabei in den Jahren 1584 und 1585 während Tassos Aufenthalt im Ospedale di Sant'Anna in Ferrara, vielleicht als flankierende Reflexion zu den zeitgleich verfassten eigenen Gattungsbeiträgen, näherhin aber als Ergebnis eines Briefwechsels mit dem Benediktinermönch Angelo Grillo, der als Verfasser von Dialogschriften Rat bei dem ungleich berühmteren Dichter suchte. Inhaltlich stehen im 1586 in Venedig publizierten *Discorso dell'arte del dialogo* der bereits erwähnte Traktat von Sigonio, den Tasso noch als ehemaligen akademischen Lehrer aus Padua kannte, sowie weitere poetologische Schriften des späteren *Cinquecento* im Raum, vor allem der polemische Aristoteles-Kommentar von Lodovico Castelvetro (*Poetica d'Aristoteles volgarizzata et sposta*, 1571), aber auch verschiedene Autoritäten aus der antiken Dichtungstheorie wie Demetrios von Phaleron, die das Entwicklungsfeld erneut anreichern.[108]

105 Snyder 1989, S. 84, vgl. ebd., S. 84-85.
106 Cox 1992, S. 67, vgl. ebd.
107 Vgl. Spranzi Zuber 2011, S. 150-151, 158-160.
108 Vgl. zum Entstehungskontext Snyder 1989, S. 146-150.

Den Ausgangspunkt der Überlegungen bildet auch hier die Einordnung des Dialogs in die aristotelische Kategorie der Mimesis, deren Grundgedanke – Dichtung als Nachahmung von Handlungen – zweifach modifiziert und an die Besonderheiten des Genres angepasst wird. Dichtung könne, so argumentiert Tasso, eben nicht nur handelnde Menschen nachahmen, sondern auch reflektiert denkende und redende Menschen,[109] so dass grundsätzlich zwei „primi generi dell'imitazione" zu unterscheiden seien, nämlich die auf *Handlung* bezogene („gli operanti") sowie die auf *Rede* bezogene Nachahmung („i ragionanti"[110]). Dialoge seien dabei als Gesprächsmimesis und „imitazione del ragionamento"[111] dem zweiten Fall zuzurechnen, wobei freilich stellenweise auch handlungsbezogene Deixis eingestreut sein könne, etwa bei den Kontextualisierungen der inszenierten Debatte.[112] Ähnlich wie Sigonio möchte dann auch Tasso den Kreis der dialogischen *personae* eingrenzen: Mitglieder der Argumentationsgemeinschaft sollen allein gelehrte Sprecher sein, sie sind die Stimmen in den inszenierten „scientific or artistic disputes between those who are skilled in the arts of discourse"[113]. Hier wird bereits eine weitere Eingrenzung sichtbar, die das Themenspektrum von Dialogen betrifft. Der sachlogische Gegenstand solcher Gespräche kann für Tasso nur ein moralisches Handlungsdilemma oder eine Wissensfrage sein, nur ethisch-politische Themen („problemi intenti a l'elezione ed a la fuga"[114]) oder epistemische Probleme („quelli che risguardono la scienza e la verità"[115]) sind daher dialogfähig. Einen besonderen Schwerpunkt bildet in Tassos *Discorso* dann die Geste des Fragens selbst. Sie gehört zur *techne* des Dialektikers und bedeutet neben der Aufstellung von Propositionen ein Merkmal, das alle Wissenschaften und Künste verbindet.[116] Daher gilt: „e 'l dialogo sarà imitazione d'una disputa dialettica"[117]. Tasso unterscheidet dabei vier Ausprägungen des dialektischen Gesprächs, die den Bogen vom schulmäßigen Lehrgespräch zum polemischen Streitgespräch aufspannen: „il dottrinale, il dialettico, il tentativo e 'l contenzioso"[118]. Um den Dialog mit einer kohärenten Antwort abschließen zu können, möchte Tasso nur die ersten beiden Möglichkeiten empfehlen und

109 Vgl. Tasso 1959, S. 333.
110 Beide Zitate ebd.
111 Ebd., S. 341.
112 Vgl. Snyder 1989, S. 152-154.
113 Ebd., S. 153, Tasso selbst spricht von „uomini civili e speculativi" (Tasso 1959, S. 345).
114 Tasso 1959, S. 335.
115 Ebd., vgl. ebd., S. 338.
116 Vgl. ebd., S. 337-338.
117 Ebd., S. 338, zur aristotelisch begründeten Argumentationstheorie vgl. ebd., S. 337-341.
118 Ebd., S. 338. Die Einteilung geht auf Sigonio und Aristoteles zurück, vgl. Spranzi Zuber 2011, S. 151-154.

distanziert sich von stark polemischen und kontroversen Formen, die die Einheitlichkeit der *quistione* gefährden könnten („all true questions, in dialogue, must be *answerable* ones“[119]). Insgesamt kommt bei Tasso daher der Kunst des richtigen Fragens ein hoher Stellenwert zu, der auf antike philosophische Traditionen sokratischer und platonischer Herkunft rückverweist.[120] Das offene Fragen erscheint auch als wichtiges Unterscheidungsmoment zum systematisch und affirmativ vorgehenden Traktat.[121]

Neben den hier nur knapp referierten Aspekten der Mimesis debattierender Sprecher, der ethisch-philosophischen Themen und der dialektischen Fragetechnik lässt sich dann in Tassos Schrift bereits jene hybride Verflechtung von *episteme* und *fictio* ausmachen, die der *Discorso dell'arte del dialogo* wohl erstmals als genrespezifische Problematik oder gar „core problem of the theory of dialogue“[122] reflektiert. Aufgrund ihrer besonderen kompositen Gattungslogik sind Dialoge eben keine fiktionalen Texte wie Dramen oder Romane, sondern stellen vielmehr eine spezifische Sonderform dar, ein Grenzphänomen mit eigenen Spielregeln.[123] Die umfangreiche Materialisierung von Wissensbeständen und dialektischen Praktiken in einer poetischen Fiktion führt dabei zu einer Reihe inhaltlich-formaler Eigenarten, die Tasso benennt. So ist der Verfasser von Dialogen *zugleich* Dichter und Dialektiker, muss er doch sowohl die poetische Nachahmung eines Gesprächs bewerkstelligen können, als auch die Techniken des Argumentierens und Disputierens beherrschen. Allerdings wird diese Besonderheit nun anders als bei Sigonio nicht mehr als Moment der Synergie ausgewiesen, die das vielseitige Können des Verfassers eindrucksvoll unter Beweis stellt, sondern als ein prekäres Dazwischen („quasi mezzo“), in dem sich der Verfasser befindet:

> Ma perché, come abbiam detto, il dialogo è imitazione del ragionamento, e 'l dialogo dialettico imitazione della disputa, è necessario ch'i ragionanti e i disputanti abbiano qualche opinione delle cose disputate e qualche costume, il qual si manifesta alcuna volta nel disputare; e quanti derivano l'altre due parti del dialogo: io dico la sentenza e 'l costume; e lo scrittore del dialogo deve imitar non altramente che faccia il poeta, perch'egli è quasi mezzo fra 'l poeta e 'l dialettico.[124]

119 Snyder 1989, S. 160.

120 Vgl. ebd., S. 166.

121 Vgl. Tasso 1959, S. 338. Zum Ausschluss der Mathematik aus dem Spektrum möglicher Dialogthemen vgl. Snyder 1989, S. 156-169.

122 Snyder 1989, S. 178.

123 Vgl. ebd.

124 Tasso 1959, S. 341; vgl. Snyder 1989, S. 166-167.

Die schwierige Balance aus poetischer Mimesis und dialektischer Verhandlung wird anschließend weiter vertieft. So müssen zur Nachahmung des gelehrten Gesprächs auch immer wieder sehr technische Verfahren des dialektischen Argumentierens in die poetische Rede integriert werden,[125] obgleich dadurch die Illusion eines natürlichen Gesprächsverlaufs tendenziell leiden kann. Andererseits kann es ebenso geschehen, dass die zur Behandlung der Frage notwendige Stringenz durch rhetorische Figuren durchbrochen wird, deren sprachlich-ästhetische Mitwirkung die Argumentation modifiziert. Gerade jene Passage, in der Tasso seine Sorge um eine mögliche poetische ‚Störung' des Argumentationsgeschehens formuliert, ist ein gattungsgeschichtlich aufschlussreicher Moment, da hier die potenzielle Heteronomie der rhetorischen Inszenierung ausdrücklich einbekannt wird. Er findet sich in den Ausführungen zur *elocutio* des Dialogs, der dem Tasso zufolge generell großzügig mit sprachlichem Dekor umgehen dürfe und auch solle, wie Platon meisterhaft vorgeführt habe. In den Kernstellen des dialektischen Streits müsse der Dialog aber dann sozusagen poetische Enthaltsamkeit üben, um die Konzentration auf den scharfsinnigen Gedankengang nicht zu beeinträchtigen:

> [...] ed in somma, niun ornamento di parole, niun color retorico, niun lume d'oratore par che sia rifiutato da Platone. Ma s'in alcuna parte del dialogo debbiamo aver risguardo a gli avertimenti di Demetrio, è in quella nella qual si disputa, perch'in lei si conviene la purità e la simplicità dell'elocuzione; e 'l soverchio ornamento par ch'impedisca gli argomenti e che rintuzzi, per così dire, l'acume e la sottilità.[126]

Eine genauere Würdigung erfährt in diesen Passagen zur *elocutio* dann die Bildpoetik der *enargeia*, durch deren Verwendung sich der Dialogverfasser besonders stark dem Dichter annähere („dovendo lo scrittore del dialogo assomigliare i poeti nell'espressione e nel por le cose inanzi a gli occhi"[127]). Der Gebrauch intensiver Schilderungen zur visuellen Vergegenwärtigung von Personen und Gegenständen diene der rhetorischen Erzeugung einer

125 Vgl. Tasso 1959, S. 336.

126 Ebd., S. 344, vgl. Snyder 1989, S. 178-179. In der Demetrios von Phaleron zugeschriebenen Schrift über den sprachlichen Stil, auf die Tasso hier anspielt, fordert der antike Dichtungstheoretiker, dass der Dialog rhetorisch grundsätzlich wenig Ornatus aufweisen solle, im Gegensatz zur stärker elaborierten Epistel (vgl. Demetrios 1993, S. 63-64). Diesem Ratschlag will Tasso aber eben nur teilweise folgen, nämlich bei den stark epistemischen bzw. dialektischen Pasagen des Dialogs. Insgesamt scheint ihm der allgemeine Rat des Demetrios eher durch die modellbildenden Schriften des Platon widerlegt zu sein, dessen berühmte Dialoge ja stark rhetorisch-poetisch ausgearbeitet sind, wie im *Discorso* ausführlich darlegt wird (vgl. Tasso 1959, S. 344-345).

127 Tasso 1959, S. 344.

lebendigen Präsenz, die dem Leser insbesondere auch ästhetisches Vergnügen bereiten könne; hierfür werden zahlreiche Belege aus den platonischen Dialogen angeführt, die die dichterische Meisterschaft des antiken Philosophen gerade bei dieser Technik unter Beweis stellen sollen.[128] Solche Effekte erhöhen letztlich die Lebendigkeit, Plastizität und Glaubwürdigkeit der dargestellten Gesprächsszene und tragen damit wohl auch zur Annahmefähigkeit der formulierten Meinungen durch den Rezipienten bei. Gleichwohl besitzen sie über diese funktionale Seite hinaus auch eine Tendenz zur Verselbständigung und geben daher, wie erwähnt, Anlass zur Vorsicht.[129] Nur die nicht im strengen Sinne dialektischen Teile dürfen ästhetisch stärker ausgestaltet sein, hier gibt der humanistische Dialogverfasser seinem dichterischen Vermögen nach; die Teile der Hauptdebatte sollen sich indessen ganz auf die logische Darlegung der Sachfrage konzentrieren, dazu dienen „la purità e la simplicità dell'elocuzione"[130]. Gerade solche letztlich doch eher unscharfen Empfehlungen lassen freilich erahnen, wie problematisch die hybride „intersection of mimesis and dialectic"[131] in der praktischen Umsetzung sein kann.

In der Summe zeigen die poetologischen Überlegungen in Tassos *Discorso dell'arte del dialogo* die Gattung als fiktionale Inszenierung einer epistemisch grundierten Verhandlung, die die Erprobung von Wissensfragen aus den Bereichen der Ethik und der Philosophie erlaubt. Abgeschattet werden dabei erneut jene dialogischen Traditionen, die vor allem auf die divulgative Vermittlung von Real- und Sachwissen abzielen (enzyklopädische Varianten) oder soziale Satire betreiben (lukianische Varianten); favorisiert wird stattdessen das prestigereiche philosophische Format, das an antike Traditionen der fragenden Erörterung anknüpfen will. Das zentrale Spannungsfeld aus *episteme* und *fictio*, aus Dialektik und Poetik, wird dabei von Tasso nicht wirklich gelöst, wohl aber als Schwierigkeit oder gar „core problem"[132] der Gattung sichtbar gemacht: Dialoge sollen ein plausibles Wissensgespräch mit indirekter Wirkung auch für die äußere Wirklichkeit zeigen und müssen sich hierfür der dialektischen Beweisführung mitsamt ihrer technischen Verfahren bedienen,

128 Vgl. ebd., S. 344-345. Die Bedeutung der *enargeia* und damit auch der genuin poetischen Seite des Dialogs spiegelt sich in den Lobworten, die Tasso für Platons mustergültige Beherrschung der „evidenza" findet. Die eingehende Diskussion einzelner Belegstellen wird immer wieder mit stark emphatischen Attributen begleitet: „leggiamo con maraviglioso diletto", „con piacer incredibile leggiamo", „di compassione e di maraviglia" (sämtliche Zitate ebd.).

129 Vgl. Snyder 1989, S. 174-180.

130 Tasso 1959, S. 344, vgl. ebd.

131 Snyder 1989, S. 163.

132 Ebd., S. 178.

zugleich aber die poetische Illusion eines natürlichen Gesprächs herstellen, so dass ein fiktionaler Koeffizient stets beteiligt ist. Mit dieser sehr spezifisch dialogischen Gemengelage von philosophischem und poetischem Diskurs, von dialektischer Debatte und fiktionaler Gesprächsmimesis erhalten Dialoge ihre hybride Signatur, deren Schwierigkeit in der drohenden Entdifferenzierung der Bezugsgrößen besteht: Epistemischer Prozess und poetischer Redeschmuck müssen in einer schwierigen Balance koordiniert werden, um einerseits die mimetische Illusion der *fictio* glaubwürdig erscheinen zu lassen, andererseits aber die dialektische Wissensgewinnung als Textzentrum zu stabilisieren und nicht auf ein bloßes Stilmittel oder einen gelehrten Exkurs zu reduzieren. Der unverfügbare „hybrid dialogical middle ground"[133], auf dem der halb als Dichter, halb als Philosoph auftretende Dialogverfasser agieren muss, ist letztlich ein prekärer „groundless ground"[134], so noch einmal Snyder:

> Tasso's desire to defend the difference between *kinds of discourse* within the boundaries of the dialogical text and the difficulty into which it leads his theory define the essence of the problem posed by the liminal, or threshold, form of dialogue for all late-sixteenth-century theorists. Dialogue oscillates between dialectic and *enargeia, inventio* and *elocutio*, statement and figure, and this movement resists codification and control; Tasso's text shows that dialogue is founded on the reflexivity of these categories – a reflexivity that perpetually threatens to undermine the difference(s) between them. Tasso's project as a late-sixteenth-century theorist of dialogue is to recuperate the heterogeneity of dialectic and description, of statement and figure, out of the hybrid textuality of dialogue.[135]

2.1.4 *Historische Poetik: spanischer Kulturraum*

Anders als in der italienischen Renaissance entwickelt sich in der spanischen Theoriebildung des 16. Jahrhunderts keine signifikante Poetologie zum Dialog, weder in lateinischer noch in volkssprachlicher Form. Obwohl der Dialog spätestens ab den zwanziger Jahren zu den erfolgreichsten Gattungen humanistischer Prosa zählt, wie das erwähnte Inventar von Jesús Gómez eindrucksvoll nachweist, fehlt eine ausführliche Erörterung der Konstruktionsregeln. Allerdings fügt sich dieser Befund in eine übergreifende Problemlage der spanischen Renaissance-Poetologie, in der größere Abhandlungen zur zeitgenössischen Dichtungslehre ausbleiben, insbesondere im Bereich der Prosafiktionen. Denn die entsprechenden Traktate von Nebrija, Vives, Fox Morcillo und anderen behandeln primär antike Musterautoren, bieten jedoch nur selten Hinweise auf das literarische Schreiben in der Epoche selbst. In

133 Ebd., S. 179.
134 Ebd.
135 Ebd., S. 179-180.

diesem Sinne gilt zunächst immer noch das Ergebnis der klassischen Untersuchung von Vilanova, derzufolge die poetische Praxis der Renaissance weitgehend entkoppelt von theoretischen Reflexionen stattfindet.[136] Gleichwohl lässt sich dieser Befund durch zwei Beobachtungen differenzieren. Zum einen kommt es über die nach 1520 einsetzende Dialogliteratur selbst allmählich zur Ausbildung von Formmodellen, die sich auch als Ausgangspunkt für eine implizite Poetik der historischen Gattung begreifen lassen. Im Sinne von Jesús Gómez gehen die Dialogverfasser in Spanien dabei vor allem auf zwei antike Traditionen zurück, nämlich auf Cicero und Lukian; kennzeichnend bleibt allerdings insgesamt eine offene Kombinatorik verschiedener Vorbilder und Bauformen, bei der auch die beschriebenen Überlappungen zu anderen Formen dialogischen Schreibens eine Rolle spielen.[137] Zum anderen findet im späten 16. Jahrhundert eine einsetzende Rezeption der aristotelischen *Poetik* in humanistischen Kreisen statt, die sich in theoretischen Abhandlungen niederschlägt und somit an die ungleich stärker entwickelte italienische Debatte aufschließt. Neben der *Arte poética en romance castellano* (1580) von Miguel Sánchez de Lima zählen hierzu etwa das Manuskript eines Kommentars zur aristotelischen Poetik von Pedro Juan Núñez (1573/1574) und die *Poetik*-Paraphrase *De oratione* (1568) von Antonio Llull, die den Weg zu Alonso López Pincianos *Philosophía antigua poética* (1596) ebnen.[138]

Der Ort des Dialogs zwischen Rhetorik und Poetik (Espinosa, Pinciano, Carvallo)

Im Zeichen solcher „pobreza de la teoría literaria"[139] hat die poetologische Reflexion der Frühen Neuzeit in Spanien auch den Dialog als ungelöstes Problem hinterlassen, indem sie ihn nur sporadisch und variantenhaft behandelt, überhaupt erst am Ende des 16. Jahrhunderts genauer berücksichtigt, also lange nach der ersten großen Blütezeit humanistischer Dialogliteratur. Gleichwohl

136 Vgl. Vilanova 1953, S. 567-570; dazu Jeserich 2017; Gómez 2015[b], S. 54-56; Gómez 1988, S. 9-10.

137 Vgl. die vorangegangenen Ausführungen in Kapitel 2.1.2 bzw. erneut Gómez 2000, S. 87-118; Gómez 2015[b].

138 Vgl. die Überblicksdarstellung bei Vilanova 1953, S. 562-692, neuer die Bestandsaufnahme bei Jeserich 2017, S. 169-174, die die schwierige Quellenlage nicht als Beweis einer ‚kulturellen Verspätung' Spaniens, sondern als Ausdruck von Ungleichzeitigkeiten in der Schwellenepoche der Renaissance sieht. Zur neuaristotelischen Einordnung von Llull und Núñez, der gar als „príncipe de la filosofía peripatética" apostrophiert wird, vgl. Menéndez Pelayo 1947, S. 160-161, 174-176, Zitat S. 176. Menéndez Pelayo geht hier auch auf verlorene Scholien zur aristotelischen *Poetik* und *Rhetorik* ein, die eine entsprechende Debatte im 16. Jahrhundert indizieren, ohne dass sich deren genaue Dynamik rekonstruieren ließe.

139 Gómez 2015[b], S. 56, vgl. ebd., S. 54-56; Gómez 1988, S. 9-10.

gestatten allein diese späten Reflexionsmomente überhaupt einen gewissen Einblick in das Selbstverständnis der Gattung aus Sicht einer innerspanischen Diskussion, daher bilden gerade auch sie eine notwendige Vervollständigung der italienischen Kontroversen. Sie zeigen den Dialog, wie wir im Folgenden darlegen möchten, im Spannungsfeld von zwei disziplinären Systemen im historischen Kontext. Auf der einen Seite stehen Ansätze, die ihn als Genre der Rhetorik, der Kunst der Beredsamkeit in einer ciceronianischen Linie sehen, wie dies am ausführlichsten in Rodrigo Espinosa de Santayanas 1578 erschienener *Arte de retórica* geschieht, kürzer, aber dennoch prägnant, auch in Baltasar de Céspedes' *Discurso de las letras humanas llamado ‚el humanista'* (1600).[140] Der Dialog bleibt diesen Verfassern zufolge ein Gespräch zu potenziell sehr vielfältigen Sachgegenständen, deren Kenntnis eine universale humanistische Bildung voraussetzt. Der Form nach ist er rhetorische Übung des wechselseitigen Disputierens in einer fiktiven Sprechsituation, die es erlaubt, dialektische Argumentationskunst und gelehrtes Wissen vor Augen zu führen. Im Sinne eines klassisch-rhetorischen Gesprächskonzepts kann der Dialog bei Espinosa und Céspedes in einem Atemzug mit der Epistel genannt werden, da diese ebenfalls die deliberative Erörterung einer Streit- bzw. Wissensfrage zwischen Freunden verfolgt und darin einen dialogischen Charakter besitzt.[141] Für den Dialog als rhetorisches Genre humanistischer Gelehrsamkeit lassen

140 Bei Espinosa de Santayana geht die Eingruppierung des Dialogs in die Rhetorik unmittelbar aus dem Gesamttitel hervor: Rodrigo Espinosa de Santayana, *Arte de retórica. En el qual se contienen tres libros. El primero enseña el arte generalmente. El segundo particularmente, el arte de Hystoriador. El tercero escrivir Epístolas y Diálogos* (Madrid: Guillermo Drouy 1578). Bei Baltasar de Céspedes wird sie im Kapitel „De la acción de las cosas" deutlich, das jene Textsorten näher beschreibt, die der vollkommene Humanist beherrschen sollte, hierzu gehört auch das Verfassen von Reden. Zwar müsse der Gelehrte nicht selbst als Redner hervortreten, da dies eine eigene natürliche Begabung wie bei Cicero voraussetze, wohl aber die zugehörigen rhetorischen Formen der *ars oratoria* kunstgerecht verfassen können, hierzu werden Epistel und Dialog gezählt: „Lo mismo se puede decir de la composición de las epístolas, que está sujeta a la oratoria, en que tuvo excelencia en nuestros tiempos Paulo Manucio, y la composición de los diálogos que, aunque la materia puede ser de muchas cosas, pero la forma es de la oratoria." (Céspedes 2018, S. 60-61) Der Dialog wird folglich klar in die Gruppe der rhetorischen Genera eingeordnet, ausdrücklich nicht in die vorher erläuterten poetischen Gattungen, vgl. ebd., S. 58-61.

141 In der antiken Rhetorik gilt die Epistel als Gespräch unter Freunden in Abwesenheit, sie ist darin auch „Derivat des Gesprächs" (Ueding 2016, S. 24, vgl. ebd., S. 21-24), hierauf gründet dann die Affinität von Dialog und Epistel im Sprachhumanismus der spanischen Renaissance, vgl. Ferreras 1985, S. 982; Rallo Gruss 1992, S. 15, auch schon Tasso 1959, S. 342-343. Speziell bei Espinosa bilden Epistel und Dialog zusammen die dritte Abteilung seiner *Arte de retórica* (vgl. Espinosa de Santayana 1578, fols. 62-80), bei Céspedes werden sie als Unterformen der Rednerkunst verknüpft (vgl. Céspedes 2018, S. 58-61). Auch bei López Pinciano bilden beide Formen eine enge Verbindung, da jedes Kapitel seiner *Philosophía*

sich dann entsprechend erlernbare Regeln und Präzepte formulieren, die die Binnenstruktur des inszenierten Gesprächs, Raumzeit und Figuren betreffen. Eine zweite Perspektive innerhalb der spanischen Theoriedebatte assoziiert den Dialog hingegen stärker mit poetischen Konstellationen, insbesondere mit dem Drama, und zwar zunächst formal (ganz im Sinne Hempfers) aufgrund des gemeinsamen Redekriteriums der dramatischen Schreibweise. Diese Texte sind nicht präzeptiv angelegt, sondern selbst als literarischer Dialog gestaltet, der in einem eher reflexiven und spielerischen Habitus Kriterien antiker Dichtungstheorie behandelt. Im Licht aristotelischer und platonischer Bezüge steht so bei Alonso López Pincianos *Philosophía antigua poética* (1596) und Luis Alfonso de Carvallos *Cisne de Apolo* (1602) weniger ein schulrhetorisches Regelwissen zur dialogischen Argumentation im Blick, sondern ein im Kreis der *personae* inszeniertes Nachdenken über den Status von Mimesis und Fiktionalität, aber auch über die moralische Fundierung von Dichtung und ihr Verhältnis zum menschlichen Wissen.

Für die rhetorische Sichtweise steht Rodrigo Espinosa de Santayanas *Arte de retórica* aus dem Jahr 1578 ein, deren dritte Abteilung sich in wenigen Folioblättern auch dem Verfassen von Dialogen zuwendet.[142] Am Beginn steht eine kurze Definition des Genres, die einen sehr allgemeinen Modus von Argumentation als Dynamik des Fragens und Gründegebens umschreibt: „DIÁLOGO, es una manera de disputa (pregunta[n]do, argumenta[n]do, y respondie[n]do) entre dos o mas personas."[143] Mit Blick auf das potenziell universale Darstellungsspektrum nimmt Espinosa dann eine Gliederung nach der thematischen „materia" vor, so könnten Dialoge erhaben-pathetische Redegegenstände theologischer Herkunft behandeln („de la grave [materia]"), mittlere mit Blick auf die Welt des Menschen und der Wissenschaften („de la mediocre"), oder niedere, so wie in den *oficios*-Gesprächen zu Ackerbau oder mechanischen Techniken („de la humilde")[144]. Die folgenden Ausführungen

---

antigua poética aus einem Gefüge von Dialog und resümierender Epistel besteht (vgl. López Pinciano 1998).

142 Die volkssprachliche Rhetorik des wenig bekannten Augustinermönchs aus Madrid gilt als eher schematisch-konventionelle Epitome, die überwiegend die ältere Rhetorik von Miguel de Salinas paraphrasiert (erschienen in Alcalá de Henares 1541), in der allerdings der Dialog nicht erwähnt wird. Menéndez Pelayo gilt das Werk daher als „seco y trivial" (Menéndez Pelayo 1947, S. 189). Andererseits bietet Espinosa de Santayana gerade mit dem Einbezug des Dialogs durchaus eine originelle Zutat, die vielleicht der wachsenden Praxis zumindest aus rhetorischer Perspektive Rechnung trägt, inhaltlich aber nahe an Sigonio bleibt, vgl. zu dieser Einschätzung Ferreras 1985, S. 977-981; Menéndez Pelayo 1947, S. 189; Rico Verdú 1973, S. 113-116; Martí 1972, S. 224-225.

143 Espinosa de Santayana 1578, fol. 77 *recto*, vgl. Ferreras 1985, S. 977.

144 Vgl. Espinosa de Santayana 1578, fol. 77 *recto*-78 *recto*, dort alle Zitate.

betreffen dann vor allem die neuaristotelische Kategorie des *decorum* und betonen die sorgfältige Ausgestaltung der *personae*, die mit dem gewählten Thema und der damit verbundenen Stilebene in Einklang stehen müssten. Die sehr präzise und detailreiche Auffächerung möglicher Variationen des Personals läuft auf ein Postulat der Wahrähnlichkeit dialogischer Mimesis zu, die durch indexikalische Situierung die Glaubwürdigkeit und Annahmefähigkeit des Gesprächs steigert. Zugleich werden mit Aristoteles, Quintilian und Agricola drei für den Sprachhumanismus der Renaissance zentrale Autoritäten benannt, die die rhetorisch-dialektische Wahrnehmung des Dialogs bei Espinosa erneut unterstreichen.

> En las personas es necessario poner mucho cuydado y diligencia: porque la co[n]sideración de las personas abracen [sic] todas las cosas q[ue] después se sigue[n], delas quales unas son de Dios otras de hombres, en baxo deste nombre de hombre, se entiende hombre y muger. Ansi mismo se deve considerar que en esta persona de hombre, unos son señores, y otros siervos, y ansi en el de muger, unas son señoras, y otras son criadas, unos son viejos, y otros moços, unos de un officio, otros de otro, unos estrangeros y otros naturales: y finalmente en el nombre proprio como Pedro, o Juan: Ysabel, o Maria. La qual consideracion de cada cosa en particular deve ser muy mirada, y con mucha diligencia examinada para hazer relacio[n] verdadera en el dialogo o dialogos. Estos preceptos se hallan en la Retorica de Aristoteles, y en las instituciones oratorias de Quintiliano, y en la Dialectica de Rodolpho Agricola.[145]

Mit der Abstimmung von Redegegenstand und *personae* müsse dann auch die Wahl von Raum und Zeit harmonieren, wie Espinosa an seinen Beispielen illustriert, so sollten geistliche Gespräche in einer Kirche verortet sein und Soldatendialoge zu Kriegszeiten spielen.[146] Entsprechend wird auf die sorgfältige Situierung und Indexikalisierung des Gesprächs und das mimetische Ausmalen der Szenerie offenbar großer Wert gelegt. Demnach verfolgt Espinosas Traktat ein rhetorisch-aristotelisch beeinflusstes Dialogkonzept, in dem die genaue Beachtung des *decorum* als Bedingung für Plausibilität und Wahrscheinlichkeit das zentrale Kriterium für ein Gelingen der poetischen Fiktion ist.[147]

145 Ebd., fol. 78 *recto-verso*, vgl. Ferreras 1985, S. 978-979. Diese drei Gewährspersonen werden kurz darauf im Absatz zur Eloquenz, der knapp die drei Stillagen wiederholt, etwas formelhaft erneut genannt, bilden also vielleicht eher oberflächliche Markierungen eines theoretischen Bezugshorizonts, vgl. Espinosa de Santayana 1578, fol. 79 *verso*.

146 Vgl. Espinosa de Santayana 1578, fol. 79 *recto-verso*.

147 Anders Grosse, demzufolge die Konkordanz von *persona* und Stillage hier nicht auf das aristotelische *decorum*, sondern auf die Tradition der mittelalterlichen *Rota Vergilii* zu beziehen ist, vgl. Grosse 1997, S. 171-174.

Wichtig für unseren Zusammenhang des epistemischen Gesprächs ist dann eine Unterscheidung zweier möglicher Ausprägungen des Wissensdialogs. Primär denkt Espinosa de Santayana offenbar an ein archetypisches Schulgespräch zwischen dem wissenden Lehrer und den aufnehmenden Schülern, die den Magister sozusagen anstacheln sollen, sein Mehrwissen preiszugeben: „Demas desto la persona que sustenta la materia principal del dialogo deve ser mas grave y mas docta que las demas. La persona mas desseosa de deprender o de contender y arguyr, deve ser la primera que hablara y que començara y las demas personas deven responder guardando el decoro cada persona en su ser."[148] Hierbei kommt dann das topische Autoritätenwissen der Heiligen Schrift und der „doctos hombres"[149] zum Einsatz. Daneben kennt Espinosa aber auch einen symmetrischen Dialogtyp platonischer Prägung mit potenziell gleichberechtigten Gesprächspartnern, der sich vom hierarchischen Modell unterscheidet, mit solchem „Aviso general de la materia de los dialogos" schließt dann die Rhetorik ab:

> Este aviso general deve aver en los Dialogos, co[n]viene a saber, tener advertencia si las personas q[ue] preguntan, saben el arte y materia de q[ue] se haze la interrogacion o no. Si la saben se introduziran no como puros y simples interrogadores d[e]lla, mas introduzirlos argume[n]tando y co[n]te[n]diendo lo q[ue] se haze en los dialogos de Plato[n]. Y en los Saturnales d[e] Macrobio, y en todos los famossos dialogos. Sino la sabe[n] deve[n]se introduzir interroga[n]do simplemente, sin co[n]tienda ni argume[n]tos, y co[n] una cierta revere[n]cia: porque seria imprude[n]cia introduzir una persona que dispute de aq[ue]llo q[ue] no sabe, lo qual se verifica en todos los buenos dialogos, y mas particularme[n]te en el dialogo de las particiones oratorias de Ciceron, donde se introduze Ciceron como hijo y no para contender y arguyr con el padre del arte Oratoria, interrogandolo solamente con reverencia y modestia porque no sabia el arte, sino que la desseava saber. *Laus Deo.*[150]

Insgesamt kennzeichnet die Dialoge, seien sie nun hierarchischer Lehrdialog oder symmetrisches Streitgespräch, dass stets der konzeptuelle Rahmen respektive das epistemische Vermittlungsgeschehen entscheidend bleibt; es sind Wissensdialoge ciceronianischer Prägung, doktrinale Gespräche zu einem Sachwissen, das eben mehr belehrend oder eher dialektisch-suchend disputiert werden kann. Anders als in dramatischen oder epischen Figurenreden ordnen sich in der eigentlichen „institucion de los Dialogos"[151], so ja

148 Espinosa de Santayana 1578, fol. 79 *recto*.

149 Ebd.

150 Ebd., fol. 80 *recto*.

151 Der dritte Abteilung ist übertitelt mit „Tercero. Institucion de los Dialogos. Que cosa es Dialogo." (ebd., fol. 77 *recto*)

die Überschrift, alle poetischen Elemente diesem Argumentationsprozess unter.[152] Aus diskursgeschichtlicher Perspektive lassen Espinosas überschaubar wenige *praecepta* neben dem ciceronianischen Bezug dann natürlich eine deutliche Nähe zur neuaristotelischen Poetik erkennen, insbesondere in der Fokussierung von *verosimilitudo* und *decorum*, zudem auch intertextuell in der vermuteten Abhängigkeit zum älteren Trakat von Carlo Sigonio, der vielleicht als implizite Vorlage bei Espinosa de Santayana gedient hat.[153] Eine solche Kenntnis und Verbreitung Sigonios in Spanien bekräftigt darüber hinaus auch die Beobachtung, dass der einflussreiche Humanist noch in mehreren Vorworten spanischer Dialoge als Gewährsmann genannt wird, so bei Antonio de Torquemada und Antonio Agustín, schließlich in einer weiteren Rhetorik von Juan de Guzmán.[154] Verschiedene Momentaufnahmen in der historischen Poetik deuten so darauf hin, dass auch der zunächst kaum theoretisierte Dialog von aristotelischen Strömungen im 16. Jahrhundert affiziert und im Zuge von Rhetoriken und Kommentaren zumindest für eine schwache deskriptive Kodifizierung geöffnet wird.

Neue diskursive Zuordnungen und Wahrnehmungen finden sich bereits wenige Jahre nach Espinosas *Arte de retórica* in den großen klassizistischen Dichtungslehren von Alonso López Pinciano (*Philosophía antigua poética*, 1596) und Luis Alfonso de Carvallo (*Cisne de Apolo*, 1602), die Jesús Gómez zufolge poetologische Entwicklungen des 16. Jahrhunderts bündeln und

152 So das abschließende Résumé bei Ferreras: „L'intérêt majeur du traité de Espinosa de Santayana, écrit après que soient parus de nombreux Dialogues, est de mettre en lumière l'aspect conceptuel de ce genre littéraire: les personnages, les circonstances de temps et de lieu n'existent qu'en fonction de la matière choisie comme thème de discussion, qui, par conséquent, les détermine totalement. Le Dialogue, tel que le définit Espinosa de Santayana, diffère, dans sa nature même, du dialogue de théâtre." (Ferreras 1985, S. 979) Vor diesem rhetorisch-ciceronianischen Hintergrund heben sich jene anderen theoretischen Zugriffe ab, die die Sprechakte der dialogischen *personae* mit den Figurengesprächen auf der Theaterbühne engführen und so die erwähnte Familienähnlichkeit Dialog/Drama betonen, vgl. Gómez 2015[b], S. 54-55; Vian Herrero 2009, S. 407; Kapitel 2.1.2.

153 Vor allem Sigonios drei Kapitel zu *De decoro et verisimili servando in dialogis, De genere personarum, quae inducuntur* und *De loco et tempore colloquiis idoneo eligendo* stehen hier im Raum, vgl. zur Rezeption von Sigonios *De dialogo liber* bei Espinosa de Santayana dann Ferreras 1985, S. 979-981 und Rallo Gruss 1996, S. 13, dem widerspricht aber Grosse 1997, S. 171-174. Zur Rezeption italienischer Poetiken in Spanien allgemein auch Strosetzki 1987, S. 224-225.

154 Vgl. Ferreras 1985, S. 981-983, dort auch weitere Belege nach dem 16. Jahrhundert. Die 1589 erschienene Rhetorik des Juan de Guzmán, Schüler des Brocense und Humanist in Pontevedra, greift vermutlich ihrerseits noch einmal auf Espinosa de Santayana zurück und ist in Dialogform verfasst, ohne dass freilich das Genremuster selbst metatheoretisch reflektiert würde, vgl. Menéndez Pelayo 1947, S. 189.

im Zeichen neuaristotelischer Einflüsse fortsetzen.[155] Zwar wird der Dialog in beiden Schriften nur kurz und eher beiläufig erwähnt, bildet jedenfalls keinen separaten theoretischen Zweig aus. Es kommt dort aber zu einer für das historische Selbstverständnis aufschlussreichen Verschiebung des Genres, da der Dialog nun nicht mehr in der diskursiven Praxis der Rhetorik verortet wird, sozusagen als technische Übung einer Redekunst ciceronianischer Prägung, sondern allein im Feld der Poetik, und zwar zunächst formal als eine spezifische Variante des Dramas. Voraussetzung dafür ist, dass (ganz im Sinne der erwähnten Argumentation bei Hempfer) das verbindende Redekriterium der übergreifenden dramatischen Schreibweise und der Figurenrede als generisches Merkmal in den Vordergrund gestellt wird. Systematische Probleme und weiterreichende Implikationen, die daraus resultieren könnten, insbesondere die bei Castelvetro polemisch behandelte Frage nach der Aufführbarkeit von Dialogen, werden dann freilich nicht weiter vertieft.[156] Dennoch bleibt das Bewusstsein einer gleichsam naturwüchsigen Beziehung zwischen dem Dialog und weiteren mit der dramatischen Schreibweise operierenden Gattungen bestehen, die im Rezeptionshorizont unzweifelhaft emphatisch literarisch markiert sind.[157]

Sowohl López Pinciano als auch Carvallo unterscheiden grundsätzlich drei Gattungen, in Anlehnung an die auf Platons *Politeia* (392c-395) zurückgehende Leitdifferenz zwischen Diegesis und Mimesis:[158] Texte mit alleiniger Rede einer Dichter-*persona* (dies kann Lyrik oder Versdichtung auch lehrhafter Art sein), Texte mit Figurenrede (Drama, Dialog, Ekloge), oder eine Mischform, so wie in den großen Epen, in denen Erzähler- und Figurenrede abwechseln.[159]

---

155 Vgl. Gómez 2015[a], S. 29-30, der von einer Verlängerung von Denkformen der Renaissance ausgeht.

156 Vgl. Snyder 1989, S. 134-146.

157 Es handelt sich bei der systematischen Annäherung von Dialog und Drama im *Cisne de Apolo* daher nach unserer Meinung um einen für die poetologischen Prozesse um 1600 aufschlussreichen Hinweis, nicht aber um einen Denkfehler, wie Gómez annimmt: „La confusión de Carvallo entre el diálogo ciceroniano (*De amicitia*) y el subgénero teatral del coloquio o diálogo se explica por el hecho de no haber sabido diferenciar la forma dialogada, utilizada en el teatro, del género dialogado que se caracteriza por unas determinadas convenciones tanto temáticas como formales, además de hacer uso de la forma dialogada." (Gómez 2015[b], S. 55)

158 Vgl. Genette 1998, S. 103-118.

159 Die Zitate aus dem Schaubild finden sich in López Pinciano 1998, S. 139-140, Carvallo 1997, S. 254-256, Hervorhebungen von uns. Wir folgen in der Graphie diesen Ausgaben, vgl. weiter die Analyse bei Gómez 2015[b], S. 53-56.

	López Pinciano	**Carvallo**
Dichterrede	„porque unos poetas imitan hablando siempre ellos mismos, como está visto en la dithirámbica o zarabanda" → poema enarrativo	„*Exagemática* poesía es la que en latín llaman narrativa, y en ella solo habla el Poeta en su nombre, en cuyo género se cuentan los libros, y artes, que enseñan alguna cosa, como es la *Poética* de Horacio, el *Arte de amar* de Ovidio, las *Geórgicas* de Virgilio, y otras poesías semejantes." → estilo exágematico
Figurenrede	„otras veces nunca ellos razonan por sus personas, sino por ajenas y interlocutoras, **como en los diálogos, tragedias y comedias**" → poema activo	„Dramática poesía es aquella que los latinos llaman activa imitativa, o representativa, en la cual nunca el Poeta habla en su nombre, pero induce, o introduce personas, que hablen, y representen el mismo caso, **de cuyo género de poesía son las comedias, tragedias, coloquios, diálogos y algunas églogas.**" → estilo dramático
Mischform	„otras veces los poetas razonan por personas propias suyas a veces y a veces por ajenas, como en las épicas se vee" → poema común	„La *mista* poesía es compuesta destas dos dramatica y exagemática, se puede llamar común. En la cual el Poeta ya habla por sí y de su parte, y ya introduciendo un razonamiento dicho por tercera persona, que llaman *prosopopeya*, como es muy ordinario en las historias" → estilo misto

Dass es sich beim Dialog aber letztlich doch nicht sozusagen um eine einfache Variante des Dramas im Segment der ‚Figurenrede' handelt, geht aus weiteren Einlassungen in beiden Poetiken hervor, die die besonderen Perzeptionen einer poetischen Wissensliteratur im historischen Kontext verdeutlichen. Der ältere Text, Alonso López Pincianos *Philosophía antigua poética*, stellt dabei formal zunächst eine Sammlung aus dreizehn Episteln aus der Feder der *persona* des ‚Pinciano' dar. Jede Epistel besteht aus zwei Teilen: einem protokollierten

Gespräch zwischen Ugo und Fadrique, als wissenden Lehrerfiguren, und dem mehr nachfragenden ‚Pinciano'; dazu folgt stets ein Antwortschreiben des Don Gabriel. Die dritte dieser Dialogepisteln behandelt nun der Überschrift zufolge allgemeine Kriterien von Dichtung („De la essencia y causas de la poética"[160]) und bekräftigt dabei die zentralen Gedanken der aristotelischen *Poetik* mit ihren Leitprinzipien von Nachahmung und Fiktionalität. In der nach dem Mittagessen geführten Diskussion werden dann die platonischen Dialoge als besonderer Fall besprochen, offenbar führen gerade sie zu einer problematischen oder zumindest irritierten Wahrnehmung von Literarizität, die zunächst auf die Prosaform selbst, später auch auf den quantitativen Überschuss an gelehrtem Wissen innerhalb der Gesprächsmimesis zurückgeht. So zeigt sich die *persona* des ‚Pinciano' gleich zu Beginn verwundert, weshalb Platon überhaupt als Dichter gelten könne, obwohl doch kein einziges seiner Werke in Versform verfasst sei:

> El Pinciano lo entendió y respondió:
> —Sí, señores, y codicioso de saber adónde o cómo fue Platón poeta. Yo le he mirado todo, hoja por hoja, y, si no son algunos versos ajenos, no le he hallado otros algunos. Y o él no es poeta o yo no sé lo que es serlo.
> —Lo postrero.
> Respondió Ugo.[161]

Im weiteren Gesprächsverlauf verwerfen Ugo und Fadrique dann überhaupt den Vers als Kriterium von Dichtung und ersetzen ihn durch das Mimesiskonzept, natürlich unter Berufung auf die modellbildende *Poetik* des Aristoteles. Dichtung wird nun als Nachahmung von menschlicher Handlung durch Sprache definiert, dies sei ihre „forma"[162], die aber noch um ein legitimierendes „fin"[163] ergänzt werden müsse, nämlich den doppelten Skopus aus Belehrung und Unterhaltung im Sinne der horazischen Tradition.

---

160 Vgl. López Pinciano 1998, S. 109-131.

161 Ebd., S. 109.

162 Ebd., S. 116, vgl. ebd.

163 Ebd., S. 112, vgl. ebd. Pinciano verwendet hier (ähnlich wie andere Poetiken des 16. Jahrhunderts) implizit die aristotelische Ursachenlehre mit ihren vier Kategorien, wobei im Verlauf des Gesprächs die Formursache (*causa formalis*) von Dichtung in der Nachahmung gesehen wird, Zielursache (*causa finalis*) ist der Komplex Belehrung/Vergnügen, Stoffursache (*causa materialis*) der philosophische Sachgrund bzw. Gegenstand und Wirkursache (*causa efficiens*) schließlich die *arte* selbst, vgl. hierzu die genaue Analyse bei Friedlein 2014, S. 38-43, insbesondere das Schaubild S. 41.

Aquí el Pinciano dijo:
—No es menester, que tengo ya entendido que la poesía es imitación y aun que ha de ser hecha con lenguaje y plática, porque ya veo que hay muchas especies de imitación y que el lenguaje es el que a la poesía diferencia de los demás.
—Mas falta —dijo Ugo— que, allende de ser hecha con plática, para ser legítimo poema, ha de tener el fin también, que es enseñar y deleitar; que las imitaciones que no lo hacen, no son dignas del venerable nombre ‚poema'.[164]

In diesem Sinne können dann auch die platonischen Dialoge als vollwertige Dichtung erscheinen, da sie die Kriterien der Nachahmung eines wahrscheinlichen Gesprächs und der Belehrung bzw. Unterhaltung erfüllen. Diese Einsichten werden im Spiel aus Frage und Antwort noch einmal bekräftigt:

[Ugo:] Pregunto: ¿Los diálogos y coloquios en que Platón escribió su dotrina, pasaron así como él los dejó escritos?, ¿sí o no? Claro está que pudieran acontecer, mas no acontecieron; de manera que imitó a lo que pudiera ser y no fue.
—Sí —dijo el Pinciano—; yo lo creí siempre así.
Y luego Ugo:
—Más pregunto: ¿Con qué imitó a aquella acción y acciones?, ¿no fue con la lengua o, si más queréis, con la pluma, que todo es uno acerca de nuestro negocio?
Aquí se dio el Pinciano una palmada en la frente y dijo:
—No me digáis más. La obra de Platón tiene la diffinición del poema: género y differencia, materia y forma, y aun las causas finales que de la poética dijistes; porque imitó con la lengua para enseñar con deleite, que, si escribiera sin imitación, no fuera tan deleitoso como es.[165]

Im Folgenden wird die mehr hergestellte Überzeugung vom Dichtertum des Plato weiter gefestigt, auch mit Blick auf das für die Dialoge so charakteristische Verhältnis zwischen dem doktrinalen Wissen als prinzipiell notwendigem Sachgrund von Dichtung und dessen lebendiger Gestaltung im Poema. Denn gerade aufgrund der Anreicherung der philosophischen Lehrinhalte durch eine poetische Komponente sei nämlich Platons Werk stärker ausgeschmückt, ausladender und ‚dichterischer' als das konzentrierte Theoriegebäude des reinen Philosophen Aristoteles, das die Wahrheiten sozusagen *tel quel* hinstellt.[166]

---

164 López Pinciano 1998, S. 112, vgl. ebd., S. 110-120.

165 Ebd., S. 113.

166 So noch einmal Ugo: „Aunque el Pinciano lo ha entendido muy bien; pero, porque no piense que lo ha penetrado todo, le quiero añadir un poco que se ha dejado en esta materia comparativa entre Aristóteles y Platón. Y es que, así como éste deleitó más que aquél, por ser poeta y imitante; por ser imitante poeta, enseñó mucho menos. ¿Vos no veis que tiene más grano una hoja de Aristóteles que treinta de Platón? No lo digo por vituperar a Platón, sino para que sepáis que, en todo, siguió a Homero, a quien él tanto en su *República* vitupera." (ebd., S. 114)

Aufgrund solch kompetenter poetischer Präsentation von gelehrtem Wissen lasse sich Platon als Dichter sogar in eine Linie mit Homer stellen, so noch einmal Ugo.[167] Dennoch lässt sich ‚Pinciano' nur zögerlich von der Poetizität auch der Dialoge überzeugen, wiederholt noch einmal seine anfängliche Beirrung („Y Platón no cantó como poeta"[168]) und unterwirft sich ausdrücklich nur dem Gewicht der Autoritäten, insbesondere dem Aristoteles, nicht einer inneren Annahme der für ihn neuen Argumente.[169]

Auch im weiteren Verlauf der dritten Epistel steht der Dialog im Blick der fiktiven Sprecher, und zwar anlässlich der topischen Frage humanistischer Dichtung, ob Belehrung oder Unterhaltung das wesentliche Ziel („causa final"[170]) sei, wie also die Balance aus *episteme* und *fictio* sich genau gestalte. Dichtung sollte einen epistemischen, ja philosophischen Inhalt aufweisen, der von Ugo sogar explizit mit Moral- und Naturphilosophie verknüpft wird, also den klassischen Darstellungsbereichen der spanischen Wissensdialoge, während die mimetische Komponente womöglich eher gefällige Einkleidung bleibe, „como quien dora una píldora"[171]. Bemerkenswert ist jedoch an dieser Stelle des Gesprächs, dass gerade im Licht der hier ja immer wieder ausdrücklich angesprochenen Dialoge das Verhältnis zwischen *episteme* und *fictio* bzw. die Frage nach dem Vorrang einer der beiden Komponenten letztlich unentschieden bleibt und kurzfristig offen gelassen wird („quédese agora en cuestión"), in eine Geste der Nachdenklichkeit ausläuft („El Pinciano quedó pensativo"[172]). Beide Ziele könnten daher potenziell gleichwertig sein, diese vorläufige Lösung akzeptiert immerhin Fadrique („Y así se ponen dos fines, mientras se averigua esta causa"[173]), er erfährt darin jedoch den Widerspruch des ‚Pinciano', der die sinnbildliche Geburt ästhetischer *monstra* fürchtet: „¿Cómo puede ser que sean dos fines de una cosa misma?, porque repugna a toda naturaleza"[174]. Für einen kurzen Augenblick scheint so in der argumentativen Aporie jene ältere Einsicht des Tasso aufzuleuchten, die die bloß dienende Hilfsfunktion der Mimesis bezweifelt und vielmehr deren gleichberechtigten und potenziell eigensinnigen Anteil an der dialogischen Wissenserzeugung herausgearbeitet hatte, im Sinne einer Aufwertung der ästhetischen Gestaltung von Gesprächsmimesis. Das abschließende

167 Vgl. ebd.
168 Ebd.
169 Vgl. ebd., S. 114-115.
170 Ebd., S. 117.
171 Ebd., S. 118.
172 Beide Zitate ebd., S. 119.
173 Ebd., S. 118.
174 Ebd.

Antwortschreiben des Don Gabriel, mit dem der Komplex der dritten Epistel abschließt, löst allerdings diese sozusagen isosthenische Schwebe aus *episteme* und *fictio* wieder auf und findet zur konventionellen Auffassung zurück: „se puede y debe colegir ser lo útil y honesto más cierto fin de la poética que no lo deleitoso.“[175]

Bereits wenige Jahre später scheint Luis Alfonso de Carvallo in seinem zuerst 1602 erschienenen *Cisne de Apolo*, einer ebenfalls in Dialogform verfassten Poetik, an solche Überlegungen anzuknüpfen und sie weiter zu detaillieren. Auch hier werden, wie bereits erwähnt, entlang an den Modi von Figurenrede und Dichterrede drei Darstellungsformen bestimmt, wobei der Dialog aufgrund seines Redekriteriums der dramatischen Schreibweise zugerechnet wird. Im sechsten Paragraphen des dritten Dialogs („De la tragedia, coloquios, y diálogos“) finden sich allerdings noch weitere und teils abweichende Hinweise aus dem Mund der allegorischen *persona* der Lectura, die auf ein Bewusstsein von der Verschiedenheit dialogischer Varietäten hindeuten, auch wenn in den stark verdichteten Aussagen vieles eher impliziert als ausformuliert wird.

> *Lect.* —El *coloquio* especie es de comedia pero no tiene más de hasta seis personas que disputan y hablan sobre alguna cosa, y no tiene más de un acto, porque jamás el teatro se deja solo, que al fin no es más que una conversación, y así se llama *coloquio* de *colloquor*, que es por hablar algunos entre sí. Tambien es exegemático estilo el diálogo que es plática entre dos, o a lo sumo tres. En este estilo escribe el Orador su libro *De amicitia*, porque habiendo de tratar como ciertos amigos se habían ajuntado a tratar della, por evitar el „díjele“ y „díjome“ lo reduze a diálogo, como el propio confiesa. Y en este estilo se ponen y enseñan muchas y muy buenas doctrinas.[176]

Hier wird der ‚dramatische‘ Dialog, bei dem ausschließlich Figurenrede vorliegt, vom ‚narrativen‘ unterschieden, dort leitet ein Erzähler das berichtete Gespräch ein und vermittelt die Repliken. Konform zur eingangs vorgestellten Terminologie ist die erste Ausprägung eine Art von Drama, „especie es de comedia“, die zweite hingegen Ausdruck des narrativen „exegemático estilo.“[177] Die Implikationen gehen aber noch weiter, denn während die Lectura beim dramatischen „*coloquio*“ offenbar an ein prinzipiell aufführbares Gespräch in einem Akt denkt („jamás el teatro se deja solo“), bleibt der exegematische „diálogo“ im Sinne der verbreiteten Volksetymologie *duologo>diálogo ein agonales Disputieren, als referiertes Zwiegespräch und inneres Lesedrama, das

175 Ebd., S. 130.

176 Carvallo 1997, S. 270.

177 Beide Zitate ebd., zur fehlerhaften frühneuzeitlichen Etymologie Vian Herrero 2009, S. 404-409.

besonders zur Vermittlung von Lehrinhalten geeignet sei.[178] Vielleicht könnte hier der Reflex eines Bewusstseins heterogener Realisierungen innerhalb einer Gattung gesehen werden, die bühnennahe lukianische Werke ebenso umschließt wie die rhetorisch elaborierten Wissensgespräche ciceronianischer Prägung? In jedem Fall führt auch bei Carvallo die hohe Epistemisierung der poetischen Fiktion, das wäre demnach eher die Welt des exegematischen Wissensgesprächs, zum Signal einer beirrten Auffassung von Literarizität, wie aus dem Wortwechsel des folgenden siebten Paragraphen über „La differencia de métodos para enseñar alguna doctrina" hervorgeht. Ähnlich wie bei López Pinciano wird die Kopräsenz zweier Skopoi – Mimesis und Didaxis – bejaht, beide werden aber nicht als konfligierende Ziele, sondern als zusammenfließende Quellen von Vergnügen für den Leser eingestuft.

> *Lect.* —En el exagemático estilo suelen los Poetas enseñar las doctrinas y artes, a la cual poesía llaman *didascália*, cuyo provecho es tan sabido que será muy escusado el querer significarlo, y aun el contento y deleyte que causan no es poco, que es el otro fin.
>
> *Zoilo.* —Las artes y doctrinas, tormento y fatiga me parece a mí que causan, que no descanso.
>
> *Lect.* —Eso será para los que tienen el gusto estragado idólatras del vil descanso, que los que tienen el espíritu de Tulio descanso llamarán a los estudios, porque en ellos se adquiere provecho y gusto, como bien dice Lactancio Firmiano, *De divinis institutionibus I. 3, adv. gent.: artes ideo discuntur ut exerceantur, exercentur autem, vel ad subsidium vitæ, vel ad voluptatem.* „Las artes (dice) se deprenden para ejercitallas, y se ejercitan o para provecho de la vida, o para recreación del ánimo." Mirad como con este ejercicio se consiguen los dos fines.
>
> *Zoilo.* —No me parece pues que los poetas se meten mucho en tratar de doctrinas ni dificultades.
>
> *Lect.* —Antes es tan proprio dellos, que los primeros preceptos de casi todas [sic] fueron dados en verso, como atrás queda ya provado, y a este verso que trata de preceptos llamaron los Griegos *Proptreticon* (*sic*) *Carmen*, que quiere decir preceptivo.[179]

Insgesamt bleibt die um 1600 schwach einsetzende Theoriedebatte in Spanien durch Gegensätze und Ablösungsprozesse gekennzeichnet, die auf der einen Seite den ciceronianischen Purismus Espinosas umfassen, dessen Rhetorik den agonalen Disput der Wissensfrage nach schulhaften Regeln beschreibt, auf der anderen Seite eine aristotelisch-horazische Poetik, in der das Gespräch formal als Variante der dramatischen Schreibweise klassifiziert und so im weiteren Feld literarischer Praktiken verortet wird. Sowohl bei López Pinciano

178 Zitate in Carvallo 1997, S. 270.

179 Ebd., S. 271.

als auch bei Carvallo gilt dabei universales Wissen als notwendiger Sachgrund der Gesprächsmimesis, gleichzeitig mehren sich im Wortwechsel der *personae* aber Indizien einer Irritation über die hohe Epistemisierung des sprachlichen Poema, die zum Zweifel an der Literarizität auch des Dialogs führen. Obgleich beide Dichtungslehren zuletzt scheinbar traditionell die humanistische Einheit wahren und dem poetischen Reden zwei legitime Gründe zugestehen, eben *docere* und *delectare*, klingen doch die wiederholten Signale der Beirrung nach – als ein wichtiges Reflexionsmoment für die bei Sigonio noch klassisch harmonisierte, bei Tasso indessen bloßgelegte Hybridität der Wissensdialoge. Anders gesagt: Für ‚Pinciano' und Zoilo ist die poetische Präsentation von Wissen keine Selbstverständlichkeit mehr, vielmehr kann *episteme* nun potenziell auch als ein Fremdes in der lebendigen poetischen Gestaltung empfunden werden, die eigentlich viel eher Lust, Spannung oder Erschütterung bewirken sollte. Insofern deutet sich im Entwicklungsfeld zwischen Espinosa, López Pinciano und Carvallo wahrscheinlich *sub specie dialogi* ein poetologischer Umbruchsprozess an, für den nach 1600 ein neuer Typus des Wissensdialogs etwa im Sinne von Gaspar Lucas Hidalgos *Diálogos de apacible entretenimiento* (1605) exemplarisch einstehen kann, in dem Episteme nicht mehr als systematische Doktrin im Sinne des humanistischen Bildungsideals verhandelt wird, das die *dignitas hominis* steigert, sondern als unterhaltsamer Fundus von Anekdoten, Fazetien und Kuriositäten, die zum besseren Zeitvertreib kurzweilig verknüpft werden.[180]

Neuaristotelische Ansätze in den Paratexten

Angesichts der schmalen Quellenlage in der spanischen Dialogpoetik und des Fehlens einer systematischen Kunstlehre richtet sich der Blick dann vermehrt auf alternative Orte der Debatte, die sich in den paratextuellen Reflexionen der Verfasser selbst finden lassen. Naturgemäß handelt es sich bei den Vorworten und Widmungsbriefen der sehr heterogenen Autoren um kaum systematische und jeweils den konkreten Umständen angepasste Gelegenheitsschriften, die stark topisch geprägt sind.[181] Auch wenn diese Schwellentexte keine regelpoetische Systematisierung anstreben, lässt sich doch eine implizite Bezugnahme auf neuaristotelische Strömungen erkennen. Dies belegt zumindest die bislang ausführlichste Untersuchung durch Ana Vian Herrero, die in den

180 Vgl. allgemein Leinkauf 2017, S. 526-542, zu Hidalgo hier Gómez 2013.

181 Zu den wichtigsten Topoi zählt hier der humanistische Bildungsgedanke (die Verbreitung des Wissens der *antiqui*), daneben kommentieren die Verfasser häufig ihre Entscheidung für eine Sprache (*romance* statt Latein) bzw. für eine Gattung (Dialog statt Traktat), vgl. Vian Herrero 2009; Vian Herrero 2010[b]. Vgl. zu den dialogischen Paratexten auch Ynduráin 2006, S. 341-348.

verstreuten Reflexionen eine wiederkehrende Referenz auf zentrale Kategorien der aristotelischen Dichtungslehre beschreibt, vor allem auf die Mimesis als poetische Nachahmung eines vorgeblich bezeugten oder offen erfundenen Gesprächs, die Wahrscheinlichkeit sowie das *decorum* als Wahrung sozialer Hierarchien und glaubwürdige Kohärenz von *personae*, Raum, Zeit und Redegegenstand.[182] Freilich muss diese immanente Aufwertung der akademischen Leitbegriffe nicht notwendig bedeuten, dass auch die poetische Praxis in den nachfolgenden Haupttexten damit lückenlos in Einklang zu bringen ist. In der Tendenz bestätigen diese Ansätze aber die gezeigte neuaristotelische Auslegung des Dialogs bei Sigonio und dessen Leser Espinosa de Santayana, zumindest für die umfangreiche Gruppe der nicht-lukianischen Dialoge. Insbesondere die gegliederte Binnenstruktur aus *praeparatio* und *contentio*, die Sigonio dem ciceronianischen Dialog entnommen und auf die aristotelische Dramengliederung abgebildet hatte, erweist sich als einflussreiches Orientierungsmodell.[183]

Ein zentrales Motiv der Prologe bildet vor diesem Hintergrund die Mimesis, die analog zu den italienischen Poetiken des *Cinquecento* als Kern des Gattungsverständnisses und als entscheidendes Fiktionalitätssignal gilt.[184] Diese besondere poetische Qualität des inszenierten Gesprächs, die in den Schwellentexten regelmäßig thematisch wird, kann dabei von den einzelnen Verfassern ganz unterschiedlich abgetönt werden. Einerseits wird im Rahmen einer Protokollfiktion die Mimesis oftmals dissimuliert; der Dialogverfasser (oder eine zwischengeschobene Notarfigur) tut so, als würde er ein konkretes Gespräch zwischen bedeutenden Gelehrten aufzeichnen und für den Nutzen der Nachwelt dokumentieren. Andererseits finden sich gerade in den geistlichen und moralphilosophischen Dialogen auch Prologe, die das poetische *artificium* offenlegen und als eigene Qualität ins Spiel bringen. Beide Möglichkeiten zeigen Mimesis als zentrale Kategorie einer impliziten Kunstlehre der poetischen Fiktion, die in den auktorialen Einlassungen aufscheint und an die aristotelische Traditionslinie anschließt: Dialoge sind fiktionale Repräsentationen von epistemisch zentrierten Gesprächen unter artifiziellen Bedingungen.[185] Neben dem Bekenntnis zur Mimesis zeigt sich der Wille zur

182 Vgl. Vian Herrero 2009, die die repräsentative Untersuchung der dialogischen Schwellentexte in der spanischen Renaissance entsprechend unter die Subkapitel „Mímesis", „Verosimilitud, recreo y enseñanza" sowie „Espacio y tiempo" stellen kann, vgl. ebd., S. 410-420, 425-431, 441-442.

183 Vgl. Ferreras 1985, S. 977-985.

184 Vgl. Solervicens 2005, S. 28-30, dort auch zur Umsetzung bei Vives, Milán und Despuig ebd., S. 30-42.

185 Vgl. Vian Herrero 2009, S. 404-409.

Poetizität in den Prologen auch in der topisch wiederkehrenden Gemäldemetaphorik, die die Schilderung des Gesprächs als sprechendes Bild gelehrter Debatten auffasst und so die rhetorische *techne* des Verfassers unterstreicht. Hinter diesem scheinbar wie von selbst ablaufenden Gespräch tritt der Verfasser dann als anwesend-abwesender *auctor absconditus* zurück und wird zum bloßen Regisseur der disputierenden Argumentationsgemeinschaft: „Evidentemente, el autor actúa como un muy atento maestro de ceremonias."[186]

Wichtige Kriterien des Gelingens der poetischen Fiktion finden sich vor allem in der Wahrung des *decorum* und der damit verbundenen *verosimilitudo*, die bei Sigonio als intrinsische Stimmigkeit von Redegegenstand, Figuren, Sprechweise, Raum und Zeit ausgeführt worden war. Erst wenn die dialogische Fiktion in ihrer Gesamtheit kohärent und wahrscheinlich wirkt, die Sprechweise der Figuren und deren soziale Stellung mit der Auswahl der Stilebene in Einklang stehen, können auch geäußerte Einzel- oder Lehrmeinungen angenommen werden. Einige Dialogautoren streben eine Umsetzung dieser von den Präzeptisten geforderten *decorum*-Technik, die mit der Lehre von den drei Stilebenen verbunden wird, ausdrücklich an, so wie Juan de Pineda in den *Diálogos familiares de la agricultura cristiana* (1589), „por que mejor pueda penetrar el lector las palabras de cada uno de los que hablan de ordinario, y que entienda guardarse el decoro de las personas"[187]. Allerdings kommen die Regeln des *decorum* und die darin implizierte Anpassung der Stillagen und sozialen Hierarchien nicht uniform zur Anwendung. Zahlreiche Verfasser entwickeln eher einen dynamischen ‚gemischten Stil' für ihr dialogisches Figurenpersonal, in dem stilisierte Mündlichkeit und Nachahmung des mustergültigen Sprachgebrauchs der *antiqui* in ein Gleichgewicht gebracht werden sollen. Dies würde für einen Autor wie Arce de Otálora gelten, dessen *Coloquios de Palatino und Pinciano* (ca. 1561) den latinisierenden Sprachgebrauch mit der vertraulichen und ungezwungenen dritten Stillage verbinden. Dies benennt der Autor dann im Prolog: „fue bien acordado sembrar en este romance algunos pedazos o bocados de latín que, como piezas de diversa color, hiciesen campear y levantasen la obra y la autorizasen y le diesen valor y lustre"[188]. Zusammenfassend kann gesagt werden, dass die aristotelisch geprägte Kategorie des *decorum* im poetologischen Diskurs enthalten ist, ohne deshalb uniform zur Anwendung zu gelangen; vielmehr kommt es zu dialogspezifischen Kombinationen verschiedener Sprechweisen und Stillagen, die nicht

186 Ebd., S. 420.

187 *Apud* Vian Herrero 2010[b], S. 825, dort auch zu den *decorum*-Lizenzen, die sich Pineda gestattet.

188 *Apud* ebd., S. 829, vgl. ebd., S. 828-830.

präzeptiv reglementiert sind. Angestrebt wird von der Mimesis letztlich eine innere Stimmigkeit und Glaubwürdigkeit des abgebildeten Gesprächs, die aber nicht ‚realistisch' ist, sondern eher aus einer konventionsgeleiteten Stilisierung hervorgeht, die die Autoren individuell handhaben: „El objetivo, como en la pintura, no es que lo imitado esté física o naturalistamente presente, sino, como dice Pallavicino, que lo parezca a la fantasía. Como se ve, la verosimilitud de un diálogo, como la de cualquier obra, no depende de la realidad ni de la posibilidad, sino de convenciones literarias establecidas."[189]

Gerade im Bereich von *decorum* und *verosimilitudo* der poetischen Fiktion erzwingt nun aber die Überbetonung des Epistemischen immer wieder poetische Vorsicht, und zwar aus zwei Gründen. Zum einen könnte die Darstellung des Wissens der *autoridades*, wie sie sich etwa in gelehrten Sprechakten einer *magister*-Figur findet, das dialogische Stilideal einer vertraulichen und ‚natürlichen' Konversation gefährden, die freilich letztlich immer eine artifiziell produzierte ist. Immerhin suchen die Verfasser den Anschein von „uso y naturalidad"[190] des inszenierten Gesprächs zu erwecken, von *varietas* und *sprezzatura*, der durch den gleichzeitigen Anspruch quasi-enzyklopädischer Gelehrtheit konterkariert werden kann. Dieser intrinsische Darstellungskonflikt ist einem Humanisten wie Francisco López de Villalobos durchaus bewusst, der in seinem *Libro intitulado los problemas de Villalobos* (1543) respektive der vorangestellten Widmung an den Infanten Luis de Portugal die forcierte Zurschaustellung der *eruditio* verpönt, die Quellen sollen binnenfiktional nicht expliziert werden.[191] Zum anderen kann der Komplex *decorum/verosimilitudo* durch die Verlaufsordnung des Gesprächs beeinflusst werden. Grundsätzlich angestrebt wird die Illusion einer ungezwungenen Sprechweise, so dass der Dialog den abwechslungsreichen und diskontinuierlichen Verlauf natürlicher Redeprozesse abbilden müsste, etwa auch Digressionen, Sprichworte und Anekdoten einstreuen sollte. Diese Natürlichkeit steht allerdings potenziell im Konflikt zur Vermittlung von *episteme* insbesondere in materialreichen Dialogen naturphilosophischen und technischen Zuschnitts, in denen lange *magister*-Sprechakte gelegentlich eine hohe systematische Kohärenz

---

189 Vian Herrero 2009, S. 426, vgl. ebd., S. 425-431; Vian Herrero 2010[b], S. 817-832; Leinkauf 2017, S. 534-536.

190 Vian Herrero 2010[b], S. 817, vgl. ebd.

191 In der Widmung heißt es: „Contiene [el libro] diversas reprehensiones en muchos estados y condiciones de hombres en estilo más palanciano que pesado, y hay doctrinas morales y avisos que no son de menospreciar. No se alegan autoridades aunque van muchas insertas en la obra, porque estas alegaciones más son para mostrarse el hombre leído que para la claridad de la escriptura. Y por esto se hizo el lenguaje llano, sin retórica ni afectación alguna." (*apud* Vian Herrero 2010[b], S. 819)

erreichen, die normalsprachlich unglaubhaft wäre. Das Problem einer möglichen *decorum*-Verletzung gefährdet so die Glaubwürdigkeit des fiktiven Gesprächs, das den im Traktat streng geordneten Stoff ganz anders aufbereitet, wie Damasio de Frías im Vorwort zu seinem *Diálogo de la discreción* (1579) bemerkt.[192] Eine Gegenstimme hierzu ließe sich in der italienischen Poetik bei Tasso finden, in der auch magistrale längere Sprechakte geduldet und als unvermeidbare *decorum*-Verletzung positiv sanktioniert werden.[193]

Als poetisches Genremuster stellt der Dialog *ein* mögliches Format der Darstellung von *scientia* und *sapientia* im Gattungsspektrum der spanischen Renaissance dar, namentlich als alternative Option zum systematisch und monologisch vorgehenden Traktat mittelalterlicher Herkunft. Beide Textsorten stehen den humanistischen Gelehrten offenbar als variable und zunächst gleichrangige Genera der Wissensverhandlung zur Verfügung, mit denen sich allerdings konzeptuell verschiedene Zugriffsweisen und Perspektiven auf einen sonst identischen epistemischen Gegenstandsbereich verbinden. Diese Alternanz der wissensvermittelnden Gattungsformen und das darin implizierte Verständnis des Dialogs als epistemisierter Fiktion spiegelt sich zugespitzt in jenen Prologen, die *tratado* und *diálogo* gegeneinander abwägen, in der Praxis dann freilich der methodischen Entscheidung für den Dialog folgen. So kann der als *alumbrado* denunzierte Juan de Cazalla seine *Lumbre del alma* (1528) in der Vorrede als „tractado [...] a manera de diálogo“[194] bezeichnen; dass dies keine Ausnahme darstellt, zeigen dann weitere Belegstellen unter anderem

---

192 „En el legítimo proceso de nuestra materia, después de haber difinido la discreción y diferenciándola de los demás hábitos del entendimiento, es como decir la división la que se ofrece luego para mejor y más ordenado conoscimiento de ella. Pero cuando aquí no guardamos tanta orden, importa poco, pues nunca en las conversaciones se tratan sino como primero se ofrecen las cosas, ni de repente es posible ofrecerse con aquel concierto que de pensado y con el que ellas piden.“ (*apud* Vian Herrero 2010[b], S. 821) Ähnlich äußert sich auch Miranda Villafañe in den *Diálogos de phantástica philosophía* (1582), der die sprunghafte und asystematische *ratio loquendi* anstrebt („ser de baxo estilo y no seguido según las verdaderas reglas de las sciencias“); parallel auch Juan de Pineda in seinen Dialogen von 1589: „y por las leyes de los diálogos familiares no debieran ir las materias proseguidas, porque esa fuera ley de tratados doctrinales, y que cansara a los lectores.“ (beide Belege *apud* Vian Herrero 2010[b], S. 824, vgl. ebd., S. 823-825)

193 Im *Discorso dell'arte del dialogo* erwägt Torquato Tasso das dynamische Hin und Her des ‚natürlichen‘ Gesprächs und die magistrale Langrede akademischer Herkunft als Optionen, vgl. Tasso 1959, S. 342-343, dazu Castro Díaz 2004, S. 38, Vian Herrero 2010[b], S. 833.

194 Der Schwellentext bei Juan de Cazalla kündigt die geistlichen Gespräche als in den dialogischen Modus gesetzten Traktat an: „Aquí comiença un breve tractado [...] Va a manera de diálogo, que es más apazible modo de escribir y al lector de leer.“ (*apud* Vian Herrero 2009, S. 428)

bei Antonio de Torquemada.[195] Angesichts der alternativen generischen Optionen begründen die Verfasser in den Schwellentexten nun regelmäßig, weshalb sie den Dialog vorziehen und das Wissen gerade nicht in die monologische Systematik der Abhandlung, sondern in den dialogischen Modus eines Gesprächs überführen wollen. Im Vordergrund steht so zunächst die Markierung der Gattungswahl als Bewusstsein einer Differenz: „La insistencia de los prólogos en la mímesis genérica adopta formas distintas con un común denominador: alejarse formalmente del tratado."[196] Häufig findet sich dabei die topische Formel, das Wissen sei aus pädagogischen Gründen ‚a manera de diálogo', in Frage und Antwort formuliert worden. Die Dialogautoren betonen somit jedoch auch, so Ana Vian Herrero, ihren Willen zur Fiktion und geben gleich zu Beginn eine Art von Grundsignal der Poetizität, gleichsam als Gebrauchsanweisung für den Leser: „Ese ‚a manera de' tiene más importancia de lo que aparenta: esa *artificialidad* es, precisamente, el espacio de la literatura y la mimesis. De lo contrario, los autores hubieran elegido la forma más venerable del tratado."[197] Für unsere Fragestellung bleibt dabei zunächst festzuhalten, dass der Dialog im historischen Gattungsverständnis als alternative Möglichkeit zum Traktat und damit als ähnlich wissensverhandelnde Fiktion erscheint,[198] in der sich sowohl geschlossene Lehrgebäude als auch polemische Kontroversen von *scientia* und *sapientia* zeigen lassen.[199]

---

195 So werden bei Antonio de Torquemada im *Jardín de flores curiosas* (1570) die Gespräche als Traktat bezeichnet: „El primer tratado es de aquellas cosas que la Naturaleza ha hecho" (*apud* ebd., S. 417). Nach Vian Herrero können Dialoge insbesondere dann auch *tratado* heißen, wenn die Gespräche stark magistralen und lehrhaften Charakter besitzen, während mehr agonale und konversatorische Gespräche meist *diálogo* heißen; angesichts einer lexikalischen Pluralität, die auch Bezeichnungen wie *coloquio, disputa, sermón* annähernd synonym verwendet, handelt es sich der Hispanistin zufolge hier aber eher um Tendenzen, vgl. erneut ebd., S. 417, zu Etymologie und Semantik von *diálogo* grundsätzlich ebd., S. 404-409; Traninger 2012, S. 266-267.

196 Vian Herrero 2009, S. 417.

197 Ebd., S. 419, ähnlich schon Gómez 1988, S. 18-19. Zur Mimesis als Ausweis der Poetizität des Dialogs, die den gelehrten Verfasser zum Quasi-Dichter erhebt, vgl. die obigen Ausführungen zu Sigonio in Kapitel 2.1.3, dazu Vian Herrero 2009, S. 420-421. Zum Legitimationstopos in den Schwellentexten weiter Baranda Leturio 2011, S. 3.

198 So noch einmal Ferreras: „le sujet porte obligatoirement sur une question philosophique, littéraire, morale, politique ou religieuse, ou encore scientifique" (Ferreras 1985, S. 1005, vgl. ebd., S. 1005-1012).

199 Die zu Beginn des Kapitels beschriebene Spannbreite poetischer Möglichkeiten der *episteme*-Inszenierung (zwischen rudimentärem Schema und elaborierter literarischer Form) kann mit Blick auf die Schwellentexte noch einmal konkretisiert werden. Eine eher archetypische Schulform, die dem Erlernen doktrinaler Vorstellungsinhalte in geistlichen Gebrauchskontexten dient, zeigt Juan de los Ángeles in den *Diálogos de la conquista del espiritual y secreto reino de Dios* (1595): „¿por qué no podrá esa misma caridad diferenciar

Dabei bleibt zu fragen, worin genau sich Traktat und Dialog in der historischen Wahrnehmung voneinander unterscheiden und inwiefern jeweils inhaltlich-formale Eigenarten oder variable Bezugssozien herausgestellt werden können. Wiederkehrende Formulierungen in den topisch geprägten Vorworten zahlreicher spanischer Dialoge des 16. Jahrhunderts legen zunächst nahe, dass die Entscheidung für die Gesprächsmimesis durch Motive der Vulgarisierung und der Divulgation bestimmt ist, hierzu passt dann die Wahl der Volkssprache anstelle des gelehrten Latein. In den Schwellentexten der Dialoge finden sich wiederkehrende Begründungen zur Darstellung des Wissens in Konversationsform, die auf die didaktischen Vorzüge dieses Genremusters hinweisen, ebenso auf die kulturelle Dienstleistung einer auswählenden Aufbereitung und Vereinfachung des Autoritätenwissens für einen Leserkreis, der selbst kein Latein versteht und keine Gelegenheit zur umfassenden Quellenlektüre hat.[200] Dieses topisierte Repertoire vorgestanzter Wendungen und Formeln kehrt allerdings in solch stereotyper Regelmäßigkeit wieder, dass die semantische Aufschlusshaftigkeit schwer zu beurteilen ist und es offenbar insbesondere auf individuelle Modifikationen und Nuancen in der Formulierung ankommt, die in den Interpretationen zu Pedro Mexía und Pedro de Mercado näher analysiert werden sollen.

Indessen hat Consolación Baranda Leturio darauf aufmerksam gemacht, dass jene Zuordnung zu befragen ist, die den lateinischen Traktat des Fachpublikums und den volkssprachlichen Dialog des breiteren und weniger vorgebildeten Publikums schematisch voneinander trennt. Folgt man den Ausführungen der Hispanistin, so wurden Traktat und Dialog im historischen Gattungsverständnis der spanischen Renaissance eher als flexibel alternierende Darstellungsformate von Wissen empfunden, die sich weder durch

---

este manjar espiritual de la doctrina, y guisarla de manera que sepa bien, y alcance a todos? Esta ha sido la causa de ordenar en Diálogos este tratado de oración y contemplación, habiendo escrito los *Triunfos del Amor* en prosa suelta, para que, si alguno se enfadare y cansare de leer los capítulos, se recree leyendo las dudas que propone el discípulo y las resoluciones y determinaciones del maestro […] estos Diálogos, en los cuales el discípulo representa los que poco saben, y el maestro los doctos y aprovechados." (*apud* Ferreras 1985, S. 991) Als Ort konfliktiver Polemik wird der Dialog hingegen bei Juan de Jarava in den *Problemas o preguntas problemáticas* (1544) begriffen, denn „no se han de tratar sino cosas de las cuales con razón se puede dudar algo: como son las que en este libro se contienen, copiladas de graves y muchos autores. […] y con mayor voluntad son leídas cuando, como un razonamiento de dos, que hablan juntos preguntándose uno al otro, son tratadas." (*apud* Ferreras 1985, S. 992-993, dort auch ähnliche weitere Belege, S. 1009; vgl. Ynduráin 2006, S. 342; Baranda Leturio 2011, S. 6)

200 Vgl. zu diesen Topoi in den Dialogvorworten allgemein Ferreras 1985, S. 985-994; Vian Herrero 2009, S. 412-420, 430-431.

Sprache, Anspruch oder Publikum hierarchisch differenzieren lassen. Dies illustrieren einerseits die jeweiligen Gegenproben, also spezialisierte und an ein elitäres Fachpublikum gerichtete Dialoge, oder eben volkssprachliche Traktate, die das genannte hierarchische Verhältnis nicht bestätigen würden. Weder *facilitas* noch *divulgatio* sind folglich exklusiv dialogische Kennzeichen. Andererseits finden sich gelehrte Schreibprojekte in der spanischen Renaissance, die in einer einzigen Publikation Traktat und Dialog aufeinander folgen lassen, um so die systematische Darstellung der philosophischen Frage und die offene Thesenprüfung im Modus des Als-Ob als ergänzende Formate der Wissensentfaltung zu verknüpfen, wobei das gesamte Konvolut primär an ein akademisches Fachpublikum adressiert ist. Hierfür kann Baranda Leturio etwa Pedro Ciruelos *Dialogus disputatorius* (1498) in Stellung bringen, der als angehängtes Expertengespräch zum naturphilosophischen Traktat des berühmten Kosmographen fungiert und in dem die fiktive *persona* des Verfassers einen noch skeptischen Gelehrten von der zuvor entwickelten Lehre der Himmelsphänomene überzeugt. Steht hier noch die Überzeugung eines protatischen Modellrezipienten im Vordergrund, die mögliche Einwände bereits im Vorwege entkräftet und so einer möglichen Kritik der Fachkreise zuvorkommt, so fügen Pérez de Moyas *Diálogos de aritmética* (1554/1562) dem mathematischen Traktat ebenfalls eine Verteidigung des dargelegten Wissens in Dialogform hinzu: Sofronio kann Antímaco vom Wert der Mathematik überzeugen, deren Nützlichkeit darüber hinaus auch als Gesprächsgegenstand in unterhaltsamen Konversationen vorgeführt wird, so dass wissenschaftliche Thesenprüfung, Soziabilität und Konversationskultur zusammengehen.[201] Mit solchen Beispielen entkräftet Baranda Leturio eine angenommene sprachliche, soziale und epistemologische Hierarchie bzw. Dichotomie zwischen Traktat und Dialog. Der Sinn dialektischer Gesprächskunst liegt hier weniger in einer schematischen Belehrung und volkstümlichen Vereinfachung, sondern im fiktional durchgespielten Erproben und Prüfen von topischem Meinungswissen, also in der vielstimmigen Bewährung von Wissensaussagen am irrealen Beispiel. Die Entscheidung der humanistischen Verfasser für den Dialog wäre somit eher in dem Auf-die-Probe-Stellen von Meinungen sowie der Abwägung vernünftig denkbarer Positionen zu sehen, schließlich in der

201 Vgl. Baranda Leturio 2011, S. 8-10, 14-17; Rallo Gruss 1996, S. 9. Anders Gómez 2000, S. 163, der die den Traktaten beigefügten Dialoge als Anhänge von gemindertem wissenschaftlichen Anspruch begreift. Dieses Argument kann insofern wenig überzeugen, als bei Ciruelo und Pérez de Moya jeweils die gesamten Publikationen an ein vorgebildetes bzw. gelehrtes Publikum gerichtet sind.

indirekten Wortmeldung der Autoren als fiktive *personae*, die so in den Fortgang des Gesprächs und damit in die potenzielle Rezeption ihrer Texte eingreifen können.[202]

2.1.5 *Indexikalisierung und dialogische Fabel*

Die verstreuten Bemerkungen der Schwellentexte lassen einen ungefähren Grundriss der humanistischen Lehrdialoge in der spanischen Renaissance erkennen. Sie sind zunächst fiktionale Darstellung eines Wissensgesprächs, das sich in einem allgemeinen Sinne als dialektische Argumentation des Fragens und Gründegebens verstehen lässt. Die symbolische Translation von Wissensbeständen in die artifiziellen Bedingungen des Gesprächs ist dabei in den wenigen Stellungnahmen der historischen Dichtungsreflexion auch durch neuaristotelische Strömungen mitbestimmt, die sich in den aus der *Poetik* abgeleiteten Kategorien der Mimesis, der *verosimilitudo* und des *decorum* zeigen, welche in verschiedenen Paratexten und in der *Arte de retórica* von Espinosa de Santayana aufscheinen. Anders als etwa in der italienischen Theorie bei Tasso wird indessen die genrebestimmende Spannung zwischen *episteme* und *fictio* kaum angesprochen, auch wenn die wiederkehrende Gegenüberstellung von Dialog und Traktat in den Schwellentexten offenlegt, dass grundsätzlich auch die dialogische Fiktion als eine epistemische Fiktion, als wesentlich wissensverhandelnde Gattung begriffen wurde.

Obgleich die Fiktionalität des Dialogs in der historischen Selbstwahrnehmung weithin unbestritten ist, bildet die poetische Seite der Gesprächsmimesis doch das quantitativ untergeordnete Element im doppelgesichtigen Gesamtgefüge: Sie darf nur in einem bestimmten Umfang elaboriert werden, vor allem in der *praeparatio*, da die Aufmerksamkeit ansonsten auf die Argumentation selbst konzentriert werden soll. Auf diese Weise ergibt sich eine besondere Asymmetrie im steten Widerspiel zwischen *fictio* und *episteme*: Das Gelingen der Fiktion ist abhängig von poetischen Manövern, vom *decorum* der Figuren, ihrer raumzeitlichen Situiertheit und ihrer besonderen Sprechweise, und doch sind diese neuaristotelischen Entsprechungsverhältnisse in ihrem Dasein wiederum abhängig vom epistemischen Überbau des Wissens- und Erkenntnisprozesses, der ja den Skopus der Textproduktion und binnenfiktional den Gesprächsanlass vorstellt. Durch diese enge epistemische Bezogenheit haben die konstituierenden Bausteine der nachahmenden Gesprächsfiktion (*personae, locus, tempus*) einen anderen Status als beispielsweise in frühneuzeitlichen Genera wie Novelle und Drama, auch wenn es hier, wie bereits dargelegt, immer wieder zu Grenzüberschreitungen und Familienähnlichkeiten

202 Vgl. Baranda Leturio 2011, S. 17-18.

kommt.[203] Dennoch besteht darüber in der neueren spanischen Forschungsdiskussion Einigkeit, dass die poetische Inszenierung wesentlich tributär zum argumentativ-didaktischen Gesamtinteresse bleibt und daher eine dienende Funktion gegenüber der zu diskutierenden Sache selbst besitzt, die sie gleichwohl als ästhetischer Rahmen stets mitdeterminiert.[204] Würde die dialogische Fiktion von dieser Fokussierung des epistemischen *framework* abweichen und etwa handelnde Charaktere in komplexen Schauplätzen stärker ausbauen, so könnte ein Problem der Rezeption entstehen, da die Texte in andere Genera umschlügen.[205] Der Dialog entwickelte sich dann gleichsam vom didaktischen Wissenstext zum Unterhaltungstext mit punktuellen enzyklopädischen Digressionen, wie sie etwa Novellen der spanischen Frühen Neuzeit enthalten.[206] Dialoge können daher gattungslogisch nur eine schmale Fabel aufbauen, weil sie „die Entfaltung der ‚Geschichte' der des Arguments (oder der Theorie) subordinieren und erstere in Hinblick auf das Argumentationsziel funktional halten."[207] Die Figuren neigen entsprechend zur typisierten und exemplarisch gewählten *persona*, der Schauplatz des inszenierten Gesprächs ist topisch schematisiert:[208] Die Aufmerksamkeit des Lesers soll auf den Wissensprozess gerichtet sein.

Offenbar stellen Dialoge systematisch eine für besondere Gebrauchsformen zugerichtete Fiktion bereit, in der zugunsten der Wissensverhandlung nur ein minimaler Ausbau des diegetischen Universums erfolgt, das seinen Sinn nicht als selbständige Fabel hat, sondern einzig durch Bezüge zum Argumentationsgang. Andererseits zeigt die gattungshistorische Perspektive, dass auch diese relative Schwundstufe der Diegese in den spanischen Renaissancegesprächen

203 Vgl. Kapitel 2.1.2 bzw. Gómez 2000, S. 119-160.

204 Entsprechend wird die meist eher knapp ausgestaltete Gesprächsfiktion der Dialoge oft als ‚akzessorisch' bezeichnet, so exemplarisch bei Lía Schwartz: Die kleine Fabel sei nur der „marco discursivo para una ‚exploración de ideas'" (Schwartz 1992, S. 27, ähnlich Gómez 1988, S. 25-43; Häsner 2006, S. 188-180; Vian Herrero 2009, S. 431).

205 So formuliert Gómez: „La característica principal que delimita el género dialogado estriba en que los interlocutores, el tiempo y el espacio están al servicio de las ideas que, a su vez, dependen del proceso discursivo de la argumentación. Por el contrario, en la novela, las ideas tienden a depender de la caracterización de los interlocutores, orientados hacia la acción y determinados por una historia personal específica." (Gómez 2000, S. 144, vgl. ebd., S. 119-160)

206 Vgl. zu solchen epistemischen Enklaven erneut Friedlein 2014 (im Epos); Albert 2016[b] (in der Novelle).

207 Häsner 2004, S. 29, vgl. ebd., S. 27-29; Hempfer 2002[b], S. 22.

208 Der Dialog müsse die Expansion des diegetischen Universums vermeiden und zeige daher „mit gattungskonstitutiver Notwendigkeit empirisch arme und topisch präformierte Subjekte mit zumeist exemplarischer Funktion in ebensolchen Welten", so noch einmal Häsner 2006, S. 179.

einen erheblichen ästhetischen Zuwachs gegenüber den mittelalterlichen *diálogos* bedeutet. Bereits die frühe Grundlagenarbeit von Rudolf Hirzel formuliert die Einsicht, dass die mittelalterlichen Texte noch stärker schematische und situationsabstrakte Schuldialoge seien, während mit der Renaissance eine zunehmende Individualisierung der redenden *personae* und ihrer raumzeitlichen Umgebung einsetze.[209] Diese Einschätzung lässt sich im Grundsatz auch für die spanische Renaissance bestätigen, in der die eher archetypischen Lehrgespräche des Mittelalters zunehmend von kontextualisierten Formen abgelöst werden, beeinflusst durch italienische Vorbilder, die die rahmende Fabel des Aushandlungsprozesses elaborieren.[210] Dialoge der Renaissance betonen so im Sinne von Bernd Häsner stärker die ‚Indexikalität' des inszenierten Wissensgesprächs und machen damit die konkrete historische Kontextgebundenheit der Erkenntnisproduktion sichtbar.[211] Erst in dieser chronotopisch bereicherten Situiertheit gewinnt der Argumentationsprozess offenbar seinen besonderen epistemischen Funktionszusammenhang. Hier wird *scientia* nicht als abstrakte und anonyme Aussage formuliert, sondern durch die mitinszenierte Gesprächssituation determiniert und abgetönt, nämlich durch die Erfordernisse der jeweiligen Argumentationsgemeinschaft und ihre Wissensfragen, ihre Antworten an einem bestimmten Ort und zu einer bestimmten Zeit: „Anders als in den kodifizierten Textgattungen universitärer Gelehrsamkeit wie etwa der *Quaestio disputata* werden die personalen, zeitlichen und räumlichen Parameter dieses Diskurses nicht kassiert, sondern gerade als Bedingung und Horizont der Theoriebildung ostentativ zur Geltung gebracht."[212] Für die poetische Praxis beschreibt Häsner dabei ein Spektrum imaginativer Realisierungsformen, das sich von der elliptischen Nichtmarkierung deiktischer Indices bis zur plastisch detaillierten Ausmalung der Gesprächsumstände aufspannt.[213]

---

209 Vgl. Hirzel 1963, Bd. 2, S. 388. Zur späteren Rezeption dieser Leitthese unter anderem Häsner 2004; Häsner 2006; Hempfer 2002[b]; Hempfer 2004; Solervicens 2005; Gómez 2015[b].

210 Vgl. Gómez 2015[b], S. 43-48. Im Gegensatz zu Italien lässt sich für Spanien allerdings ein längeres Überdauern mittelalterlicher Formen beobachten, etwa der allegorischen Streitgespräche wie in Diego de Aguayos *Diálogos*, oder des schuldialogischen Vergleichs zwischen Judentum und Christentum wie bei Juan Luis Vives. Diese teils stärker instrumentellen Dialoge haben ihr Bezugssozium in theologischen und katechetischen Kontexten, vgl. Gómez 1988, S. 52-56, 215-216.

211 Zur besonderen Verwendung dieses linguistischen Begriffs Häsner 2006, S. 167-168.

212 Häsner 2006, S. 167; vgl. Solervicens 2005, S. 28.

213 Vgl. Häsner 2006, S. 166-171. Aus historisch-philologischer Perspektive beschreibt Jesús Gómez dieses Phänomen als innovativen ‚diálogo circunstancial' gegenüber dem schematischeren ‚diálogo didáctico', der Gesprächsprozess werde damit als verlaufs- und

Auch wenn das diegetische Universum der Dialoge stets zugunsten des epistemischen Grundrisses reduziert bleibt, übt es doch wichtige Funktionen aus, die zunächst in der rückwirkenden Abtönung der Argumente bestehen, auf höherer Abstraktionsebene aber in einem fundamentalen Metakommentar, der die Einschreibung der Texte in die plurale Renaissance-Episteme begründet. Auf diesen Gedanken wollen wir im Kapitel zur dialogischen Epistemologie noch ausführlicher eingehen.[214] Die forcierte Ausstellung der Kontextgebundenheit von Wissen zeigt dieses tendenziell als historisch situierte und potenziell kontingente, als verhandlungsfähige und wandelbare Größe, so die Intuition bei Häsner:

> Wahrscheinlich, so darf man vermuten, favorisieren Übergangsepochen mit instabiler *episteme*, wie Renaissance und Frühe Neuzeit, diese Textformen ostentativer Indexikalisierung, die, indem sie das Personale und Situative ihres Diskurses herausstellen, gleichsam das Partikuläre und Irreguläre gegen das Universelle und Regelhafte ausspielen.[215]

Die aufgespannte Progressionslinie von einer eher instrumentellen hin zur stärker literarischen raumzeitlichen Ausstaffierung ist bei Häsner vor allem aus italienischen Quellen des *Cinquecento* abgeleitet. Für die spanischen Dialoge des 16. Jahrhunderts lässt sich diese Einschätzung wohl in Grundzügen halten, wenngleich hier insgesamt eine starke Diversifizierung und ein plurales Nebeneinander heterogener Formen kennzeichnend sind. So kommt es noch zu einem deutlich längeren Nachleben der situationsabstrakten geschlossenen Dialoge katechetischer oder geistlicher Prägung, deren mechanische Gestalt auf den Glauben an universale Wahrheiten und auf eine unmittelbare Gebrauchspragmatik des kirchlichen Lebens verweist; daneben entwickeln sich dann mit Werken von Vives, Mexía und den Valdés-Brüdern zunehmend Gesprächsfiktionen, die den chronotopischen Umständen mehr Gewicht verleihen und dabei auf bestimmte Modelle zurückgreifen (Gastmahl, Spaziergang, Besuch).[216] Im Gefolge des Konzils von Trient und der einsetzenden Zensurpraxis kommt es dann ab den fünfziger Jahren allerdings zu Entwicklungen, die eine verstärkte Rückkehr zu Fachgesprächen technischer

ergebnisoffen, als relativ zu einer bestimmten Situation ausgewiesen, vgl. Gómez 1988, S. 43-63.

214 Vgl. Kapitel 2.3.1, 2.3.3.

215 Häsner 2006, S. 168.

216 Vgl. Solervicens 2005.

oder naturphilosophischer Herkunft fördern und dabei eher archetypische Schulsituationen begünstigen.[217]

Die komplexen Formen der dialogischen Gestaltung von Figuren und Raumzeit können hier nicht erschöpfend behandelt werden. Während ältere Studien historisch-deskriptiv vorgehen und das Spektrum möglicher Ausgestaltungsvarianten morphologisch auffächern sowie quantitativ einordnen, betonen die neueren Arbeiten nach Häsner den erläuterten epistemischen Funktionszusammenhang der Indexikalisierung, die die Standortgebundenheit von Wissen anzeigt und somit als Kontingenzsignal innerhalb der pluralen rinascimentalen Episteme zu lesen ist. Einige exemplarische Einblicke in die Praxis der rhetorischen *loci* (*persona, locus, tempus*), die es neuaristotelisch in Entsprechungsverhältnisse des *decorum* einzurücken gilt, können das für das spanische Textkorpus bezeichnende Nebeneinander von archetypischen und indexikalisierten Dialogen kurz illustrieren.

(a) In der kleinen Welt der dialogischen Fabel können die *personae* archetypisch gestaltet sein als *magister* und *discipulus*, teils auch ohne Eigennamen, als Vertreter sozialer Stände und Allegorien, oder aber stärker als individuelle Charaktere gezeichnet werden.[218] In diesem Fall wird die von den Präzeptisten Sigonio und Espinosa de Santayana immer wieder geforderte Wahrung des *decorum* als intrinsische Stimmigkeit zwischen Figuren, Raumzeit und Thema zur zentralen Richtschnur.

(b) Die Lokaldeixis selbst bewegt sich ebenfalls oft auf einer Schwundstufe der Ausgestaltung, die sogar elliptisch gehalten sein kann; etwa die Hälfte der spanischen Dialoge des 16. Jahrhunderts ist räumlich nicht konkret situiert. Neben diesem starken Überdauern raumabstrakter Gespräche findet sich dann andernorts eine höhere Aufmerksamkeit für die Ausgestaltung des Schauplatzes. Dieser kann dann oft noch durch

217 Ana Vian Herrero beschreibt etwa eine nachtridentinisch spürbare Wiederkehr von „estructuras magisteriales", auf Kosten polemisch-kontroverser Dispute und satirischer Gespräche, vgl. Vian Herrero 2016, S. 56-61, ähnlich Gómez 2000, S. 85-86.

218 Die archetypische Nullstufe findet sich wieder in den katechetischen und geistlichen Dialogen, etwa in den Dialogen und dem *Manual de la vida perfecta* von Juan de los Ángeles, der *Lumbre del alma* von Juan de Cazalla, dem *Catecismo* von Martín Pérez de Ayala oder dem *Tratado de la oración* von Antonio Porras, um nur einige Beispiele zu nennen, vgl. zur Typologie des Figurenpersonals insgesamt Gómez 1988, S. 25-29; auf den Sonderfall des *auctor* als dialogische *persona* wird hier nicht weiter eingegangen, vgl. aber ebd., S. 22-25. Zu den stärker indexikalisierten Formen können (natürlich neben den lukianischen Dialogen) die Dialogzyklen von Pedro Mexía und Antonio de Torquemada gerechnet werden, die nicht nur in der *praeparatio* eine kleine Szene schildern, sondern auch deiktische Referenzen auf diese Umwelt durch die Figuren gestalten, vgl. zu dieser ‚deixis ejemplificativa' speziell bei Mexía hier Malpartida Tirado 2005, S. 152-157.

präformierte Topoi bestimmt sein, namentlich den *locus amoenus*, während andernorts bereits das Zusammenwirken von Erkenntnis und lebensweltlicher Raumzeit inszeniert wird. Dies gilt für das Modell des *convivium*, das angelehnt an Erasmus bei Vives, Mexía, Despuig, Milán und Mercado abgebildet wird, und für das Modell des städtischen Spaziergangs, das wiederum bei Mexía und bei Sigüenza zur Anwendung kommt und dort bereits historisch konkrete Schauplätze des zeitgenössischen Sevilla aufgreift. In diesen Texten kommt es auch zur thematischen Verknüpfung von fiktivem Sprechort und argumentativem Gehalt, die sich in deiktischen Zeigegesten bekundet.[219] Gleichwohl besitzt auch hier die räumliche Komponente eine dienende Funktion im Argumentationsgeschehen und wird (meist im *argumentum* und in der *praeparatio*) oft nur in knappen Zügen skizziert.[220]

(c) Ähnlich wie beim Raum ist auch die Zeit in etwa der Hälfte der spanischen Dialoge des 16. Jahrhunderts nicht intensiv ausgestaltet, während die übrigen Texte temporaldeiktisch elaborierte Binnenpragmatiken erzeugen. Erneut finden topische Formen wie *otium*, Begrüßung/Verabschiedung, die Konkordanz der Gesprächszeit zum Tagesverlauf oder zum Gastmahl Anwendung.[221] Aus indexikalischer Perspektive bestünde die Funktion des Zeitvektors ungeachtet des konkreten Falls in einem relativierenden Ausweis der Verzeitlichung von Theorie: Dialoge inszenieren im Replikenwechsel notwendig Propositionen, die binnenfiktional einer „fiktiven Ereigniszeitlichkeit der Argumententfaltung oder Theoriebildung“[222] unterworfen sind. Wissensverhandlung erscheint damit schließlich als zeitgebundenes und performatives Geschehen, dessen Inkohärenzen der sprunghaft-assoziativ verlaufenden *ratio*

---

219 Die quantitative Analyse der dialogischen Schauplätze folgt Gómez 1988, S. 30. Zu den stärker indexikalisierten Raummodellen der Renaissancedialoge dann Solervicens 2005; Lay Brander 2011, S. 144-161.

220 Zum Raum in den Dialogen vgl. Gómez 1988, S. 29-37; Espinosa de Santayana 1578, fol. 79 *recto-verso*. Für Sigonio ist die individuelle Zeichnung der Charaktere und deren raumzeitliche Einbettung im Dialog unverzichtbar, wobei diese indexikalische Rahmung vor allem in der einleitenden *praeparatio* als „vestibulo“ (Sigonio 1993, S. 172, vgl. ebd., S. 170-172) ihren Ort hat. Erst diese Nebenhinweise machen die *personae* als argumentierende Figuren annehmbar und plausibel, so dass auch ihren Aussagen und Meinungen Glaubwürdigkeit zuerkannt werden kann; die Auslassung des ‚Vestibüls‘ ist daher verpönt: „Huius enim praeteritio officii incredibile est“ (ebd., S. 184). Gesteigerte Indexikalität ist damit aus poetologischer Sicht Ausdruck von *credibilitas* und *persuasio*.

221 Vgl. Gómez 1988, S. 37-43.

222 Häsner 2004, S. 34.

loquendi geschuldet sein können und dessen Ausgang erst mit dem bis zuletzt offenen Schlusswort feststeht.[223]

2.1.6 *‚Gesten der Alterierung'*

Die Entscheidung der humanistischen Gelehrten, die *episteme* der Wissensdiskurse nicht in systematischen Abhandlungen oder Traktaten, sondern im Dialog zu materialisieren, impliziert eine grundsätzliche Weichenstellung, mit der sich bestimmte Verschiebungsprozesse verbinden. Das Gewicht dieser Entscheidung spiegelte sich bereits in den einschlägigen Prologen, die die Genrewahl zugunsten der Gesprächsmimesis begründeten und diese zuletzt als poetische Fiktion ‚a manera de diálogo' ankündigten: *episteme* wird hier offenbar nach anderen und traktatfremden Regeln reproduziert, die zwar teilweise zum wissenschaftlichen Fachdiskurs gehören, teilweise aber eben auch zur rhetorisch-poetischen Domäne des Dialogs. Ausgehend von den vorangegangenen Überlegungen scheint der konzeptuelle Sinn dieser bewussten Entscheidung für den Dialog nur vordergründig in den topischen Motiven der *facilitas*, der *divulgatio* und des *servitium* zu liegen, denen Consolación Baranda zu Recht misstraut, sondern vielmehr in einer Operation der Alterierung, die das historische Real- und Sachwissen in einem alternativen Darstellungsmodus materialisiert, nämlich in der symbolischen Ordnung des imaginativen Spielraums, in dem es vor allem für performative Erprobungen und Befragungen geöffnet wird. Anders gesagt: Mit der Entscheidung für die Gattung des Dialogs – und gerade diese Entscheidung wird ja in den Schwellentexten immer wieder expliziert – verbindet sich auch ein wissenspoetisches Grundsignal, eine „epistemologische Signalfunktion"[224], die den Modus eines spielerischen Auf-die-Probe-Stellens im Schutzraum des fiktionalen Als-Ob anzeigt.

Folgt man darüber hinaus dann den grundsätzlichen Überlegungen Andreas Mahlers zur spezifischen Signatur der Renaissancefiktion, dann lässt sich diese erst im Kontext größerer epistemologischer Ablösungsprozesse zwischen mittelalterlicher und frühneuzeitlicher Diskursformation begreifen. Angesichts einer schon im ausgehenden Mittelalter wahrnehmbaren Schwächung des theologischen Ähnlichkeitsdenkens komme es auch zur Lockerung der Klammer zwischen *res* und *verba*, die im vormodernen Weltmodell noch als

223 Vgl. ebd., S. 34-35.

224 Hempfer 2004, S. 92, vgl. ebd. Dies konzediert auch Ynduráin, der ansonsten an einer didaktischen Grundstimmung des spanischen Renaissancedialogs festhält: „es posible pensar [...] que el mero hecho de utilizar el género dialógico supone aceptar la discusión." (Ynduráin 2006, S. 358-359)

übergeordnete Denkfigur im Zeichen des transzendental ‚garantierten' Wirklichkeitsbegriffs der *analogia entis* fungierte. Sollte dort die Ordnung der Weltzeichen in der ähnlichen zweiten Zeichenordnung der Textdiskurse verdoppelt werden, um die übergreifende Meisteranalogie zwischen Kosmos und Schrift einzulösen, so löst sich letztere mit der Renaissance zunehmend aus diesem Kontakt und öffnet sich auf imaginative und ästhetische Erkundungen, die alternative Perspektiven des Auch-Möglichen sichtbar machen.[225] Für den Bereich literarischer Texte sieht Mahler hier einen Übergang von stärker gebrauchspragmatisch gebundenen zu stärker eigenständigen Fiktionen, „von einer ‚funktionalen' zur ‚autonomen' Fiktionalität"[226], die zunehmend selbstbewusst alteritäre Sichtweisen auslotet. Damit erschließe sich ein künstlerisches Panorama aus „Verlockungen alternativer Weltvorstellung und tentativen ‚Anders-Sagens'"[227], oder auch „Verlockungen der Alterierung"[228], die sich in poetischen Formen der Mystik, der Kasuistik oder des Karnevals ausagierten.[229] Wenn dieses Potenzial eines imaginären Durchspielens von Weltmodellen in zugespitzter und metakritischer Form erfolgt, nähert sich das Literarische einer ‚strukturellen Skepsis' an, wie später noch ausgeführt wird.[230] Mit eben diesen poetischen „Gesten der Alterierung"[231] – als probatorischer Anderssetzung von kulturellen Aussagen im „Spielraum des Imaginären"[232] – arbeitet aber auch, so unsere abschließende Überlegung, der Wissensdialog der spanischen Renaissance in herausgehobener Weise.

In erster Linie bedeutet die dialogische Inszenierung von Wissensdiskursen dabei gewiss eine *poetologische Verschiebung*, nämlich eine Setzung des Wissens in den Spielraum der Gesprächsmimesis und damit in den Bereich einer poetischen Fiktion, die durch die hohe Immersion dialektisch-argumentierender Anteile stets eine besonders zugerichtete und hybridisierte Fiktion sein wird, wie bereits dargelegt worden ist. Auch wenn die einander unablässig durchdringenden Dimensionen von *episteme* und *fictio* als intrinsisches Gattungsparadox bestehen bleiben und gelegentlich auch in der historischen Poetik reflektiert werden, bleibt doch die Gesamtwahrnehmung des Genres *als* fiktionales Genre mehrheitlich unbestritten. Das Wissen

225 Vgl. Mahler 2010, S. 29-39; zum größeren Kontext Foucault 1966, S. 32-59; Hempfer 2013; Lobsien/Olejniczak Lobsien 2003.

226 Mahler 2010, S. 30-31.

227 Ebd., S. 30.

228 Ebd., S. 31.

229 Vgl. zum Gesamtzusammenhang ebd., S. 29-39.

230 Vgl. Kapitel 2.3.5.

231 Mahler 2010, S. 29, vgl. ebd.

232 Ebd., S. 39, vgl. ebd.

erscheint daher im Zeichen eines veränderten Kommunikationsvertrags: An die Stelle eines faktualen Kontrakts zwischen Autor und Leser, wie er sich bei Traktaten oder Enzyklopädien einstellen würde, tritt so ein fiktionaler, den die spanischen Schwellentexte teils als besonderes *artificium* transparent machen, teils im Sinne der Protokollillusion eher opak halten. Im Sinne des von Rainer Warning entwickelten pragmatischen Modells von Fiktion kann jedenfalls auch für die Renaissancedialoge eine doppelte Sprechsituation beobachtet werden: Humanistische Autoren kommunizieren mit ihren historischen Lesern über fiktionale Texte, in denen ein imaginäres diegetisches Universum mitsamt einer Argumentationsgemeinschaft entwickelt wird, deren zunächst fiktives Wissensgespräch auf Übertragungswegen für den Rezipienten indirekt belangvoll werden kann. Auch die frühneuzeitlichen Fiktionen kennzeichnet damit eine „Simultaneität zweier Situationen"[233], bei der die reale Außenpragmatik der Kommunikation zwischen Verfasser und Publikum und eine fiktive Binnenpragmatik des erfundenen Gesprächs einander überlagern.[234] Die Grundoperation des Dialogs besteht daher darin, Segmente des kulturellen Archivs, die sonst in faktualen Genera platziert sein könnten, im binnenfiktionalen Aussagerahmen der poetischen Sprechsituation zu materialisieren, der pragmatisch an einen entsprechenden Leservertrag geknüpft ist. In diesem anderen Rahmen infiltrieren Wissensaussagen und poetische Wirkungen einander in steter Durchdringung, passend zum uneindeutigen Oszillieren des Genres zwischen *episteme* und *fictio*. Während Sigonios Langtraktat beide Bereiche noch durch den Kunstgriff der *dispositio* zu trennen suchte, anerkennt Tasso im *Discorso dell'arte del dialogo* bereits offen, dass sich im Dialog dialektische Argumentation und poetische Imagination nicht mehr klinisch trennen lassen: Behauptungen der dialogischen *personae* können kaum gegen Effekte ästhetischer ‚Vieldeutigkeit' und semantischer Dezentrierung immunisiert werden.[235] Anders gesagt: Aus epistemischen

233 Warning 1983, S. 193, dazu Mahler 2010, S. 25-26.

234 Vgl. Warning 1983, zur Anwendung auf den Renaissancedialog Häsner 2004, S. 19-23.

235 Zur ‚essentiellen Vieldeutigkeit' ästhetischer Fiktionen vgl. den entsprechenden Aufsatz von Blumenberg 2001. Die Überführung von ‚Gedanken' in die ästhetische Sphäre des künstlerischen ‚Gegenstands' bringt es für Blumenberg mit sich, dass Propositionen aus dem Bereich eindeutig-theoretischer Sinnbildung in ein Medium poetischer Ambiguisierung verschoben werden, dessen intrinsische Vieldeutigkeit fortan essenziell und irreduzibel bleibt: „es heißt, daß der Gedanke endgültig und irreversibel [ästhetischer] Gegenstand geworden ist, daß er für jeden Rezipienten etwas anderes und eigenes bedeuten wird, daß er endgültig aus der Eindeutigkeit seiner Herkunft verlorengegangen ist in die Vieldeutigkeit einer ihm immanenten Geschichte." (ebd., S. 113, vgl. ebd., S. 112-119) Im Rahmen der strukturell hybriden Dialoge, die teils szientifisch und teils künstlerisch funktionieren, wäre demnach mit einer ästhetischen Überwucherung der

Aussagen mit wissenschaftlichem Geltungsanspruch wird im dialogischen Darstellungsmodus potenziell *auch* versinnlichte poetische Imagination. Grundsätzlich soll die Aufmerksamkeit zwar auf das semantische Argument fokussiert werden, der Rezipient kann aber bei entsprechender Ausrichtung der Wahrnehmung die rhetorisch-ästhetischen Sekundäreffekte jederzeit in den Vordergrund zurückholen.

Mit der Setzung des Wissens in den Modus der dialogischen Fiktion gehen dann vor allem *epistemologische Verschiebungen* einher, die den modalen Status der Argumente betreffen. Wissensaussagen werden im inszenierten Figurengespräch zu verhandelbaren Meinungen der *personae*, aus assertorischen Behauptungen werden mögliche, plausible oder wahrscheinliche *endoxa* im Sinne der aristotelischen *Topik*, so dass sich die epistemologische Verschiebung von Wissensaussagen auch als Wende zum bloß Meinungsmäßigen beschreiben lässt. Der Dialog ist selbst kein strikt szientifischer Text, er zeigt aber die Nachahmung eines potenziell glaubwürdigen Wissensgesprächs, dabei kommt es zur Translation substanzieller Lehrsätze der Autoritäten in den Bereich des Meinungsmäßigen, zum Übergang vom Wahrheitsanspruch zum Fürwahrhalten.[236] Im fiktionalen Spielraum, den die notwendig schmale Fabel aufbaut, werden kulturelle Aussagen etwa der aristotelischen Tradition so auf tentative Erprobungen, Befragungen und Relativierungen geöffnet, wobei dieses offene Spiel zumindest in sehr zahlreichen Varietäten noch durch den konstruktiven Kooperationswillen der *personae* und einen abschließend fixierten Konsens gehalten wird.[237] Der Sinn der Dialogform bestünde im Sinne Barandas (und wohl auch Mahlers) dann vor allem darin, Wissensdiskurse über die poetische Alterierungsgeste in einen alternativen Darstellungsmodus zu setzen, der die Bewährung spekulativer Meinungen am irrealen Beispiel vorführt und dabei das panoptische Spektrum möglicher Auch-Perspektiven auffächert, die sämtlich in ihrer situativen Verfasstheit ausgestellt werden. Im Vergleich zum statischen, affirmativen und abstrakten Traktat ermöglicht diese Geste insbesondere eine stärkere Aktivierung und Partizipation des Rezipienten, wird doch der Leser als Zuschauer des fiktiven Meinungsaustauschs animiert, sich in das Hin und Her einzudenken und gegebenenfalls Positionen anzunehmen, mithin selbst meinungsfreudig

Propositionen im Zeichen solcher Vieldeutigkeit zu rechnen, die zu der Ambivalenz des polyphonen Spiels insgesamt konvergiert.

236 Vgl. zur ausführlichen Darlegung dieser „epistemologische[n] Implikate" der Gattungswahl Hempfer 2004, S. 86-93, dort auch mit Belegen aus der italienischen Dialogtheorie bei Sigonio, Castelvetro und Speroni, vgl. Kapitel 2.1.3.

237 Vgl. Baranda Leturio 2011, S. 7; Vian Herrero 2010[c].

zu agieren.[238] Die dialogische ‚Geste der Alterierung' und die dadurch ausgelösten epistemologischen Verschiebungen führen damit auch in eine Poetik der ‚Nachdenklichkeit' im Sinne Blumenbergs,[239] die zum deliberativen Abwägen der im Rahmen von *decorum* und *verosimilitudo* plausibel vertretbaren Gedanken einlädt.

2.2 Poetische Arbeit am Archiv: Überlegungen zum Wissen des Dialogs

Nach den Voraussetzungen der dialogischen Fiktionalität soll nun im Vorfeld der Überlegungen zur Epistemologie noch einmal der leitende Begriff des Wissens selbst systematisch eingeordnet werden, wobei für unseren Zusammenhang der methodische Rahmen der Diskursanalyse und insbesondere der Diskursarchäologie als heuristisches Instrument von besonderer Bedeutung ist.[240] Ein zentraler theoretischer Bezugspunkt findet sich hier in der *Archéologie du savoir* (1969) von Michel Foucault, die ihrerseits als nachgereichte methodische Fundierung zur wenig älteren Arbeit *Les mots et les choses* (1966) gelesen worden ist, dort war die historische Genealogie der allgemeinen Grammatik, der Naturphilosophie und der Ökonomie zum Gegenstand der archäologischen Verfahren geworden. In beiden Studien gelang es Foucault, das Konzept des Wissens nachhaltig zu historisieren, Wissenschaft nicht als Gewinn und Akkumulation permanenter ‚Wahrheiten', sondern als Sukzession alternierender Übereinkünfte über das, was jeweils als ‚wahr' zu betrachten sei, auszuweisen. In der kleineren Schrift *L'ordre du discours* (1971) konnte schließlich gezeigt werden, wie der Glauben an solche ‚Wahrheiten' institutionell durchgesetzt und an Formen der Macht, des Verbots und der Exklusion geknüpft wird. Dieser wissenshistorische Ansatz erschloss sich zugleich aus einer spezifisch französischen Theorietradition, die mit Gaston Bachelard und Georges Canguilhem epistemische Positivitäten als historisch gegebene und empirisch beschreibbare Formationen betrachtete, aus der sich in einer diskontinuierlichen Folge von Praktiken die Einzelwissenschaften ausdifferenzieren. Daran anknüpfend konnte Foucault in der *Archéologie du*

238 „El resultado es la mayor participación del lector en el proceso de conocimiento y la superior eficacia en la transmisión." (Baranda Leturio 2011, S. 7)

239 Vgl. Blumenberg 1980.

240 Mit dem Oberbegriff der Diskursanalyse verbindet sich bekanntlich keine einheitliche Methode, sondern ein sehr heterogenes Feld von unterschiedlichen Ansätzen linguistischer, literaturwissenschaftlicher und soziologischer Prägung, die zugleich auf länderspezifische Traditionen und Fachkulturen verweisen, vgl. die Überblicke bei Angermüller 2007, S. 97-155; Preisinger/Delormas/Standke 2014, S. 130-144.

savoir seine Kritik an jener klassischen Ideengeschichte betreiben, die ein empirisches oder transzendentales Subjekt als Begründungsinstanz annimmt und davon ausgehend homogene Leitbegriffe der Epoche, der Veränderung oder der Zäsur konstruiert. Dieser geschichtsphilosophischen Tradition ließ sich mit der archäologischen Analyse eine andere und differenziertere Genealogie gegenüberstellen, die die systemischen Möglichkeitsbedingungen und überindividuellen Voraussetzungen des Gesagten als Tiefenstruktur aller diskursiven Praktiken freilegen wollte. Erst aus diesen Praktiken, in denen Gegenstände, Begriffe, Äußerungsmodalitäten und theoretische Strategien aufgehen, können dann schließlich Wissen und Wissenschaft in pragmatischen Handlungsfeldern einer historischen Formation emergieren.

In Foucaults Grundriss gewinnt der im Werktitel *Archéologie du savoir* betonte Begriff des Wissens erst gegen Ende an besonderer Kontur, gleichsam als Summe, im abschließenden Subkapitel „Science et savoir"[241]. Er bezeichnet dann ein wesentlich *prozedurales Wissen*, nämlich ein historisches Ensemble aus gegebenen ‚Elementen', die auf der Oberfläche als ‚Positivitäten' einer diskursiven Praxis verknüpft sind – Situationen, Objekte und Praktiken, aber auch sprachliche Regeln und Strategien, in denen schließlich die eigentliche Äußerung propositionaler Sätze möglich ist, denen institutionell das Statut eines Wissens oder sogar der Wissenschaftlichkeit zugesprochen werden kann: „Cet ensemble d'éléments, formés de manière régulière par une pratique discursive et qui sont indispensables à la constitution d'une science, bien qu'ils ne soient pas destinés nécessairement à lui donner lieu, on peut l'appeler *savoir*."[242] Unter dieser ‚Menge von Elementen', die Foucault bereits Wissen nennt, können dann die Phänomene des diskursiven Feldes, Verhaltensformen, die Räume des Subjekts, dessen Position in denselben, aber auch die Strategien der Gliederung und der Aneignung von Propositionen verstanden werden. Das Wissen steckt folglich nicht unbedingt in der Semantik des Gesagten, sondern vielmehr in der Pragmatik, in den Prozeduren einer diskursiven Praxis, die bestimmte Elemente regulativ hervorbringt und syntaktisch formiert.[243]

Allerdings findet in diesem prozeduralen Feld des Wissens dann auch ein damit verflochtenes *propositionales Wissen* statt, wie Foucault in seiner differenzierten Untersuchung der sprachlichen Aussagefunktion erläutert.[244] Anders als in herkömmlichen Analysen werden hier unter den *énoncés*

---

241 Vgl. Foucault 1969, S. 232-255.

242 Ebd., S. 238.

243 Vgl. ebd., S. 236-240.

244 Vgl. ebd., S. 105-173. In diesem Sinne lässt sich hier von einem „enunziativ-pragmatischen Diskursverständnis" sprechen (vgl. die Analyse bei Angermüller 2007, S. 106-125, Zitat S. 112).

nun jedoch keine illokutionären Sprechakte, logischen Propositionen oder grammatischen Sätze verstanden, auch wenn die ‚Aussage' im archäologischen Sinne diese Formen fallweise annehmen könnte. Erneut ist die Unterscheidung zwischen einer formierenden Tiefenstruktur und den Epiphänomenen auf der Oberfläche des Diskurses für die gemeinte Relation hilfreich; die eigentlichen Aussagen (*énoncés*) finden sich als eine Art von allgemeiner Form oder abstrakter Formelsprache konzipiert, die sich in variierbaren sprachlichen Performanzen oder Äußerungen (*énonciations*) immer neu materialisieren kann. Aussage ist daher das, „ce qui fait exister de tels ensembles de signes, et permet à ces règles ou ces formes de s'actualiser."[245] In diesem präterminalen Sinne erscheint dann auch der an entsprechender Stelle eingeführte Begriff der ‚Aussagefunktion' womöglich passender, diese kann eine potenzielle Dichte an Äußerungen bestimmen.[246] Ihr wird zugleich ein abstraktes ‚Referential' möglicher Regeln und Relationen zugeordnet, die die Lokalisierung des Gesagten in der diskursiven Konfiguration bedingen.[247] Propositionen als textuelles Ereignis und Teil eines spezifischen Korpus können dann natürlich immer noch in ihrer logischen oder grammatischen Dimension untersucht werden, in ihrer Aussagedimension ist aber entscheidend, welchen Platz die jeweilige Äußerung in der Ordnung des Diskurses einnimmt, inwiefern sie einen Index auf die diskursive Praxis enthält und allein von dorther möglich wird, ihren Sinn bezieht. In diesem von Foucault selbst konzedierten „mode d'être singulier (ni tout à fait linguistique, ni exclusivement matériel)"[248] stehen die Aussagen freilich in einer merkwürdigen Zwischensphäre, sie müssen als abstrakte und ‚unsichtbare' allgemeine Form existiert haben und der konkreten Proposition vorausgegangen sein, da diese ja nicht als individuelle Schöpfung des Subjekts gelten darf, und doch materialisieren sie sich ja wiederum überhaupt nur im Epiphänomen sprachlicher Gebilde auf dem ‚Feld des Erscheinens'[249], paradox

245 Foucault 1969, S. 116, vgl. ebd.

246 Vgl. das Subkapitel „La fonction énonciative" (ebd., S. 116-138).

247 Die Aussage (*énoncé*) „est lié plutôt à un ‚référentiel' qui n'est point constitué des ‚choses', de ‚faits' de ‚réalités' ou d',êtres', mais de lois de possibilité, de règles d'existence pour les objets qui s'y trouvent nommés, désignés ou décrits, pour les relations qui s'y trouvent affirmées ou niées. Le référentiel de l'énoncé forme le lieu, la condition, le champ d'émergence, l'instance de différenciation des individus ou des objets, des états de choses et des relations qui sont mises en jeu par l'énoncé lui-même; il définit les possibilités d'apparition et de délimitation de ce qui donne à la phrase son sens, à la proposition sa valeur de vérité." (ebd., S. 120-121)

248 Ebd., S. 114, vgl. ebd., S. 105-115.

249 Ebd., S. 120, vgl. ebd.

zugespitzt: „L'énoncé est à la fois non visible et non caché"[250]. Auf der Tiefenebene können schließlich Aussagegruppen eine Theorie bilden (als kohärente Population von Aussagen), einen Diskurs (als thematischer Gegenstandsbereich) und zuletzt als Gesamtheit das Archiv einer diskursiven Formation;[251] all diesen Mengengruppen entsprechen dann Äußerungsprozesse auf der Phänomenebene, die stets zahlreicher sind als die eigentlich überschaubar wenigen Aussagen selbst.

Insgesamt ist ‚Wissen' somit durch eine Verflechtung prozeduraler und propositionaler Dimensionen gekennzeichnet, es bezieht sich auf und emergiert aus einer diskursiven Praxis, nämlich den vorgängigen und überindividuellen Systemen, Situationen und Regularitäten, die eine Aussage in einer spezifischen Lokalisierung überhaupt erst ermöglichen konnten. Aus diesem komplexen Milieu kann dann ein Wissen als propositionale Aussagemenge hervorgehen, sich verdichten und potenziell in Einzelwissenschaften ausdifferenzieren. Vom archäologischen Standpunkt aus entsteht hier eine genealogische Achse, in der die Schichten der Praxis, des Wissens und der Wissenschaft aufeinander bezogen sind: „l'archéologie parcourt l'axe pratique discursive – savoir – science"[252]. Freilich ist diese Entwicklung nicht normativ, nicht jedes Wissen kann oder muss in einer historischen Formation auch zur Wissenschaft werden, dies wäre für Foucault wesentlich daran geknüpft, inwieweit die Aussagen einer „domaine scientifique"[253] festen Konstruktionsgesetzen gehorchen und zudem an gesellschaftliche Institutionen und Machtstrukturen gebunden sind, die einer Aussage das Statut der Wahrheit zusprechen können. Die einzelnen Schwellen, die dem Verlauf der Achse entsprechen, werden hier noch genauer gefasst: So steht im historischen Einzelfall zu entscheiden, ob Aussagegebiete einfache diskursive Praxis bleiben (Schwelle der Positivität), durch Verifikations- und Kohärenznormen einen Modellcharakter entwickeln können (Schwelle der Epistemologisierung), eigene propositionale Konstruktionsgesetze vorweisen (Schwelle der Wissenschaftlichkeit) oder sogar eigene Axiome und Transformationen definieren (Schwelle der Formalisierung). Allerdings müssen auch diese Schwellen nicht

250 Ebd., S. 143, vgl. ebd. Tatsächlich wird die ‚Aussage' als archäologische Matrix sozusagen von der Fülle der durch diese formierten Äußerungen, den variablen Performanzen, gleichsam zugedeckt: „Il faut en découvrir le ‚socle', le polir, même le façonner, l'inventer. Il faut inventer, découper le triple espace de ce socle; et c'est seulement dans une multiplicité à constituer que peut se faire l'énoncé comme inscription *simple* de ce qui est dit." (Deleuze 1986, S. 25, vgl. ebd., S. 24-25)

251 Vgl. Westerkamp 2014, S. 257; Foucault 1969, S. 153, 166-173.

252 Foucault 1969, S. 239, vgl. ebd., S. 236-240.

253 Ebd., S. 239.

in chronologischer Reihenfolge auftreten, vielmehr können sie jeweils eine eigene Streuung mit verschiedenen Geschwindigkeiten aufweisen.[254]

Im strengen konzeptuellen Rahmen von Michel Foucaults *Archéologie* wird nun die Position des literarischen Diskurses zunächst kaum näher thematisiert, vielmehr scheint die Allmacht der Aussageordnung, die alle sprachlichen Äußerungsprozesse beeinflusst, keine Sonderrolle für das poetische Paradigma zuzulassen. Diesen Eindruck bestätigt eine zentrale Passage aus dem erwähnten Kapitel „Science et savoir", in der unseren Wissensgesprächen vergleichbare epistemische Fiktionen zumindest kurz gestreift werden. Dabei handelt es sich um Denis Diderots *Rêve d'Alembert*, der als zweiter Teil des *Entretien entre d'Alembert et Diderot* wahrscheinlich um 1769 entstanden ist und ebenfalls in Dialogform verfasst wurde; er behandelt und reflektiert im poetischen Gespräch die wissenschaftlichen Kontroversen der Zeit, etwa naturhistorische Spekulationen über das Werden der Arten. Literarische Texte erscheinen dabei in der archäologischen Beschreibung als möglicher alternativer Ort der Materialisierung jener epistemischer Aussagen, die ansonsten im fachwissenschaftlichen Bereich platziert sind und dort als gültige Wahrheit akzeptiert werden; Poetik wäre dann gleichsam ein anderer möglicher Endpunkt der erwähnten genealogischen Achse, die sich manchmal nicht nur in die Wissenschaft, sondern auch in die ästhetische Praxis verzweigt. Archäologische Gebiete können, so Foucault, wissenschaftliche und poetische Diskurse gleichermaßen durchqueren, „le savoir n'est pas investi seulement dans des démonstrations, il peut l'être aussi dans des fictions, dans des réflexions, dans des récits, dans des règlements institutionnels, dans des décisions politiques."[255] Entsprechend ließe sich annehmen, dass auch die frühneuzeitlichen Dialoge am Archiv einer abgegrenzten historischen Episteme partizipieren, auch sie können Aussagen oder ganze Diskurse als Gegenstandsbereich zur Darstellung bringen. Sie bieten demnach ein alternatives ‚Feld des Auftauchens' von *énoncés* etwa der Naturphilosophie, die in anderen situativen Kontexten womöglich das Statut der Wissenschaftlichkeit zuerkannt bekommen, nun aber nach poetischen Regeln formiert werden und daher einen abweichenden, mehr heuristischen und probatorischen Wissenschaftlichkeitstyp verfolgen. Folglich können (wieder im Fall der Naturphilosophie) zwar die Aussagemengen als Ausschnitt aus dem historischen Archiv in Traktat und Dialog äußerlich vergleichbar sein, die Situationen ihres prozeduralen Entstehens bleiben aber sehr verschieden, vor allem mit Blick auf die Äußerungsmodalitäten – die Verhaltensweisen, den Ort, von dem aus

254 Vgl. ebd., S. 243-247.

255 Ebd., S. 239, vgl. ebd., S. 239-240, vgl. Warning 1999, S. 315-316.

das Subjekt des humanistischen Universalgelehrten oder des akademischen Mediziners spricht, die Begriffe zwischen Gemein- und Fachsprache, die theoretischen Strategien und Wahlmöglichkeiten beim Gebrauch des Diskursmaterials, das eben systematisch und taxonomisch oder poetisch und fiktionsästhetisch angeordnet sein kann. In dieser Perspektive verdeckt die oberflächliche Ähnlichkeit oder semantische Koextension der Sachen und Sätze tendenziell, dass in Traktat und Dialog je völlig verschiedene Distributionen des Auftauchens von Aussagen gesehen werden müssen, die gleichwohl von *einem* Wissensgebiet durchzogen werden. Gerade für eine in sich hybride Gattung wie den Dialog gilt daher die Einsicht Gilles Deleuzes, dass „science et poésie sont également savoir."[256]

Michel Foucaults archäologischer Ansatz zum Verhältnis von Episteme und Literatur wird wahrscheinlich gerade den hybriden Dialogen des 16. Jahrhunderts besonders gut gerecht, da er nicht von einer strikten Trennung zwischen den Systemen der Wissenschaft und der Poetik ausgeht. Dies entspricht letztlich einer frühneuzeitlichen Gelehrtenkultur, in der Dichtung und Wissen im Sinne des humanistischen Bildungsbegriffs ohnehin eng miteinander verflochten sind und in der das Poetische zugunsten moralischer Nützlichkeit deutlich an den gelehrten Diskurs zurückgebunden bleibt, jedenfalls noch nicht funktional selbständig auftritt.[257] Diese Verflechtungen können nun mit Foucault auch als Ausdruck eines gemeinsamen Archivs gelesen werden, das sich gerade in den hybriden poetischen Formaten plastisch materialisiert, hier ist der epistemische Anteil in Form einer Fiktionalisierung von Wissen zugleich reguläre Teilleistung innerhalb eines akademischen Gesamtprojekts. Dialoge sind demnach in der Renaissance insofern strukturell gleichgestellte ‚Wissenstexte', als sie von demselben archäologischen Archivsegment durchquert werden wie der Traktat und die wissenschaftliche Domäne, sie sind dann die literarische Realisierung fachspezifischer Diskurse, etwa der Naturphilosophie, der Medizin oder der humanistischen Argumentationstheorie. Es kommt daher mit den Dialogen zu einer Koevolution von epistemischen Objekten und Aussagen in einem parallelen zweiten Weg, gleichsam als poetische Arbeit am Archiv, die zu eigenständigen und anderen Ergebnissen gelangen kann, auch ohne eigentlich das Statut der Wissenschaftlichkeit besitzen zu müssen. Insgesamt bieten auf diese Weise schließlich Traktat und Gespräch „verschiedene Beiträge zu ein und demselben Prozeß […]: der gesellschaftlichen Kommunikation einen Bezugshorizont zur Verfügung zu stellen, vor dessen Hintergrund Argumente, Erklärungen, Bewertungen und

256 Deleuze 1986, S. 29, vgl. ebd., S. 28-29.

257 Vgl. Kapitel 2.1, 2.3.1, für Spanien Kohut 1978, Ynduráin 1994, S. 373-380.

affektive Einstellungen erprobt werden“[258]. Aus dieser Perspektive können zum Beispiel die spanischen Naturdialoge gewissermaßen als ein Nebenzweig der frühneuzeitlichen Wissenschaftsgeschichte lesbar werden, in der sie je nach konkretem Einzelfall Modelle der Zeit problematisieren und mithilfe alternativer Darstellungsstrategien weiterdenken, die nicht die Gewissheit, sondern die Ungewissheit und das Fragen betonen. Solche Dialoge können dann gleichsam seismographische Dokumente sein, die deutlicher als der mehr institutionell kontrollierte und formal vorgezeichnete Traktat Krisen und Ablösungsprozesse reflektieren und abtönen, in einem gewissermaßen fiktiven Projektstadium. Dabei bleiben sie in dieser wissenshistorischen Dimension ganz an die nämliche archäologische Bodenschwelle gebunden, auch die Gespräche wären dann in all ihren poetischen Brechungen stets die Materialisierung eines historischen Archivs des Sagbaren.

Obgleich die frühneuzeitlichen Dialoge in einem solchen wissensgeschichtlichen Blick auf humanistische Milieus und Praktiken mühelos ihren Platz finden würden, stellt sich doch die Frage, inwiefern sich dann zugleich ihrer poetischen Dimension Rechnung tragen lässt und wie sie gerade hierin einen genuin literarischen Beitrag zur epistemologischen Konstellation anbieten können. Foucault selbst hat diese grundsätzliche Problematik weitgehend als ungelöstes Rätsel hinterlassen, zumindest entwickelt sich in den frühen Schriften zur Literatur, in denen diese Aspekte stärker berücksichtigt werden, hierzu keine einheitliche theoretische Position oder gar Methode.[259] Insgesamt legen die verstreuten kleineren Schriften aus den Phasen vor der *Archéologie du savoir* allerdings die Vermutung nahe, dass das dort vernachlässigte Konzept des Literarischen erheblich weiter zu fassen ist und nicht bloß als eine weitere Materialisierung der archäologischen Archivgebiete begriffen werden kann. Auf diese relative Autonomie deutet der Begriff einer ‚poetischen Konterdiskursivität‘ hin, die erstmals in *Les mots et les choses* skizziert wird und die Rainer Warning in seinem Aufsatz zu einem heuristischen Schlüsselbegriff entwickelt hat.[260] Dort konnte unter Einbeziehung mehrerer früherer Schriften Foucaults

258 Pethes 2003, S. 231, vgl. zum Modell der Koevolution als Austauschprozess zwischen Wissenschaft und Literatur ebd., S. 228-231.

259 So das Ergebnis bei Geisenhanslüke 1997, S. 13-38; Wunderlich 2000, S. 1-9; Preisinger/Delormas/Standke 2014, S. 130-132.

260 Vgl. Warning 1999. Diese abgesetzte Stellung des literarischen Diskurses formulierte Foucault eben zunächst für das sechzehnte Jahrhundert, dann aber auch für einen mit dem neunzehnten Jahrhundert einsetzenden Zeitraum – also vor und nach der ‚klassischen‘ Episteme der Repräsentation: „Or, tout au long du XIXe siècle et jusqu'à nous encore – de Hölderlin à Mallarmé, à Antonin Artaud –, la littérature n'a existé dans son autonomie, ne s'est détachée de tout autre langage par une coupure profonde qu'en formant une sorte de ‚contre-discours‘, et en remontant ainsi de la fonction représentative ou signifiante

zur Literatur der nachklassischen Moderne aufgezeigt werden, dass poetische Texte wesentlich in einem ambivalenten und spannungsreichen Verhältnis zur regulären Ordnung des Diskurses zu sehen sind. Zwar partizipieren natürlich auch sie, wie bereits ausgeführt, am Aussagewissen des Archivs, besitzen aber immer schon überschießende Anteile, die in ihrer ästhetischen Materialität nicht mehr diskursiv verrechenbar sind. Aus diesem Gedanken folgert Warning das analytische Postulat einer „Dialektik von Einbettung und Ausbettung"[261], die zu zeigen hätte, inwiefern Literatur die Hierarchien der Diskursordnung aufnimmt, um sie im Zeichen ästhetischer Anverwandlung in zweideutige Beziehungen zu verwandeln, abgelöst auch von den Begrenzungen religiöser und rechtlicher Institutionen.[262]

In welche Richtung solche Wege der Ausbettung weisen können, ergibt sich, so die zentrale Hypothese bei Warning, aus der menschlichen Fähigkeit des Imaginären, zu dem sich Foucault ausführlicher in seiner Einleitung zur Übersetzung von Ludwig Binswangers *Traum und Existenz* geäußert hat, die 1954 unter dem Titel *Rêve et existence* erstmals vorgelegt wurde, ebenso wie in verstreuten Arbeiten zu moderner Literatur, so im zentralen Aufsatz *La pensée du dehors* (1966) über Maurice Blanchot.[263] Solche Untersuchungen und Reflexionen deuten nach Warning auf einen kontinuierlichen Stellenwert des Imaginären in Foucaults Denken hin, der in den subjektlosen Prozessen einer diskursiven Praxis, wie sie die eher technische *Archéologie du savoir* beschreibt, kaum Platz finden konnte. Gerade auch im archäologischen Projekt sei aber, so die Argumentation, das Imaginäre als eine mitgängige Kraft zu denken, die sich prinzipiell nicht stillstellen lässt. Die grundlegende Dynamik aus Mangel und Begehren führe im Sinne der Überlegungen von Castoriadis zu phantasmatischen Bilderserien im Individuum, die zunächst ihrer Herkunft nach nichtdiskursiv seien, gleichwohl aber vielfach in komplexe Gesellschaftsstrukturen und symbolische Ordnungen eingingen. Dies berühre dann auch die epistemologischen Konstellationen, anders gesagt, „es gibt kein Wissen ohne imaginäre Besetzung, wie es umgekehrt keine Hervorbringung

---

du langage à cet être brut oublié depuis le XVIe siècle." (Foucault 1966, S. 58-59, dazu Warning 1999)

261 Warning 1999, S. 317.

262 Vgl. ebd., S. 315-318. Weitere Diskussionen des poetischen *contre-discours* legen diesen oft etwas einseitig als kritisches Korrektiv zur bestehenden Machtordnung aus, als „Subversion herrschenden Wissens" (Pethes 2003, S. 203, vgl. ebd., S. 203-205, ähnlich schon Geisenhanslüke 1997, S. 213-217), während Warning stärker die eigentliche ästhetische Alterität des Literarischen als ‚Außen' des Diskurses im Blick hat. Anders Borgards/ Neumeyer 2004, S. 212-213.

263 Vgl. Foucault 1994[a]; Foucault 1994[c].

des Imaginären gibt, die nicht Teil des Wissens, die nicht ‚gewußt' wäre."[264] Im Zeichen dieser Annäherungen von Episteme und Imagination sind es nicht mehr semantische Gegensätze, entlang derer sich wissenschaftliche und literarische Diskurse voneinander trennen lassen, sondern vielmehr funktionale Alternativen und pragmatische Vorentscheidungen, die die literarische Rede trifft, nämlich: mit dem Diskursmaterial freier und sozusagen bewusst imaginär umzugehen, es kraft der ästhetischen Phantasie auch in ein unvorhergesehenes, tendenziell kritisches Licht zu tauchen.[265] Entsprechend findet Warning im Begriff poetischer Konterdiskursivität nicht nur die Lizenz literarischer Texte, im Sinne eines kritischen Korrektivs andernorts prekäre oder verbotene Aussagen doch zu formulieren, er erinnert vielmehr zugleich auch an das Imaginäre als unverfügbaren Fließprozess von Bildlichkeit und eigentliche Achse poetischer Ästhetik und Materialität. Gerade mit dieser letzteren, sozusagen zweiten Auslegung des *contre* der Konterdiskursivität vermag sich Literatur überhaupt einem Außerhalb der Ordnung des Diskurses anzunähern, die in der *Archéologie du savoir* noch gelegentlich totalitäre Züge anzunehmen schien. Vor allem die Literatur kann als „pensée du dehors"[266] jenseits der diskursiven Zwänge auf andere Räume hindeuten, von denen eine eigentümliche Anziehung und Faszination ausgeht, der namentlich die Texte Maurice Blanchots mit ihren Verfahren einer Sprache der Transgression eindrucksvoll nachgehen. Literatur wäre demnach die Möglichkeit der Einübung in ein überschreitendes Denken, das sich der Wahrnehmung auf ein jeweils ‚Anderes' öffnet. Gewiss ist ein so gefasstes Projekt des Literarischen vorzugsweise an Autoren und Werken aus Romantik und Moderne geschult, zwischen Hölderlin und Mallarmé, Artaud und eben Blanchot, die sich alle von der klassischen Transparenz der Repräsentationsepisteme absetzen. Allerdings hat Foucault doch, wie Warning darlegt, mehrfach selbst den Bogen zum 16. Jahrhundert zurückgezogen und die Renaissance im Sinne einer diachronen Konterdiskursivität ausdrücklich mitbedacht. Dies wurde bereits im erwähnten zentralen Passus aus *Les mots et les choses* sichtbar und findet sich auch in einer Beobachtung zur epistemisch geprägten Dichtung von Flauberts *La Tentation de Saint Antoine* bestätigt. Dessen produktive Rezeption des religiösen Diskurses erinnere nämlich an Konzepte und Praktiken der humanistischen Poetik, die aus und inmitten buchgestützter Materialfülle eine spezifische Ästhetik emergieren lässt.[267]

264 Warning 1999, S. 322, vgl. ebd., S. 319-322.
265 Vgl. ebd., S. 322.
266 Vgl. Foucault 1994[c].
267 Vgl. Warning 1999, S. 318.

> L'imaginaire ne se constitue pas contre le réel pour le nier ou le compenser; il s'étend entre les signes, de livre à livre, dans l'interstice des redites et des commentaires; il naît et se forme dans l'entre-deux des textes. C'est un phénomène de bibliothèque. Sur un mode tout nouveau, le XIXe siècle renoue avec une forme d'imagination que la Renaissance avait sans doute connue avant lui, mais qui avait été entre-temps oubliée.[268]

Solche frühneuzeitlichen Fiktionen betreiben dabei keinen totalen Umschlag vom Epistemischen ins Ästhetische, vielmehr gewinnen sie dem Wissen selbst eine sonst unbedachte Dimension der Poetizität ab und entwickeln es so auf genuin literarische Weise weiter, rücken es womöglich in eine andere, dynamische und potenziell kritische Perspektive ein.

Gerade aufgrund ihrer spezifischen Hybridität von *episteme* und *fictio* gilt nun für die Wissensdialoge der Renaissance in besonderem Maß das von Warning angenommene Postulat einer „Dialektik von Einbettung und Ausbettung"[269] literarischer Texte, und als solche wollen die fiktiven Gespräche ja den Selbstauslegungen der zeitgenössischen Poetik zufolge auch unzweifelhaft verstanden werden. Zum einen handelt es sich bei den Dialogen um eine Literatur, die ja ausdrücklich den Prozess des Wissensdiskurses fördern will. Nicht wenige Paratexte von technischen Fachdialogen oder enzyklopädischen Sammlungen nehmen geradezu eine Selbsteinschreibung in das diskursive Feld vor, das den epistemischen Boden der Gespräche darstellt, sie verweisen auf wissenschaftliche Domänen, auf Autoritäten und Referenzen des konkreten Archivs, um so den Austausch zwischen Wissen und Literatur in einem neuen homogenen Raum vorzubereiten. Zum anderen treten im Sinne der ‚Ausbettung' natürlich die ‚Gesten der Alterierung' in den Blick, die der ästhetischen Gestalt Rechnung tragen und zugleich danach fragen lassen, inwiefern diese auf die Konstitution epistemischer Spekulationen zurückweist.[270] Dabei ist im Sinne der Ergebnisse Warnings eigentlich kaum relevant, dass die Dialoge keine emphatisch literarischen Texte sind, sondern vielmehr eine spezifisch frühneuzeitliche Mischform darstellen, die einer vormodernen Ordnung des Wissens entspricht. Allein dadurch, dass es sich grundsätzlich und explizit um Fiktionen handelt, dass das Wissen in den Andersraum der poetischen Rede gesetzt worden ist, ist die erwähnte pragmatische Weichenstellung für einen spielerischen Umgang mit dem Diskursmaterial getroffen worden, so dass das institutionelle Statut der Aussagemengen abgeschwächt wird, diese werden nun auch für andere Besetzungen und Befragungen

---

268 Foucault 1994[b], S. 297-298, vgl. Warning 1999, S. 318.

269 Warning 1999, S. 317.

270 Vgl. Kapitel 2.1.6.

potenziell geöffnet. Auf diese Weise kann eine gewisse Starre des Systems und der kulturellen Aussagen in ein Fließen überführt, kraft der ästhetischen Materialität der *fictio*-Anteile beweglich gemacht werden.

Dieses dialogische Spiel der Multiplizitäten öffnet den Wissensdiskurs, mit Blick auf die hier behandelten Texte, in verschiedene Richtungen. Zum einen zeigen die Gespräche tendenziell eine experimentelle Produktion von Wissen, in der auch die Ränder des Diskurses provokativ in den Vordergrund geholt werden können, eben jene sonst ausgeschlossenen, veralteten oder diskreditierten Gebiete des Archivs, die Gamper mit Geisenhanslüke als ‚strukturelles Nichtwissen' bezeichnet hat, mit Kristeva als „Abjekt von gesetzten Ordnungen"[271]. Aufschlussreich sind dann die bereits behandelten Figurenreden der *personae* im anoetischen Raum: Gerade die Kritik der exzentrischen Figuren, die Unzufriedenheit, Beirrung oder Unglauben gegenüber topischen Lehrmeinungen des Magisters bekunden, motivieren ein Auch- und Anders-Sehen schon bekannter *énoncés* und dynamisieren so mit einem genuin literarischen Beitrag die historische Ordnung des Wissens. Auch die von Warning immer wieder betonte ästhetische Arbeit des Imaginären kann dann dort konterdiskursiv ausgespielt werden, wo die konkreten Dialoge zur Markierung jener poetischen Genreanteile tendieren, die im Verlauf der Gattungsgeschichte des 16. Jahrhunderts zunehmend zum eigenständigen, selbstreflexiven Wissens- und Erfahrungsraum ausgebaut werden und die moralisch nützliche Doktrin untergraben können. Aus dem scheinbar gesicherten Wissen können so in bislang ungekannter Weise ästhetische Funken geschlagen werden, wie einige exemplarische Vorausblicke auf die Werkanalysen andeuten können. Ein Beispiel findet sich etwa in Pedro de Mercados *Diálogo de la comparación de las sciencias*, einem agonalen Streitgespräch, in dem exzessive Schichtungen von Argumenten und Autoritäten wechselseitig den Vorrang von Medizin oder Jurisprudenz bekräftigen sollen. Der regelrecht entfesselte, beinahe entsicherte Gebrauch der *copia verborum* dient hier keiner syllogistischen Wissenssicherung mehr, vielmehr entsteht eine akriterielle Wucherung von Argumenten und Ansichten, die statt der erwarteten Entscheidung viel eher die Krise der humanistischen Argumentierkunst vorführt und als ästhetische Unwucht erfahrbar macht. Uferlose Steigerungen werden so zu „Plethora des Imaginären"[272], als „Überschießen jedweder funktionalistischen Ökonomie"[273]. Erst recht ergibt sich die Emergenz des Ästhetischen aus dem Archiv dann dort, wo plastische Figuren,

---

271 Gamper 2012, S. 14, vgl. Kapitel 2.3.4.

272 Warning 1999, S. 340.

273 Ebd., vgl. ebd.

teils komische oder bizarre Charaktere auftreten und Aspekte einer defektiven Wissensordnung verkörpern. Dies wäre gewiss in Pedro Mexías *Coloquio del Porfiado* der Fall, der Satire des verdrehten Gelehrten, der freilich zu Recht den unphilologischen Gebrauch der *loci-communes*-Sammlungen denunziert, viel später auch in Antonio López de Vegas weltflüchtigem Gerardo, der als Einsiedler im Garten am Stadtrand von Madrid lebt und dort seine moralistische Zeitkritik vor den staunenden Zuhörern entfaltet.

Wie diese kurzen Vorgriffe bereits andeuten, fördern gerade die ‚ausbettenden' Anteile der dialogischen Schreibweise, also ihre Dimensionen ästhetischer Materialität, letztlich wohl eher Irritationen des betrachteten Lehrmaterials, sie öffnen das geteilte ‚kulturelle Wissen' auf mögliche Kritik.[274] Anders gesagt, die ausbettenden Prozesskomponenten stehen in der Regel eher nicht affirmativ zur epistemologischen Konstellation bzw. den gezeigten Ausschnitten des Archivs, sie begünstigen eher eine distanzierte Haltung, die zur fragenden Beobachtung anregt. An dieser Stelle ergibt sich dann methodisch auch eine gewisse Nähe zu soziologischen Annäherungen an die Problematik des ‚Wissens in der Literatur', die sich auf Luhmanns systemtheoretische Reflexionen beziehen. Von ihnen her lässt sich vor allem die moderne Literatur als ein funktionaler Ort der Beobachtung anderer gesellschaftlicher Bereiche begreifen, als künstlerisches System, das mit eigenen Verfahren die umliegenden Systeme etwa der Wissenschaft, der Ökonomie oder der Politik kritisch reflektieren kann.[275] Die massive Einbeziehung von ‚Propositionen' außerliterarischer Herkunft in den poetischen Text dient dann dazu, das kulturelle Wissen aus seinem ursprünglichen Kontext herauszulösen, um es im Modus fiktionaler Darstellung nach neuen, genretypischen Vorgaben zu recodieren; in dieser Reorganisation sind die Aussagen aus den früheren „epistemischen Systemzwängen"[276] gelöst und können so einer reflexiven Beobachtung zugeführt werden. Deren ‚dekonstruierende' Mächtigkeit läuft jedoch nicht auf ein bloß unverbindliches ästhetisches Spiel hinaus,[277] da die gewonnenen Einsichten als produktive Kritik von außen potenziell wieder

---

274 Vgl. zu diesem Begriff Titzmann 1989 bzw. die weiteren Ausführungen in Kapitel 2.3.3.

275 Mit diesem methodischen Ansatz arbeitet etwa grundsätzlich die Studie von Klinkert (2010), wir folgen zu einer wissenssoziologischen Auffassung von Literatur als Medium der Beobachtung gesellschaftlicher Prozesse hierbei Alt 2004; Borgards/Neumeyer 2004; Ort 2011.

276 Alt 2004, S. 197.

277 So weiter Peter-André Alt: „Die Fiktion verhält sich gegenüber dem Wissen wie gegenüber der Wirklichkeit als dekonstruierender Impuls, indem sie seine Elemente selektiv reorganisiert, in eine zeichenhafte Struktur der leserorientierten Sinnerzeugung einbaut und damit funktional umwertet." (ebd., S. 194)

an gesellschaftliche Prozesse rückgebunden sind. Das Phänomen der Fiktionalisierung von ‚kulturellen Propositionen' als poetischer Wissenstransfer hat eben darin eine soziale Funktion. Epistemische Fiktionen ‚verdoppeln' zunächst das Wissen anderer umgebender Systeme, sie verformen und modifizieren es mit dem Ziel der kritischen Neuvermessung, um so eine „kulturelle Selbstreflexion des Wissens im Text"[278] herbeizuführen. Poetische Verfahren eignen sich folglich dazu, die komplexen Vorgänge der fremden Systemwelten Schritt für Schritt nachzuerzählen und durch ästhetische Modifikationen neu zu beleuchten, perspektivisch zu öffnen und auf andere Möglichkeiten zu befragen, darin bilden sie eine „Ermöglichungsform von Realitätsversionen"[279], die zum Fließendwerden starrer kultureller Systeme führen und so Impulse zur Korrektur sozialer Prozesse anbieten kann.

Vor dem Hintergrund dieses wissenssoziologisch informierten Blicks auf literarische Texte treten dann freilich die spezifischen Besonderheiten des frühneuzeitlichen Wissensgesprächs als Modus ‚epistemischer Fiktionen' umso deutlicher hervor, ebenso wie eine gewisse innere Unverträglichkeit zwischen Luhmanns systemtheoretischen Reflexionen und Foucaults diskursarchäologischem Projekt,[280] an das dann auch die neuere ‚Poetologie des Wissens' im Umkreis von Joseph Vogl anknüpfen konnte.[281] Denn die soziologische Perspektive auf das Wissen in der Literatur bezieht sich hier wesentlich auf jene moderne Gesellschaftsstruktur, die sich ab der Aufklärung des 18. Jahrhunderts herausgebildet hat und die durch eine klare funktionale Ausdifferenzierung gesellschaftlicher Teilsysteme geprägt ist, die jeweils für einander abgegrenzte Umwelt sein und sich daher wechselseitig von außen beobachten können. In diesem konstellativen Zusammenspiel kann dann das System der Literatur auf andere Systeme, etwa die Naturwissenschaft oder die Philosophie, produktiv reagieren, indem es deren an sich fremdsystemische Propositionen aufnimmt und mit den eigenen dichterischen Verfahren zur Darstellung bringt, so aber auch zugleich zum Gegenstand der Reflexion macht bzw. das Wissen des anderen Systems beobachtet. Dieses Modell ist jedoch, wie unter anderem Peter-André Alt in seinem Aufsatz betont hat, keineswegs umstandslos auf die frühneuzeitliche Textualität übertragbar, die im Zeichen der umfassenden *studia humanitatis* noch von einem in sich geschlossenen und interferenzbildenden humanistischen Gelehrtendiskurs ausgeht, in dem

278 Ebd., S. 196.

279 Ebd., S. 197.

280 Vgl. die Diskussion der Wissensbegriffe von Foucault und Luhmann bei Leanza 2010, S. 119-146.

281 Vgl. Vogl 1997; Vogl 2014; Kapitel 2.3.3.

eben die Kulturen von Natur- und Geisteswissenschaften noch nicht klar voneinander geschieden sind.[282] Dieser integrativen Konstellation scheint wiederum der diskursanalytische Ansatz eher gerecht zu werden, demzufolge sich das gemeinsame historische Archiv einer Zeitspanne in unterschiedlichen Verzweigungen des Diskurses und der konkreten Praktiken materialisieren kann. Dieser Entwurf ist sozusagen im archäologischen Sinne *vertikal* ausgerichtet und erlaubt es, die Emergenz von Aussagen auf der diskursiven Oberfläche als komplexes Sprechen in prozedural konstruierten Situationen und Milieus zu beschreiben, wohingegen Luhmann stärker den *horizontalen* Transfer einzelner Propositionsmengen zwischen an sich isolierten Systemen hervorhebt.

Der methodische Vergleich, der hier nur angedeutet, nicht aber erschöpfend ausgeführt werden kann, legt abschließend wohl eine doppelte Einsicht nahe. Literarische Dialoge können zweifellos (auch unter frühneuzeitlichen Bedingungen) die Beobachtung und Kommentierung historischen Diskurswissens durch eine fiktive Sprechergemeinschaft inszenieren und auf diese Weise ein spezifisches, potenziell kritisches Sehen von Wissen in einer konkreten Situation vor Augen führen. Sie sind in diesem Sinne oft der kulturelle Ort, von dem aus Veränderungen wissensgeschichtlicher Prägung wahrgenommen und formuliert werden können, offenbar bedarf die spanische Renaissance dieses besonderen Formats, dieses alteritären Emergenzfeldes von Aussagen, um epistemologische Ablösungsprozesse adäquat zur Darstellung bringen zu können. Der wachsende publizistische Erfolg des Genres im 16. Jahrhundert wäre demnach auch lesbar als Symptom zunehmender Transformationen in einem dynamisch-formativen Kulturraum, der in entscheidenden Segmenten wie der dialektischen Argumentationstheorie oder der aristotelischen Naturphilosophie auf massive Umbrüche zusteuert. Allerdings ist der Unter- und Hintergrund solchen Beobachtens natürlich nicht die funktional ausdifferenzierte Gesellschaft der Moderne, sondern ein akademisches Gesamtprojekt humanistischer Gelehrtenkultur, das mit Durchlässigkeiten und Vernetzungen operiert. Hier existiert ‚Wissen' im Sinne Foucaults eben „nur in einem Wissenschaft und Literatur umfassenden Wissensraum"[283]. Die Dialoge sind daher in ihrer unauflöslichen Hybridität, in der alle Ebenen von Kunst und Wissenschaft im historischen Kontext zusammengehen dürfen, als spezifisch frühneuzeitliche Ausdrucksform zu würdigen, als besonderes Dokument eines Wissenschaftstypus der Renaissance, dessen textuelle

282 Vgl. Alt 2004, S. 205-206. Folgerichtig arbeitet etwa auch die erwähnte Studie von Klinkert erst mit literarischen Texten nach der Frühen Neuzeit, vgl. Klinkert 2010, S. 21-25.

283 Borgards/Neumeyer 2004, S. 212, vgl. ebd.

Praxis in ihrer hohen „Unselbstverständlichkeit" ganz eigene Anforderungen stellt, wie Joseph Vogl zu Recht betont hat.[284] Die Hybridisierung des archäologischen Archivs mit Formen der Fiktionalität, die nach Foucault eben am ‚anderen' Endpunkt der genealogischen Achse geschehen kann, führt gerade dazu, dass etwa Texte wie Pedro de Mercados Naturgespräche zugleich auf die Literaturgeschichte des frühneuzeitlichen Dialogs, die Kulturgeschichte der aristotelischen Tradition und die Wissenschaftsgeschichte des Naturdenkens verweisen – ohne in einer dieser Rubriken je ganz aufgehen zu können, ohne ganz in ‚Einbettung' oder ‚Ausbettung' stillgestellt zu werden. Freilich ergibt sich die potenzielle Beirrung, die von diesen Hybriddokumenten ausgeht, in erster Linie für den historisch späteren Leser, dem sich entsprechend die Frage nach dem möglichen „Zuständigkeitsprofil"[285] jener Texte stellen mag, die ganz verschiedene moderne Fachbereiche gleichermaßen herausfordern.[286] Aus der Innenperspektive der Renaissance selbst gehören die Dialoge mit ihren prekären Übergängen und kumulierten Wissensformen indessen zur Normalität humanistischer Schreibpraxis und bilden wohl gerade in all ihren Grenzverwischungen nicht zuletzt auch die Quelle eines gelehrten *Plaisir du texte*.

2.3 Dialogische Epistemologie

2.3.1 *Fiktional situiertes Wissen*

Im Rahmen der spezifischen Fiktionalität der Gesprächsmimesis, auf die bereits eingegangen worden ist, kommt es in den humanistischen Dialogen der spanischen Renaissance nun zur umfangreichen Materialisierung von Segmenten des Archivs, zum poetischen Erscheinen von Aussagen und Propositionen der historischen Wissensordnung. In dieser Tendenz zur Herausbildung epistemischer Fiktionen kann ein distinktives Merkmal der volkssprachlichen Gattungsgeschichte im 16. Jahrhundert gesehen werden. Wissensbehauptungen etwa aus dem Kreis der frühneuzeitlichen Moral- und Naturphilosophie bilden dabei nicht nur den textexternen Materialgeber im Sinne eines historischen Spezialdiskurses, der punktuell für das Verständnis der Bedeutungsintention heranzuziehen wäre, vielmehr materialisieren sich diese Diskurse umfangreich und flächig in der poetischen Gesprächsmimesis selbst, die so als alternativer Ort des Erscheinens von Aussagemengen bzw.

284 Vgl. Vogl 2014, hier S. 152.
285 Ebd., S. 146.
286 Vgl. ebd., S. 145-147.

daraus abgeleiteten Äußerungen im Sinne Foucaults gelten dürfen. Die massive Mitteilung von historischen Wissensbeständen in der innerdiegetischen Semantik, als *énonciation* der fiktiven Figuren, lässt sich demnach als Besonderheit des historischen Textkorpus in Spanien begreifen, inszenierte Sprecher geben dann oft wortidentisch Argumente und Äußerungen aus faktualen Wissenstexten schulphilosophischer Prägung wieder, etwa aus Traktaten, Enzyklopädien, Kompendien oder Repertorien, die den humanistischen Verfassern vorgelegen haben dürften.[287] Dialoge stellen dabei jedoch keineswegs nur ein gewissermaßen zweites Archiv der historischen Wissensdiskurse mit ihren Fachkenntnissen dar, die auch anderweitig gespeichert sind und in entsprechenden Quellen überprüft werden können, vielmehr sind sie vor allem – wie wir im Folgenden zeigen möchten – das komplexe Medium eines inszenierten Nachdenkens über solches meist wohlbekannte und vielzitierte Meinungswissen, woran gerade die poetischen Gestaltungsformen einen erheblichen Anteil haben. Die strukturelle Besonderheit der Dialoge gegenüber den faktualen Formaten besteht eben darin, dass hier das historische Wissen in einem dynamischen Textraum aufgeboten und formuliert, zugleich aber auch diskutiert und kommentiert wird. Diese synchrone Zugleichgabe von topischen Aussagen und poetischen Prozeduren der Darstellungsebene gehört zu den Besonderheiten der Gattung, für die sich die humanistischen Verfasser meist sehr bewusst entscheiden, wie die Lektüre der Paratexte gezeigt hat. In den vorangegangenen Ausführungen ist diese interferenzbildende Verflechtung aus *fictio* und *episteme* zunächst aus Sicht der erstgenannten Komponente verfolgt werden. Dialoge, so konnte dabei gezeigt werden, produzieren stets eine spezifisch reduzierte und verformte Fiktionalität, da die poetische Gesprächsmimesis durch ein massives und flächiges Eindringen großer Wissensmengen geprägt wird, das in anderen literarischen Genremustern unüblich wäre. Die Verschiebung des Wissens in einen virtuellen Reflexionsraum steht dabei tendenziell im Zeichen spielerischer Befragung und argumentativer Erprobung propositionaler Aussagen, womit sich näherhin zwei ‚Gesten der Alterierung' verbanden: eine poetologische, die das Wissen mit Manövern ästhetischer Mehrdeutigkeit infiltriert, sowie eine epistemologische, da andernorts systematisch dargelegte und institutionell akkreditierte Wissensbehauptungen nunmehr rhetorisch plausibilisierte Figurenmeinungen werden, gleichsam vom epistemischen Grund zum doxastischen Ungrund übergehen. Anknüpfend an diesen ersten theoretischen Schritt lässt sich das hybride Format des Renaissancedialogs nun auch von der gegenläufigen Richtung her beobachten und befragen. Inwiefern

---

287 Vgl. zu dieser Praxis allgemein López Poza 2000.

wird das dialogisch transponierte Wissen durch die konkomitanten Prozesse künstlerischer Darstellung spezifisch beleuchtet, akzentuiert oder gar verändert, und worin besteht der erkenntnisbezogene Mehrwert der fiktionalen Verhandlung mit ihren sprachlich-ästhetischen Verfahren?

In diesem Problemzusammenhang wollen wir uns grundsätzlich von der Annahme leiten lassen, dass die ästhetischen Elemente im Dialog nicht bloß didaktischer Effizienz dienen oder als dekoratives Beiwerk einer reduktiven Ideenprosa akzessorisch wären, vielmehr handelt es sich um konstitutive Faktoren in der textuellen Bedeutungsproduktion, die dann auf das von den Figuren verhandelte Wissen vielfältig zurückwirken können. Mit dieser Grundintuition stehen zugleich herkömmliche Vorstellungen von humanistischer Dichtung als funktionaler Literatur auf dem Prüfstand, die primär der christlichen Ethik oder der nützlichen Belehrung dient und ästhetische Effekte nur insofern anerkennt, als deren *delectare* letztlich zum *prodesse* animieren soll. Dieses funktionale und sozusagen unpoetische Verständnis von humanistischer Prosaliteratur hat aus spanischer Sicht insbesondere Domingo Ynduráin behauptet, der den frühneuzeitlichen Verfassern keine eigentlich dichterischen Qualitäten zuerkennt, sondern sie eher als polygraphische Aufbereiter der älteren Quellen sieht.

> En cuanto a los humanistas, es cierto que valoran, leen, comentan y exaltan obras literarias clásicas, pero han embutido en ellas tal cantidad de enseñanzas objetivas que no las conoce ni el poeta que concibió la obra. Han puesto tal cantidad de reglas, normas y exigencias que las han convertido en fuente y principio normativo. En ambos casos, no han hecho más que seguir la norma medieval: Virgilio y Cicerón son cartillas para aprender a escribir y la buena literatura es la alegórica. Con esos mimbres no se pueden hacer muchos cestos. Y con esos criterios mal se pueden hacer textos; literarios, digo. La conclusión es que los humanistas no hacen literatura.[288]

---

288 Ynduráin 1994, S. 374, vgl. ebd., S. 373-380. Dieser instrumentelle Literaturbegriff verweist dabei nach Kohut (1978) vor allem auf zwei historische Zusammenhänge. Zum einen steht hier im spanischen Kontext die spätmittelalterliche Ordnung der Wissensgebiete mit ihrer zögerlichen Herauslösung der Literatur als eigenständiger Disziplin im Blick. Noch im 15. Jahrhundert meint *poesía* vor allem eine nachgeordnete *techne*, die im System der *artes liberales* Grammatik und Rhetorik umfasst, welche sich in Studium und Nachahmung der antiken Musterautoren vervollkommnen lassen, wie Alfonso de la Torre um 1430 ausführt. In der Scholastik steht sie bei Thomas von Aquin an unterster Stelle, da sie für sich keinen direkten Beitrag zur christlichen *beatitudo* liefert und nur in allegorischer Form wertvoll wird. Erst in Juan de Lucenas *De vida beata* (1463) erscheinen Rhetorik und Poetik als getrennte Disziplinen. Zum anderen verweist die epistemisch instrumentalisierte Fiktion auf den hohen Legitimationsdruck, unter dem die frühneuzeitliche Profanliteratur insgesamt steht und der mit dem explizit vorgetragenen Anspruch auf nutzbringende Gelehrsamkeit beantwortet wird. Bereits Santillana sieht

Speziell für den Dialog hat sich schließlich Jesús Gómez dieser Sichtweise nachdrücklich angeschlossen und den doktrinal-didaktischen Grundzug des überlieferten Textkorpus betont, wie bereits dargelegt werden konnte. So berechtigt ein geschichtlicher Vorbehalt gegen eine anachronistische Rückprojektion von modern konnotierten Begriffen der Literatur oder der Fiktionalität gewiss ist, so problematisch ist auch die lückenlose Funktionalisierung und ästhetische Schrumpfung nichtargumentativer Anteile in den hybriden poetischen Genremustern der Renaissance, zu denen eben der Dialog zählt. Dieser konservativen Auffassung sind in neueren und neuesten Forschungsbeiträgen nun verschiedene Einwände entgegengehalten worden, die die scheinbar funktionslosen oder überschüssigen Strukturen sowie den besonderen Eigensinn sprachlicher Poetizität und Materialität genauer würdigen. Zu nennen ist hier die grundlegende Studie von Terence Cave zur Rhetorik der *copia* als Ausdruck einer unbeherrschbaren und tendenziell dezentrierenden Dynamik im textuellen Sinngeschehen, hierauf soll im Folgenden mit Blick auf die spanischen Dialoge näher eingegangen werden. Exemplarisch sei dann auf die Studie von Corey McEleney zu den ästhetischen Überschüssen von Renaissancefiktionen hingewiesen, die gegen einen ausschließlich ethisch zentrierten Begriff humanistischer Prosa verteidigt und als „futilitarian pleasures" in ihrer Widerständigkeit analysiert werden; so treten etwa Formen von Ironie und Poetizität in den Blick, die den materiellen Sprachaspekt fokussieren und ein reines Ethos der Nützlichkeit bestreiten.[289]

Tatsächlich stellt sich gerade im Kontext der spanischen Renaissance die Frage, wie die stark funktionszentrierte ältere Auffassung mit jenem Phänomen zu vereinbaren ist, das sich als zunehmende Tendenz zur Fiktionalisierung von Wissen in verschiedenen emergenten Genreformen der humanistischen Prosa beschreiben lässt, worauf zuletzt unter anderem Jonathan Bradbury, Mechthild Albert und Folke Gernert in ihren Arbeiten hingewiesen

---

die „poesía como divulgadora de las otras ciencias" (Kohut 1978, S. 81), Dichtung ist eine übergeordnete Kunst, „que está destinada y es capaz de trasmitir todas las otras ciencias" (ebd., S. 83). Literatur als Vehikel epistemischer Diskurse zu begreifen, wäre demnach fester Bestandteil der vormodernen Begriffsgeschichte in Spanien, mit weitläufiger Ausstrahlung in den Renaissancehumanismus. Dieser bremst dann allerdings gemäß Kohut die skizzierten Ansätze einer disziplinären Verselbständigung der ‚Poetik' bei Lucena eher aus und bindet sie wieder an Rhetorik und Moralphilosophie zurück, dazu passt die Verfemung rein unterhaltender, daher potenziell suspekter Profanliteratur noch bei Vives, vgl. insgesamt Kohut 1978, differenzierter Nakládalová 2013, S. 69-123, die Lesen in der spanischen Renaissance gleichwohl als erbaulichen Vorgang der Moral begreift, wieder im Anschluss an Vives und Erasmus.

289 Vgl. Cave 1997; McEleney 2017, Zitat S. 12.

haben.[290] Der Weg zur „ficcionalización y literarización de los contenidos epistemológicos“[291] ist dabei zunächst an den publizistisch so erfolgreichen Enzyklopädien und *misceláneas* untersucht worden, die Dichtung und Wissen für einen in seinem genauen Umfang noch nicht ganz bekannten Leserkreis vermischen konnten. Formate, die eine immer aufwändigere, aspektreichere und farbigere Inszenierung von Wissenskontingenten anstreben und so einen „movement towards greater structure“[292] andeuten, passen indessen nicht nur zum stereotyp vorgetragenen Bedürfnis nach Divulgation oder ‚Vulgarisierung' für die *eruditio civilis*, sondern auch zum Bedürfnis nach einer indexikalischen Rahmung und perspektivischen Relativierung von Wissen in der textuellen Sinnproduktion, die auch Expertenleser anzusprechen vermag. Bernd Häsner hat in dieser kunstvollen Eingliederung des topischen Meinungswissens in einen imaginären, an Situationen und Figuren gebundenen diegetischen Raum die Signatur einer pluralen und formativen Phase der Wissensgeschichte gesehen, die die kontextabhängige Situiertheit von Episteme betont und diese so zur Befragung öffnet.[293] Diese Formate rücken die Unter- und Hintergründe der semantisch verhandelten Episteme in den Blick und ermöglichen die Mitinszenierung jeweils heterogener Arten des Sehens von Wissen und Sachverhalten, bis hin zur skeptischen Urteilsenthaltung. Im Kreis der entsprechenden Genera sind nun zunächst die kompositen *misceláneas* in den Blick getreten. Ein weiteres Modell fiktionalisierten Wissens bildet daneben die Inszenierung kosmographischer und geographischer Gegenstände im heroischen Epos der Renaissance, dem sich Roger Friedleins Studie anhand von spanischen, französischen und italienischen Beispielen widmet. Die in die Erzählungen eingestreuten Schilderungen von Kosmos und Naturpanorama verweisen dabei einerseits als Ausdruck einer „nationalen Enkomiastik“[294] auf höfisches Milieu und politische Expansion, andererseits entwickeln die gelehrten Exkurse zugleich binnenfiktional ein spezifisches Ineinander von Wissen und Dichtung, das noch nicht ausreichend gewürdigt worden ist. Grundsätzlich handelt es sich hierbei verglichen mit dem Dialog um ein ähnliches, wenn auch etwas anders gelagertes Problem, da zumindest im spanischen Epos die kosmographischen Wissenskontingente als abgrenzbare Episode in den narrativen Rahmen eingelassen sind, wohingegen etwa das zeitgleich auftretende französische Lehrgedicht mit seiner flächigen Durchdringung von

290 Vgl. Albert 2016[a]; Gernert 2019; Bradbury 2010, S. 1056-1057; Bradbury 2017, S. 166-167.

291 Albert 2016[a], S. 8.

292 Bradbury 2017, S. 166, vgl. ebd.

293 Vgl. Häsner 2006, S. 166-171.

294 Friedlein 2014, S. 14.

doktrinaler Belehrung und lyrischer Form der proteischen Gesprächsmimesis nähersteht.[295] So kann Friedlein in Werken wie Maurice Scèves *Microcosme* oder der *Galliade* von Le Fèvre de la Broderie einen Doppelcharakter aus Wissen und Dichtung beschreiben, der an die konsequent hybride Dialogform erinnert, während im spanischen Epos eine deutliche Grenze zwischen klar fiktionalen Anteilen und Passagen empirischen Real- und Sachwissens erhalten bleibt, das dann an Figurenperspektiven gebunden wird, etwa an die Vision des indischen Magiers Fitón, dessen Zauberkugel große Weltpanoramen sehen lässt (in Alonso de Ercilla y Zúñigas *La Araucana*), oder an den phantastischen Flug über die Erde mithilfe des Zauberers Malgesí (in Bernardo de Balbuenas *El Bernardo*). Entscheidend für unsere Fragestellung ist dabei, dass auch Friedlein den Wert solcher epistemischer Immersionen innerhalb der Fiktion gegen ältere Deutungsmuster im Zeichen von Vulgarisierung und prestigeträchtigem Dekor verteidigt, um stattdessen die besondere Inszenierungsstrategie des Wissens selbst zu untersuchen und den konstitutiven Mehrwert des Kontakts zwischen Wissen und Dichtung herauszuarbeiten. Einerseits werde das gezeigte Wissen nämlich durch die indexikalische Rahmung besonders perspektiviert, akzentuiert und kommentiert,[296] andererseits stehe es regelmäßig im Kontext autopoetischer Reflexionen, so dass sich insgesamt eine „bewusste Reflexion über Wissen und Dichtung“[297] einstelle. Zugleich betont Friedlein jedoch in seiner Schlussüberlegung auch ausdrücklich die Unterschiede zwischen Epos und Dialog, die beide um das produktive Spannungsfeld aus *episteme* und *fictio* kreisen: Im Epos werde das Wissen exkursorisch abgegrenzt und affirmativ behandelt, gleichsam als selbstbewusste „Ostentation“, während der Dialog gerade von der mehrstimmigen Pluralisierung sowie der argumentativen Verhandelbarkeit von Wissensaussagen zeuge.[298]

Vor diesem Horizont wollen wir den spanischen Renaissancedialog als ein weiteres Modell der Fiktionalisierung von Segmenten des historischen Archivs behandeln und nun den konkreten Status des Wissens in diesen Texten näher bestimmen. Dabei soll der bei Friedlein, wenn auch zunächst in anderem

295 Vgl. ebd., S. 57-61.

296 So eine zentrale Passage in der Einleitung: „Durch die Ausstellung im fiktionalen Raum der Narration wird den Wissenskontingenten zwangsläufig ein raumzeitlicher Kontext, ein Wissenssubjekt und ein funktionaler Zusammenhang zugewiesen. Diese Elemente reichern die Wissensausstellung in hohem Maße mit Bedeutung an. […] Eingepasst in einen narrativen Kontext wird die Wissensentfaltung damit von der Ausstellung *von* zur Reflexion *über* das Wissen und seine Konstitution im Zusammenhang mit der Dichtung.“ (ebd., S. 16, vgl. ebd.)

297 Ebd., S. 31.

298 Vgl. ebd., S. 378-379, 381, Zitat S. 379.

Sinnzusammenhang, formulierte Gedanke aufgenommen werden, demzufolge mit der indexikalischen und perspektivischen Inszenierungsstrategie letztlich auch das Wissen selbst in ein ganz bestimmtes Licht getaucht, mit einer spezifischen Art des Sehens verbunden ist, der eine Kommentarfunktion zukommen kann, die freilich im Gegensatz zum heroischen Epos stärker kontrovers und kritisch ausgerichtet ist. In den folgenden Ausführungen soll dieses Phänomen zunächst in seiner historischen Kontextabhängigkeit gezeigt werden, die auf die verschiedenen Wissensbegriffe der Renaissancekultur, die Argumentationstheorie und die Struktur eines auf topische *doxa* gegründeten Meinungswissens verweist. In einem weiteren Schritt werden dann systematische Implikate dieser historischen Konstellation aufgewiesen, die näher auf die Verschränkung von Literatur und Wissen bzw. auf die mögliche Verformung von Wissensbeständen durch poetische Inszenierungsstrategien hindeuten und danach fragen lassen, inwiefern die ästhetische Sinnschicht einen eigenen Metakommentar zur Argumentation als sekundäres Wissen über das Wissen bereithält. Auf den kritischen Mehrwert dieser ästhetischen Erkenntnisprozesse geht zuletzt der Absatz zu negativen Bedeutungsmomenten im Dialog ein, die Formen und Leistungen von Nichtwissen und Nichtverstehen betreffen.

2.3.2 *Historischer Kontext I: Wissensbegriffe der Renaissance*

Als ihrem Wesen nach epistemische Gesprächsfiktionen greifen die spanischen Renaissancedialoge naturgemäß auf verschiedene Ausprägungen und historische Semantiken des Wissensbegriffs zurück, die mit poetischen Mitteln inszeniert und verhandelt werden. Diese fiktionale Materialisierung von Archivsegmenten impliziert dabei, dass das propositionale Real- und Sachwissen gleichsam unter andere Vorzeichen gesetzt und in den Modus des spielerischen Als-Ob verschoben wird, der Beirrungen und Befragungen durch die *personae* fördert, oder wenigstens zulässt: Epistemische Aussagen konstituieren sich nun in einem Reflexionsraum fiktionaler Prägung, in dem die simulative Verhandlung des Wissens möglich wird. Aus einer sehr allgemeinen Perspektive kann zunächst mit Thomas Leinkauf gelten, dass der Dialog an der grundsätzlich affirmativen Hauptströmung des Wissensbegriffs in der Renaissance teilhat:

> Jedenfalls ist allgemein festzuhalten, dass Wissen für die Humanisten zwar in ungebrochener Tradition zur Antike ein Wert an sich ist (scire per se bonum est), der aber zugleich Ausdruck der Würde des Menschen und Index des Prozesses der Bildung zur Humanitas ist.[299]

299 Leinkauf 2017, S. 159, vgl. ebd., S. 159-162. Auf der Basis dieser affirmativen Grundintention lassen sich Wissen und Wissenschaft in die wechselnden Kontexte des humanistischen

In seiner weiteren Ausdifferenzierung der Wissensbegriffe des 16. Jahrhunderts unterscheidet Leinkauf dann vier dominierende Akzeptionen der historischen Semantik, die er „Grundformen des Wissens“[300] nennt und auf deren Folie sich auch die Wissensverhandlung der Dialoge genauer bestimmen lässt, wie im Folgenden zu zeigen ist.

(i) Wissen als propositional-definitorisches Sachwissen (ratio, ratiocinatio) und als intuitiv-unmittelbares Prinzipienwissen (intellectus, apex mentis), wobei letzteres Ursache der „beatitudo intellectualis“ ist,
(ii) Wissen als Wissenwollen, als unter den Index des Wissens gestellter Wissensdrang/-durst,
(iii) Wissen als Methode, als dem Sachwissen vorgeschalteter Weg/Zugang zum Gewussten oder zum Wissbaren durch formal-methodische Operationen,
(iv) Wissen als kompendiöses Wissen, als enzyklopädisches Wissen und Entwicklung zur scientia universalis.[301]

Ausgehend von dieser ersten Binnendifferenzierung scheint der Dialog evidenterweise ein komplexes Gefüge einander überlagernder Wissensbegriffe aufzuspannen. Folgt man den Schwellentexten und der Exordialtopik von humanistischen Autoren wie Pedro Mexía und Pedro de Mercado, so könnte Begriff (ii) als Produktionsanlass gelten, als innerweltliche *curiositas* zum Sach- und Realwissen, in der sich Autorenintention und Wissensdrang der binnenfiktionalen *personae* mit dem Interesse des lesenden Bezugssoziums treffen. In der syntagmatischen Entwicklung der Gesprächsmimesis tritt dann (iii) stärker in den Vordergrund als Prozess dialektischer Argumentation und systematischer Unterweisung, ebenso aber (iv), da die Figurenreden oft eher über die sammelnde Akkumulation von Autoritätenaussagen verfahren als über einen disputierenden Austausch. Beide Begriffe (iii, iv) lassen sich durch die Topik in ihren verschiedenen Ausprägungen verklammern, wie im Folgenden zu erläutern ist. Der letzte Wissensbegriff prägt schließlich (wieder weniger im Sinne der dialektischen Topik als vielmehr dem der *topica universalis*) ganz die Makrostruktur der Werkkonzeption, die als mehrteiliger Zyklus kompendiös und großdimensioniert angelegt ist und damit eine quasi-enzyklopädische Schau der Disziplinen darstellt. In pragmatischer Reduktion

Welt- und Orientierungswissens, der ethischen *dignitas*, der praktischen *prudentia* oder der Spiegelung göttlicher Schöpfungsweisheit einrücken. Dieser bejahenden Grundtendenz stehen dann allerdings auch in Spanien frühe skeptische Irritationen gegenüber, die den skizzierten Bildungsoptimismus bremsen und vielmehr auf den vorläufigen und prekären Charakter von Wissen hindeuten, der sich im Sinne unserer Überlegungen gerade mit der dialogischen Inszenierung besonders prägnant herausstellen lässt, vgl. Kapitel 2.3.5.

300 Leinkauf 2017, S. 162.

301 Ebd., vgl. ebd., S. 159-166.

wird damit allerdings oft kein echt panepistemisches Alleswissen angestrebt, sondern eher ein auf wesentliche Hauptsegmente konzentriertes, „durch rhetorische Strategien vermittelte[s] Nutz-Wissen“[302]. Vor diesem Hintergrund wäre etwa auch ein programmatischer Anspruch einzuordnen, wie ihn in unseren Texten das Geleitgedicht des humanistischen Mediziners Gaspar López de Nuceda formuliert, das Mexías *Diálogos o Coloquios* vorangestellt ist.[303]

Topik als dialektisches Argumentationssystem

Dialoge inszenieren aufgrund ihrer deliberativen Verlaufsform die stete Verhandlung von epistemischen Aussagen als ‚Weg zum Wissen‘ (iii) und fördern mit diesem Ansatz gerade nicht den fixierten ‚starken‘ Wissensbegriff der *scientia* (i), sondern den ‚schwachen‘ Begriff universalen und topischen Wissens (iv). Während der eine an das deduktiv gesicherte Wissen der aristotelischen Logik und Analytik anknüpft, deren Verifikationssysteme eine gültige Wahrheit garantieren, verweist der andere auf das meinungsmäßige Wissen (*opinio/ endoxon*) und die Verfahren der rhetorisch-dialektischen Tradition.[304] In der für die frühneuzeitliche Wissenskultur prägenden „Grundunterscheidung zwischen einem apodiktisch-syllogistischen ‚gewissen‘ Wissen und einem induktiv-inventiven ‚wahrscheinlichen‘ Wissen“[305] wäre der dialogische Sinnprozess folglich dem letzteren Fluchtpunkt verpflichtet.[306] Innerhalb der Gesprächsmimesis werden entsprechend vernünftige Gründe und mehrheitlich anerkannte Meinungen (*endoxa*), die im Sinne der aristotelischen *Topik* sinnvolles Deduzieren erlauben, zum wesentlichen Haltepunkt der Argumentation. Als Elemente eines ‚schwachen‘ Wissens werden sie in der Gesprächsmimesis unter artifiziellen Bedingungen reproduziert und bleiben

---

302 Ebd., S. 221.

303 So heißt es im allographen Gedicht *Gasparis Lupi ad studiosum lectorem hexastichon* eben: „Doctrinam, mores cultos, physicamque magistram / multaque, quae medicus laudet et astrologus, / vis uno in libro, lector, contenta videre? // Hunc lege quem Petrus Messia composuit.“ (Mexía 2004, S. 207) Dazu kontrastiert dann die *modestia*-Topik in der *Carta nuncupatoria*: „hazer participante a nuestra lengua castellana de algunas de las cosas de erudición y doctrina que la latina, para los que no la saben, tiene escondido y secreto, porque en estos *Diálogos* […] se tractan dellas algunas“ (ebd., S. 205, Hervorhebung durch den Verfasser).

304 Vgl. erneut Leinkauf 2017, S. 159-221.

305 Ebd., S. 162.

306 Für die Dialoge der italienischen Renaissance ist dieses Ergebnis ausführlich nachgewiesen worden, unter anderem bei Hempfer 2004; Hempfer 2013; Traninger 2012. Für die spanische Seite vgl. Vian Herrero 2010[a], S. CXXXIV-CXXXVI, speziell zu Mexía Nagel 2016[a].

in den *personae* selbst verankert, die auf Zitate oder Fragmente der Autoritäten sprachlich hinzeigen oder auf empirisch gewonnene Ansichten zurückgreifen. Die prägende Bedeutung des Meinungsmäßigen im Wissensbegriff (iii/iv) der Dialoge des 16. Jahrhunderts verweist auf eine Reihe begrifflicher und theoretischer Prämissen, die hier skizziert werden sollen.

In den poetologischen Reflexionen fügt sich der topisch-heuristische Mittelpunkt des Genremusters zunächst zur Auffassung jener historischen Verfasser, die die Besonderheit des Dialogs gerade in seiner hohen Eignung für mehrdeutige und offene Fragestellungen sehen wollten. Angesichts strittiger und ambivalenter Gegenstände könne der Dialog in den Wechselreden der Figuren gleichsam das Spektrum vernünftig möglicher Standpunkte und kanonischer Sentenzen panoptisch ausbreiten, in ein „Meinungsspiel"[307] überführen, das zuletzt von der Argumentationsgemeinschaft oder dem Leser aufgelöst werden kann. Nicht selbstevidente logische Prämissen, die ohnehin keiner vernünftigen Diskussion mehr bedürfen, sondern „temas dudosos"[308] stehen daher im Zentrum dialogischer Gegenstandsbereiche, die dann in einem sozusagen protowissenschaftlichen Raum durch gebildete Figuren erörtert werden, wie verschiedene italienische Präzeptisten und spanische Autoren in ihren Schwellentexten übereinstimmend formulieren. Bei Carlo Sigonio wurde diese epistemische Implikation des Dialogs gelegentlich als Hinweis auf eine Nähe zur skeptischen Tradition gedeutet, in Verbindung mit dem Disputieren *in utramque partem*; auch für Tasso bildete ja das Fragen an sich die Keimzelle des inszenierten Wissensgesprächs.[309] In den Paratexten der spanischen Dialoge selbst lassen sich dann verwandte Reflexionen finden, die allein das vernünftige Zweifeln als legitimen Gesprächsanlass sehen, so wie Juan de Jarava im Vorwort der *Problemas y preguntas problemáticas* (1544), in dem der erasmisch beeinflusste Naturphilosoph formuliert: „no se han de tratar sino cosas de las quales con razón se puede dudar algo"[310].

Für das Verständnis der dialogischen Argumentation spielen dann die verzweigten Rezeptionsprozesse der Topik und der Dialektik eine entscheidende Rolle, die ausgehend von ihrer aristotelischen Herkunft einen konzeptuellen Umbau in der mittelalterlichen Schultradition erfahren, um dann im italienischen und nordeuropäischen Humanismus erneut reinterpretiert zu werden; dieser komplexe Prozess ist in der vorliegenden Forschung

307 Zum Begriff in anderem Zusammenhang Hempfer 2002[b], S. 26-29.

308 Vian Herrero 2010[a], S. XXIII, vgl. ebd.

309 Vgl. die Ergebnisse in Kapitel 2.1.3.

310 *Apud* Ferreras 1985, S. 74, vgl. ebd., S. 70-77; Vian Herrero 2010[a], S. CXXVIII-CXXIX, dort auch zum Gegenmodell der kooperativ angelegten Dialoge, S. CXXVII-CXXVIII.

gut erschlossen und braucht daher als historischer Horizont der spanischen Dialoge hier nur in Grundzügen referiert zu werden.[311] Zentraler Bezugstext ist dabei die *Topik* des Aristoteles selbst, die im antiken Kontext in erster Linie als Anleitung für die Praxis des Argumentierens anhand von vernünftigen Annahmen und anerkannten Meinungen galt (*endoxa*), wobei diese Praxis der tentativen Überprüfung eine propädeutische Übung im Vorfeld aller szientifischer Forschung darstellte. Zu diesem Zweck behandelte die *Topik* zunächst die Kunst des Auffindens der einzelnen Argumente (*inventio*), wofür schematische Kategorienlisten oder Leitunterscheidungen, etwa nach Ursache oder Form, als übergreifende ‚Örter' dienten, mit denen sich dem entfalteten Argument immer neue Aspekte abgewinnen und in die Diskussion überführen ließen. Besonderes Gewicht gewannen dabei die ‚anerkannten Meinungen' (*endoxa*) der Gelehrten, die als akkreditierte Referenz allgemein annahmefähig erschienen.[312] In der Argumentation selbst (*probatio*) kamen dann die dialektischen Verfahren zum Einsatz, und zwar neben dem eher der Logik zugehörigen Syllogismus insbesondere epistemisch gelockerte Techniken wie das Enthymem oder das Epicheirem.[313] Für die Wege der frühneuzeitlichen Dialektik sind dann indessen stärker die mittelalterlichen Vermittlungslinien maßgeblich, die sich namentlich in Boethius' *De topicis differentiis* (nach 510) und dessen Interpretation in den *Summulae logicales* (vor 1246) von Petrus Hispanus wiederfinden, zwei weitverbreiteten Lehrbüchern der Schultradition, die ihre Ausstrahlung auch in der Renaissance entfalteten.[314] Ähnlich wie schon bei Cicero sind die Topoi hier *sedes argumentorum*, die neben gewissermaßen überzeitlichen Wahrheitsmaximen vor allem als „Findeschema für Argumente (*differentiae*)" dienten.[315] In der Toposlehre des Boethius ist dann mit Blick auf die Dialoge zu betonen, dass es hier zur folgenreichen Übersetzung der aristotelischen *endoxa* durch *probabilia* kommt, womit jene spezifische Fusion von Meinungsmäßigem und Wahrscheinlichem angelegt ist, die die argumentative Gesprächskunst der Renaissancedialoge prägen wird: Natürlich

311 Ich fasse im Folgenden Gedanken zusammen aus Hempfer 2004; Hempfer 2013; Traninger 2011; Traninger 2012; Wagner 2009; Vian Herrero 2010[a]; Mack 2011; Murillo 2006; Leinkauf 2017.

312 So heißt es zu Beginn der *Topik*: „Anerkannte Meinungen [*endoxa*] dagegen sind diejenigen, die entweder von allen oder den meisten oder den Fachleuten und von diesen entweder von allen oder den meisten oder den bekanntesten und anerkanntesten für richtig gehalten werden." (Aristoteles 2004, S. 45, vgl. von Moos 2005, S. 59-65)

313 Vgl. von Moos 2005.

314 Vgl. Hempfer 2013, S. 495-499, zugleich kann Hempfer zeigen, dass etwa bei Tasso sogar ausschließlich diese Rezeptionsstufen wahrgenommen werden, während eine Auseinandersetzung mit dem aristotelischen Text fehlt, vgl. ebd., S. 504.

315 Vgl. Traninger 2011, S. 633-640, hier S. 638.

sind die anerkannten Meinungen der *Topik*, die dann in das dialektische Gespräch eingeführt werden, oft auch wahrscheinliche Positionen, gleichwohl wird das aristotelische intersubjektive Kriterium (Expertenkonsens) zugunsten eines modalen Kriteriums (Modus des Möglichen/Wahrscheinlichen) aufgegeben bzw. mit diesem kontaminiert.[316] In der italienischen Renaissance rückt schließlich das Verhältnis zwischen Dialektik und Rhetorik als trivialer Kernfächer näher in den Blick, wobei die forschungsgeschichtlich gern betonte Zäsur zwischen einer mittelalterlichen Dialektik scholastischer Prägung und einer rhetorisch ausgerichteten Renaissance in Anita Traningers Studie zunehmend befragt und in komplexe Verflechtungen überführt wird, wie eine Relektüre von Schlüsseltexten Francesco Petrarcas und Lorenzo Vallas gezeigt hat.[317] Dessen *Repastinatio dialecticae et philosophiae* (1439) bezeichnet hier eine wichtige Schnittstelle in der historischen Entwicklung: Dialektik und Rhetorik erscheinen nun zunehmend als variable Verfahren des Argumentierens mit Vernunftgründen, wenngleich die dialektische Methode als formale Beweisführung strenger vorgeprägt und reguliert ist, die rhetorische Deduktion hingegen neben den logischen Gründen auch weitere Kategorien des *ethos*, der sittlichen Eigenschaften des Sprechers, und des *pathos*, der Affekterregung, einsetzen könne. Beide Argumentationsmuster wollen überzeugen, sind aber strukturell verschieden konzipiert und daher auch in ihrem Ergebnis divers akzentuiert.[318] Im Umfeld späterer humanistischer Traktate wie Agricolas *De inventione dialectica libri tres* (entstanden 1480, erschienen 1515), auf den sich noch Erasmus und (in anderem thematischen Zusammenhang) Mexía beziehen,[319] verfestigt sich die Engführung von dialektisch-topischer und eher rhetorischer Praxis. Dialektik ist hier nicht mehr die selbstevidente

---

316 Vgl. zu dieser semantischen Verschiebung bei Boethius Hempfer 2013, S. 508, vgl. erneut Kapitel 2.1.3.

317 Vgl. Traninger 2012.

318 So wird nämlich „die Überzeugung [...] im rhetorischen Modus also ungleich stärker ‚hergestellt', während sie im dialektischen ‚auf der Hand liegt'; umgekehrt ist ein dialektischer Beweis vor allem für diejenigen überzeugend, die im Nachvollzug der komplexen Verfahren geschult sind, während im rhetorischen Duktus etwas plausibilisiert werden kann, dem eigentlich logische Stringenz fehlt." (Traninger 2011, S. 647-648, vgl. ebd., S. 641-652) Ähnlich Mack, für den es sich im Spektrum der argumentativen Verfahren sogar nur noch um „stylistic choices" handelt, vgl. Mack 2011, S. 48-55, hier S. 49. Zur Rezeption der Dialektik im italienischen Humanismus und ihrer Überführung in eine *scientia civilis* weiter von Moos 2005, S. 72-75.

319 Schriften Agricolas waren Pedro Mexía zumindest teilweise nachweislich bekannt, immerhin folgt die eigene Übersetzung der *Parénesis o exhortación a virtud* des Isokrates, die der spanische Humanist seiner Dialogsammlung beifügt, explizit nur der lateinischen Übersetzung Agricolas (ohne Autopsie des griechischen Originals), vgl. Mexía 2004, S. 199, 518.

Beweisform im Sinne einer rigorosen Theoriesprache, sondern *eine* Form vernünftigen Überzeugens neben der Rhetorik; beide bieten strukturell verschiedene Möglichkeiten der Produktion von Argumenten. Die Dialektik „verliert also ihre Funktion als Wissenschaftstheorie [...] und wird als eine sehr allgemeine Anleitung zur überzeugenden Rede ausgewiesen“[320].

Vor dem Hintergrund dieser aspektreichen Begriffsgeschichte gewinnt dann die dialogische Argumentationspraxis der Renaissance ihre besondere Gestalt, auf die bereits in den Ausführungen zu Carlo Sigonios *De dialogo liber* näher eingegangen worden ist. Dort und später auch in Tassos *Discorso dell'arte del dialogo* wurde ja mehrfach die Auffassung der Gesprächsmimesis als Nachahmung (‚Abbild‘) eines dialektischen Disputs entwickelt, wobei auch die entsprechenden technischen Verfahren des Argumentierens in den Figurenreden erscheinen sollten.[321] Daher gelten auch im Dialog dialektische Syllogismen, Enthymeme und Induktionen als ‚mächtige Instrumente‘ der argumentgestützten Persuasion, sie werden (zumindest bei Sigonio) primär als aristotelisches Erbe im Sinne der *Topik*-Rezeption ausgewiesen und bilden dann im Handlungswissen der gebildeten Sprecher ein flexibles „Ensemble von Texttechniken“[322], das sich dem Redegegenstand jeweils anpasst und mit dem Argumente auf vernünftige Weise bekräftigt oder widerlegt werden können. Innerhalb der poetischen Gesprächsmimesis werden diese Techniken dann in die Sprechakte eingebaut und steuern so den persuasiven Sinnprozess.

> Quando ergo sententia confirmationem potissimum ac refutationem amplectitur, sane dubium non est quin, si eorum, qui sermones conferunt, sententiam exprimere imitando velimus, eos aut ratione confirmantes quid aut labefactantes inducere debeamus. Quam laudem quibus potissimum instrumentis assequeremur Aristoteles in dialecticis indicavit, cuius industria studium illud universum prope videtur esse perfectum. Instrumenta autem in promptu sunt omnibus; quis enim est tam in bonis artibus hospes et peregrinus, qui non aliquid fando de syllogismo et inductione aut de iis, quae ad haec referuntur, enthymemate et exemplo audierit? His ergo instrumentorum generibus sancientur omnia aut revellentur, argumentis ex iis sedibus eruendis quae nobis ars dialecticorum

320 Traninger 2011, S. 653, vgl. ebd., S. 652-655. Zum Gesamtzusammenhang weiter Vian Herrero 2010[a], S. CII-CXXI, dort auch summarische Hinweise zur Rezeption von ‚südlichem‘ (Valla) und ‚nördlichem‘ Humanismus (Agricola, Ramus) im Anschluss an die Auffassung Macks, die spanische Renaissance sei eher rezeptiv als innovativ einzuschätzen (vgl. Mack 2011, S. 356-366): „En cualquier caso, la Península ibérica es receptora de ambas influencias, producto de su relación con Italia, sostenida durante un par de siglos, y de la influencia del humanismo septentrional, que florece de modo espectacular desde el asentamiento de la corte flamenca de Carlos V.“ (Vian Herrero 2010[a], S. CXX)

321 Vgl. Kapitel 2.1.3.

322 Traninger 2011, S. 662.

> ostendit; quanquam non iisdem neque eodem modo omnia, alia enim syllogismo, alia inductione, alia alia ratione commodius concluduntur.[323]

Sehr wohl abgestuft wurde im Rahmen der dialektischen Argumentation indessen die epistemische Qualität der verschiedenen Wissensbegriffe selbst, ganz im Sinne der eingangs genannten Systematik Leinkaufs, denn auch Sigonio unterschied klar zwischen *scientia* und *opinio*, zwischen einem ‚starken' Wissen szientifischer Prägung, das auf unumstößlich wahren, aus sich heraus evidenten Prämissen beruht, und einem ‚provisorischen' Wissen doxastischer Art, das mit meinungsmäßigen und wahrscheinlichen Gründen operiert.[324] Das dialektische Gespräch produziert keine abgeschlossene Wissenschaft im strengen Sinn, es inszeniert mögliche oder wahrscheinliche Meinungen mit rhetorischen Mitteln.[325] Anders als die Philosophen, die bereits im Besitz gültiger Prämissen sind und diese gleichsam nur in ihrer Evidenz darzulegen bräuchten, müssten die dialektisch vorgehenden *personae* des Dialogs eine Überzeugung erst herbeiführen und den Zuhörer für die *endoxa* einnehmen. Dieses beweglichere Wissen bleibt daher verhandelbar und potenziell veränderlich, als „notitiam […] caducam vero atque instabilem"[326]. Es kann aber nicht nur von der starken Wissenschaft, sondern auch von der bloßen Rhetorik abgegrenzt werden. Sigonio verwies dabei auf die zwei Formen der Meinung, die sowohl Ergebnis dialektischen Deduzierens (wie im Dialog) als auch rhetorischen Überredens sein könne: „Opinio autem duplex est: una quae dialectici opera paritur, altera quae oratoris, quae quidem peculiari ac praecipuo nomine fides appellatur."[327]

Der Dialog verfolgt daher im Umfeld der frühneuzeitlich gewandelten *Topik* eine meinungsgegründete Wissensverhandlung, deren Vernunftgründe dialektisch-rhetorisch entfaltet werden und ein heuristisch plausibles Wissen aufbauen. Gerade hierin konnten dann nach Hempfer wichtige „epistemologische Implikate"[328] gesehen werden, die auf die plurale Signatur der

323 Sigonio 1993, S. 212-214.

324 Vgl. Kapitel 2.1.3.

325 Vgl. Sigonio 1993, S. 212-220. Topisch basierte Dialektik wäre demnach soetwas wie eine „‚zweitbeste', die Wissenschaft nachahmende Methode" (von Moos 2005, S. 69), die insbesondere für den von der Logik nicht behandelten Bereich lebenspraktischer Fragen zur Anwendung gelangt (vgl. ebd., S. 69-70).

326 Sigonio 1993, S. 216.

327 Ebd. Die endoxal begründete Meinung im Dialog steht damit in ihrer Evidenzkraft sozusagen zwischen der wissenschaftlichen Demonstration auf der einen und der rhetorischen Überredung auf der anderen Seite, vgl. Spranzi Zuber 2011, S. 146-147, weiter Solervicens 2005, S. 13-15, Hempfer 2004, S. 86-93.

328 Hempfer 2004, S. 86, vgl. ebd., S. 86-93.

frühneuzeitlichen Diskursformation hinweisen und deren ‚schwachen', eben bloß meinungsmäßigen Wissensbegriff hervorhoben:

> Das Interessante ist nämlich, dass Sigonio neben der Rhetorik gerade auf die Dialektik, im Besonderen die aristotelische *Topik* und deren Rezeptionsgeschichte rekurriert, um den Dialog nicht als Diskurstyp des Wissens, der ‚scientia', sondern der ‚opinio', auszuweisen und damit zu zeigen, dass nicht nur die Rhetorik, sondern auch und gerade die Dialektik qua Topik als Grundlage einer probabilistisch-relativistischen Epistemologie fungieren konnte.[329]

Auch für die Wissensgespräche der spanischen Renaissance lässt sich diese Zuordnung des Dialogs zum Diskurstyp der *opinio*, die Hempfer im Anschluss an Sigonio und die italienischen Debatten vornimmt, grundsätzlich bestätigen. Auch hier gelangen die Verfahren einer topisch begründeten Dialektik, eines vernünftigen Abwägens gegebener Fragestellungen anhand von glaubwürdigen Meinungen zur Anwendung. Gleichwohl zeigen sich, wie eine kurze Vorschau andeuten mag, beim Begriff der *opinión* durchaus semantische Schwankungen, die an Sigonios Unterscheidung zwischen dialektischer und rhetorischer Meinung erinnern. Entsprechend verwenden die Figuren in ihren Repliken Meinungen mit divergierender epistemischer Qualität: So kann die *opinión* bald auf zuverlässige Ansichten etwa der antiken Autoritäten verweisen, bald auf bestreitbare Auffassungen, die sich bloß aus rhetorischem Kalkül günstig in der Debatte vertreten lassen. Beide Versionen gelangen bezeichnenderweise gerade im *Coloquio del Porfiado* zur Sprache, der den merkwürdigen Meisterlehrer als spitzfindigen Dialektiker auftreten lässt. Dieser diskutiert ausdrücklich die aristotelische Bestimmung des *endoxon* als approbierte Evidenz und unterstützt dessen primäre Geltung als *consensus doctorum*, während er der zweitbesten Realisierung des *endoxon* als mehrheitlich anerkannter Meinung misstraut (*consensus omnium*).[330] Hier scheint die Leitdefinition des antiken Gründungstextes mit ihren Abstufungen des Konsenskriteriums noch gut bekannt und nahe zu sein. Daneben spiegelt der innerhalb der *Diálogos o Coloquios* immer wieder gebrauchte Begriff der *opinión* aber auch

---

329 Hempfer 2013, S. 506, anders Spranzi Zuber 2001, S. 309-313, vgl. Kapitel 2.1.3.

330 Vgl. Mexía 2004, S. 423-424, dort stellt der Bachiller Narváez der Meinung einer kleinen Gruppe anerkannter Experten (*consensus doctorum*) die Auffassung einer weniger gebildeten Mehrheit gegenüber (*consensus omnium*), eben letztere wird hier als ‚común opinión' gesehen („suélese dezir común opinión la que los más tienen" [Mexía 2004, S. 424]); paraphrasiert wird dabei Aristoteles 2004, S. 45, dazu Nagel 2016[a], S. 79-81. In ähnlicher Weise gleicht sich ‚común opinión' in Gaspars Ausführungen im *Diálogo de los médicos* etwa dem ‚gesunden Menschenverstand' an, der durch eigene Erfahrungen schon die rechte Medizin zu finden wisse, vgl. Mexía 2004, S. 258, 262.

eine Auffassung, die den epistemischen Anspruch absenkt und für die die Meinungen eher ein strategisches Material in den rhetorischen Manövern der Debatte sind. Diese zweite Akzeption betont auch die historische Lexikographie. Für Covarrubias ist *opinión* nämlich „cosa incierta; y esta es la causa de haber opiniones contrarias en una misma cosa“[331]. Offenkundig bezieht sich der Begriff dabei weniger auf eine aus sich epistemisch gefestigte, sondern auf eine heuristisch „geteilte Meinung“[332], die anhand von kontrovers diskutierbaren, aber doch konsensfähigen Vernunftgründen ausgespielt werden kann. Dabei braucht der Sprecher selbst nicht notwendig von der nun eher strategisch eingesetzten *opinión* überzeugt zu sein.[333] In den einzelnen Gesprächen kann der doxastische Wissensbegriff bei Mexía durch die Figuren folglich verschieden ausgeleuchtet werden. Sie betonen bald das Moment der endoxalen *auctoritas*, die sich aus dem glaubwürdigen Expertenurteil oder einer allgemein beglaubigten Ansicht herleitet, solcher *consensus doctorum* oder *omnium* erscheint als Absicherung der eigenen Position.[334] Bei anderen Gelegenheiten kann die *opinión* hingegen auch, wie die historischen Wörterbücher andeuten, eher als diskutable Ansicht oder gar sophistischer Schachzug der dialektischen *techne* auftreten, der zum Widerspruch anleitet und die Grenzen moralischer Zulässigkeit (*ethos*) berührt.[335] Die Argumentation ist somit vielfältig und flexibel, sie kennt „exemplos, razones y authoridades“[336], als „hibridismo de recursos“[337], der sich gleichermaßen rhetorischer und topisch-dialektischer Mittel bedienen kann und damit auf der Höhe humanistischer Debattierkunst steht. Das Ergebnis solchen deliberativen Redens in den Dialogen kann die Materialisierung oder Annahme des akkreditierten endoxalen Topos sein, so stellt die auktoriale Stimme der Paratexte in Pedro Mexías *Diálogos o Coloquios*

---

331 Covarrubias 2006, S. 1324.

332 Von Moos 2005, S. 55, vgl. ebd.

333 Vgl. ebd., S. 59-63.

334 So noch einmal im *Diálogo de los médicos* („Introdúzese, assí mesmo, un docto hombre, llamado el maestro Velázquez, que dize la sentencia y opinión que se deve tener“ [Mexía 2004, S. 211]), ähnlich im *Coloquio del Porfiado*, der als diskreditierte Figur paradoxal argumentiert gegen „lo que por común opinión se tiene y platica“ (ebd., S. 413).

335 Etwa in Gaspars Verurteilung der Ärzte im ersten *Diálogo de los médicos*, in dem der Gebrauch des Hendiadyoins die Meinungen in die Nähe zu List und Betrug stellt: „condeno [...] a los malos médicos, que la hizieron [la medicina], gran tiempo ha, arte y mercaduría, [...] escondiendo y escureciendo con opiniones y cautelas la facultad que más simple y más clara devría ser“ (Mexía 2004, S. 224-225). Den moralisch prekären weil flexibel-mehrdeutigen Gebrauch doxastischen Handlungswissens zeigt dann natürlich auch der *Coloquio del Porfiado*, vgl. Nagel 2016[a], Kapitel 3.2.

336 Mexía 2004, S. 456.

337 Rallo Gruss 1996, S. 182.

mehrfach die Gewinnung der ‚angemessenen' *opinión* in Aussicht.[338] Einüben sozial üblicher Wissensbehauptungen und deduktive Persuasion des Gesprächsverlaufs finden in dieser schlüssigen Formulierung zusammen.

Topik als enyzklopädische Sammlung

Polygraphische Dialoge der spanischen Humanisten verwirklichen indessen nicht nur den doxastischen Wissensbegriff einer topisch operierenden Dialektik im Sinne Sigonios. Sie spiegeln darüber hinaus auch die begriffsgeschichtliche Verschiebung der Topik im frühen 16. Jahrhundert, deren Semantik sich zunehmend hin zum Enzyklopädismus und zur *topica universalis* verlagert und somit neben dem Gebrauch vernünftiger Gründe nun auch die „Sammlung, Systematisierung und Memorierung von Wissensinhalten"[339] umgreift. Die in dieser historischen Konstellation entstehenden großangelegten Enzyklopädien und *misceláneas*, zu denen gerade Pedro Mexías zuerst 1540 in Sevilla erschienene *Silva de varia lección* als zentraler spanischer Beitrag gehört, bilden diesen Prozess mustergültig ab.[340] Doch auch die enzyklopädisch gestalteten Dialoge, in denen es um die Akkumulation gelehrter Wissensmengen geht, verbinden die neuere Akzeption von Topik weiter mit dem dialektischen Verfahren der doxastischen Argumentation, die an akkreditierten Meinungen, wahrscheinlichen Annahmen und Endoxa interessiert ist. Die Verschränkung beider Begriffsstufen verstärkt womöglich eher eine Tendenz zum akkumulativen Vorgehen, das die Äußerungsmengen in den Sprechakten ausbreitet und eine abwägende Haltung der Deliberation nahelegt, nicht aber eine strenge Disputation darstellt. Die durch antike Referenzen abgesicherte, durch spätere Überlieferung optimierte Wissensfülle organisiert sich so in nicht abgeschlossenen Populationen von Sentenzen, Exempla, Maximen und Zitaten des Autoritätenwissens, die sich kollektiv anhäufen lassen und zur offenen Gesamtheit thematisch gebundener Aussagen zusammenschließen. Die sprachliche Verfasstheit dieser eklektischen Wissensform ist schließlich eine Rhetorik der Fülle, deren exemplarische Operationen in *copia* und *accumulatio* bestehen, an deren inhaltlicher Vielheit graduell *erudición* und *sabiduría* zu bemessen sein werden:

---

338 So im erwähnten Beispiel aus dem *Diálogo de los médicos* (vgl. erneut Mexía 2004, S. 211) und ähnlich im *Coloquio del Porfiado*, der als diskreditierte Figur paradoxal argumentiert gegen „lo que por común opinión se tiene y platica" (ebd., S. 413).

339 Wagner 2009, Sp. 618, vgl. ebd.

340 Vgl. allgemein Schmidt-Biggemann 1983, dann speziell zu Mexías *Silva de varia lección* Rallo Gruss 1984; Rallo Gruss 1987; Prieto 1986, S. 219-264; Castro Díaz 1989; Alcalá Galán 1996; Courcelles 2003; Bradbury 2010; Bradbury 2017.

> En los diálogos españoles del siglo XVI, es posible descubrir toda una serie de procedimientos retóricos acumulativos basados en la *auctoritas*: los *exempla*, las *sententiae*, los refranes o las *chria*. Estos procedimientos retóricos configuran una imagen del diálogo didáctico sustancialmente opuesta a la del diálogo platónico. El pensamiento no progresa por el intercambio lógico de preguntas y de respuestas, sino por la acumulación de testimonios. [...] Todos los procedimientos basados en la *auctoritas* tienen un peso específico en la *probatio* del diálogo renacentista[341]

Der Dialog zeigt, so etwa die programmatische Formel bei Mexía, „cosas de erudición y doctrina“[342] zu einem bestimmten Gegenstandsbereich, ausgehend vom modellhaften Wissen der *antiqui*, und überantwortet sie dem fiktiven Gespräch der Figuren und ihrer rhetorischen Eloquenz. Mit dieser spezifischen Produktion von Aussagen auf Grundlage der historischen Episteme, die an enzyklopädische, topische und kombinatorische Prinzipien anknüpft, steht der Dialog in auffälliger Nähe zu benachbarten divulgativen Gattungen wie den Kompendien, Repertorien und *misceláneas*,[343] wobei ein Mehrwert der dialogischen Repräsentationsform in Operationen der stärkeren Verdichtung und thematischen Konzentration von Aussagemengen gesehen werden kann.[344] Die poetische Wissensinszenierung folgt jedenfalls, so Antonio Castro Díaz, letztlich einer „técnica de la imitación compuesta“[345], die antikes Wissensmaterial verschiedenster Herkunft zum Florilegium bündelt, wobei sich das frühe 16. Jahrhundert hier noch eher unkritisch-affirmativ verhalte, während die zweite Hälfte zunehmend zur „nueva actitud crítica ante la Antigüedad“[346] gelange und etwa Widersprüche der Autoritäten untereinander oder zum empirischen Erfahrungswissen aufweise.[347] Mexía stünde demnach ungefähr auf dem Scheitelpunkt dieser kritischen Wende, so dass – dies versuchen die folgenden Lesarten zu zeigen – gerade in den naturphilosophischen Gesprächen aristotelische Lehrmeinungen kontestiert und im Licht vorsichtiger Skepsis betrachtet werden. Die eklektische *imitatio* verweist dann schließlich auf die Produktionsästhetik und Genese der Dialoge selbst, mit ihrer engen Verbindung von Lesen und Schreiben, bei der gefundenes Wissen der *antiqui* unmittelbar in den neuen Text einfließt.[348] Dabei bleibt

341 Gómez 1988, S. 51, vgl. ebd., S. 43-64; vgl. Castro Díaz 2004, S. 82.
342 Mexía 2004, S. 205.
343 Vgl. dazu Rallo Gruss 1992; López Poza 2000.
344 Vgl. Bradbury 2017, S. 33-41.
345 Castro Díaz 2004, S. 79.
346 Ebd., S. 80.
347 Vgl. ebd.
348 Vgl. Mack 2011, S. 312-315, Nakládalová 2013, S. 125-219.

in der Spezialforschung etwa zu Pedro Mexía noch unklar oder umstritten, inwieweit die Verfasser hier tatsächlich philologische Quellenlektüren *ad fontes* betrieben, oder doch auf die zahlreichen zeitgenössischen Repertorien und Kompendien zurückgegriffen haben, etwa Mirabelli oder Perotti; dies bleibt in den einzelnen Analysen anhand konkreter intertextueller Beziehungen zu prüfen.[349] Aus der epocheninternen Perspektive selbst wäre die Frage jedoch womöglich von nachgeordneter Bedeutung, da der Wahrheitswert der autoritativen Aussagen auch unabhängig vom genauen Fundort gültig erscheinen konnte.[350]

2.3.3 *Systematische Implikate: Holismus und kritische Kompetenz*

In der historischen Gattungsordnung der Renaissance zählt der Dialog zur Gruppe jener Mischformen, die sich durch eine für moderne Maßstäbe irritierende oder gar inakzeptable Überlagerung von realen und fiktiven Elementen auszeichnen, indem sie erhebliche epistemische Aussagemengen in ein poetisches Genreformat überführen und so mit den Prozeduren der ästhetischen Darstellungsweise kontaminieren. Den Reichtum jener „Graubereiche, an denen man in der Renaissance so viel Gefallen fand"[351], zeigt ein summarischer Blick auf die zahlreichen generischen Ausprägungen, zu denen allegorisch geformte Prosatraktate, menippeische Satiren und rhetorische Deklamationen ebenso rechneten wie fiktional gerahmte Enzyklopädien und Miszellaneen oder Fabelerzählungen.[352] Solche Wissensfiktionen bilden, wie wir dargelegt haben, fraglos „a hybrid, a genre belonging to two domains simultaneously"[353]. Als Mischformen im beschriebenen Sinn sind sie ein ungefügiges Phänomen aus Sicht der modernen Wissenskultur, die auf der Trennung von Kunst und Wissenschaft gegründet ist, sie besitzen ihre irreduzible Alterität in der Setzung einer heterogenen Erkenntnisstruktur, die aus der gleichzeitigen Gabe von diskursivem Wissen und poetischer Form, oder aus der Fusion beider Komponenten resultiert. Die Entwicklung einer im historischen Kontext möglichen Lektüre der Texte kann daher anachronistische Verzerrungen riskieren, muss jedenfalls die Besonderheit einer formativen Phase der frühneuzeitlichen Wissenskultur berücksichtigen, die es

349 Vgl. die bekannten Ausführungen bzw. Einwände zur *Silva de varia lección* bei Cherchi 1993, für die *Diálogos o Coloquios* vorsichtiger Castro Díaz 2004, S. 122-146.

350 Vgl. Castro Díaz 2004, S. 137-138.

351 Schneider/Traninger 2010, S. 7.

352 Vgl. zum historischen Formenkreis Kenny 1991, S. 1-4 (dort zur französischen Renaissance, aber mit Ausweitungen auf italienische und spanische Zusammenhänge); allgemein die Beiträge im Sammelband Schneider/Traninger 2010.

353 Cave 1991, S. 127.

argumentativ einzuholen gilt. Zu hermeneutischer Vorsicht rät entsprechend Terence Cave: „did not sixteenth-century writers and readers [...] feel more confident about their ability to read fiction as philosophy?“[354] Diese Frage lässt sich gerade an die Dialoge richten, die wir bereits als hochgradig epistemisierte Fiktionen und als hybride Wissensgespräche beschrieben haben: Wissen wird in der Gesprächsmimesis nicht nur als reflexiver Vorstellungsinhalt und vernünftiges Argumentationsgeschehen repräsentiert, sondern auch in imaginativen Bildern und narrativen Fabeln entfaltet, die offenbar komplementär gesetzt sind. Eben diese Doppelgestalt macht die Texte kognitiv bedeutsam, eben dieses synthetisch-holistische Ganzheitsdenken als Boden von Wissensbehauptungen und Erkenntnisformen markiert den historischen Abstand der entsprechenden Genremuster vom epistemologischen Profil der Moderne.[355] Denn dort verfestigt sich seit dem 18. Jahrhundert jene funktionale Trennung von Wissenschaft auf der einen, Kunst und Literatur auf der anderen Seite, die oft als Leitdifferenz der *two cultures* beschrieben worden ist.[356]

Hybride Genremuster aus dem „Graubereich“[357] der Wissensfiktionen zeichnen sich dadurch aus, dass sie die andernorts getrennten Darstellungsmodi von epistemischer Assertion und poetischer Imagination vermengen, dies gilt nun entsprechend auch für den Dialog. Entscheidend ist dabei, dass im Zuge dieser Fusionierung beide Komponenten spezifische Modifikationen und Verformungen erfahren, die dann ihrerseits eigene ästhetische und wissensrelevante Effekte bewirken können. Terence Cave beschreibt diese dynamischen Interferenzen und das Verfremdungsmoment der konkreten Texte hier folgendermaßen: „they can seem bizarre both as intellectual structures and as fictional structures“[358]. Auf die Verfremdungen der fiktionalen Bauform sind wir bereits ausführlich eingegangen und konnten zeigen, inwiefern hier typischerweise schwach ausgebaute diegetische Universen mit flachen Charakteren entstehen, aber auch, dass die grundlegende ‚Geste der Alterierung‘ Wissensmaterial gelehrter Herkunft in einen imaginären Spielraum kritischer Befragung verschiebt, der Dimensionen des Möglichen und Meinbaren, der Verhandlung und Widerlegbarkeit fördert. Dialoge verwenden dabei entsprechend, wie ebenfalls gezeigt werden konnte, eher einen schwachen doxastischen Wissensbegriff der *opinio*. Die folgerichtige andere Frage, nämlich inwiefern das inszenierte Wissen selbst durch poetische

354 Ebd.

355 Zum Problem anachronistischer Lektüren vgl. Kenny 1991, S. 1-2; Cave 1991, S. 127, 130; Schneider/Traninger 2010.

356 Vgl. u.a. Pethes 2003, S. 186-191; Klinkert 2010, S. 7-11.

357 Schneider/Traninger 2010, S. 7.

358 Cave 1991, S. 127.

Manöver verändert wird, ist dabei ungleich schwerer zu beantworten. Auf der einen Seite scheint dies unmittelbar evident zu sein und aus den Besonderheiten der Gattung hervorzugehen, deren Darstellungsform ja gerade die Diskutierbarkeit topischer Ansichten vorführt und diese im Argumentationsspiel der Repliken erprobt; all dies entspricht einer potenziell skeptischen oder zumindest kritizistischen Sichtweise. Auf der anderen Seite behandeln jedoch zahlreiche volkssprachliche Dialoge ein scheinbar als gesichert geltendes Wissen moral- oder naturphilosophischer Herkunft, das dem theologischen Leitdiskurs oder der aristotelischen Tradition entspricht und dessen Material scheinbar mit primär didaktischen Absichten neu aufbereitet wird. Hier scheinen die in der historischen Situation für wahr gehaltenen Lehrsätze als gesicherte Aussagen in der Wissensordnung zu bestehen und daher kaum von poetischen Verfahren verändert werden zu können.

Unbestritten bleibt freilich auch, dass Wissensdiskurse im Dialog gerade nicht als faktuale Behauptung formuliert, sondern in den fiktionalen Aussagemodus des Als-Ob gesetzt werden. Diese Darstellungsform, für die sich die humanistischen Verfasser stets sehr bewusst entscheiden, ist dabei – selbst wenn sie primär didaktischen Intentionen der Vulgarisierung geschuldet sein sollte – nicht akzidentiell oder neutral, sondern immer schon aktiv an der Hervorbringung von propositionalen Äußerungen beteiligt. Insofern gilt noch einmal mit Cave, dass „ideas can be contaminated by their fictional representations“[359]. Die ästhetischen Prozesse des Genremusters und der auf diesem Boden eingesetzten rhetorisch-poetischen Inszenierungsstrategien determinieren somit die Erkenntnisform und die hermeneutische Gewinnung von Wissen. Gerade mit der Wahl einer generischen Mischform können daher zumindest potenziell immer schon „alternative (fictional) epistemologies“[360] zur Darstellung gebracht werden, die weniger ein spekulatives ‚ganz anderes‘ Wissen zeigen müssen, sondern vielmehr eine reflexive Einstellung oder denkbare Auch-Meinungen zu kulturell bekanntem Wissen nahelegen, die sich diskursiv und ästhetisch zugleich entäußern, als „something that cannot be done in the philosophical language he or she knows“[361]. Das fiktionale Darstellungsformat kann dabei mithilfe der gewählten Inszenierungsstrategie und ihrer ästhetischen Verfahrensweisen binnenfiktional geäußerte Wahrnehmungen und Perspektiven in ein bestimmtes Licht tauchen, Vermutungen, Haltungen und Deutungen präparieren sowie akzentuieren, die sich im Umgang mit den bekannten Propositionen der Fachgebiete möglicher- oder sinnvollerweise

359 Ebd., S. 130, wo weitergehend eine „potential priority of fiction“ (S. 131) diskutiert wird.

360 Ebd., S. 131.

361 Ebd.

einnehmen lassen. Dies gilt sicher stärker für literarisch elaborierte Dialoge (etwa bei Vives, Mexía und Torquemada) als für imaginativ nur schwach ausgebaute Schulgespräche. Die Gattung bildet demnach nicht nur das Vehikel einer populären Divulgation gelehrter Archive, sie ist vielmehr im historischen Kontext ein besonders geeignetes Format für den tentativen Aufbau alternativer oder alteritärer Epistemologien.[362]

Diese Mitinszenierung einer Deutungsperspektive durch die Fiktionalisierung und ästhetische Modellierung von Wissen erlaubt so einen Sinnzuwachs, der in der tendenziellen Ausbildung einer Metatheorie zum verhandelten Wissen selbst liegt. Hier tritt noch einmal die innere Konstruktion jener literarischen Gespräche der spanischen Renaissance in den Blick, die sich durch starke Einbeziehung von kulturellen Wissensmengen auszeichnen: Grundsätzlich ließ sich, wie wir in den Überlegungen zur dialogischen Fiktionalität ausgeführt haben, eine Skalierung der Gattungsexemplare nach

---

362 Wir beziehen uns hier auf Einsichten der ‚Poetologie des Wissens' als neuerem Zweig der *literature and science studies*, der die Analogien und Beziehungsgeflechte zwischen Literatur und Wissen mit kulturanalytischen Verfahren beschreiben möchte (vgl. die programmatischen Skizzen bei Vogl 1997 und Vogl 2014, kurze Hinweise in den Überblicken bei Köppe 2011, Pethes 2003, Schäfer 2013). Ein besonderer Schwerpunkt liegt bei diesem Modell auf den Prozessen der Hervorbringung von Wissen und epistemischen Objekten, deren Erscheinen im Text notwendig an die immer schon vor- und mitgängigen Darstellungsformen – etwa historische Schreibweisen, Ordnungsmuster oder Gattungskonventionen – geknüpft ist. Die Verwendung einer bestimmten generischen Option ist nach Vogl epistemisch in hohem Maße relevant, da das formulierte Wissen in der historischen Materialität einer Epoche offenbar nur in diesem Format, in dieser spezifischen Äußerungsweise gegeben werden kann, die dann das So-Sein der einzelnen Erkenntnisse determiniert: „Eine Poetologie des Wissens unterstellt also, dass sich jede epistemische Sachlage, jede epistemologische Klärung mit einer ästhetischen bzw. darstellungslogischen Entscheidung verknüpft." (Vogl 2014, S. 151, vgl. ebd., S. 146-152). Auch die Bevorzugung einer bestimmten textuellen Materialisierung von Wissen – entweder durch den Traktat oder die dialogische Genreform – wäre demnach für unsere Fragestellung keineswegs sekundär. Mit der weichenstellenden Entscheidung für eine fiktionale Inszenierungsstrategie können die *dialoguistas* vielmehr einen besonderen Grundriss ziehen, der als Basis bestimmter epistemischer Konstruktionen dient, in denen das Wissen gerade als veränderlicher und dynamischer Gegenstand gesetzt wird, der ein gemeinsames Nachdenken ermöglicht oder verlangt. In diesen deliberativen Erkenntnissen der Dialoge würde dann auch im Vergleich etwa zum Traktat kein ‚schwaches' Wissen entstehen, das Hypothesen und poetisches Schreiben in einem sozusagen unentschiedenen Format korreliert, vielmehr handelte es sich um eine in ihrer Besonderheit zu würdigende inhomogene Äußerungsform, die zum spezifischen Profil der historischen Wissensordnung und ihrer Möglichkeiten, Fachbereiche zu sondieren, beiträgt (vgl. Vogl 2014). Zu den Problemen einer potenziell anachronistischen Rückprojektion von Begriffen des Literarischen vgl. erneut Kenny 1991, S. 1-2; Vogl 2014, S. 145-146, eine allgemeine Kritik an der Wissenspoetologie formuliert Stiening 2007.

ihrem Anteil an epistemischem Material denken, die von Dialogen mit sehr hohem ‚doktrinalem' Gehalt und entsprechend reduziertem fiktionalem Ausbau (rein instrumentelle, katechetische oder enzyklopädische Gespräche) über eher ausbalancierte Werke (etwa Gastmahlsfiktionen) bis zu phantastischen Szenerien mit moralischen Belehrungen oder Einschüben reicht (lukianische und menippeische Satiren). Ungeachtet dieser verschiedenen Ausbalancierungen würden sich freilich alle Realisierungsvarianten durch das Grundmoment der graustufigen Vermischung auszeichnen, auf das wir bereits eingegangen sind.[363] Für jene Gruppe der Wissensdialoge, um die es uns gehen soll, lässt sich dabei meist der Extremgrad besonders stark epistemisierter Fiktionen ausmachen, die sich durch einen sehr hohen Import an enzyklopädischem Material auszeichnen und hieraus besondere Sinneffekte beziehen. Die massive Überführung von historischen Propositionen in die innerdiegetische Semantik (als Äußerungen der fiktiven *personae*) lässt sich in solchen Gesprächsfiktionen besonders prägnant beobachten, die oft wortidentisch Argumente aus faktualen Quellen wie Traktaten, Kompendien und Repertorien reproduzieren. Hierbei können die Wissensbehauptungen der binnendiegetisch individualisierten Figuren in der Regel auch auf ihre Validität und Reichweite im historischen Kontext überprüft, nämlich mit anderen nichtliterarischen Quellen abgeglichen werden.

In seinen Untersuchungen zum Verhältnis von Literatur und Wissen hat der Germanist Michael Titzmann diese Relationen zwischen textintern getroffenen Wissensaussagen und textexternem Archiv eingehender untersucht und als Integration von ‚kulturellem Wissen' in der poetischen Fiktion beschrieben. Hierunter versteht er „die Gesamtheit der Propositionen, die die Mitglieder der Kultur für wahr halten bzw. die eine hinreichende Anzahl von Texten der Kultur als wahr setzt"[364] und erinnert damit entfernt an Foucaults Konzeption des Archivs einer historischen Diskursformation, auch wenn der Ansatz des Pioniers der literarischen Wissensgeschichte insgesamt eher struktural-semiotisch ausgerichtet bleibt.[365] In weiteren Arbeiten hat Titz-

363 Vgl. Kenny 1991, S. 2-4; Cave 1991, S. 128-130 bzw. zu den ‚Skalen der Epistemisierung' erneut Kapitel 2.1.1.

364 Titzmann 1989, S. 48, vgl. ebd., S. 47-61, daneben auch Titzmann 1977, S. 263-330.

365 Mit seiner Fokussierung auf die ‚Propositionen' als offen addierbaren Bausteinen eines ‚kulturellen Wissens' im historischen Kontext bleibt Titzmann wesentlich einer textualistischen Perspektive verhaftet, die vor allem das Erscheinen szientifisch markierter Aussagen in der literarischen Fiktion betrachtet, während Foucault stärker das komplexe System der Milieus, Äußerungsmodalitäten und Strategien berücksichtigt, die die Emergenz einer einzelnen Aussage in ihrer geschichtlichen Situation überhaupt ermöglicht haben bzw. ihr vorausgegangen sein müssen, vgl. erneut Kapitel 2.2. Allerdings

mann dann darauf hingewiesen, dass gerade besonders auffällige Asymmetrien von binnentextuell verwendeten ‚Propositionen' und poetischer Gestaltung von hoher Aufschlusshaftigkeit seien und als Hinweis darauf gelten dürften, dass der fiktionale Text eine dispositionale Zuschreibung zur verhandelten Episteme enthalte. Bemerkenswert sei dabei weniger die Einbeziehung von Aussagen des ‚kulturellen Wissens' in den literarischen Diskurs selbst, also deren innerdiegetische Repräsentation in Sprechakten, sondern vielmehr das ungewöhnliche Ausmaß expliziter Bezugnahmen auf außerliterarische Wissensbestände, die sonst in faktualen Ordnungsformen des historischen Archivs verbürgt sind.[366] Gerade bei einer quantitativ sehr starken Angleichung von textexternem Real- und Sachwissen sowie textinternen Propositionen könne nicht mehr von einem isolierten Bezug im Sinne erklärender Einschübe oder gelehrter Digressionen ausgegangen werden; vielmehr werde hier das Wissen in so starkem Maße selbst zum Thema, dass offenbar Gedanken und Meta-Aussagen *über* dieses Wissen im Vordergrund stünden. In solchen Texten erlaube der Abgleich von inszeniertem Wissen und historischer Epistemologie nicht nur eine einfache Situierung des konkreten Werks *„im kulturellen Kontext"*, vielmehr komme es nun insgesamt zu *„einer interpretatorischen Verwendung von Wissen"*, die dem gesellschaftlich archivierten Wissen mittels der poetischen Gestaltung neue Sinnprozesse abgewinnt, und zwar als „textinterne semantische Folgerungsbeziehung [...], bei der zusätzliche Textbedeutung abgeleitet wird"[367]. Diese könne etwa in der Mitinszenierung einer Verhaltensweise zu den Wissensbeständen bestehen, die im Spannungsfeld wissenschaftsfeindlicher und wissenschaftsfreundlicher Relationen angesiedelt ist – wer äußert welches Wissen, wie wird dieses von den Figuren aufgenommen –: Der Text reagiere damit auf textexternes Wissen oder inszeniere eine Auseinandersetzung mit diesem.[368] Dialoge, so ließe sich im Anschluss hieran formulieren, bieten nicht nur ein

bezieht sich Titzmann selbst ausdrücklich auf den Diskursbegriff Foucaults, vgl. Titzmann 1989, S. 53-59.

366 Wir folgen dem instruktiven Aufriss des Forschungsprojekts bei Maillard/Titzmann 2002, der sich zunächst auf die Analyse des Verhältnisses von Literatur und Wissen(schaften) in der frühen Moderne (hier 1890-1935) bezieht, einige an dieser formativen Phase des Wissens geschulte systematische Kategorien sollen in unseren Überlegungen auf die Renaissance übertragen werden, eine ähnliche Ausweitung schon bei Ort 2011, S. 164-170, daneben erneut Titzmann 1977, S. 263-330.

367 Vgl. das Subkapitel ‚Varianten des Verhaltens von Literatur zu verfügbaren Wissensbeständen', in Maillard/Titzmann 2002, S. 21-28, Zitate S. 22, dazu Ort 2011, S. 164-170.

368 Vgl. Maillard/Titzmann 2002, S. 25-26. Hochgradig epistemisierte Dichtungen stellen dabei nicht nur ein fiktionalitätstheoretisches Problem dar, sie treffen auch eine Auswahl des Leserkreises, der zunehmend dem Expertentum zuzurechnen ist, vgl. Kenny 1991, S. 4.

binnenfiktional dargebotenes Wissen prozesshaft an, sie bieten auch ein Wissen über dieses Wissen an, legen eine Metatheorie zu diesem verhandelten Wissen nahe. Deren Sinnhaftigkeit läge dabei nicht mehr im Kriterium von Wahrheit und Falsifizierbarkeit, dem die Argumentation der Figuren oft folgt, sondern in einer diskursiven Rationalität der Einstellungen und Geltungen angesichts historischer Wissensmengen, die durch die poetische Gestaltung determiniert werden.[369] Auch wenn der historische Rezipient die durch solche Inszenierungsstrategien mitvermittelte Einstellung oder Haltung zu einem bestimmten Wissensgebiet nicht notwendig annehmen muss, wird ihm doch grundsätzlich die Einnahme einer kritizistisch-beobachtenden Perspektive nahegelegt und im deliberativen Aushandlungsprozess angeboten. Dialoge lassen sich demnach aufgrund ihrer Gattungslogik auch als Anleitung zur kritischen Kompetenz verstehen.

Die von Titzmann erwähnte ,zusätzliche Textbedeutung', die aus der starken Integration kultureller Wissensbehauptungen in der poetischen Fiktion resultiert, könnte im Fall der spanischen Renaissancedialoge folglich in einer zugleich epistemologischen und hermeneutischen Implikation gesehen werden, die auf die gesteigerte Komplexität der Gattung hindeutet. Kennzeichnend ist für die fiktiven Gespräche zum einen, dass sich der epistemische Status der szientifischen Propositionen verändert, wenn sie in einen fiktionalen Rahmen des Als-Ob verschoben werden und dort in den geschilderten deliberativen Modus permanenter Verhandlung gesetzt werden, der auf Generierung neuen Metawissens im Sinne von Kritik und

369 Mit dieser Überlegung verbindet sich die in Kapitel 1.3 vorgetragene Hypothese, dass Dialoge in der spanischen Renaissance nicht nur ein rein didaktisches Format der Vulgarisierung und populären Vereinfachung von Wissen sein konnten, das sich an weniger gebildete (insbesondere des Lateinischen unkundige) Bezugssozien des städtischen Bürgertums und des Adels richtete, wie einige Beiträge annehmen (etwa Castro Díaz 2004, Rallo Gruss 1996, Alcalá Galán 1996, S. 16). Dialoge konnten sich *darüber hinaus* zumindest potenziell auch an ein ausgewiesenes Kennerpublikum richten (vgl. Kenny 1991, S. 4), das das bereits bekannte Wissen noch einmal im geänderten Medium der Wissensfiktion mitsamt einer deutenden Metaperspektive anders rezipieren konnte, mit einer kritizistischen Grundhaltung, die in die poetische ,Geste der Alterierung' eingezeichnet ist. Pedro Mexía selbst hat etwa in seiner *Silva de varia lección* bezeichnenderweise einen sehr weiten und offenen Publikumskreis der „naturales y vezinos" (Mexía 1989, Bd. 1, S. 161) beschrieben. Die *Diálogos o Coloquios* hingegen waren gemäß der *Carta nuncupatoria* zunächst eher für den Expertenkreis der humanistischen Autorenfreunde gedacht (vgl. Mexía 2004, S. 204), die sich wohl im Sinne Häsners (2006) als chiffrierte *in-group* in den Gesprächsfiktionen wiederfinden und dort akademisch diskutiertes Wissen neu erfahren konnten, vgl. zur „esfera privada" Malpartida Tirado 2005, S. 147-149 (Zitat S. 148), in bewusster Absetzung von Castro Díaz 2004, S. 72-74, der hier bloße Exordialtopik sieht, vgl. weiter Kapitel 3.1.

Kommentar angelegt ist. Poetik und Ästhetik der Dialoggattung modifizieren so das nun zur binnenfiktionalen Semantik gewordene Real- und Sachwissen und schwächen dessen epistemische Validität ab, da sie es dem Leser nicht im faktualen Modus assertorischer Behauptungen präsentieren, sondern im Zeichen potenziell skeptischer Befragung zur Verfügung stellen. Dies entspräche der „epistemologische[n] Signalfunktion"[370] der Gattungswahl im Sinne Klaus W. Hempfers, auf die bereits eingegangen worden ist. Dazu passt, dass sich bei der Translation von Theoriewissen in die symbolische Bedeutungsordnung der poetischen Fiktion gleichsam unmerklich die Referenzqualität ändert, nämlich der Wirklichkeitsbezug der kulturellen Wissensaussagen. Selbst wenn diese von den dialogischen Figuren teils wortwörtlich so formuliert werden, wie sie auch etwa in aristotelischen Standardwerken oder entsprechenden Kompendien nachzulesen wären, stehen sie nun nicht mehr primär im Zusammenhang einer außersprachlichen Referenz, bei der es um die präzise Bezeichnung der verhandelten Redegegenstände geht, sondern im Zusammenhang der internen semantischen Beziehungen der Gesprächsmimesis: Sie erscheinen jetzt als Elemente einer poetischen Bedeutungsordnung, die *nicht* zugleich eine referentielle Ordnung ist, sondern nach eigenen dichterischen Kohärenzprinzipien funktioniert. Gleichwohl wird die Kategorie der Referenz nicht vollständig aufgegeben, allerdings ist der Wirklichkeitsbezug nun nicht mehr in den einzelnen Objekten und Elementen der Propositionen zu sehen, wie dies in faktualen Sachtexten der Fall wäre, sondern im Ganzen der symbolischen Textgestalt, die mittels der inszenierten Debatte eine mögliche Deutung oder Haltung zum verhandelten Thema anbietet, die der Leser zuletzt annehmen oder verwerfen kann. Anders gesagt: Die referentielle Operation der Bezeichnung außersprachlicher Verhältnisse wird im Dialog durch eine hermeneutische Operation ersetzt. Wirklichkeitsbezug findet indirekt statt über die allmähliche Gabe einer verstehenden Deutung von Welt, in die das Wissen um die Prozesshaftigkeit von Erkenntnis eingeschrieben ist.[371]

---

370 Hempfer 2004, S. 92.

371 Zum fiktionstheoretischen Modell hier Kablitz 2013, S. 197-204, zum indirekten Wirklichkeitsbezug speziell in den Dialogen dann ähnlich Schneider/Traninger 2010. Diese abweichende Referentialität der Dialoge lässt sich besonders gut, um ein prägnantes Beispiel vorwegzunehmen, an den naturphilosophischen Gesprächen bei Pedro Mexía und Pedro de Mercado belegen, deren argumentierende Sprecher oft exakt Syntagmen aus kosmographischen Traktaten und Kompendien der frühen Renaissance übernehmen. Im Vordergrund steht im Zuge solcher Translation in die dialogische Bedeutungsordnung dann aber nicht mehr die referentielle Bezeichnung einzelner Naturphänomene und -mechanismen (nicht jeder Satz muss daher auch außersprachlich überprüfbar sein), sondern eine *insgesamt* vom fiktiven Personal prozessual entwickelte Deutung zum

2.3.4 *Negativität in den Dialogen*

Der Gang unserer Analyse hat die Besonderheit der Dialoge in der synchronen Gabe von verhandeltem Realwissen und zugehörigen Deutungsmustern, Haltungen oder Wertungen aufgezeigt, die in die poetische Inszenierungsstrategie eingeschrieben sind bzw. aus dieser hervorgehen. Der Erkenntnisgewinn von Dialogen läge demnach, so die übergreifende These, in der komplexen Zugleichdarstellung von kompendiösem Sachwissen (in den Figurenreden) und kritizistischer Metaperspektive (in der poetischen Einfärbung), wobei mit letzterer keine definitive Proposition gemeint sein muss, wohl aber eine ästhetisch markierte Tendenz. Diese Anleitung zu kritischer Kompetenz als spezifischer Effekt der dialogischen Wissensfiktion kann nun gerade dann besonders deutlich ausgespielt werden, wenn in der inszenierten Erkenntnisbildung Beirrungs- und Paradoxiesignale enthalten sind, die sich – wie zu diskutieren ist – namentlich in den quantitativ nicht unerheblichen Figuren des Nichtwissens und Nichtverstehens finden lassen. Weist die doxastische Argumentationspraxis der humanistischen Dialoge ohnehin jeden ‚starken' Begriff von Wissen zurück, so verstärken solche negativen Stolperdrähte im rhetorischen Interagieren der Figuren diesen Eindruck eines prekären oder skeptischen Modells, das im spielerischen Verhandeln von Standpunkten auftritt und auf ein Bewusstsein epistemischer Leistungsgrenzen hinzudeuten scheint. Die formenreichen Figuren von poetisch ausgeleuchtetem Nichtwissen und Nichtverstehen bestätigen erneut (auch gerade inmitten aller enzyklopädischer Bildungsfülle) die bereits angedeutete Verbindungslinie der historischen Gattungstradition zur größeren Strömung des Skeptizismus im frühen 16. Jahrhundert,[372] aber auch spezieller zur einsetzenden Paradoxenliteratur im Zuge der Rezeption von Ciceros Schriften.[373]

Damit knüpft unser Vorhaben auch an neuere Debatten zum Verhältnis von Literatur und Wissen an, in denen gerade das Phänomen des Nichtwissens Beachtung gefunden hat und unter Leitbegriffen wie ‚Agnotologie', ‚Ignoranz'

---

behandelten Problem, die so etwas wie eine Ahnung etwa vom Rätsel kosmographischer Phänomene und von sozial üblichen Haltungen hierzu vermitteln könnte.

372 Vgl. die Ausführungen in Kapitel 2.3.5 zur Skepsis in den Dialogen. Die historische Koevolution von Enzyklopädismus und skeptischem Denken in der Renaissance wurde insbesondere im Prinzip der kompendiösen Sammlung disparater Wissensdaten gesehen, deren offener und nicht mehr kriteriell geordneter Charakter kein definitives Urteil ausspricht, nur noch mögliche Ansichten zeigt; der Verfasser der Epitome enthält sich so des Urteils, vgl. etwa Werle 2009, S. 180-184, dort auch zu Belegen aus der französischen Renaissance, ähnlich Popkin 1979.

373 Vgl. Sánchez García 2001, vgl. Kapitel 2.3.5.

oder ‚prekäres Wissen' rubriziert worden ist.[374] In der Einleitung zu seinem Sammelband *Literatur und Nicht-Wissen* geht Michael Gamper dabei sogar von einer systematischen „Affinität zum Nicht-Wissen"[375] aus, die sich literarischen Texten aus verschiedenen Gründen zusprechen lasse. Ein Ansatz begründet diese Verbindung diskurshistorisch, indem literarische Texte nun als kulturelle Agentur und imaginärer Schauplatz von marginalisierten, unsicheren und prekären Wissensbereichen gesehen werden.[376] Auch wenn Gamper diesen Bezug selbst nicht explizit herstellt, so erinnert die angenommene Affinität von literarischen Texten zur Darstellung von nichtkanonischem Wissen erneut an das von Michel Foucault beschriebene Phänomen einer poetischen Konterdiskursivität, demzufolge Fiktionen die üblichen Grenzen der *formation discursive* immer wieder transgredieren und etwa auch diskreditiertes oder randständiges Wissen ohne institutionelle Absicherung in den Vordergrund der Darstellung rücken können.[377] Mit diesem konzeptuellen Seitenblick lässt sich auch verdeutlichen, dass Gamper eben nicht bloß ‚temporäres' Nichtwissen im Sinne eines vorübergehenden, prinzipiell aber lösbaren Informationsmangels meint. Im Blick steht vielmehr vor allem ‚strukturelles' Nichtwissen, womit dann jene epistemischen Aussagen gemeint sind, die aufgrund von engmaschiger Diskursregulierung aus dem Rahmen des Sagbaren ausgegrenzt sind, da sie bestimmten Normvorgaben nicht genügen und daher nicht als Wissen gelten dürfen, vielmehr als denunziertes „Abjekt von gesetzten Ordnungen"[378] im Grenzbereich oder außerhalb der Wissensordnung stehen.[379] Vor der Folie einer Diskursregulierungsgeschichte im Sinne Foucaults kann ‚strukturelles Nichtwissen' daher nur in Relation zum konsensuell etablierten Wissen beschrieben werden, dem es entsprechend im dialektischen Bezug verpflichtet bleibt.[380] Sein systematischer Ort befindet sich am Rand der kanonischen Wissensgewinnung, wobei mehrere Beispiele denkbar sind: Ausgeschlossenes Wissen kann entweder zeitlich abweichen (als vergessenes oder veraltetes Wissen), hierarchisch (als volkstümliches Wissen und Pseudowissen) oder

---

374 So etwa Proctor/Schiebinger 2008, Mulsow 2012, Spoerhase/Werle/Wild 2009, Gamper/Bies 2012.

375 Gamper 2012, S. 15.

376 Vgl. ebd., S. 9-13.

377 Vgl. Kapitel 2.2.

378 Vgl. Gamper 2012, S. 14, dort mit Bezug auf Kristeva.

379 Die Leitdifferenz von ‚temporärem' und ‚strukturellem' Nichtwissen geht auf Geisenhanslüke 2012 zurück und wird entsprechend adaptiert bei Gamper 2012, S. 11.

380 Wir beziehen die Überlegungen von Gamper erneut auf Foucault, hier mit Blick auf die geschichtliche Wirksamkeit der Diskursregulierung mit ihren Mechanismen der Kontrolle und der Verknappung von Aussagen, vgl. Foucault 1972, Westerkamp 2014, S. 256-262.

modal (als nur mutmaßendes und wahrscheinliches Wissen).[381] In den unscharfen Randgebieten der formal ‚zureichenden', diskursiv legitimierten Erkenntnisgewinnung wird so ein als Nichtwissen diskreditiertes, gleichwohl aber „dynamisches Konglomerat von Objekten und Praktiken"[382] erkennbar, das im abgeschatteten Horizont der kanonischen Wissensproduktion besteht und von dorther sein „Irritationspotential"[383] ausstrahlt. Solche epistemischen Beirrungen bilden nach Gamper auf privilegierte Weise literarische Texte mit ihren verschiedenen ästhetischen Verfahren ab.[384]

Mit Blick auf die wissensverhandelnden Dialoge von Pedro Mexía und Pedro de Mercado lassen sich hier bereits einige Perspektiven vorwegnehmen, die die „positiven Funktionen"[385] von poetisch inszeniertem Nichtwissen andeuten. Gerade innerhalb der Gesprächsfiktion spielen Momente von explizit fehlendem Wissen eine erhebliche kommunikative Rolle: Temporäres Nichtwissen kann dabei sozusagen protatischen Figuren zugeordnet werden, die Unwissen vorgeben, um so dem *magister* die gewünschte Antwort zu ermöglichen und den pädagogischen Prozess voranzutreiben;[386] es kann aber ebenso auf tatsächlichen epistemischen Aporien und *dubia* beruhen, die auf unverfügbares oder grundsätzlich unzugängliches Wissen hindeuten, etwa die Unmöglichkeit einer direkten empirischen Beobachtung ferner Himmelsphänomene, die in den naturphilosophisch-meteorologischen Dialogen eine Rolle spielen. ‚Strukturelles Nichtwissen' im Sinne eines marginalisierten und delegitimierten Wissens wird gleichfalls zum Gegenstand fiktionaler Repräsentation, etwa bei als Aberglauben zurückgewiesenen Ansichten, oder im Falle von veraltendem Wissen der aristotelischen Naturphilosophie.

Nichtverstehen und Verstehenskrisen: *persona* im anoetischen Raum

Neben dem Nichtwissen entfaltet sich in den Dialogen eine weitere Serie von negativen Bedeutungsmomenten mit den spezifischen Formen und Leistungen des Nichtverstehens. Dieser zweite Prozess einer prekären Fundierung von *episteme* betrifft dabei auf den ersten Blick weniger die Semantik aussagbarer

381 Vgl. zu dieser Systematik Gamper 2012, S. 13.

382 Ebd., S. 14.

383 Ebd.

384 Literatur „positioniert sich an Orten, wo Wissenschaften keine exakten Ergebnisse erzielen können oder dürfen; sie erzählt fiktionale Geschichten über Problembereiche gegenwärtigen Wissens mit Bezügen zu vergangenem und zukünftigem Wissen; und sie stößt vor in Bereiche, in denen ein verifizierbares Wissen nicht zu erlangen ist", so noch einmal Gamper, ebd., S. 15.

385 Ebd.

386 Vgl. Geisenhanslüke 2012, S. 29-34.

Propositionen und deren Verhältnis zur historisch gültigen Diskurswahrheit, er ereignet sich vielmehr auf der pragmatischen Ebene, nämlich in den inszenierten Verständigungsprozessen der Argumentationsgemeinschaft, deren rationale Durchdringung von Real- und Sachwissen entsprechende Sollbruchstellen aufweist. Solche fiktionale Modellierung von Verstehenskrisen trägt dabei zunächst einfach dem Umstand Rechnung, dass das Nichtverstehen eine Konstante symbolischer Sprechhandlungen ist, deren Aussparung auch im Rahmen der dialogischen *verosimilitudo*-Poetik unnatürlich und unplausibel wäre. Sie gehorcht dann auch den steuernden Textmodellen sokratischer und katechetischer Herkunft, die das Fragen des missverstehenden *discipulus* als didaktische Strategie kennen, die dem überlegenen *magister* Gelegenheit zur doktrinalen Korrektur gibt. Innerhalb von und neben einer solchen rein intertextuellen Lesart kann das Nichtverstehen indessen auch, so unsere Hypothese, gerade in den wissenszentrierten enzyklopädischen Dialogen der Renaissance mit ihrer Affinität zu skeptischen Strömungen als Index epistemischer Störung ernstgenommen werden. Vor allem dort, wo eine elaborierte Ausgestaltung oder Verdichtung von Nichtverstehen in den Dialogen vorliegt, üben die verzweigten Prozesse von Unverständnis und Verkennen eine erheblich destabilisierende Wirkung aus, und zwar zunächst bezüglich der agierenden Äußerungsinstanzen, dann auch hinsichtlich der Wissensbehauptungen selbst, die als uneindeutig, fragwürdig oder sinnwidrig markiert werden. Ähnlich wie das Nichtwissen strahlt damit auch das Nichtverstehen als beirrendes Moment in den deliberativen Verstehensprozess hinein und kann ihn nachhaltig abtönen: Selbst wenn das ‚misslingende' Verstehen später aufgehoben und in ein ‚gelingendes' Nachvollziehen etwa doktrinaler Sinngehalte überführt wird, wirkt doch der Eindruck einer möglichen Entfestigung oder Verschattung von epistemischen Aussagen nach, deren logische Kohärenz und autoritative Geltung dann auf der Außenseite der Rezeption prekär fundiert erscheint.

Ein übergeordnetes Beschreibungsmodell möglicher Formen und Leistungen sprachlichen Nichtverstehens findet sich bei Dirk Westerkamp im Entwurf der Anoetik, die sich als offene Phänomenologie des Unverständnisses begreift und hierfür verschiedene Grundfälle negativer Hermeneutik benennt. Auf dieses Modell wollen wir im Folgenden zurückgreifen und es im Bewusstsein historischer Differenz auf die spezifisch vormoderne Textualität der Dialoge beziehen. Es handelt sich dabei jeweils um Fälle faktual-normalsprachlicher Kommunikation, die dann auf vier systematische Grundtypen im Rahmen einer eigenen Kategorientafel verteilt werden. Vorab können zwei Leitgedanken der Anoetik eingeführt werden. Verstehen und Nichtverstehen können nach Westerkamp nur als virtuelle Extrempole eines ‚logischen

Raums' aufgefasst werden, innerhalb dessen sich wechselnde Mischformen aus verstandenen und unverstandenen Anteilen als reflektierter oder latenter Bewusstseinsakt ereignen. In den normal- und alltagssprachlichen Redehandlungen sind daher *immer* nichtverstandene Sinnatome enthalten, ähnlich wie auch im sinnlichen Wahrnehmungsakt stets nicht bewusst gemachte Perzeptionen enthalten sind, die unterhalb der Aufmerksamkeitsschwelle absinken. Nichtverstehen ist demnach ein universales und ubiquitäres Phänomen, dessen Erscheinungsformen alltäglich sind und dann in rhetorisch stilisierter Form auch in den Dialogen auftreten. Nichtverstehen kann, so eine zweite Intuition, auch nicht als rein negatives oder defektives Geschehen aufgefasst werden, etwa im Sinne einer einfachen Umkehrung ‚positiver' Verstehensvorgänge. Vielmehr handelt es sich um ein verflochtenes Spektrum eigenständiger sprachlicher Erscheinungsformen im anoetischen Raum zwischen Verstehen und Nichtverstehen, die als produktiv begriffen werden müssen. Dieses produktive Potenzial des Nichtverstehens kann dabei in zwei Richtungen hin ausgelegt werden, die (ähnlich wie bereits beim Nichtwissen) als temporär und strukturell zu begreifen sind. Strukturelles Nichtverstehen wäre in diesem Sinne ein echtes oder pertinentes Nichtverstehen, das in der Regel auf unbehebbare epistemische Aporien hindeutet, die letztlich auch ein bleibendes Nichtwissen anzeigen. Weitaus häufiger findet sich demgegenüber das temporäre Nichtverstehen, das durch Erklären und Begreifen fruchtbar gemacht wird, nämlich entweder im expliziten Bekennen und Verbalisieren der hermeneutischen Privation, die dann auf einer zweiten Stufe doch in positiv gelingendes Verstehen übergeht, oder in einem Meta-Verstehen, das den Eigensinn des Nichtverstehens und des falliblen Nachkonstruierens von Sinn anerkennt und so einen Gewinn an Selbstreflexion impliziert.[387]

Innerhalb der Dialoge können beide produktive Formen von Nichtverstehen aufgenommen, fiktional modelliert und rhetorisch stilisiert werden. Gewiss seltener anzutreffen ist dabei der erste Fall des strukturellen Nichtverstehens, das sich als bleibende Aporie verfestigt (*anoia*); dies wäre nur bei systematisch unzugänglichem oder entzogenem Wissen der Fall, etwa bei metaphysischen Erlebnisformen (in moraltheologischen Dialogen), oder bei der genauen Analyse der oberen Himmelskörper, die sich einer unmittelbaren empirischen Kenntnis entziehen (in den naturphilosophischen Dialogen). Sehr viel häufiger wäre daneben die Inszenierung von temporärem und dann überwundenem Nichtverstehen anzutreffen. Diese Ausprägung kann herkömmlicherweise Element einer didaktischen Inszenierungsstrategie sein, die das

387 Wir folgen dem Kapitel „Anoetik und Hermeneutik. Symbolische Formen des Verstehens und Nichtverstehens" in Westerkamp 2014, S. 63-99.

sukzessive Auffassen und Annehmen doktrinaler Wissensbehauptungen zeigt und dabei mögliche Verstehenshürden der *personae*, die dann als Modellrezipienten oder Projektionsfläche für den Leser fungieren, gleichsam antizipiert und so entschärft. Neben solchem pädagogisch instrumentalisiertem, ‚gespieltem' Nichtverstehen von mehr protatischen Figuren findet sich dann auch traditionell das Nichtverstehen als Teil einer bühnennahen Komik, die mit Formen von Falschverstehen und kommunikativer Verwirrung arbeitet. Mit Blick auf den historischen Ort der Renaissancedialoge ist dabei besonders zu berücksichtigen, auf welche Weise das Gespräch der systemischen Konstante normalsprachlichen Nichtverstehens Rechnung trägt und wie diese anoetischen Prozesse mit den Mitteln der humanistischen Rhetorik stilisiert und funktionalisiert werden. Innerhalb der historischen Formenlehre gilt dabei den Figuren des ungläubigen Staunens angesichts von Unverständlichem (*admiratio/stupor*) oder von Materialfülle (*copia*), dem offen bekannten Nichtverstehen des *discipulus* (*ignorantia*) und der provozierenden Dissonanz zum akkreditierten Meinungswissen (*paradoxa*) besondere Aufmerksamkeit. Diese *figurae* des anoetischen Raums werden in den konkreten Einzelinterpretationen ausführlicher gewürdigt.

Die vielfältigen anoetischen Vorgänge lassen sich dann, wie bereits angedeutet, nach Westerkamp mithilfe von vier zentralen Kategorien beschreiben bzw. in diese eingruppieren: Formen des Nichtverstehens betreffen demnach potenziell die Verständnishorizonte, die Nichtverstehensqualitäten, die Nichtverstehensdispositionen oder die Nichtverstehensmodi. Auf die Verzweigungen dieser ‚Kategorientafel' wollen wir kurz eingehen und im Vorgriff auf die Textanalysen erste Anwendungsperspektiven skizzieren.[388] In der Gesprächsmimesis kann bereits der Verständnishorizont als grundlegender Boden möglicher Verständigungsprozesse durch Negationsdynamiken destabilisiert werden. Mit dieser ersten Kategorie bezieht sich Westerkamp auf den bei Heidegger beschriebenen Modus eines ungebrochen gegenwärtigen und gemeinhin unbefragten ‚Daseinsverstehens', das sich an historische Welt-, Selbst- und Lebensverhältnisse knüpft und damit die notwendige Folie bildet, auf der sich der logische Raum zwischen Verstehen und Nichtverstehen aufspannen kann.

> Die grundlegende Kategoriengruppe der ‚Verständnishorizonte' wird im Oberbegriff nicht negativiert. Diese bestreitbare terminologische Entscheidung beruht auf der Einsicht, dass sich Verstehen und Nichtverstehen immer schon in Verständnishorizonten eines *Vorverständnisses* bewegen, *in* denen Unverständnis nur temporär, nicht aber konstitutiv sein kann – wenn anders gelingendes

388 Vgl. ebd., S. 84.

> Selbstsein, ja bereits schlichtes Zurechtkommen in der Welt möglich bleiben soll. Von ‚Unverständnishorizonten' auszugehen, scheint widersinnig. Anders gesagt: Es ist wenig plausibel anzunehmen, dass wir permanent *nichts* verstehen. Gleichwohl finden sich auch hier Sprechaktformen, die solche produktiv suspendierten oder ‚verrückten' Vorverständnisse anzeigen[.][389]

Solche Verständnishorizonte umfassen folglich sehr fundamentale Bereiche einer quasi-intuitiven Selbstverständlichkeit des Daseins, das sich im alltäglichen Raum orientiert und auf gewohnt-eingeübtes Handlungswissen versteht. Im Rahmen der frühneuzeitlichen Dialoge könnten damit rahmende Grundbedingungen der historischen Diskursformation gemeint sein, etwa: Lebensformen urban-bürgerlicher und humanistischer Gelehrtenkreise (Rollen *magister/discipulus, usus disputandi*), autoritative Textmodelle und -praktiken (Rhetorik, Dialektik) und poetische Leitkategorien etwa von *decorum* und *verosimilitudo* im Sinne der neuaristotelischen Dialogkonzeption. Negative Beirrungen dieses Grundverständnisses historischer Subjektivität sind in der Regel schwerwiegend für die inszenierte Argumentation, da sie den „Schein des alltäglich immer schon Verstandenhabens"[390] lösen und so fundamentale Formen der Vernunftkritik herausbilden, die die skeptische Tönung der Dialoge intensivieren. Sie können ein gemeinhin unbefragtes Weltverständnis betreffen, so wie in López de Vegas *Paradoxas racionales*, in denen der weltflüchtige Gelehrte die soziale Wirklichkeit der Hofkultur, das endoxale Meinungswissen und *decorum*-Normen sehr substanziell aufs Spiel setzt und damit den inszenierten Gesprächspartner nachhaltig verunsichert. Sie können aber auch das Selbstverständnis der *persona* betreffen, wie in Mexías *Coloquio del Porfiado*, in dem der exzentrische Meisterlehrer eigene psychische Grenzen verkennt und damit in seiner Integrität geschwächt wird: Hier versteht die *persona* nicht mehr, was sie tut, und kraft dieser Selbstverkennung werden letztlich implizite Rationalitätskriterien der Rede entfestigt. Mit der Äußerungsinstanz des zweifelhaften *magister* erscheinen dann auch die endoxalen Autoritätenmeinungen plötzlich als fallibles Wissen auf schwankendem Boden.[391]

Ein zweites Feld im anoetischen Raum öffnen die Nichtverstehensqualitäten, die sich noch am ehesten als negative Kehrseite herkömmlicher Verstehensdimensionen begreifen lassen und hier die technisch-psychologische Seite des Sprechaktes betreffen; auch sie führen zu Prozessen misslingender

389 Ebd., S. 85.

390 Ebd., S. 87.

391 Vgl. ebd., S. 85-87, zum Selbstunverständnis und der Nebenform des Selbstmissverständnisses weiter ebd., S. 75-79.

Kommunikation. Während das Ausdrucksunverständnis primär die akustische oder optische Deutlichkeit der Symbole betrifft, knüpft das Einfühlungsunverständnis an Überlegungen der klassischen Hermeneutik an, die das Verstehen in den Bereich seelischer Innenwirklichkeiten stellen.[392] Verstehen wäre demnach ein tendenziell kontingenter und subjektiver Vorgang der Empathie, bei dem eigene Erfahrungen auf den Anderen und dessen (Sprach-)Handlungen übertragen werden, die dann als nachvollziehbar erscheinen. Solches Einfühlungsverstehen wäre dann stets „selbstbeoachtungsaffine [...] Datenverknüpfung", die nur „in den Grenzen persönlicher Erfahrungshorizonte" angesiedelt sein kann; zugleich handelte es sich dabei immer schon um „fallible *Interpretationen* des beobachteten Verhaltens gemäß einem heuristischen Prinzip"[393]. Das Zusammenhangsunverständnis betrifft schließlich das begreifende Durchdringen von logischen Kausalverhältnissen, das zur richtigen eigenen Fortsetzung oder Schlussfolgerung führt; im Sinne Wittgensteins wäre diese Verstehensform ein richtiges Anwendenkönnen erkannter Prinzipien und Sätze.[394] In der poetischen Fiktion der Gesprächsmimesis können auch diese Nichtverstehensformen eigene negative Bedeutungsmomente hervorbringen, die auf die Sinnkohärenz der Propositionen zurückwirken. Während das Ausdrucksunverständnis oftmals Anlass zur Komik bietet, bildet das Einfühlungsunverständnis gerade in der Zeichnung der *persona* einen besonders aufschlussreichen Untersuchungsbereich: Mit dieser Kategorie überschreitet die Charakterisierung nämlich das üblicherweise flache Profil der Dialogfiguren, da nun subjektive Empathie und Sich-Einfühlen in den fremden Standpunkt eine psychologische Tiefendimension zumindest andeuten, dies wäre etwa beim Nachvollziehen fremder Erkrankungen im medizingeschichtlichen *Diálogo de la melancolía* von Pedro de Mercado der Fall. Das Zusammenhangsunverständnis gehört hingegen wieder stärker zu konventionellen didaktischen Inszenierungsformen, etwa wenn komplexe Doktrinen mit kausal verketteten Lehrsätzen erlernt werden sollen, wie dies unter anderem bei der aristotelischen Meteorologie der Fall ist. Es kann mangelnde intellektuelle Fähigkeiten des Schülers ebenso markieren wie diffizile Kompliziertheit und epistemische Überlastung.

Eine dritte anoetische Dimension öffnet sich dann mit den Nichtverstehensdispositionen, die das hermeneutische Erfassen von Zusammenhängen, Situationen und Relationen meinen, die nicht notwendig kausal

---

392 Zum Begriff des Einfühlungsverstehens in der theoriegeschichtlichen Linie zwischen Schleiermacher, Wundt, Dilthey und Abel vgl. ebd., S. 88.

393 Alle Zitate ebd.

394 Vgl. ebd., S. 87-89.

fundiert sein müssen, ebenso wie damit verbundene potenzielle Handlungsmöglichkeiten; hier ist „Verstehen ein Begriff für das Erfassen *dispositionaler*, weniger kausaler Verhältnisse“[395]. Unverständnis kann sich hier als ein Nichtverstehenkönnen äußern, wenn das Subjekt bestimmte Situationszusammenhänge oder Sachkonstellationen nicht sinnvoll auffassen kann. Nichtverstehensollen beträfe sodann „Rätsel, Codes und Geheimschriften“[396], die als exklusives Expertenwissen bewahrt werden, Nichtverstehenwollen schließlich ein gespieltes Nichtverstehen aus taktischen Gründen, etwa um innere Distanz anzuzeigen.[397] Anoetische Vorgänge aus dieser Kategorie finden sich gerne in Dialogen, deren Personal den archetypischen Rollen von *magister* und *discipulus* folgt, gerade hier kann es zu Momenten von Nichtverstehenkönnen kommen, wenn dem Schüler die richtige Anwendung komplexer Lehrsätze misslingt, oder auch zum Nichtverstehensollen, wenn nämlich der Lehrer tiefergehende Erläuterungen mit der Formel abwendet, solche Arkana seien nur den Experten vorbehalten. Mit der vierten Kategoriengruppe der Nichtverstehensmodi öffnet sich schließlich der Blick auf den meist fakultativen Charakter anoetischer Prozesse: Nichtverstehen *kann* sich ereignen, muss es aber nicht, es kann zufällig oder geradezu zwangsläufig eintreten, etwa wenn absurde bzw. im Kontext diskreditierte Meinungen vertreten werden, wie im paradoxen Enkomion. Auch hier ist in der Gesprächsmimesis der Bereich der Figureninszenierung betroffen, kennzeichnet es doch die Struktur der *persona*, ob sie einem nur möglichen Nichtverstehen unterliegt oder einem notwendigen, also beispielsweise sinnwidrige Aussagen oder logische Brüche richtig erkennt.[398]

Auch wenn Nichtwissen und Nichtverstehen nie vollständig klinisch voneinander getrennt werden können, lässt sich mit Blick auf die literarischen Dialoge der Renaissance doch eine Schwerpunktsetzung ausmachen. Während sich das Nichtwissen in den propositionalen Wissensaussagen auf der semantischen Ebene ereignet, nämlich als Unzulänglichkeit intentional geteilter Daten oder als randständiges Wissen fernab des ‚wahren‘ Leitdiskurses, betrifft das Nichtverstehen als subjektiver Erlebnisvollzug vor allem die pragmatische Kategorie der *persona*, in deren Äußerungen die hermeneutischen Prozesse greifbar werden. In Anlehnung an normalsprachliche Kommunikation würden Dialoge demnach immer auch einen variierenden Anteil an Formen des Nichtverstehens aus den vier Kategoriengruppen aufweisen, so dass sich

395 Ebd., S. 90.
396 Ebd., S. 94.
397 Vgl. ebd., S. 90-95.
398 Vgl. ebd., S. 95-99.

im synoptischen Abgleich konkreter Texte und Varietäten eine graduelle Modellierung des anoetischen Raums nachzeichnen lässt.

Mit Blick auf die besondere hybride Struktur der epistemisierten Fiktionalität von Dialogen, deren Gattungslogik sich aus instrumenteller Didaktik und literarischer Mimesis zusammensetzt, bleibt indessen zu bedenken, welchen funktionalen Status diese negativen Bedeutungsmomente in der historischen Poetik einnehmen konnten und wie das mögliche Irritationspotenzial für die verhandelte *episteme* zu bewerten ist. Wie bereits gezeigt werden konnte, handelt es sich bei den spanischen Dialogen des frühen 16. Jahrhunderts oft um flache Charaktere, die primär als Äußerungsinstanz von Meinungswissen auftreten und dabei nur geringe psychologische Komplexität entfalten. Ihr inszeniertes Unverständnis ist daher zunächst wohl Teil jener rhetorischen Manöver, die zur doktrinalen Didaxe mit ihrem Repertoire von Inszenierungsstrategien gehören:

> Ces personnages n'ont pas à proprement parler de caractère ou de psychologie: tout au plus quelques uns montrent-ils parfois une aptitude à la plaisanterie ou à la contradiction. L'aptitude à la plaisanterie répond au souci de l'auteur de divertir pour mieux instruire et l'aptitude à la contradiction justifie l'exposition complète d'une question rendue plausible par la manie d'un personnage. Ces caractéristiques de certains personnages sont une fonction rhétorique beaucoup plus qu'elles ne représentent un aspect psychologique du personnage.[399]

Das Hauptanliegen der Dialoge bleibt demnach in Anlehnung an konventionelle philologische Humanismusdeutungen die Vermittlung von Doktrin, so dass der positive Output im Vordergrund steht. Diesem würde sich auch die Rhetorik der negativen Bedeutungsmomente instrumentell unterordnen, spornen doch etwa Momente des Staunens oder Zögerns beim Schüler den Lehrer nur zu weiteren Erklärungen an und dienen so in dialektischer Umkehrung gerade der gelingenden Wissensaufnahme.

Eingedenk der erheblichen Differenzierung und Dynamisierung der Dialoggattung im Verlauf des 16. Jahrhunderts bedarf diese Einschätzung indessen einer doppelten Relativierung. Zum einen kennzeichnet die spanischen Renaissancegespräche in ihrer poetischen Struktur eine wachsende Indexikalisierung, auf die bereits eingegangen worden ist.[400] Diese betrifft auch den Ausbau der *persona* in stärker literarisch elaborierten Dialogen wie dem *Viaje de Turquía*, aber auch einigen enzyklopädischen Dialogen.[401] Auch wenn

399 Ferreras 1985, S. 1040-1041, ähnlich Gómez 1988, S. 63.

400 Vgl. erneut Gómez 1988, S. 52-63, vgl. Kapitel 2.1.5.

401 Ferreras nennt Gegenbeispiele zu den *flat characters*, die stärkere Porträtierung aufweisen (nämlich den *Viaje de Turquía*, Torquemadas *Coloquio pastoril* und die *Coloquios*

die relative Flachheit der dialogischen Figuren zwischen epistemischem Meinungsträger und rudimentärer Charakterisierung erhalten bleibt, sind diese *personae* offenkundig weit entfernt vom Schematismus archetypischer Rollenmodellen und entwickeln Ansätze einer Porträtierung, die dem artikulierten Nichtverständnis mehr Gewicht verleiht. Dazu passt eine zunehmend individuelle und flexible rhetorische Zeichnung der Figuren, die sich in der Anverwandlung unterschiedlicher Register und Konversationsformen äußert;[402] gerade hier vertieft das Unverständnis die Glaubwürdigkeit der Figur im Rahmen der historischen *verosimilitudo*-Poetik. Zum anderen hat wiederum Ferreras darauf hingewiesen, dass die epistemische Beirrung durch skeptische *dubia* in den Renaissancetexten zunehmend nicht mehr als didaktisches Nebengeräusch, sondern als Index tatsächlicher Erkenntniskritik und diskursiver Verunsicherung aufzufassen ist, wie gerade die Dialoge von Pedro Mexía belegen.[403] In produktiver Fortführung dieser Überlegung ließen sich dann neben dem *dubium* selbst eben auch weitere *figurae* in ein offenes Spektrum von Störmanövern einreihen, das auch das Unverständnis einbezieht: „l'exercice, qui consiste à mettre en doute une assertion, n'est pas un exercice de pure forme, comme dans la tradition médiévale."[404]

Die tatsächliche epistemische Beirrungskraft anoetischer Prozesse, ihre mögliche Rückwirkung auf oder skeptische Abtönung von propositionalen Wissensaussagen ist gewiss immer nur im Einzelfall zu ermessen und muss jeweils kontextsensitiv zur gesamten Inszenierungsstrategie und zum diskursiven Umfeld untersucht werden. Anders gesagt: Es ist manchmal nur ein haarfeiner Unterschied zwischen instrumenteller Rhetorik und epistemischer Tiefendimension, der aus der historischen Rückschau oft genug ambivalent bleibt und womöglich nur für ein historisches Bezugssozium genau zu entscheiden war, dessen Resonanzraum sich dem nachträglichen Zugriff entzieht. Mit diesen Einschränkungen lässt sich dann der folgende Grundriss eines vom Angelpunkt der *persona* abhängigen anoetischen Raums denken:

---

matrimoniales von Luján, vgl. Ferreras 1985, S. 1041-1043). Gleichwohl bleibt das Fazit eindeutig: „Toute comparaison avec l'art romanesque ne se justifie que superficiellement au niveau rhétorique" (ebd., S. 1043).

402 Vgl. Gómez 1988, S. 85.

403 Vgl. die Belege bei Ferreras 1985, S. 70-77.

404 Ebd., S. 73, vgl. ebd., S. 70-77. Die Hispanistin bezieht sich in der Passage auf den Ernst epistemischer Zweifel angesichts der Pluralisierung gedruckt verfügbarer Autoritätenschriften, die sich untereinander und dann auch der sinnlichen Erfahrung widersprechen. Die Bereitschaft der Dialogautoren, echte erkenntniskritische Beirrungen zu formulieren (also nicht nur instrumentelle Rhetorik zu gestalten), rückt neben den *dubia* unseres Erachtens auch andere kritizistische Figuren in den Blick, zu denen die Formen des Nichtverstehens rechnen können, die ähnliche Wirkungen ausfalten.

Dort, wo Unverständnisphänomene aus den vier Kategoriengruppen nicht nur archetypischen Rollenmodellen und schematischer Lehrrhetorik verpflichtet sind, ist das Potenzial einer epistemischen Störung gegeben, die im hermeneutischen Unverständnis der *persona* ihren Anfang hat und dann den Sinngehalt von Wissensaussagen affiziert, die als mehrdeutig, nicht einleuchtend oder sinnwidrig gekennzeichnet werden. Diese Verschattungen können eine Überlastung epistemischer Erkenntnismöglichkeiten anzeigen und damit skeptische Strömungen verstärken. Mit Rücksicht auf die eingangs genannte Leitunterscheidung zwischen persistenten und transitorischen anoetischen Prozessen kann dann gelten, dass anhaltendes Nichtverstehen in den Dialogen als offene *anoia* Ausdruck einer „fallible[n] Vernunft"[405] ist, auf ein Nochnichtverstehen (etwa in der Naturforschung) oder ein substanzielles Nichtverstehenkönnen hinweist; hier ist der skeptische Sprengsatz evident. Differenzierte Modellierungen ergeben sich in anderen Fällen, wenn Nichtverstehen in gelingendem Verstehen aufgehoben wird. Auch hier kann die vorübergehende Eintrübung des Verstehens als Relativierung epistemischer Aufschlusskraft erheblich nachwirken.

2.3.5 *Historischer Kontext II: Skeptische Prozeduren der Entfestigung*

Im Anschluss an unsere Ausführungen zur besonderen Gattungslogik des Dialogs als Wissensfiktion, die in ihrer hybriden Form sowohl poetische Modifizierung als auch Kommentierung von Wissen ermöglicht, soll der theoretische Zusammenhang noch auf einen weiteren diskursgeschichtlichen Horizont der Renaissance bezogen werden, nämlich auf die literarische Skepsis. Ausgehend von der Frage nach einer intrinsischen Affinität zwischen dem prozesshaft-perspektivischen Gespräch und der erkenntniskritischen Geste des Zweifelns sollen dabei drei Bereiche entwickelt werden: eine historisch-ästhetische Sichtweise, die die mögliche funktionale Konvergenz von fiktionalen Texten und skeptischem Denken postuliert, ein rezeptionsgeschichtlicher Zugang, der die Kenntnisnahme skeptischer Hauptschriften in der spanischen Renaissance verfolgt, sowie zuletzt eine poetologische Perspektive, die als skeptisch wahrnehmbare oder konnotierte Textverfahren in den Dialogen analysiert.

Skeptische Phantasie in der Renaissance

Folgt man Verena Olejniczak Lobsiens 1999 vorgelegter Studie zur skeptischen Phantasie in der frühneuzeitlichen Literatur so sind poetische Texte des

405 Westerkamp 2014, S. 99.

16. Jahrhunderts ihrer Tendenz nach ‚strukturell skeptisch' geprägt.[406] Während dieses Zeitraums kommt es, so die Leitthese, nicht nur zu einer ersten Rezeption des antiken Haupttextes von Sextus Empiricus, vielmehr übernehmen zunehmend auch fiktionale Texte die Funktion eines kritischen Zweifels, der traditionell im Modus des erkenntniskritischen Denkens pyrrhonischer oder akademischer Herkunft verankert ist. Eine zentrale Rolle spielt in diesem Zusammenhang eines skeptisch aufgefassten Literarischen dessen geminderte Abhängigkeit von politischen und theologischen Leitautoritäten, die Herauslösung aus funktionalen und didaktischen Bezügen, wie sie unter anderem Karl Kohut für den Ausklang des spanischen Mittelalters beschrieben hat.[407] Literatur der Renaissance vermag mit ihren Möglichkeiten der Dynamisierung, Alterierung und Verfremdung von Weltmodellen historisches Aussagewissen zu dezentrieren und zu kritisieren, in einen Modus epistemischer Schwebe zu setzen und dabei zugleich den Rezipienten in eine distanzierte Beobachterrolle zu rücken. In dieser fragenden Grundhaltung, mit der sie philosophischen, theologischen oder empirischen Diskursen begegnet und diese zur Diskussion stellt, übernimmt die Literatur in Struktur und Wirkung eben jene Funktionen, die originär dem skeptischen Denken antiker Herkunft zukommen. Ähnlich wie die skeptische Argumentationspraxis häufig gegenläufige Positionen konstruiert und inszeniert, in denen gleich starke Standpunkte personifiziert werden, inszenieren auch fiktionale Texte – namentlich Dramen, aber auch Dialoge – ein „Meinungsspiel"[408], das die „Interaktion der Ideologeme"[409] performativ durchspielt. So entsteht im Zeichen einer zunehmend eigenständig operierenden Imagination in der Renaissance die „Geburt der Literatur aus dem Geist der Skepsis"[410], wie der Rezensionsaufsatz von Andreas Mahler vermerkt. Die Literatur dieser Periode muss dabei gewiss nicht stets explizit erkenntniskritisch auftreten oder totalen Zweifel formulieren, sie verwendet

406 Vgl. Olejniczak Lobsien 1999, S. 48, vgl. zu den folgenden Ausführungen ebd., S. 9-48, dazu die späte Rezension von Mahler (2008). Die umfangreiche Untersuchung widmet sich primär englischen Autorinnen und Autoren (Burton, Herbert, Milton, Marvell, Cavendish, Behn, Conway), enthält aber auch Kapitel zu Cusanus, Montaigne und Cervantes, so dass implizit der Anspruch auf übergreifende Aussagen zur Renaissance-Literatur aufgebaut wird, die hier – so der Untertitel – als „andere Geschichte der frühneuzeitlichen Literatur" erzählt werden soll, womöglich als gleichsam verdrängte subversive Strömung zu eher wissensoptimistischen Tendenzen etwa des humanistischen Bildungsgedankens. Immerhin ist Skepsis „die andere Philosophie" (ebd., S. 7), sie fördert in ihrer kritischen Hinsichtnahme auf Welt aber auch ein „frühneuzeitliche[s] Anderssehen" (ebd., S. 8).

407 Vgl. Kohut 1978.

408 Zum Begriff in anderem Zusammenhang Hempfer 2002[b], S. 26-29.

409 Olejniczak Lobsien 1999, S. 45, vgl. ebd., S. 44-46.

410 Mahler 2008, S. 119.

aber regelmäßig textuelle Verfahren, die potenziell skeptizistische Wirkungen hervorrufen.

Das Erbe der antiken Genealogien pyrrhonischer und akademischer Herkunft sieht die Anglistin im Rahmen ihrer These folglich zunächst in einer metakritischen Grundhaltung, die mit rhetorischen Prozeduren der Befragung welterklärende Dogmen, Diskurse und Positionen als relativ widerlegt und sich dann von ihnen distanziert. Durch diese Abstandnahme in eine mit Blumenberg als „Weltzuschauer“[411] bezeichnete Rolle öffnet sich ein neuer Reflexionsraum, der die kontemplativ-suchende Hinsichtnahme auf die Situation gestattet. Skeptisches Denken erscheint in Olejniczak Lobsiens Rekonstruktion daher wesentlich geprägt durch einen „Meta-Charakter“[412], der sich – und darin wäre die Nähe zur Literatur gegeben – in erster Linie zu schon bestehenden Aussagekontexten verhält und sie in ein neues Blickverhältnis einrückt, ohne damit bereits inhaltliche Entscheidungen vorzugeben. In diesem Prozess der „sekundäre[n] Modellierung von Erkenntnis und ‚Leben‘“[413] im Zeichen der suchenden Grundhaltung sieht die Anglistin eine wesentliche „Homologie von Skepsis und Literatur“[414]. Diese Parallele scheint dann gerade das 16. Jahrhundert prägnant hervorzukehren, denn in einer formativen Phase der Verunsicherung etablierter Autoritäten und Gewissheiten können literarische Texte ihren reflexiven Spielraum besonders stark dazu nutzen, kulturelle Unsicherheit poetisch auszuagieren. Dafür lagern sich die Texte gleichsam ‚parasitär‘ an historische Diskurse philosophischer, theologischer oder wissenschaftlicher Prägung an, können sie im produktiven Freiraum des literarischen Modus verformen und kraft der Imagination alternative Wirklichkeitsmodelle erproben bzw. diese der historischen Realität entgegenhalten. Abgelöst aus ihrem ursprünglichen pragmatischen Verwendungskontext erscheinen die Objekte im fiktiven Spielraum verfremdet, und dies ermöglicht dann den

> Augenblick eines Umspringens der Optik von einer intentionalen bzw. pragmatischen Ausrichtung, die mit einem ‚Wiedererkennen‘ der Dinge zufrieden ist, zu einem ‚Sehen‘ – in eben der Doppeldeutigkeit zwischen Bewußtwerden des Wahrnehmungsprozesses und einem Sehen der Dinge ‚wie zum ersten Mal‘, in der dieses Theorem spielt. Indem die Kunst die Dinge ihrer vertrauten Funktionen entkleidet, schafft sie Raum für einen neuen Blick auf die Welt.[415]

411 Olejniczak Lobsien 1999, S. 23, vgl. ebd., S. 23-24.

412 Ebd., S. 10, 49.

413 Ebd., S. 10, vgl. ebd., S. 44-45.

414 Ebd., S. 10.

415 Ebd., S. 46.

Literarische Skepsis der Renaissance bedeutet damit, so Olejniczak Lobsien, ein Überführen von historischen Wissensdiskursen in den verfremdend-distanzierenden Spielraum der literarischen Texte, die ihrer Funktion nach ‚strukturell skeptisch' agieren, indem sie in alternativen Welten offene Prozesse der Befragung und Abwandlung inszenieren und daraus ihr ästhetisches Potenzial schöpfen, anders gesagt: „aus den theologischen und philosophischen Texten emergiert eine frühmoderne ‚Ästhetik'"[416]. Für das Verständnis der genauen sprachlichen Verfahren ist ein Blick in die historischen Voraussetzungen des epistemologischen Relativismus erforderlich.

Als greifbares Zeugnis der frühneuzeitlichen Rezeption skeptischen Denkens und der entsprechenden Strukturen, die die Anglistin in den literarischen Texten abgebildet sieht, fungiert zunächst die lateinische Übersetzung der *Pyrrhonischen Hypotyposen* des Sextus Empiricus, die 1562 bei Henri Estienne in Paris erschienen war. Die verzweigte Genealogie der philosophischen Skepsis, auf die hier nur in wenigen Hinweisen eingegangen werden kann, stützt sich auf eine vergleichsweise prekäre Textgrundlage.[417] Mit der genannten französischen Ausgabe wird der *Grundriss der pyrrhonischen Skepsis* zugänglich gemacht, den der römische Mediziner Sextus Empiricus (ca. 150-220 n. Chr.) vorgelegt hatte und der die antiken Grundlagen bei Pyrrhon von Elis (365/360-275/270 v. Chr.) darlegt, von dem selbst keine schriftlichen Zeugnisse überliefert sind, allerdings ein umfangreiches Anekdotenwissen von seiner ebenso exzentrischen wie irritierenden Lebensform. Zentral für diese frühe pyrrhonische Ausprägung, wie sie von Sextus dargestellt wird, ist die antidogmatische Ausrichtung des Denkens, die philosophische Gewissheiten und die Möglichkeit der Wahrheitsfindung nicht radikal ausschließt, wohl aber konsequent bezweifelt, wobei sich erkenntniskritische und lebensethische Elemente vermischen. Angesichts widerstreitender Argumente (Diaphonie), die aber von ausgeglichener Wertigkeit sind (Isosthenie), entstehen Momente der Unentscheidbarkeit, der epistemischen Schwebe, in denen begründete Parteinahme nicht mehr möglich und daher Urteilsenthaltung (Epoché) angeraten ist. Dies wird jedoch nicht negativ gedeutet, sondern als Anlass der Seelenruhe (Ataraxie) positiv sanktioniert. Gleichzeitig wird durch ein Abrücken ein alteritärer Raum des Beobachters geöffnet, der ein neues Sehen auf den Widerstreit der Argumente ermöglicht; der Pyrrhoneer löst die Dinge aus ihrer unmittelbaren Pragmatik und „bewältigt […] den inneren

416 Mahler 2008, S. 122.

417 Vgl. die ausführlichen Darstellungen bei Olejniczak Lobsien 1999, S. 9-48; daneben Schmitt 1972; Popkin 1979; Long 1995, Sp. 938-974.

Dissens durch Distanzierung"[418]. Während die pyrrhonische Variante Wahrheitsfindung indes noch theoretisch für möglich hält und daher als Bewegung der Suche erscheint, schließt die chronologisch nachfolgende Ausprägung der Skepsis in Form der Jüngeren platonischen Akademie Erkenntnismöglichkeit grundsätzlich aus, als „negativer Dogmatismus"[419], für den Karneades und Arkesilaos einstehen.[420] Sowohl die pyrrhonische als auch die akademische Skepsis bedienen sich jedoch innerhalb der Argumentationspraxis bestimmter diskursiver Techniken, die auf die Herstellung der skeptischen Schwebe abzielen, nämlich eine Reihe von Tropen, rhetorischen Strategien also, die inhaltlichen Positionen stets neue und gegenstrebige Facetten abgewinnen und sie auf diese Weise abwehren können; hier tritt die Skepsis in die Nähe zu sophistischen Traditionen. Sie relativieren dogmatische Ansichten etwa durch die Rückführung auf äußere Bedingungen, den Sprecher, auf Unterschiede zwischen dem Einzelnen und dem Besonderen und ähnliches mehr, wobei die Relativität selbst als „Schlüsseltropus"[421] obenansteht. Dieser Umstand legt endgültig offen, dass das skeptische Denken selbst eigentlich keine inhaltliche Position enthält, sondern lediglich eine Haltung und ein Repertoire von Prozeduren der Entfestigung, anders gesagt: „die pyrrhonische Relativität ist bloße Struktur ohne Substanz; eine Art Leere im Zentrum des Denkens."[422] Ein zentrales Erbe dieser Argumentationstechnik bleibt indessen gerade das Debattieren *in utramque partem*, das wiederum über die ciceronianische Linie in die Frühe Neuzeit vermittelt wurde und so für die literarischen Dialoge bedeutsam geworden ist.[423]

---

418 Olejniczak Lobsien 1999, S. 20.

419 Ebd., S. 14.

420 Vgl. ebd., S. 11-24. Diese akademische Version der Skepsis ist für die Renaissance insofern besonders relevant geworden, als sie in Ciceros fragmentarischem Dialog *Academica* (45 v. Chr.) eine ausführlichere Würdigung erfährt und dort von den *personae* thematisch rekonstruiert wird, vgl. Cicero 1990, S. 305-309. Dieser Dialog wird insbesondere in der italienischen Renaissance aufgenommen, so bereits bei Petrarca, später im Florentiner Bürgerhumanismus bei Salutati und schließlich seit den dreißiger Jahren des 16. Jahrhundert in zunehmend zahlreicheren Kommentaren. Es folgt eine ausgeprägte Rezeption in Frankreich, eine vereinzelte und späte Wahrnehmung in Spanien. Im Gegensatz zu anderen Schriften Ciceros wird die *Academica* erst relativ spät in den Kernbestand des literarischen Kanons aufgenommen, gleichwohl konnte über diesen Dialog die skeptische Tradition immerhin auch vor der Estienne-Ausgabe von 1562 bekannt werden, vgl. Schmitt 1972, S. 43-77.

421 Olejniczak Lobsien 1999, S. 27.

422 Ebd., vgl. ebd., S. 24-31.

423 Ebd., S. 38-39.

Dialoge als Ort der Skepsis I: historische Situation und Forschungskontroverse

Kaum ein anderes Genre im literarischen Formenspektrum der Renaissance löst nun, so möchte man intuitiv meinen, die von Olejniczak Lobsien dargelegte Affinität zwischen skeptischem Denken und fiktionaler Repräsentation so genau ein wie die Dialoge. Dienen sie doch, wie bereits dargelegt, keineswegs bloß der didaktischen Materialisierung, dem Import und der Verarbeitung von kulturell archiviertem Wissen, vielmehr enthalten sie im schützenden Rahmen der Fiktion auch eine Art von mitinszenierter Reflexion zum Diskurswissen; sie zeigen Revisionen der historischen Wissensordnung und stellen deren Behauptungen im wahrsten Sinne des Wortes zur Diskussion, vertrauen sie den fiktionalen *personae* an. Dass dieser Prozess der kritischen Metakommentierung ausgerechnet im Dialog stattfindet, könnte mit der Nähe dieses Genremusters zu skeptischen Argumentationsszenarien und tropischen Strategien zusammenhängen, die in der Renaissance aktualisiert werden und sich als Prozeduren der Entfestigung im dialogischen Gespräch besonders gut inszenieren lassen, um dort fragende und forschende Bewegungen hervorzutreiben. Diese naheliegende Affinität zwischen Dialog und Skepsis bzw. die Übertragbarkeit von Olejniczak Lobsiens theoretischen Überlegungen auf den spanischen Renaissancedialog in seinem spezifischen Gattungsprofil gilt es daher näher zu überprüfen.

Dass sich Spanien auch vor der immer wieder als Zäsurmonument dargestellten Abhandlung *Quod nihil scitur* (1581) von Francisco Sánchez skeptischen Tendenzen geöffnet hat, und zwar – ganz im Sinne Olejniczak Lobsiens – weniger im Modus expliziter philosophischer Reflexion, sondern vielmehr in literarischen Spielräumen, ist zuletzt vor allem in den Arbeiten von Robbins und Muratta Bunsen vertreten worden.[424] Gerade die imaginative Radikalität der poetischen Praxis stelle hier einen möglichen Ort der Befragung von epistemischen Gewissheiten dar, so dass sich stereotype Vorstellungen einer gegenreformatorischen, konservativen Signatur nicht halten ließen.

> Due to its more militant orthodoxy, Spain is often depicted as being entirely backward as regards the development of modern science and philosophy which gradually emerged in the seventeenth century. Such a view is a travesty of the truth, since of all European countries in early modern Europe, it was Spain that confronted most insistently the issues regarding knowledge and perception which lay at the heart of intellectual developments elsewhere in the continent. The difference lies in the fact that Spain confronted these issues primarily via works of fiction. So obsessive are the questions of appearance and reality,

424 Vgl. Robbins 1998, Muratta Bunsen 2016.

> of deceit and disillusionment, in Spanish Baroque fiction that such fiction can justifiably be viewed as Spain's major and distinctive contribution to the early-modern preoccupation with knowledge.[425]

Zwei Erscheinungsformen skeptischen Denkens kann Muratta Bunsen unter Bezug auf die hier zitierte Belegstelle bei Robbins in der spanischen Renaissance aufweisen: einerseits eine materielle Rezeption der Hauptschriften von Sextus Empiricus, der die skeptische Genealogie antiker Prägung rekonstruiert, andererseits eine eher inferentielle oder diffuse Rezeption in Form von skeptisch wahrnehmbaren Argumentationsformen und Figuren des substanziellen Zweifels. Für den ersten Bereich verweist Muratta Bunsen auf neuere Ergebnisse, denen zufolge die Wiederentdeckung der antiken Skepsis nicht erst 1562 mit Estiennes Sextus-Übersetzung einsetzt, wie Popkin und Schmitt angenommen hatten, sondern bereits deutlich früher, wenn auch in verstreuten und isolierten Quellen. Die aufgeführten Textdokumente sind rar und dürften kaum größere Rezeptionseffekte entfaltet haben: Zu nennen ist eine mittelalterliche Übersetzung aus dem 13. Jahrhundert, die in Manuskripten in Venedig, Paris und Madrid erhalten geblieben war; um 1549 kündigt der Humanist Juan Páez de Castro eine Übersetzung an, die auf einer aus Rom importierten Kopie beruhen sollte; schließlich sind die 1596 entstandenen und erst mit Verzögerung erschienenen Kommentare zu Ciceros *Academica* von Pedro de Valencia zu nennen, die mit einer christlichen Einrahmung abschließen. Gleichwohl gilt gerade diese Schrift, also Valencias *Academica, sive de iudicio ergo verum ex ipsis primis fontibus*, etwa für Schmitt als Indiz einer endgültigen Aufnahme des ciceronianischen Werks in den kulturellen Kanon des 16. Jahrhunderts.[426] Neben diesen expliziten Rezeptionen tritt dann ein zweiter Bereich in den Blick, nämlich „un ambiente de salvajes discusiones escépticas tributarias de la tradición discursiva de la duda“[427]. Hierbei geht es weniger um eine Präsenz des skeptischen Erbes im starken Sinne von Übersetzungen oder Kommentaren zur antiken Hauptschrift, sondern eher um ein Repertoire textueller Verfahren und Strategien, die aus der skeptischen Überlieferung stammen oder diesen verwandt sind und die in der Regel auf eine

425 Robbins 1998, S. 41, vgl. Muratta Bunsen 2016, S. 31-32.

426 Vgl. Schmitt 1972, S. 74-77, hier S. 77; Muratta Bunsen 2016, S. 30-33. Neben Cicero können dann auch andere Vermittlerfiguren ins Spiel gebracht werden, so wie Augustin (*Contra academicos*), Diogenes Laertios, Gianfrancesco Pico della Mirandola (*Examen vanitatis doctrinae gentium*), daneben Passagen bei Erasmus oder Agrippa von Nettesheim, vgl. zur ‚Wiederentdeckung' des Skeptizismus in der Renaissance kurz Eisele 2007, Sp. 935-936, für den spanischen Raum dann Ocasar 2004; Muratta Bunsen 2016, S. 19-138.

427 Muratta Bunsen 2016, S. 30.

Entfestigung geschlossener Sinngebäude abzielen, auf die Beirrung von Lehrmeinungen und Weltmodellen. Den Kern dieser Manöver sieht Muratta Bunsen in der „esencia dubitativa“[428], die im Sinne der pyrrhonischen Isosthenie immer dann greifbar ist, wenn zwei Aussagen gleichermaßen gültig erscheinen und so zu Unentscheidbarkeit, Distanznahme und Urteilsenthaltung führen. Die Materialisierung dieser aporetischen ‚Essenz des Zweifels‘ verfolgt Muratta Bunsen dann innerhalb der spanischen Renaissance auf drei unterschiedlichen Ebenen, die vor allem aus analytischen und darstellungslogischen Gründen getrennt werden, tatsächlich aber oftmals ineinandergreifen können: praktische Zweifel als Entscheidungsbias im konkreten Handeln (lebensweltliche Ebene), Zweifel als Ausdruck erkenntniskritischer Spekulation (philosophischer Diskurs) und Zweifel als Gegenstand fiktionaler Inszenierungen (literarischer Diskurs). Gemeint ist mit dieser letzten Ebene ganz allgemein die „exploración estética de la duda especulativa en obras literarias“[429], die dann in kurzen Skizzen für zahlreiche Autoren der Renaissance konkretisiert wird, wobei ein kursorischer Bogen von der *Celestina* bis zum *Quijote* gespannt ist. Ein kleines Subkapitel ist dabei auch einem Beispiel aus der Dialoggattung gewidmet, ohne dass die generischen Besonderheiten dieser Texte näher berücksichtigt würde, um die es uns aber im Folgenden gehen soll.

In der Dialogforschung selbst ist die mögliche skeptische Signatur des Genres für die spanische Renaissance kontrovers beurteilt worden. In der großen Studie von Jacqueline Ferreras aus dem Jahr 1985 gilt die Gattung des Dialogs bekanntlich als privilegiertes Medium der Verhandlung frühneuzeitlicher Wissensdiskurse, wobei sich in der Diachronie der einzelnen Werke eine Emanzipation des autonomen rationalen Subjekts abzeichne, das zunehmend von autoritativen Leitinstanzen abgelöst und von kritisch-skeptischer Reflexion bestimmt sei.[430] Wie in einem Brennglas spiegelten die literarischen Dialoge diese zunehmend selbstbewusste Haltung wider. Auf dem Boden dieser These entwickelt Ferreras dann in ihrem Schlusskapitel „Les tendances (du Dialogue fermé au Dialogue ouvert)“[431] eine Skala epistemischer Öffnungsgrade, in die die einzelnen Gesprächsfiktionen einsortiert werden können; zentrale Kriterien bilden dabei die individuelle Charakterisierung der *persona* (archetypische oder stärker indexikalisierte Figuren) sowie die Dialogizität im Sinne frequenter semantischer Richtungswechsel (im Gegensatz zu doktrinalen Monologen). Die Skala reicht so vom katechetischen

428 Ebd., vgl. ebd., S. 19-23.
429 Ebd., S. 89.
430 Vgl. das Kapitel zum „pré-rationalisme“ in Ferreras 1985, S. 48-134.
431 Vgl. ebd., S. 1058-1075.

„Dialogue ‚fermé' qui ne comporte aucune discussion"[432], über ‚geschlossene' Dialoge mit scheinbarer oder authentischer Diskussion, dem ‚geschlossenen' Dialog mit einzelnen Aporien bis hin zum literarisch meist elaborierteren „Dialogue sceptique ou Dialogue ‚ouvert', dans lequel la discussion a ouvert des portes à la réflexion du lecteur, sans qu'aucun parti ne soit pris par l'auteur, à travers les personnages"[433]. Die Emergenz dieser skeptischen Dialoge führt die Hispanistin historisch in sehr vager Form auf den Einfluss Ciceros zurück, wohl an die *Academica* oder Passagen aus *De oratore*, neben diesen sprachlich-rhetorischen Genealogien kommt schließlich die neue Naturwissenschaft des Paduaner Aristotelismus hinzu.

> La conscience d'une insurmontable contradiction et l'attitude de doute, synonyme d'impuissance, qui en résulte, nous semblent caractéristiques d'un comportement spécifiquement renaissant, infiniment plus proche de l'esprit de Padoue que d'Érasme. Nous sommes tentée de voir dans ce courant sceptique une manifestation péninsulaire, qui puise ses racines chez Cicéron et se rattache souterrainement aux inquiétudes rationalistes des pays voisins.[434]

Auch wenn Jacqueline Ferreras innerhalb ihrer progressiven Systematik noch die vergleichsweise hohe Anzahl an eher schulmäßigen und literarisch konventionellen Dialogen im spanischen 16. Jahrhundert zugesteht, gelten ihr doch die von ihr als skeptisch bezeichneten Autoren als markierte Figuren und eigentliche Vollender einer in der Gattungslogik angelegten Pluralisierungsdynamik.[435] Dialoge dieser Verfassergruppe lassen sich nämlich besonders stark auf die Figur des Zweifels ein, wie in einer lexikalischen Analyse des historischen Textkorpus dargelegt wird. Zum einen formulieren die Figuren innerhalb des inszenierten Gesprächs Unverständnis oder Zweifel an vorgetragenen Meinungen, hierauf ist in unseren Ausführungen zur negativen Hermeneutik bereits eingegangen worden. Dabei sind etwa Zweifel und Widerstreit überraschend oft positiv konnotiert, dienen sie doch der produktiven Gewinnung und Sicherung von Meinungen und Erkenntnissen. Zweifel und Streit finden sich so in einzelnen Figurenreden aus Mexías Dialogzyklus als Lobwort, wenig überraschend etwa im *Coloquio del Porfiado*: „no es más la disputa y porfía que tener uno una opinión, y otro la contraria, y otro altercar

---

432 Ebd., S. 1058.

433 Ebd., S. 1059.

434 Ebd., S. 1073, vgl. ebd., S. 1072-1075.

435 Neben Mexía und Mercado werden hier Villalón und insbesondere Torquemada genannt, vgl. ebd., S. 52-77, zur Skepsis beim letztgenannten Autor ausführlicher Malpartida Tirado 2004.

sobre ella, sin lo qual, no puede aver exercicio de letras ni de sciencias"[436]. In diesem semantischen Umfeld kann das Verb *dudar* auch die intellektuelle Spannkraft der Sprecher bezeichnen, im Sinne eines spitzfindigen Aufspürens logischer Inkonsistenzen in der Gedankenführung des rhetorischen Gegners. So äußert der Magister Antonino sich etwa ironisch-anerkennend gegenüber Petronios Fragen im *Diálogo de la Tierra*: „Nunca pensé que tambien supiérades dudar"[437]. Gleichzeitig betont Ferreras, dass auch dieses kluge, mehr taktische Zweifeln in den Dialogen der spanischen Renaissance zunehmend den Bereich rhetorischer Übung überschreitet und als Hinweis auf tatsächliche epistemische Aporien gelesen werden kann:

> Ces incertitudes prouvent bien que l'exercice, qui consiste à mettre en doute une assertion, n'est pas un exercice de pure forme, comme dans la tradition médiévale. C'est un doute profond qui s'empare des esprits, qui ont des preuves des ignorances et des erreurs des auteurs antiques, de sorte qu'ils se trouvent amenés à généraliser leur suspicion, et à remettre en question une grande partie du savoir antique, suspicion que ne peut que redoubler la quantité de textes que l'imprimerie, pour la première fois dans l'Histoire, met à la disposition de tous les lettrés. Doute quant aux ‚vérités' héritées, que ne compensent pas les nouvelles découvertes: celles-ci accentueraient plus tôt le malaise mental, inhérent à la formidable remise en question du monde qui est en cours souterrainement, et la conscience que, de leur ignorance, ont les auteurs de Dialogues.[438]

Zu diesem eher forschend-fragenden als affirmativen Gattungsverständnis passt, dass Dialoge auch von den zeitgenössischen Autoren selbst oft als Reflexionsort von unsicherem Wissen und als Möglichkeit der Darstellung epistemischer *incerta* begriffen wurden, wie Ferreras bereits andeutet. Dem Ausfall autoritativer Wahrheitsurteile entspricht dann auch ein zweifelnd-forschender Umgang durch die Argumentationsgemeinschaft im schützenden Rahmen des fiktionalen Genres: *dubia* und *incerta* sind der eigentlich adäquate Redegegenstand von Dialogen, die so eine Metakritik zur faktualen Wissensordnung abbilden. Deutlich wird dies bereits an Einlassungen der zeitgenössischen Dialogautoren selbst, die die dialogische Praxis des Hin und Her als forschende Kunst des Zweifelns beschreiben. In Juan de Jaravas bereits erwähnten *Problemas y preguntas problemáticas* (1544) heißt es, dass „no se han de tratar sino cosas de las cuales con razón se puede dudar algo"[439]. Fehlende Gewissheit bildet folglich den eigentlichen Ausgangspunkt von Dialogen.

436 Mexía 2004, S. 425, vgl. Ferreras 1985, S. 70.
437 Mexía 2004, S. 479, vgl. Ferreras 1985, S. 71.
438 Ferreras 1985, S. 73, vgl. ebd., S. 70-77.
439 *Apud* ebd., S. 74.

Diese enthalten dabei zwar meist keine starke skeptische Teilproposition, in der eine radikale Erkenntnisaporie formuliert würde,[440] allerdings wird durch die dialogische Pluralisierung der Standpunkte und ihre experimentelle Diskussion insgesamt einer Entfestigung von Wissen zugearbeitet, die den Horizont der kritischen Erkenntnistheorie aufruft.

Die diametral entgegengesetzte Auffassung formuliert, wie ebenfalls bereits ausgeführt wurde, Jesús Gómez, der die einsinnige Abbildung einer erheblichen Fülle in sich stark diverser Texte auf das Leitmodell moderner Subjektivität ablehnt und die Überzahl didaktischer Schulgespräche gegenüber den wenigen, sozusagen atypischen skeptischen Textexemplaren betont: „El diálogo que predomina en el Renacimiento español es un instrumento dogmático y no es posible, por tanto, establecer una ecuación global entre el Renacimiento y el diálogo apoyada en una determinada ‚cosmovisión ideológica' fundamentalmente racionalista o empírica."[441] Gleichwohl werden auch bei Gómez letztlich konventionellere Dialoge dogmatischer Prägung von avancierteren Ausprägungen getrennt, wobei diesmal eher poetische Techniken der Indexikalisierung und der semantischen Komplexität entscheidend werden. Gegenüber dem mittelalterlich tradierten Lehrer-Schüler-Gespräch des *diálogo doctrinal* fördern der sogenannte *diálogo polémico* und der *diálogo circunstancial* als Erneuerungen der Renaissance solche Gesprächsfiktionen, in denen die individuellen Charaktere der *personae* und die raumzeitlichen Bedingungen des diegetischen Universums wichtige Anhaltspunkte für den thematischen Impuls und die konkrete Entwicklung der Unterhaltung bilden.[442] Anders als Ferreras betont Gómez bei diesen potenziell kontrovers geführten Dialogen aber weniger die Fälle agonaler Meinungsvielfalt oder Erkenntnisaporie (*diálogo polémico*), sondern das Moment produktiver Kooperation der Gesprächsteilnehmer, die auf eine gemeinsame Erschließung von Wissen hinarbeiten (*diálogo circunstancial*).[443]

Dialoge als Ort der Skepsis II: sprachlich-ästhetische Verfahren

Eine differenzierende Abwägung könnte demnach lauten: Literarische Dialoge partizipieren offenbar an einer wahrnehmbaren skeptischen Strömung in der

---

440 Eine offene Diskussion skeptischer Gedanken innerhalb von Dialogen findet erst nach 1550 statt, namentlich im Werk des französischen Humanisten Guy de Brués, vgl. Santamaría 1990, S. 22-25.

441 Gómez 1988, S. 215-216, vgl. ebd., S. 177-178, ähnlich Castro Díaz 2004, S. 36-37.

442 Vgl. Gómez 1988, S. 215.

443 Vgl. zur Beschreibung dieser Grundtypen Gómez 1988, S. 53-56, 199-216, zur Kritik an Ferreras' Abbildung fiktionaler Renaissancedialoge auf rationalistische Strömungen vgl. ebd., S. 178-179 und *passim*.

Renaissance, ohne jedoch in ihrer ausgeprägten formalen und thematischen Diversität einsinnig auf diese Strömung abgebildet werden zu können. Einen wertvollen Impuls zu dieser diffizilen Stellung der Gesprächsfiktionen bietet der kurze Aufsatz von José Luis Ocasar, der sich vom ideologischen Unterbau bei Ferreras trennt und stattdessen ganz auf die Beschreibung jener diskursiven Verfahren in den Dialogen konzentriert, die koextensiv zu den textuellen Strategien der antiken Skeptiker sind und so wieder zu den eingangs gezeigten Überlegungen Olejniczak Lobsiens zurückführen. Der konkrete Nachweis dieser Strategien würde somit Murattas Intention bestätigen, dass es auch schon vor 1562 zu einer verstreuten und diffusen Rezeption skeptischer Positionen und Manöver kommt, für die womöglich gerade die Dialoge ein besonders geeignetes Format darstellen: Offenbar gibt es eine „posibilidad de asentar la presencia de un influjo literario del escepticismo en los coloquios españoles del Renacimiento español, sugiriendo las vías formales en las que puede rastrearse."[444] Die Ausführungen Ocasars führen demnach noch einmal zu Jacqueline Ferreras' Gedanken einer strukturellen Affinität und geschichtlichen Gleichzeitigkeit von Dialog und Skepsis in der Renaissance zurück, bleiben aber ganz auf die poetische Struktur der Texte selbst bezogen. Innerhalb der besonderen Gattungslogik der Dialoge können hier einige Bauformen und Konventionen aufgezeigt werden, die ihrer Tendenz nach erkenntniskritisch angelegt sind, oder sich doch besonders günstig im Sinne skeptischer Positionen ausgestalten lassen. Sichtbar wird so bei Ocasar ein ganzes Repertoire von Prozeduren der Entfestigung, die auf die Erosion geschlossener Lehrmeinungen und -systeme abzielen können und so begünstigen, dass Dialoge als Medium einer kritischen Befragung der historischen Wissensordnung fungieren.

Zu nennen wäre eingangs ein sehr grundsätzlicher pragmatischer Konstruktionsaspekt, der bei Ocasar nicht berücksichtigt wird, womöglich weil er sich nicht direkt aus den antiken Diskussionen herleiten lässt. Indem die Sprechsituation von Dialogen auf einem multiperspektivischen Wechsel von Stimmen und Meinungen beruht, die im Gesprächsverlauf alternieren, erschwert sie tendenziell eine homogene Bedeutungseinheit und begünstigt die Unterdrückung einer auktorialen Urteilssprechung. Klaus W. Hempfer hat dieses gattungsspezifische Merkmal als die „Polyperspektivik von Dialogen"[445] beschrieben, die im sukzessiven Replikenwechsel verschiedene Auch-Wahrheiten aufzeigt, diese an individuelle *personae* bindet und so als Meinung eines Einzelnen markiert, selbst wenn diese an kulturelle Wissensbestände

444 Ocasar 2004, S. 1379.

445 Hempfer 2002[b], S. 20, vgl. ebd., S. 19-22.

oder Autoritäten zurückgebunden werden kann. Zugleich bleibt der *auctor absconditus* als bloßer Arrangeur der mehrstimmigen Debatte im Hintergrund und zieht sich als mögliche Wahrheitsautorität in die Paratexte zurück. Entsprechende Deutungsprobleme stellen sich dann dem Leser, der „ein nicht selten intrikates argumentatives Hin und Her auf der Darstellungsebene im Hinblick auf das vom Text insgesamt Gemeinte zu interpretieren hat“[446]. Dabei betont Hempfer ausdrücklich, dass dieser hermeneutische Prozess eigentlich jede Form von Sinnvereinheitlichung oder „Monosemisierung“[447] meiden muss, etwa indem eine Figur zum Sprachrohr des Autores erklärt wird. Denn selbst wenn eine Bedeutungseinheit naheläge, etwa bei Dialogen mit autoritativen *magister*-Figuren oder konsensualem Übereinkommen, wäre dessen Geltung durch die vorausgegangene Verhandlung semantisch modifiziert, da diese gerade performativ die Verhandelbarkeit des Gegenstandes und die Vielfalt anderer plausibler Ansichten vorgeführt hat. Die Inszenierung eines polyphonen Wissensdialogs bei gleichzeitiger Abwesenheit der auktorialen Instanz begünstigt daher die Ambiguisierung oder gar Suspendierung von urteilenden Aussagen im Prisma der „Teilpropositionen“, die sich zu keiner synthetischen „Makroproposition“ fügen müssen.[448] Dies bedeutet im Umkehrschluss aber auch, dass die skeptische Beirrung oder Aufhebung ‚monosemischer‘ Urteile tendenziell gattungslogisch verankert ist.

Als wichtigstes diskursives Erbe der skeptischen Tradition begreift Ocasar dann die argumentative Praxis der Wechselrede *in utramque partem*: „No cabe duda de que el modelo que se ajusta más a la transmisión escéptica es el del diálogo *in utramque partem* de tipo ciceroniano. No es casual que sea Cicerón el más eximio representante de la Nueva Academia.“[449] Die vielzitierte Formel geht dabei auf Passagen aus Ciceros klassisch gewordenem Dialog *De oratore* (ca. 55 v. Chr.) zurück, in denen die Fähigkeit, stets Argumente für beide Seiten finden zu können, als Ausweis des vollkommenen Redners gerühmt wird. Allerdings steht die Kunst des Zweifelns und der geschickten Widerrede dort noch ausdrücklich im Zeichen der rhetorischen Übung, sie verweist auf die aristotelische Topik, mit der sich das wechselseitige Argumentieren erlernen lässt, oder eben auf die skeptischen Philosophen Arkesilaos und Karneades, die überhaupt und sozusagen prinzipiell „contra omne“ geredet hätten.[450] Während das agonale Disputieren in diesem Sinne als Ausdruck rednerischer

---

446 Ebd., S. 19.

447 Ebd., S. 20.

448 Vgl. ebd., S. 20-21.

449 Ocasar 2004, S. 1379.

450 Vgl. Cicero 2007, S. 344-348, Zitat S. 348, vgl. Hempfer 2002[b], S. 20.

und intellektueller Virtuosität erscheint, als rühmenswerte „vis“[451], über die eben Aristoteles und Karneades noch beispielhaft verfügen konnten, wird es in den literarischen Dialogen der Renaissance für Ocasar zum Indiz für echte epistemische *dubia*, die sich einer konsistenten Auflösung tendenziell entziehen. Gerade die gleichmäßige Länge der Repliken und das symmetrische Gewicht der verschiedenen Auch-Propositionen, das von den Skeptikern als argumentative Isosthenie angestrebt wurde, nennt Ocasar hier als wichtiges Indiz.[452] Illustrieren lässt sich dieses Phänomen an Dialogen von Arce de Otálora und von Torquemada, in denen die Figuren mehrere gleichgewichtete Argumente zusammentragen, sie als erfahrungsgebundene Meinungen nebeneinander stellen und ohne Urteilsspruch belassen. Solche indifferente Pluralisierung könnte nun (wie schon Ferreras vermutete) auf die Vervielfältigung der Wissensdiskurse in der Frühen Neuzeit hinweisen, sie knüpft aber ebensogut an die erkenntnisskeptischen Traditionen antiker Herkunft an.[453] Dass das dialogische *in utramque partem* als Verfahren mit erheblichem Subversionsvermögen aufgefasst wurde, belegt indirekt auch die besondere Aufmerksamkeit der inquisitorischen Zensur für solche agonalen Dialoge; gerade bei religiösen Gesprächen wurde dieses entfestigende Verfahren als theologisch prekär empfunden, da es den Dissens hervortreibt und die doktrinale Autorität hinterfragt.[454]

Ein letzter Aspekt bei Ocasar widmet sich den noch unauffälligeren, beinahe klandestinen Spuren des Skeptizismus in Dialogen. Besonders im Gefolge der gegenreformatorischen Praktiken und der einsetzenden Zensur etwa der erasmischen *Colloquia*[455] kann die gleichgültige Annahme der *opinio communis* ein doppelbödiges Indiz sein: „El escéptico se mimetiza, acepta la ‚común opinión‘ y los usos sociales; por ello, un simpatizante de la Academia siempre será un conservador social. En los diálogos renacentistas, el antidogmatismo no adopta declaraciones antirreligiosas, ateas, etc., sino que avalará el orden social y las creencias mayoritarias, aunque no comulgue con ellas.“[456] Gerade die vorderhand klar konformen und stark didaktischen Gesprächsfiktionen

451 Cicero 2007, S. 344, vgl. ebd.

452 Vgl. Ocasar 2004, S. 1381.

453 Vgl. ebd., vgl. ebd., S. 1379-1388.

454 So das Ergebnis bei Vega 2016, S. 76-77. Zur allgemeinen kirchlichen Kritik an der *disputatio* in Glaubensfragen, wie sie die reformatorischen Religionsgespräche praktizierten, vgl. ebd., S. 79-86, zum Dialog als entsprechend inszenierter *disputatio* vgl. ebd., S. 86-89, 94-97.

455 Vgl. etwa zum veränderten Klima nach der Konferenz von Valladolid (1527) Homza 2000, S. 49-76, Bataillon 1966, S. 432-493, 699-737.

456 Ocasar 2004, S. 1387.

verdienen daher eine besonders aufmerksame ‚Hermeneutik des Verdachts', enthalten sie doch immer wieder ambivalente oder opake Passagen, in denen sich im Sinne Roland Barthes' ein gewissermaßen skeptisch gestimmtes ‚Rauschen der Sprache' vernehmen lässt; ästhetische Vieldeutigkeit tritt so an die Stelle doktrinaler Einsinnigkeit.

> Y apuntamos así la cuestión: ¿qué valor tiene la ambigüedad en una obra didáctica? Cuando por definición el diálogo se configura como la transmisión de un mensaje mediante la persuasión, lo ambiguo aparece como un ruido en el proceso semiológico de la comunicación. La ambigüedad oscurece el mensaje, la verdad que se quiere transmitir, vuelve opaca la intención. Y esta opacidad es definitivamente un signo en cuanto analizamos una obra[457]

Die Frage, inwieweit spanische Dialoge der Renaissance strukturelle Funktionen des Skeptischen im Modus des Literarischen übernehmen, wie Verena Olejniczak Lobsien dies für frühneuzeitliche Fiktionalität insgesamt annimmt, muss zuletzt sehr differenziert beantwortet werden. Solche Vorsicht empfiehlt sich zunächst mit Blick auf die in den Kapiteln zur historischen Gattungslogik herausgearbeitete *episteme/fictio*-Hybridität des Genremusters: Dialoge sind grundsätzlich Mischgebilde aus Fakt und Fiktion und keine im starken Sinne poetischen Texte, anders als die von der Anglistin untersuchte Höhenkammliteratur zwischen Shakespeare und Cervantes, sie verfügen vielmehr über eine bloße Schwundstufe fiktionaler Gestaltung in der reduzierten Fabel. Andererseits sind Dialoge aber aufgrund der hohen Immersion gelehrter Wissensaussagen wiederum geradezu dafür prädisponiert, diese kulturellen Archive auch mit sprachlich-ästhetischen Manövern zu erproben und zu kommentieren, so dass sich unsere Ergebnisse zur dialogischen Fiktionalität und Epistemologie hier mit Olejniczak Lobsiens Leitgedanken berühren. Es bleibt dennoch fraglich, ob im imaginären Reflexionsraum tatsächlich so frei alterierend und spielerisch mit dem Diskursmaterial umgegangen werden kann, das skeptische Zweifeln damit strukturell so stark ausgespielt werden kann, wie dies die sehr umfassend und weitgehend formulierte Grundannahme bei Olejniczak Lobsien nahelegt, etwa in der zuspitzenden Rekonstruktion bei Mahler: „so wie skeptisches Denken geronnenes Wissen in den Gedankenfluss zurücktreibt, überführt Literatur die vermeintliche Gewissheit geltender Weltvorstellung in die freie Imagination von Alternativen; ist Skepsis ständiges Umdenken des Denkens, so betreibt Literatur ein stetes Umimaginieren gesellschaftlicher Imaginate"[458]. Solches nahezu entsicherte Verformen, tropische Wenden und

457 Ebd., S. 1387-1388, vgl. Barthes 2006, S. 88-91.
458 Mahler 2008, S. 121.

Verschieben historischen Wissens im schier unbegrenzten „Anders-Sehen, Anders-Sagen"[459] löst das spanische Dialogkorpus des 16. Jahrhunderts wohl wenn überhaupt nur in wenigen, literarisch stärker elaborierten Werken ein, die die Kritik in den lukianisch geprägten Exemplaren des Typs Arce de Otálora, *Crótalon, Viaje de Turquía* gesehen hat. In den meisten Fällen wird der probatorische Spielraum jedoch durch die bestehende doktrinal-didaktische Komponente begrenzt, namentlich in den quantitativ überlegenen ‚instrumentellen' Fiktionen, aber auch durch die zunehmende Wirkung der kirchlichen Zensur, die den Dialogen durchaus aufmerksam begegnete.[460] Wohl auch deswegen wird das skeptische Potenzial in den Dialogen, soweit es greifbar ist, oft weniger ausdrücklich und offen spielerisch ausagiert. Gerade in den stark wissensvermittelnden Texten finden sich, wie unsere Analysen zu zeigen versuchen, eher gleichsam klandestine Verfahren in der Inszenierungsstrategie, die entscheidende Nuancen der Kritik ausdrücken, ohne dabei gleich *toto coelo* zum „Widerstand gegen univoke Ordnungen"[461] aufzurufen. Mit den Beobachtungen unter anderem in der Studie de la Flors zur spanischen Kunst der Gegenreformation ließe sich auch für die Dialoge daran denken, dass unter diesen Bedingungen entstehende Fiktionen vor allem mit Effekten ästhetischer Ambiguisierung arbeiten, bei denen eine nur dünne Grenze zwischen ideologischer Affirmation und Ressentiment verläuft.[462] Gleichwohl lässt sich gerade diese subtile Form von Kritik als Bestandteil einer vorsichtigen, zögerlichen Revision der Wissensordnung verstehen, die den historischen Bedingungen der Diskurskontrolle und der Zensur genau entspricht.

Ein weiterer Berührungspunkt zwischen Olejniczak Lobsiens Ausführungen und der Dialogform betrifft dann die Ebene der Pragmatik. Skeptisches Denken und Gesprächsmimesis haben insofern eine strukturelle Affinität, als beide den (poetischen) Aufbau einer mehrperspektivischen Argumentationssituation betreiben, in der personifizierte Wissensaussagen einander gegenübergestellt werden, während der Rezipient in einer Zuschauerrolle den performativ sich entfaltenden Disput verfolgen kann. Innerhalb des Gesprächs kann dann das Argumentieren *in utramque partem* zum Einsatz kommen, das aus der pyrrhonisch-akademischen Tropenlehre über Cicero in die Renaissance getragen wird und entsprechend skeptisch konnotiert bleibt. Diese Überschneidungen in der pragmatischen Bauform sind insofern relevant, als selbst in konventionellen oder schulmäßigen Dialogen, die doktrinales Wissen eher

459 Ebd., S. 122.

460 Vgl. Vian Herrero 2016.

461 Olejniczak Lobsien 1999, S. 47.

462 Vgl. Rodríguez de la Flor 1999, S. 13, vgl. ebd.

affirmativ zeigen, doch das Hin und Her des „Meinungsspiel[s]“[463] in seiner Verlaufsgestalt nachwirkt: Es indiziert, dass prinzipiell eine vernünftige Befragbarkeit der kulturellen Aussagen möglich ist und fördert eine Haltung der Deliberation, die in Unschlüssigkeit übergehen kann. Aus Gründen der Gattungsgeschichte und der strukturellen Bauform besitzt der Dialog der Renaissance folglich zentrale Merkmale, die sich mit skeptischen Verfahren berühren und entsprechend in der Wahrnehmung vorgeprägt oder konnotiert sind. Auf diese Genealogie kann sich eine emphatisch-skeptische Lektüre der Renaissancedialoge gründen, von der sich in letzter Konsequenz auch Ferreras leiten lässt. Inwieweit ein konkreter Dialog allerdings dieses erkenntniskritische Potenzial tatsächlich aufnimmt, verstärkt oder ausspielt und im Sinne Olejniczak Lobsiens eine ästhetische Befragung historischer Weltmodelle vornimmt, kann freilich nur in einer detaillierten und kontextsensitiven Untersuchung des einzelnen Werks selbst genau entschieden werden.

463 Zum Begriff in anderem Zusammenhang Hempfer 2002[b], S. 26-29.

KAPITEL 3

Pedro Mexía: *Diálogos o Coloquios* (1547)

3.1 Didaktik und Divertimento. Zur Interpretationsgeschichte der *Diálogos o Coloquios*

Im Werk des sevillanischen Humanisten Pedro Mexía hat sich die zuerst 1540 erschienene *miscelánea* der *Silva de varia lección* als so erfolgreich erwiesen, dass sie auch die kritische Auseinandersetzung mit der sieben Jahre später vorgelegten Gruppe der *Diálogos o Coloquios* nachhaltig beeinflussen konnte. Beide Hauptwerke zählten zu den meistgelesenen Büchern der spanischen Renaissance und galten als Muster einer humanistischen Profanliteratur, die gelehrte Philosophie und praktisches Nutzwissen der antiken Autoritäten in erleichterter Darstellung für ein nichtakademisches Publikum volkssprachlich aufbereitete, das sich vorwiegend aus städtischem Bürgertum, hohen Beamten und dem Adel zusammensetzte.[1] Inhaltlich behandelten die in Sevilla bei Dominico de Robertis publizierten *Diálogos o Coloquios* konkrete gesellschaftskulturelle, dialektisch-rhetorische und naturphilosophische Fragestellungen, die teils schon in der *Silva* angesprochen worden waren und nun in sechs Langgesprächen lehrhaft aufbereitet wurden, um das Wissen der antiken Musterautoren zu verbreiten.[2] In diesem Sinne finden sich in den Prologen teils ähnliche Wendungen, die den Topos einer kulturellen Dienstleistung für die spanische Kulturnation aufgreifen. Denn im *Prohemio y prefación* der *Silva* hatte Mexía bereits betont, „quise dar estas vigilias a los que no entienden los libros latinos, y ellos principalmente quiero que me agradezcan este trabajo, pues son los más y los que más necessidad y desseo suelen tener de saber estas cosas.“[3] An diese erzieherische Werkintention knüpft scheinbar eine Passage der Widmungsepistel in den *Diálogos o Coloquios* mühelos an, in der Mexía

---

1 Die hohe Verbreitung der beiden Hauptwerke Pedro Mexías geht unter anderem aus einer exemplarischen Studie zum Leseverhalten in Madrid nach 1550 hervor, vgl. Prieto Bernabé 2004, Bd. 1, S. 266-267 und 307, zur Frage des Publikums vgl. die folgenden Ausführungen.

2 Zur Aufbereitung schwieriger Primärtexte als humanistischer Aufgabe vgl. allgemein Strosetzki 1987, S. 161-173, 281-295, spezieller Castro Díaz 2004, S. 11-83. Die inhaltlich-thematischen Überschneidungen zwischen der *Silva* und den *Diálogos o Coloquios* sind tatsächlich begrenzter als zunächst zu vermuten steht. Sie betreffen etwa historische Erzählungen wie die vom Kaiser Heliogabal und seinen Gelagen, die sich in *Silva* II,29 und III,16 und dann in den *Coloquios del convite* wiederfinden, vgl. Conde Parrado/González Manjarrés 2006, S. 431-432.

3 Mexía 1989, Bd. 1, S. 163-164.

© BRILL FINK, 2022 | DOI:10.30965/9783846766835_004

formuliert, er wolle „proseguir el intento […] que es hazer participante a nuestra lengua castellana de algunas de las cosas de erudición y doctrina que la latina, para los que no la saben, tiene escondido y secreto“[4]. Didaktik und Divulgation scheinen so die unmittelbare Verklammerung der beiden Hauptschriften Pedro Mexías zu gewährleisten.

Die aus den Vorworten hergeleitete Einordnung der sechs Gespräche als „*Silva* dialogada“[5], als Nachzügler zur publizistisch so erfolgreichen *miscelánea*, wurde vor allem in verschiedenen Studien spanischer Herkunft vorgenommen, die sich einer traditionell-philologischen Humanismusforschung zurechnen lassen.[6] Wichtig ist dann, dass mit dieser Engführung beider Werke meist implizit die Annahme eines gemeinsamen ‚schwachen' Literaturbegriffs im Sinne didaktisch-instrumenteller Ideenprosa einhergeht, die unterhaltende Belehrung und nützliche Verbreitung antiken Wissens in den Vordergrund stellt und dabei keine ästhetischen Ansprüche stellt: Poetische Formprinzipien erscheinen dann funktional rückgebunden, nämlich als dekoratives Beiwerk, das die Aufnahme doktrinaler Inhalte für ein weniger vorgebildetes Publikum erleichtern soll. Die generische Differenz zwischen der faktualen Enzyklopädie und den fiktionalen Dialogen wird in diesen klassischen Beiträgen zwar stets benannt, nicht jedoch ausführlicher untersucht, so dass die Zeichen einer poetischen Phantasie in der kritischen Reflexion merkwürdig abgeschattet bleiben.[7] Zu diesen depoetisierenden Tendenzen passen frühe Einlassungen bei Bataillon,[8] ebenso wie spätere Überlegungen bei Ferreras, die die ästhetischen Qualitäten der Sammlung implizit bezweifelt, wenn sie Mexía

4 Mexía 2004, S. 205.

5 Malpartida Tirado 2005, S. 15.

6 Vgl. Rallo Gruss 1987, S. 85; Prieto 1986, Bd. 1, S. 219-221.

7 Charakteristisch hierfür wäre etwa in der Studie von Rallo Gruss zur *Prosa didáctica en el siglo XVI* (1987) das Kapitel zu Guevara, Mexía und Torquemada, deren ‚divulgative' Prosa einerseits praktisches Nutzwissen bereithalte, andererseits die elitäre lateinische Wissenskultur aufbereite, sprachlich-ästhetische Fragen bleiben dabei zurück (vgl. „La prosa formativa de intencionalidad divulgadora“ in Rallo Gruss 1987, S. 59-90). Die Abschattung der poetischen Verfahren des Dialogs zugunsten der didaktischen Funktion kennen daneben auch Castro Díaz 1977, S. 130-131, Conde Parrado/González Manjarrés 2000, Gómez 2000, S. 21-35, allgemein zum humanistischen Literaturbegriff Ynduráin 1994, S. 373, differenzierter Prieto 1986, Bd. 1, S. 233.

8 Im Kapitel zur weltlichen Dialogliteratur, die Bataillon als Erbe der erasmischen *Colloquia* auffasst, heißt es dazu: „Los *Diálogos* de Pero Mexía son tan mediocres como la *Silva*, cuya fortuna compartieron hasta cierto punto. Trátese en ellos del sol, de la tierra, de los meteoros, de los médicos o de los banquetes, siempre son estos escritos la misma olla podrida de erudición vulgar, sin nada que induzca al espíritu a reflexionar.“ (Bataillon 1966, S. 648) Kritisch zu Bataillons Verständnis der spanischen Renaissancedialoge u.a. Rallo Gruss 2003, S. 43-46.

überhaupt ein dichterisches Vermögen abspricht.[9] In eine ähnliche Richtung weist der Ansatz bei Castro Díaz, dessen umfangreiche Monographie von 1977 zwar die literarischen Formprinzipien der Sammlung beschreibt, etwa die Technik wiederkehrender Figuren und die lokale Raumdeixis mit ihren zeithistorischen Anspielungen, allerdings wird hierin gegenüber der didaktischen Belehrung ein akzessorisches Element ohne eigenen Mehrwert gesehen, dessen Fehlen dem Werk keinen Abbruch täte.[10] In den wenigen detaillierten Untersuchungen einzelner Stücke aus den *Diálogos o Coloquios* sind es dann eben jene Fragen nach der antiken Intertextualität und der Bestimmung der verwendeten Quellen, die traditionell auch die Beschäftigung mit der *Silva* dominieren, nicht jedoch die poetischen Verfahren und Inszenierungsstrategien der dialogischen Fiktionalität. In diesem Sinne betont etwa der Aufsatz zu den *Coloquios del convite* von Conde Parrado und González Manjarrés das Merkmal einer divulgativen Dienstleistung für die spanische Kulturnation durch volkssprachliche Darstellung zentraler Wissensgüter, also die „misión social y pedagógica"[11]. Zwar wird den genauer untersuchten Dialogen eine gewisse ästhetische Qualität zugestanden, die hier jedoch primär auf der Ebene der Imitationspoetik und der *compilatio* zu finden sei, also in der individuellen Zusammenstellung und Verflechtung einzelner Wissensatome, daneben erst im Entwurf der Figurenkonstellation, die als einziges dialogtypisches Schreibverfahren näher gewürdigt wird.[12]

Erst in der Studie von Malpartida Tirado aus dem Jahr 2005 wird diese ebenso einseitige wie ungenaue Sichtweise in mindestens zweifacher Hinsicht nuanciert und erfährt weitreichende Schattierungen, die die poetische Komplexität der *Diálogos o Coloquios* verdeutlichen und sie als „cima del género"[13] lesbar machen. Zum einen rückt in diesem Deutungsansatz die Tragweite des Gattungswechsels in den Blick, den Mexía in seiner Widmungsepistel ausdrücklich reflektiert und der in den am Bezugsmodell der *Silva* ausgerichteten Lesarten nivelliert wird, zugunsten eines unspezifischen Begriffs humanistischer Ideenprosa. Zum anderen wird die dialogische Fiktionalität

9 Etwa Jacqueline Ferreras in ihrer biographischen Skizze: „Mexía should be considered an historian who spread the knowledge of his time rather than as a creative literary author." (Ferreras 2006, S. 167, ähnlich Presberg 2001, S. 37-68)

10 So heißt es etwa zur kunstvollen Verknüpfung der Dialoge, „pues si las eliminásemos [i. e. las interrelaciones entre los diálogos], la obra no sufriría merma alguna en su comunicación con el lector" (Castro Díaz 1977, S. 130). Auch die bei Mexía indexikalisch stark ausgemalte Raum- und Personaldeixis wird in diesem Sinne als nur didaktisch nützliches Beiwerk verstanden, vgl. ebd., S. 130-131.

11 Conde Parrado/González Manjarrés 2006, S. 447, vgl. ebd., S. 446-448.

12 Vgl. Conde Parrado/González Manjarrés 2006.

13 Malpartida Tirado 2005, S. 145.

mit ihren konkreten Verfahren der Gesprächsmimesis detailliert gewürdigt, um so den Vorwurf, es handele sich um eine ästhetisch uninteressante Werkgruppe, zu entkräften und zugleich den Abstand zur faktual konzipierten *miscelánea* zu verdeutlichen. Ein zentrales Beweisglied in der Argumentation von Malpartida bietet dabei die einleitende *Carta nuncupatoria* der Sammlung. Auf den ersten Blick zeigt sie sich ganz als konventionelle Widmungsepistel im Rahmen frühneuzeitlichen Mäzenatentums, fehlen hier doch weder die Hoffnung auf günstige Aufnahme und Förderung,[14] noch das entsprechende Geflecht der Exordialtopik, das die Größe des Gönners dem bescheidenen Anspruch des Werks gegenüberstellt. Zugleich kann aber eine genauere Lektüre dieses Geleitbriefs den Blick auf weitere Merkmale des Schreibprojekts richten, die den Bannkreis der berühmten *Silva* strukturell und funktional überschreiten.

> La verdad es que, quando yo estos *Coloquios* escreví, nunca pensé tomar este atrevimiento de dedicarlos a vuestra señoría ni sacarlos en público, sino que, cansado algunas vezes de leer y sobrándome el tiempo en las noches largas del invierno passado (que, como vuestra señoría sabe, para mí lo son más que para otro), me quise ocupar en este exercicio, más por mi recreación y por provar la mano en este género de escriptura que porque creí que hazía cosa que meresciesse el acatamiento de vuestra señoría ni salir a luz. Y como yo nunca encubro cosa destas a mis amigos, antes las hago para comunicarlas con ellos y por gastar el tiempo en exercicios que no sean culpables, viéronlos y leyéronlos algunos dellos y, mostrando que les agradavan, aconsejáronme y, podría dezir, me forçaron a que los publicasse; y yo vine en hazerlo, porque me paresció que en parte era proseguir el intento que, en lo que a mí ha sido possible, he desseado y procurado, que es hazer participante a nuestra lengua castellana de algunas de las cosas de erudición y doctrina que la latina, para los que no la saben, tiene escondido y secreto, porque en estos *Diálogos*, aunque en breve y llano estilo, se tractan dellas algunas, y también porque fuessen estos como muestra y prueva para que, si sucediere agradar y ser recebidos, dándome Dios fuerça para ello, prosiga en hazer el volumen mayor y en passar a nuestra lengua algunas cosas destas, de que injustamente, por culpa de sus naturales, está privada.[15]

---

14 Etwa in Formulierungen wie „tengo entendido de vuestra señoría, por experiencia de muchos años, que es más inclinado a hazer merced que a recebir servicio; y como yo en esto principalmente pretendo recebirla", davon könnte sich eine Fortführung des Projekts abhängig machen, denn „si sucediere agradar y ser recebidos [los *Diálogos*], dándome Dios fuerça para ello, prosiga en hazer el volumen mayor", dann auch „animarme a hazer servicios mayores" (Mexía 2004, Zitate S. 203-204, 205 und 206, vgl. Castro Díaz 2004, S. 88-89).

15 Mexía 2004, S. 204-205.

Bemerkenswert ist bei diesem kunstvollen Langsatz zunächst das deutliche Gattungsbewusstsein, das der sevillanische Humanist an den Tag legt. So beschreibt Pedro Mexía sein Vorhaben ausdrücklich als ersten Gehversuch in jenem Genre des Dialogs („provar la mano en este género de escriptura“[16]), das gerade in den vierziger Jahren des 16. Jahrhunderts besondere Popularität erlangt. Dieser Versuch hat dann seinen Ort in der Sphäre eines nächtlichen *otium*, das sich moralisch und künstlerisch legitim mit solchen „exercicios“[17] ausfüllen lässt. Zugleich wird das Schreibprojekt mit diesem Hinweis aber auch in die Nähe eines freien Spiels der Imagination gerückt, die sich abseits des humanistischen Hauptgeschäfts mit solchen gleichsam mehr privaten Geistesübungen erfreut; auf diesen ludischen Grundton der Werkgruppe hatte bereits der weniger gelesene Hispanist Florent Pues hingewiesen, demzufolge Mexía das Projekt insgesamt als „divertimento“[18] verstanden wissen wollte. Auf diese Weise bekennt sich Mexía offenbar zu einer spielerischen Poetik des Dialogs, zu der dann auch ein Wissen um die spezifische Fiktionalität des Genres gehört.[19] Der angeschlagene Tonfall ist dabei eher vorsichtig und persönlich gehalten und unterscheidet sich damit erheblich von der sehr direkten und selbstbewussten Rhetorik des *Silva*-Vorwortes, das sich offen einzig an ein großes Publikum richtet;[20] diesen Ansatz will Mexía ja in den *Diálogos o Coloquios* ausdrücklich nur „en parte“[21] fortführen, wie der Widmungsbrief hier sehr genau formuliert.

---

16 Ebd., S. 204.

17 Ebd.

18 Vgl. Pues, der diesen Gedanken nicht weiter ausführt, wohl aber in eine literarische Würdigung der Dialoge einschließt, denn „ces dialogues peuvent rivaliser avec ce que l'Espagne a produit de meilleur en ce genre“ (Pues 1959[a], S. 122-123), dazu Malpartida Tirado 2005, S. 147-148.

19 Letztere wird im Verlauf der Werkgruppe zunehmend reflektiert, etwa in paratextuellen Wendungen der auktorialen Stimme wie „los interlocutores se fingen juntar en la iglesia mayor de Sevilla“ (*Coloquio del Sol*) oder „por dissimulado artificio“ (*Diálogo de la Tierra*), um nur die deutlichsten Stellen der *argumentos* zu nennen (Mexía 2004, S. 383 und 469). In eine ähnlich auktorial präsentierende Richtung weisen die Formulierungen im *Diálogo de los médicos*, „Diálogo primero. El argumento del qual es introduzir dos cavalleros“, dann „Los dos coloquios del combite. De los quales, en este primero, se introduzen cinco cavalleros“, vergleichbar auch im abschließenden *Diálogo natural*: „en el qual, breve y artificiosamente, se tracta y muestra“ (Mexía 2004, S. 211, 285 und 487). Zum literarischen Anspruch Mexías grundsätzlich Malpartida Tirado 2005, S. 148-149, zu den Fiktionskonzepten der Prologe insgesamt Vian Herrero 2009.

20 Mexía richtet sich in der *Silva de varia lección* ausdrücklich an die große Mehrheit („los más“) und möchte „componer algo para el público provecho“, so dass der Topos kultureller Dienstleistung ungleich stärker markiert ist (beide Zitate Mexía 1989, Bd. 1, S. 164).

21 Mexía 2004, S. 204.

Neben dem reflektierten Gattungsbewusstsein ist dann der Hinweis auf den ursprünglich privaten Gebrauchskontext der Dialoge aufschlussreich, die – wie Mexía eingangs behauptet – zunächst nur der eigenen Zerstreuung und gelehrten Übung dienen sollten, um dann doch immerhin im engeren Freundeskreis vorgezeigt zu werden. Spätere Leser wie Prieto und ihm folgend Malpartida sehen in diesem scheinbar bloß exordialtopischen Ausdruck von *modestia* einen wichtigen Lektüreschlüssel für die gesamte Werkgruppe, der andeuten will, was die verflochtene Personenkonstellation der sechs Gespräche an Unausgesprochenem impliziert.[22] Entstehung und erste Verortung der Texte in einer humanistischen Gruppe um Mexía könnten andeuten, dass der Zyklus als chiffriertes Portrait historischer Zirkel gelesen werden sollte, die sich in den Texten spielerisch wiederfinden und selbst kommentieren konnten. Im Sinne der Überlegungen Bernd Häsners zum *community fashioning* zahlreicher Renaissancedialoge wären so auch Mexías Texte neben aller didaktischen Intention die fiktionale Modellierung einer *in-group*, die in den literarischen Gesprächen ein bald affirmativ, bald parodistisch getöntes Medium indirekter Selbstverhandlung findet.[23] Neben der diskreten Andeutung im Widmungsbrief gibt es auch textintern mehrere Indizien die diese Hypothese einer eingeschriebenen „esfera privada"[24] stützen können. Auf die evidente Affinität zwischen dem *magister* der drei naturphilosophischen Dialoge Antonino, der wie Mexía selbst den Spitznamen ‚el astrólogo' führt und ebenso als kosmographische Autorität gilt, ist mehrfach hingewiesen worden.[25] Hinzu kommt die dichte Lokaldeixis mit ihren zeithistorischen Referenzen auf Sevilla, wobei sowohl Veränderungen im Stadtbild nach 1540 erwähnt werden, als auch das Geschehen vor und in der Kathedrale, nebst Spaziergängen durch die Umgebung der Stadt.[26] Neben diesen empirisch überprüfbaren Details kann die hohe Kohärenz des diegetischen Universums mit seinen wiederkehrenden

---

22 Wir folgen in der Deutung von Mexías Dialogen als reflexivem *in-group*-Spiel humanistischer Zirkel Prieto 1986, Bd. 1, S. 233, vgl. ebd., S. 232-237, darauf aufbauend Malpartida Tirado 2005, S. 147-150, erste Hinweise bei Mulroney 1930, S. 9. Anders Castro Díaz, der die Andeutungen auf eine private Verortung der Texte relativiert und das Widmungsvorwort als rein topische Rhetorik auffasst, vgl. Castro Díaz 1977, S. 107-108.

23 Vgl. Häsner 2004, S. 48-52, Häsner 2006, S. 180-189.

24 Malpartida Tirado 2005, S. 148.

25 Ein Überblick im Kommentar von Castro Díaz in Mexía 2004, S. 508-509.

26 Der Schwund des mittelalterlichen Sevilla zugunsten neuer Bürgerhäuser mit repräsentativen Außenfassaden wird zu Beginn des *Diálogo de los médicos* von Bernardo und Gaspar erörtert, vgl. Mexía 2004, S. 213-216, die drei zusammengehörigen naturphilosohischen Dialoge beginnen in der Kathedrale und werden auf einem Spaziergang fortgeführt, der bei der Puerta de Jérez endet, vgl. zu diesem „anuncio de familiaridad o localismo" (Prieto 1986, Bd. 1, S. 233) und seiner poetischen Materialisierung in den

Figuren in den sechs Dialogen die Verklammerung eines eingeschworenen Freundeskreises andeuten, in dem subtile Binnenverknüpfungen und humoristische Anspielungen auf Gewohnheiten und Schrullen der „amigos"[27] nicht fehlen. Zuletzt beinhalten die Dialoge auch zahlreiche Metakommentare zum *usus disputandi* humanistischer Gelehrtenkultur, namentlich in der Satire des *Coloquio del Porfiado*, die vor allem für die Innengruppe selbst attraktiv sein konnten.[28] Ebenso evident ist freilich auch, dass sich die Hypothese eines *dialogue-clé* nie restlos klinisch beweisen lässt, etwa durch Beziehung einzelner *personae* auf konkrete Zeitgenossen, wobei dies mit dem grundsätzlichen Problem der historischen Belegbarkeit zusammenhängt. Das Bezugssozium, das diese Anspielungen zu deuten vermocht hätte, ist der nachträglichen historischen Analyse wesentlich entzogen und in Zeugnissen nicht zu greifen: „es difícil de averiguar sin contar con más datos precisos sobre el entorno concreto de Mexía que, por ejemplo, identificaran a los distintos interlocutores"[29].

Das ausdrückliche Bekenntnis zum Dialog als spezifischem „género de escriptura"[30], das der Widmungsprolog formuliert, umschließt dann nicht nur ein Bewusstsein des literarischen Formprinzips, sondern auch eine besondere Wissensinszenierung, die die relative Ferne der Gespräche zur *Silva* weiter untermauert. Wichtigstes Prinzip dieser neuen dialogischen Epistemologie ist dabei gewiss eben die poetische Praxis der Fiktionalisierung von Wissen, deren systemische Verfahrensformen bereits beschrieben wurden. Der Übergang von der faktual strukturierten *Silva de varia lección* zur Sammlung der fiktionalen *Diálogos o Coloquios* entspricht dabei zugleich einer allgemeinen Entwicklung der spanischen Renaissanceprosa im Sinne Bradburys, demzufolge empirisches Real- und Sachwissen in zunehmend aufwändigere und literarisch elaboriertere Repräsentationsformen eingeht, so dass die textuelle Auffächerung von innerweltlichen *saberes* mehr und mehr durch ästhetische und

---

deiktisch reichen Figurenreden Malpartida Tirado 2005, S. 150-161, neuerdings auch Lay Brander 2011, S. 152-161.

27 Mexía 2004, S. 204.

28 Ein weiteres Beispiel könnten die beiden *Coloquios del convite* mit ihren verschiedenen Humanistentypen sein: Während der gelehrte Arnaldo vor allem mit einem virtuosen Vorzeigewissen hervortritt, das zahlreiche Autoritäten anhäuft und durch Fülle beeindrucken will, zeigt Antonino – der mögliche Doppelgänger Mexías – einen abgemessenen und reflektierten Gebrauch der Musterautoren, der binnentextuell positiv sanktioniert wird, vgl. zu diesen Portraits Conde Parrado/González Manjarrés 2006, S. 415-420.

29 Malpartida Tirado 2005, S. 166, ähnlich bereits Rallo Gruss 1987, S. 86, die hier einen „trasunto de personas conocidas por el propio autor" vermutet, vgl. ebd., S. 85-87, davor bereits Castro Díaz 1977, S. 130.

30 Mexía 2004, S. 204.

poetische Miteffekte überlagert wird.[31] Diese lassen sich unseres Erachtens keineswegs folgenlos ‚eliminieren', wie noch Castro Díaz meint,[32] vielmehr bilden sie als kunstvolle Inszenierungsstrategie einen elementaren Bestandteil der Gespräche und ermöglichen Formen von individueller Perspektivierung und kritischer Kommentierung eines meist vielzitierten Meinungswissens. Im konkreten Fall Mexías gehören zu den poetischen Verfahren der Gesprächsmimesis insbesondere die ausführliche Indexikalisierung mit ihren Raumzeitbezügen, die nicht bloß als Kulisse fungieren, sondern vielmehr im Verlauf der Konversation fortwährend ausdifferenziert werden und die thematische Entwicklung mitbestimmen; hinzu kommt die hohe Kohärenz des diegetischen Universums, an dessen Aufbau die sechs Gespräche arbeiten, insbesondere mit dem beibehaltenen Sprechort Sevilla sowie den Leitprinzipien wiederkehrender Figuren und thematischer Binnenbezüge.[33] Auf diese und andere literarische Techniken wird in den konkreten Einzelanalysen zurückzukommen sein. Ein zweiter zentraler Unterschied zur *Silva* betrifft dann die Verknüpfung der Informationsstruktur. Oberflächlich betrachtet ähneln sich die Formate zunächst, entwickeln doch beide volkssprachliche Aufbereitungen der prestigeträchtigen klassischen Autoritätenschriften und teilen dabei zentrale Leitprinzipien der *compilatio*, der Auswahl und Filterung von Quellen, sowie der *curiositas* als innerweltlichem Erkenntnisdrang. So gesehen sind *miscelánea* und Dialog bei Mexía „superficially similar"[34]. Im Gebrauch der *varietas* unterscheiden sich indessen *Silva* und Dialoge erheblich, wie die neuere Untersuchung von Jonathan David Bradbury zur frühneuzeitlichen *miscelánea* in Spanien herausgearbeitet hat. Das Prinzip abwechslungsreicher Vielfalt in sachlich-inhaltlicher (*inventio*) und sprachlich-rhetorischer (*elocutio*) Hinsicht findet sich nämlich in der *Silva* in bislang ungekanntem Ausmaß: Der rasche Wechsel von thematischen Kleinsegmenten und Wissensatomen, den die kontrastiv aufeinanderfolgenden Kapitel bieten, tendiert zu einer äußerst disparaten und diskontinuierlichen Schreibweise, deren akriterielle Materialhäufung die ästhetischen Grenzen von *prudentia* und *decorum* berührt oder gar verletzt, wie schon die zeitgenössischen Kritiker bemerkten. Mexía selbst indessen bekannte sich im Vorwort seiner *miscelánea* selbstbewusst zu diesem kühnen Vorgehen „sin perseverar ni guardar orden"[35], und er erneuerte diesen Standpunkt auch in der Vorrede zur zweiten Auflage, die bereits auf skeptische

31 Vgl. Bradbury 2010, S. 1054; Bradbury 2017, S. 166-167; daneben Albert 2016[a], S. 8-9.

32 So der Sprachgebrauch bei Castro Díaz 1977, S. 130.

33 Diese Verfahren finden sich ausführlich erläutert bei Malpartida Tirado 2005, S. 149-166.

34 Bradbury 2017, S. 113.

35 Mexía 1989, Bd. 1, S. 161.

Leser reagiert.[36] Unter sehr anderen Voraussetzungen steht demgegenüber die Materialbehandlung in den *Diálogos o Coloquios*. Auch sie kennen natürlich *varietas* etwa in der stilisierten Dynamik einer sprunghaft-assoziativen Figurenrede, oder in der Assemblage heterogener Quellen und Textsorten. Gleichwohl haben alle sechs Gespräche der Werkgruppe ein monothematisches Sinnzentrum, das der Titel jeweils klar benennt und dessen letztlich zielgerichteter Erschließung sich die Mitglieder der Argumentationsgemeinschaft verschreiben. Auch bei den Quellen zeigt sich, dass Mexía zwar zahlreiche verschiedene Vorlagen kombiniert, jedoch mit Blick auf den thematischen Schwerpunkt oft wenige Hauptreferenzen verwendet, an die sich dann weitere Belege anlagern, die den Figurenreden die nötige virtuose Fülle und den Glanz umfassender Gelehrtheit verleihen.[37] Gewiss kennt die humanistische Renaissanceprosa auch *misceláneas* in Dialogform,[38] gerade bei Pedro Mexía liegt dieser Fall aber aufgrund der quasi-systematischen Fokussierung der Gespräche nicht vor, wie Bradbury resümiert: „the subjects examined, one or few in number in each lengthy dialogue, are afforded a more detailed treatment supported by coherent and extended argumentation of a sort not found in the miscellanies."[39]

Kehrt man nach diesen ersten Reflexionen zu *fictio* und *episteme* in den *Diálogos o Coloquios* erneut zur *Carta nuncupatoria* zurück, so bleibt zu überlegen, auf welche Leserschaft dieses besondere Format einer poetischen Inszenierung von *saberes* abzielen konnte und welche Rezeptionsgruppen tatsächlich historisch bestimmbar sind. Die erste Frage beantwortet Mexía gewissermaßen zweifach und öffnet dem Werk somit Möglichkeiten einer flexiblen Lesbarkeit. Als ursprünglich intendierte Leser erscheinen dem

36 Vgl. zur historischen Debatte um den richtigen Gebrauch der *copia* Bradbury 2017, S. 34-35.

37 Insbesondere in den drei naturphilosophischen Dialogen, die primär an das aristotelische *Meteorologicon* angelehnt sind, während etwa der *Coloquio de los médicos* in erster Linie der *Naturalis historia* des Plinius folgt, vgl. zu dieser Priorisierung einzelner Vorlagen Mulroney 1930, S. 10-11 und 16.

38 Nach Bradbury kann sich die *miscelánea* des *Siglo de Oro* in verschiedenen ‚Makroformen' materialisieren, zu denen neben dem Dialog auch Episteln und Rahmenhandlungen mit eingelegten Geschichten zählen, das Hauptmodell bleibt aber die (faktuale) ‚plain-prose macroform', für die eben Mexías *Silva de varia lección* den Urtyp bildet, vgl. Bradbury 2017, S. 96-132 und *passim*. Die *misceláneas* in Dialogform inszenieren ihre *personae* oft während einer längeren Reise, deren Zeit sich durch Gespräche mit raschen und assoziativen Themenwechseln günstig füllen lässt, etwa im Studentengespräch der *Coloquios de Palatino y Pinciano* (ca. 1540/1550) von Arce de Otálora, um nur ein Beispiel zu nennen, vgl. ebd., S. 110-117.

39 Ebd., S. 113. Eine ausführliche Entfaltung dieses Gedankengangs findet sich im Subkapitel zur *varietas*, vgl. ebd., S. 30-41.

Wortlaut des Widmungsbriefs zufolge zunächst er selbst als während der Nachtstunden müßiger Humanist, zusammen mit den ihn umgebenden gelehrten Zirkeln; dazu passt binnentextuell die erwähnte Mimesis eines Netzwerks mit zahlreichen vertraulich-intimen Anspielungen, Humor und nähesprachlicher Redepragmatik. Die fiktionale Darstellung von Wissen im Dialog erlaubt dabei komplexe Strukturen der Kontroversinszenierung und Kommentierung von *episteme*, die gerade für die stark vorgebildeten Expertenleser besonders sinnfällig wirken. Denn diese brauchen die Positionen der klassischen Musterautoren nicht erst aus divulgativer Prosa zu erlernen, vielmehr widmen sie sich als beobachtende Rezipienten einem „Meinungsspiel"[40] für diejenigen, die schon alle Meinungen kennen und daher die Metaebene einnehmen können. Für diesen elitären Kreis ist die dialogische Materialbehandlung attraktiver als die kleinteilige Episodenstruktur der ausdrücklich an das große anonyme Kollektiv gerichteten *Silva* mit ihrer sehr universalen Absicht, „aiming to furnish material for all classes of men"[41]. In diesem Sinne scheint die Andeutung eines spielerischen Textverständnisses durchaus ernst gemeint zu sein, die sich in den Hinweisen auf Zerstreuung und nichtöffentlichen Gebrauch äußert. Mit der zum Jahreswechsel 1546/1547 hastig vorbereiteten Veröffentlichung der *Diálogos o Coloquios* wird dann allerdings schließlich doch die Entscheidung für weiter gefasste Rezeptionsgruppen getroffen, auch dies zeigt das Vorwort mit der entsprechenden Adressierung im Kontext des Mäzenatentums und einer passenden Werbestrategie, die wiederum den Wert der nächtlichen Studien und die Verbreitung antiker Wissensgüter in der Vernakularsprache aufgreift. Diese Entscheidung wird dann überaus konsequent und offensiv umgesetzt, wie das in den Paratexten formulierte Selbstverständnis anzeigt, die in der frühneuzeitlichen Profanliteratur dem Autor die Positionierung im kulturellen Feld ermöglichen, gleichsam als „endroit où il se fabrique un personnage"[42]. Auch bei Mexía erfolgt die Einführung des Autors in einem komplizierten Apparat aus Paratexten und der damit verknüpften „périgraphie"[43], der allmählichen und indirekten Hinführung zur auktorialen Selbstdarstellung und dem Haupttext. Auf der ersten Druckseite wird der Verfasser zunächst nur in der dritten Person erwähnt, so dass der Eindruck entsteht, eine externe Person – die des Verlegers – rede und stelle in enkomiastischem Tonfall Mexía vor. Erwähnung finden dabei in den verschiedenen Editionen fast immer die

40 Zum Begriff in anderem Zusammenhang Hempfer 2002[b], S. 26-29.
41 Bradbury 2017, S. 44, vgl. ebd.
42 Cayuela 1996, S. 135, vgl. ebd., S. 135-159.
43 Ebd., S. 139.

Herkunft („vezino de Sevilla“[44]) und ab der zweiten Auflage in Sevilla auch das Amt als Hofchronist von Kaiser Karl V., gleichsam als effektvolles „élément [...] de prestige dont on fait ostentation sur le frontispice des livres“[45]. Angedeutet wird auch der literarische Ruhm des Verfassers, der wesentlich auf der *Silva de varia lección* gründet. Dieses Renommee wird dann durch das Widmungsgedicht von Gaspar López de Nuceda untermauert, der dem Leser umfassende Kenntnisse sozialer Konventionen, medizinischer und naturphilosophischer Themen verspricht.[46] Auch hier gilt, „l'auteur connaît la consécration à travers les approbations, les poésies laudatoires et les panégyriques souscrits par ses amis“[47].

3.2 Komödie der Traditionen. Produktives Nichtverstehen im *Coloquio del Porfiado*

Innerhalb von Pedro Mexías *Diálogos o Coloquios* stellt der an vierter Stelle stehende *Coloquio del Porfiado* das wohl faszinierendste und rätselhafteste Stück der Sammlung dar.[48] Die Szene zeigt das Gespräch dreier Freunde in einem bürgerlichen Stadthaus in Sevilla: Paulo, Ludovico und der aus Barcelona stammende Gast Fabián haben sich verabredet, um ihren Nachbarn auf die Probe zu stellen, nämlich den exzentrischen Gelehrten Narváez, der sowohl durch seinen ungewöhnlichen Scharfsinn als auch durch seine maßlose Streitlust, die *porfía*, charakterisiert wird. Im ersten Teil erwarten nun alle das rhetorische Schauspiel des Porfiado, der selbst den anerkannten Meinungen der Autoritäten sowie den tradierten Sprichwörtern geistreich zu widersprechen weiß; hier entfaltet sich eine polemische und engagierte Diskussion, in der verschiedene topische Meinungen sowie die Wertschätzung der *opinio communis* insgesamt bestritten werden. Der zweite Teil wird ausdrücklich als Übung im sophistischen Argumentieren angekündigt und bildet gleichsam das Meisterstück des ingeniösen Gelehrten. Hier entwirft Narváez eine paradoxe *declamatio* über die unbeachteten Vorzüge des Esels. In langen monologischen Sprechakten, die zahlreiche Autoritätenaussagen zugunsten des verkannten Tiers verknüpfen, weiß Narváez seinen „agudo ingenio“[49] unter Beweis zu stellen, dessen Raffinesse freilich an der Grenze zur Manipulation

44 Mexía 2004, S. 195.
45 Cayuela 1996, S. 144, vgl. zur Editionsgeschichte Mexía 2004, S. 195-198, weiter Kapitel 2.3.2.
46 Vgl. Mexía 2004, S. 207.
47 Cayuela 1996, S. 154.
48 Eine frühere Fassung dieses Kapitels findet sich in Nagel 2016[a].
49 Mexía 2004, S. 415.

steht und bald ablehnende Verwunderung, bald verblüffte Zustimmung bei den Stadtbürgern auslöst.

Folgt man einer herkömmlichen Annäherung an den *Coloquio del Porfiado*, so zeichnet dieser Dialog das negative Beispiel des eitlen und hochmütigen Humanisten, für den die kulturellen Werte klassischer Bildung und der gedankliche Scharfsinn nicht mehr ernsthafter Erkenntnissuche dienen. Ohne ethische Fundamentierung werden Dialektik und Rhetorik aber zu gefährlichen Instrumenten sophistischer Manipulation und Überredung, mit denen ein weniger vorgebildetes Publikum geblendet werden kann. Pedro Mexía würde sich damit als Erneuerer klassischer Vorbilder erweisen, die auf die gefährliche Peversion der Argumentierkunst hingewiesen haben, zugleich aber auch in ähnliche zeitgenössische Kritiken bei Erasmus und Vives einstimmen.[50] Innerhalb der Rezeption des *Porfiado*-Dialogs hat dann aber vor allem der zweite Gesprächsteil besondere Beachtung gefunden, da er sich unmittelbar auf einen berühmten Modelltext zu beziehen scheint, nämlich das erasmische *Encomium Moriae* (1511); beide Prosafiktionen teilen auf semantischer Ebene die diskursive Form einer paradoxen Lobrede mit ironischen Brechungen. Auf den erasmischen Einfluss im *Coloquio del Porfiado* ist in sämtlichen Kommentaren dieses Dialogs hingewiesen worden,[51] zuerst jedoch in der folgenreichen Studie von Marcel Bataillon, deren Anziehungskraft über lange Zeit ungebrochen schien. In seiner ebenso knappen wie eindimensionalen Deutung beschrieb der französische Hispanist zunächst die sechs Gespräche Mexías insgesamt als schlechte humanistische Imitationsliteratur und belangloses Pastiche, das nicht zur Reflexion anleiten könne.[52]

50 Vgl. Castro Díaz 2004, S. 105-108, dazu dessen Anmerkung in Mexía 2004, S. 413-414, ähnlich Conde Parrado/González Manjarrés 2000, S. 93-95.

51 Vgl. Conde Parrado/González Manjarrés 2000, S. 84-85; Gómez 1988, S. 66-67; Rallo Gruss 2003, S. 101-104; Castro Díaz 2004, S. 105-108. Gleichwohl handelt es sich eher um einen windschiefen Vergleich, da die Sprechsituation bei Mexía sehr verschieden konzipiert ist. Während die weise Torheit bei Erasmus eine allegorische Maske ist, die moralische und gesellschaftliche Kritik formulieren darf, erscheint Mexías *persona* als plastische Komödienfigur, als verschrobener Zeitgenosse aus dem Sevilla der karolinischen Jahre; allerdings sind beide Redeinstanzen damit aus verschiedenen Gründen apriorisch diskreditiert. Darüber hinaus besteht die erasmische Ironie gerade im Selbstlob der paradox angelegten Torheit, während Narváez den vermeintlich ‚dummen' Esel als externen Redegegenstand lobt; moralphilosophische oder antiklerikale Töne fehlen dabei schließlich ganz, vgl. Rallo Gruss 2003, S. 94-95, 103.

52 So heißt es im Kapitel zum erasmischen Einfluss auf die Profanliteratur der spanischen Renaissance: „Sin embargo, la recopilación más famosa, y también la primera en fecha, nos lleva de nuevo a la más trivial miscelánea en forma de diálogos. Los *Diálogos* de Pero Mexía son tan mediocres como la *Silva*, cuya fortuna compartieron hasta cierto punto. Trátese en ellos del sol, de la tierra, de los meteoros, de los médicos o de los banquetes,

Besonders negativ wird dann eben der *Porfiado*-Dialog mit seinem paradoxen Eselslob selbst bewertet, da hier die subversive Gedankennatur der erasmischen Vorlage ihrer moralphilosophischen Sprengkraft beraubt, der Prätext gleichsam zum rhetorischen Schaustück verharmlost werde.[53] In dieser Wahrnehmung erscheint Mexías Gespräch als blasse Kopie der ungleich berühmteren Vorlage, deren gesellschaftliche Kritik und sprachlich-ästhetische Raffinesse verloren gegangen ist.[54] So problematisch der Gehalt dieser Argumentation ist, so schwer scheint ihre Widerlegung im Einzelnen, die erst in der Arbeit von Asunción Rallo Gruss aus dem Jahr 2003 ausführlich geleistet worden ist. Zwei der Haupteinwände seien hier mit Blick auf unseren Dialog kurz resümiert. So kann die Autorin zunächst zeigen, dass die einsinnige Betonung der erasmischen Quellengrundlage, die in einer Figurenrede des *Coloquio del Porfiado* expliziert wird,[55] die Komplexität von Mexías intertextuellem Bezugsnetz verfehlt, dessen tatsächlicher Umfang zu Bataillons Bild einer direkten Erasmus-Paraphrase quersteht. Neben und um Erasmus hatte sich in der spanischen Renaissance bereits eine eigenständige Tradition der paradoxen *declamatio* herausgebildet,[56] so dass Mexía

siempre son estos escritos la misma olla podrida de erudición vulgar, sin nada que induzca al espíritu a reflexionar." (Bataillon 1966, S. 648)

53 „Cuando Mexía se propone caminar por los senderos del *Elogio de la locura* y quiere cantar los loores del asno, no sabe más que endilgar un monótono centón de anécdotas y reminiscencias sagradas o profanas." (ebd., S. 648-649) Zu Mexía als ‚schwachem' Eramisten vgl. auch ebd., S. 637. Selbst der kritische Herausgeber der *Diálogos o Coloquios*, Antonio Castro Díaz, betont die vermeintlichen ästhetischen Mängel des zweiten Dialog-Teils und schrumpft so, ähnlich wie zuvor Bataillon, die Poetizität der Gesprächsfiktion: „esta larga pieza oratoria [...] se hace excesivamente cansina y poco atrayente para el lector moderno debido a la copiosa erudición con que se acompaña y a la reiterativa presentación de variantes sobre un tema tan trivial." (Castro Díaz 2004, S. 107)

54 Vgl. zu diesen Einlassungen Bataillons auch kritisch Gargano 2001, S. 79-80.

55 So der empörte Ausruf im zweiten Teil des Dialogs: „LUDOVICO: Ya esto es llegar al estremo de porfiar, pues queréis alabar al asno y condenáis el morar cabe la mar; agora no me maravillo de los otros que escrivieron alabando a la quartana y a la moxca, y a la calentura y al moxquito, y el ser los hombres calvos y no sé qué otras cosas assí, ni de Erasmo, que alaba la locura, porque por peor tengo un asno que todo esto. Pero por lo que los otros lo hizieron, presumo que lo queréis hazer vos, que fue por hazer muestra de sus ingenios." (Mexía 2004, S. 445)

56 Zu nennen ist insbesondere das dialogische Gedicht *Triumphos de la locura* von Hernán López de Yanguas, das zuerst 1521 in Valencia erschienen ist, die früheste zugängliche Ausgabe datiert allerdings von 1531 und stammt aus Alcalá de Henares. Im Streitgespräch zwischen den Allegorien der Locura und der Prudencia ist bei López de Yanguas (ähnlich wie bei Mexía) die paradoxe Zweigesichtigkeit der erasmischen Torheit aufgegeben worden, so dass die irrationalen Äußerungen der Locura nur Anlass zur Korrektur durch die Prudencia geben. Gleichwohl bleiben hier immerhin kirchenkritische Elemente

in der formalen Konzeption keineswegs nur auf das Werk des holländischen Humanisten zurückgreifen musste, dessen spanische Übersetzung um 1547 wahrscheinlich noch unzugänglich war.[57] Auch in der spanischen Renaissance hatte sich bereits ein eigener Zweig der Paradoxenliteratur etabliert,[58] ebenso wie bei italienischen Verfassern, die dann wiederum in spanischen Gelehrtenkreisen rezipiert wurden.[59] Hinzu treten schließlich antike Modelle zwischen Lukian und Apuleius, die ebenfalls in den *Porfiado*-Dialog eingeflossen sein dürften. Eine allzu starke Forcierung der möglichen Beeinflussung Mexías durch Erasmus führt dann dazu, so der zweite Einwand, dass die im Dialog vorgeführte Parodie des exzentrischen Dialektikers meist nicht in die Diskursgeschichte der humanistischen Ironie eingeordnet worden ist, etwa zwischen Verfassern wie dem erwähnten López de Yanguas oder Agrippa von Nettesheim,[60] sondern in die Ideengeschichte der Heterodoxie, womit der Weg für sehr grundsätzliche Missverständnisse geöffnet ist, kommt es nun doch zur „lectura ideológica unívoca de los textos literarios."[61] Denn wenn der erasmische Prätext zur wichtigsten, eigentlich einzig relevanten Quelle erklärt wird, entsteht eine verzerrte Sichtweise, die weder der vielgliedrigen *imitatio* von Humanisten wie Mexía gerecht wird, die stets zahlreiche Vorlagen kombinieren, noch der insgesamt freieren und komödienhaften Tonlage des *Coloquio del Porfiado*, der gleichsam das heitere Zwischenstück zwischen den drei streng aristotelischen Naturphilosophie-Dialogen bildet. Der gedankliche Stellenwert des Textes scheint sich für Bataillon jedoch allein nach seiner Nähe oder Ferne zum erasmischen *Encomium Moriae* zu bemessen, während die

---

erhalten. Ein späterer Beleg, der diese innerspanische Moria-Tradition nach Mexía fortschreibt, wäre die komplexe *Censura de la locura humana* (Lérida 1598) von Jerónimo de Mondragón, vgl. hierzu und zu weiteren Materialien Rallo Gruss 2003, S. 98-100, 104-108.

57 Während Rallo Gruss (2003, S. 54, 95-96) noch von einer völligen Abwesenheit spanischer Übersetzungen des *Encomium Moriae* ausgeht, konnten Harm den Boer und Jorge Ledo in ihrer kritischen Ausgabe eine anonyme volkssprachliche Fassung aus der Mitte des 16. Jahrhunderts edieren und kommentieren, die Mexía vermutlich nicht gekannt haben dürfte, vgl. Ledo/den Boer 2014.

58 Hierzu gehören etwa Hernán Cortés' *Paradoxa en la alabanza de las narices grandes* oder Diego Hurtado de Mendozas *En loor de la fealdad*, zu diesen und weiteren Belegen paradoxer Enkomia in der spanischen Renaissance vgl. Presberg 2001, S. 37-70.

59 Vgl. den kurzen Überblick zur Paradoxenliteratur bei Gargano, mit Hinweisen auf Ortensio Landos *Paradossi cioè sentenze fuori del comun parere* (1543), die 1552 in einer spanischen Übersetzung erschienen sind, sowie weiteren Belegen zum Modell des Eselslobs bei Folengo und Pino, vgl. Gargano 2001, S. 73-78. Zur Ausklammerung der Rezeption des italienischen Humanismus in Spanien bei Bataillon kurz Rallo Gruss 2003, S. 45-46.

60 Zum möglichen Einfluss von Agrippas *De incertitudine et vanitate scientiarum atque artium*, das bekanntlich ebenfalls ein Eselslob enthält, vgl. Gargano 2001, S. 88-90.

61 Rallo Gruss 2003, S. 43.

detaillierte Untersuchung der poetischen Verfahren bei Mexía selbst, die allein mögliche Formen von Verwandtschaft oder Modifikation erschließen könnte, entfällt. Eine eigentliche literarische Würdigung des *Porfiado*-Dialogs steht nach Rallo Gruss demnach noch aus, ähnlich wie bei anderen von Bataillon als epigonal denunzierten Prosafiktionen der spanischen Renaissance: „Las obras de este conjunto han recibido escasa atención como obras literarias."[62]

Im Sinne unserer Überlegungen zur dialogischen Fiktionalität und Epistemologie würde sich die poetische Geltungsdimension des *Porfiado*-Dialogs nun vor allem in der symbolischen Verhandlung und im spielerischen Auf-die-Probe-Stellen zentraler humanistischer Diskurstechniken sehen lassen, die durch Komisierung und paradoxe Überzeichnung, aber auch durch Beirrungen des Nichtverstehens in ein kritisches Licht getaucht werden. Womöglich besteht gerade in dieser Einlassung auf ein Spiel eine gewisse Nähe zu Erasmus, die bei Bataillon freilich unbeachtet bleibt.[63] Die poetische Mimesis gestaltet sich dabei ganz als bühnennahe Komödie, in der prestigereiche Traditionen der Argumentationsführung und der Erkenntnisgewinnung dezentriert werden, wobei sowohl die Integrität des Gelehrten als auch die Autoritäten-Aussagen und die topisch gegründete Dialektik auf dem Spiel stehen. Die poetische Translation verschiebt all diese Leitkategorien vormoderner Wissenstechnik in den Modus der Fiktion und öffnet sie in einer ‚Geste der Alterierung' für spielerische Neubewertungen und kritische Erprobungen. Ähnlich wie im erasmischen Lob der Torheit kann dabei auch für Mexía von einem ioco-seriösen Sinngeschehen ausgegangen werden; das Spiel mit den Traditionen hat einen ernsten Kern und verweist auf intrinsische Aporien der Wissensproduktion, die etwa den unkritischen Gebrauch der verkürzend-vereinfachenden Epitome-Literatur ebenso betreffen wie den blinden Glauben an die überzeitliche Gültigkeit der Autoritäten. Auf diese Weise wäre der Dialog eine Wissensfiktion, die sozusagen auf der Metaebene ansetzt, nämlich bei den systematischen Techniken von Wissensgewinnung, um so zuletzt einen differenzierten Kommentar zur humanistischen Gelehrtenkultur und eine indirekte Selbstreflexion innerhalb der sechsteiligen Werkgruppe zu entfalten. Dass der *Porfiado*-Dialog folglich weniger Lehrgut aus den Bereichen des positiven Real- und Sachwissens schulmäßig vermittelt, wie dies die anderen Gespräche tun, sondern eher die diskursiven Bedingungen und technischen Instrumente der Wissensgewinnung selbst thematisiert, macht ihn für Jesús

62 Ebd., S. 288, vgl. ebd.

63 Im an Thomas Morus gerichteten Vorwort zum *Encomium Moriae* bezeichnet Erasmus sein Werk als gedankliches Spiel, vgl. dazu Gargano 2001, S. 82.

Gómez schließlich zu einem exponierten „coloquio anómalo dentro del conjunto de la colección"[64].

Pedro Mexías komödiantische Inszenierungsstrategie bedient sich dann mehrerer Formen des Nichtverstehens, die teils Quelle des Lachens sind, teils ein grelles Licht auf diskutable Praktiken der Wissenskultur werfen. In einem gefährlichen Außen ist hier zunächst die pathologisch gezeichnete Hauptfigur des exzentrischen Bachiller angesiedelt, die durch grundlegendes Selbstmissverständnis geprägt und somit als Äußerungsinstanz apriorisch geschwächt, wenn nicht gar disqualifiziert ist. So leugnet Narváez seinen moralischen Defekt der *porfía*, der unbändigen Lust an Streit und Widerspruch, die gemäß einer Figurenrede Fabiáns negativ konnotiert ist: „da pesadumbre un hombre porfiado"[65]. Dem entspricht auch noch die historische Semantik, wie sie das Wörterbuch von Covarrubias festhält:

> PORFÍA. Una instancia y ahínco en defender alguno su opinión o constancia en continuar alguna pretensión; y así dice un proverbio: „Porfía mata la caza". Díjose porfía de *per* y *fido, is*, porque la mucha confianza es la que hace instancia en porfiar; los labradores la llaman prohidia. Porfiar, porfiado.[66]

Gerade durch die fehlende Einsicht in seine Charakterschwäche der *porfía* kann der Bachiller kaum mehr als integere Äußerungsinstanz gelten und wirkt mit der übertriebenen Streitsucht oft lächerlich auf seine Zuhörer („le pondrá en una situación de auténtico ridículo"[67]), wodurch die Sprechhandlungen insgesamt auf dem Ungrund einer falliblen Rationalität aufzubauen scheinen. Indessen erlaubt gerade diese exzentrische Disposition es wiederum, andernorts vom Diskurs abgewiesene Auch-Meinungen und Einwände sinnhaft zu artikulieren. Möglich wird so etwa die selbstbewusste Widerlegung anerkannter Meinungen und Autoritäten-Aussagen, die gemeinhin den Grundbestand einer topisch vorgehenden Dialektik darstellen. Die eigentlich allgemein zustimmungsfähigen *endoxa* werden hier von Narváez gleichsam invers gebraucht, sie werden negiert und damit als instabile Sentenzen decouvriert, obwohl sie doch eigentlich Erkenntnis sichern sollten: Epistemische Propositionen können durch die scharfsinnige Rhetorik des

64 Gómez 1988, S. 66.

65 Mexía 2004, S. 425, ähnlich bereits zuvor eine weitere Figurenrede Paulos: „todavía es pesadumbre verle siempre contradezir" (ebd., S. 416).

66 Covarrubias Horozco 2006, S. 1371.

67 Conde Parrado/González Manjarrés 2000, S. 94, vgl. ebd. Die Theatralität des Dialogs wird unter anderem auch durch die in die Figurenreden eingebauten Bühnenanweisungen verstärkt, vgl. Mexía 2004, S. 419; Castro Díaz 2004, S. 60-63. Zur Affinität zwischen Dialog und Komödie insgesamt vgl. Häsner 2004, S. 27-29 sowie Kapitel 2.1.2.

extravaganten Lehrers immer neu und anders bewiesen und gerade so in ihrer relativen Kontingenz vorgeführt werden. Solchen Sprechhandlungen entspricht dann ihrerseits ein Nichtverstehen durch die Zuhörer in Form der *admiratio*; staunendes Unverständnis, Befremden und Beirrung werden durch diese teils verblüffend einleuchtenden, teils scheinbar sinnwidrigen Ansichten hervorgerufen. Insgesamt entwirft der Dialog somit eine poetische Alterierung von Wissenstechniken und -aussagen im Zeichen der reflexiven Komisierung, ein Spiel mit Diskursregeln und Autoritäten, die sämtlich auf die Probe gestellt und in ihrer Gültigkeit als relativ hingestellt werden: Die Kraft des rhetorischen *ingenium* kann flexibel immer noch andere, semantisch verwandte oder konträre Deutungen der kanonischen Sentenzen formulieren, alles ließe sich immer noch einmal anders sagen und ausdeuten. Mit dieser rhetorisch-epistemischen Überdehnung bis hin zur Figur des *anything goes* droht indessen auch eine mögliche Entsicherung des gelehrten „Meinungsspiel[s]“[68], das zuletzt die prekäre Fundierung allen Wissens anzuzeigen scheint und so in einen Erkenntnispessimismus hinüberleitete, der zur allgemeinen Grundstimmung der Renaissancedialoge windschief steht.[69] Indessen könnten solche zugespitzten Formen eines komisch-skeptischen Metakommentars zur humanistischen Gelehrtenkultur auch als Hinweis darauf gedeutet werden, dass gerade dieser komplexe Dialog mit seiner indirekten Ideologiekritik vor allem für ein Expertenpublikum gedacht war, das selbst die Theorie- und Argumentationsarbeit der *studia humanitatis* betrieb und ironische Reflexionen über die eigene Tätigkeit sinnvoll auffassen und goutieren, oder aber sich sittlich von den verstiegenen Sophismen distanzieren konnte. Gerade dieser Dialog würde folglich die konventionelle Auffassung hinterfragen, derzufolge Mexías vermeintlich bloß divulgative Gespräche an ein weniger vorgebildetes Publikum gerichtet gewesen seien, das mit dem Rezipientenkreis der enzyklopädischen *Silva de varia lección* zusammenfällt. Stattdessen lässt sich mit diesem Dialog, der aufgrund seiner anspruchsvollen Voraussetzungen und Metaisierungen nur an eine humanistische *in-group* gerichtet sein konnte, ein zweiter Leserkreis der Sammlung identifizieren. Der zugleich ernste und spielerische Text wäre demnach eine „diversión ocsional para gente avisada y culta“[70].

---

68 Zum Begriff in anderem Zusammenhang Hempfer 2002[b], S. 26-29.

69 Im Sinne der Grundthese von Ferreras, die die Dialoge der Renaissance als Ausdruck einer sich emanzipierenden Rationalität im Zeichen von Bildung und Erziehung sieht, vgl. hier Ferreras 1985, S. 49-69.

70 Conde Parrado/González Manjarrés 2000, S. 95, vgl. ebd., ähnlich Gargano 2001, S. 76, 91-92.

Nichtverstehen I: Selbstmissverständnis und *mauvaise foi*

Eine erste Figuration des Nichtverstehens findet sich bereits in der poetischen Anlage der Hauptfigur selbst, nämlich in der Selbsttäuschung oder Selbstunaufrichtigkeit des Bachiller als zentralem Charakterzug, aus dem ein guter Teil des komischen Potenzials im Dialog herrührt: „el Porfiado no es consciente de su defecto y, además, cree obrar con mesura“[71]. Im Sinne von Dirk Westerkamps vierteiliger Kategorientafel von Formen des Nichtverstehens, auf die bereits in den theoretischen Überlegungen näher eingegangen worden ist,[72] würde hier die Spielart des Selbstmissverständnisses vorliegen, mit der sich die kognitive Problematik der *persona* im anoetischen Raum beschreiben lässt. Während diese selbst ihren offensichtlichen Defekt der Streitsucht leugnet, können die umstehenden Zuhörer aus der externen Zweite-Person-Perspektive den Widerspruch zwischen Selbst- und Außenwahrnehmung klar erkennen, den Bachiller folglich besser verstehen als er sich selbst.[73] Narváez hingegen bestreitet im Dialog seinen moralischen *vitium*, nämlich seinen Hang zum steten Widerspruch, die anderen Figuren sehen diesen jedoch nur allzu klar und beziehen gerade daraus ihre Lust am Spektakel. Eben diese Diskrepanz wird insbesondere im ersten Teil des *Porfiado*-Dialogs sichtbar. Zunächst behauptet Narváez, kein Freund der *porfía* zu sein, lobt diese jedoch später als nützliches Instrument dialektischer Wahrheitsfindung. Später behauptet er dann wiederum, die Technik des *porfiar* gar nicht zu beherrschen, obwohl allein diese seine Sprechhandlungen leitet, wie der Werktitel von Beginn an offenlegt. Auf diese Weise sind die sprunghaften Wendungen des Gesprächs vom performativen Widerspruch einer sich selbst missverstehenden *persona* geprägt.

---

71 So die Anmerkung von Castro Díaz in Mexía 2004, S. 426.

72 Vgl. Kapitel 2.3.4.

73 Vgl. zu der entsprechend zweigeteilten Personenkonstellation mit dem „porfiado Bachiller Narváez según sus contertulios“ auf der einen und dem „porfiado Bachiller Narváez según él mismo“ auf der anderen Seite ausführlich Conde Parrado/González Manjarrés 2000, S. 78-84. Mit Blick auf Formen einer negativen Hermeneutik des Subjekts, das sich selbst nicht begreifen kann, folgen wir den Überlegungen von Westerkamp (2014, S. 75-79). Dort erscheint neben dem Selbstunverständnis das Selbstmissverständnis als besonders grundlegende hermeneutische Störung der Verstehensnähe zu sich selbst, da Analyse und Wahrnehmung der Person immer schon in einem „‚verrückten‘ Vorverständnis“ (ebd., S. 85) befangen bleiben. Das Selbstunverständnis wäre ein eher alltäglicher Normalvorgang des Subjekts, das im Rückblick die Motive früheren seines Handelns nicht mehr nachvollziehen kann, das Selbstmissverständnis hingegen eine gravierende und anhaltende Täuschung, bis hin zu „pathologischen Fällen“ des Typs „Ich verstehe mich selbst als Napoleon.“ (beide ebd., S. 78, vgl. ebd., S. 63-99 zum Gesamtzusammenhang)

FABIÁN: Está muy bien dicho lo que dize el señor Narváez, aunque bien avría qué responder; pero yo no soy amigo de porfiar.
BACHILLER: Pues yo, señor, aunque fuesse amigo de hazerlo, no lo sé hazer.
PAULO: No lo pensamos acá assí; pero no os pese, señor, desso, porque es tan mala cosa el porfiar, que es bien no hazerlo, y mejor no saberlo hazer.
BACHILLER: No digo yo que no sé porfiar porque lo tengo por malo, que antes lo tengo por necessario y bueno y provechoso, sino porque no soy para tanto.
PAULO: Quanto si vos queréis defender que el porfiar es cosa buena, menester es que sepáis bien porfiar, porque es contra la común opinión, que es la que devemos seguir.[74]

Auch im weiteren Verlauf wird die *porfía* vom Bachiller Narváez als tadelnswertes Laster geleugnet und zur Praxis sinnvollen Widerspruchs in der Sache gewendet: „Mal conoscido me tenéis, porque yo no soy amigo de contradezir a nadie, pero hágolo quando alguno no tiene razón en lo que dize."[75]

Das Selbstmissverständnis des Bachiller Narváez kann an dieser Stelle indessen nicht nur als poetischer Baustein einer komischen Inszenierungsstrategie aufgefasst werden, sondern auch als weiterführender Hinweis auf spezifische latente Bewusstseinsakte des Subjekts, wie sie Jean-Paul Sartre in seinen Überlegungen zur *mauvaise foi* beschrieben hat.[76] Eine solche

74 Mexía 2004, S. 423.

75 Ebd., S. 428.

76 Vgl. die ausführliche Erläuterung in Sartre 2009, S. 81-106. Wir verbinden im Folgenden zwei konvergierende Konzepte, die beide eine Subjektivität beschreiben, deren Selbstwahrnehmung von ihrem tatsächlichen Wesen abweicht und so eine innere Dissonanz aufweist, die freilich von den außenstehenden Personen beobachtet werden kann. In diesem Sinne besitzen die Begriffe des Selbstmissverständnisses und der *mauvaise foi* eine Ähnlichkeit, auch wenn sie nicht völlig deckungsgleich sind: Während das Selbstmissverständnis die pathologische Dimension unterstreicht, da sich hier das Subjekt keine Rechenschaft über seine tatsächliche Persönlichkeitsstruktur ablegen kann (vgl. Westerkamp 2014, S. 78-79), handelt es sich bei der *mauvaise foi* eher um einen latenten Bewusstseinsakt, der die unangenehmen Seiten des eigenen Seins ausblendet, auch wenn sie noch schwach in Erinnerung bleiben. Der streitsüchtige Magister bei Mexía scheint hier Elemente bald der einen, bald der anderen Figuration aufzuweisen. In einigen Passagen dominiert die erwähnte pathologische Dimension bis hin zur völligen Selbsttäuschung, nämlich wenn auf die bedenkliche „condición" (vgl. Mexía 2004, S. 414, 442, 444) des Narváez hingewiesen wird. In anderen Passagen findet sich hingegen stärker das Widerspiel von Latenz und Bewusstwerdung, das für Sartre den Kern der *mauvaise foi* ausmacht, die halb geglaubten Selbsteinschätzungen, die doch die Überprüfung an der Wirklichkeit fürchten und meiden (vgl. Sartre 2009, S. 102-106). Gerade hier bleiben freilich immer wieder aufschlussreiche Bruchstellen bestehen, die die innere Zerrissenheit des Subjekts aufdecken, das von sich selbst etwas glauben will, was tatsächlich nicht der Fall ist. Dazu passen einige unnatürliche Reaktionen des Magisters: Als etwa Ludovico sich verspricht und den Plan enthüllt, dass alle Versammelten den Lehrer auf die Probe stellen wollten, übergeht dieser den demütigenden Hinweis auf seine manische *porfía*,

Form von Subjektivität zeichnet sich durch Strategien der weitgehenden Dissimulation vor sich selbst und durch fehlende Aufrichtigkeit aus; Sartre nennt hier die „attitudes négatives vis-à-vis de soi“[77], später auch den „mensonge *à soi*“[78]. Im Unterschied zur gewöhnlichen Lüge bezieht sich die *mauvaise foi* jedoch zunächst weniger auf ein fremdes Gegenüber, das ausdrücklich von der Unwahrheit überzeugt werden soll. Stattdessen verleugnet das Ich ausgewählte Aspekte der eigenen Persönlichkeit und identifiziert sich mit eigentlich externen Konzepten und Bildern, mit eingeschobenen „jugements qui visent tous à établir que je ne suis pas ce que je suis“[79]. Gleichsam in einer Flucht vor sich selbst kann so die unangenehme Auseinandersetzung mit möglichen Vorwürfen von außen und innen vermieden werden: „Le moi, disons-nous, a pour but de se mettre hors d'atteinte, c'est une fuite.“[80] Zugleich beschreibt Sartre diese Form der Selbstunaufrichtigkeit als latenten Bewusstseinsakt, vergleichbar dem Träumen, in dem ebenfalls angenehmere Selbstbilder verfolgt werden können, die von der empirischen Wirklichkeit abweichen. Das Subjekt bleibt sich dabei der *mauvaise foi* nur unbestimmt bewusst und agiert intuitiv und in einer spontanen Entscheidung. Gleichwohl werden auch durch diesen latenten Bewusstseinsakt die ethischen Grundnormen erschüttert und weichen einer prekären Fundierung des Selbst, da das Wahrheitskriterium der Aufrichtigkeit letztlich fallengelassen wird: „Car la mauvaise foi ne conserve pas les normes et les critères de la vérité, comme ils sont acceptés par la pensée critique de bonne foi. Ce dont elle décide, en effet, d'abord, c'est de la nature de la vérité.“[81] Bezeichnend für diesen Zustand der Unaufrichtigkeit findet Sartre insbesondere die Gleichgültigkeit gegenüber der hellsichtigen Kritik einer zweiten Person, deren ehrliche Prüfung eine unerwünschte Verstehensnähe zu sich selbst herstellen und den Schleier der *mauvaise foi* zerreißen würde.[82] So geht das unaufrichtige Selbst zuletzt in eine heteronome Eigenwirklichkeit

---

die nur noch als Anlass des Spektakels interessiert, vgl. Mexía 2004, S. 428; Sartre 2009, S. 92.

77 Sartre 2009, S. 81.

78 Ebd., S. 83.

79 Ebd., S. 92.

80 Ebd., S. 100.

81 Ebd., S. 103.

82 „Si je n'étais ce que je *suis*, je pourrais, par exemple, envisager sérieusement ce reproche qu'on me fait, m'interroger avec scrupule et peut-être serais-je contraint d'en reconnaître la vérité. Mais précisément par la transcendance, j'échappe à tout ce que je suis. Je n'ai même pas à discuter le bien-fondé du reproche, au sens où Suzanne dit à Figaro: ‚Prouver que j'ai raison serait accorder que je puis avoir tort.' Je suis sur un plan où aucun reproche ne peut m'atteindre, puisque ce que je *suis* vraiment, c'est ma transcendance; je m'enfuis, je m'échappe, je laisse ma guenille aux mains du sermonneur.“ (ebd., S. 92)

über, den „monde de mauvaise foi“[83], in dem die Dinge nur noch scheinbar so sind, wie sie sind, freilich um den Preis einer zwiespältigen „autodestruction de la croyance“[84]. – Vor dem Horizont dieser Folie ließe sich auch für den Bachiller Narváez bei Mexía von einer *mauvaise foi* sprechen, die die eigenen Unzulänglichkeiten bewusst-unbewusst übergeht und so das emphatische Selbstbild des humanistischen Meistergelehrten wahren kann. Gerade diese fehlende Konformität zwischen der eigenen Überzeugung des Sprechers, der sich nur der Wahrheit verpflichtet glaubt, und seinen überredenden Sophismen diskreditiert ihn als ethische Person. So gelingt es dem Bachiller Narváez in der obig zitierten Passage, alle Vorwürfe von sich zu weisen und ruhigen Gewissens dem Tadel von Paulo und Fabián zu begegnen, ja die Befähigung zum *porfiar* überhaupt abzustreiten, gerade dieses defektive Selbstverständnis wäre mit Sartre ein sicheres Indiz für die Wirksamkeit der *mauvaise foi*.

Die Formen der *mauvaise foi* erleichtern dem extravaganten Lehrer indessen nicht nur die Verteidigung gegenüber den Vorwürfen seiner Zuhörer, sie besitzen darüber hinaus auch eine epistemologische Aufschlusshaftigkeit im Text. In seinem Kommentar des *Porfiado*-Dialogs betont Jesús Gómez, dass in diesem Gespräch die magistralen Sprechhandlungen von einer diskreditierten Äußerungsinstanz abhängen und daher in ihrer rationalen Geltung zu hinterfragen sind: „toda la doctrina [...], y su valor de verdad, está subordinada a la peculiaridad psicológica“[85]. Tatsächlich verdreht die *mauvaise foi* auf besondere Weise den Wahrheitsbegriff: Eine sich selbst gegenüber unaufrichtige Person ist in ihrer Integrität geschwächt und wahrscheinlich bereit, auch in anderen Lebensbereichen ethische Kriterien der Wahrhaftigkeit aufzugeben, hier nämlich bei der dialektischen Argumentationsarbeit. So noch einmal das Schlüsselzitat bei Sartre: „Car la mauvaise foi ne conserve pas les normes et les critères de la vérité, comme ils sont acceptés par la pensée critique de bonne foi. Ce dont elle décide, en effet, d'abord, c'est de la nature de la vérité“[86]. Im Zeichen solcher Negativität, der Verleugnung der eigenen Persönlichkeitsnatur und der damit brüchigen Fundierung gemachter Wissensaussagen, wird dann auch die enzyklopädische Bildung des Bachiller letztlich prekär und muss vernünftigem Zweifel unterliegen.

Wenn im *Coloquio del Porfiado* epistemische Aussagen und anerkannte Überzeugungen durch den Meisterlehrer zusammengetragen werden, so haben sie einen anderen Status als etwa in den orthodoxen Naturdialogen

83 Ebd., S. 103.
84 Ebd., S. 105.
85 Gómez 1988, S. 66-67.
86 Sartre 2009, S. 103.

mit ihrer konventionellen Magisterfigur: Sie verbürgen nicht die gelehrte Rekonstruktion eines normativen Wissensgebäudes, sondern sind vielmehr Zeichen einer überspannten Idiosynkrasie der sich selbst missverstehenden *persona*, deren dialektische Exzesse freilich auch immer wieder bedenkenswerte oder triftige Kritikpunkte enthalten können. Auf diese pathologische Grundierung der Figur weisen wiederum aus der Außenansicht die anderen Gesprächsteilnehmer hin, wenn sie die spezifische „condición" des Lehrers benennen, dieses Schlüsselwort fällt eben mehrfach in den Sprechakten.[87] Die Zuhörer wahren somit bis zuletzt die gemeinsame Überzeugung vom Wert des topischen Meinungswissens und den Regularitäten dialektischer Wahrheitsfindung, während die polemische Manie des Lehrers als „estraño negocio"[88] denunziert wird.

Nichtverstehen II: Verwunderung, Ungläubigkeit, Staunen (*admiratio*)

Die Inszenierungsstrategie des *Coloquio del Porfiado* operiert dann noch mit einer weiteren Figur des Nichtverstehens, die allerdings nicht an das *Encomium Moriae*, sondern an den doxastischen Wissensbegriff und damit an die aristotelische Topik sowie die Renaissance-Rhetorik geknüpft ist, die das Einüben dialektischen Argumentierens anhand von anerkannten Meinungen und *loci communes* in den Mittelpunkt stellen. Während für Aristoteles noch stärker das Auffinden gültiger Argumente im Vordergrund steht, verschiebt sich der Schwerpunkt in der frühneuzeitlichen Fortführung auf die Sammlung und Systematisierung der topischen Auffassungen, wobei der Glaube an die epistemische Aufschlusskraft der bewahrten Sätze ein wichtiges Merkmal ist. Es handelt sich gleichsam um durch Langzeitgebrauch approbierte Sätze, die entsprechend die Grundlage eines vernünftigen Argumentierens der Humanisten darstellen können, und zwar sowohl im Umfeld akademischer Kontexte als auch unter den gebildeten Stadtbürgern der spanischen Renaissancekultur. Dabei gelten die *endoxa*, wie bereits ausgeführt wurde, als Ausdruck eines schwächeren Wissensbegriffs im Vergleich zur strengen logischen Beweisführung anhand von Syllogismen, mit denen ein stabiler Wahrheitswert herbeigeführt werden kann.[89] Zu den endoxalen Wissensaussagen zählen dabei zunächst die Sentenzen der Autoritäten, daneben aber auch

---

87 Dieses Wort fällt schon in der ersten Figurenrede des Fabián: „me avéis informado de la condición deste hombre" (Mexía 2004, S. 414). Zu Beginn des zweiten Teils erklärt dieselbe Figur: „paresce que tenéis razón en todo, aunque estos señores lo atribuyen a vuestra condición" (ebd., S. 444). Wenig zuvor formuliert Paulo: „Aora rezia condición es la vuestra. ¿Nunca os avéis de conformar con nadie?" (ebd., S. 442)

88 Ebd., S. 428.

89 Vgl. Kapitel 2.1.3 und 2.3.2.

volkstümliche Sprichworte, die als Wissensatome gespeichert und verknüpft werden. Das kulturelle Wissenserbe scheint sich so in überzeitlichen Formeln kondensieren und konzentrieren zu lassen, wie berühmte Sammlungen von den erasmischen *Adagia* bis zu Mal Laras *Philosophía vulgar* eindrucksvoll unter Beweis zu stellen suchen. Dabei ist der genaue Ursprung einzelner Aussagen bisweilen kaum noch genau zu ermitteln, eine exakte Trennlinie zwischen den *dicta* der *viri illustri* oder den volkstümlichen Redewendungen schwer zu ziehen, die auf eine bedeutende innerspanische Tradition seit dem Mittelalter zurückblicken können.[90] Neben solchen Sammlungen der *loci communes* betrachtet dann auch die Rhetorik der Renaissance den Einsatz der Gemeinplätze im Kontext der Imitatio-Lehre und der damit verknüpften Herstellung von *copia*. Im Anschluss an den erasmischen Text *De duplici copia verborum ac rerum* behandelt insbesondere die *Rhetórica en lengua Castellana* (1541) die Handhabung der Sprichworte und Sentenzen, die von der gelehrten *lectio varia* des Verfassers zeugt und in kunstvoller Nachahmung aufgehen soll.[91]

Auf diese Argumentationstechnik eines mit topischen Meinungen arbeitenden Fragens und Gründegebens verweist nun auch Mexías *Porfiado*-Dialog anlässlich der exzentrischen Reden des Meisterlehrers. Am Beginn des Gründungstextes zur Rhetorik der *loci communes*, der aristotelischen *Topik*, wird hierzu eingangs ausgeführt, dass sich anerkannte Meinungen durch den *consensus omnium* auszeichneten, wobei kulturhistorische Zusammenhänge der griechischen *polis* und der *eudaimonia* im Hintergrund stehen, die approbierten Auffassungen werden hier vom *daimos* geteilt und im kollektiven Gedächtnis aufbewahrt.[92] Wo solch umfassender Konsens fehlt, bildet die Meinung der Gelehrten die zweitbeste Richtschnur, der *consensus doctorum*, der seinerseits noch einmal graduell ausdifferenziert wird: „Anerkannte Meinungen [*endoxa*] dagegen sind diejenigen, die entweder von allen oder den meisten oder den Fachleuten und von diesen entweder von allen oder den meisten oder den bekanntesten und anerkanntesten für richtig gehalten werden."[93] Vor dem Hintergrund der frühneuzeitlichen Lehre des topischen Argumentierens mit ihrem Glauben an die anerkannten Meinungen zeigt sich in Mexías Dialog gerade deren Zurückweisung als größte Provokation. So kündigt im Paratext eine extradiegetische Stimme die Verkehrung der *communis opinio*

---

90 Vgl. Rallo Gruss 2003, S. 68-71.

91 Vgl. zur Stellung der *loci communes* in den spanischen Renaissance-Diskussionen zu *imitatio* und *copia* die ausführliche Darstellung bei Nakládalová 2013, S. 138-151.

92 Vgl. von Moos 2005.

93 Aristoteles 2004, S. 45, vgl. dazu von Moos 2005, S. 61-68.

als zentrales Sinngeschehen des Textes und neuartiges Sprechen an; der Dialog wird folglich überraschende *paradoxa* anstelle bekannter *endoxa* enthalten.[94]

> *Coloquio del Porfiado* en el qual, introduziéndose un hombre docto, porfiado y enemigo de ageno parescer, llamado el Bachiller Narváez, con tres cavalleros, en casa de uno dellos, se tractan y porfían algunas cosas, por nueva y apazible manera, contra lo que por común opinión se tiene y platica [...]; y en todo se contiene mucha doctrina y historia.[95]

Scheint hier mit der „común opinión" bereits ein Fingerzeig auf die meinungszentrierte aristotelische *Topik* gegeben zu sein, so bestätigt sich dieser Verdacht im weiteren Gespräch; Narváez ist dieses klassische Standardwerk offenbar gut vertraut. Denn gerade als der unbedachte heuristische Nutzen der *porfía* erörtert wird, werden noch einmal die zwei endoxalen Normen in Erinnerung gebracht, die am Beginn der *Topik* standen: Während Paulo den Glauben an das formelhafte Wissen der allgemein anerkannten Meinungen verteidigt und diesen folgen will, bevorzugt Narváez den *consensus doctorum*, wobei sich hier die Weisheit der Gelehrten gerade in der Absetzung von Auffassungen des gemeinen Bürgers erweist. Für und Wider einer topisch-doxastisch ausgerichteten Erkenntnisgewinnung werden in einer Schlüsselpassage gegenübergestellt, in der sich Reminiszenzen an die aristotelische *Topik* respektive an das obig wiedergegebene Eingangszitat aus derselben finden lassen:

> PAULO: Quanto si vos queréis defender que el porfiar es cosa buena, menester es que sepáis bien porfiar, porque es contra la común opinión, que es la que devemos seguir.
>
> BACHILLER: Yo no sé cómo lo defenderé, pero, aunque mi defensión sea flaca, no por esso dexará de de ser bueno el porfiar. Pero, antes desso, quiero contradezir essa otra sentencia en que afirmáis que avemos de seguir las comunes opiniones, porque parece que es contra buena philosophía, y aun contra las *Escripturas*, pues es cierto que avemos de tener lo que tienen los sabios y estos ya sabemos que son los menos, y suélese dezir común opinión la que los más tienen, de manera que es mejor que tengamos con los sabios, aunque sean menos, que no llegarnos a la comunidad de los simples; y assí se manda, entre

94 Dies legitimiert eine Einschreibung des Dialogs in die Paradoxenliteratur der Renaissance, vgl. Presberg 2001, S. 63-68, 37-38.

95 Mexía 2004, S. 413. Dieser Ankündigung würden sich Stellen wie der Paratext des *Diálogo de los médicos* entgegenstellen lassen, in denen gerade das Einüben der *opinio communis* als Zielsetzung angekündigt wird. Ganz ohne Ironie findet sich hier die orthodoxe anerkannte Meinung als normative Richtschnur verteidigt: „Introdúzese, assí mesmo, un docto hombre, llamado el maestro Velázquez, que dize la sentencia y opinión que se deve tener. En lo qual se tocan y tractan muchas cosas notables de erudición y doctrina" (ebd., S. 211, Hervorhebung von uns).

> los preceptos de la ley, que no siga el hombre la multitud ni se aparte de la verdad por consentir al parescer y sentencia de los más.[96]

Nicht nur die Geltung der *loci communes* im Allgemeinen wird vom Bachiller in ihrer Richtigkeit bestritten, sondern insbesondere auch die der Parömien, die in ähnlicher Weise als Inbegriff eines über lange Zeit optimierten und dadurch bewährten Wissens gelten. Exemplarisch kann hier angeführt werden, wie der Bachiller Narváez ein bekanntes römisches Sprichwort kritisiert:

> PAULO: Si fuere error, con ser común me consolaré, pues dizen que es consuelo el mal de muchos.
> BACHILLER: Tan común es el error desse refrán como el propósito a que se dixo; y devió ser sentencia de algún impío y cruel hombre.
> LUDOVICO: ¿Cómo? ¿No es verdad lo que dixo el otro poeta, que es consuelo a los miserables tener compañeros en su adversidad?
> BACHILLER: No, cierto, sino sentencia inhumana y sin piedad, porque, aunque no tengamos más obligación que a ser hombres, avemos de tener dolor y compassión de ver padescer a otro hombre[97]

Eine weitere Befürwortung der Spruchweisheit führt zu ähnlichem Widerspruch seitens des Bachiller. So beharrt etwa Paolo auf „aquel verdadero refrán, [según el cual] el buen pagador señor es de lo ageno“[98], um zu verdeutlichen, dass man die früheren Schulden begleichen müsse, wenn man später um weitere bitten möchte, aber der Bachiller hält „esse refrán [...] por muy falso“[99].

Neben der dialektischen Gesprächsführung mithilfe von *loci communes* gelehrter und volkstümlicher Herkunft findet sich dann ein zweiter Angriffspunkt in der Epitome-Literatur, nämlich den zahllosen Florilegien und Miszellaneen der spanischen Renaissance, die in verkürzter und vereinfachter Form antikes Bildungsgut für bürgerliche Kreise zugänglich machten, die selbst kein Latein verstanden oder keine Zeit für ausführliches Quellenstudium erübrigen konnten.[100] Im *Porfiado*-Dialog erweist sich Paulo als Nutzer dieser Zusammenfassungen, ihm will der Bachiller im ersten Teil die Viten Plutarchs in gekürzter Form zurückgeben, die auch bei einem weiteren Gesprächspartner

---

96 Ebd., S. 423-424.

97 Ebd., S. 426-427. Es handelt sich hier um ein lateinisches Sprichwort, das unter anderem Cato zugeschrieben wird („solamen miseris socios habuisse malorum“), vgl. die Anmerkung von Castro Díaz ebd., S. 427.

98 Ebd., S. 421.

99 Ebd.

100 Vgl. zum Gebrauch dieser Kompendien durch spanische Humanisten und zur historischen Praxis des Exzerpierens Nakládalová 2013, S. 156-163, kritisch speziell zu Mexía dann Cherchi 1993.

Zustimmung finden. Für Fabián erleichtern solche Kompendien den Weg durch die *multitudo librorum* des Zeitalters der Druckerpresse, erlauben die Kenntnis des Altertums und der kanonischen Texte, wohingegen der streitlustige Narváez die Überlegenheit der Originallektüre betont, gleichsam philologische Genauigkeit einfordert. Daran knüpft sich ein Wortwechsel, in dem der Bachiller die drohende Verfälschung des Originals denunziert:

> FABIÁN: Pero el libro [las *Vidas* de Plutarcho] he yo ya visto y parésceme bien; y para poder gozar de la multitud de libros que ay agora, es cosa provechosa el abreviar y sumar los authores, como este ha hecho.
>
> BACHILLER: Vuestra merced me perdone, que en esso estoy de contrario parescer; porque, quanto a lo primero, con sumar y abreviar no se sigue el efecto que dezís, antes se multiplican los libros y se haze, de uno, dos; y después desto, es falsar la scriptura agena, porque cortan y mudan el estilo, quitan la eloquencia y ornato del author verdadero, menoscaban la materia que se trata, usurpan la agena gloria y trabajo, haziéndose ingenioso en ageno libro; finalmente es hurto y injusticia traçar y cortar en ageno edificio contra la voluntad de su dueño; y aliende de lo dicho, son causa los que hazen estas que llaman epítomas o sumas, que los libros principales que abreviaron se pierden, como ha acaescido en la obra de Trogo Pompeyo, que Justino abrevió, y en lo más de las Décadas de Tito Livio, que Lucio Floro hizo lo mismo, y assí en otros.[101]

Ähnlich wie bei der Widerlegung von Catos Sentenz bildet auch hier ungläubiges Staunen die Reaktion des Publikums, wenn der Nutzen der Epitome-Literatur auf provozierende Weise und mit dialektischer Spitzfindigkeit hinterfragt wird. Während die drei Zuhörer gleichsam naiv die akkreditierten *testimonia* aufgreifen und blind wiederholen, fordert der Bachiller die aufwändige Arbeit philologischer Quellenlektüre, wobei ihm eine teils fundierte und wohlbegründete, teils aber auch fragwürdige und fehlerhafte Bildung zu Gebote steht, wie Conde Parrado und González Manjarrés gezeigt haben.[102] Gleichwohl bleibt es dabei, dass die übrigen Argumentationsteilnehmer sich in schulmäßiger Treue an wenige memorierte Sätze aus zusammengefassten Kompendien halten, wohingegen Narváez immerhin den Anspruch eines ergebnisoffenen und kritischen Nachforschens aufrecht erhält. Topische Sentenzen bilden für jene eher das Ende einer Debatte, da sie in ihrer formelhaften Fixierung nahezu immun wirken, für diesen steht jedoch das Befragen der enzyklopädischen Wissensaussagen im Vordergrund, im Sinne eines philologisch gewendeten Verständnisses von Humanismus.

---

101 Mexía 2004, S. 422.

102 Vgl. Conde Parrado/González Manjarrés 2000, S. 79-85, 93-95.

Die Geringschätzung der *loci communes* als flexibel deutbares, darin kontingentes und potenziell falsches Wissen führt, wie bereits angedeutet, zu einem weiteren Nichtverstehen seitens der drei befreundeten Zuhörer aus Sevilla: Sie begegnen den rhetorischen Widerlegungskünsten des Bachillers mit Befremden, Ungläubigkeit oder Verblüffung, jenen Reaktionsmodi, die die klassische Rhetorik in der Figur der *admiratio* zusammenfasst.[103] In ihrer älteren Semantik beschreibt diese eher Formen des Staunens angesichts des Ungewöhnlichen und Rätselhaften, weniger eine Art der Bewunderung.[104] Nach der Kritik an den Parömien wird es vor allem die paradoxe Befürwortung von Ungerechtigkeit sein, die solche Affekte heraufbeschwört, etwa wenn Paulo protestiert: „¿Nunca os avéis de conformar con nadie?“[105] Wie in einem *crescendo* schwillt diese *admiratio* im Verlauf des Gesprächs an, denn die Zuhörer erfinden immer neue argumentative Hürden und Herausforderungen als „exemplos rigurosos que avéis puesto“[106] in einer *verbal battle*, aus der Narváez stets als Gewinner hervorzugehen weiß. Keine noch so widersinnige Behauptung, die sich nicht mit sophistischer Wortkunst und geschickt kompiliertem Autoritätenwissen fundieren ließe. So kann der Bachiller den offenen Rechtsbruch aus staatspolitischen Gründen verteidigen und hierfür Aussagen von Augustin, Karneades (in der Zitierung bei Laktanz Firmianus), Furius Philus (in der Zitierung bei Cicero) und Platon zusammentragen, wenn auch um den Preis eines womöglich zweifelhaften oder zumindest unscharfen Rückgriffs auf die antiken Philosophen.[107] Ein Publikum von mittlerer Bildung

---

103 Sie bildet auch die konventionelle Reaktion auf paradoxes Sprechen, vgl. Presberg 2001, S. 37-38.

104 Vgl. zur historischen Pragmatik dieser *figura* den Aufsatz von Erhart 1992.

105 Mexía 2004, S. 442.

106 Ebd., S. 434.

107 In der beschriebenen Argumentationsführung des Narváez lassen sich teils problematische Zitierungen nachweisen, wenn man die referierten Meinungen mit den lateinischen Ursprungstexten abgleicht. Weder Karneades noch Philus wäre demnach die Verteidigung von ethisch fragwürdigem Handeln aus politischen Gründen in dieser Eindeutigkeit zuzuschreiben. Für Conde Parrado und González Manjarrés (2000, S. 81-83) ist dies der Beweis einer ethisch prekären Verfälschung der Autoritäten zugunsten sophistischer Dialektik und eitler Arroganz. Andererseits könnte es sich hier auch um das Phänomen ungenauer und unkorrekter Zitate in humanistischer Prosa handeln, die oft auf den Gebrauch wenig sorgfältig edierter Kompendien und Miszellaneen der Zeit verweisen, vorsichtiger als Conde Parrado und González Manjarrés bleibt hier zu Recht Castro Díaz in den Anmerkungen zu Mexía 2004, S. 429-433. Immerhin beharrt der Bachiller am Ende seiner Rede ja auch auf der Norm des guten Handelns als eigentlicher Richtschnur, die zitierten Philosophen „si lo hizieron porque lo sintieron assí, absolutamente erraron en ello, porque la injusticia es contraria a las virtudes“ (ebd., S. 432).

vermag diese Unwuchten indessen kaum zu durchschauen, an die Stelle vernünftiger Gegenargumente tritt daher eine steigernde Dynamik mit immer größeren Herausforderungen („sería tanto, que no lo podréis hazer"[108]), an deren Bewältigung gerade Fabián Gefallen findet („hasta agora no tengo mal gusto de lo que se ha dicho"[109]). In komödiantisch zugespitzter und grotesk überzeichneter Form scheint Mexías *Coloquio del Porfiado* damit im Ergebnis zwei Gebrauchsweisen der ebenso traditions- wie prestigereichen Wissensaussagen gegeneinanderzustellen. Dabei steht der statische und repetitive Gebrauch der Sentenzen durch die drei befreundeten Zuhörer, die hier eine Art geschlossene Schulphilosophie finden, dem offen-kritischen Gebrauch durch den Bachiller gegenüber, vielleicht wieder im ursprünglichen Sinne der *Topik*, demzufolge die *endoxa* lediglich Material einer spielerischen Übung im Argumentieren sein sollten. Dieser zweiten Möglichkeit begegnen die drei gebildeten Stadtbürger jedoch mit Nichtverstehen.

Es steht dabei außer Zweifel, dass auch in Mexías *Porfiado*-Dialog keineswegs die parodistische Kritik an der verdrehten Gelehrsamkeit des Narváez fehlt, in der alles immer wieder anders und neu bewiesen werden kann und Sinnaussagen schließlich kontingent werden, so das skeptische Résumé von Fabián: „que no ay cosa tan dudosa que, bien diziendo, no se haga provable"[110]. Das Streitgespräch zeigt aber auch, dass die inkriminierte *porfía* nicht nur moralischer Defekt sein muss, sondern auch heuristisches Instrument in einem dialektischen Findungsprozess sein kann, so lautet immerhin die Gegenthese des Bachiller: „si no uviesse porfía y altercación, nunca se sabría ni descubriría bien la verdad de las cosas ni de las artes"[111]. Dies würde der regelmäßigen Aufwertung des Zweifelns in den Dialogen der Renaissance entsprechen, auf die Jacqueline Ferreras in ihren Ausführungen zur „valeur du doute"[112] hingewiesen hat. Der Konflikt zwischen topischem Formelglauben und skeptischer Thesenprüfung setzt zentrale Verfahren der humanistischen Wissenstechnik in einem komisch akzentuierten Reflexionsraum entgegen, der die Befragung der sanktionierten Diskursregeln erlaubt und performativ durchspielt.

***

108 Mexía 2004, S. 434, zu den genannten Argumenten vgl. ebd., S. 434-440.

109 Ebd., S. 428.

110 Ebd., S. 465.

111 Ebd., S. 425.

112 So die Überschrift des entsprechenden Kapitel in Ferreras 1985, S. 70-77.

Im Gegensatz zu den übrigen Dialogen der Sammlung behandelt der *Coloquio del Porfiado* keinen inhaltlichen Erkenntnisbereich des profanen Real- und Sachwissens, sondern das historische System und die Möglichkeitsbedingungen von Wissen selbst; im Blick steht so die umfassende enzyklopädische Bildung des Humanisten mit ihrem antiken Kanon einerseits, daneben die trivialen Sprachdisziplinen der Rhetorik und der Dialektik, die als disputierendes Fragen und Gründegeben anhand von topischen Argumenten verstanden werden. Im Dialog können diese grundlegenden Instrumente in den symbolischen Reflexionsraum der Gesprächsmimesis verschoben und im fiktionalen Modus des Als-Ob kritisch erprobt und skeptisch befragt werden. Im Zentrum der poetischen Konzeption steht dabei die Provokation eines nicht mehr im Ethischen zentrierten Gelehrten mitsamt seiner mächtigen Redekunst. Diese Figur könnte in einem konventionellen Sinn als Warnung vor den Gefahren sophistischer Argumentationsexzesse gedeutet werden, so noch Castro Díaz, andererseits weist die subtile Ausarbeitung der Figurenpsychologie im *Porfiado*-Dialog eher auf einen erasmisch gefärbten Morosophen hin, dessen Wissensbehauptungen zwischen verdrehten Absurditäten und scharfsinnigen Einsichten schwanken. Überheblichkeit und *superbiae ingenium* wurzeln hier in einer mangelnden Verstehensnähe des Protagonisten zu sich selbst, in der Selbstmissverständnis und *mauvaise foi* zusammenkommen, weniger aber in einem bewussten Willen zur Verfälschung oder Manipulation, hierauf deutet auch die teilweise Zustimmung des Publikums zu den Diskussionsergebnissen hin. Insgesamt dominiert freilich eine zweigeteilte Personenkonstellation, die sich an der Frage nach der Gültigkeit von *loci communes* scheidet: Während die gemäßigte *eruditio civilis* an einem konsensuellen Sinnhorizont aus Mustersätzen der Autoritäten und auswendig gewussten Sprichwörtern festhält, führt der kritisch provozierende Narváez immer neue Gegenbelege an, die die Kontingenz der Aussagen decouvrieren und sich doch ihrerseits auch auf höchste Autoritäten antiker und biblischer Herkunft berufen können. In diesem Spannungsfeld bleibt oft nahezu unentscheidbar, ob der Bachiller von wahllosem Widerspruch um der *porfía* willen geleitet wird, oder vom unablässigen Ringen um die tatsächliche Wahrheit, wie er selbst behauptet.

Die Translation der humanistischen Wissensinstrumente in einen mehrstimmigen Spielraum ermöglicht es schließlich, diese Entscheidung offenzuhalten und als epistemische Schwebe auszuspielen, die gerade auch aufgrund der paradoxen und negativen Bedeutungsmomente, mit denen weitere Stolperdrähte in das Sinngeschehen eingefädelt werden, keine Rezentrierung erlaubt. Stärker noch als bei konventionelleren Dialogen der Renaissance gilt gerade hier, dass sich keine abschließende Makroproposition des Gesprächs festhalten lässt. Gleichwohl verdichten sich in einer Gesamtabwägung wahrscheinlich die Hinweise auf ein zunehmendes Misstrauen gegenüber den *loci communes*, ohne dass diese freilich ganz aufgegeben werden könnten. Sie bilden vielmehr den allerletzten Haltepunkt in einem zunehmend entsicherten „Meinungsspiel"[113] dialektischer Argumentation, in dem alles immer wieder anders und neu bewiesen werden könnte, hier verbürgen die Mustersätze noch eine gewisse Stabilität, da sie zumindest durch das Prestige der Autoritäten gültig und beständig scheinen. Der bedrohliche epistemische Ungrund, der sich in dieser Sinnkonstellation auftut, lässt sich mit den poetischen Verfahren des Dialogs ausfalten und darstellen, zugleich aber auch durch die komödienhafte Inszenierungsstrategie diskret entschärfen und als ästhetisches Spiel verfassen.

3.3 Kritisches Naturdenken. Imagination und Argumentation im *Diálogo natural*

In den *Diálogos o Coloquios* von Pedro Mexía bildet der die Sammlung beschließende *Diálogo natural* gemeinsam mit dem *Coloquio del Sol* sowie dem *Diálogo de la Tierra* die thematische Gruppe der drei Naturdialoge.[114] Diese Gespräche greifen den Diskurs der klassischen antiken Naturphilosophie auf und erschließen ihn systematisch in seinen wesentlichen Elementen und Begriffen. Mit guten Gründen ist die dreiteilige Serie daher von Beginn der Rezeptionsgeschichte an als zusammenhängende Gruppe wahrgenommen worden, wovon unter anderem ihre gelegentliche Ausgliederung aus dem Gesamtzyklus in einer französischen Übersetzung zeugen kann.[115] Die Naturdialoge sind nicht nur inhaltlich durch den gemeinsamen Anspruch verbunden, die aristotelische Naturphilosophie darzustellen. Sie sind zugleich auch durch poetische Verfahrensformen verklammert und herausgehoben, da sie anders als die übrigen drei Dialoge der Sammlung ein besonders eng verwobenes und in sich kohärentes diegetisches Universum vorstellen, das als fiktionale Verformung von humanistischen Gesprächskreisen in Sevilla

113 Vgl. Hempfer 2002[b], S. 26-29.

114 Eine frühere Fassung dieses Kapitels findet sich in Nagel 2019.

115 So spricht etwa Castro Díaz ausdrücklich von der „serie de los coloquios científicos" (Anmerkung in Mexía 2004, S. 487). Die französische Auskoppelung (übersetzt von Marie de Coste-Blanche) erschien fünfmal zwischen 1566 und 1593 unter dem Titel *Trois dialogues de M. Pierre Messie, touchant la nature du Soleil, de la Terre et de toutes les choses qui se font et apparoissent en l'air*, vgl. Castro Díaz 2004, S. 17; Mulroney 1930, S. 9.

um 1547 aufgefasst werden kann, die spielerische Züge annimmt.[116] Tatsächlich teilen alle drei kosmographischen Stücke eine im Kern identische Argumentationsgemeinschaft, die sich an ähnlichen Schauplätzen der Stadt wiedertrifft und vergleichsweise methodisch den Kreis der naturkundlichen Wissensgebiete abschreitet.[117] So begegnen sich zu Beginn des *Coloquio del Sol* in der Kathedrale von Sevilla die befreundeten Stadtbürger Petronio und Paulo, nachdem jener gerade die Messe gehört hat, beide treffen in einem ruhigeren Winkel der Kirche dann zufällig auf Ludovico und Antonino, der die geophysischen Phänomene der Sonne erläutern will.[118] An diese naturphilosophische Lehrstunde im karolinischen Sevilla schließt der *Diálogo de la Tierra* unmittelbar an, wobei die Asymmetrie zwischen dem *magister* Antonino und den *discipuli* Petronio und Paulo (Ludovico ist fortan abwesend) in einem Gespräch erhalten bleibt, das nun während eines Spaziergangs außerhalb der Stadtmauern auf dem Campo de Tabladas stattfindet. Personal- und lokaldeiktisch bleibt dieser Rahmen schließlich auch noch im *Diálogo natural* erhalten, wo der Spaziergang auf demselben Feld über die Puerta de Xérez wieder zu den Stufen der Kathedrale zurückführt, auf denen die Markthändler ihre Waren feilbieten. Die eingestreuten temporaldeiktischen Hinweise zeigen unaufdringlich eine relative Chronologie an, derzufolge alle drei Gespräche im Zeitraum von etwa zehn Tagen stattgefunden haben,[119] so dass die kleine naturphilosophische Enzyklopädie in einem engen diegetischen Zusammenhang kohärent und konsequent entfaltet wird. Dessen Bindungskraft erlaubt es nicht zuletzt, im zweiten und dritten kosmographischen Dialog auf die in der Gattungstradition sonst übliche *praeparatio* ganz zu verzichten und nur

116 So noch einmal die These bei Malpartida Tirado 2005, S. 148 ff.

117 Zur Kohärenz des diegetischen Universums in den *Diálogos o Coloquios* äußert sich insbesondere Malpartida Tirado (vgl. ebd., S. 149 ff.). Malpartida geht davon aus, dass – wie wir in Kapitel 3.1 resümiert haben – nicht nur die offenkundig durch Thema, Personal, Raum und Zeit eng verknüpfte naturalistische Trilogie, sondern sogar alle sechs Stücke der Sammlung als fiktionalisierte Darstellung humanistischer Gelehrtengespräche zu begreifen sind, die einen vernetzten Freundeskreis als *in group* mit zahlreichen referentiellen Illusionen integrieren, vgl. ebd., S. 148 ff.

118 Vgl. zu dieser dialogischen *praeparatio* Mexía 2004, S. 383-387. Die theologisch prekäre Verortung des naturphilosophischen, teilweise astrologischen Gesprächs im Sakralraum bleibt in den Dialogen wie selbstverständlich unkommentiert. Castro Díaz weist allerdings auf mögliche kritische Implikationen der Raumwahl bei Mexía hin, die in der Nachfolge des Erasmus den Missbrauch der Kirche zu weltlichen Zwecken denunziert, oder doch dieses Phänomen zumindest dokumentiert, auch das biblische Motiv der Händler vor dem Tempel ist hier aufschlussreich, vgl. die Anmerkung ebd., S. 286.

119 Im zweiten kosmographischen Dialog datiert Paulo das erste Gespräch auf das Vorgestern („como antier deziades"), zwischen dem zweiten und dem dritten Gespräch sollen dann wiederum acht Tage liegen („oy ha ocho días"), vgl. ebd., S. 470 bzw. 487.

durch kurze Rückbezüge den implizierten Gesprächszusammenhang erneut herzustellen.

Eine schulmäßige Sprechsituation und der doktrinale Grundzug der drei Naturdialoge haben dazu geführt, dass die fiktionale Qualität der Texte in der kritischen Rezeption eher vernachlässigt worden ist, stärker noch als bei den übrigen Dialogen. Wenig beachtet wurde daher die sorgfältige indexikalische Ausgestaltung von Raum und Zeit, die unmittelbar auf Mexías eigene Gegenwart und die baulichen Veränderungen der Stadt Sevilla Bezug nimmt,[120] noch die Realisierung der Möglichkeiten humanistischer Rhetorik. Eine solche doktrinale Sicht der drei Stücke deuten die verstreuten Zuschreibungen bei Antonio Castro Díaz an; sie betonen „un predominio de lo pedagógico en los tres diálogos de contenido científico“[121], besonders die Charakterisierung der Figuren sei „más esquemática en los tres diálogos doctrinales“[122]. Mit einer genaueren Untersuchung des die Sammlung beschließenden *Diálogo natural* soll in der folgenden Interpretation der Versuch unternommen werden, die zuwenig beachtete fiktionale Qualität der kosmographischen Gespräche herauszuarbeiten und sie als konstitutives Element einer komplexen Wissensproduktion zu beschreiben, bei der *episteme* und *fictio* zusammenwirken. Mit diesem Ansatz wird nicht zuletzt dem Umstand Rechnung getragen, dass Mexía sich ausdrücklich für ein poetisches Darstellungsformat entschieden hat, nicht für den Traktat.[123] Der sonst in den Lektüren oft geschrumpfte, schlicht unklare oder vermeintlich bloß akzidentielle Status der ästhetischen ‚Überschüsse‘ zur doktrinalen Theoriebildung soll so in ein neues Licht gerückt werden. Wie sich nun aristotelische Lehre und ästhetische Miteffekte bezugreich in der didaktischen Debatte bei Mexía verbinden, kann im Einzelnen an zwei ausgewählten Passagen unseres Textes illustriert werden. Ein erstes Beispiel findet sich in Antoninos ausführlicher Erläuterung der unterschiedlichen Vermischung von Elementen; auf dieses aristotelische Naturprinzip der *mixta imperfecta* war bereits im vorangegangenen *Coloquio del Sol* kurz hingewiesen worden, so dass dieser Passus gleichsam die aufbauende Rückwendung

---

120 Vgl. aber Lay Brander 2011, S. 152-161.

121 Castro Díaz 2004, S. 66.

122 Ebd., S. 53. Ähnlich auch Malpartida Tirado zu den drei Dialogen: „pertenecen a la categoría […] catequística entreverada con la miscelánea“ (Malpartida Tirado 2005, S. 152).

123 Zum Spektrum wissensvermittelnder Gattungsmodelle der Renaissance und zu den möglichen Motiven für konkrete Entscheidungen der Autoren vgl. erneut Baranda Leturio 2011, S. 2-8, vgl. Kapitel 2.1.4.

darstellt.[124] In wohlgeordneter Darlegung der aristotelischen Prinzipien aus den ersten Büchern des *Meteorologicon* wird hier zunächst die Lehre von den instabilen Verbindungen der vier Elemente in den Naturphänomenen entwickelt. Die spezifische Inszenierungsstrategie gestaltet sich dabei, wie zu zeigen ist, als poetisch-imaginative Versinnlichung der Theorie; Antonino kann den Gegenstand kaum versprachlichen, ohne ihn zugleich auch als unsprachliches inneres Bild mit den Mitteln der Phantasie zu vergegenwärtigen. Im Fall der Elementenmischung bezieht sich Antonino daher immer wieder auf die mentale Evokation schon gespeicherter Erinnerungsbilder aus der Natur und fordert die Schüler gleichzeitig dazu auf, den didaktischen Vorgang ihrerseits durch ein visuelles Denken zu begleiten, so dass *magister* und *discipuli* zuletzt an der Materialisierung eines seriellen Bilddenkens, einer performativen Begründungsfabel teilhaben, die die dichte visuelle Isotopie immer neu ausleuchtet. Im zweiten hier ausgewählten Beispiel steht die Herkunft von Wetterleuchten, Donner und Blitz zur Erklärung an. Die Vermischung von logischer Argumentation und ‚unreinen' rhetorischen *figurae* als Überlieferungsergebnis der antiken Rhetorik wird hierbei in der poetischen Darstellung deutlich: Könnte sich die klassische Doktrin von der Antiperistase auch auf einen kurzen Lehrsatz reduzieren, so arbeitet die reichhaltige *copia verborum* in Antoninos langem Sprechakt vor allem eine diffizile und uferlose *oratio perpetua* aus, deren Expansion durch immer neue Erweiterungen anwächst. Neben der eigentlich überschaubaren Doktrin selbst vermittelt solche Belehrung noch ein zweites ästhetisches Erfahrungswissen, lässt sich hier doch die Naturphilosophie als ein in seiner Gewalt beeindruckendes, zugleich aber auch hypertrophes und fragiles Wissenssystem sinnlich erleben.

Kontext I: Naturphilosophie in der spanischen Renaissance

Die drei eng verknüpften Dialoge beziehen sich thematisch klar auf den historischen Diskurs der Naturphilosophie im 16. Jahrhundert, deren Kenntnis zum elementaren humanistischen Wissensrepertoire zählte. Dies bestätigt sich auf besondere Weise am Beispiel von Pedro Mexía, der im historischen Sevilla aufgrund seiner profunden Bildung in diesem Bereich den rühmenden Beinamen *el astrólogo* erhalten hatte und ebendort im Jahr 1537 zum Kosmographen an der *Casa de Contratación de Indias* ernannt worden war, an der unter anderem die Navigatoren für die Seefahrt in die Neue Welt ausgebildet wurden und wo entsprechend geographisches, nautisches und kartographisches Wissen

124 Überraschenderweise bleibt das Naturprinzip der „cosas mistas" dort zunächst unerklärt und wird scheinbar als bekannt vorausgesetzt, vgl. Mexía 2004, S. 478.

zusammentrafen.[125] Der diskursprägende, gleichwohl systematisch unscharfe Leitbegriff der *filosofía natural* konnte dabei in der historischen Semantik der spanischen Renaissance mindestens zwei Bedeutungen annehmen. Zum einen bezeichnete er den eigentlichen Gegenstandsbereich, zu dem die natürliche Umwelt, Bewegung und Materie (Physik), Himmelserscheinungen (Kosmographie, Meteorologie) und Mineralogie rechneten,[126] mit Überlappungen zur Medizin,[127] zum anderen das Textkorpus eben jener aristotelischer Lehrschriften, die diese Aspekte behandelten und zur kanonischen Autorität in der Gelehrtenkultur geworden waren. Naturphilosophie meint dann eine Teildisziplin der Physik, wie sie an den mittelalterlichen und frühneuzeitlichen Universitäten im zweiten und dritten Studienjahr gelehrt wurde, gestützt auf die lateinischen Übersetzungen,[128] mehr noch auf die scholastischen Kommentare insbesondere des Thomas von Aquin, die oft standardmäßig verwendet wurden.[129] Im Umfeld dieser akademischen Naturphilosophie entsteht dann ein weitgespanntes Textkorpus, das zunächst lateinische Traktate und Kommentare umfasst, zunehmend aber auch eine volkssprachlich verfasste Dialogliteratur. Entsprechend sind Mexías *Diálogos o Coloquios* grundsätzlich in übergreifende Erscheinungsformen der Aristoteles-Rezeption und des naturphilosophischen Diskurses im spanischen Kontext einzuordnen.[130]

Die genaue Stellung der aristotelischen Naturphilosophie in der spanischen Renaissance ist bislang noch nicht in einer übergreifenden Studie ausführlicher

125 Vgl. Castro Díaz 1989, S. 13-14, sowie dessen ausführlichen Kommentar in Mexía 2004, S. 508-509.

126 Vgl. Blair 2006, S. 366-367; Des Chene 1996, S. 7-11.

127 Vgl. Granjel 1980, S. 95-99.

128 Hier ist neben Henricus Aristippus und Gerhard von Cremona im 12. Jahrhundert vor allem die sogenannte *nova translatio* des Flamen Wilhelm von Moerbeke aus der zweiten Hälfte des 13. Jahrhunderts zu nennen. Eine ausführliche Darstellung dieser mittelalterlichen Rezeptionsgeschichte, die neben den umfassenden lateinischen Übersetzungen auch indirekte nacharistotelische Quellen umfasst, etwa in der Patristik, bietet die Einleitung von Vuillemin-Diem zur erwähnten Fassung von Moerbeke in Aristoteles 2008, Bd. 1, S. 1-42, weiter vgl. ebd., S. 91-117.

129 Vgl. zum institutionellen Ort des naturphilosophischen Aristoteles Blair 2006, S. 366-372.

130 Ein Überblick über die Traktatliteratur bei Pardo Tomás 2002. Neben den Naturdialogen von Pedro Mexía und Pedro de Mercado, die in unserer Studie genauer berücksichtigt werden, können auch die *Summa de philosophía natural* (1547) von Alonso de Fuentes, der *Coloquio del Sol* (1576) von Diego Sánchez und die *Nueva philosophía de la naturaleza del hombre* (1587) von Sabuco de Nantes genannt werden, ebenso dem Dialog benachbarte Formen wie die populäre *literatura de problemas*, in der etwa Alonso López de Corella seine *Trezientas preguntas de cosas naturales* (1546) verfasste. Hinzu treten dann Kompendien wie Juan de Jaravas *La philosophía natural copilada de Aristóteles, Plinio, Platón y otros graves autores* (1546).

erforscht worden.[131] Gleichwohl lässt sich Pedro Mexía vor dem Hintergrund der dynamischen Entwicklung in Italien wohl eher als Vertreter konservativer Strömungen begreifen.[132] Zwar werden auch in den *Diálogos o Coloquios* gelegentlich offenkundige Irrtümer der klassischen Autoritäten konzediert,[133] die universale Geltung des aristotelischen Systems in seiner traditionell-scholastischen Ausprägung bleibt aber davon unberührt; im Zweifelsfall ist das buchgestützte Wissen überlegen, selbst dort, wo es empirischer Erkenntnis widerspricht.[134] Mit dieser konservativen Signatur fügt sich Mexía indessen nahtlos in eine allgemeine Situation der spanischen Naturphilosophie des frühen und mittleren 16. Jahrhunderts, die durch die langen Schatten der thomistischen Kommentarpraxis und ein Verhaften am christlichen Aristoteles geprägt wurde. Während in Italien bereits früh die Wege zu einem säkularen

---

131 Wir berücksichtigen insbesondere die Arbeiten von Bravo García 1997; Navarro Brotóns 2002; Navarro Brotóns 2014; Wallace 2018; vgl. Kapitel 1.5.

132 Vgl. zu den Erneuerungen des Renaissance-Aristotelismus in Italien allgemein Bianchi 2003; Blair 2006; Martin 2009; Martin 2011; Keßler 2008; Lohr 1988; Schmitt 1983. Gemäß Castro Díaz zeichnen sich die drei kosmographischen Dialoge Mexías indessen durch eine relativ strenge Nachahmung insbesondere der aristotelischen Quellen aus („servilismo"), die nur in wenigen Details hinterfragt werden, vgl. Castro Díaz 2004, S. 103-105, 108-111, Zitat S. 109, ähnlich Presberg 2001, S. 61-63. Folgt man den Quellenverweisen in den Fußnoten der kritischen Ausgabe des *Diálogo natural* von Castro Díaz, so benutzt Mexía die lateinische Übersetzung des Aristoteles in den *Opera omnia* (Basel 1538), aus der dann Passagen in die Figurenreden eingingen. Dies ist insofern wenig wahrscheinlich, als Forscher wie Cherchi oder Conde Parrado/González Manjarrés ja gerade die kritische Originallektüre bei Mexía bezweifeln und stattdessen von einer ausgiebigen Verwendung zeitgenössischer Kompendien, Zusammenfassungen und Florilegien ausgehen, vgl. dazu Castro Díaz' eigene Hinweise (2004, S. 137-138, 140, 143). Wir benutzen für das aristotelische *Meteorologicon* im Folgenden fallweise Aristoteles 1955; Aristoteles 1970.

133 Vgl. die Belege bei Castro Díaz 2004, S. 104, 110-111.

134 Exemplarisch kann Antoninos kritische Zurechtweisung im *Diálogo de la Tierra* genannt werden: „De vuestras dubdas, señor Petronio, la primera nasce de querer vos antes creer al sentido que a la razón, y no querer tener por cierto sino lo que veis por los ojos"; ähnlich dann im *Diálogo natural*: „En estas cosas obscuras devría abastar el authoridad de los sabios para los que no las entienden; pero, fuera desta, ay argumentos bastantes que convencen ser error el de los que piensan ser las cometas estrellas." (Mexía 2004, S. 479, 507) Stärker als in den *Diálogos o Coloquios* wird in der *Silva* hingegen im Kapitel zur Überlegenheit des Sehsinns ein eher modern-empirischer Ansatz erkennbar: Das eigenständig erkennende Schauen ist dem Hören der Lehrmeinung hier übergeordnet, die nur Sehen aus zweiter Hand bietet: „De manera que, aunque por el oýr podemos ser enseñados, de grandes cosas, el primer inventor y maestro fue la vista. Y por el oýdo no puede entrar cosa que no sea dada por otro, y la vista propia gana y adquiere. El oýr haze discípulos; la vista maestros: pues por la vista, como digo, puede el hombre alcançar y conocer muchas cosas sin ayuda del otro; por el oýdo, ninguna, si otro no se la enseña." (Mexía 1990, Bd. 2, S. 413)

Aristoteles geebnet worden waren, die auf philologisches Quellenstudium und empirische Korrektur topischer Lehrmeinungen setzten, überwog in Spanien noch länger ein schulphilosophischer Blick auf die Erscheinungen der natürlichen Welt und entsprechend im historischen Diskurs akzeptierte Deutungsmodelle.[135] Allerdings lässt sich dieser erste schematische Befund speziell mit Blick auf den institutionellen Ort der Naturphilosophie genauer differenzieren. Grundsätzlich bildete sie im Ensemble mit den übrigen physikalischen Schriften des *philosophus* ein kohärentes und prestigereiches Textkorpus, das zum Kernbestand der Lehre im lateinischen Mittelalter gehörte.[136] Auch an den drei bedeutendsten Universitäten der spanischen Renaissance – der traditionsreichen Universität von Salamanca sowie den Neugründungen in Alcalá de Henares und Valencia – bildeten diese physikalischen Lehrschriften den Pflichtstoff, wie ein exemplarischer Blick in die *Constituciones* von Alcalá zeigt: Während das propädeutische erste Jahr dem aristotelischen Organon gewidmet war, das allerdings meist nur in Vermittlungen durch die *Summulae logicales* von Petrus Hispanus oder zeitgenössischen Humanisten rezipiert wurde, folgte im zweiten Jahr die Logik, danach kamen im dritten Jahr Physik sowie Naturphilosophie. In einem fakultativen vierten Studienjahr, das nach dem *bachiller* mit der *licenciatura* abschloss, kam dann die Metaphysik zur Sprache, sozusagen als theologische Rahmung der bislang erworbenen Naturkenntnisse im Sinne des göttlichen Schöpfungsplans.[137] Griff man bereits bei den elementaren Techniken von Logik und Topik auf ein bewährtes Kompendium zurück, so wurden wahrscheinlich auch die physikalisch-naturphilosophischen Aspekte mithilfe von Kommentaren gelehrt, die zunächst den akademischen Unterricht begleiteten, deren Veröffentlichung als Abhandlung aber zugleich einen strategisch relevanten Baustein für die Karriere der humanistischen Gelehrten bildete. Dabei zeigt sich, dass die Naturphilosophie seit den zwanziger Jahre des 16. Jahrhunderts zunehmend an Gewicht gewinnt, zunächst in den akademischen Studienplänen, wo sie zulasten der Logik ausgebaut wird,[138] dann auch in der lateinischen Traktatliteratur spanischer Verfasser. Hierzu gehören die Arbeiten des nominalistisch beeinflussten Domingo de Soto, der zunächst in Alcalá lehrte, um später

135 So spricht etwa Bravo García von einem „relativo atraso científico" (Bravo García 1997, S. 217), auch wenn dieses Bild noch genauer zu differenzieren ist, vgl. Navarro Brotóns 2002, S. 386-394.

136 Vgl. Des Chene 1996, S. 7-11.

137 Vgl. die genaue Analyse der Studienpläne bei Navarro Brotóns 2014, S. 62-72.

138 Navarro Brotóns nennt hier exemplarisch die Universität von Salamanca, deren *Constituciones* zwischen 1536 und 1561 den Rückgang der Logik zugunsten von Ethik und Naturphilosophie spiegeln, vgl. ebd., S. 63, 68-69.

Theologieprofessor in Salamanca zu werden. Der dominikanische Beichtvater von Kaiser Karl V. postulierte zuerst anstelle der Kompendien eine Rückkehr zu den Urtexten als „retorno a Aristóteles"[139], die in den mehrfach aufgelegten und rasch kanonisierten Kommentaren zur Physik (1545) entwickelt wurde.[140] Immer öfter begegnet dann der Leitbegriff der Naturphilosophie als Gegenstand eigener Traktate, so in Pedro Espinosas *Philosophia naturalis* (Salamanca 1535), dann in Sebastián Fox Morcillos *De naturae philosophiae, seu de Platonis, & Aristotelis consensione* (Leuven 1554), die noch Baltasar de Céspedes dem vollkommenen Humanisten als naturphilosophisches Standardwerk empfiehlt.[141] Ergänzt werden diese Aristoteles-Kommentare spanischer Herkunft durch die bereits erwähnte volkssprachliche Epitome- und Dialogliteratur bei Alonso de Fuentes, Diego Sánchez, Pedro Mexía und Pedro de Mercado.

Entscheidend bleibt dabei für die spanische Renaissance insgesamt wohl ein spezifisches Ineinander von scholastischem Konservativismus und zögerlicher Modernisierung. Obgleich Thomas auch nach 1550 der zentrale akademische Standard aristotelischer Naturbildung bleibt,[142] werden dessen kanonische Lehren zunehmend durch empirische Korrekturen hinterfragt. Hier stehen natürlich in erster Linie die territoriale Expansion und die Seefahrt im Blick, denn das nautische und kosmographische Erfahrungswissen der Kolonisatoren erzwang immer wieder Berichtigungen der antiken Autoren in geographischen und meteorologischen Aspekten. Offen bleibt, inwieweit diese praktischen Erfahrungen auch in die theoretische Spekulation an den Universitäten einwirken konnten, hierfür wären Juan de Celayas Kommentare zu *De coelo* und *De mundo* ein möglicher Beleg.[143] Eine zweite Beirrung ging vom Medizinhumanismus aus, dessen Verfasser gleichermaßen aus philologischen und praktischen Gründen Einwände gegen etablierte Lehrmeinungen artikulierten.[144] Gerade der erste Bereich als Ausdruck imperialen Herrschaftsdrangs konnte dabei besonderes Gewicht erlangen und eine Revision der Autoritäten erzwingen. Dem stand jedoch die beharrende Kraft

139 Ebd., S. 65.

140 Vgl. ebd., S. 64-65, sowie die Beiträge in Wallace 2018.

141 Vgl. Fox Morcillo 1554, dazu die Hinweise in Cantarero de Salazar 2015; weiter Céspedes 2018, S. 55-56.

142 Vgl. Navarro Brotóns 2014, S. 70.

143 Vgl. ebd., S. 67.

144 Vgl. zur Kosmographie insbesondere die Studie von Portuondo 2009, dazu Friedlein 2014, S. 17-26, zum Medizinhumanismus Navarro Brotóns 2014, S. 68-69. Dort stand allerdings nicht allein Aristoteles als diskutable Autorität im Fokus, sondern auch die Schriften von Avicenna, Galen und Hippokrates, vgl. Granjel 1980, S. 47-61, 91-104.

der erprobten Studienpläne entgegen, aber auch der Einfluss der katholischen Kirche, die an der Doktrin eines christlichen Aristotelismus festhielt.[145]

Kontext II: Imagination und Bilddenken

Mit Blick auf die von den fiktiven Sprechern behandelten Naturphänomene möchte ich zunächst der Überlegung nachgehen, inwiefern die wortreichen Schilderungen etwa von Wetter- und Himmelserscheinungen mit repräsentierten Bildern arbeiten und damit als Modus einer inszenierten Imaginationstätigkeit gelten dürfen, aus deren visueller Praxis eigene Formen von Wissen hervorgehen. Dieser Gedanke verweist seinerseits auf den allgemeineren Kontext des *imaginatio*-Konzepts innerhalb der Renaissance, in der die wirkungsmächtige aristotelische Traditionslinie vermittelt über scholastische und frühneuzeitliche Transformationen oder Umbesetzungen modifiziert wirksam bleibt, ohne dass je von einer kohärenten oder vereinheitlichten Struktur auszugehen wäre. Aus dieser weitverzweigten Begriffsgeschichte können mit Blick auf die Deutung des hier behandelten Dialogs einige wenige Auszüge in Erinnerung gebracht werden, die die Stellung der *imaginatio* bzw. der oft dazu synonym verwendeten *phantasia* als anthropologische Kategorie des Bilddenkens unterstreichen.[146] Aus der aristotelischen Gründungsschrift *De anima* ist in der Wirkungsgeschichte vor allem das Ventrikelmodell traditionsfähig geworden, das von einer im Gehirn verorteten Existenz benachbarter Kammern ausgeht, in denen wiederum fünf seelische Funktionen loziert sind, wobei die einzelnen Ausdeutungen dieser grundlegenden Systematik zu immer neuen Modifizierungen und Verschiebungen geführt haben. Eine schulmäßige Kondensierung findet sich bei dem Kommentator Avicenna, dessen Modell noch in der Enzyklopädie *Speculum naturale* bei Vinzenz von Beauvais wiederholt wird und über diese scholastische Linie seinen Weg in die Renaissance findet, namentlich in Gianfrancesco Pico della Mirandolas *De imaginatione* (1501), der hieran anknüpft und die verschiedenen Anläufe zur Darstellung der Einbildungskraft im Zeichen eines emphatischen Bildbegriffs synthetisiert. Im Zentrum steht nun zunächst für Avicenna das erwähnte Modell der drei Gehirnkammern (*tres cellulae capitis*), in denen fünf geistige Vermögen (*quinque facultates*) verortet sind. Die erste Kammer nimmt mithilfe der (i) *phantasia*, die hier zunächst bloß den *sensus communis* meint, die sinnlichen Wahrnehmungen der *facta bruta* auf und fasst sie zu kohärenten Bildeindrücken zusammen, die

145 Zum Widerstand gegen radikale Erneuerungen vgl. Blair 2006, S. 390-393.

146 Wir folgen der Darstellung im einleitenden Kapitel bei Lobsien/Olejniczak Lobsien 2003, S. 11-35, dazu Aristoteles 1995, Zitate bzw. Übersetzungen aus dieser Ausgabe.

von der in einer Randzone der ersten Kammer situierten (ii) *imaginatio* eingeprägt und registriert werden. In der zweiten Kammer findet eine ordnende Zusammenstellung, Gliederung und Transformation der Bilder statt mithilfe der (iii) *vis imaginativa*, zugleich werden diese Bilder aber auch geprüft und bewertet durch die (iv) *vis aestimativa*. In der letzten Kammer steht das Gedächtnis als (v) *vis memorialis*.[147]

Besondere Aufmerksamkeit erhält im Kontext des Ventrikelmodells die als mittlere Funktion beschriebene Einbildungskraft, deren imaginative Produkte sich auch in den naturbezogenen Sprechakten der dialogischen Figurenrede als Bild materialisieren. Bei Aristoteles selbst finden sich vor allem im dritten Kapitel der Schrift *Über die Seele* nähere Hinweise auf die Fähigkeit zur willkürlichen Vergegenwärtigung abwesender Gegenstände, die dann als bildhaftes inneres Sehen gilt: „denn dieser Vorgang (das Vorstellen) liegt bei uns, sooft wir es wollen – denn wir können uns etwas vor Augen stellen, wie diejenigen, welche sich auf die Gedächtniskunst verlegt haben und etwas in Bildern darstellen"[148]. Diese Bilder erregen jedoch weniger starke Affekte als die tatsächlichen sinnlichen Wahrnehmungen.[149] Vor dem Hintergrund der benachbarten Kammern lässt sich dann eine Dynamik fortgesetzter Bewegungen und weitergegebener Impulse annehmen. Vorstellungen werden entsprechend durch Wahrnehmungen angeregt, ohne jedoch ganz in diesen aufzugehen. Sie weisen wohl auf Geschautes zurück, und in diesem Sinne sind auch „Vorstellungsbilder [...] wie die Wahrnehmungsobjekte, nur ohne die Materie"[150]; doch arbeitet die Imagination noch weiter darüber hinaus in steten Prozessen der Zusammenfügung, Anpassung und Ergänzung, um die Ergebnisse dann der Vernunft vorzulegen. Bei dieser Arbeit können potenziell auch Irrtümer entstehen, während die Wahrnehmungen selbst nach Aristoteles stets ‚wahr' sind.[151] So noch einmal Lobsien und Olejniczak Lobsien: „Als Bewegung, die auf jene der verwirklichten Wahrnehmung folgt, ließe sich die *phantasia* auch beschreiben als ein neues Arrangement der in der Wahrnehmung realisierten Eindrücke."[152]

Von einer möglicherweise autonomen Arbeitsweise der Imagination als bildproduzierendem Vermögen des Menschen ist im aristotelischen Urtext und seiner scholastischen Rezeption zunächst noch kaum die Rede, wie

147 Vgl. zu diesem Modell in Avicennas Rezeption hier Lobsien/Olejniczak Lobsien 2003, S. 12-15.

148 Aristoteles 1995, S. 155-157 (427b).

149 Vgl. ebd.

150 Ebd., S. 187 (432a).

151 Vgl. ebd., S. 151-157 (427a-427b).

152 Lobsien/Olejniczak Lobsien 2003, S. 25, wir folgen in der Darstellung ebd., S. 24-26.

überhaupt auch der Bildbegriff als solcher nicht gesondert problematisiert wird: Inwiefern die einzelnen Arbeitsschritte in den drei Kammern intuitiv als bildgestützte Prozesse oder Arbeit mit Bildern zu verstehen sind, bleibt damit zunächst unbestimmt. Anders sieht dies in der Verarbeitung der angedeuteten theoretischen Bausteine im neuplatonisch geprägten Milieu bei dem jüngeren Pico aus, dessen *De imaginatione* (1501) als ein Bezugspunkt für das Verständnis von Imagination in der Renaissance gelten kann. Ein Beleg dafür ist unter anderem die Herkunft von Picos Erklärungen aus dem Kreis der italienischen Frühhumanisten um Marsilio Ficino, Coluccio Salutati und Pico della Mirandola, die vermittelt über die *translatio studii* auch in den iberischen Kulturraum hineinwirkten.[153] Bei Pico selbst wird auf dem Boden der scholastischen Kommentare die Imagination erneut als Zwischenkammer beschrieben, als mittelnde Instanz zwischen der reinen Sinneswahrnehmung und der intellektuellen Vernunft, die anders als bei Avicenna nun an die Stelle der *memoria* tritt, so dass das bekannte Dreiermodell in einen neoplatonischen Stufengang zunehmend abstrakter Erkenntnis hineinpasst. In dieser Auflösung ist die Imagination dann vor allem als bildformende und -verwaltende Fähigkeit beschrieben, sie ordnet und fügt die Bilder in steter „Transmutations- und Assimilationsarbeit"[154] zusammen, um sie dann der rationalen Vernunft zur Verarbeitung vorzulegen:

> Deshalb kann die *imaginatio* eigentlich nie mehr sein als eine Funktion des Intellekts, dem sie zuarbeitet, indem sie ihm Ähnlichkeitsabbilder sinnlicher Gegenstände vorlegt, die dann in den Prozeß der (neuplatonisch) aufsteigenden Wahrheitserkenntnis eingehen können.[155]

Angedeutet wird daneben aber auch die potentielle Heteronomie dieser imaginativen Bilderzeugung, wie ein wenig beachteter Passus nahelegen kann, demzufolge es gegebenenfalls auch zu einer gleichsam überschüssigen Herstellung von Phantasiebildern kommt, die dann nicht mehr empirisch verbürgt sind und der *ratio* potentiell gefährlich werden können.[156] Wirkungsgeschichtlich bleibt für unsere Fragestellung entscheidend, dass „die gesamte Imaginationskonzeption Picos [...] um den Bildbegriff zentriert [ist]"[157], so dass Bilddenken und inneres Sehen gemeint sind, sobald von *imaginatio* die

153 Vgl. ebd., S. 26.
154 Ebd., S. 28.
155 Ebd., S. 27.
156 Vgl. ebd., S. 28-29.
157 Ebd., S. 29.

Rede ist.[158] Aus dem Blick gerät bei Pico indessen eine weniger beachtete nichtbildliche Auffassung des Begriffs bei Aristoteles. Ausgehend von Überlegungen zur Bildwahrnehmung bei Tieren wird dabei deutlich, dass Reaktionen nicht nur allein aufgrund bestimmter innerer Bilder erfolgen, sondern auch aufgrund der Einstellungen, die sich mit der verdichteten Sinneswahrnehmung verbinden und die bereits interpretierende Ansätze enthalten. Weniger das Sehen, sondern vielmehr ein „Sehen-als"[159] steht hier im Fokus, um „eine planvolle, abwägende Einstellung auf die Sachen selbst [...]; die menschliche Phantasie enthält keine Bilder, sondern Interpretamente der Dinge, die unsere Handlungen sinnvoll begründen."[160] Folgt man dem begriffsgeschichtlichen Überblick bei Lobsien und Olejniczak Lobsien, dann können frühneuzeitliche Texte abwechselnd, aber auch verbindend, auf diese beiden Haupttraditionen aristotelischen Imaginationsdenkens zurückgreifen. Im Vordergrund steht dabei eine markiert visuelle, auf Bilderzeugung und Bildverarbeitung zielende Deutungslinie, die mit den scholastischen Kommentaren einsetzt und in Picos Gründungsschrift neoplatonisch gewendet und systematisiert wird; daneben wirkt aber auch eine weniger kanonische Nebenlinie der latent hermeneutischen Auffassung von *imaginatio*, derzufolge Sehen immer schon vorverstehende Prozesse enthält und an Einstellungen gebunden ist. In der Summe bleibt damit nach Lobsien eine „basale Doppelungsstruktur"[161] zu verzeichnen, bei der ein expliziter ‚Bildbegriff' und ein davon unterschiedener ‚Einstellungsbegriff' ins Spiel kommen: „*Phantasia* kann sowohl inneres Bild, bildhafte Repräsentation eines real Wahrgenommenen, Bildproduktionskraft sein, aber auch die spezifische Einstellung auf eine Sache, also ein Sehen-als, eine Hinsichtnahme."[162]

Bei Pedro Mexía selbst gelangen die zeitgenössischen Debatten zur Imagination in einem eigenen Kapitel der *Silva de varia lección* zur Sprache, dessen Titel die außergewöhnliche Macht der Einbildungskraft ankündigt (*Cómo la ymaginación es una de las principales [y] más fuertes potencias o sentidos interiores del hombre; lo qual se prueva por exemplos verdaderos. Y tráense algunas historias notables dello*).[163] Aus den zahlreichen Rezeptionsfäden der Überlieferung steht dabei ohne ausdrückliche Nennung die Schrift *De anima* mit ihrem grundlegenden Modell der fünf gedanklichen Funktionen

158 Vgl. ebd., S. 26-29.
159 Ebd., S. 31.
160 Ebd., vgl. ebd., S. 29-31.
161 Ebd., S. 33.
162 Ebd., S. 31.
163 Vgl. Mexía 1989, Bd. 1, S. 585-589.

im Blick,[164] explizit genannt wird hingegen die scheinbar ursprungslose *opinio communis*, hinter deren konsensualer Meinung wohl Avicenna und Thomas von Aquin stehen dürften, wie eingestreute Bemerkungen zum Ende des Kapitels andeuten.[165] Mexía interessiert sich dabei ausschließlich für den ‚Bildbegriff' und interpretiert (ähnlich wie Avicenna) das Fünfermodell vor allem als produktive Kette der inneren Bildherstellung: Nach der Aufnahme der optischen Sinneseindrücke durch den *sensus communis* folgt die regulierende Ordnung und Verarbeitung der gewonnenen Abbilder durch die *imaginatio*, sie leitet über zur prüfenden *aestimatio* und zuletzt werden die Bilder in der *memoria* deponiert. Zwischen die beiden letzten Schritte schiebt sich bei Mexía aber die *phantasia*, deren Status hier ungeklärt bleibt: Es könnte sich um die verschobene *vis imaginativa* von Avicenna handeln, oder aber um eine Aufwertung der Imagination als Phantasie im moderneren Sinn:

> Assí como los sentidos esteriores son cinco (como todos saben, el oýr y el ver y los demás), assí son otros tantos los sentidos y potencias interiores en el hombre. Puesto que algunos los reduzgan a quatro, la común opinión es que sean cinco; conviene a saber: el sentido común, la ymaginativa (de quien agora hablamos), la estimativa, la fantasía, la memoria. De cuyos officios y virtud no queremos agora tractar, sino de sola la ymaginación, cuyo cargo y poder es recebir y retener los simulacros y ymágines que el seso común, que es el primero, rescibió de los sentidos esteriores, y embiarlas a la estimativa; y de aý van a la fantasía [y], al cabo, al arca y depósito que es la memoria.[166]

Die weiteren Erläuterungen und Anekdoten bei Mexía sollen die doppelte Macht der inneren Bilder illustrieren. Sie besteht zum einen in der intentionalen Wiedervergegenwärtigung appräsenter Gegenstände, wofür das klassische Beispiel der im Schlaf zirkulierenden Traumbilder angeführt wird.[167] Zum anderen betont der Sprecher, dass die imaginierten Bilder erhebliche, oft sogar drastische seelische und körperliche Auswirkungen hervorrufen können, denn:

164 Die Kenntnis von *De anima* kann gleichwohl vorausgesetzt werden, da Mexía die Schrift im vierten Teil der *Silva de varia lección* erwähnt, um mit Aristoteles die Überlegenheit des Sehsinns zu begründen, vgl. Mexía 1990, Bd. 2, S. 411-421, hier S. 411.

165 Vgl. Mexía 1989, Bd. 1, S. 588.

166 Ebd., S. 585.

167 Vgl. ebd., S. 585-586.

> Es bastante la ymaginación para mover las passiones y affectos en el ánimo. Puede, assí mesmo, este sentido alterar diversamente el cuerpo proprio de cúyo es, y mudar los acidentes, y mover los espíritus de arriba abaxo y [de] dentro a fuera y por el contrario, y producir diversas calidades en los miembros.[168]

Die außergewöhnliche sinnliche Kraft der inneren Bilder ist daher bei Mexía auf dem Boden der mittelalterlichen Aristoteles-Rezeption ein geläufiger Topos, mit dessen Präsenz auch in den didaktischen Werken zu rechnen ist.

Zu überlegen ist vor diesem Hintergrund entsprechend, in welcher Weise dann im *Diálogo natural* die inszenierte Didaxe des meteorologischen Wissens *auch* als inszenierte Arbeit der Imagination zu lesen sein könnte, die etwa in bildbewussten Textverfahren an Gestalt gewinnt. Tatsächlich erfordert die Darlegung der sublunaren Theoriebildung immer schon auch eine sprachliche Materialisierung von Naturgeschehen und damit das binnenfiktionale Zeigen von Bildern der Naturphänomene (‚Bildbegriff'), so dass hier von einer unhintergehbaren Bildbedürftigkeit, einer Notwendigkeit der sprachlichen Repräsentation innerer Bilder im Rahmen der kosmographischen Lehrstunde auszugehen ist. Dies gilt hier in besonderem Maße, da die Sprechakte des gelehrten Antonino überraschenderweise gerade nicht auf konkrete Naturwahrnehmungen Bezug nehmen, die die Zuhörer etwa auf dem Campo de Tabladas erfahren könnten, sondern ganz auf die immateriellen inneren Bilder setzen.[169] Diese intentional evozierten Vorstellungen werden dann vom *magister* mit doktrinalen Interpretamenten versehen, aus denen hervorgeht *als was* diese Bilder zu sehen und zu verstehen sind (‚Einstellungsbegriff'), wobei beide imaginative Prozesse ebenso unmerklich wie eng miteinander in den einzelnen Sprechakten verknüpft sind. Auf solche Imaginationsangebote können die *discipuli* ihrerseits eingehen, sie sollen das bildliche Material teilen und mit eigenen Mitteln fortführen. Zugespitzt erschiene dann die edukative Vermittlung der Naturphilosophie als performative Bilderzählung, die von der dialogischen Argumentationsgemeinschaft kollektiv entfaltet wird. Der Status der in den Sprechakten repräsentierten Bilder kann dabei unterschiedlich beschaffen sein; teils handelt es sich um abgerufene individuelle

168 Vgl. ebd., S. 586.

169 Die ansonsten in den *Diálogos o Coloquios* übliche lokaldeiktische Verankerung des Wissens als Zeigen im Raum, als didaktische *„deixis ejemplificativa"* (Malpartida Tirado 2005, S. 153), findet in den Naturdialogen demnach gerade nicht statt, wofür der hohe theoretisch-spekulative Gehalt der Ausführungen angeführt werden kann: „los asuntos tratados en estos tres diálogos no permiten que se introduzcan nexos pragmáticos, al versar sobre física y astrología, de índole más especulativa que los contenidos del resto de coloquios." (ebd., S. 152, vgl. ebd., S. 150 ff.) Mit Blick etwa auf die Wetterthematik vermag diese Begründung allerdings nicht ganz zu überzeugen.

Erlebniserinnerungen der *memoria*, etwa bei singulären Kometen oder Naturkatastrophen, teils aber um abstrahierte Anschauungen, die aus vielen iterierten Wahrnehmungen gewonnen worden sind, ohne auf ein spezifisches Erlebnis zurückzugreifen. Beide Formen weisen freilich auf die Bildarbeit der *imaginatio* zurück.

Kontext III: Rhetorik des Arguments

Die Hybridität der literarischen Dialoggattung, in der poetische Fiktion und theoretische Spekulation synergetisch fusionieren, lässt sich nun in einem weiteren Schritt auch in der Argumentationsstruktur selbst nachvollziehen. Die naturphilosophische Sprache der logischen Deduktionen steht dabei weniger im Konflikt mit dem ästhetischen Gestaltungsanspruch des Dialogs, sondern eher in einer Relation der Ergänzung, kausale Begründungsketten und sinnliche Erfahrung bleiben auch hier zwei gleichberechtigte Dimensionen mit epistemischer Aufschlusskraft, die sich in der sprachlichen Verlaufsgestalt verbinden. Grundsätzlich gilt dabei, dass die logische Argumentation der Naturphilosophie bei ihrer Translation in die fiktionale Gesprächsmimesis eine epistemologische Verschiebung erfährt: Was in einem historischen Traktat oder Kommentar zur Meteorologie als gesicherter Vernunftgrund affirmiert steht, wird nun perspektivisch relativierte Figurenmeinung und doxastischer Glaube der *persona* Antonino. Freilich bleibt der strenge wissenschaftliche Anspruch der referierten Grundannahmen noch entfernt bewusst und spiegelt sich etwa stilistisch in den doktrinalen Langreden, deren systematische Kohärenz jeder normalsprachlichen *ratio loquendi* widerspricht. Zu dieser epistemologischen tritt dann noch die poetische Verschiebung: Neben der diskreten Absenkung des epistemischen Standards der diskutierten Schulphilosophie bleibt zu zeigen, inwiefern deren topische Argumente noch durch weitere ästhetische Prozesse angereichert und dezentriert werden, um so in einer hybriden Wissensfiktion zwischen *fictio* und *episteme* zugleich referiert und kommentiert zu werden. Solche Prozesse verbinden sich, wie zu zeigen bleibt, mit älteren Sinnschichten des Begriffs *argumentum*, nämlich mit visuellen und theatralischen Konnotation, die Roland Barthes in einem einschlägigen Aufsatz in Erinnerung gebracht hat.[170]

Aufgerufen sind mit dieser Überlegung zunächst systematische Anläufe zur Bestimmung der sprachlichen Argumentationshandlung. Im Sinne einer modernen, wissenschaftlichen und formallogischen Erkenntnistheorie wird das ambivalente Ineinander von philosophischem Grund und rhetorischer Inszenierung nach Dieter Mersch oft zugunsten des „Topos von der

170 Vgl. Barthes 1988, vgl. Kapitel 2.1.5.

ausschließlich argumentierenden Vernunft"[171] vereindeutigt, nämlich der Idee einer sprachlich gefassten „Autonomie des Rationalen"[172], die sich gerade nicht auf effektbewusste und potenziell manipulative rhetorische Manöver stützen soll, sondern auf schmucklose assertorische Satzwahrheiten, die allein durch logische Gründe überzeugen. Begründungen erfolgen dabei idealerweise durch eine dreiteilige „Konzertierung von Sein, Wahrheit und Grund"[173]: Äußere Sachwirklichkeit und assertorische Satzwahrheit müssen evident übereinstimmen und sollen durch Hinzuziehung eines Grundes verifiziert werden. Das so gewonnene Wissen lässt sich durch weitere vernetzte Gründe noch steigern, deren Reihen in der argumentativen Pragmatik durch übergreifende Implikationen zusammengehalten sind, die sich wie konsekutive Kettenglieder logisch verflechten; ein Grund enthält und impliziert eine geglaubte Wahrheit, auf die der folgende zurückgreift und aufbaut. Die Antwort auf gegebene Fragen hat damit eine spezifische diskursive Fassung, denn: „Das ‚Warum' unterwirft sich der Struktur des ‚Wenn – dann': Argumentieren heißt *schließen.* [...] Die Rationalität des abendländischen Logozentrismus legt sich von vornherein auf das Prinzip fortschreitender Implikationen fest."[174] Gegebene philosophische Fragen sollen so durch logische Begründungsserien entweder bejaht oder verneint werden können.

Einer solchen logozentrischen Vereinnahmung der Argumentation als rein analytischem Vernetzen rationaler Gründe lässt sich indessen allgemein entgegenhalten, dass sie die unhintergehbare Eigendynamik rhetorischer Figuren in der dialektischen Begründungsrede in den Hintergrund drängt, zahlreiche philosophische Begriffe beziehen ja ihre Wirkung nicht zuletzt aus suggestiver Metaphorik. Sie verdrängt ebenso, dass die Anordnung der Argumente in der architektonischen *dispositio* keineswegs immer rational verfährt, sondern oft eher der „Wünschelrute einer Intuition"[175] folgt und damit tendenziell irrationale Bewegungsverläufe in die Textperformanz hineinträgt.[176] Diese allgemeine Einsicht in die ‚Unreinheit' philosophischer Gründe wird nun in der aristotelisch geprägten Naturlehre bei Mexía besonders aktuell, deren formale Gestaltung in ihren argumentativen Verfahren wiederum an den antiken Modellautor und dessen Rezeptionswege bis in die Renaissance gemahnt.[177] Die weitverzweigten Traditionen kreisen dabei um eine problematische

171 Mersch 2002, S. 101.
172 Ebd., S. 103.
173 Ebd., S. 105.
174 Ebd., S. 105, vgl. ebd., S. 104-105.
175 Ebd., S. 106.
176 Vgl. ebd., S. 104-107.
177 Vgl. Eggs 1992, Sp. 914-930.

Einheit von logischen und rhetorisch-topischen Aspekten innerhalb der Argumentation und deuten das prekäre Ineinander der beiden Grundzüge auf verschiedene Weise aus; bald wird es als komplexe Synthese und unvermeidbare Hybridisierung gesehen, bald als hierarchische Relation, wovon die vielzitierte Metapher Quintilians zeugt, die die Rhetorik sinnbildlich als Kleid des nackten Gerüsts logischer Gründe ausweist.[178] Auch in den aristotelischen Schriften selbst finden sich gegenläufige Ausprägungen in sachlich verschiedenen Kontexten, denn während die beiden großen *Analytiken* einen strengen formallogischen Anspruch an die sprachliche Ausgestaltung des Beweisens stellen, das im Modell des Syllogismus sein puristisches Ideal findet, neigen *Rhetorik* und *Topik* eher zur Synthese von Logos, Ethos und Pathos und integrieren damit Strategien der Affekterregung in die Performanz des Argumentierens. An die Stelle selbstevidenter Syllogismen treten dabei Beispiele oder Enthymeme, die sich mit unvollständigen Begründungen anhand von Wahrscheinlichkeiten oder besonderen Einzelfällen begnügen.[179] In den spanischen Dialogen der Renaissance wird, wie bereits dargelegt werden konnte, vor allem die letztgenannte, weniger strenge Auffassung von Argumentieren als Erproben von topischem Meinungswissen fortgeführt, wie noch einmal Ana Vian Herrero formuliert:

> ‚Arte de expresarse y de persuadir' es su definición más sencilla [sc. de la retórica] que reúne a la vez la faceta estilística y la argumentativa, lo que en cambio se descuida entre quienes reducen la retórica al arte de hablar y escribir bien. La disciplina estaba unificada en la Grecia antigua y lo estuvo en los Renacimientos occidentales; desde entonces, retórica y argumentación no necesariamente han estado enlazadas, pues la aparición de las ciencias experimentales modifica de forma profunda las conexiones entre argumentación y ciencia aristotélica, cambio paralelo a la separación de la lógica ‚natural' con respecto a la lógica ‚a secas', convertida desde fines del siglo XIX en una disciplina matemática formal. [...] Figura retórica y figura argumentativa están tan engarzadas en un diálogo que hay que aplicar esa visión conjuntiva sin ánimo ni necesidad de confundir campos. En tanto que género de ideas, el diálogo ha de presuponer la técnica argumentativa en la intención de estilo.[180]

Auch für den doktrinalen Lehrdialog der spanischen Renaissance ist damit eine *argumentatio* im Zeichen rhetorischer *persuasio* der Normalfall, logische und ästhetische *figurae* fallen zum Zweck der gelingenden Überzeugungsarbeit gleichsam ununterscheidbar zusammen und unterstreichen so einmal

178 Vgl. ebd., Sp. 914-915.
179 Vgl. ebd., Sp. 916-918.
180 Vian Herrero 2001, S. 162, vgl. Kapitel 2.1.3, Kapitel 2.1.4, Kapitel 2.3.2.

mehr die synergetische Hybridität der Dialoge mit ihren teils argumentativ-beweisenden und teils literarisch-rhetorischen Diskursstrategien, denn „esa figura retórica y argumentativa abre la forma literaria a una pluralidad significativa mayor“[181]. Die Praxis einer solchen argumentativen Technik als naturphilosophischer Methode, die eng mit der scholastisch-aristotelischen Autorität gerade im kosmographischen Diskurs zusammenhängt, wird freilich in den beiden folgenden Jahrhunderten zunehmend durch die empirische Spekulation abgelöst, welche sich einer rhetorisch enthaltsamen und mathematisch-formalen Redeweise zuneigt.[182]

Für die in den frühneuzeitlichen Dialogen auftretenden Figuren überschneidet sich das *argumentum* als Kernverfahren naturphilosophischer Deduktion noch mit seiner rhetorischen Inszenierung. Doch ist es darüber hinaus seiner antiken Auffassung nach zudem noch durch weitere tendenziell logikferne Residuen bestimmt, die auf visuelle und theatrale Sinnaspekte hindeuten. In zwei aufschlussreichen Passagen zur Begriffsgeschichte hat Roland Barthes auf diese ursprünglich zentralen Bedeutungen hingewiesen. Die einsinnige Festlegung des philosophischen *argumentum* auf den strikt logischen Grund erscheint demnach als historisch spätere Entwicklung und verdeckt, dass *argumentum* bei antiken Autoren zunächst als ‚Inhalt‘ oder ‚Handlung‘ etwa eines Theaterstücks verstanden wurde,[183] wovon auch romanische Erbwörter noch zeugen, dann aber bei Cicero als erfundene, wahrscheinliche oder zumindest plausible Sache, die sich einer Geschichte annähert („dramatisierbar“[184]) und zu Überzeugungszwecken in der Rede eingesetzt wird.[185] Es ist daher unter den innertechnischen Beweismitteln des Redners dem induktiven *exemplum* vergleichbar, das einen Analogieschluss nahelegt, verfährt aber seinerseits deduktiv mithilfe narrativer Einschübe. Die so entstehende Ambivalenz von abstrakter Logik und plastischer Fabel, die Duplizität aus ‚logischen‘ und ‚narrativen‘ Modi habe dann Quintilian bemerkt,[186] wie Barthes in seinem recht kursorischen Durchgang verdeutlicht:

---

181 Vian Herrero 2001, S. 162.

182 Spätestens nach Port-Royal gelten nach Eggs „Rhetorik, philologische Textauslegung, geschicktes Argumentieren […] [als] vorwissenschaftlich“, vgl. Eggs 1992, Sp. 961-962, Zitat Sp. 961, ähnlich Mersch 2002, S. 104-107; zur innerspanischen Entwicklung einer zunehmend logifizierten Wissenschaftssprache im Kontext epistemologischer Umbrüche vgl. Gómez 2015[a], S. 33-35, Baranda Leturio 2011, S. 2.

183 So in der orientierenden Einleitung bei Barthes (1977, S. 9): „Argumentum: ‚exposition, récit, sommaire, petit drame, histoire inventée‘“.

184 Barthes 1988, S. 59.

185 Vgl. ebd., S. 59-60.

186 Der ausdeutende Kommentar trifft bei Mersch womöglich nicht ganz den Sinn des zitierten Fragments aus *Die alte Rhetorik*. Für Mersch scheint sich mit Quintilian eine

> Der übliche alte Sinn lautet: Gegenstand einer szenischen Fabel (das Argument einer Komödie von Plautus), oder aber: gegliederte Handlungen. Für Cicero ist es sowohl ‚eine fiktive Sache, die sich hätte ereignen können' (das Glaubhafte), als auch ‚eine zum Überzeugen eingesetzte wahrscheinliche Idee'; Quintilian präzisiert die logische Tragweite: eine ‚Art, eine Sache durch eine andere zu beweisen, das Zweifelhafte durch das, was nicht ist, zu bestärken'. Dadurch tritt ein entscheidender Doppelsinn hervor: der einer ‚Beweisführung' (‚jede Form öffentlicher Beweisführung', sagt ein Rhetor), die unrein und unschwer dramatisierbar ist, die sowohl am Intellektuellen als auch am Fiktionellen [sic], am Logischen und am Narrativen teilhat (findet man diese Ambivalenz nicht in vielen modernen ‚Essays'?).[187]

In seiner Ausdeutung dieser knappen Hinweise behandelt Dieter Mersch die visuellen und theatralen Implikationen der angesprochenen älteren Begriffsgeschichte. Sie begründen sich zunächst mit der Etymologie aus dem indogermanischen *areg* für ‚glänzen' oder ‚scheinen', die eine auch der rhetorischen *figura* eingeschriebene „Metaphorik des Sehens"[188] aufruft: Der Redner möchte seine wahren Gründe ‚erhellen' und strebt eine sprachlich vermittelte ‚Evidenz' an, die aus den Worten hervorscheint und dem Rezipienten einleuchtet.[189] Schließlich erweist sich der Gebrauch der Argumente im Verlauf der *probatio* als Vorgang einer kalkulierten Dispositionierung, der sich einer performativen Inszenierung annähert und darin vielleicht indirekt noch an die theatrale Semantik erinnert:

> Entsprechend gehört das Argumentieren zur Performanz oder zum Inszenatorischen diskursiver Praxis, wie eine gewisse rhetorische Theatralität den philosophischen Auseinandersetzungen der Antike denn auch wohlvertraut war. So dienen Argumente der Erzeugung von Plausibilitäten, wobei die dargelegten Gründe die Masken einer Beglaubigung bildeten, die wirkungsvoll in Szene gesetzt wurden. Sie fanden ihre Quelle im Rhetorischen: Der Diskurs hat, wie Barthes bemerkt, ‚am Logischen und am Narrativen teil'.[190]

---

historische Zäsur zugunsten der strikten Logifizierung des *argumentum* zu verbinden („Erst Quintilian nimmt eine Präzisierung des Arguments im Sinne eines *logischen* Beweisgrundes vor, der das Zweifelhafte durch das ersetzt, was unzweifelhaft erscheint." [Mersch 2002, S. 103]); bei Barthes hingegen scheint Quintilian eher die Konsequenzen einer Vermengung von Logik und Fabel bewusst zu machen, wie die zitierte Passage nahelegt.

187 Barthes 1988, S. 59.

188 Mersch 2002, S. 102.

189 Vgl. ebd.

190 Ebd., S. 103.

Die hier umrissenen Reflexionen zur Einebnung der Grenzen zwischen logisch-argumentativen und rhetorisch-poetischen Darstellungsmodi passen nicht nur allgemein zum ‚schwachen', oder besser: flexiblen doxastischen Wissensbegriff der Dialoge. Vielmehr können sie auch eine entsprechend erweiterte Sichtweise auf den Gebrauch des *argumentum* in Pedro Mexías kosmographischem Dialog nahelegen, indem sie den Blick für die ästhetische Inszenierung der vom *magister* entfalteten Begründungsrede öffnen, die nicht nur ohnehin rhetorisch inszeniert ist, sondern zudem auch erzählerisch und theatralisch gestaltet sein kann. Ihre konkreten Sequenzen können oftmals, wie im Folgenden zu zeigen ist, bald als Handlungsphasen einer quasi-narrativen Ereignisfolge gelesen werden, bald als Stasen einer rational-logischen Progression, oder als unentscheidbarer Hybridkomplex aus beiden Grundzügen. Gerade narrative oder anschaulich-visuelle Phasen werden bei Mexía freilich nicht bloß als gelegentliche Illustration eingeschoben. Vielmehr wird die Hybridisierung von Logik, Rhetorik und Poetik im *Diálogo natural* noch weiter vorangetrieben, da die konkreten Prinzipien der gelehrten Naturphilosophie, die in den wortreichen Erläuterungen des *magister* für rationale Gründe der Deduktion gelten müssen, nicht als abstrakte Formel, sondern überhaupt *nur* als plastische Darstellung eines Naturgeschehens und damit als repräsentiertes Bild oder dynamische Erzählung gesagt werden können, die ihrerseits ein inneres Sehen implizieren oder gar dazu auffordern.

Elementenlehre: Bilddenken und negative Hermeneutik

Nach der einleitenden *praeparatio* beginnt die Lehrrede des Antonino zunächst mit einigen propädeutischen Bemerkungen zur Theorie der *mixta imperfecta*, die zum humanistischen Gemeinbestand der frühneuzeitlichen Naturphilosophie in Spanien zählt.[191] Zugrunde liegt dabei die Annahme, dass die vier Elemente in allen Naturerscheinungen stets in wechselnden Mischungs- und Übergangsverhältnissen gegeben sind, deren proportionale Verschiebungen durch die Sonne und die anderen Planeten beeinflusst werden. Diese theoretische Grundannahme der *mixta imperfecta* kann der Magister Antonino mit einem plastischen Beispiel illustrieren, das den allmählichen

191 Die Lehre von den gemischten Elementen geht auf Aristoteles' *Meteorologicon* zurück, wird aber erst im Mittelalter systematisiert, unter anderem bei Albertus Magnus, vgl. Aristoteles 1955, S. 19-192 und Martin 2009, S. 271-272. Dieses naturphilosophische Grundprinzip wird von Mexía bereits in der *Silva de varia lección* eingehender besprochen, vgl. dort zu den „cosas compuestas de los quatro elementos" Mexía 1989, Bd. 1, S. 799-801, Zitat S. 800. Die Rezeption des aristotelischen Modells der *mixta imperfecta* findet sich natürlich auch in anderen spanischen Naturdialogen, vgl. Kapitel 4.2.

Übergang von einem Aggregatzustand zum anderen anhand einer Kerzenflamme beschreibt.

> ANTONINO: Primeramente, avéis de considerar que, assí como de los quatro elementos, por la influencia del Sol y de las otras estrellas, se hazen y componen todas las cosas mistas del mundo, de animales, piedras y árboles, como el otro día platicávamos a otro propósito, y por corrupción se puede tornar a resolver en ellos, como lo veis cada día, assí también avéis de entender que parte de un elemento se puede convertir y trasmudar en otro, porque tanta puede ser la fuerça del fuego sobre el aire, que el aire pierda su forma y se trasmude en fuego, y por el contrario, el fuego en aire; y lo mismo passa en los otros elementos entre sí, aunque ay en esto más o menos facilidad o dificultad, según la comunicación y conveniencia que ay entre las calidades dellos o la contrariedad. Y sabed que esto no passa assí súbitamente, que, en un instante, de aire se haga agua o fuego, sino que preceden ciertas alteraciones y grados, en que se disponen, como ordinariamente vemos que, primero que el aire se encienda y se haga fuego, se espessa y escalienta y haze humo, y después toma la forma del fuego; y assí passa quando el fuego se va en aire, como podéis ver en la punta y estremo de la llama, que ya no luze ni retiene manera de fuego ni de aire, sino de una cosa media entre ambos; y lo mismo passa en los otros elementos.[192]

Antoninos Sprechakt greift hier nicht unbedingt auf herkömmliche bildbewusste Textverfahren zurück, etwa im Sinne der *evidentia*, und doch ist die Erklärung in hohem Maße von inneren Bildern getragen, wie formelhaft eingeschobene Wendungen (etwa „como lo veis cada día“[193], „como podéis ver“[194]) offenbaren: Gemeint sind offenkundig die als Sinneseindruck von der *vis imaginativa* abgespeicherten Bilder einer Flamme, die sich der *magister* wohl selbst vergegenwärtigen mag, zu deren gedanklicher Vorstellung aber vor allem die beiden Zuhörer mit der Nennung anschaulicher Beispiele ermuntert werden. Um das abstrakte Prinzip zu verstehen und mit eigenen Mitteln nachzukonstruieren, sollen sie sich die passenden Erinnerungsbilder von wechselnden oder gemischten Aggregatzuständen heraussuchen, die ihrerseits als abstrahierte Anschauung aus vielen alltäglichen Wahrnehmungsbildern gewonnen worden sind. Die logische Beweisform der Deduktion bleibt somit an das in den Bildern materialisierte empirische Sehen rückgebunden, an abgespeicherte Bilder von „animales, piedras y árboles“[195] oder eben von den Übergängen zwischen Feuer und Luft. Die unscheinbaren Sehformeln bringen so wie beiläufig eine empirische Bestätigung der Theorie

192 Mexía 2004, S. 492-493.
193 Ebd., S. 492.
194 Ebd., S. 493.
195 Ebd., S. 492.

durch individuelle Imagination ins Spiel und machen die Vorstellungskraft didaktisch produktiv. Zugleich beginnt hiermit die dichte visuelle Isotopie, die sich durch den ganzen Dialog hindurchzieht: Immer wieder regt der *magister* dazu an, die ausgesagte Begründung nicht nur als diskursive Kausallogik zu verstehen, sondern sie zugleich auch mit den Möglichkeiten des inneren Sehens als verknüpfte Bildfolge aufzuzeigen und zu vergegenwärtigen; die beiden epistemischen Modi von deduktiv-diskursivem Sagen und unpropositionalem Zeigen der *vis imaginativa* liegen in der didaktischen Sprechhandlung demnach eng beisammen.

Im weiteren Verlauf des Naturgesprächs stellt sich dann allerdings eine erste argumentative Irritation ein, wenn nämlich die zunächst wohlgeordnete und bildbewusste Darstellung der Elementenmischung durch abrupte Einschnitte durchkreuzt wird, die weitere Erläuterungen abschneiden und so ein genaueres Verständnis verhindern. Ein solcher Abbruch weiterer Diskussionen findet sich in der eben erwähnten Passage des Dialogs und wird dort durch die unziemliche Länge der eigentlich nötigen wissenschaftlichen Erläuterungen begründet: „Y desto no avéis de querer oír agora fundamentalmente la philosophía y causas, porque sería largo processo, sino sepan que esto es assí, y passemos adelante."[196] Den zweifelhaften didaktischen Erfolg solchen Unterrichts, in dem sich formallogische Argumentation und epistemische Aufschlusskraft des Sehens zumindest eingangs noch suggestiv zusammenschlossen, belegt indessen die unmittelbare Replik Petronios, in der sich ein nur oberflächliches Sinnverstehen abzeichnet. Zwar kann Petronio das Prinzip der *mixta imperfecta* eigenständig anwenden und analog applizieren, wie die zwei von ihm angeführten Beispiele der in der Sonne trocknenden Wäsche und des sich im Wasser auflösenden Erdklumpens zeigen. Dabei fallen *ver* und *entender* beinahe semantisch zusammen, auf dieses Phänomen der metaphorischen Übertragung von *ver* hatte Mexía schon in der *Silva* hingewiesen.[197] Die inszenierte Hermeneutik selbst lässt sich dabei als Spielart des sogenannten Zusammenhangsverstehens begreifen, bei dem einmal logisch erkannte Kausalverhältnisse korrekt übertragen und angewendet werden können, so wie im vorliegenden Sprechakt das Manifestationsgesetz der *mixta imperfecta*.[198] Umso bezeichnender sind dann jedoch die von der Figur

196 Ebd., S. 493.

197 So im vierten Teil der *Silva*, Kapitel 12: „es de tanta excelencia el sentido de la vista entre los otros, que la significación del nombre de *vista* o de *ver* se estiende y abraça los otros sentidos y llamamos *ver* las obras dellos. […] Y aun alcança esto al conocimiento y entender del ánimo, pues se dize: ‚Luego *vi* que avía de ser ansí' (por ‚luego lo *entendí*')" (Mexía 1990, Bd. 2, S. 414).

198 Vgl. Westerkamp 2014, S. 87-89.

selbst explizit gemachten Anteile des Nichtverstehens im Verstehen, denn die tieferen Implikationen des Gesetzes bleiben schlicht unbekannt, liegen womöglich gar außerhalb menschlichen Erkenntnisvermögens, wie Petronio zuletzt mutmaßt. Tatsächlich bleibt es bei einem eher fragwürdigen Verstehen („quasi lo entiendo"), und ein diffus angedeuteter Überrest („lo demás") notwendiger Letztbegründungen wird sogar nur ‚geglaubt' und ausdrücklich ‚nicht verstanden'. Die Überzeugung der undiskursiven Bilder überwiegt so jene der womöglich nur unzureichend gesagten formalen Naturprinzipien:

> Petronio: Assí es muy bien; quanto más que esso, aunque, como dezís, no sepa hombre de raíz el cómo y porqué, bien lo veo yo passar cada día y quasi lo entiendo quando veo un lienço mojado y con agua que, dándole el calor del Sol, se va en vapores el agua poco a poco y se torna en aire, y echando un puño de tierra en mucha agua, primero se enrrarece y después se deshaze y me paresce que se convierte en ella; de manera que, como veo esto, puedo creer lo demás, aunque no lo entienda.[199]

Mit solchen vorsichtigen Relativierungen und den eingestreuten negativen Bedeutungsmomenten, den Störungen des Verstehens, könnte sich in Petronios aufschlussreicher Replik freilich nicht zuletzt ein ideologiekritisches Moment andeuten – ob nämlich Antoninos schulphilosophisches Interpretament nicht auch nur eine mögliche und potentiell fallible Theoretisierung der sichtbaren Naturphänomene anböte, die keineswegs unmittelbar einleuchtet und grundsätzlich mehrdeutig wäre. Umso bezeichnender ist das forsche Übergehen des evidenten Verständnisproblems („Bien está"[200]): Dem fragenden Zweifel wird hier nicht explikativ begegnet, daher bleibt er als irritierende Unterbrechung im Gesprächsprozess stehen und wirkt im weiteren Verlauf gleichsam inferentiell-destabilisierend nach.

Donner und Blitz: scholastischer Aristotelismus als hyperbolische Rhetorik

Nach den propädeutischen Ausführungen zur Elementenmischung der *mixta imperfecta* und den drei Himmelsregionen rekapitulieren umfangreiche Sprechakte Antoninos die aristotelischen Theorien zur Entstehung einiger Himmelsphänomene; diese werden im ersten und zweiten Buch des *Meteorologicon* ausführlich beschrieben und auf feuchte Dämpfe (*vapor*) oder trockene Dünste (*exhalatio*) zurückgeführt, die durch die Sonneneinstrahlung von der Erde aufsteigen und in den verschiedenen Regionen des Himmels unterschiedlich reagieren.[201] Donner und Blitz, deren Entstehung Antonino

199 Mexía 2004, S. 493.

200 Ebd.

201 Vgl. Aristoteles 1970, S. 71-73, vgl. Kapitel 4.2.

in unserem Dialog nun genauer erklärt, beruhen entsprechend auf zugleich trockenen und heißen Ausdünstungen, die bis in die mittlere kalte Himmelsregion aufsteigen und dort von Kälte umschlossen werden. An dieser Stelle greift dann ein weiteres Grundprinzip der aristotelischen Naturphilosophie, die Antiperistase, oder auch ‚Gegenumständigkeit', die von einer Steigerung durch Kontrast ausgeht.[202] Eingeschlossen von der Kälte steigert sich die Hitze der aufgestiegenen Wolke immer weiter und strebt schließlich einer Explosion zu. Die optischen und akustischen Konsequenzen dieses einen Ereignisses sind schließlich der Donner (vom Zerreißen der Wolken), das Wetterleuchten (vom dabei ausgelösten Funkenschlag) und der Blitz (als pfeilgleiche Bahn des entzündeten Rauchs). Alle drei Phasen sind in Antoninos Sprechakt sukzessive erklärt:

> ANTONINO: [...] Agora vengamos a las otras cosas preguntadas; y digo que el trueno y relámpago y rayo también se hazen en la misma media región, del modo siguiente: ya os dixe que, de los dos humos y vapores que de la tierra se levantan, el que es seco y caliente se llama exalación; pues sabed agora que esta exalación, por su sequedad y mayor calor, con fuerça y presteza, sube para arriba y puede algunas vezes, con aquel ímpetu, passar de la segunda y fría región del aire y llegar hasta la tercera, caliente y más alta, donde de ellas se hacen allí las cometas de la manera que después diré; pero muchas vezes, y las más, le acontesce que en la media región topa esta exalación con alguna nuve de las que se engendraron, como está declarado, de vapores húmidos que, antes o juntamente con ella, subieron y, impedida y cercada de la nuve ya fría y húmida, se recoge y aprieta, hasta que, de muy apretado assí el calor de lo frío, por la actión o obra que diximos llamarse *antiparistes*, que la lengua castellana no tiene vocablo que le signifique, se esfuerça y escalienta más, y busca naturalmente la salida, y al cabo rompe la nuve; y deste rompimiento, como de romper un pergamino, y de passar lo caliente por lo húmido, se causa el sonido, que es lo que llamamos trueno, como se causa del hierro ardiente en el agua o como vemos acontescer en las cosas húmidas que encierran en sí algún spíritu o aire caliente, como avréis experimentado en bellotas o castañas, poniéndolas al fuego enteras, que rebientan con trueno. Y esta exalación, que desta manera sale ardiendo o que, de la colisión o rompimiento de la nuve, como pedernal se encendió, causa la lumbre y resplandor a que dezimos relámpagos. Y saliendo assí esta exalación impetuosíssimamente, unas vezes para abaxo, hacia la tierra, otras a los lados o para arriba, rompiendo por la parte más flaca de la nuve, sale y viene con tanta violencia y atividad tan grande, que todo lo que topa más fuerte y duro rompe y deshaze, y está tan subtil y delgada, que acontesce passar las ropas de hombre sin lisión y deshazerle los huessos; y esto es lo que llamamos rayo. Assí que todas tres cosas se causan a la par: rayo al que sale, relámpago el resplandor que alumbra, trueno el sonido que haze;[203]

202 Vgl. zu diesem zentralen Phänomen und den naturphilosophischen Diskussionen dazu, insbesondere in Italien, Mulsow 1998, S. 47-102.

203 Mexía 2004, S. 499-501.

Eine besondere Spezifik dieser Passage liegt in der ungewöhnlichen syntaktischen Expansion, die das Verständnis des meteorologischen Phänomens nicht unbedingt erleichtert. Sie macht vielmehr klar, weshalb im dem Dialog vorangestellten *argumentum* ausdrücklich das Kunstvolle der Darstellungsweise betont wird, „artificiosamente [...] se tracta y muestra“[204]. Tatsächlich ist diese Langsatzkonstruktion auch nicht bei Aristoteles selbst zu finden, wie die Marginalglossen glauben machen, vielmehr verwendet Mexía hier eine zwischengeschaltete Quelle, genauer gesagt einen lateinischen Kommentar zum originalen Aristoteles, der zugleich den ideologischen Ort der Passage erkennen lässt. Mit einiger Wahrscheinlichkeit kann gerade bei der Schilderung von Donner und Blitz der scholastische Aristoteles-Kommentar des Thomas von Aquin als intertextuelle Grundlage angenommen werden, die den traditionellen Grundzug der Naturphilosophie hier bekräftigt. Aus dem scholastischen Modell stammt nicht nur die syntaktische Längung, sondern auch die Wahl der Beispiele, die *nicht* bei Aristoteles und *nur* im thomistischen Kommentar stehen, wie das Motiv der Kastanie anzeigt.

Aristoteles-Kommentar (*Thomas von Aquin*)	**Pedro Mexía,** ***Diálogo natural***
„Aliquando etiam, cum, scilicet sonus est magnus, & subitus, dicunt quod est comminatio utriusque ad circunstantes. Huic etiam simile apparet in castanea non scissa, & posita ad ignem. Cum enim exhalatio per calorem subtiliata exitum quaerit, tunc frangit castaneam cum magno sono. Et eodem modo exhalatio subtiliata quaerens exitum ex nube, & percutens cum violentia latera nubis habentia spissitudinem, & frangens ea, facit sonum, quem vocamus tonitruum.“[205]	„o como vemos acontescer en las cosas húmidas que encierran en sí algún spíritu o aire caliente, como avréis experimentado en bellotas o castañas, poniéndolas al fuego enteras, que rebientan con trueno.“[206]

204 Ebd., S. 487.

205 Wir verwenden die von Franciscus Vatablus edierte Ausgabe des Thomas-Kommentars, die zu den auflagenstärkeren der Renaissance zählt, hier Vatablus 1547, fol. 41 *verso*. Ich danke Martin Mulsow für den Hinweis auf diese Quellengrundlage in der zitierten Passage bei Mexía. Die entsprechende Parallelstelle des *Meteorologicon* findet sich in Aristoteles 1970, S. 71-72 (369a-369b).

206 Mexía 2004, S. 500.

Neben der Quellenlage verdient dann die aufwändige rhetorische Inszenierung selbst besonderes Interesse. Mithilfe der syntaktischen *amplificatio* und der *accumulatio* wird nämlich die Himmelsbeobachtung zum dramatisch-effektvollen Beschreibungsakt gewendet, dessen hypotaktische Entfestigung zahllose kleine Abweichungen und Verschiebungen erzeugt, die in eine bewegte Figuration der Unruhe auslaufen. Hierzu dienen bei Mexía insbesondere drei rhetorische Strategien. Gleich zu Beginn fällt wohl die ungewöhnliche hypotaktische Expansion insbesondere des ersten Langsatzes auf, in den die Erkenntnisformel der Antiperistase eingepasst ist und dessen sprunghafte Reihungen immer neue syntaktische Glieder einfügen, die bald präzisierende Appositionen („la tercera [región], caliente y más alta“[207]), bald sinnreiche Rückbezüge („ya os dixe“[208], „como está declarado“[209]) oder abrupte Vorgriffe („de la manera que después diré“[210]) einflechten und so den Eindruck eines komplexen und kohärent vernetzten Wissenssystems erzeugen. In der Nähe zum syntaktischen Zeugma entsteht dabei freilich weniger eine dialogtypische Illusion von Mündlichkeit, sondern vor allem eine rhetorische Dynamik sich auftürmender Syntagmen, deren schwindelerregende Wucherung die Satzkonsistenz förmlich zu sprengen droht und jenes Zerreißen ikonisch spiegelt, von dem in der dargestellten Explosion am Himmel so wortreich die Rede ist. Hinzu kommt, dass die einzelnen Syntagmen durch den steten Gebrauch des Hendiadioyns und den entsprechend exzessiven Einsatz des Synkategorems ‚und‘ erheblich anschwellen und so einen ausgefüllten und wuchtigen Effekt der *copia verborum* bewirken, aber auch eine gewisse Umständlichkeit andeuten, die die gewaltige Größe des Himmelsgeschehens verdeutlicht.[211] Einige wenige Beispiele können dieses ubiquitäre Phänomen belegen: So findet sich der heiße Rauch in der mittleren Himmelszone „impedida y cercada de la nuve ya fría y húmida“[212], er zieht sich dann zusammen („se recoge y aprieta“[213]), bevor es zu „la actión o obra que diximos llamarse *antiparistes*“[214] kommt, bei der der Rauch „se esfuerça y escalienta más“[215], bevor schließ-

207 Ebd., S. 499.

208 Ebd.

209 Ebd., S. 500.

210 Ebd.

211 Consolación Baranda erklärt die syntaktische Expansion nicht ästhetisch, sondern sprachgeschichtlich und deutet sie (ohne konkreten Bezug auf Mexía) als Notbehelf der Umschreibung angesichts einer noch nicht ausgebildeten Fachsprache, vgl. Baranda Leturio 2011, S. 2.

212 Mexía 2004, S. 500.

213 Ebd.

214 Ebd.

215 Ebd.

lich „la colisión o rompimiento de la nuve“[216] den stark detaillierten Vorgang beendet. Effektreiche Steigerung bewirken nicht zuletzt auch viele Elative und Superlative, die die Verbildlichung der Theorie durchziehen: Wenn sich die heiße Luft explosiv Bahn bricht und den Blitz bewirkt, so geschieht dies etwa „impetuosíssimamente“[217], eben „con tanta violencia y atividad tan grande“[218], die schneidende Kraft ist hingegen „tan subtil y delgada“[219]. Einen ersten Höhepunkt erreicht diese figural hypertrophierende Argumentation, wenn die explosive Kollision in der mittleren Himmelsregion selbst genauer geschildert wird („y al cabo rompe la nuve“[220]), für deren Entstehung das Spanische, wie Antonino in einem Einschub betont, erst gar kein eigenes Wort besitzt. Vorderhand mag diese lexikalische Lakune eine defektive Stelle im frühneuzeitlichen meteorologischen Diskurs anzeigen, ihr Kommentar daher gleichsam den Gebrauch des griechischen Fremdworts entschuldigen, rhetorisch gesehen streift dieser sprachliche Ausfall aber ebenso den apophatischen Topos des Unsagbaren und signalisiert die erhabene Größe der streitenden Himmelsgewalten, den auch der archaische Latinismus des „impetuosíssimamente“[221] unterstreicht. Zu dieser wenig nüchternen Stilisierung passt, dass das Hauptereignis der Explosion durch nicht weniger als fünf Beispiele als bedeutsamer und vielschichtiger Kulminationsmoment markiert ist, den die einzelnen Illustrationen in wechselnden Aspekten ausleuchten. Verknüpft durch das anaphorisch iterierte „como“[222] erinnert die Wolkenkollision akustisch an das Geräusch von reißendem Pergament, aber auch von in Wasser getauchtem heißen Eisen, dann wieder ähnelt sie gashaltigen Flüssigkeiten in Flaschen, den im Feuer berstenden Kastanien oder funkenschlagendem Feuerstein. Auch in diesem Beispiel finden die epistemischen Modi von Sagen und Zeigen produktiv zusammen. Denn während der scholastische Aristoteles als abstraktes Sinngerüst hinter der rhetorischen Fülle erkennbar bleibt, zeigt das ästhetische Verfahren noch ein anderes Wissen, das sich als sinnliches Erfahrungsgeschehen in der Rede experimentaliter mitteilt. Die exzessive Verkettung der syntaktischen Konstellation mithilfe immer neuer Synkategoreme führt hier zu Erlebnisdimensionen der Hypertrophie und der ikonisch motivierten Eskalation, die aus der spezifischen Fügung des Wissensmaterials hervorgehen. Neben der naturphilosophischen Lehre selbst haben die Zuhörer

216 Ebd.
217 Ebd., vgl. Castro Díaz 2004, S. 115.
218 Mexía 2004, S. 500.
219 Ebd.
220 Ebd.
221 Ebd.
222 Ebd.

so noch ein anderes Wissen über den ausgesagten Gegenstand erfahren können: nämlich einerseits die mächtige Autorität eines fast bis zur Entfestigung zergliederten, stellenweise vielleicht unsagbaren Kernbestands der meteorologischen Theorie, andererseits aber auch die drohende Inkonsistenz eines vom *magister* sprachlich gerade noch zusammengehaltenen Lehrmodells. Beides kommt im vielschichtigen *experimentum* bei Mexía poetisch-suggestiv zusammen und eröffnet einen dezentrierten, zugleich bewundernden und beirrenden Blick auf das historische Naturdenken. Die Reaktion des Zuhörers Paulo, mit der der Dialogprozess fortfährt, belegt die Überzeugungskraft von Antoninos Rede, führt aber auch nach den rhetorischen Höhenflügen wieder zum empirischen Erkenntnisboden zurück, wenn die anschaulich gemachten Prinzipien mit eigenen Erfahrungen abgeglichen und so auf ihren Wahrheitsgehalt überprüft werden. Von eher spielerischer Lust am Zweifel zeugt etwa die nurmehr detailbezogene Nachfrage, weshalb der Schall des Donners nach dem visuellen Eindruck wahrgenommen werde, was der *magister* mit der allgemeinen Überlegenheit des Sehsinns begründet.[223] Von der hochartifiziellen rhetorischen Dynamisierung zuvor ist hier nun nichts mehr zu spüren.

***

Vor dem Hintergrund der historischen Kontexte von Naturphilosophie, Imagination und Argumentation konnten nun zwei Textbeispiele aufzeigen, wie sich in Mexías *Diálogo natural* diskursive und ästhetische Erkenntnisformen zusammenschließen, um so einen kommentarhaften Gesamtblick auf zentrale Elemente der meteorologischen Systematik zu leisten. Ein erster Beleg findet sich in Antoninos Ausführungen zur Mischung der vier Naturelemente und den wechselnden Aggregatzuständen, die damit einhergehen. Die aristotelische Grundannahme von den *mixta imperfecta*, die aus propädeutischen Gründen im Lehrweg vorgeschaltet wird, bildet hier in der dialogischen Verlaufsgestalt den Ausgangspunkt für weitere naturphilosophische Erkenntnisprozesse und verfährt zunächst im Modus expositorischer Darstellung. Zugleich ist aber diese diskursive Rede auch als eminent imaginative Rede im Zeichen von traditionsreichen Modellen der Einbildungskraft oder *phantasia* gestaltet, so dass die ausgesagten Einsichten der Vernunft mit der Materialisierung innerer Bilder einhergehen, deren serielle Verknüpfung ein eigenes und nicht notwendig propositionales Wissen von den Naturdingen generiert, eben sinnlich erfahrbar macht, wie natürliche Prozesse sich iteriert zeigen. Diskursive und ästhetische Forschung, intellektuelle Erkenntnis und unhermeneutisches Bilddenken

223 Vgl. ebd., S. 501.

überlagern sich so entlang einer Isotopie des Sehens und hybridisieren sich schließlich in einer performativen Begründungsfabel. Implizit wird damit womöglich eine spezifische Katachrese des meteorologischen Diskurses selbst angezeigt: Aufgrund ihres thematischen Gegenstands, der immer schon auf visuell disponierte Sinneserfahrungen rekurriert, kann die historische Naturphilosophie keine deduktive Beweiskette auffädeln, die nicht auch eine imaginative Abfolge wenigstens minimaler Bilder vergegenwärtigt und im Modus des Zeigens evoziert.

Anders als das imaginative Bilddenken steht die Praxis der Argumentationstechnik schon bei Mersch selbst als Verfahren eines gemischten Forschungsprozesses im Zentrum, werden hier doch regelmäßig wissenschaftliche Spekulationen und ästhetische Sinneffekte vermengt, die aus der nicht immer intentional steuerbaren Akkumulation und Disposition des Materials resultieren. Auch der scholastische Aristoteles wird bei Mexía in eine aufwändige rhetorische Inszenierung überführt, deren syntaktische Expansion den lateinischen Satzbau imitiert, mit wortreicher *copia*, gelehrten Kultismen und figuralem Ornatus. Die so ausgebreiteten Argumentketten bilden dann aber auch wieder ihrerseits weitgespannte Makro-Figuren im Text, deren konkrete Fügung eine eigene epistemische Aufschlusskraft besitzt: Das gesagte meteorologische Wissen hat so sein Korrelat in den Momenten eines ästhetischen Erfahrungswissens, das aus der sinnlichen Gestalt der Beweiskonstellation hervorgeht. Hierzu gehört vor allem die beirrende Wucht der schier uferlos wuchernden Satzglieder, deren sprunghafter und oft abrupter Verlauf Momente der Unruhe und der Plötzlichkeit aufweist. Das zunächst so methodisch entfaltete Wissen von den Himmelsphänomenen wird für die Zuhörer schließlich als gewaltige und eindrucksgebietende Erkenntnisfülle erfahrbar, zugleich aber auch als potentiell zerbrechliches Lehrgebäude.

In solchen ästhetischen Effekten der Beirrung kann zuletzt auch ein diskretes ideologiekritisches Signal gesehen werden. Mit der Translation der scholastischen Naturphilosophie in den virtuellen Reflexionsraum der Gesprächsmimesis gelangen die Manöver der *fictio* und der Inszenierungsstrategie zur Geltung, die hier auf den ersten Blick ganz auf systematische Unterweisung in einem archetypischen Schulgespräch ausgelegt zu sein scheint, so noch die kurze Beurteilung bei Jesús Gómez. Eine genauere Lesart vermag indessen zu zeigen, wie die ästhetische Sprengkraft der negativen Bedeutungsmomente, des beharrlichen Nichtverstehens, aber auch der entfesselten Argumentwucherung zu Bruchstellen führt, die die Möglichkeiten des symbolischen Reflexionsraums ausspielen und auf Grenzen des scholastischen Aristotelismus hinweisen, der zur Publikationszeit um 1547 aufgrund der italienischen Entwicklungen bereits stark erodiert, ohne freilich als autoritatives Leitmodell ganz aufgegeben werden zu können. Diesen gegenläufigen Tendenzen in der wissenschaftsgeschichtlichen Dynamik scheint Mexías kunstvolle Relation aus semantischer Affirmation und ästhetischem Ressentiment exakt Rechnung zu tragen. Die Verwendung eines fiktionalen Darstellungsformats leuchtet im Sinne Michael Gampers gerade in einer solchen historischen Situation der Uneindeutigkeit und des Übergangs besonders ein, die dazu passende Literatur „erzählt fiktionale Geschichten über Problembereiche gegenwärtigen Wissens mit Bezügen zu vergangenem und zukünftigem Wissen; und sie stößt vor in Bereiche, in denen ein verifizierbares Wissen nicht zu erlangen ist"[224]. Auch wenn nach allen Befragungen die aristotelische Doktrin zuletzt als bejahte Richtschnur stehen bleibt, ist dieses Ergebnis nur relativ angesichts einer Gattungslogik, die eher verlaufsbetont als resultativ angelegt ist, anders gesagt: Die Beirrungen bleiben als materialisierte Störung und als kritisches Moment stehen und wirken in das umso beharrlicher bekräftigte Modell der Autoritäten hinein. In der Summe zeigt der *Diálogo natural* folglich mit epistemischen und ästhetischen Mitteln ein differenziertes Nachdenken in Bildern und Argumenten über die aristotelische Naturphilosophie in einer historischen Krisensituation, deren Ablösungsprozessen die Gesprächsmimesis eine abgewogene fiktionale Reflexion gegenüberstellt.

---

224 Gamper 2012, S. 15.

KAPITEL 4

Pedro de Mercado: *Diálogos de filosofía natural y moral* (1558)

4.1 Natürliche und menschliche Welt bei Pedro de Mercado

Anders als der ungleich berühmtere Kosmograph und Hofchronist Pedro Mexía ist Pedro de Mercado heute eine weithin vergessene Figur aus dem Milieu des frühneuzeitlichen Medizinhumanismus. Über lange Zeit wurde an seine Schriften nur in der Fachgeschichte der spanischen Medizin oder in der Lokalgeschichte Granadas erinnert, und auch dort nur am Rande; diese Arbeiten stammen teils noch aus dem 18. und 19. Jahrhundert.[1] Erst seit der Monographie von Jacqueline Ferreras zum spanischen Dialog der Renaissance, die den *Diálogos de filosofía natural y moral* größeren Raum zuerkennt,[2] ist der gelehrte Mediziner wieder in den Blick gerückt, diesmal freilich aus literarhistorischer Perspektive. Obgleich inzwischen zwei kommentierte Ausgaben der sieben Gespräche umfassenden Werkgruppe vorliegen,[3] lassen sich nach der Studie von Ferreras doch nur vereinzelte und sporadische Bemühungen um diesen Autor erkennen,[4] so dass Eva María Oño Guil in ihrem editorischen Kommentar zu Recht resümiert: „hemos de hablar de un desconocimiento de sus diálogos y de las materias que tratan“[5]. So wenig sein Werk erforscht ist, so wenig ist auch über den biographischen Hintergrund bekannt, der hier kurz resümiert sei. Die Angaben zur Geburt werden bald bloß ungefähr datiert, in

1 Vgl. den Überblick bei Oño Guil 2008, S. 12-14, zur medizinhistorischen Perspektive Granjel 1980.

2 Im Blick steht vor allem die Begegnung zwischen der konservativen aristotelischen Schulphilosophie und der aufkommenden empirischen Naturforschung, dazu ausführlich Ferreras 1985, S. 136-201.

3 Die erste kritische Ausgabe, begleitet von einem ausführlichen Kommentar, verdanken wir Oño Guil (Mercado 2008). Die Dialoge werden dann auch in Ana Vian Herreros umfassender Anthologie der *Diálogos españoles del Renacimiento* (2010) aufgenommen, dort ediert von Consolación Baranda Leturio, Carlos Sainz de la Maza, Milagro Laín und Doris Ruíz Otín (Mercado 2010, S. 583-809). Wir verwenden im Folgenden diese ausführlicher kommentierte neuere Ausgabe, auch in der modernisierten Orthographie des Werktitels, und vergleichen sie fallweise mit der 1558 in Granada erschienenen *editio princeps*.

4 Vgl. Malpartida Tirado 2005, S. 166-180.

5 Oño Guil 2008, S. 8.

den ersten Dekaden des 16. Jahrhunderts,[6] bald mit 1514 präzisiert, ohne dass die Herkunft dieser Zahl geklärt würde.[7] Er kam aus eher ärmlichen Verhältnissen, anders als Mexía, dessen Eltern dem gehobenen Bürgertum bzw. mittleren Adel entstammten.[8] Er verbrachte dann wahrscheinlich sein gesamtes Leben im Königreich Granada, zu dessen „naturales"[9] er sich im Vorwort der Dialoge rechnet. Das Studium der *artes liberales* belegte er ebenfalls an der Universität seiner Heimatstadt, die damals noch ein schwächerer Mitspieler gegenüber den prestigereichen Universitäten von Salamanca und Alcalá de Henares war. Mit dem Abschluss im Jahr 1537 ist er zum Studium der Medizin berechtigt, erhält 1551 den Doktorgrad und wird 1556 zum *catedrático* mit akademischer Lehrtätigkeit ernannt, ohne jedoch je eine feste Anstellung an der mit nur wenigen Mitteln ausgestatteten Fakultät zu erhalten. Er stirbt 1585 in Granada. Die beiden heute bekannten Schriften fallen in die mittlere und späte Phase dieser Laufbahn eines Medizinhumanisten der Renaissance: ein lateinischer Traktat über die Diagnostik der verschiedenen Fieber, *De febrium differentiis* (1583), sowie die volkssprachlichen *Diálogos de filosofía natural y moral*, die zweimal bei renommierten Verlegern in Granada erschienen sind (1558 bei Hugo de Mena und René Rabut, 1574 bei Hugo de Mena).[10]

Thematisch zeigt die siebenteilige Serie des gelehrten Mediziners eine Erkundung der Welt und des Menschen, die der Überschrift zufolge in zwei Abteilungen gegliedert ist, nämlich Natur- und Moralphilosophie. Folgt man den Ausführungen von Jacqueline Ferreras, so zeugen Mercados sieben Gespräche damit von einem enzyklopädischen Schreibprojekt, das säkulare historische Wissensbestände aufgreift und sich zugleich auf Werke der antiken, teils auch mittelalterlichen Autoritäten bezieht. Nicht die ursprüngliche Natur, die sich der religiösen Wahrnehmung anbieten würde, sondern die davon abgelöste immanente Natur steht insbesondere in den ersten drei Dialogen im Mittelpunkt, im Sinne einer innerweltlichen *filosofía natural*, die an entsprechende Modelle zwischen Aristoteles und Plinius anknüpfen kann.[11] Dabei bilden die drei Naturgespräche mit der Lehre von den vier Elementen, der Astronomie und der Meteorologie eine geschlossene Trilogie, die formal und inhaltlich an das Vorbild des sevillanischen Humanisten erinnert, wohingegen, die übrigen vier Gespräche sich nicht alle umstandslos der Moralphilosophie zuordnen

6 Vgl. Sainz de la Maza 2010, S. 585.
7 Vgl. Oño Guil 2008, S. 12.
8 Vgl. Ferreras 2006, S. 162.
9 Mercado 2010, S. 617.
10 Zur Biographie vgl. Oño Guil 2008, S. 12-14, davon teils abweichend Sainz de la Maza 2010, S. 585-587.
11 Vgl. Ferreras 1985, S. 202-206, ähnlich Sainz de la Maza 2010, S. 588.

lassen,[12] sondern teils mehrere Disziplinen durchqueren; hier stehen die Diätetik als Domäne ärztlicher Heilkunst (*Diálogo de la cena*), die Emergenz des medizinischen Diskurses als Wissenschaft (*Diálogo de la comparación de las sciencias*), die Melancholie als Grenzphänomen zwischen Medizin und Theologie (*Diálogo de la melancolía*) und zuletzt zeitkritische, dann tatsächlich ‚moralistische' Betrachtungen zur politischen Krise und zum Verfall der Gelehrsamkeit im Blick (*Diálogo de los estados*).

Eine solche umfassende Vermittlung von Profanwissen entspricht der nach Jesús Gómez für das spätere 16. Jahrhundert bestimmenden Entwicklung des Genres hin zu szientifisch-technischen und kompendiösen Dialogformen, die sich teils an konkrete *oficios* richten, teils gelehrtes und enzyklopädisches Fachwissen innerweltlicher Herkunft aufgreifen. Sie bilden neben den geistlichen Gesprächen gegenreformatorischer Prägung den zweiten Schwerpunkt des historischen Korpus.[13] Dabei mag es überraschen, dass innerhalb der volkssprachlichen Dialogliteratur der ausgehenden Renaissance nur überschaubar wenige monothematische Veröffentlichungen zur Naturphilosophie zu verzeichnen sind. Obgleich kosmographische oder physikalische Fragen generell häufig angesprochen werden, bieten doch erst Pedro Mexías *Diálogos o Coloquios* mit ihren drei eng verklammerten Naturdialogen sowie die ebenfalls 1547 in Sevilla erschienene *Summa de philosophía natural* von Alonso de Fuentes ausführlichere Darstellungen der wesentlich aristotelisch geprägten Schulphilosophie. Hieran knüpfen dann Pedro de Mercados *Diálogos de filosofía natural y moral* (1558) und später Diego Sánchez' wiederum in Sevilla erschienener *Coloquio del Sol* (1576) in relativer Nähe an, der letzte rein naturphilosophische Gattungsbeitrag des Jahrhunderts stammt dann von Miguel Sabuco de Nantes, dessen *Nueva filosofía de la naturaleza del hombre* (1587) an zweiter Stelle den *Coloquio en que se trata de la compostura del mundo como está* enthält.[14] Auf diese relative Seltenheit von Dialogen mit strikt naturphilosophischem Gegenstandsbereich spielt wohl das in Mercados Widmungsbrief genannte Desiderat an („lo poco que de filosofía hay en nuestra lengua materna"[15]). Mit dem relativ unspezifischen Hinweis auf die rezipierten Vorlagen „en otras lenguas"[16] wird dann freilich mindestens das Vorbild des

12 So Malpartida Tirado 2005, S. 177.

13 Vgl. zu dieser Gattungstendenz Gómez 2000, S. 80-86, ähnlich Porcar Miralles 2010.

14 Vgl. Ferreras 1985, S. 138-140. Das umfassende Inventar von Jesús Gómez nennt noch eine verloren gegangene Serie der *Siete diálogos de filosofía natural y moral* von Luis Melián (Sevilla 1517, vgl. Gómez 1988, S. 234); Ferreras ergänzt den unpublizierten *Coloquio de cosmographía* (1543?) von Pedro de Medina (vgl. Ferreras 1985, S. 139).

15 Mercado 2010, S. 617.

16 Ebd.

älteren Mexía verschwiegen und die eigene Autorität als „médico y filósofo“[17], so die Bezeichnung des Titelblatts, gesichert. Ein weiterer Aspekt ist daneben, dass die naturphilosophischen Dialoge den gekonnten Einsatz von Fachwissen erforderten, während etwa moralphilosophische Gespräche auch von anderen humanistischen Gelehrten verfasst werden konnten, die Texte stammen daher ausnahmslos von Kosmographen oder Ärzten. Diese stehen dann vor dem Problem, hochspezialisierte und elaborierte Theorien gesprächsweise zu entfalten, ohne in einen nur noch den Experten zugänglichen Fachdiskurs zu verfallen. Im Vorwort seiner *Problemas y preguntas problemáticas* (1544) betont daher Juan de Jarava, dass notwendig ein mittleres Schwierigkeitsniveau getroffen werden müsse, ansonsten drohe der Dialog für ein breiteres Publikum unverständlich zu werden.[18] Die Dichtungskonzeption der Naturgespräche ist unter solchen Vorzeichen ebenfalls von besonderen inhaltlich-formalen Eigenarten bestimmt: Wissen ist hier in der Regel stark asymmetrisch verteilt auf umfangreiche, oft ungewöhnlich systematische Langreden des Magisters, dem dann gelehrige oder zweifelnde Schüler gegenüberstehen. Ideologische Kritik ist in diesem Aussagerahmen nur ansatzweise auf der Ebene semantischer Propositionen möglich, würde dies doch ein Fachgespräch unter gleichberechtigten Kollegen voraussetzen, sie wird indessen umso stärker über Sinneffekte der poetischen Inszenierungsstrategie artikuliert, oder über die Störeffekte der negativen Bedeutungsmomente.

Der kurze Widmungsbrief, den Mercado seinem Dialogzyklus vorausschickt, richtet sich an den Erzbischof der Stadt Granada, Don Pedro Guerrero. Er ist vergleichsweise kurz und weitgehend von typischen Mustern der Exordialtopik geprägt, wie sie sich in zahlreichen Dialogen der spanischen Renaissance wiederfinden; betont wird entsprechend der zugleich lehrreiche und unterhaltende Charakter des Werks, das wertvolles Nutzwissen anerkannter Autoritäten aus didaktischen Gründen gesprächsweise aufbereitet.[19] Am Beginn steht zunächst die Nachahmung der Vorbilder als leitendes Schreibprinzip, in Verbindung mit dem prägenden Bescheidenheitstopos: „el poco trabajo que había de costar tomarlo de donde en otras lenguas está derramado y recopilarlo en un mediano estilo en forma de diálogo que diese algún sabor a los letores“[20]. Das dargebotene Wissen wird so in erster Linie als Variante des Alten präsentiert, so dass mögliche eigene Zutaten und Veränderungen eher abgeblendet

17 Ebd., S. 615.

18 Vgl. Gómez 1988, S. 193.

19 Vgl. zu diesen Topoi in den Dialogvorworten allgemein Ferreras 1985, S. 985-994; Vian Herrero 2009, S. 412-420, 430-431; speziell zu Mercado dann Oño Guil 2008, S. 108-109.

20 Mercado 2010, S. 617.

werden, die sich dem Wortlaut zufolge auf die gliedernde Anordnung der Naturphilosophie im Sinne der kosmischen Ordnung beschränken,[21] auch dies ein typischer Zug der Dialoge im Zeitalter Philipps II.[22] Zu der Verbergung eigenständiger Eingriffe und der möglichen Umgestaltung anerkannten Wissens passt dann auch, dass jeder Gedanke zur sprachlich-ästhetischen Form der Gesprächsfiktion ausgespart ist, die bei Mexía und andernorts durchaus reflektiert wird.[23] Neben dem Mäzen wird bei Mercado ein anonymes Publikum als zweiter Adressat angesprochen, das Kollektiv der „muchos curiosos de saber de qué y cómo se compone esta máquina de mundo"[24]. Unter dem Begriff des *curioso* konnte dabei in der historischen Semantik zweierlei verstanden werden: zunächst der interessierte Laie in einem durchweg positiven Sinne, der selbst kein Latein verstand und daher keine Quellenlektüre betreiben konnte, daneben aber auch der vorgebildete und gelehrte Leser, hier meinte *curiosidad* dann neben der naiven Neugier eher die sorgfältige Erforschung und Durchdringung eines Gegenstands. Auch wenn in Mercados Vorrede gewiss der erste Kreis die markierte Gruppe darstellt, zumal kurz darauf ausdrücklich von der auszumerzenden „ignorancia de las cosas naturales"[25] geredet wird, ist doch angesichts der skizzierten Polysemie ein stärker professionelles Publikum nicht grundsätzlich ausgeschlossen.[26] Auffällig ist schließlich insgesamt die ebenso formal-distanzierte wie servile Tonlage, die sich von Mexías doch selbstbewussterem, teils persönlich und vertraulich auftretendem Vorwort merklich unterscheidet und in eine amplifizierende Entfaltung der Bescheidenheitstopik ausläuft: Gelobt werden die Berühmtheit des Erzbischofs über die Landesgrenzen hinaus, „no sólo en este reino, mas en toda España", womöglich eine Anspielung auf seine Teilnahme am Konzil von Trient, sein überragendes Wissen („¿quién podrá en negocio de letras excederos?"), sein Primat in theologischen Fachkreisen („de los teólogos

21 Die Darstellungslogik folgt daher dem ‚natürlichen' Weg des vertikalen Aufstiegs von der Erde und ihren vier Elementen bis zu den oberen Himmelsregionen, also „comenzando de la filosofía de la tierra hasta el postrero cielo, que llaman Empíreo los teólogos" (ebd.).

22 Diese Dissimulation der mitbestimmenden Aufbereitung oder gar Modifizierung von Autoritätenwissen findet sich etwa auch in Diego Tapia de Aldanas *Dialogus de triplici bono et vera hominis nobilitate* (1588) oder in Juan de Moras *Discursos morales* (1589), vgl. Gómez 2000, S. 83-84.

23 Dies tun neben Mexía auch weitere Autoren in den Vorworten, vgl. Vian Herrero 2009, S. 410-419.

24 Mercado 2010, S. 617. Diese zweifache Adressierung innerhalb der dialogischen Paratexte setzt sich im späteren 16. Jahrhundert zunehmend durch, im medienhistorischen Kontext des Buchdrucks, vgl. Vian Herrero 2009, S. 443.

25 Mercado 2010, S. 617.

26 Vgl. zur historischen Semantik Bradbury 2017, S. 41-46.

sois la prima"), seine Lateinkenntnisse („entre los latinos facundísimo"), all dem steht dann die demütige Bescheidenheit von Werk und Verfasser gegenüber, der „poco trabajo", der „pequeño servicio deste su súbdito y pequeño servidor"[27].

Diese ebenso konventionelle wie in ihrer servilen Demut doch zugespitzte Sprechsituation könnte zum einen auf die veränderten Publikationsbedingungen der Gegenreformation und den nahen Einsatz der Zensur verweisen, der sich 1559 im Valdés-Index manifestiert,[28] im Zusammenspiel mit der schwierigen beruflichen Stellung Mercados aber womöglich auch ein Licht auf den sonst unbekannten Entstehungsmoment der Dialoge werfen. Es wäre durchaus vorstellbar, dass das Werk im Kontext der angedeuteten akademischen Konkurrenzsituation an der Universität von Granada verortet werden kann, im Sinne einer Darstellung der eigenen Kenntnisse und Leistungsfähigkeit, die den Verfasser für entsprechende Ämter autorisieren würde. Mit der ausführlichen Widmung verband sich zweifellos eine Hoffnung auf Unterstützung durch den einflussreichen, zugleich gebildeten und liberalen Mäzen,[29] dem Mercado freilich deutlich ferner zu stehen scheint als etwa Mexía dem Marqués de Tarifa; tatsächlich begründet der gelehrte Mediziner die paratextuelle Widmung ausdrücklich mit einer möglichen Ämtervergabe.[30] Ein volkssprachliches Werk von solch hoher stofflicher und sprachlich-ästhetischer Qualität dürfte im prekären Weg nach oben ein strategischer Baustein gewesen sein.

Damit verbindet sich dann erneut die Frage nach den möglichen Lesern der Sammlung, die bei vernakularen Dialogen der spanischen Renaissance mit ihrem gewöhnlich heterogenen und wechselnden Publikum nicht leicht zu beantworten ist. Ausdrücklich angesprochen wird im Prolog, wie bereits angedeutet, wohl primär der wissbegierige Laie, der die physikalisch-theoretische Beschaffenheit der Erde noch nicht kennt und daher namentlich

27 Alle Zitate Mercado 2010, S. 617-618.

28 Zum Publikationsverfahren und der kirchlichen Approbation der *Diálogos de filosofía natural y moral* vgl. Oño Guil 2008, S. 106-110; allgemein zur Zensur wissenschaftlicher Prosatexte in der spanischen Renaissance Pardo Tomás 2002, S. 211-214; zu den Dialogen Gómez 1988, S. 155; Gómez 2000, S. 79; Vian Herrero 2016.

29 Dies spiegelt insbesondere die umfangreiche, zahlreiche erasmische und heterodoxe Schriften umfassende Bibliothek des Erzbischofs, deren Inventarlisten erhalten geblieben sind, dazu kurz Martínez Ruiz 1970, zur historischen Figur insgesamt Oño Guil 2008, S. 108-109.

30 So formuliert die *Epístola* hier sehr unverstellt: „Esta obra, pues reverendísimo señor, tal cual es, por fuerza de razón hase de dirigir a Vuestra Señoría reverendísima, a quien se deben todas las prelaciones en este reino, en recompensación de tantas mercedes como los naturales dél recibimos de Vuestra Señoría" (Mercado 2010, S. 617).

in den fiktiven Gesprächen zur aristotelischen Naturphilosophie entsprechend aufgeklärt wird. In diesem Sinne wären binnenfiktionale *discipuli* als flache Charaktere gleichsam prototypisch gestaltete Modellrezipienten, die dem empirischen Leser als Projektionsfläche dienen können, dessen Fragen und Zweifel sie stellvertretend formulieren. So nennt das *argumentum* des ersten Dialogs entsprechend „Gaspar y Antonio, maravillándose de las cosas naturales y deseando entenderlas“[31]. Dieser Spur der Widmungsepistel vertrauen etwa Malpartida Tirado und Sainz de la Maza, die Personen aus dem Milieu des städtischen Bürgertums als Idealleser identifizieren,[32] womöglich auch Vertreter des Adels, denen Lorenzo Palmireno die Dialoge von Mercado als Konversationsfibel empfahl.[33] Ebenso evident ist darüber hinaus aber auch, dass mit der expliziten Adressierung im Widmungsbrief und der scheinbar didaktisch begründeten Wahl der spanischen Sprache andere Leserkreise keineswegs ausgeschlossen werden. Wie Untersuchungen von Pardo Tomás zur Verbreitung wissenschaftlicher und technischer Informationen in der spanischen Renaissance gezeigt haben, konnten im weitesten Sinne szientifische Veröffentlichungen von einem sehr variablen Leserkreis konsumiert werden, der sich nicht gut von vornherein eingrenzen lässt, sondern fallweise untersucht werden muss; gerade physikalisch-naturphilosophische Wissenspublikationen in der Volkssprache „respondían a una demanda de muy diferente cariz, aunque ampliamente extendida entre públicos socialmente variados.“[34] Zwei mögliche Beispiele seien hier stellvertretend genannt: einerseits die der Medizin benachbarten *oficios*, etwa Apotheker und Chirurgen, die selbst kein Latein verstanden und doch entsprechender Kenntnisse bedurften,[35] andererseits auch akademisch-medizinhumanistische Kreise

---

31 Ebd., S. 619.

32 Vgl. Malpartida Tirado 2005, S. 167; Sainz de la Maza 2010, S. 586; differenzierter Oño Guil 2008, S. 17-21, die Mercados Nennung des „mediano estilo“ als indirekten Hinweis auf vorgebildetes Publikum deutet, vgl. ebd., S. 21, sowie erneut das zentrale Hauptargument: „Pero considerando lo poco que de filosofía hay en nuestra lengua materna y el deseo de muchos curiosos de saber de qué y cómo se compone esta máquina de mundo, y el poco trabajo que había de costar tomarlo de donde en otras lenguas está derramado y recopilarlo en un mediano estilo en forma de diálogo que diese algún sabor a los letores“ (Mercado 2010, S. 617).

33 Vermutlich mit Blick auf den *Diálogo de la cena* und die gehobene Konversation bei Tisch, da auch Pedro Mexías *Coloquios del convite* in der entsprechenden Passage aus *El estudioso cortesano* (1587) genannt werden, vgl. zu Palmirenos „canon vernáculo“ entsprechend Luján Atienza 2015, S. 51-61, speziell zu Mercado ebd., S. 53.

34 Pardo Tomás 2002, S. 208-209.

35 Vgl. ebd., S. 208. Die Studie von Prieto Bernabé zum Leseverhalten in der Stadt Madrid nach 1550 bestätigt diese Aussage, indem sie dokumentiert, dass Mercados *Diálogos de filosofía natural y moral* in der Bibliothek des Apothekers Juan García Comendador

selbst, die nach González Manjarrés oftmals das Lateinische nur mangelhaft beherrschten.[36] Insgesamt ist daher (auch jenseits der paratextuellen Bekundungen) vor allem wahrscheinlich, dass mit der Bevorzugung des Spanischen schlicht eine maximale Öffentlichkeitsrelevanz hergestellt werden sollte, die keinen potenziellen Leser von vornherein ausschloss, so dass die Dialoge auf eine flexible Lesbarkeit hin konzipiert worden sind. In diesem Sinne beweist das Werk die eigene Leistungsfähigkeit vor möglichst großem Publikum, ohne allzu explizite Selbstwerbung betreiben zu müssen.

Die Ausgestaltung der dialogischen Fiktionalität zeichnet sich in der Sammlung insgesamt durch eine schwache makrostrukturelle Verknüpfung aus. Tatsächlich sind die sieben Gespräche nur sehr diskret durch wiederkehrende Bausteine der Personal- und Lokaldeixis verklammert, also eben jenen Auf- und Ausbau einer indexikalisierten Textwelt, der gemeinhin die literarischen Dialoge der Renaissance prägt. Zwar bedient sich auch Mercado des Prinzips der wiederkehrenden Figuren, indem Julián als Magister der drei Naturdialoge auftritt und dann als Nebenfigur im Gespräch über die Melancholie wiederkehrt, während Antonio in den Dialogen I, II, III, IV und VI als städtisch gebildeter Edelmann den Musterrezipienten abbilden könnte, schließlich ist der Arzt Joanicio als „portavoz asimismo del autor" gedeutet worden.[37] Allerdings handelt es sich ausnahmslos um stark typisierte Charaktere, hinter denen kaum das Korrelat eines lebensweltlichen Kontextes sichtbar ist. Dazu passt eine minimale raumzeitliche Deixis, die mit wenigen Pinselstrichen Granada in den fünfziger Jahren des 16. Jahrhunderts als Kulisse anzeigt.[38] Sind die zyklische Kohärenz und das *community fashioning* folglich weitgehend reduziert, so zeigen die Dialoge andererseits ein beeindruckendes Spektrum verschiedener poetischer Ausgestaltungen der Gesprächsmimesis, das von mehr instrumentellen und schulhaft-doktrinalen Formen bis zu stärker literarisch ausgebauten Darstellungen reicht, die den ganzen Reichtum humanistischer Phantasie offenlegen. Diese Bandbreite heterogener Techniken bezeugt nicht nur die souveräne Beherrschung der formalen Möglichkeiten, die das Genremuster in einer historischen Situation anbietet, sondern insbesondere auch, dass offenbar für jedes inhaltliche Thema bewusst eine spezifische poetische Inszenierungsstrategie gewählt worden ist, die das gesprächsweise verhandelte Wissen in ein besonderes Licht eintaucht und

enthalten waren, wie ein Inventar aus dem Jahr 1639 belegt, vgl. Prieto Bernabé 2004, Bd. 2, S. 253-259, hier S. 259. Zur Rezeption von Dialogen als instrumenteller Gebrauchsliteratur der *oficios* vgl. Gómez 2000, S. 80-83.

36 Vgl. González Manjarrés 2000, S. 35.

37 Vgl. Sainz de la Maza 2010, S. 588-589, Zitat S. 588.

38 Vgl. ebd., S. 589.

dergestalt mit einem indirekten Kommentar versieht. Tatsächlich schließen sich bei Mercado (wie zuvor schon bei Mexía) *fictio* und *episteme* in der Mimesis mehrerer Wissensgespräche zusammen, die das Repertoire natur- und moralphilosophischer Kenntnisse Schritt für Schritt ausfalten und durch die individuelle Ausgestaltung vielfältig abtönen.

Wie facettenreich und differenziert Wissen in diesem dynamischen Ensemble dann zur Sprache kommt, mag ein kurzer Abriss der sieben Dialoge verdeutlichen. Die drei ersten Gespräche zeigen zunächst ein Kompendium aristotelischer Naturphilosophie, nämlich die Lehre von den Elementen und den Himmelsphänomenen, und decken so einen einflussreichen Kernbestand ab, der sich als propädeutische Vorarbeit sehen lässt. Hier dominieren magistrale Langreden mit geringer Unterbrechungsfrequenz und traktathafter Systematizität, so dass das Gespräch eher an eine akademische Lehrstunde als an eine zufällige Straßenbegegnung erinnert, die die Deixis der *praeparatio* knapp anzeigt. Julián als *magister* entfaltet das Wissen der aristotelischen Schulphilosophie als eher resultathaftes, kaum verhandlungsfähiges Material und fügt auch nur wenige Anekdoten, Exempla oder Fazetien ein, die die humanistische Rhetorik gemeinhin prägen: Offenbar soll die Aufmerksamkeit der Zuhörer ganz auf die komplizierte Argumentation selbst gerichtet sein. Der unverhüllte Bruch mit dialogtypischen Prinzipien des *decorum* und der *verosimilitudo* eines Sprechens im städtischen Raum enthält indessen ein eigenes Beirrungspotenzial, das das nach 1550 allmählich veraltende Wissen der aristotelischen Naturkunde spezifisch beleuchtet und kommentiert. Zu dieser subtilen ästhetischen Diskreditierung würde passen, dass in den drei Naturdialogen gerade nicht Joanicio als Magister spricht, den die Kritik als fiktionalen Doppelgänger Mercados gesehen hat, sondern die unspezifisch-flache *persona* des Julián. Stärker auf eine literarische Imagination zielen demgegenüber die drei folgenden Gespräche, die im weitesten Sinne um den Bereich des Medizinhumanismus der Renaissance kreisen und durch die *persona* Joanicios lose verklammert sind. Ausbau der raumzeitlichen Indexikalisierung und realistische Lebendigkeit der Gesprächsmimesis gewinnen dabei mehr an Bedeutung, als in der naturtheoretischen Unterweisung zuvor. Dies gilt für den diätetischen *Diálogo de la cena*, der sich (auch hierin an Mexía erinnernd) durch besonders enge deiktische Verknüpfungen zwischen der Sprechsituation und der Figurenrede auszeichnet, um so an poetischer Plastizität zu gewinnen. Als polemischer Wettstreit um den Vorzug zwischen Medizin und Jurisprudenz zeigt sich dann der *Diálogo de la comparación de las sciencias*. Auch hier werden in alternierenden Langreden *in utramque partem* dichte Argumentketten aufgetürmt, die nahezu dekontrolliert auswuchern, ohne dass die herbeigerufenen Richter die Streitfrage klären, das Gespräch endet so mit der Geste skeptischer Urteilsenthaltung. Andere Ambivalenzen zeigt der wohl berühmteste Text der Sammlung, der *Diálogo de la melancolía*, der die ungewöhnliche Inszenierungsstrategie der verdoppelten Magisterfigur wählt, um so die chronische Schwermut als ungelöstes Schwellenphänomen zwischen Medizin und Theologie darzustellen, die Doppelsinnigkeit des Gegenstands festzuschreiben, der in Fallgeschichten und antiken Beschreibungsmodellen an Kontur gewinnt. Moralisierende Zeitkritik dominiert zuletzt im *Diálogo de los estados*, der eine Art abschließenden Generalkommentar zur humanistischen Gelehrtenkultur bereithält und darin womöglich das ernste Gegenstück zur ironischen Magistersatire in Mexías *Coloquio del Porfiado* bildet. Das Bildungsprogramm der ersten spanischen Humanistengeneration scheint hier bereits verloren, die klassischen *litterae* zum leeren Vorzeigewissen von eitlen Karrieristen geworden zu sein, die immer zahlreicher werden und unter ärmlichen Bedingungen leben, während gleichzeitig dringend benötigte Handwerker fehlen. Im skeptischen „diagnóstico de una España enferma“[39] finden die drei *personae* dieses vielleicht modernsten Dialogs der Sammlung einstimmig zusammen und bekräftigen ihre Deutung in einem „lamento coral“[40] mit zahlreichen Anekdoten und Exempla. Folgt man Sainz de la Maza, so hat hier Mercado seine eigene Autorenmeinung auf die drei fiktiven Stimmen verteilt, denen dann kühne Thesen in den Mund gelegt werden, etwa das Lob des einfachen Arbeiters vor dem gewandten Humanisten oder die Hochschätzung der Morisken kurz vor dem Alpujarras-Aufstand.[41]

Die Werkgruppe der *Diálogos de filosofía natural y moral* bietet damit eine umfangreiche Überführung szientifisch-epistemischer Wissensbestände in den Aussagerahmen der Gesprächsmimesis, in dem die natur- und moralphilosophischen Gegenstandsbereiche vielfältig ausgestaltet und inszeniert werden; auf die jeweilige Struktur und Funktion dieser poetischen Kreativität soll in den folgenden Einzelinterpretationen näher eingegangen werden. Die allgemeine Tendenz des kategoriellen Zugriffs auf das historische Wissen ist indessen für Mercado auch übergreifend bewertet worden, und zwar vor allem mit Blick auf die scheinbar so schulmäßig-konservativen drei Naturdialoge am Beginn der Sammlung. Für Jesús Gómez reflektieren diese Gespräche noch klar eine ptolemäische Ontologie der erfahrbaren Wirklichkeit, die sich in den vom Magister vielzitierten Hauptschriften des Stagiriten verfestigt.[42] Diese Lesart harmoniert mit Gómez' grundsätzlicher Auffassung des Genremusters

39 Ebd., S. 611.
40 Ebd., S. 609.
41 Vgl. ebd., S. 612, vgl. Vian Herrero 2004, S. 305-307.
42 Vgl. Gómez 1988, S. 196; ähnlich Gómez 2000, S. 163.

als instrumentellem Medium doktrinaler Wissensvermittlung,[43] ganz in der Tradition Yndurains werden dabei die Sinneffekte der ästhetischen Inszenierung vernachlässigt zugunsten der Gültigkeit epistemischer Aussagen; nicht das Hin und Her der mehrstimmigen Diskussion, sondern der Magister als Wahrmacher von Lehrmeinungen ist so das markierte Element. Gómez formuliert diese Einordnung im Fall von Mercado vergleichsweise knapp und in scharfer Zurückweisung der genau entgegengesetzten Deutung von Ferreras,[44] die den siebenteiligen Zyklus in die Gruppe des „dialogue sceptique ou dialogue ‚ouvert'" einreiht,[45] nicht aber in die bloß systembestätigende Gruppe des „dialogue ‚fermé'", die hier Gómez' Sichtweise entsprechen würde.[46] Nun hat Mercado gewiss kein skeptisches Weltbild im starken Sinne auf dem Boden akademischer und pyrrhonischer Schulen verfolgt, wohl aber wird durch den poetischen Aufbau der Gesprächsmimesis abweichenden Gegenmeinungen eine Stimme verliehen, so dass im fiktionalen Aussagerahmen ein Spiel des Zweifels einsetzt, das bewährte Überzeugungen angreift, selbst wenn schlussendlich die Lehrermeinung stehenbleibt. Es handelt sich um Momente der inszenierten Diskussion und um Nuancen im Argumentationsgeschehen, aber eben diese Nuancen machen hier den ganzen Unterschied im Sinne der Einsicht, dass der gesamte Dialog stets mehr ist als die Summe propositionaler Aussagen. Dieses Mehr könnte hier in einer subtilen, beinahe inferentiell nachklingenden Sprengkraft der Auch-Meinungen liegen, die die potenzielle Beweglichkeit des Weltbildes andeuten. Die Argumentationsstruktur des fiktiven Zwiegesprächs sowie die explizite Formulierung vernünftiger Fragen und Zweifel am aristotelischen Modell und am Geozentrismus, die eben nicht bloß didaktisch-instrumentell sind, heben Mercado Ferreras zufolge aus der naturphilosophischen Diskurstradition heraus, in Abgrenzung zu den Schriften

43 Vgl. zuletzt das Subkapitel „El didactismo del diálogo" in Gómez 2000, S. 21-35.

44 „Resultan ociosos los intentos que hace Jacqueline Ferreras para descubrir en los diálogos de astronomía de Pedro de Mercado, de Pedro Mexía o Mejía y de Diego Sánchez una nueva visión del mundo, cuando estos autores se limitan a divulgar los supuestos tradicionales del sistema de Ptolomeo." (Gómez 2000, S. 163) Diese Aussage ist insofern ungenau, als Ferreras tatsächlich nur die Modernität Mercados behauptet: „Un auteur se différencie, cependant, nettement des autres: nous voulons parler de Pedro de Mercado, qui pose relativement tôt les grands problèmes du siècle." (Ferreras 1985, S. 141, vgl. ebd., S. 140-179)

45 Vgl. Ferreras 1985, S. 1068-1075, hier S. 1074.

46 Vgl. ebd., S. 1059-1063, denn hier ginge es um den „Dialogue d'exposition d'une connaissance, dans lequel un personnage ‚sait' et répond aux questions de l'autre ou des autres, sans que la réponse suscite la moindre critique ou le moindre doute." (ebd., S. 1059)

von Diego Sánchez oder Alonso de Fuentes.[47] Ihr zentrales Beweisglied ist dabei ein Wortwechsel zwischen Gaspar und Julián im eröffnenden *Diálogo de la tierra y el agua*, in dem der *discipulus* die Beweglichkeit des Planeten Erde vertritt und damit zum Sprachrohr historischer Kritik wird, selbst wenn die dargelegte Begründung nicht kopernikanischen, sondern mittelalterlichen Traditionen folgt, die die Überlegenheit vornehmer Ruhe betonen.

> GASPAR: Antes me aternía yo a la opinión que a razón tan baja como esa, porque hasta agora menos experiencia se tiene del movimiento del cielo que de la tierra, y menos averiguación, y tan posible sería lo uno como lo otro, y con ambas cosas nos anochecería y amanecería y se salvan los demás efectos que acaecen en Naturaleza. Aunque es más razonable que se mueva la tierra: lo uno porque es razón que descansen los cielos, y más nobleza, porque si perpetuamente se moviesen perpetuamente se fatigarían y trabajarían, y por esto es más verisímil que la tierra, como menos noble, esté en esta servidumbre y trabajo en gravamen de la virtud que de los cielos le procede; y por ser la tierra más aparejada para esta vuelta y movimiento por su pequeña cantidad y los cielos tan grandes y pesados.[48]

Dass diese immerhin von einem gebildeten Stadtbürger vorgetragene Meinung dann durch Julián als exotisches Verhalten zurückgewiesen wird,[49] wäre dann vor allem ein Signal für die Wirksamkeit der historischen Diskursverknappung. Ein zweites Beweisstück für die skeptisch geöffnete Grundhaltung Mercados sieht Ferreras dann in der Zulassung mehrerer Erklärungsmuster bei gleichzeitiger Urteilsenthaltung. Dieses Muster findet sich angesichts einer Unschlüssigkeit oder eines ‚strukturellen Nichtwissens' mit Blick auf die Herkunft der Kometen, die der unmittelbaren empirischen Beobachtung entzogen sind,[50] später dann auch, wie zu zeigen ist, im Großformat beim *Diálogo de la comparación de las sciencias*. Angereichert wird die kritische Tendenz der Naturdialoge schließlich durch eine Reihe von Detailkorrekturen antiker Autoritätenmeinungen, die nach Oño Guil als frühes Anzeichen epistemologischer Umbrüche gelten können.[51]

---

47 Vgl. ebd., S. 136-170.

48 Mercado 2010, S. 637, vgl. ebd., S. 636-638, dazu Ferreras 1985, S. 175-178, Oño Guil 2008, S. 26-27.

49 Vgl. Mercado 2010, S. 637-638.

50 Vgl. Ferreras 1985, S. 200, die entsprechende Passage zu den Kometen findet sich im *Diálogo del aire y del fuego* (vgl. Mercado 2010, S. 678-680). Hinzu kommt bei Mercado dann auch die Aktualisierung antiker Kartographie, vgl. Ferreras 1985, S. 183-184.

51 In ihrer Untersuchung der Naturdialoge übernimmt Oño Guil dabei das Beschreibungsmodell von López Piñero, das drei graduelle Stufen epistemologischer Ablösungsprozesse unterscheidet: ein Bewusstsein der Unzulänglichkeit von Theorie angesichts neuer

Insgesamt erfordert die Naturphilosophie bei Mercado mit ihrer fiktionalen Aufbereitung von Wissen wohl vor allem ein abgewogeneres Urteil, als es Gómez mit seiner kurzen Diagnose einer geschlossen-orthodoxen Schulphilosophie festschreibt. Tatsächlich entwickelt die Gesprächsdynamik ein relativ breites Spektrum unterschiedlicher Reaktionen und Deutungen, deren innere Vielfalt eher reflexive Distanznahme als doktrinale Affirmation nahelegt. Stärker als bei Gómez angenommen wird, deuten Mercados Dialoge vor allem auf eine Gleichzeitigkeit des Ungleichzeitigen hin: Zunehmende Stimmen möglicher Auch-Wahrheiten, die auf historische Debatten zur Pluralität der Welten oder zum Heliozentrismus verweisen, bedrängen die klassische naturphilosophische Tradition, deren normative Geltung indessen hartnäckig vom Magister behauptet und zumindest im Resultat noch nicht fundamental unterlaufen wird. Es handelt sich folglich um „una obra fronteriza que anuncia la revolución científica que va a tener lugar en el siglo XVII“[52]. Mit dieser Ambivalenz aus aristotelischer Affirmation und ästhetischem Ressentiment findet Mercado seinen Ort in der spanischen Naturphilosophie des späteren 16. Jahrhunderts, in der die Autorität des *philosophus* zunehmend ins Wanken gerät.[53]

Einen abschließenden ‚skeptischen' Akzent setzt schließlich der moralistische *Diálogo de los estados*, der sich als Metadialog über Irrwege der humanistischen Gelehrtenkultur kurz vor dem Zeitalter Philipps II. lesen lässt. Das Gespräch zwischen Laurencio, Filipo und Nicolao behandelt das soziale Problem der allzu zahlreichen *letrados*, denen zuwenig Arbeiter in den handwerklichen *oficios* gegenüberstehen, anders als in den wirtschaftlich aufblühenden deutschen und niederländischen Gebieten, die als Vergleich herangezogen werden. Zwar wird hier nicht das Wissen selber als eitel und unzureichend kritisiert, denunziert werden aber die Protagonisten dieses Wissens, die nach wenigen und oberflächlichen Studien als eitle Karrieristen auftreten und doch ökonomisch prekär leben. Diesem Tiefstand der Gelehrtenkultur entspricht dann eine weitere soziale Schieflage, nämlich die aufwändige, dem Adel nacheifernde Prunksucht der Dienstboten, die so ihre Herren in einen merkwürdigen Überbietungswettbewerb verwickeln. Solche kulturkritische Sittenbeobachtung besitzt in ihrer hellsichtigen Diagnose eine verblüffende

---

Daten, Detailkorrekturen und offene Kritik sowie schließlich Revision. Mercados Dialoge stünden demnach zwischen den ersten beiden Stufen, vgl. Oño Guil 2008, S. 23-24.

52 Ebd., S. 95.

53 Vgl. allgemein Navarro Brotóns 2002, S. 387-407.

Nähe zu den Argumenten jener Denkschrift, die der Schatzmeister Luis Ortiz eben 1558 für den neu inthronisierten König aufsetzen wird.[54]

4.2 Die Ästhetik der Methode. Medium und Gattung im *Diálogo del aire y del fuego*

Ähnlich wie bei Pedro Mexía situieren sich auch bei Pedro de Mercado die drei naturphilosophischen Texte der *Diálogos de filosofía natural y moral* im verzweigten Feld des spanischen Renaissance-Aristotelismus, dessen genaue Stellung zwischen konservativer Autoritätentreue und erneuernden Abweichungen, etwa unter Einfluss der italienischen Entwicklungen, noch nicht genau erforscht ist. Die naturalistische Trilogie, mit der der Humanist aus Granada seinen Werkzyklus beginnen lässt, greift nun bestimmte Themen aus dem aristotelischen Korpus heraus, für die sich der Verfasser entsprechend seiner beruflichen Position besonders interessiert, vermutlich, da sie auch an den Artes-Fakultäten selbst erforscht und unterrichtet wurden.[55] Diese Binnengruppe bildet somit ein regelrechtes „compendio de cosmología y geografía"[56]. Dazu gehört in den ersten beiden Dialogen die Disposition des sublunaren Raums mit seinen kreisförmig angeordneten Sphären, die von den schweren Elementen der Erde und des Wassers zu den leichteren der Luft und des Feuers fortschreiten, wobei alle vier in wechselnden Komplexionen stets miteinander gemischt werden können. Hinzu tritt das Grundprinzip der durch die Sonne hervorgerufenen feuchten oder trockenen Erdausdünstungen, die auf die mittlere Himmelsschicht treffen und dort in wechselnden Intensitätenbeziehungen zu den einzelnen Wetterphänomenen wie Hagel, Regen und Schnee, Wolken und Nebel führen, gefolgt von Sternschnuppen und Meteoren (*Diálogo de la tierra y el agua, Diálogo del aire y del fuego*). Schließlich reiht sich im dritten Gespräch die Theorie der verschiedenen Himmel an und rundet den thematischen Kreis von Mercados Naturdialogen ab (*Diálogo de los cielos*).

Diese einleitende Trilogie bringt zunächst zweifellos die drei Naturgespräche in Erinnerung, die in Pedro Mexías nur elf Jahre zuvor erschienenen *Diálogos o Coloquios* enthalten waren und ebenfalls das theoretische System der aristotelischen Meteorologie und Kosmologie zur Darstellung brachten, gelegentlich angereichert durch die Naturgeschichte des Plinius und wenige

---

54 Vgl. Ferreras 1985, S. 811; Vian Herrero 2004, S. 305-307; Sainz de la Maza 2010, S. 611.

55 So der Hinweis bei Oño Guil 2008, S. 93, die die drei naturphilosophischen Dialoge damit auf die Lehrtätigkeit Mercados an der Universität von Granada bezieht.

56 Sainz de la Maza 2010, S. 587.

weitere Autoritäten. Gleichwohl zeigen beide Werkzyklen bei genauerer Betrachtung einen deutlich verschiedenen Zugriff auf das im Kern identische Material, und zwar hinsichtlich der dialogischen Wissensorganisation und der Inszenierungsstrategie. Denn während Mexías Naturgespräche trotz ihrer magistral-ausführlichen Darlegungen, die der Komplexität des Gegenstands geschuldet sind, zumindest im Ansatz noch einen späterasmisch kolloquialen Stil wählen, der feinen Humor kennt und auf ein ironisches *in-group*-Spiel hindeutet, dominiert in Mercados umfangreichem Prestigeprojekt ein archetypisches Schulmodell, das ästhetische Sinneffekte und Überschüsse tendenziell zurückdrängt.[57] An die Stelle dialektischer Kontroversen und ironischer Spitzfindigkeiten tritt nun gleichsam die Ostentation des Lehrmaterials selbst, das der Mathematiker Julián in seitenübergreifenden Langreden konsequent entwickelt, als Ausweis der umfassenden Kenntnis des Gegenstandsbereichs. Verstehensschwierigkeiten sind dann kein subtiles Spiel mit dem Zweifel oder der vorwitzigen *porfía* mehr, sie sind eher der semantischen Überfülle des komplizierten Systems geschuldet oder verweisen auf echte epistemische Krisen und zeitgenössische Debatten. Die poetische Grundstruktur der drei Dialoge kann demnach – so die paradoxe Rahmung – als Miniaturvorlesung anlässlich einer Straßenbegegnung beschrieben werden. Gleichwohl trifft Sainz de la Mazas Einordnung der Gespräche als „clásico planteamiento catequístico"[58] die besondere Diskursivität hier wiederum nur teilweise, leben doch die dialogisierten Katechismen der spanischen Renaissance von einer schematischen Frage-Antwort-Dynamik, bei der schon präformierte Gewissheiten auswendig gelernt werden sollen, hier handelt es sich indessen eher um einen quasi-akademischen Expertenvortrag, der nur durch wenige kundige Einwürfe der Zuhörer Antonio und Gaspar unterbrochen wird. Im Verlauf der drei Naturdialoge wird dieses Hauptkennzeichen zunehmend schärfer herausmodelliert: Während zu Beginn des ersten Gesprächs noch konventionelle Natürlichkeitseffekte wie die *praeparatio* beibehalten werden, überspringen die beiden folgenden Dialoge solche Momente demonstrativ, gleichzeitig sinkt in der Rededynamik die Unterbrechungsfrequenz durch die *discipuli*, die semantischen Richtungswechsel innerhalb der magistralen Monologe nehmen ab. Mit dieser Radikalisierung des poetischen Grundrisses tritt nach und nach die Kompetenzperformanz des Lehrers vollständig in den Vordergrund, denn schon „el Diálogo II, desde luego, deja de lado en gran medida la

57 So etwa Sainz de la Maza: „Mucho más rica es, por ejemplo, la elaboración conversacional del ‚Coloquio del Sol', tercero de los de Mejía [...], cuyos temas coinciden en parte con los de Mercado" (ebd., S. 598).

58 Ebd., S. 593.

mímesis de lo conversacional y el juego entre didactismo y amenidad", bevor dann der folgende dritte naturphilosophische Dialog diese Tendenz bis hin zur „composición puramente monódica"[59] zuspitzt.[60] Mit dieser ästhetischen Figuration wirken Mercados naturphilosophische Gespräche erheblich dichter und gleichsam wissenschaftlicher als Mexías Vorgängertexte, nicht zuletzt betont ja auch die auktoriale Stimme etwa des Paratextes zum zweiten Dialog die „gran erudición"[61] des dargebotenen Wissens. Dazu passt, dass diese Naturgespräche etwa in der historischen Leserforschung bei Prieto Bernabé in die Gruppe der „libros de ciencias" eingeordnet werden, während die Gespräche des sevillanischen Humanisten noch den „bellas letras" angehören.[62] Letztlich zeigen solche schwankenden Rubrizierungen indessen auch an, wie durchlässig die Rezipientenfelder zwischen gebildeten Bürgerkreisen und akademischen Experten gerade im Fall der Dialogliteratur bereits geworden waren und wie schwer entsprechend der konkrete Adressat im Einzelfall zu identifizieren ist. Dreh- und Angelpunkt dieser verwissenschaftlichten Naturdialoge bleibt indessen die nur auf den ersten Blick eingängige Lehrerfigur. Sie wird stark aufgewertet und ist mit den methodisch strukturierten „largos parlamentos puestos en boca de Julián"[63] beinahe ununterbrochen präsent, gleichzeitig wird sie aber durch die eigentümliche Verfehlung der poetischen Gesprächsmimesis ästhetisch ambiguisiert, die insbesondere aus dem Eindringen schriftsprachlicher Merkmale hervorgeht, wie in den folgenden Ausführungen zu zeigen ist.

Mit dem beschriebenen Profil der poetischen Inszenierungsform deuten Pedro de Mercados Naturdialoge zunächst allgemein auf jene Entwicklung hin, die Virginia Cox zunächst für die italienische Renaissance beschrieben hat, nämlich „from the open dialogue to the closed book"[64]. Wissenszentrierte

---

59 Ebd., S. 598, vgl. ebd.

60 Vgl. ebd., S. 592-598, anders Oño Guil, die hier keine ästhetische Abweichung sieht, sondern einen realistischen „enfrentamiento dialéctico entre maestro e interlocutores, fiel reflejo del que se estaba llevando a cabo en la sociedad renacentista" (Oño Guil 2008, S. 23), kontextuelle Belege etwa mit Blick auf den akademischen Lehrbetrieb im Granada der fünfziger Jahre des 16. Jahrhunderts werden hierfür jedoch nicht angeführt.

61 Mercado 2010, S. 651.

62 Vgl. die entsprechenden Kapitel in Prieto Bernabé 2004, Bd. 2, S. 246 ff., speziell zu Mercado S. 273, S. 276 ff., zu Mexía hier S. 307.

63 Oño Guil 2008, S. 39.

64 So die Überschrift des neunten Kapitels in Cox 1992, S. 99-113, vgl. ebd. zu den folgenden Ausführungen. Für die spanische Renaissance gelangt Porcar Miralles zu ähnlichen Ergebnissen, allerdings findet die Sprachwissenschaftlerin auch im frühen 16. Jahrhundert technisch-szientifische Dialoge, die etwa aufgrund hoher Diskursstrukturierung und eingefügter Zeichnungen als „tratado encubierto" lesbar sind, vgl. zur Untersuchung

Dialoge der zweiten Hälfte des 16. Jahrhunderts sind demnach zunehmend durch Systematisierung und Professionalisierung gekennzeichnet, auf Kosten einer natürlichen und wahrscheinlichen Gesprächsmimesis. Zur wachsenden *Systematisierung* gehört ein methodisch geprägter Aufbau des Dialogs, dessen Redegegenstand schematisch definiert und eingeteilt wird. Auf diese Weise dringen genuin skripturale Ordnungsmodelle in das Gespräch ein, die sich auch in paratextuellen Elementen, etwa Tabellen, Kapitelüberschriften oder Marginalglossen, widerspiegeln. Solche szientifische Regulierung, die eher an den Traktat erinnert, verändert dann die Illusion eines natürlichen Gesprächsverlaufs grundlegend zugunsten schriftlicher Modelle, passend dazu werden konzeptuell mündlich markierte Beweismittel wie Exemplum oder Analogie abgebaut. Die *Professionalisierung* verweist hingegen zunächst auf die gewachsene Anzahl wissenszentrierter oder technischer Fachdialoge im historischen Textkorpus, die ihr spezialisiertes Lehrmaterial auf eine Weise anordnen, wie sie auch in faktualen Realisierungsformen anzutreffen ist. Poetische Gestaltungsprinzipien etwa der Indexikalisierung oder der stilisierten Mündlichkeit treten zurück, der Dialog passt sich nun vielmehr den Erfordernissen der technischen Informationen in Ordnungs- und Argumentationsformen an. Zunehmend monologische Ausdrucksweise und Abbau einer lebendigen Diskussion bedeuten freilich auch eine „violence to the nature of the dialogue“[65], bei dem der Leser kaum noch virtueller Gesprächsbeobachter, sondern eher Rezipient eines Traktats zu sein scheint. Die entsprechenden Beirrungen im Erwartungshorizont hat Bernd Häsner in seinem historischen Vergleich zwischen Dialog und Essay beschrieben:

> Gesteigerten Ansprüchen an Stringenz, Systematizität und taxinomische Vollständigkeit, wie sie bestimmte Gegenstände einfordern, kann der Dialog ohnehin kaum oder nur auf Kosten der *verosimilitudo* einer Fiktion mündlicher Wechselrede gerecht werden. Wenn derartige methodische Ansprüche selber zu generellen und verpflichtenden Validitätsnormen theoretischer Diskurse gleich welchen Gegenstandes werden, wie dies seit dem Ende des 16. Jahrhunderts nicht nur in den neu entstehenden Naturwissenschaften der Fall ist, erscheint der Dialog nicht länger als eine Option, diese Diskurse zu bewältigen und verliert zunehmend seine Legitimität als wissenschaftliche Textgattung.[66]

Die Kollision zwischen typischen Formprinzipien des Dialogs einerseits, etwa Offenheit und Prozessualität, sowie dem *ordo tractandi* theoretischer

---

von Diego de Sagredos *Medidas del Romano* (1526) und Diego García de Palacios *Diálogos militares* (1583) hier Porcar Miralles 2010 (Zitat S. 522).

65 Cox 1992, S. 107.

66 Häsner 2006, S. 158, vgl. ebd., S. 157-158.

Lehrsysteme andererseits beinhaltet ein nicht unerhebliches ästhetisches Potenzial in verschiedene Richtungen. Galt die Gesprächsmimesis andernorts gerade als jene wissenspoetische Form, die die „Lizenzen eines Theoriediskurses im Modus des Dialogs“[67] phantasievoll ausspielen durfte, so führt nun die Auflagerung eigentlich gattungsfremder Methodentreue zu Figuren einer ‚Gewalt der Schrift‘, nämlich zu erheblichen Brüchen in den Prinzipien des *decorum* und der *verosimilitudo*, die im Sinne der neuaristotelischen Poetik als verbindlich gelten und in den Dichtungslehren reflektiert werden;[68] aus eben diesen Bruchstellen entstehen freilich sekundäre Momente ästhetischer Beirrung, auf die im Folgenden am konkreten Beispiel einzugehen ist. Die für die italienische Renaissance formulierte Entwicklung lässt sich dann auch im spanischen Kontext nachvollziehen, wo sie, wie bereits angedeutet, unter anderem mit der verschärften Zensur und den tridentinischen Ergebnissen begründet worden ist, aber auch mit dem Ausbau der *oficios* und der Wissenschaften selbst.[69] Pedro de Mercados Naturdialoge wären demnach typische Vertreter der skizzierten Verwissenschaftlichungstendenz und das ungefähre Gegenstück zu italienischen Gesprächsfiktionen wie Bellinatos *Discorso di cosmografia* (1573) oder Vito di Gozzes *Discorsi sopra le Metheore d'Aristotele* (1584).[70] Gleichwohl muss gerade bei einem so reflektierten Verfasser

67 Ebd., S. 158.

68 Vgl. Kapitel 2.1.3 und 2.1.4. Erinnert sei hier erneut an Tassos *Discorso dell'arte del dialogo* (1585), für den solche poetischen Kategorien die imaginativen Anteile der Gesprächsmimesis gegenüber den faktual markierten doktrinalen Lehrinhalten darstellten, zwischen beiden Polen sollte der Dialogautor ja eine ideale Ausgewogenheit wahren, eben „quasi mezzo fra 'l poeta e 'l dialettico“ stehen (Tasso 1959, S. 341), so noch einmal die zentrale Belegstelle. Entsprechend dürfen die inszenierten Gespräche weder allein der logischen Strenge und der situationsabstrakten Rede wissenschaftlicher Abhandlungen verpflichtet sein, noch kann die reduzierte *histoire* mit ihrer Figurenkonstellation stark expandieren, da der Text sonst eher im Erwartungshorizont etwa des Romans stünde und kaum mehr als spezifischer Theoriediskurs akzeptabel wäre. Anzustreben sei eben eine ideale „Äquidistanz zum theoretischen Diskurs einerseits, zur Dichtung andererseits“ (Häsner 2006, S. 156, vgl. auch ebd., S. 160-161). Auf der gedachten Skala des so skizzierten Kontinuums könnten nun aber Pedro de Mercados Naturdialoge nur noch am äußeren Rand der zum Pol der theoretischen Prosa neigenden Seite verortet werden, da die Gesprächsfiktion hier zwar in minimaler Deixis noch als Konversation einer Straßenbegegnung situiert ist, die gattungstypischen Möglichkeiten der Figurenzeichnung und vor allem der polyperspektivischen Debatte aber weitestgehend zurücktreten, um stattdessen den Parcours der aristotelischen Naturlehre systematisch zu durchlaufen.

69 Vgl. Vian Herrero 2016, S. 56-61.

70 Das Eindringen schriftlicher Diskursmerkmale in die naturphilosophischen Dialoge der italienischen Renaissance untersucht aus sprachwissenschaftlicher Perspektive Paulus 2005, S. 235-279. Zu diesen skripturalen Effekten zählt sie insbesondere die scholastische Argumentationsform mit Definitionen, Begriffsbildungen und kausalen

wie Mercado gewiss von einer bewussten Entscheidung für die lehrhafte Inszenierungsstrategie, die das Wissen wie in einem Schulbuch vorstellt, ausgegangen werden, da die übrigen Dialoge der Sammlung stärker kontroverse und ästhetisch aufwändigere Gespräche bieten, dem Verfasser also durchaus verschiedene Darstellungsformen bekannt waren und zu Gebote standen.

Gewachsene Systematik und Wissenschaftlichkeit führen indessen nicht nur zu spezifischen Unwuchten in der poetischen Ausformung der Naturdialoge, sie verleihen auch den kritischen Einwänden, die anders als bei Mexía nicht bloß als seriöses Spiel daherkommen, ein stärkeres epistemisches Gewicht, nicht zuletzt mit Blick auf den erwähnten zweiten Rezipientenkreis der Expertenleser. Auf welche Textgrundlage genau sich solche Indizien einer kulturellen Unsicherheit dann beziehen, ist freilich nicht immer leicht zu ermitteln. So verweisen die kritischen Herausgeber der beiden Editionen von Mercados Werkzyklus relativ allgemein darauf, dass es sich um eine methodische Nachkonstruktion von Gebieten der aristotelischen Kosmologie handelt, die die methodische Struktur der Hauptschriften *Physik*, *Meteorologicon* und *De caelo* in die Gesprächsmimesis hinüberzieht, hinzu treten die apokryphen *Problemata*.[71] Angelehnt an die Materialdisposition dieser inhärenten Vorbilder entwickeln die ersten beiden Dialoge (wie bereits angedeutet) die grundlegende Elementlehre logisch aufsteigend von Erde und Wasser zu Luft und Feuer, gefolgt von den Himmelsphänomenen im dritten Naturdialog. Die große Nähe zum Modell bestätigt sich dazu in den Figurenreden des Lehrers Julián selbst, der in ungewöhnlicher Dichte auf den naturalistischen Aristoteles verweist, so dass sich beispielsweise im *Diálogo del aire y del fuego* Wendungen wie „dice Aristóteles en sus *Problemas*“[72] oder „lo cual prueba Aristóteles en sus *Meteuros*“[73] weit häufiger eingestreut finden, als dies noch in den drei thematisch verwandten Gesprächen Mexías der Fall war, ergänzt von genretypisch unverbindlichen Hinweisen im Stil von „como dicen los naturales“[74] oder schlicht „dice Aristóteles“[75]. Diese einleuchtenden Hinweise auf den physikalischen Aristoteles als implizit steuerndes Ordnungsmodell beantworten die Frage nach der konkreten Quellenvorlage allerdings

---

Schlussfolgerungen, ebenso die systematische Stoffordnung, vgl. dazu ausführlicher ebd., S. 235-239.

71 Zu dieser Hauptquelle treten dann Platon, der ältere Plinius und Seneca, neben wenigen biblischen Referenzen, vgl. zur Analyse der Quellen Oño Guil 2008, S. 89-104; Sainz de la Maza 2010, S. 590-592.

72 Mercado 2010, S. 672, ähnlich ebd., S. 663, 669, 674.

73 Ebd., S. 680.

74 Ebd., S. 658.

75 Ebd., S. 670, ähnlich ebd., S. 673, 679.

nur teilweise, denn angesichts der komplexen und erst wenig erforschten Transformationen des Aristotelismus in der spanischen Renaissance bleibt letztlich offen, welche Übersetzungen oder Zusammenfassungen als Grundlage gedient haben könnten.[76] Ähnlich wie bei Pedro Mexía dürfte dabei der antike Ausgangstext, auf den die Editoren einstimmig verweisen, nur ein Baustein der hypotextuellen Grundierung gewesen sein, der sich in den argumentativen Details bald überzeugend nachweisen lässt,[77] bald als alleiniger Gegenstand der Nachahmung klar ausscheidet.[78] Besondere Aufmerksamkeit muss daneben auch den naturphilosophischen Kommentartraditionen von Avicenna und Averroes zukommen, auf die binnenfiktional selbst verwiesen wird.[79] Hinzu treten die im akademischen Kontext gebräuchlichen Kompendien und Zusammenfassungen, deren genaue Präzisierung noch zu ermitteln ist.[80]

Grundsätzlich lässt sich bei Pedro de Mercado gewiss von einer klaren Bejahung und Stabilisierung der aristotelischen Naturphilosophie ausgehen. Dies zeigt neben dem Raum, der dessen Darstellung zugestanden wird,

76 Oño Guil bleibt hier mit ihrem kurzen Hinweis auf den „filtro medieval" (Oño Guil 2008, S. 91, ähnlich ebd., S. 93) gewiss zu allgemein.

77 Beide Ausgaben (Mercado 2008 und Mercado 2010) verweisen in ihrem kritischen Apparat stets auf die klar identifizierbaren Äquivalenzstellen zwischen der aristotelischen *Meteorologie* und dem *Diálogo del aire y del fuego*, um bei diesem Beispiel zu bleiben. Solche periphrastischen Übernahmen zeigt etwa die Erläuterung der Kometenentstehung, hier lehnt der antike Modelltext die älteren Auffassungen „des Hippokrates von Chios und seines Schülers Aischylos" (Aristoteles 1970, S. 18 [342b-343a]) ab, Mercados wohl korrupt zitierende Übertragung macht dann aus zwei gleich drei Naturphilosophen: „Otros dijeron ser el cometa de materia mezclada celestial y elemental, como Hipócrates, Quío y Esquilo, su discípulo" (vg. Sainz de la Mazas Fußnote in Mercado 2010, S. 679, anders Oño Guils Kommentar in Mercado 2008, S. 209).

78 Dies wäre inhaltlich etwa bei der Erklärung des Hagels der Fall, für Aristoteles handelt es sich um aufgestiegene feuchte Dämpfe, die in der kalten mittleren Himmelsschicht gefrieren; diese ist im Sommer aufgrund der Antiperistasis noch kälter als gewöhnlich, weshalb es auch gerade im Sommer zu Hagel kommt (vgl. Aristoteles 1970, S. 28-29 [347b-348a]). Bei Mercado binden sich in die Hagelkörner aber noch feine Erdrückstände ein, die in der antiken Vorlage wiederum fehlen (vgl. Mercado 2010, S. 659). Darüber hinaus kommen natürlich die biblischen Anspielungen als neue Zutat hinzu, zum Beispiel bei der Erklärung des Regenbogens, der laut der *Genesis* Noah als Vorzeichen erschienen sein soll, vgl. ebd., S. 666 bzw. die Anmerkung ebendort.

79 Vgl. ebd., S. 676.

80 Auf den Gebrauch etwa der Polyantheen verweist Sainz de la Maza 2010, S. 591, ohne diese Spur genauer zu verfolgen. Ähnlich Ferreras, derzufolge etwa in den Studienplänen der Universität von Salamanca zwischen 1560 und 1641 keineswegs Aristoteles selbst gelesen wurde, sondern die *Sphaera* von Sacrobosco, neben Ptolemaios und Euklid, vgl. Ferreras 1985, S. 172-173.

womöglich auch ein diskreter Fingerzeig in der Figurenkonstellation, projiziert sich doch Mercado selbst (zumindest in den Dialogen IV, V und VI) in die fiktive *persona* des Arztes Joanicio; dieser Johannitius verweist dann auf den arabischen Mediziner Hunain Ibn-Ishaq (809-873 n. Chr.), der ein frühes Kompendium der meteorologischen Schriften des Aristoteles angefertigt hatte.[81] Darüber hinaus bleiben im historischen Renaissance-Diskurs insgesamt die aristotelische Naturphilosophie sowie deren argumentative Darstellungsmuster für die wissenschaftliche Rationalität unentbehrlich, da sie den grundsätzlichen Rahmen philosophischer Verfikationsmöglichkeit bilden, in dem begründete Aussagen überhaupt möglich sind.[82] Es kann folglich bei Mercado vernünftigerweise keine totale Überwindung oder Diskreditierung des kanonischen Referenzmodells erwartet werden, vielmehr geht es um Momente der kontrollierten Abweichung und Befragung, um Nuancen in der Gesprächsführung, die sich – wie bereits angesprochen wurde – in sehr verschiedenen Formen äußern können. Solche Augenblicke der epistemischen Schwebe hat die französische Hispanistin Jacqueline Ferreras in ihrer Studie zunächst auf der diskursiv-propositionalen Textebene gesucht, also in kritischen Fragen der *personae* Gaspar und Antonio, die als gebildete Stadtbürger gemeinsam mit dem Mathematiker Julián die kleine Argumentationsgemeinschaft bilden.[83] Beide Schüler erweisen sich im Verlauf der Konversation insofern als mehr oder minder ebenbürtige Gesprächspartner, als sie wie der antwortende Lehrer selbst die zeitgenössischen Diskussionen und Einwände zum naturalistischen Aristoteles kennen und anbringen, diesmal im ersten *Diálogo de la tierra y el agua*. So umkreist das inszenierte Gespräch zunächst in Auseinandersetzung mit Giordano Bruno die These von der Pluralität der Welten, die Gaspar vom Hörensagen her kennengelernt hat; er und Antonio scheinen dieser Annahme auch zuzusprechen. Juliáns orthodoxe Widerlegung beruft sich indessen auf die Vollkommenheit der göttlich geschaffenen Welt, die gerade aufgrund ihrer Einzigartigkeit größte Bewunderung verdiene; weitere Kopien müssten diesen Vorzug gewissermaßen abschwächen. Zudem würde jede der einzelnen Welten eine eigene bewegende Kraft benötigen, so dass eine sozusagen polytheistische Verwirrung entstünde.

---

81 Vgl. Hunain Ibn-Ishaq 1975, zum Hintergrund des Namens und zum Kontext der Morisken an der Universität Granada weiter Oño Guil 2008, S. 62, Sainz de la Maza 2010, S. 588, 598.

82 Vgl. Mulsow 1998, S. 23-30, Keßler 2008, S. 139-142.

83 Vgl. erneut die ausführlichere Würdigung von Mercados Naturdialogen in Ferreras 1985, S. 136-201.

GASPAR: De ninguna cosa de esas me espantaré, pues no falta quien dijo (no ha muchos días) que fuera de este mundo había otros, porfiándolo mucho.

JULIÁN: Eso mejor fuera soñarlo que porfiarlo, porque si otro mundo o mundos hobiera imposible es que no se hobiese sabido, siendo los hombres tan grandes atalayadores y escudriñadores de las cosas; si no quiso decir que los elementos y compuestos dellos fuese un mundo inferior y los cielos otro mundo superior, o que cada hombre se dijese un mundo, como Aristóteles le suele decir *microcosmos*, que en griego quiere decir ‚mundo menor'. Mas si por mundo entendemos un ajuntamiento de Dios, inteligencias, elementos y compuestos, en ninguna manera hay más que uno; así lo pensaba Aristóteles en los *De celo* y Platón en el *Timeo*.

ANTONIO: Aunque no haya sido yo el autor deso, no dejaré de decir lo que me parece, y el señor Gaspar me perdone que le turbo su conversación. Cosa tan perfecta como el mundo convino que se multiplicase, mayormente que, pues las plantas y animales que en él se contienen se multiplicaron, siendo menos perfectas, es de creer que el mundo se multiplicó.

JULIÁN: Eso pertenece a su perfición que no se multiplicase, porque su rareza causase mayor admiración, cuanto más que mayor dignidad contiene una cosa tan perfecta como el mundo que muchas imperfectas como las plantas y animales que decís.

ANTONIO: Siendo el hacedor de este mundo infinito y no teniendo término su poder, ¿quién le irá a la mano a que no hiciese otros munchos para más manifestar su grandeza?

JULIÁN: Milagrosamente tenéis razón, porque el que de nada pudo hacer uno, de nada pudo hacer muchos, y aun deshacerlos después de hechos. Pero naturalmente es imposible que haya muchos mundos; y dellos nacería desorden en Naturaleza, porque cada uno había de tener un primero movedor y príncipe y la munchedumbre de príncipes es dañosa y causa de destruirse los principados.[84]

Bei dem theologisch prekären Gegenstand des kopernikanischen Weltbilds scheint dann den gebildeten Stadthumanisten die neue Einsicht ebenso möglich wie der ptolemäische Geozentrismus, mehr noch: „es más razonable que se mueva la tierra“[85], so immerhin Gaspar. Die dissidente Position wird von Julián diesmal überraschenderweise gerade nicht theologisch bestritten, sondern mit einem physikalischen Beispiel aus dem alltäglichen Erleben beantwortet.

JULIÁN: [...] Y que la tierra no se mueva está averiguado por la saeta que derechamente se tira en alto, la cual, por muncho que se detenga en caer, cae a los pies del ballestero; y si se moviese la tierra, por muy derecha que se tirase, cairía tan desviada cuanto tardase en descendir. Y si se moviese sería imposible no sentirse su movimiento de la manera que siente el que navega

84 Mercado 2010, S. 623-624, vgl. Ferreras 1985, S. 170-174; Oño Guil 2008, S. 24-25. Zur theologischen Einrahmung der klassischen Naturphilosophie weiter Shapin 2006, S. 180-181.

85 Mercado 2010, S. 637.

> el movimiento del navío, y con más razón, pues había de pasar en veinte y cuatro horas tan gran espacio como de oriente a occidente; y moviéndose con tanta velocidad las torres y edificios se cairían. Así que queda bastantemente averiguado que la tierra está fija y queda, y no por ser infinita y lo infinito no poderse mover como ciertos antiguos dijeron.[86]

Auch wenn die Einwände der offenbar vorgebildeten *discipuli* stets durch den Lehrer zurückgewiesen werden und im Resultat der schulphilosophischen Ansicht weichen müssen, wirken sie doch im Sinngeschehen des Dialogs inferentiell nach und suggerieren kulturelle Unsicherheit. Denn gerade in der Überlagerung und Verkettung kritischer Argumente wird, so Ferreras, letztlich auch eine diskrete „insatisfaction"[87] mit konventionellen Positionen der Naturphilosophie deutlich. Selbst wenn abweichende Konzepte ausschließlich den hierarchisch nachgeordneten Figuren in den Mund gelegt und im Modus der Ablehnung behandelt werden, sind sie eben keineswegs absurde Einzelmeinungen, die keiner vernünftigen Erörterung mehr bedürften, sondern mindestens diskutable Möglichkeiten des Anders-Sehens auf vertraute Gegenstandsbereiche, denen ein gewisser Ort zuerkannt wird. Dies bedeutet gewiss keine starke skeptische Position, wohl aber, mit Blick auf einen sich zögerlich transformierenden Aristotelismus, eine kontrollierte Abweichung oder Verzweigung. Hinzu treten weitere kritische Elemente, die Ferreras in der Aktualisierung der Kartographie, daneben im Manöver der doppelten Explikation als Möglichkeit eines frührationalistischen Ansatzes sieht, der die Spannweite vernünftig möglicher Gründe einer säkularen Naturtheorie ausbreitet.[88]

In unserer Untersuchung des *Diálogo del aire y del fuego*, der hier exemplarisch aus den drei naturphilosophischen Wissensfiktionen ausgewählt worden ist, wollen wir indessen versuchen, Ferreras' Intuition eines epistemischen Progressionswillens bei Mercado auch im Sinne unserer theoretischen Überlegungen zur dialogischen Epistemologie zu untermauern. Beweglichkeit der Naturphilosophie wird hier oftmals nicht nur in den semantischen Propositionen greifbar, sondern auch in der spezifischen Inszenierungsstrategie des Wissens, die gleichsam einen indirekten und alternativen Ort des Kommentars darstellt. Wir folgen dabei dem Gedanken von Prieto Bernabé, dass auch die scheinbar so konservativ-schulmäßigen und ‚divulgativen' Dialoge Mercados keineswegs einfache Wiederholungen des aristotelischen Kanons bieten, sondern vielmehr konzipierte Interpretationen dieses

86 Ebd., S. 638, vgl. Ferreras 1985, S. 175-176.
87 Ferreras 1985, S. 141, vgl. ebd.
88 Vgl. ebd., S. 183-184, 200.

Wissens enthalten, eben „interpretaciones de los compendios científicos clásicos“[89]. Gerade die ästhetischen Brechungen und Beirrungen, die sich aus der Kollision skripturaler Ordnungsprinzipien mit den Erwartungen an eine poetisch elaborierte Gesprächsmimesis ergeben, stellen dabei eine besonders aufschlussreiche Systemstelle dar. Aufgefordert durch das Interesse der Zuhörer, die eine vertiefte naturphilosophische Belehrung wünschen, führt der Magister Julián die begonnene Erläuterung der vier Elemente und der damit verbundenen sublunaren Phänomene fort, wobei nach Erde und Wasser im ersten Dialog nun Luft und Feuer im Mittelpunkt stehen. Die gattungsprägende Gesprächsmimesis wird dabei in zunehmendem Maße geschwächt, so dass im Verlauf der Argumentation monologisch referierende Redeformen dominieren, die im dritten *Diálogo de los cielos* schließlich ganz in den Vordergrund treten. Damit verbindet sich die skizzierte Wucherung medial schriftlicher Elemente, die im Folgenden näher analysiert werden sollen. Neben dem Schwund der Indexikalisierung als zentralem Merkmal der fiktionalen Kommunikationsrahmung sind hier insbesondere die methodische Stoffanordnung zu nennen, die durch das externe Vorbild der aristotelischen Modelltexte regiert wird, die systematische Ausführlichkeit der Darstellung, die Immersion schematischer Argumentationsformen, die mit Begriffsbestimmungen und kausallogischer Schließung arbeiten, sowie die Monologizität. Insgesamt entsteht so ein stark schriftlichkeitsgeprägter Dialog, in dem das poetische Ideal der mimetischen *verosimilitudo* durch den *ordo tractandi* ersetzt worden ist. Einerseits lässt sich diese Suspendierung des Konversationsspiels auf bereits angesprochene Aspekte der historischen Rezeption beziehen, so könnten die Naturdialoge ihren Ort im Umfeld der akademischen Lehrpraxis gehabt haben, als Alternative zu Textsorten wie dem Lehrbuch oder dem Kommentar, dem an den spanischen und italienischen Universitäten der Renaissance eine hohe funktionale Bedeutung zukam.[90] Insbesondere durch die konsequente Einführung der Marginalglossen könnten die Dialoge etwa auch als nützliches Nachschlagewerk zur akademisch gelehrten Naturphilosophie benutzt worden sein.[91] Andererseits führt die Einwanderung

89 Vgl. Prieto Bernabé 2004, Bd. 2, S. 251, vgl. ebd., S. 273.

90 Vgl. Schmitt 1975, S. 508; Schmitt 1983, S. 50.

91 Vgl. zu diesem historischen Gebrauch der italienischen Naturdialoge erneut Paulus (2005, S. 235-358), die den volkssprachlichen Dialog in die Nähe akademischer didaktischer Literatur stellt und somit nicht als reine Vulgarisierung begreift. Paulus bezeichnet die schriftlichkeitsgeprägten Dialogformen im Italien des ausgehenden 16. Jahrhunderts, ebenfalls aufbauend auf Cox, als „das schriftliche Äquivalent einer Vorlesung“ (ebd., S. 238), ähnlich wie Sainz de la Maza die Monologe des Lehrers Julián in Mercados Naturdialogen als „cadena de micro-lecciones sobre los orígenes y manifestaciones de los

skripturaler Elemente auch zu einer bestimmten Verformung der ästhetischen Gestalt, deren Beirrungsmomente zu strukturellen Rückwirkungen auf das semantisch verhandelte Wissen selbst führen, das zu diesem Zeitpunkt bereits erheblicher Kritik ausgesetzt ist. Auf die Krise des naturalistischen Aristoteles weisen ja nicht zuletzt die informierten Einwände Gaspars und Antonios hin, die die zentralen zeitgenössischen Debatten ins Spiel bringen, hierzu freilich nur schulmäßige und standardisierte Antworten erhalten. Gerade der Lehrerfigur kommt in diesem stark resultathaften Naturdialog dann auch eine besondere Schlüsselposition zu: Dem Aufweis gelehrter aristotelischer Kompetenz, die in der methodischen Darstellung des antiken Lehrgebäudes und seiner Kommentartradition eindrucksvoll unter Beweis gestellt wird, steht eine spezifische ästhetische Ambiguisierung gegenüber, die mit der Kollision zwischen poetischer Gesprächsmimesis und schriftlicher Darstellungslogik einhergeht. Dieser intrinsische Konflikt mündet zuletzt in ein allmähliches Verstummen der beiden Zuhörer, deren kritische Einwände mehr und mehr abnehmen zugunsten vollständig monologischer Strukturen. Auf diese Weise wirkt der Vertreter der aristotelischen Methode zuletzt merkwürdig isoliert, seine ohnehin kaum indexikalisierte Stimme kreist im fortschreitenden Verlauf wie in einem abstrakt-geschlossenen System um sich selbst, dessen bereits veraltendes Wissen als solches stimmig und schlüssig ist und doch auf keine äußeren Impulse mehr reagiert. Mithilfe dieser transgressiven Inszenierungsstrategie wird der Kunstgriff möglich, die aristotelische Naturphilosophie, die in einer bestimmten historischen Situation noch nicht substanziell aufgegeben werden kann, methodisch zu affirmieren und gleichwohl ästhetisch aufzubrechen, selbstbewusste Ostentation und epistemische Verunsicherung ineinander zu verschränken.

Eine abstrakte Sprechsituation

Der zweite Naturdialog in Pedro de Mercados Werkzyklus knüpft nun zunächst grundsätzlich an jene Figurenkonstellation und Sprechsituation an, die auch im ersten und dritten Gespräch aufgebaut wird. Die überschaubare Argumentationsgemeinschaft setzt sich daher erneut aus Antonio und Gaspar als wissbegierigen und gebildeten Stadtbürgern oder „caballeros de ciudad“[92] zusammen, wobei die soziale Zuordnung dieser beiden flachen Charaktere wiederum nur implizit oder kontextuell abgeleitet werden kann. Die Lehrerfigur Julián wird hingegen in den Naturgesprächen immerhin kurz

distintos meteoros“ (Sainz de la Maza 2010, S. 596) beschreibt, dazu auch Oño Guil 2008, S. 93.

92 Oño Guil 2008, S. 31.

als ‚Philosoph' charakterisiert und tritt später im vierten Dialog noch einmal als Mathematiker auf, um dort den Wettstreit zwischen dem Juristen und dem Mediziner zu schlichten.[93] Ähnlich sparsam ist die raumzeitliche Rahmung der Konversation indexikalisiert, auch sie kann eher implizit als zufällige Begegnung auf der Straße eingeordnet werden und folgt damit dem topischen Modell der „lieux de passage et de rencontre"[94], in denen zahlreiche Dialoge ihr Wissensgespräch ansiedeln.[95] Im konkreten *Diálogo del aire y del fuego* finden sich entsprechende Indizien („a los primeros pasos lo tornamos a encontrar"[96]), ebenso der Hinweis, dass das erste Gespräch am Vortag stattgefunden hat und sich daher nun sinnvoll fortsetzen lässt („el día pasado"[97]). Die nur wenige Zeilen umfassende *praeparatio* des zweiten Dialogs dünnt dabei den ohnehin bereits schmalen Grundriss des vorangegangenen Gesprächs weiter aus, der folgende dritte Text wird schließlich auf jede Indexikalisierung verzichten: „el establecimiento del marco espacial y temporal en este diálogo es inexistente"[98]. Diese fortschreitende Reduktion könnte einerseits auf die enge Verzahnung der drei Naturgespräche hindeuten, in der erneute deiktische Angaben redundant werden, andererseits wird so auch die in hohem Maße situationsabstrakte und empirisch arme Kontur der Gespräche betont, in denen sich die Aufmerksamkeit offenbar ganz auf die wissenschaftliche Argumentation selbst richten soll; dies verdeutlicht noch einmal der Vergleich mit Mexía, dessen naturphilosophische Dialoge einen vergleichsweise hohen Aufwand betrieben und das Personal von der Kirche über ein nahegelegenes Feld zu den Stufen der Kathedrale Sevillas zurückführten.[99]

Auch semantisch und pragmatisch dominieren bei Mercado wenige, letztlich austauschbare Redegebärden der Höflichkeit, die sich sämtlich auf topische Muster beziehen: Der staunenden Neugier der beiden Zuhörer zu Beginn des ersten Dialogs, „maravillándose de las cosas naturales y deseando

93 Vgl. Kapitel 4.3. Sainz de la Maza verweist darauf, dass in der spanischen Renaissance unter einem *matemático* auch der *astrónomo* oder *astrólogo* verstanden werden konnte, so dass die fiktive Figur trotz der wechselnden Bezeichnungen konsistent bleibt, vgl. die Anmerkung in Mercado 2010, S. 679.

94 Ferreras 1985, S. 1021, vgl. ebd.

95 Entsprechend mutmaßend bleibt die Einordnung bei Sainz de la Maza, das Gespräch „parece presentarse como una conversación a pie de calle" (Sainz de la Maza 2010, S. 593).

96 Mercado 2010, S. 651.

97 Ebd.

98 Oño Guil 2008, S. 49.

99 Vgl. die ausführlichere Untersuchung der *praeparatio* in den drei Naturdialogen bei Oño Guil, ebd., S. 28-34, 41-42, 49.

entenderlas“[100], antwortet erneut der wissende Lehrer, der seinen Unterricht nur allzu bereitwillig fortführt, „para proseguir mi servicio“[101]. Quer zu dieser konventionellen Höflichkeit steht dann allerdings die drohende Verletzung des *decorum*, die sich aus der unnatürlich systematischen, da medial schriftlichkeitsbestimmten Darstellung des physikalischen Aristoteles ergibt. Ein möglicher Überdruss bei den so schulmäßig belehrten Zuhörern wird zu Beginn kurz erwogen, wenn Julián sich fragt, „si de la pasada [conversación] no quedáis empalagados“[102], worauf Antonio aber jeglichen „fastío“[103] bestreitet und den hohen Gewinn des „aviso“[104] solcher „conversación tan sabrosa“[105] betont. Auf diese Weise findet sich zugleich die Beibehaltung des aristotelischen *ordo tractandi* in der poetischen Inszenierung gewissermaßen gerechtfertigt. Die einzige ideologische Positionierung in der *praeparatio* des zweiten Dialogs bleibt dann überraschend unbestimmt, so verteidigt Julián die vernünftige Durchsichtigkeit der klassischen Naturlehre, die allein von neueren „malas argumentaciones“[106] verunklart werde. Für Oño Guil verbergen sich hierunter summarisch die kritischen Einwände von Kopernikus, Bruno und weiteren Forschern, die für die Erosion des aristotelischen Modells und den Übergang zur modernen Naturwissenschaft einstehen; mit Juliáns Absetzung hiervon und der Selbstverortung als „firme representante de las teorías clásicas“[107] könnte Mercado dann entweder seine konservative Stellung gegenüber möglichen theologischen Kritikern behaupten, oder aber im akademischen Milieu sein Ressentiment gegenüber den Neuerern betonen, die bereits in den Lehrplan der frühneuzeitlichen Universitäten vordringen.[108] In beiden Fällen wäre die merkwürdig unscharfe Absetzungsbewegung allerdings ein wichtiges Signal für die enge Vertrautheit des intendierten Leserkreises mit dem Verlauf der historischen Diskussionen, vor deren Hintergrund allein die Einordnung einer so vagen Positionierung möglich werden konnte.

100 Mercado 2010, S. 619.
101 Ebd., S. 651.
102 Ebd.
103 Ebd.
104 Ebd.
105 Ebd.
106 Ebd., S. 652.
107 Oño Guil 2008, S. 23.
108 Vgl. ebd., S. 137, vgl. Ferreras 1985, S. 172.

System und Methode der Meteorologie
Ein erster schriftsprachlicher Aspekt betrifft die Anordnung des Materials und damit auch den Verlauf der inszenierten Unterhaltung. Denn die langen Sprechakte entwickeln die einzelnen Begriffe und Argumentationsgänge der aristotelischen Naturphilosophie nicht entlang jener thematischen Sprünge, Digressionen und spontanen Wendungen, durch die etwa die Gesprächsmimesis in der humanistischen Poetik bei Mexía noch bestimmt ist, vielmehr folgt der Textverlauf relativ genau der Materialordnung, wie sie in den ersten drei Büchern der aristotelischen *Meteorologie* zu finden ist. Sainz de la Maza weist darauf hin, dass die ersten beiden Dialoge die Stoffordnung des Modelltextes übernehmen, und zwar entlang der Elementlehre, der „serie de cuatro [elementos] en la que la cosmología clásica ordena la materia“[109], und auf dieses antike Leitmodell vertraut auch der Magister Julián. Gerade die für den Dialog so entscheidende Möglichkeit einer Wissensverhandlung bei gleichzeitiger „Entlastung vom spezifischen Kohärenzdruck schriftlicher Diskurse“[110] wird somit eben nicht ausgespielt. Stattdessen wirkt die stark schriftgeleitete Rede eher wie die mündliche Aufführung eines akademisch-didaktischen Kommentars zur aristotelischen Naturschrift, dessen dichte Systematizität kaum mit dem ungeplanten Hin und Her eines natürlichen und damit notwendig sprunghaften Gesprächs in Einklang zu bringen ist. Bereits ein Blick auf die extrapolierbare Tiefenstruktur des Dialogs zeigt die Nähe zum aristotelischen Modell, aber auch einige Verschiebungen, die die methodisch getrennte Darstellung feuchter und trockener Ausdünstungsphänomene ermöglicht.[111]

109 So die Anmerkung von Sainz de la Maza in Mercado 2010, S. 651.

110 Häsner 2006, S. 158.

111 So werden die Phänomene des sublunaren Raums (Sternschnuppen, Kometen), die bei Aristoteles im ersten Buch der Meteorologie stehen, nach hinten verschoben, der Regenbogen aus dem dritten Buch hingegen vorgezogen. Einige Aspekte der antiken Lehrschrift werden bei Mercado ganz ausgelassen, etwa die Natur des Meeres oder die Metalle und Mineralien. Dabei ist schwer zu entscheiden, ob solche mikrostrukturellen Verschiebungen dem Interesse des Verfassers geschuldet sind, oder auf eine zwischengeschaltete Quelle im Sinne der kursierenden Kommentare und Kompendien der spanischen Renaissance verweisen. Vgl. zur genauen Stoffordnung hier die Ausgabe Aristoteles 1970 bzw. darin die schematische Übersicht, ebd., S. 131.

Segment	Gegenstand	S.[112]
PRAEPARATIO	Begegnung auf der Straße: Anknüpfung an das vorangegangene Gespräch vom Vortag	652
	admiratio der vielfältigen Luftphänomene	
PROPAEDEUTICUM	Gesetz der Antiperistase	
	aufsteigende Dämpfe: *vapor, exhalación*	653
	drei Himmelsregionen	654
EXPOSITIO I	Tau	
(*VAPOR*-PHÄNOMENE)	Reif	656
	Schnee	658
	Hagel	659
	Regen	661
	Wettervorzeichen	664
	Regenbogen	666
EXPOSITIO II	Wind: Entstehung, Typologie	
(*EXHALACIÓN*-PHÄNOMENE)	Donner	674
	Blitz	676
	Kometen	
	Sonne	681

Explizit sichtbar wird diese wohlgeordnete *dispositio* darüber hinaus in den gliedernden Marginalglossen des Dialogs, die jeweils das neue Kapitel anzeigen und die Steuerung der Lektüre des ungewöhnlich langen Gesprächs erleichtern, zugleich aber auch die ohnehin nur schwache Gesprächsillusion weiter ausdünnen, indem sie die Aufmerksamkeit immer wieder zum Ordnungsschema zurückführen. Freilich fanden sich solche Randstichworte auch etwa in den Naturdialogen von Mexía, bei Mercado verstärken sie jedoch in erheblicher Weise die poetische Unwucht der Gesprächsfiktion, die aus dem Überwiegen schriftlicher Merkmale resultiert, und lassen den Text wie ein dialogisch eingefasstes Nachschlagewerk wirken.[113] Diesen prätextuell

112 Die Seitenangaben beziehen sich wiederum auf die Ausgabe Mercado 2010.

113 Vgl. zu dieser medienspezifischen Veränderung des Rezeptionsvorgangs samt ihrer Tendenz zur Katalogisierung Eisenstein 1997, S. 59-67. Vor diesem Hintergrund erscheint es problematisch, dass die kritischen Herausgeber der *Diálogos de filosofía natural y moral* die zahlreichen Marginalglossen der Erstausgabe (vgl. Mercado 1558) teilweise unterdrücken: „Se ha suprimido, por otra parte, la mayoría de los abundantes epígrafes que

bestimmten Grundriss beschreibt schließlich auch die auktoriale Stimme des vorangestellten Paratextes, dessen kataloghafte Aufzählung der behandelten sublunaren Naturphänomene aber zumindest in einigen Details nicht ganz der Abfolge entspricht, die dann im Gespräch selber durchgesetzt wird.[114] Allerdings werden die Naturphänomene als staunenswerte „maravillas"[115] angekündigt, die besondere Aufmerksamkeit verdienen.

Bruch kommunikativer Regeln

In der dialogischen Wechselrede der Figuren führt die konsequente Durchsetzung der methodischen Stoffordnung nicht nur zum Fehlen jeder spontanen Natürlichkeit des Konversationsspiels, sondern sogar zum offenen Bruch mit kommunikativen Höflichkeitsregeln. So lässt der Lehrer Julián zwar einzelne Fragen der beiden Zuhörer zu, doch resultiert daraus keine weitere didaktische oder argumentative Dynamik, vielmehr wird der Einwand schlicht durch eine resultathafte Belehrung abgewendet, sozusagen als Blitzableiter. Dieser meist knappen Antwort folgt dann die umgehende Rückkehr zum Pflichtparcours, so dass weitere Nachfragen, Ergänzungen und Erläuterungen keinen Platz finden oder übergangen werden. Vielmehr setzt die Antwortrede ohne Pause mit dem zuvor behandelten oder dem danach anstehenden Systemkapitel fort und lässt so den übrigen Sprechern keine Gelegenheit, erneut in den Verlauf einzugreifen.[116] In den ersten Passagen des Dialogs wird dieses Verfahren noch abgemildert, indem die Wiederaufnahme des roten Fadens verbindlich formuliert wird, so bei Gaspars ungläubiger Nachfrage zu den drei Himmelsregionen. Nach der Antwort des Lehrers folgt die Rückkehr zum Thema der verschiedenen Erdausdünstungen, die zum Himmel aufsteigen:

> GASPAR: ¿Tantas regiones tiene el aire?
> JULIÁN: Tres que en cada una dellas acaecen diversos acaecimientos, y cada una de diversas cualidades. La suprema y alta región es caliente y seca: caliente, de su forma y del movimiento que hace con el cielo; seca, de la vecindad del elemento del fuego. Y en esta acaecen los cometas. La más baja, caliente y húmida: caliente, por la reverberación de los rayos del sol; húmida, por la vecindad de las aguas. Y en esta se hace el rocío, escarcha y nieblas. La de en medio es húmida por los muchos vapores que suben a ella, y es frigidísima

puntean, de un modo casi siempre redundante, los márgenes del texto" (Sainz de la Maza 2010, S. 613).

114 Vgl. Mercado 2010, S. 651. So wird im Paratext die „filosofía de los vientos" (ebd.) als erster zu behandelnder Gegenstand genannt, vor den Himmelsregionen, mit deren Erläuterung der Dialog dann tatsächlich den meteorologischen Unterricht einleitet.

115 Ebd.

116 Vgl. zu diesem Phänomen Porcar Miralles 2010, S. 521-522.

> por estar entre las otras dos regiones y estremos calientes. Y en ella se hacen las nubes, lluvias, nieve, granizo, truenos, relámpagos ... Volviendo a nuestro primero propósito, cuando los vapores son subtiles y ralos, y en poca cuantidad, suben poco y se quedan en la más baja región del aire[117]

Im weiteren Verlauf wird der Hiat zwischen einer knappen Antwort und dem Übergang zum Pflichtplan allerdings nicht mehr vorbereitet, sondern bisweilen schroff und eigenwillig erzwungen; hier setzt sich eine zunehmende Monologisierung des Naturdialogs mehr und mehr durch. Als Gaspar sich wundert, weshalb die aufgestiegene Feuchtigkeit, die sich in den Wolken sammelt, nicht auf einmal, sondern allmählich als Regen herabfällt, folgt der Einlassung ein unverbundener Themenwechsel, den nur noch die adhortative Wendung markiert:

> GASPAR: Pues que toda la nube es más pesada que las gotas que descienden della, ¿por qué no cae toda junta?
> JULIÁN: Porque no todas sus partes se espesan juntas, a lo menos de la espesación que es menester para descendir, y así sobrenada en el aire; y porque la forma de la nube la conserva y resiste a que no caiga toda. Digamos agora de las monstruidades de las lluvias, que llama Plinio ‚milagros'[118]

In den letzten Gesprächsphasen erfolgt der Übergang zwischen kurzer Antwort und Wiederaufnahme des Lehrplans schließlich überhaupt ohne jede Markierung, einzig noch angebunden durch ein trügerisches Synkategorem *und*, das freilich keinen echten logisch-thematischen Zusammenhang zum sich anschließenden Thema verbürgt. Vielmehr wirkt die Stimme der Lehrerfigur mit ihrem eigensinnigen Beharren auf dem aristotelischen Lehrplan vergleichsweise unbeweglich und isoliert; eine inhaltliche Verhandlung, Entwicklung oder Modifizierung des Sujets ist offenbar entweder aufgrund der doktrinalen Geschlossenheit und Gültigkeit des Systems nicht möglich, oder aber prinzipiell unerwünscht.

> GASPAR: ¿Cómo es posible conocerla [la lluvia] los animales brutos más que los hombres, siendo menos perfectos?
> JULIÁN: Su imperfectión es causa que la sientan más, porque, teniendo más imperfectos los cuerpos, más padecerán la alteración de los vapores que quieren hacer lluvia. Y por esto mismo camino, los que de los hombres son flacos, mayormente en las junturas, pronostican mejor las lluvias que los fuertes y sanos, porque resisten menos a la alteración dellos. Y el arco que aparece de

117 Mercado 2010, S. 654.
118 Ebd., S. 663.

> diversas colores en las nubes y después de las lluvias es señal de serenidad y cesación dellas.[119]

Syntaktische Formeln und logische Schließung

Ein weiteres strukturelles Merkmal von Schriftlichkeit findet sich dann in der magistralen Diktion Juliáns, nämlich in der stereotypen Formelhaftigkeit der Argumentationshandlungen, deren kausallogische Progression der Schließung eher an die strenge Beweissprache traktathafter Abhandlungen erinnert, hinzu tritt eine Neigung zu kataloghaften Aufzählungen, deren umfassende Systematizität ebenfalls der Illusion eines ungeplanten Gesprächs zuwiderläuft. Ein erstes Beispiel für solche schriftlichkeitsgeprägten Manöver innerhalb der Gesprächsmimesis findet sich bei der Erläuterung des Schnees. Systematisch und präzise wird dessen Entstehung im oberen Bereich der mittleren Himmelsregion geschildert, zusammen mit einigen meteorologischen Folgeerscheinungen, die in stereotypen kausalen Satzanschlüssen (*y esta es la causa que*) aufgezählt werden:

> JULIÁN: Hácese la nieve en lugar más alto de la media región del aire que el granizo, como se averigua porque en los montes más altos nunca graniza, y nieva en ellos siempre, porque de ellos se levantan vapores proporcionados a nieve, y en ellos se conserva la nieve por más tiempo que en los valles y honduras, por estar depurados de humidades, y porque los rayos del sol no pueden resurtir a tanta altura; que son dos cosas que destruyen y corrompen la nieve. Y esta es la causa que munchas sierras perpetuamente están nevadas, porque conservan tanto las nieves que han caído que antes que se desaten vienen otras. Y esta misma es la causa por que, nevando en las sierras, juntamente llueve en los valles y al pie de ellas; porque la reflexión y resurtir de los rayos del sol, que alcanza en los valles y desata la nieve en agua antes que caiga, no alcanza ni llega a los montes. Y esta misma es la causa que, si en el estío se hace nieve en la media región, cae hecha agua, porque el fuerte calor de la región baja del aire la desata; y por esto en el estío nunca nieva.[120]

Wenig später findet sich auch bei der Erörterung der Wettervorzeichen ein eher schriftsprachlicher Duktus, der das argumentative Progressionsschema der Schließung in auffällig eng wiederholten Formeln verwendet. Neben dem konsekutiven Wenn-Dann-Schema (*y cuando*) dominiert vor allem das rationale Geben von Gründen (*porque se arguye*). Beide Redeformeln werden in ungewöhnlich dichten Repetitionen verwendet; der Dialog erstarrt gleichsam in präformierten Bausätzen bei schwächer werdendem Bezug auf die Argumentationsgemeinschaft und ihre Gesprächsdynamik.

119 Ebd., S. 666.
120 Ebd., S. 658.

> ANTONIO: ¿Es cierto que madrugar el sol es señal de lluvia?
>
> JULIÁN: Muchos lo tienen por burla poder el sol madrugar. Mas sabed que lo uno y lo otro es muy cierto; porque se arguye que en la media región del aire hay vapores espesos y proporcionados a agua en los cuales resurten los rayos del sol, y bajan a la tierra y hacen que se anticipe la mañana, y que en absencia del sol aparezca su claridad y rayos en la tierra. Y cuando el sol en oriente aparece muncho mayor de lo que suele, es señal de lluvia, porque los rayos que resurten y reverberan en espacio espeso y lleno de vapores representan la cosa muncha mayor. Y cuando aparece mayor el sol en las partes occidentales, es señal de serenidad y tiempo raso; porque se arguye que los vapores, que lo hacen parecer mayor, están abrasados dél, y que con la frialdad de la noche descendirán a la región baja del aire y cairán en forma de rocío. Y cuando la niebla se alza es señal de lluvia; porque se arguye que con los otros vapores que levanta el sol se han engrosado los suyos subtiles y que suben a la media región, donde se hará dellos nube aguosa. Y por el contrario, cuando no se alza es señal de serenidad, y mayor señal si se baja; porque se arguye que los vapores que el sol levantó fueron subtiles y que no levanta de nuevo otros gruesos, que engruesan la niebla y la hagan subir, pues no se alza a la media región.[121]

Noch schematischer zeigt sich zuletzt die monologische Struktur bei der Erklärung der Kometen, die auf verschiedene nahe Unglücksfälle hindeuten können; in einem listenhaften Fallkatalog zählt hier Julián die Möglichkeiten auf:

> JULIÁN: Significan también los cometas grandes terremotos, como el que acaeció en Cipro, año del Señor de setenta y ocho, en el cual perecieron tres famosas ciudades. Significan también los cometas tempestuosos vientos, lo cual prueba Aristóteles en sus *Meteuros* por munchas historias. Significan también los cometas guerras, como el que apareció el año de cuatrocientos y cuarenta y ocho, que poco después se asoló y destruyó gran parte de Italia; y en el año de setenta y siete, apareciendo otro cometa en occidente, no muncho después Godofredo tomó a Hierusalén.[122]

Monologe in utramque partem

Ein letzter skripturaler Aspekt betrifft die Darstellung nicht restlos zu klärender Fragestellungen oder *dubia* innerhalb des aristotelischen Modells. Oft wird in der humanistischen Dialogpoetik gerade an solchen Stellen von der besonderen Möglichkeit der Gattung Gebrauch gemacht, doxastische Meinungsvielfalt und plurale Standpunkte auf die verschiedenen Sprecherinstanzen zu verteilen, um so das strittige Thema einer Debatte zu überantworten, in der die einzelnen *opiniones* ausgespielt werden können. Auch

---

121 Ebd., S. 665.

122 Ebd., S. 680.

hier verzichtet Mercados *Diálogo del aire y del fuego* auf entsprechende Verfahren und wählt stattdessen eine ungewöhnliche Form der sozusagen inneren Dialogisierung monologischer Sprechakte der Lehrerfigur. Der Magister Julián selbst zählt zur Entstehung der Kometen, die grundsätzlich auf in die obere Himmelsregion aufgestiegene heiße Dünste zurückgeführt werden, Antworten der antiken Musterautoren auf, ein agonaler Disput der Bandbreite möglicher Standpunkte bleibt so aus. Im Zweifelsfall steht freilich auch hier die aristotelische Lehrmeinung im Vordergrund und wird als abschließende Überwindung der Zweifel genannt.

> JULIÁN: [...] Estas son las impresiones de fuego que acaecen de las exhalaciones y humos de la tierra, que suben a la media región del aire. Pero si suben a la alta región se hacen de ellas los cometas, porque las exhalaciones se encienden en ella y, por estar lejos de la tierra, nos parece estar en el cielo. Y esto engañó a munchos antiguos, como a los pitagóricos, que los pusieron de materia celestial porque, mirando los cometas que acaecían, hallaban estar en derecho de alguna estrella. Y porque con la vista no pudieron distinguir la estrella del cometa, dijeron ser estrellas con rayos de fuego, a manera de cabelladura, y decían esta estrella no ser ninguno de los planetas ni de las estrellas fijas del firmamento, sino otra que tenía diferente y natural movimiento; y de esta opinión fue Séneca. Otros dijeron ser el cometa de materia mezclada celestial y elemental, como Hipócrates, Quío y Esquilo, su discípulo. Pero, dejadas estas opiniones, Aristóteles dice ser congregación de exhalaciones que levanta el sol, fácilmente inflamables, que duran encendidas por algún tiempo, o porque son munchas o porque son gruesas, y por esto pudieron subir a la región alta, o porque el fuego que las enciende es templado; y la mayor causa es porque en lugar de la exhalación que se disipó, sucedió otra en que se continuase el cometa. De esta opinión de Aristóteles fueron Avicena, Averróis y todos los matemáticos.[123]

Schließlich findet sich dieses Phänomen auch noch einmal bei der bereits erwähnten Passage zur negativen Vorbedeutung der Kometen. Erneut ähneln Juliáns Ausführungen einem Katalog möglicher Auch-Meinungen, der zuletzt in anaphorischer Reihung denkbare Antworten mythologischer, naturphilosophischer und historischer Herkunft auflistet – Antworten, die auch in einem mehrstimmigen Disput hätten aufgehen können.

> JULIÁN: [...] Los astrólogos dijeron que la causa de acaecer cometas es la influencia de Saturno o de Mars, que los influyen; y como estos dos planetas influyen mal, así los cometas significan desventuras. Los naturales dan otra causa de la mala significación de los cometas: y es porque secan el aire demasiadamente, y a la sequedad siguen esterilidades, destruición de los frutos y de las yerbas y

123 Ebd., S. 678-679.

> de las fuentes, y desto se sigue muerte de los ganados, y desto hambre, y de la hambre, pestilencia y muerte. Y todas las historias que hacen mención de los cometas la hacen también de los acaecimientos dichos, como el que acaeció en Constantinopla, año del nascimiento de Cristo de ciento y veinte y dos, y el que acaeció en oriente, año de seiscientos y setenta y cuatro.[124]

***

Auch wenn Pedro de Mercados *Diálogo del aire y del fuego* ähnliche oder identische Aspekte der aristotelischen Meteorologie behandelt wie elf Jahre zuvor bereits Pedro Mexía, so ist der antike Lehrstoff beim Medizinhumanisten aus Granada doch insgesamt deutlich stärker wissenschaftlich und systematisch in die dialogische Inszenierung überführt worden. Hierfür ließen sich prinzipiell die sehr konsequent eingefügten Marginalglossen nennen, die die Sinnabschnitte des klassischen Programms unter einzelnen Stichworten gruppieren und so das zugrunde liegende Organisationsmodell bzw. den steuernden aristotelischen Intertext als Matrix hervorheben. Auch die stark schriftlichkeitsgeprägte Schreibweise der Naturdialoge, erinnert eher an eine monologische Vorlesung und bringt so den institutionellen Kontext der Universität in Erinnerung, an der ja Mercado auch lehrte. Hier bestätigt unser Dialog zunächst die tendenzielle Verwissenschaftlichung des Genres im späteren 16. Jahrhundert, die mit dem quantitativen Anstieg medizinischer Fachliteratur in der Volkssprache zusammenfällt.[125] Vor diesem Hintergrund dürfte auch bei Mercado noch stärker von einer Diversifizierung der möglichen Leserkreise auszugehen sein. Neben dem für die divulgativen Dialoge oft angenommenen Publikum des städtischen Bürgertums sowie des Landadels im Königreich, das allgemein an einer Interpretation von Naturphänomenen interessiert war, treten hier wohl potenziell auch akademisch gebildete Rezipienten in den Blick, für die der stark szientifisch geprägte Dialog ein Genre im Kreis akademisch-didaktischer Literatur neben Traktat und Kommentar sein konnte.

Die poetische Konzeption des Dialogs selbst ist ganz durch das massive Eindringen medial schriftlicher Bauformen in das Konversationsspiel geprägt, das folglich weitaus weniger dynamisch und ironisch ausfällt, als bei Mexías inhaltlich oft deckungsgleichem Paralleltext. Gewiss bildet die wissenschaftliche Systematisierung und Professionalisierung des Dialogs, wie bereits ausgeführt, eine charakteristische Tendenz der historischen Gattungsentwicklung

---

124 Mercado 2010, S. 679-680, vgl. dort die Anmerkung zu den erwähnten historischen Ereignissen.

125 Vgl. Cox 1992, S. 99-113; Granjel 1980, S. 54-61.

im ausgehenden 16. Jahrhundert, gleichwohl weist aber Häsner zu Recht auf die Beirrungen hin, die sich aus der formalen Inkonsistenz eines Lehrgesprächs ergeben, das sich manchmal nur noch der äußeren Form nach vom Traktat unterscheidet. Gerade in diesen ästhetischen Brechungen liegt aber, wie unsere Deutung aufzuzeigen suchte, eine alternative Spur der Bedeutungsgenerierung, die als Ort einer indirekten Kommentierung der übermächtigen Autorität genutzt werden kann. Solche diskreten Formen der Störung ergänzen folglich jene bereits von Ferreras analysierten expliziten Kritikäußerungen, die in Gaspars Zweifel am Geozentrismus ihren Höhepunkt fanden. Mehrere poetische Manöver im Dialog, die mit der skripturalen Verformung der Gesprächsmimesis einhergehen, konnten dann als Bewegungen hin zur Delokalisierung, Isolierung und Entkoppelung der Lehrerfigur und ihres aristotelischen Vortrags nachgezeichnet werden. Neben der allmählichen Löschung der Indexikalisierung äußert sich die schriftliche ‚Schließung' des Dialogs vor allem in der systematischen Ordnung der Stoffmassen, angelehnt an den Bauplan des antiken Modelltextes, im unbeirrten und konsequenten Verfolgen des Lehrplans auch angesichts von Nachfragen, sowie in der fortschreitenden Monologisierung der Stimme, die zuletzt kaum noch von den Schülern unterbrochen wird.

Mit der Materialisierung des aristotelischen Naturalismus im literarischen Reflexionsraum des Gesprächs verbindet sich daher bei Mercado nur auf den ersten Blick die Inszenierung eines archetypischen Schulgesprächs, in dem die orthodoxen Lehrmeinungen erlernt werden sollen. Vielmehr wird kritische Befragung hier sowohl auf propositionaler Ebene explizit formuliert, nämlich in den gut über zeitgenössische Debatten informierten Einwänden von Antonio und Gaspar, mehr noch aber in der erheblichen Spannung zwischen inszenierter Mündlichkeit und schriftlicher Organisationslogik, die die Darstellung der naturalistischen Methode mit einer ebenso eigenwilligen wie effektreichen ästhetischen Wirkungsstruktur ausstattet und unterminiert. Dieser Prozess betrifft vor allem die Lehrerfigur als Repräsentanten des klassischen Wissens; hier stehen sich souveräne Beherrschung der komplexen Stoffmassen und hohe Kompetenzperformanz einerseits, Vorbeireden am Publikum und ästhetische Ambiguisierung andererseits gegenüber. Juliáns unbeirrt fortlaufender Systemparcours verfolgt konsequent die Rekonstruktion des schulphilosophischen Wissens, zugleich wirkt seine Rede in einem allmählich verstummenden Resonanzraum merkwürdig isoliert, in dieser Ablösung wird sie gleichsam immun gegen zuletzt ausbleibende Kommentare und Einwände. Entkoppelung, Erstarrung und Abschottung wären daher die indirekt artikulierten Signaturen der aristotelischen Naturphilosophie bei Pedro de Mercado, die deutlich krisenbewusster auftritt als von der Forschung zunächst angenommen. Damit bekräftigt sich nicht zuletzt die Einsicht Luca Bianchis, dass der Renaissance-Aristotelismus vor allem durch interne Systembrüche korrodiert, etwa hier die „pregiudiziale volontà di ‚salvare' a ogni costo una dottrina irremediabilmente oscura, incerta e contradittoria"[126]. Mercados *Diálogo del aire y del fuego* wäre damit die genaue poetische Materialisierung von internen epistemologischen Ablösungsprozessen der aristotelischen Naturphilosophie mit den Mitteln des Dialogs, die hier eine schwierige Gleichzeitigkeit von Affirmation und Ressentiment ermöglichen.

4.3 Argumentation und Akkumulation im *Diálogo de la comparación de las sciencias*

Der fünfte Dialog in Pedro de Mercados Sammlung der *Diálogos de filosofía natural y moral* gehört zu den längeren Gesprächen des siebenteiligen Zyklus. Er verwendet ein bekanntes Muster der mittelalterlichen und frühneuzeitlichen Literatur, nämlich den sprachlichen Wettstreit um den Vorrang einzelner Disziplinen, der in einem quasi-forensischen Rahmen verhandelt wird und hier Medizin und Jurisprudenz konfrontiert. Mit dieser literarischen Form wird ein verzweigtes Spektrum möglicher Traditionslinien aufgerufen, etwa die agonistischen Debatten des spanischen Mittelalters, die meist in Versform angelegt waren und auch moralische Fragen betreffen konnten,[127] scholastische *disputatio* und *quaestio*, dann das Streitgedicht und zuletzt kontrovers-polemische Dialoge selbst.[128] Neben den spanischen Vorbildern steht dann insbesondere Coluccio Salutatis um 1399 entstandener Traktat *De nobilitate legum et medicinae* im Raum, der unter anderen Vorzeichen dieselben Disziplinen gegeneinanderstellt.[129] Er situiert sich seinerseits in einer umfangreichen Texttradition von Abhandlungen und Dialogen der italienischen Renaissance, die den Vorrang der Fächer mit wechselndem Ausgang behandeln und meist in konkreten universitätsgeschichtlichen Kontexten

126 Bianchi 2003, S. 135, vgl. ebd., S. 133-172.

127 Vgl. Franchini 2003, S. 11-22.

128 Zu den Ausnahmen der „casuística de los desenlaces" vgl. ebd., S. 16.

129 Bei Salutati steht die erkenntnistheoretische Gewissheit im Mittelpunkt, die die einzelnen Disziplinen erzielen können, wobei die Überlegenheit der Jurisprudenz von Anfang an klar formuliert wird; sie allein ist fundierte *scientia*, wo die Medizin bloß Erfahrungswissen und *ars* von praktischem Nutzen bleibt, vgl. Salutati 1990, S. 21-27, 39-49; Keßler 2008, S. 26-31. Demgegenüber handelt es sich bei Mercado um eine potenziell ergebnisoffene *comparatio* zweiter Fächer, die der Paratext gleichberechtigt als „sciencias" (Mercado 2010, S. 741) ausweist.

verwurzelt sind.[130] In Pedro de Mercados fiktivem Gespräch selbst nennt der Titel zunächst einfach die *comparatio* als agonales Modell aus dem Formenkreis der historischen Rhetorik. Folglich geht es um einen noch offenen Vergleich, in dem beide Parteien mithilfe epideiktischer Techniken Lob und Tadel ausformulieren. Positionen werden in ausführlicher *amplificatio* entwickelt und mit topischem Meinungswissen untermauert, das sehr verschiedener Herkunft sein kann, nämlich antike Lehrsätze, Sentenzen, Exempla und Anekdoten gleichermaßen umfasst.[131] Das abwägende Hin und Her, das der Paratext ankündigt – „el uno contra el otro se ponen cavilos y argumentos contra sus sciencias y se responden"[132] –, erinnert dabei an die Dynamik des Disputierens *in utramque partem* und entfaltet insgesamt einen Modus offener Deliberation. Entsprechend zeigt der *Diálogo de la comparación de las sciencias*[133] nun den Mediziner Joanicio und einen namenlosen Licenciado als Kontrahenten, die sich dem Spruch von zwei weiteren Figuren unterwerfen wollen, dem Mathematiker Julián und dem Theologen Basilio. Obgleich der Paratext eine klare Entscheidung erwarten lässt, da ja „el médico y el jurista se rinden al teólogo y al matemático y hácenlos sus jueces"[134], bleibt ein Urteil aus, stattdessen bricht das Gespräch unvermutet ab.

Aus mehreren Gründen kann dieser Dialog eine Sonderstellung in Mercados Zyklus beanspruchen. Denn aufgrund der agonalen Debattenstruktur findet hier gerade nicht jene kooperative Zusammenarbeit der Argumentationsgemeinschaft statt, die die anderen sechs Gespräche kennzeichnet, vielmehr kommt es zum rhetorischen Zweikampf vor Zuschauern, bei dem die Argumente durchaus gegeneinander gerichtet sind, wie schon der Paratext

130 Vgl. Thorndike 1936, S. 185-190. Entsprechend wirkt der scheinbar unlösbare Streit zwischen Medizin und Jurisprudenz in der Renaissance bereits topisch und wird etwa bei Agrippa von Nettesheim in *De incertitudine et vanitate scientiarum* (1526) zum Gegenstand des Spotts (vgl. Agrippa von Nettesheim 1993, S. 146-147).

131 Vgl. Kneepkens 1994, Sp. 293-299.

132 Mercado 2010, S. 741.

133 In der hier verwendeten Ausgabe lautet der Titel des Dialogs „*Diálogo quinto: del médico y el jurista*" (ebd.). Abweichend wird der Text jedoch häufig, der Formulierung des Paratextes folgend, *Diálogo de la comparación de las sciencias* genannt, vgl. Sainz de la Maza 2010, S. 585-613, hier S. 601, Kommentar dazu S. 741.

134 Mercado 2010, S. 741, diese Erwartung unterstreicht der ungeduldige Ausspruch Joanicios: „porque ha de quedar hoy sentenciado en mi favor, o yo no sería Joanicio" (ebd., S. 742). Nach scholastischer Auffassung gelten Mathematik und insbesondere Theologie als Disziplinen mit in hohem und höchstem Maße gesichertem Wissen, wohingegen der epistemologische Status von Medizin und Jurisprudenz unbestimmter erscheint, daher auch einen sinnvollen Disput erlaubt, vgl. Laín Martínez/Ruíz Otín 2015, S. 206.

betont.[135] Im Sinne der Typologie von Ana Vian Herrero, die zwischen dem „diálogo como acto de cooperación"[136] und dem „diálogo como arte del conflicto"[137] unterscheidet, ist dieser Streitdialog der zweiten Gruppe zuzuordnen, die auf eristische Vorläufer verweist.[138] Der sprachliche Wettstreit zwischen Joanicio und dem Licenciado bedient sich dann im Verlauf der langen Wechselreden nahezu ausnahmslos topisch präformierter Argumente, die den entsprechenden medizinischen und juristischen Traditionsbeständen entnommen sind. So bemerkt etwa Sainz de la Maza den „escaso interés del contenido temático, estrechamente dependiente de los tópicos consagrados por la tradición de crítica y apologética de las dos profesiones examinadas."[139] Auch Laín Martínez und Ruíz Otín gelangen zu einem ähnlichen Urteil mit Blick auf die Figurenreden, „tous emploient les mêmes arguments et des formules rabâchées."[140] Offenkundig wird die Überbietung im sprachlichen Wettstreit nicht durch originelle Innovation, sondern durch Kenntnis und Akkumulation der Tradition und des prestigereichen Autoritätenwissens geleistet. Zu diesen Quellen gehört dabei auf der Seite des Juristen insbesondere das Römische Recht mit Verweisen auf Cicero, Titus Livius und Justinian, die mittelalterliche Rezeption bei den Glossatoren und zuletzt Guillaume Budé. Für den Mediziner stehen vor allem Hippokrates und Galen im Mittelpunkt, allerdings treten hier öfter Anekdoten und Exempla etwa für langes Leben und Gesundheit hinzu, die der Bibel oder den Heiligenlegenden entstammen, ebenso wie historische Ereignisse. Die entsprechend heterogene *imitatio* wird dann noch durch Zutaten aus Miszellaneen und Florilegien von Erasmus, Plutarch und weiteren Verfassern angereichert.[141] Schwer zu entwirren ist dabei im Einzelfall, ob Mercado direkt auf diese Fundorte zurückgegriffen hat, oder ob zwischengeschaltete Quellen in Betracht kommen.[142]

---

135 Etwa mit dem doppelten *contra* im genannten Zitat „el uno <u>contra</u> el otro se ponen cavilos y argumentos <u>contra</u> sus sciencias y se responden" (Mercado 2010, S. 741, Hervorhebung von mir). Das summarische Urteil von Malpartida Tirado, demzufolge im ganzen Zyklus ein „espíritu cooperativo muy apropiado para su labor recolectoral e informativa" vorherrscht, wäre demnach zu relativieren (Malpartida Tirado 2005, Zitat S. 168).

136 Vian Herrero 2010[c], S. 247.

137 Ebd., S. 269.

138 Vgl. ebd., S. 269-273, anders Malpartida Tirado 2005, S. 168.

139 Sainz de la Maza, „Introducción", S. 602.

140 Laín Martínez/Ruíz Otín 2015, S. 506, vgl. ebd., S. 506-507.

141 Vgl. zu den Quellen Oño Guil 2008, S. 100, 103-104.

142 Die kritische Ausgabe (Mercado 2010) nennt zwar im Fußnotenapparat antike Quellen, es ist aber schwer nachzuweisen, ob diese direkt oder vermittelt rezipiert werden, vgl. zu dieser spezifisch humanistischen Intertextualität bei Mercado weiter Sainz de la Maza 2010, S. 590-592.

Mit Blick auf die engere Gattungsgeschichte dürfte schließlich auch Pedro Mexías *Diálogo de los médicos* eine zentrale Vorlage gewesen sein. Aus diesem breiten Fundus speist sich das materialreiche Meinungswissen, das in den Figurenreden unseres Dialogs verhandelt wird. Neben der agonalen Struktur ist der Dialog im Sammlungskontext dann durch die funktionalen Zusammenhänge universitäts- und wissenschaftsgeschichtlicher Prägung herausgehoben, die unmittelbar die Stellung des Verfassers als Universitätsgelehrter berühren. Pedro de Mercados leitende Intention ist dabei nach Laín Martínez und Ruíz Otín die Apologie der Medizin, deren epistemologische Formalisierung und Institutionalisierung im diskurshistorischen Umbruch der Renaissance stattfindet.[143] Dieser Aufwertungsprozess spiegelte sich zunächst in einer stärkeren Regulierung der lokal oft sehr verschiedenen fachlichen Ausbildung, so wird mit einem Erlass von Philipp II. aus dem Jahr 1563 die vielerorts gängige Praxis bekräftigt, dass der Grad eines Bachiller der Artes-Fakultät obligatorische Voraussetzung für das Studium der Medizin sein soll. In Granada, wo dieses Vorgehen bereits seit 1531 üblich war, bestand der engere medizinische Lehrplan dann im systematischen Studium von Avicenna, Hippokrates und Galen, ergänzt durch praktischen Unterricht bei einem ausübenden *doctor* der Fakultät.[144] Gestärkt wurde diese an klassischen Autoritäten ausgerichtete Verwissenschaftlichung des Fachs darüber hinaus auch durch Leitfiguren des spanischen Medizinhumanismus, deren Traktate, Dialoge und Kommentare antike Naturschriften übersetzten oder diskutierten und so die diskursive Verortung der Heilkunst im größeren Zusammenhang der prestigereichen Naturphilosophie herstellten, oft schon in der Überschrift ihrer Publikationen: Medizin wäre demnach gewissermaßen die praktische Anwendung naturphilosophischen und physiologischen Wissens.[145] Inwieweit dann der *Diálogo de la comparación de las sciencias* zudem auch ein Reflex konkreter institutioneller

143 Der Dialog ist damit auch die poetische Modellierung einer epistemologischen ‚Schwelle von Wissenschaftlichkeit' im Sinne Foucaults (1969, S. 55-67, 232-255, vgl. Kapitel 2.2). Auf die transitorische Stellung der Medizin zwischen *ars* und *scientia* geht Joanicio ein (vgl. Mercado 2010, S. 756, 744). Zur Entwicklung des spanischen Medizinhumanismus vgl. Granjel 1980; González Manjarrés 2000, S. 25-89; Wigger 2001, S. 51-68; für Mercado hier insbesondere Laín Martínez/Ruíz Otín 2015, S. 503-505.

144 Vgl. zur historischen Ausbildung an den spanischen Universitäten und zum allgemeinen Wachstum des Fachs durch Einrichtung neuer Lehrstühle im 16. Jahrhundert kurz Granjel 1980, S. 41-47.

145 Diese Ansicht vertritt in unserem Dialog ausdrücklich Joanicio (vgl. Mercado 2010, S. 756). Zur historischen Verflechtung von Medizin und Naturphilosophie in der spanischen Renaissance vgl. dann die weiteren Anmerkungen bei Granjel (1980, S. 95-99), mit Hinweisen zu Sabuco de Nantes, López de Corella, Huarte de San Juan u.a., diese Verfasser bezeichnen sich oft selbst ausdrücklich als *filósofo natural* (vgl. ebd.).

Konflikte ist, bei denen der Status des eigenen Fachs gegenüber den Nachbarfakultäten verteidigt werden musste, bleibt angesichts der Quellenlage schwer zu rekonstruieren, ein Fingerzeig für eine solche stilisierte Konkurrenz könnte die Namenswahl der *persona* des Arztes im Gespräch sein.[146]

Die spezifische Inszenierungsstrategie dieses Streitgesprächs zwischen dem Mediziner und dem Rechtsgelehrten folgt bei Mercado dann in erster Linie einer virtuosen Rhetorik der Fülle, der die gelehrten Langreden mit ihrem topisch vorgeprägten Material verpflichtet sind und die durch *accumulatio* und *abundantia* zu überzeugen sucht.[147] Auf den ersten Blick scheint diese Argumentationsform noch ganz mit den Prinzipien humanistischer Rhetorik verrechenbar zu sein, wie sie etwa Erasmus in seinem Traktat zur *copia* sowie, ihm darin folgend, zahllose Lehr- und Schulbücher der Renaissance empfohlen hatten.[148] Bei Pedro de Mercado zeichnet sich die *copia* innerhalb der Figurenreden allerdings durch eine ungewöhnlich sprunghafte Verknüpfung der Gründe aus: Autoritätenmeinungen, Sentenzen, Exempla und Anekdoten werden in einem unentwirrbaren Gemenge verkettet, dessen polemische Massierung eher einem aleatorischen Hin und Her folgt und wenig logische Stringenz aufweist. Zu Recht können daher Laín Martínez und Ruíz Otín von einem „chaos d'opinions"[149] sprechen, das sich auch durch eine Illusion von Mündlichkeit kaum mehr plausibel erklären lässt.[150] Diese Inkohärenz innerhalb der meist sehr langen Sprechakte verstärkt sich dadurch, dass die Repliken der Figuren oft schwach oder gar nicht auf die jeweilige Vorrede Bezug nehmen, so dass meist blockhafte Monologe mit geringer semantischer Kohärenz aufeinanderfolgen.[151] Die ungewöhnliche Kühnheit dieser Wissensinszenierung wird besonders deutlich, wenn man den sprachlichen Wettstreit

146 Der Mediziner Joanicio, der in gleich mehreren der *Diálogos de filosofía natural y moral* auftritt, ist hier wohl „portavoz asimismo del autor" (Sainz de la Maza 2010, S. 588). Sein Name könnte auf den christlich-arabischen Arzt Iohannitius bzw. Hunain Ibn-Ishaq verweisen, der für die galenische Tradition einsteht, vgl. ebd., S. 598. Zu den *personae* des Dialogs insgesamt vgl. Laín Martínez/Ruíz Otín 2015, S. 505-506.

147 Vgl. Laín Martínez/Ruíz Otín 2015, S. 510.

148 Vgl. Nakládalová 2013, S. 138-151.

149 Laín Martínez/Ruíz Otín 2015, S. 507, anders Wigger 2001, S. 142.

150 So die Meinung bei Wigger (2001, S. 142), die die „lebhafte, anschauliche und komprimierte Schreibweise" Mercados nennt, ohne dies am Text näher zu konkretisieren. Zu diesem Befund passen zwar einige Passagen mit kurzen Wortwechseln im Stil der erasmischen *Colloquia*, kaum aber die traktathaft langen Sprechakte, die doch die Figurenreden über weite Strecken des Dialogs dominieren. Zum dekonstruktiven Potenzial der Renaissance-*copia*, in anderem thematischen Zusammenhang, vgl. Cave 1997.

151 Die hohe Anzahl solcher Langreden hat dazu geführt, dass einige Leser den Dialog als Traktat mit verteilten Rollen gedeutet haben, vgl. Laín Martínez/Ruíz Otín 2015, S. 504, unter Bezug auf Gómez 1988, S. 19.

bei Mercado mit dem thematisch verwandten *Diálogo de los médicos* von Mexía vergleicht, den der Medizinhumanist aus Granada vermutlich gekannt haben dürfte. Denn der nur elf Jahre ältere Text des sevillanischen Humanisten entwickelt einen überaus klar strukturierten Disput zwischen dem für die Ärzte eintretenden Gaspar und seinem Gegenspieler Bernardo, der zuletzt durch den richtenden Maestro Velázquez entschieden wird. Anstelle konfuser Häufung werden hier zwei klare argumentative Hauptstränge dialektisch verfolgt, die um den Gegensatz zwischen empirischer und buchgelehrter Heilkunde kreisen und schließlich in einer Synthese versöhnt werden, die forensisch stilisiert ist („sentencia“[152]). Diesem disziplinierten Meinungsstreit gebildeter Bürger steht bei Mercado indessen ein unübersichtlicher und gewissermaßen entfesselter Gebrauch der *copia* gegenüber, die als zentrale Argumentationstechnik im dialektischen Streit verwendet wird. Von besonderem Interesse ist für uns dabei die Translation dieser agonistisch gebrauchten Wissensfülle in einen fiktionalen Aussagerahmen sowie die potenzielle ästhetische Wirksamkeit auf der Außenseite der Rezeption. Im Zeichen der charakteristischen Doppelnatur des Dialogs zwischen *episteme* und *fictio* wird so auch die *copia* zum fiktionsästhetisch lesbaren Phänomen, dessen Herkunft aus dialektischer Topik und epideiktischer Rhetorik jedoch stets sichtbar bleibt. Beide Ebenen konvergieren, wie die folgende Untersuchung zeigen will, in einer letztlich skeptischen Abtönung der leitenden *comparatio*, denn sowohl der vorenthaltene Entscheid nach einem ausführlichen Gespräch als auch die uferlose Materialschichtung der *copia* lassen sich als Symptome epistemischer Aporien in einer Sprechsituation verstehen, deren thematische Schließung offenbar nicht mehr möglich ist. Während die Fülle topischer Gründe und Argumente bei Mexía noch der geordneten Urteilsfindung diente, signalisiert sie bei Mercado eher epistemische Überlastung im Hin und Her des unlösbaren Wettstreits. Der Dialog erhält in diesem Sinne eine diskrete skeptische Signatur.[153]

Betrachtet man zunächst den Aspekt der inszenierten Epistemik näher, so erscheint die meinungsbasierte Topik als zentrale Gesprächstechnik der beiden Kontrahenten, die im Sinne von Leinkauf sowohl auf den methodischen Weg zum Wissen durch Abwägung vernünftiger *opiniones* (Typ iii), dann aber vor allem auf den kompendiösen Anspruch universalen Sachwissens verweist, also auf die akkumulativ vorgehende Enzyklopädik (Typ iv).[154] Entsprechend ist das Verfahren der *copia* einerseits Ausdruck einer detaillierenden

---

152 Mexía 2004, S. 263, vgl. ebd., S. 263-281.

153 So bereits die Kategorisierung bei Ferreras 1985, S. 1074, ähnlich Laín Martínez/Ruíz Otín 2015, S. 506 und 510.

154 Vgl. Kapitel 2.3.2.

Epideixis, die Lob oder Tadel der Berufe meinungsmäßig begründet, andererseits Form einer enzyklopädischen Materialschau, die sich im inszenierten Deliberationsprozess auffaltet. Diese typisch humanistische Überschneidung von Topik und Enzyklopädik verdichtet sich in einer Rhetorik der Fülle und hat dabei, wie bereits angedeutet, insbesondere Erasmus von Rotterdam als Ahnherren, in dessen Traktat *De duplici copia verborum ac rerum* (1512) gerade der Anhäufung topischer Gründe hohe Beweiskraft zuerkannt wird.[155] Diese Form argumentativer *copia* geht dann notwendig mit Variation und Abwechslung einher, auf deren Kosten die logische Stringenz und Kohärenz der Argumentationsketten zurücktreten können, eher bildet sich hier im enzyklopädischen Sammeln eine „offene Form der Gerade oder Linie, in die immer neue Lemmata eingetragen werden können."[156] Diese Aufschichtung in sich diverser Wissenspartikel spiegelt Mercados Text, dessen enzyklopädische Langreden in ihrer monologischen Bezugsschwäche letztlich akriteriell vorgehen. Die skeptische Urteilsenthaltung am Ende des Wettstreits könnte vor diesem Hintergrund dann bereits als Symptom einer Krise humanistischer Rhetorik gelesen werden, nämlich als Kritik der Leistungsfähigkeit von *copia*. Auch wenn ein expliziter Widerspruch zur problematischen „práctica habitual de acumulación irreflexiva"[157] erst im 17. Jahrhundert bei spanischen Gelehrten wie Daniel Bartoli, Gonzalo Pérez de Ledesma und Pedro Simón de Abril artikuliert wird, die die Verunklarung des Gedankens und die bloße Prahlerei mit Vorzeigewissen denunzieren, finden sich doch schon in Miguel de Salinas' Rhetorik von 1541 ähnliche Beobachtungen, die alternativ die Systematisierung der *multitudo librorum* und die kluge Auswahl einzelner Standpunkte fordern.[158] Vor dem Hintergrund dieser historischen Auseinandersetzung in der rhetorischen Tradition könnte die verzweigte und sprunghafte Gesprächstechnik des ergebnislos bleibenden Dialogs bei Mercado als Index eines

---

155 Als Methode der *copia argumentorum* wird empfohlen: „Vndecima locupletandi ratio sumitur ex accumulationes copiosa probationum et argumentorum [...] Nam eiusdem propositionis confirmationem variae rationes adhibentur, et rationis aliis argumentis confirmantur" (Erasmus 1988, S. 230), vgl. Nakládalová 2013, S. 138-151 zur spanischen Rezeption des erasmischen Traktats.

156 Leinkauf 2017, S. 212, vgl. ebd., vgl. zu Erasmus Bradbury 2017, S. 33-34.

157 Nakládalová 2013, S. 152.

158 Vgl. ebd., S. 151-155. Die Risiken der rhetorischen Fülle werden bereits in der zeitgenössischen Kritik gegenüber Pedro Mexías *Silva de varia lección* formuliert, in der *copia* und *varietas* zum zentralen Schreibprinzip der *miscelánea* erhoben werden; die *copia* müsse, so etwa Scaliger, stets durch kluge *prudentia* geleitet und diszipliniert sein, um jene chaotische Struktur zu vermeiden, der eben Mercados Figurenreden anheimzufallen drohen, vgl. zur poetologischen Debatte der Renaissance um und nach Mexía das Résumé bei Bradbury 2017, S. 30-41.

entstehenden Problembewusstseins erscheinen, das die Methode der *copia* zwischen topischer Dialektik und Enzyklopädik vorführt und zugleich befragt. Insgesamt bietet der agonale Wissensstreit so zuletzt eine prekäre Botschaft an: In einer inkonsistenten forensischen Situation, die den angekündigten Richterspruch vorenthält und unvermutet abbricht, schichten der Mediziner und der Jurist topische Argumente in nur lose gekoppelten Langreden auf, die weniger eine zielgeleitete dialektische Prüfung der Gründe durchführen, sondern akriteriell und akkumulativ vorgehen, entlang an wenigen unbestimmt verfolgten Hauptgedanken. Das bleibende Nichtwissen über die „prelación"[159] einer der beiden Disziplinen und die problematische Praxis der *copia* prägen so den spezifischen Metakommentar des Textes.

Die Konstellation der Argumente – Quelle eigenen Wissens

Mit Blick auf die fiktionale Qualität des Dialogs entfaltet die *copia* dann weitere Wirkungen, die sich mit der hypertrophen Rhetorik der Fülle verbinden. Wenn Pedro de Mercado sich in der Widmungsepistel an den Erzbischof von Granada zunächst als einfacher Kompilator ausweist,[160] so widerspricht dem doch das sehr komplexe Manöver der Fiktionalisierung von enzyklopädischem Real- und Sachwissen. Tatsächlich bilden die Gesprächsszenen keineswegs eine naive Wiederholung präformierter Standardargumente der juristischen Tradition und des Medizinhumanismus, denn jede Iteration erzeugt eine eigene Differenz, die hier eben weniger in den inhaltlichen Positionen, sondern in deren spezifischer Aufbereitung, der Verknüpfung und fiktionalen Inszenierung der Wissensinhalte zu sehen ist. Neben dem *Was* des enzyklopädischen Wissens mit seinen „clichés rebattus"[161] ist damit das *Wie* von besonderem Interesse, das sich in der Disposition, der Konstellation und der Fügung topisierter Meinungen wiederfindet, aber auch in einer selbstreflexiven Medialität.[162] Im Sinne der theoretischen Überlegungen von Dieter Mersch, auf die wir uns hier stützen möchten, kennzeichnet den Dialog das Zusammenspiel von diskursiven und ästhetischen Erkenntnisformen, von

159 Mercado 2010, S. 741.

160 Der Bescheidenheitstopos beschreibt dabei Auswählen und Kompilieren als einen „poco trabajo que había de costar tomarlo de donde en otras lenguas está derramado y recopilarlo en un mediano estilo en forma de diálogo que diese algún sabor a los letores" (ebd., S. 617).

161 Laín Martínez/Ruíz Otín 2015, S. 507.

162 Auf die ungewöhnliche Argumentationsstruktur des Dialogs haben zuerst Laín Martínez und Ruíz Otín aufmerksam gemacht, die den „intérêt stylistique et argumentatif" der Langreden und das dominierende Prinzip der „accumulation rhétorique" notieren, ohne jedoch diese Spur näher zu verfolgen (ebd., S. 509 und 510).

semantisch vorgetragenem Meinungswissen und sinnlichen Wirkungsdimensionen, die abermals in der Wahrnehmung der Argumentstruktur liegen. So vermischen sich in der dialogischen Rede die Wiederholung präformierter Topoi als ‚Sagen' tradierter Lehrsätze und deren ungewöhnliche strukturelle Disposition als figurales ‚Zeigen', das bei Mercado auffällig oft sprunghaft und logisch inkonsistent scheint und damit ein unruhiges Moment in den dialektischen Prozess des Gebens und Nehmens vernünftiger Gründe einträgt. Die Argumentation entfaltet damit, so weiter Mersch, in ihrer besonderen Konstellation und Verkettung der Gründe eine eigene Form von Figuralität.

> Das Gesagte verdoppelt sich im Gezeigten, das im Sagen zugleich ein anderes enthüllt, das sich verschließt. Dazu zählen solche Figuren, die ihre Existenz der mühsamen und kühnen Prozedur der Versprachlichung selber verdanken. Sie dringen in die diskursiven Begründungsprozesse ein, ohne je logisch verbürgt zu sein, weil sie als produktive Verkettung der diskursiven Sequenzen den Ort der argumentativen Bewegung selbst anzeigen. Als performative Schemata betreffen sie die spezifischen Strategeme des Diskurses, den sie zu sichern trachten, weniger die Effekte der Überredung, die sich klassischerweise an die *pathé* der Zuhörer richteten. Sie gleichen Schachzügen, die ins Spiel gehören wie plötzliche Manöver, die funktionieren, aber nicht ausgewiesen werden.[163]

Pedro de Mercados *Diálogo de la comparación de las sciencias* betont nun solche impliziten Figuren und Diskursgerüste durch unterschiedliche poetische Strategien, unter anderem durch die weitgehende Minimierung der Rahmenfabel. So verzichtet der Wettstreit der Disziplinen auf eine genaue Situierung des Gesprächs, um stattdessen den Fokus auf die Verlaufsgestalt der Argumentation selbst, auf den Gerüstbau der Streitrede zu verlagern. Zu zeigen ist dabei, so unser Leitgedanke, wie im agonalen Disput zwei Formen der Wissensproduktion, zwei epistemische Modi zusammentreten: zum einen das Material des topisierten Meinungswissens meist antiker Herkunft, zum anderen aber das ästhetische Wissen im Sinne Merschs,[164] das sich als sinnlich

---

163 Mersch 2002, S. 101-126, hier S. 111-112.

164 Auf provokative Weise hinterfragt Mersch damit ein konventionelles Konzept von Wissen, das gemeinhin als geteilte Objektivität von Informationen notwendig semantisch zu geschehen hat und sich als Aggregat von Zeichen der methodischen Entschlüsselung anbietet. Dem lässt sich eine Umbesetzung des Wissensbegriffs entgegenhalten, die den epistemischen Prozess als forschenden Umgang mit verschiedenen Materialien und Medien begreift und dabei auf Diskursivität oder Methode zunächst verzichtet: „‚Denken' wird dann verstanden als eine Praxis, ein Handeln *mit* Materialien *in* Materialien *durch* Materialien – etwa *durch* das Setzen von Farben – bzw. *mit* Medien *in* Medien oder *durch* Medien – etwa *durch* die Führung des Pinsels, den Strich, durch eine spezifische mediale Anordnung oder durch den Einsatz von Sound usw." (Mersch 2015, S. 10, vgl. ebd., S. 12-14)

erfahrbares Dispositionswissen beschreiben lässt. Nicht die Entscheidung der titelgebenden Vorrangsfrage steht damit eigentlich im textuellen Zentrum, sondern eine Poetik der Suche als stete Mechanik der Akkumulation, als unaufhörliche Konjunktion von Phänomenen, die immer noch weiter fortgeführt werden könnte.

‚Wissen' meint demnach für Mersch nicht allein eine teilbare Menge von Informationen, sondern stets auch eine sinnlich wahrnehmbare Erfahrung medialer Bedingungen und Abläufe, die das Kunstwerk im Modus des Zeigens nach und nach enthüllt. Gerade dieser zeitliche Ablauf der Exposition von sinnlichen Phänomenen ist dabei für Mersch das entscheidende Moment, werden hier doch die Aspekte der Konstellation und Komposition von Material sukzessive der Wahrnehmung zugeführt. Unter der Abbreviatur *Con/Com*, so die Überschrift des Subkapitels, wird der zentrale Gedanke entfaltet:

> Was sich derart exponiert und reflektierbar macht, ereignet sich bevorzugt *zwischen* den im Spiel befindlichen Elementen, dem Ensemble von Objekten, Dingen und Strukturen, wie auch *zwischen* den Klängen, Stillen und ihren Verzeitlichungen oder der Sperrigkeit und Klüftung metaphorischer Sentenzen im Text – nicht als ihrem Zwischenraum, der immer eine Unvereinbarkeit ausstellt, sondern als die *Momente ihres je besonderen Zueinanders* und dem, was aus ihnen konkret *hervorzugehen* vermag.[165]

Die Wissenspraxis der Kunst bestünde demnach in der Herstellung material- und mediengestützter Montagen, also der „Schaffung von Konstellationen, die wir als Kern einer ‚Epistemologie des Ästhetischen' erachten"[166]. In den Blick tritt damit die für eine hermeneutisch zentrierte Sinnerwartung leicht unterhalb der Wahrnehmungsschwelle verlaufende Konstruktion im Sinne der besonderen Konjunktion von Phänomenen, ihrer stets spezifischen Fügung, wobei hier nicht die prädikative Verknüpfung der Semantik gemeint ist, sondern die konstruktive Zueinanderstellung der Teile durch das Dazwischen von ‚Operatoren', die Mersch mit den asemantischen Synkategoremata identifiziert: jenen selbst bedeutungslosen Partikeln, die lediglich das Scharnier der Konstellation darstellen.[167] Das Wissen erscheint

165 Ebd., S. 166, vgl. ebd., S. 166-175 zum Gesamtzusammenhang.

166 Ebd., S. 172.

167 Vgl. ebd., S. 173-186. Freilich verläuft die Argumentation hier bei Mersch nicht ganz kohärent: Einerseits wird die synkategorematische Disposition der ästhetischen Ereignisse im Kunstwerk als konjunktionale Konstellation beschrieben, für die beispielhaft gerade die semantischen Partikeln wie „und', ‚oder', ‚Entweder-oder'" (ebd., S. 173) veranschlagt werden, wenig später verbietet sich jedoch die völlige Gleichsetzung der Synkategoremata mit diesen geläufigen Konjunktionen: „Es ginge allerdings zu weit,

daher primär als *Dispositionswissen*, das sukzessive auf der Außenseite der Rezeption zu erfahren ist. Mehr und mehr singuläre Phänomene werden so in Juxtapositionen akkumuliert und vernetzt, in „einer ‚Konjunktionalität', einer Summierung von ‚dies' *und* ‚dies' *und* ‚dies' ... usw."[168], wobei Sprünge und abrupte Wendungen auf das Erlebnis einer „plötzlichen Heuristik"[169] hindeuten, als *phronēsis*.[170]

Poetische Texte kennen solches Dispositionswissen nun unter anderem in ihrer historischen Rhetorik der Argumentation, in der konkreten Praxis des Argumentierens, die die besondere und jeweils unikale Textpragmatik im Einzelnen bestimmt. In diesem Sinne verfügen Texte notwendig über eine individuelle Anordnung, Zusammenstellung oder Fügung von Argumenten, deren binnendynamische Disposition – und dies wäre das Entscheidende – keiner letzten Intentionskontrolle gehorchen muss, wohl aber als latentes Konstruktionsgerüst eine eigene Figur herstellt; deren oft alogische Verkettungen, Scharniere und Sprünge schaffen dabei ein Muster, das der Rezipient als eigentlich ästhetisches Wissen erfährt. Komplexe Argumentationen und dialektische Schlüsse entfalten so in ihrer dynamischen Performanz eine durch die Synkategoremata vernetzte Figuralität der Bewegung, deren konstellatives Muster ein tendenziell irreduzibles Moment in das vorderhand rein logische Geben und Nehmen rationaler Gründe einführt:

> Abgesehen von der Frage, wann Gründe ausreichen und Begründungen ihr Stadium der Befriedigung oder Sättigung erreicht haben, basieren die zugrunde liegenden Schlußweisen durchweg auf Figuren, die Muster zur Anwendung bringen, die vielfach wiederholt und durch Umkehrung oder Spiegelung abgewandelt werden, ohne daß sie dabei *als* Figuren kenntlich werden. Eher folgen Argumentationen der Wünschelrute einer Intuition, als daß sie präzise buchstabierbar wären. Es handelt sich um Bewegungsfiguren, auf denen Beweise

---

dieses ‚Konjugieren' mit der Kopula im sprachlichen Satz zu parallelisieren und daraus ein ästhetisches Analogon zur sprachlichen Aussageform zu lesen, die aus der Kunst, der Arbeit im Ästhetischen nichts weiter als eine Art ‚vorsprachlicher' Sprache macht; weit eher handelt es sich um ‚experimentelle Spekulationen' eines Kombinierens und einer Montage, die im selben Augenblick ihre ‚Fuge' wie ‚Unfuge' generieren." (ebd., S. 174) Mit Bezug auf diese letzte Ambivalenz könnten wohl gerade sprachliche Synkategoremata offenbar *zugleich* als schwach semantische Konjunktion und als operative Konstellationsstifter betrachtet werden, ohne dass die Partikel einem der beiden Pole ganz anheimfallen würde. Klar scheint jedoch, dass Performanz und Pragmatik vor die Semantik treten, wenn es zu den Partikeln lautet: „Dann *besagen* sie nicht eigentlich etwas, sondern *tun* etwas." (ebd., S. 176)

168 Ebd., S. 53.

169 Ebd.

170 Die Evidenzkraft der *phronēsis* wird hier als „Augenblicksklugheit" gelesen (ebd., S. 146, vgl. ebd.).

> gleichwie Begründungen beruhen; sie stiften allererst die Übergänge, die das Denken von Bedeutung zu Bedeutung – *meta-phorein* – ‚hinübertragen'. Solche *Figurationen* gehen oft unbemerkt in Argumentationen ein, tragen in sie ein Moment von Nichtrationalität ein. Sie folgen der Besonderheit von Wegen, die der *ars inveniendi* entspringen, welche zur Topik als Teil der Rhetorik gehört. An ihnen ist jenes Rätselhafte des ‚Sprung', das gleichermaßen das Schöpferische geglückter wie auch das Ungenügen verfehlter Beweisversuche ausmacht. Keine Methodik, die – *meta hodos* – nicht solchen Wegen gehorchte, die nicht sprunghaft begangen wird, mithin ohne solche Orte und Augenblicke gelungener oder mißlungener ‚Wendung' auszukommen vermag, von denen allerdings nicht klar ist, was sie sind, worin ihre Spezifik besteht oder was ihre Ästhetik ausmacht. Nirgends bildet deshalb die Logik eine formale Maschine, die ausschließlich algorithmisch funktionierte; vielmehr bedarf es unsystematischer Verläufe, die zwar Regeln genügen mögen, nicht aber überall auf Regeln reduzierbar sind. Sie scheinen selbst eine paradoxe Stelle zu markieren: Gestalt, die formiert, ohne selbst formierbar zu sein, codieren sie die Performanz von Argumentationen, wobei sie selbst nicht codiert werden können. [...] Man kann daher sagen, daß *Figuren* Argumentationen als Geheimnis ihrer Performanz innewohnen. ‚Etwas' tritt zwischen *logos* und Grund, Form und Inhalt, Ordnung oder Erscheinung: Ein Drittes, das ihre Möglichkeit erst austrägt. Dann wären Figurationen die unerläßlichen Mittler zwischen Logik und Performanz, die einem anderen Terrain entsprängen, das weder diesem noch jenem angehörte.[171]

Argumentationsprozesse verfahren daher zwar einerseits immer schon sprachlich und logisch, andererseits aber auch topisch und figural, wobei die in der Figur entstehenden Konstellationen dem Rezipienten ein eigenes Dispositionswissen ästhetischer Prägung darbieten. Solche Figuren stehen *zwischen* Logik und Performanz des Diskurses:

> Daraus erhellt sich die Doppelstruktur des Arguments: Es basiert auf Regeln und logischen Gesetzmäßigkeiten, freilich so, daß diese durch eine selbst regellose Kreativität in Anschlag gebracht werden und durch Konkatenationen wiederum komplexe Figuren erzeugen, die im diskursiven Geschehen Wendungen erlauben, deren Möglichkeiten einer grundlosen Phantasie ent-springen [sic]. [...] Sie entbehren des *logischen* Status, insofern sie sich auf ‚Vorgehens*weisen*' beschränken, die ihre Geltung einzig aus dem performativen Rahmen des Verfahrens beziehen, dem sie angehören. [...] Deshalb gehören sie genuin zur Rhetorik: Sie werden nicht begründet, sondern *vollzogen*. Die Vernunft benutzt sie, ohne sie auszuweisen oder über sie Rechenschaft abzulegen, weil sie die Art bezeichnen, Argumente zu knüpfen und ‚vorzuführen'.[172]

---

171 Mersch 2002, S. 105-106.

172 Ebd., S. 112.

Agonaler Wettstreit und dialektische Argumentation

Der für eine Frage nach der konkreten Argumentationspraxis womöglich besonders aufschlussreiche *Diálogo quinto: del médico y el jurista* erscheint titelgemäß zunächst als Agon der Wissenschaften, als „comparación de las sciencias"[173], womit sich der Text in entsprechende Diskurstraditionen des sprachlichen Wettstreits einschreibt, die seit dem Mittelalter über eine lange dialektisch-rhetorische Filiation im iberischen Kulturraum verfügen.[174] Der einleitende Paratext richtet das Augenmerk bereits auf den Prozess des Argumentierens selbst, auf den dialektischen Disput. Der sprachliche Wettstreit bestehe im „confiriendo sobre la prelación de las suyas [sciencias]"[175], wobei *conferir* hier in seiner historischen Semantik das Vergleichen, aber auch das Prüfen der Gründe meint.[176] Mit keinem Wort wird dann hingegen auf die nach dem Syntagma „y hácenlos sus jueces"[177] zu erwartende Entscheidung der Streitfrage durch Basilio und Julián eingegangen, die dann auch im späteren Gespräch selbst ausbleibt.[178] So fehlt also (ganz anders als bei Salutati) der Richterspruch, wohingegen der Prozess der Argumentation selbst umso bedeutsamer wird; nicht die erwartete *conclusio*, sondern die Performanz der *elocutio* und vor allem die figurale Auffaltung der materialgestützten *dispositio* selbst stehen hier im Mittelpunkt, also die Dynamik der Beweisführung und das kopiöse Prinzip argumentativer Häufung. Entsprechend bekräftigt der Paratext abschließend erneut das alternierende Geben und Nehmen der Gründe als eigentliches Ereignis – „donde el uno contra el otro se ponen cavilos y argumentos contra sus sciencias y se responden"[179]. Dass die rahmende Sprechsituation des argumentativen Hin und Her eigentlich kaum

173 Mercado 2010, S. 741.

174 Pedro de Mercado kombiniert, wie eingangs angedeutet, die rhetorische Form der *comparatio* (vgl. Kneepkens 1994) mit mittelalterlichen Modellen der inszenierten Debatte (vgl. Franchini 2003) und der (oft juristischen) *quaestio disputata*, bei der zwei Kontrahenten alternierend ihre Argumente entwickeln und den Disput abschließend durch einen Richter entscheiden lassen (vgl. Ynduráin 2006, S. 333-376, hier S. 339-340).

175 Mercado 2010, S. 741.

176 So heißt es bei Covarrubias: „CONFERIR: Vale cotejar una cosa con otra o tratar algún negocio, examinando las razones que hay en pro y en contra" (Covarrubias 2006, S. 593)

177 Mercado 2010, S. 741.

178 Genau betrachtet wird eigentlich überhaupt keine enge Fragestellung im starken Sinne formuliert, vielmehr – so erneut die Vorrede – ein offenes Ringen um die „prelación" der beiden Fächer angekündigt (ebd.). Es mag daher nicht einleuchten, wenn Sainz de la Maza den gesellschaftlichen Nutzen der Disziplinen als Hauptfrage sieht, dieses Thema ist ja nur eines von vielen im Verlauf der Argumentketten, vgl. Sainz de la Maza 2010, S. 601.

179 Mercado 2010, S. 741.

indexikalisiert ist, beinahe ohne jede raumzeitliche Kontur bleibt, verstärkt eine solche Konzentration auf die Argumentationspragmatik zusätzlich.[180]

In der eröffnenden *praeparatio* werden zunächst die Spielregeln eines Streites fixiert, der offenbar schon einige Zeit gewährt hat und nun sozusagen endgültig gelöst werden soll. In seinem ungeduldigen Sprechakt stellt Joanicio dafür zwei Rahmenbedingungen, so sollen zum einen statt der bisherigen Schmähungen begründete Argumente, „razones“[181], eingesetzt werden, zum anderen sind die beiden Schiedsrichter benannt, die die erhitzte „porfía“[182] zu schlichten haben.[183] Aufgrund ihrer erkenntnisgewissen Disziplinen erscheinen sie hierfür besonders geeignet, und Basilio kündigt sogleich streitlustig eine durchaus neutrale, in beide Seiten kritische Haltung an: „queremos entrar en esa comparación y fundar nuestra intención contra ambos“[184]. Der Beginn des sprachlichen Wettstreits verläuft zunächst noch stärker geordnet als dialektischer Disput scholastischer Prägung, bei dem die Positionen geprüft und entkräftet werden sollen. Erste Beweise für die Überlegenheit der Medizin finden sich laut Joanicio in der hohen Verbreitung und Wertschätzung der ärztlichen Heilkunst („no hay parte del mundo donde no la reciban y tengan en gran veneración a los médicos que la ejercitan“[185]), vor allem aber im Kriterium der Verschriftung („todas las gentes la han escrito y comentado“[186]). Die Gültigkeit dieses letzten Arguments wird vom Juristen sogleich relativiert; auch dort, wo Recht nicht schriftlich niedergelegt sei, hätten ungeschriebene Traditionen und Bräuche ihre eigene Geltung: „Estas costumbres leyes son, y tienen tanta fuerza y razón de leyes en esas partes como acá las escritas.“[187] Die Replik des Mediziners beharrt jedoch auf der stärkeren Kraft seiner Prämisse („¡Qué mayor autoridad que estar escrita la medicina en toda parte y el derecho no!“[188]).

In der folgenden Sequenz schließt sich nach den Argumenten von ‚Anerkennung‘ und ‚Verschriftung‘ ein weiterer Gedankengang an, der die Ernährungslehre als eigentlichen Ursprung aller Medizin in Stellung bringt.

---

180 Weitgehende Raum- und Zeitlosigkeit begünstigen so eine konzentrierte *Exposition* der Argumente. Im Gespräch selbst erfahren wir lediglich, dass Joanicio und der Licenciado offenbar schon seit dem Vorabend konferieren (vgl. ebd., S. 744) und dass der Schauplatz Granada ist (vgl. ebd., S. 769).

181 Ebd., S. 740.

182 Ebd.

183 Vgl. ebd., S. 740-741.

184 Ebd., S. 741, vgl. Sainz de la Maza 2010, S. 604.

185 Mercado 2010, S. 742.

186 Ebd.

187 Ebd.

188 Ebd.

> JOANICIO: [...] Y aliende desto haberse hallado muncho antes, porque en el principio del mundo, viendo los primeros hombres que los manjares de que los brutos animales se mantenían les hacían daño, necesidad les compelió a buscar mantenimientos con los cuales conservasen su sanidad. ¿Qué fue, pues, hallar manjares con tanto artificio compuestos, ordenados para la conservación de la sanidad, sino hallar la principal parte de la medicina? Y considerando después que los manjares de que se mantenían en su sanidad les dañaban en sus enfermedades, la misma necesidad les compelió a buscar comida que en sus enfermedades les aprovechase, que es la otra parte de que se compone la medicina. Y viendo que solos mantenimientos no bastaban, cada uno, con deseo de remediar su pasión, buscaba y experimentaba diversas medicinas hasta hallar la que particularmente aprovechase a cada enfermedad. Y de estas experiencias hacían preceptos que de ahí adelante aprovechasen en semejantes enfermedades; por que entendáis su gravedad y antigüedad ser mayor que la de vuestras leyes.[189]

Als Argument wird hier zunächst die ältere Herkunft der diätetischen Medizin genannt, „haberse hallado muncho antes, [...] en el principio del mundo"[190]. Daran knüpft sich dann eine weitere Akkumulation von Gründen, die das geordnete dialektische Hin und Her zunehmend zum *genus copiosum* ausweitet. So sind die Gedanken und Gründe in Joanicios Sprechakt nun syntaktisch in einem Polysyndeton verklammert – gleich vier Sätze beginnen mit *y* –, dessen anaphorische Häufung zugleich eine Art von historischem Anekdotenwissen entfaltet. Zwar sind die Hinweise auf die frühe Entstehung der Diätetik oder die empirische Erprobung gesundheitsfördernder Nahrungsmittel noch als dialektische Gründe deutbar, tatsächlich entfalten sie aber eher eine kleine Geschichte, die von den kulturellen Anfängen der Menschheit und der Ernährungslehre als latenter Heilkunst erzählt. Das auffällig wiederholte Synkategorem ‚und' steht daher genau auf der Schwelle zwischen der formalen Beweisführung einerseits, die die logischen Gründe im Sinne von ‚eins und eins' analytisch aufzählen könnte, sowie dem erzählerischen Moment der Fabel andererseits, die ihre Ereigniskette aufspannt. Nur die *conclusio* kann diese mehrdeutige Digression wieder in einem regelrechten Schlusssatz disziplinieren, zum Wettstreit der Wissenschaften zurückkehren und den Juristen zur Einsicht ermahnen, „por que entendáis su gravedad y antigüedad [de la medicina] ser mayor que la de vuestras leyes"[191]. Die Antwort des Licenciado kann dem entgegenhalten, dass „derecho natural y leyes naturales"[192] nicht weniger alt seien als die Medizin, wie der Joanicios

189 Ebd., S. 742-743.
190 Ebd., S. 742.
191 Ebd., S. 743.
192 Ebd.

conclusio ironisierende Hauptgedanke mit seiner nachgeschobenen *concessio* festhält: „Por que entendáis que no son menos antiguas las leyes que vuestra medicina, cuanto más que yo no pongo escrúpulo en su antigüedad“[193]. Gerade weil das Hin und Her der agonalen Debatte hier bei einem unentschiedenen Gleichstand anzugelangen scheint, kommt es zu einem abrupten Sprung in der argumentativen Bezugslogik, greift der Rechtsgelehrte doch nun unerwartet auf das schon ferner liegende erste Argument zurück, die allgemeine Anerkanntheit der Medizin, die nun erneut bestritten wird. Wie Joanicio wechselt dabei auch der Licenciado in einen eher erzählenden Tonfall, wenn er von der Ärztefurcht im antiken Rom berichtet, wo Mediziner einst gar aus der Stadt verbannt wurden.[194] Freilich kann dies in einer Replik von Joanicio widerlegt werden, der die Vertreibungen als Furcht vor der Heimtücke griechischer Ärzte und überhaupt als historisch nur kurzfristiges Phänomen wertet.[195] Insgesamt zeigt die Eröffnung bei Mercado nach anfangs noch methodisch geordnetem Vorgehen Joanicios und klar bezogenen Repliken des Licenciado eine Schwächung der dialektischen Stringenz zugunsten eher überraschender und asystematischer Frage-Antwort-Relationen, indem der Jurist willkürlich bald nur auf einzelne Beweisgründe eingeht, bald auf ältere Gedanken zurückgreift, so dass hinter dem logischen Schema der Wechselrede eine zunehmende Unruhe der argumentativen Fügung aufscheint. Zugleich verkompliziert sich diese Fügung durch eine Ambiguisierung der Argumente, die ebenso logisch wie narrativ lesbar sind, sich auf kleine Geschichten öffnen, die die dialektische Rede mit erzählerischen, historischen oder anekdotischen Anteilen vermischen.

Relativ unvermittelt kommt der Vertreter der Medizin wenig später auf einen älteren Gesprächsfaden zurück:

> JOANICIO: Y lo que anoche porfiábades que con sola dieta y buen regimiento se habían de curar los enfermos, decíslo como hombre sano, que si enfermo y con dolores os experimentásedes con ese remedio, pediríades mayor socorro a la medicina, conocido lo poco que os aprovechara[196]

Joanicio greift hier unerwartet einen Gedanken das Licenciado vom Vorabend auf, demzufolge einzig die Diätetik als medizinisches Erfahrungswissen genüge. Dessen Wert erkennt auch der Arzt prinzipiell ausdrücklich an, fordert jedoch die Ergänzung durch ein strikt wissenschaftliches Fundament

193 Ebd., S. 744.
194 Vgl. ebd.
195 Vgl. ebd.
196 Ebd., S. 744-745.

naturphilosophischer Herkunft, das allein an den Universitäten zu erwerben ist.[197] Denn wie fatal es sein kann, sich allein auf angelerntes Erfahrungswissen zu verlassen, zeigt das Unwesen der *experimentadores*, jener Heiler der Frühen Neuzeit, die ohne akademisches Studium aufgrund von eigenen oder abgeschauten Praktiken medizinischen Rat anbieten; entsprechend formuliert die Marginalglosse hier bündig: „No se permite curar por la experiencia"[198]. In der Figurenrede sind diese Argumente indessen stark amplifiziert und rhetorisch verdichtet: Schon die erste Einlassung provoziert feinen Spott gegenüber dem Licenciado, der angesichts schwerer Erkrankungen wohl kaum nur auf Diäten vertrauen wollte („pediríades mayor socorro a la medicina, conocido lo poco que os aprovechara"[199]), während die zweite Beobachtung bald mit scharfer Zeitkritik gegen gefährliche Scharlatane und „vagamundos"[200] aufwartet („¿Qué sería si se diese licencia de experimentar a todos?"[201]), bald mittels bildlicher Redewendungen wieder eher verbindliche Töne anschlägt („quieren con un zapato calzar a todos"[202]). Weshalb aber wenden sich so viele diesen fragwürdigen Heilern zu, gibt der Jurist zu bedenken. Hierauf folgt dann eine regelrechte Schmähung der nicht akademisch gebildeten Scharlatane: „al más avisado engañarán. Así que en este artículo está bastantemente reprobada vuestra opinión; y vuestras propias leyes la reprueban, castigando a los que curan sin ser filósofos graduados en medicina."[203]

In der folgenden Dialogsequenz wird die dialektische Argumentation, die den Wettstreit eingangs noch in die Nähe geordneter akademischer Rituale stellte, zugunsten letztlich regelloser Bewegungsfiguren verlassen, die Beweisgrund, Anekdote, enzyklopädische Notiz und subjektive Erfahrung im Zickzack des Argumentationsprozesses verketten, an dem sich nun erst auch Julián

---

197 Im epistemologischen Umbruchsprozess der Renaissance ist die Aufwertung der Medizin auch durch deren naturphilosophische Fundierung im universitären Kontext gelungen, so formuliert Joanicio: „Y si de ello dudaran, de necesidad fueran convencidos a dudar de la filosofía natural tan aprobada de todos, porque la medicina se prueba en ella y podemos decir que sea parte suya, llamándola filosofía práctica. Porque curar no es otra cosa sino, experimentando la filosofía natural, filosofar en el cuerpo del hombre mal dispuesto y destemplado" (ebd., S. 744). Vgl. zum historischen Hintergrund Granjel 1980, S. 41-61.

198 Mercado 2010, S. 744. Neben den universitär ausgebildeten Ärzten übten in der spanischen Renaissance auch zahlreiche Praktiker die Heilkunst aus, sogenannte *empíricos*, die jedoch prinzipiell eine Approbation durch das *Tribunal del Protomedicato* bzw. die *cofradías* erwerben mussten, vgl. zu diesen Heilberufen Granjel 1971, S. 24-28, weiter Shapin 2006, S. 168-188.

199 Mercado 2010, S. 744.

200 Ebd.

201 Ebd.

202 Ebd.

203 Ebd.

und Basilio beteiligen, wenngleich eher sekundierend. Zwei Hauptgedanken werden dabei umkreist. Der Licenciado fordert zunächst eine strikte Trennung der medizinischen Teilpraktiken, zwischen praktisch-angewandter Heilkunst und wissenschaftlich-philosophischer Spekulation, da die unklare Vermengung von beidem für den Patienten oft von Nachteil sei:

> Licenciado: [...] pero que usen de la medicina curando y de la filosofía filosofando, y que como médicos den remedios y como filósofos las causas de ellos, y no que, pretendiendo curar con argumentos más que con remedios y medicinas, lo tienen todo tan revuelto que ya no se sabe lo que es medicina y lo que es filosofía, ocupados en cuestiones que en ninguna manera aprovechan. Si no, ved qué le hace al enfermo quedar o no quedar las formas de los elementos en él, y gastáis en esto tanto almacén que hoy día está por sentenciar.[204]

Dieses Argument wird durch die neuerliche Randglosse summiert und bekräftigt („El médico no ha de ser sofístico, a lo menos curando“[205]). Später greift Julián diesen Gedanken auf und verurteilt seinerseits den allzu beredten Arzt.[206] Die Gegenstimme bildet Basilio, der Erklären und Verstehen der Krankheit als wichtiges Moment betrachtet, in Übereinstimmung mit einem bekannten erasmischen Apophthegma.[207] Ein ähnlicher Angriffspunkt betrifft die gesteigerte Eloquenz der Ärzte, die als rhetorischer Exzess im Zeichen von Streitlust, maßloser „duda“[208] oder gar „filatería“[209] denunziert wird, um dann im Vorwurf des Obskurantismus zu gipfeln, „que lo claro y fácil hacéis obscuro y dificultoso“[210]. Dieser Vorwurf muss Joanicio wohl treffen, dem ja auch in Mercados Dialog tatsächlich der größte Redeanteil zufällt, so dass sich die geäußerte Kritik gleichsam performativ bestätigt, je weiter der Mediziner sich verteidigt und seinen Standpunkt nuanciert. Denn zweifellos richtet sich die Kritik an der argumentationslustigen Eloquenz im Gespräch unmittelbar gegen die langen und gelehrten Ausführungen Joanicios, mit der Denunziation maßloser „filatería“[211] und ergebnisloser Zweifelssucht ist gleichsam der produktive Motor aufgezeigt, der die Hervorbringung immer neuer argumentativer Kettenglieder bewirkt und zugleich deren Schließung zugunsten der offenen

204 Ebd., S. 746.
205 Ebd.
206 Vgl. ebd., S. 748.
207 Vgl. den editorischen Kommentar ebd.
208 Ebd., S. 746.
209 Ebd., S. 748.
210 Ebd.
211 Ebd.

Figuralität verhindert, die sich in ihren kühnen Sprüngen und Wendungen verzweigt.

Ziemlich genau in der Mitte des epistemologischen Dialogs wechselt der thematische Schwerpunkt von der Medizinerschelte zur Kritik an den Juristen, so dass nun der Licenciado gleichsam in die Rolle des Angeklagten gerät und den Wert seiner Disziplin zu verteidigen sucht. Zugleich verbindet sich mit dem neuen inhaltlichen Fokus auch eine Dynamisierung der Nebenfiguren: Dominierte nämlich bislang eher die alternierende Wechselrede zwischen den beiden Hauptkontrahenten, so mischen sich nun zunehmend auch Basilio und Julián ins Gespräch. Nach der gezeigten Entfestigung der dialektischen Argumentationspraxis als Hauptverfahren scholastischer Beweisführung verzichten die Repliken auf jede Strenge, zugunsten einer letztlich offenen Praxis der Anhäufung und Kommentierung von Meinungen, Autoritätenwissen, Beobachtungen und Anekdoten. Aufgrund der umfassenden Entstehung juristischer Korpora insbesondere im späten Rom und in der italienischen Renaissance sei es, so Joanicio, zu einer maßlosen Wucherung von oft widersprüchlichen Glossen und Kommentaren gekommen, die den Rechtsbegriff verunklarten und zu Unsicherheit und Unverständlichkeit in der Jurisprudenz führten:

> JOANICIO: [se dirán] confusión y muchedumbre de las leyes tan grande que en ninguna manera se deja comprehender, según la diversidad de derechos contiene: uno antiquísimo de los griegos y otro, antiguo y muy ancho, de los romanos; otro nuevo de Justiniano; otro novísimo que añaden los reyes en sus reinos. Y sobre esto no tienen número las glosas que hay; pues las lecturas y determinaciones es tan grande escritura que aun no se puede hojear, cuanto más leer y entender en la brevedad de la vida que vivimos.[212]

Neuerliche rhetorische Manöver sind nun an der weiteren Entwicklung dieses Gedankens, an der Fügung der einzelnen Argumente maßgeblich beteiligt, deren besondere Figuralität hier die akkumulative Schichtung betont und zugleich steigert. Solche Steigerung findet in Joanicios langem Sprechakt zunächst durch eine auffällige Parallelkonstruktion statt, die die heillose Zerstrittenheit der Rechtsgelehrten im adversativen Schema *unos/otros* entwickelt, wobei die hohe Zahl der syntaktischen Kettenglieder eine effektreiche Verdichtung bewirkt:

212 Ebd., S. 756.

> Joanicio: [...] Unos dan un entendimiento a las leyes, otros les contradicen, otros concuerdan a estos, otros los refieren; unos las ensanchan y amplían, otros las estrechan; unos las confirman y concuerdan con otras leyes, otros las contradicen; otros las traen por los cabellos y les quieren hacer sonar otra cosa que ni la dicen las leyes ni la sintieron los legisladores, escureciendo y enturbiando lo claro y fácil con sus imaginaciones, de la manera que se enturbia el agua meneándola demasiadamente o mezclando cieno o tierra con ella.[213]

In diesem Sprechakt sind es die deiktischen Operatoren der Synkategoremata, die den argumentativen Topos der Zerstrittenheit unter den Juristen durch die hartnäckig wiederholte Gegenüberstellung *unos/otros* plastisch erfahrbar machen, eben durch ein quasi-räumliches Deuten auf ‚die einen' und ‚die anderen', wodurch die verwirrende Pluralität der Lehrmeinungen im Sinne Merschs auch als ästhetisches Erfahrungswissen zugänglich wird.

Im Verlauf von Joanicios Ausführungen findet sich dann eine weitere Parallelkonstruktion, nämlich die *geminatio*, deren rhetorische Fülle die Verwirrung in der Rechtsprechung ikonisch abbildet. Leicht gelockerte Verdoppelungen der sprachlichen Elemente und die Wiederholung des einmal gebildeten Aufzählungsschemas beleuchten so die irritierende Wucherung der scheinbar endlos deutbaren Rechtskommentare, lassen deren heilloses Chaos in der performativen Syntax hervortreten:

> Joanicio: De suerte que de ley en ley, de glosa en glosa, de determinación en determinación, de consejo en consejo se viene a parar en una confusión tan grande que en las más dudas y pleitos que se hallan derechos y determinaciones para absolver al reo, se hallarán leyes, glosas, determinaciones y consejos para condenarlo.[214]

Die fiktionale Qualität des Dialogs erlaubt es, die unmittelbare ästhetische Wirkung solcher Materialexposition einzubeziehen und produktiv zu machen. Die konzentrierte Schichtung und Stauung von Joanicios Gedankenführung provoziert so den ausdrücklichen Zuspruch des Geistlichen, der nun seinerseits den Impuls der rhetorischen Emphase aufnimmt, nämlich einen ergänzenden Sprechakt hervorbringt, der durch akkumulatives *name dropping* die Kommentarfülle der Rechtsgelehrten unterstreicht. Zugleich wird bei dieser Gelegenheit der enzyklopädische Horizont der Juristenkritik nachgereicht, erfahren wir doch erst jetzt, welche Figuren der römischen Rechtsgeschichte in den ersten nachchristlichen Jahrhunderten sich durch

213 Ebd.
214 Ebd., S. 756-757.

die Verfassung juristischer Korpora ausgezeichnet haben, Sammlungen von Gesetzestexten wie den von Kaiser Justinian angeleiteten *Digesta sive pandecta iuris*, deren zahlreiche Rechtstitel sich untereinander kaum homogenisieren lassen.

> BASILIO: [...] Y no es solo el señor Joanicio el que se queja de esto, que Cicerón en *Pro Murena* se levanta a este mismo propósito contra los jurisconsultos, y Tito Livio en el tercero libro de su *Historia*. Si entonces se maravillaban, ¡qué fuera si vieran los que han escrito después acá: como los Labeones, Papiniano, Ulpiano, Erenio Modestino y cuasi todos los que hicieron las *Pandetas*, los cuales escribieron después de ellos!
>
> JOANICIO: ¡Qué fuera, pues, si sobre las leyes vieran Bártulos, Baldos, Paulos, Jasones, Albericos, Abbades y los demás, que para leerlos no bastan diez vidas largas![215]

An den Kritikpunkt der fehlenden Klarheit und Einheitlichkeit der Gesetze schließt Joanicio seinen zweiten, kausal verbundenen Hauptgedanken an: Erst die unübersichtliche Wucherung der Gesetzestexte habe die zahlreichen habgierigen Juristen hervorgebracht, die nun kostspielige Majorate erwürben.[216] Auch diesmal setzt die Performanz der Argumentation auf ein akkumulierendes Zeigen der Gründe, das Steigerung durch Wiederholung der Wortkörper hervorbringt. So sind die Konsequenzen aus dem von Joanicio benannten Grundübel durch eine anaphorische Formel („de aquí nace"[217]) markiert, die erneut die von Mersch beschriebene dispositive „Summierung von ‚dies' *und* ‚dies' *und* ‚dies'"[218] als ästhetische Konstellation vorführt. Im letzten Absatz findet sich schließlich abermals ein ähnliches Vorgehen, indem nun das gemäß Joanicio zentrale Problem – „esta confusión de leyes"[219] – in insistierender Doppelung auftritt:

> JOANICIO: [...] De aquí nace la dilación de los pleitos, por claros que sean, con las resistencias y cautelas de abogados, alegando cada día nuevas alegaciones. De aquí también nace la infinidad de pleitos que hay en España; [...]. Esta confusión de leyes hace errar a cada paso los jueces ordinarios y pronunciar sentencias que se revoquen; y a los supremos pone en tanta duda que no se atreven a determinar los pleitos: a veces remitiéndolos, otras revocando las sentencias que pronunciaron de los mismos autos, por ofrecérseles diversas leyes de las que primero se les representaron. Esta confusión de leyes tiene los

215 Ebd., S. 757-758.
216 Vgl. ebd., S. 758.
217 Ebd.
218 Mersch 2015, S. 53.
219 Mercado 2010, S. 758.

> juristas en perpetua servidumbre de estudios, envejecidos en ellos por veinte y treinta años.[220]

Die letzte Phase des *Diálogo de la comparación de las sciencias* bietet eine weitere Steigerung der agonalen Dynamik, wobei die beiden Nebenfiguren nun wieder in den Hintergrund treten und die Bühne ganz für den rhetorischen Zweikampf zwischen Joanicio und dem Licenciado freigeben. Wie bereits in der eben analysierten Sequenz, so zeigt auch der Schluss von Pedro de Mercados Dialog einen Schwund an beweislogischer Kohärenz und Stringenz zugunsten der schieren Häufung von argumentativem Material. Neben und gleichsam zwischen der thematisch-semantischen Beschreibungsebene drängt sich in der Figurenrede das Moment der Verkettung selbst in den Vordergrund, durch penetrant repetierte Konjunktionen oder Formeln, so dass im agonalen Wettstreit schließlich die reine Motorik der *copia*, das Gerüst der Fülle selbst hervortritt. Gerade der Gebrauch der Synkategoremata ist hier besonders aufschlussreich: Sie treten nun zahlreicher denn je auf, passend zur massigen Auftürmung der Argumentketten, und sind dabei doch weniger denn je als semantische Konjunktion des ‚und' markiert, das im grammatischen Sinne formal Gleichartiges zu verbinden hätte, vielmehr sind sie hier logische Operatoren, die ‚zwischen' den Argumentgliedern stehen und den neu hervorgebrachten Gedanken verketten, zugleich dessen Emergenz betonen. Dieses Dazwischen der Verkettung verbürgt freilich vor allem die Geste der Akkumulation selbst.

Ungeordnete Fülle zeigt sich gegen Ende des Dialogs in einer weiteren kopiösen rhetorischen Figur, nämlich dem Polysyndeton, das bezeichnenderweise in jener Ausprägung verwendet wird, die die klassische Rhetorik als diversivokes Polysyndeton kennt. Die einzelnen Kettenglieder der Aufzählung sind dabei nicht mehr systematisch verbunden, etwa durch kausale oder summierende Prinzipien.[221] An die Stelle einer thematischen Disziplinierung der Argumente treten so bei Mercado erneut asystematische und überraschende Verkettungen, bei denen das insistierende ‚und' nur noch die reine Häufung als Evidenz der Materialfülle anzeigt. Besonders deutlich wird diese Figuralität bei einem der letzten Hauptgedanken des Licenciado, demzufolge die kritisierte Wucherung der Gesetzestexte als diachroner Prozess der Verfeinerung und Langzeitoptimierung ihre Berechtigung habe. Die sehr lange Antwortrede Joanicios bildet das eigentliche Schlusswort des *Diálogo de la comparación de las sciencias*, auch wenn formal noch eine allerletzte, ebenso

220 Ebd., S. 758-759.

221 Vgl. Lausberg 1990[b], S. 87-88.

knappe wie blasse Replik des Rechtsgelehrten folgt. Zwar wird, zunächst noch als Antwort auf den Licenciado, die historische Optimierung der Jurisprudenz als chronisch ergebnisloser Disput entlarvt, dann aber folgen zwanglos eine Kritik der zeremoniösen Form juristischer Rituale, eine Schelte der hohen Prozesskosten, ein Lob des gesunden Menschenverstands als Alternative zur Gesetzesschrift und ein Exkurs zur älteren vorchristlichen Rechtspraxis in Granada – all dies scheinbar organisch geordnet durch das anaphorisch nivellierende Synkategorem, dessen performative Kraft doch vor allem die schwindelerregende Fülle verdeutlicht:

> LICENCIADO: Ninguna cosa se puede bien hacer sin ellos [los abogados] porque proponen y escudriñan las leyes, y disputando en ellas se afina la verdad y derecho de las partes.
>
> JOANICIO: De nada sirve esa disputa, porque si el que sustenta justicia la funda y manifiesta, el contrario la contraría y escurece con mentiras y cautelas, y aun con falsas alegaciones a veces; con jueces idiotas frunciendo leyes y rúbricas, así que lo que de una parte se gana de claridad hay de obscuridad de la otra. Y menos necesarias son las formas y solenidad que el derecho ordena en los libelos y demandas, en el pedir de las cosas con tales palabras, condiciones y ofrecimientos, diciendo que el que con ellas no intentare o defendiere, pierda la cosa pedida o defendida. Porque estas solenidades no varían la sustancia y verdad del hecho, que es la que se ha de pretender sin otros rodeos. Y de esta manera no perderán las partes su justicia por ignorancia de abogados como cada día vemos perderla. Finalmente, sería redemir las repúblicas de los gastos excesivos que hacen con ellos, de la manera que se gobiernan hoy munchas provincias sin procesar ni escrebir las prolijidades que agora se escriben y, sin esperar tantas alegaciones y términos, con sólo albedrío de buen varón, luego castigan al delincuente con pena igual al delito, absolviendo al inocente. Y los demás casos civiles, por dificultosos que sean, averiguado brevemente por testigos el hecho usando de buena razón por derecho, los sentencian definitivamente; y con esta brevedad un solo juez gobierna una provincia entera. Y los viejos de este reino de Granada dicen que un solo juez, que llamaban *cadí*, lo gobernaba todo, porque al que de malicia hallaba haber pedido lo que no le debían, no se contentaba con absolver al reo (como hoy) sino con castigar corporalmente el actor. Y de este temor ninguno osaba pedir sino lo que era debido, sin munchos gastos en alcanzarlo; y no ‚el vencido y el vencedor, perdido‘.[222]

Wie bei einer experimentellen Suche nach dem unmöglichen Meisterargument werden hier begründete Meinungen, historische Begebenheiten und Anekdoten zusammengetragen, die oft nur noch schwach logisch verknüpft zu sein scheinen und eher als bloße Reihung funktionieren. Zu dieser gleichsam uferlosen *copia verborum* passt, dass der Wettstreit zuletzt gerade nicht

222 Mercado 2010, S. 768-769.

entschieden wird, sondern ins Offene ausläuft, denn die beiden zu Richtern berufenen Nebenfiguren Julián und Basilio bleiben stumm. Das dialektische Geben und Nehmen der Argumente führt hier in keine abgewogene Entscheidung, sondern eher in eine Vermeidung des Schließens, die sich als skeptische Urteilsenthaltung deuten lässt. Umso mehr tritt die Struktur der Disposition, das nackte Gerüst der Verknüpfung in den Vordergrund, als schiere Fülle des Materials und iterierte Geste der Akkumulation.

***

Pedro de Mercados Dialog über den Wettstreit zwischen Medizin und Jurisprudenz ist in mehrfacher Hinsicht ein metakritischer Dialog zum historischen Wissensdiskurs. Zum einen lässt er sich als Mimesis einer epistemologischen Schwellensituation lesen, bei der die Konstituierung der Medizin als anerkannter Disziplin mit gesicherten Erkenntnisformen im Raum steht. Die fiktional inszenierte Auseinandersetzung zwischen den Fächern rückt dann aber insbesondere die Technik des dialektischen Argumentierens als zentrales Werkzeug der szientifischen Beweisführung in den Blick und taucht sie in ein kritisches bis skeptisches Licht. Beide Kontrahenten orientieren sich in ihren ausufernden Langreden am Prinzip der sachlichen und sprachlichen *copia*, so dass die wuchernde Anhäufung eines Meinungswissens dominiert, dessen Positionen und Prämissen stark topisch präformiert sind; die Aufmerksamkeit richtet sich daher umso stärker auf die konkrete Konstruktion und Zusammenführung der Sprechakte. Ein möglicher Kontext ist dabei die kritische Diskussion um die Grenzen der *copia* in der historischen Rhetorik des mittleren 16. Jahrhunderts, in die der Dialog sich gleichsam einreihen lässt.

Aus epistemischer Sicht erscheint die *copia* der Langreden dann über weite Passagen als inkonsistente Akkumulation, bei der die logische Kohärenz einzelner Begründungsketten nur noch schwach motiviert ist und zugunsten sprunghafter Figurationen im Sinne der Überlegungen von Dieter Mersch zurücktritt. Zu diesem scheinbar willkürlichen Verlauf des Gesprächs passt ein abrupter Schluss inmitten des Gesprächs, der die erwartete Entscheidung über den Vorzug einer der Disziplinen enttäuscht: Mathematiker und Theologe bleiben als bestellte Richter stumm. Diese negative Auflösung hat vor allem zwei Effekte. Sie betont zum einen die Verlaufsgestalt der dialektisch-topischen Argumentation als Modus der Deliberation und des Zögerns, da der Prozess kopiöser Häufung scheinbar unbegrenzt fortgeführt werden könnte. Im Zeichen exzessiver Temporalisierung ließe sich alles immer noch einmal anders und neu sagen. Zum anderen wird so eine Grenze des enzyklopädischen Schreibens sichtbar, als epistemische Überlastung eines kumulierenden

Prinzips, das in seiner Ergebnislosigkeit akzentuiert ist. Denn offensichtlich führen die vielen zusammengetragenen Argumente nicht zu einer besseren Klärung oder Differenzierung der Streitfrage, wenn sie bloß geschichtet, nicht aber logisch aufeinander bezogen werden.

Besondere Aufmerksamkeit galt dann den ästhetischen Miteffekten einer vergleichsweise eigenwilligen Argumentationstechnik der *personae*, die eher sprunghaft verläuft und mit Figuren der akriteriellen Häufung arbeitet, unter anderem mit bloßen Aufzählungen, Geminationen und Polysyndeta. Indem nahezu sämtliche von den Figuren formulierten rationalen Gründe hochgradig topisch vorgeprägt sind, richtet sich das Augenmerk umso stärker auf eben diese ästhetische Inszenierung und die Fügung der Argumente, die gemäß Mersch ein eigenes performativ enthülltes Dispositionswissen im Modus des Zeigens beinhalten kann. Die im Werktitel aufgerufene Frage nach dem Vorzug einer der beiden Wissenschaften ist daher mindestens doppelt lesbar: Einerseits kommunizieren die Figuren binnendialogisch über das verfügbare Meinungswissen zum qualitativen Vorrang zwischen Medizin und Jurisprudenz, andererseits bringt sich insbesondere mit dem hartnäckig wiederkehrenden Synkategorem wie von selbst das Gerüst der *copia*-Argumentation in den Vordergrund, als stetes Hinzufügen noch eines neuen Gedankens. Sichtbar wird dann die eigentliche Mechanik der Begründungsprozesse, die eine ästhetische Konstellation von Material als *Con/Com* im Sinne Merschs anbieten, aber zugleich auch reflektieren – nämlich aufzeigen, wie das Gebäude der *sciencia* überhaupt diskursiv hergestellt wird. Neben der Materialisierung des topischen Meinungswissens wird so die Performativität des Argumentationsprozesses wichtig, die einen zweiten, stärker ästhetisch erfahrbaren Wissensprozess als dialogische Poetik der Suche und des Experiments entwickelt: Geben und Nehmen der Gründe sind hier in ihrer inkonsistenten Verlaufsgestalt das eigentliche Ereignis, deren Hin und Her im abrupten Gesprächsabbruch ausläuft. Dieser weist auf eine geringe Zielführung oder gar Entfestigung dialektischer Begründungsmuster hin, die doch mit ihrer starken Beweislogik eigentlich geschlossenes und sicheres Wissen garantieren sollten. Stattdessen tritt die ästhetische Wahrnehmung einer sich auftürmenden Fülle und unüberschaubaren Massierung in den Vordergrund, als freie Wucherung oder ziellose Figuration von Argumenten eines Real- und Sachwissens, das im exzessiven Gebrauch der Synkategoremata geschichtet wird und darin nahezu dekontrolliert wirkt. Die hypertrophe Rhetorik der Fülle sowie der Schwund eines systematischen und zielgeführten Gesprächsverlaufs, wie ihn Mexías *Diálogo de los médicos* noch kannte, werden auf der Außenseite der Rezeption als Dispositionswissen eigener Art erfahrbar, das sich als Metakommentar deuten lässt: Die *copia* erscheint kaum noch als

Signatur glanzvoller Beredsamkeit, sie führt zu einer letztlich akriteriellen und willkürlichen Kombinatorik, in der die topischen Meinungen gleichsam inflationär an Erkenntniswert verlieren.

4.4 Verstehenskrisen der Melancholie. Diskurs und Hermeneutik im *Diálogo de la melancolía*

Nach den propädeutischen Grundlagen der Naturdialoge und dem diätetischen Programm des *Diálogo de la cena* lässt Pedro de Mercado im sechsten Gespräch seines Werkzyklus, dem *Diálogo de la melancolía*, erneut einen Text aus dem weiteren Gegenstandsbereich der frühneuzeitlichen Medizin folgen. Es verwundert dabei nicht, dass die Wahl auf eines der vielschichtigsten historischen Krankheitsbilder fällt, nämlich die Melancholie als chronische Form der Schwermut, deren Theoriegeschichte zunächst von der antiken Darstellung in den lange Aristoteles zugeschriebenen *Problemata*, daneben von der medizinhistorischen Genealogie geprägt wurde, die in Galen einen zentralen Bezugspunkt hat.[223] Auf dem Boden dieser ihrem Wesen nach humoralpathologisch ausgerichteten Grundlagen lassen sich dann auch zentrale Strömungen im medizinischen Diskurs der spanischen Renaissance unterscheiden. Im Vordergrund steht eine pejorative Sichtweise der strengen Pathologisierung, die sich namentlich mit dem *Corpus Hippocraticum* sowie dessen späterem Leser Galenus verbindet und die die depressiven, dem Wahnsinn nahen Zustände der betroffenen Patienten betont; demgegenüber steht die aus den pseudoaristotelischen Bemerkungen gespeiste und eher positive Deutung, die die ausgezeichnete intellektuelle Begabung und den ausgeprägten Scharfsinn der Melancholiker hervorhebt, welcher aus der übermäßig erwärmten Gallenflüssigkeit resultiert.[224] Auf diese in sich bereits diverse Folie lagert sich dann noch einmal im Mittelalter die patristische Verhandlung der *acedia* auf, der religiösen Melancholie, die im ausgehenden 16. Jahrhundert besonders intensiv

223 Zur Melancholie in der spanischen Renaissance und im Barock vgl. hier zunächst allgemein Gambin 2008, speziell zu Mercados *Diálogo de la melancolía* vgl. ebd., S. 75-106; Oño Guil 2008, S. 72-81; Sainz de la Maza 2010, S. 605-608.

224 Vgl. in der Übersetzung von Hellmut Flashar dazu Aristoteles 1991, hier insbesondere *Problem* XXX,1 (Aristoteles 1991, S. 250-256 [953a-955a]). Die Autorschaft des berühmten Gründungstextes wurde lange Aristoteles zugeschrieben, wahrscheinlich handelt es sich jedoch um ein anonymes Exzerpt, das am ehesten Theophrast zuzuordnen wäre, vgl. Klibansky/Panofsky/Saxl 1990, S. 89-90, zur vorperipatetischen Deutung dann ebd., S. 39-45, 96-110.

rezipiert wird, nicht zuletzt im gegenreformatorischen Kontext.[225] Pedro de Mercados Dialog situiert sich dabei in einer frühen und formativen Phase der Auseinandersetzung mit der Melancholie in der spanischen Renaissance, die sich mit Alfonso de Santa Cruz' *Dignotio et cura affectuum melancholicorum* (ca. 1569), Juan Huarte de San Juans *Examen de ingenios* (1575) und Andrés de Velásquez' *Libro de la melancolía* (1585) verdichten wird.[226]

Auf dem Boden unseres theoretischen Grundrisses lässt sich zunächst formulieren, dass Pedro de Mercados Dialog dieses synkretistische Wissen über die Melancholie im ausgehenden 16. Jahrhundert in den fiktionalen Raum der Gesprächsmimesis und näherhin in die Semantik der Figurenreden überführt. Dort soll das vergleichsweise heterogene und sperrige Theorieerbe definiert und klassifiziert werden, so kündet es der Paratext an, damit kann der Dialog in einer ersten Annäherung als früher Versuch gelesen werden, eine tentative Ordnung des noch dynamischen Diskursfeldes herzustellen. Es ist bezeichnend, dass der Medizinphilosoph Mercado für diesen Versuch gerade kein streng wissenschaftliches Darstellungsformat wählt, sondern den poetischen Dialog, dessen fiktionale Gestalt hier gleichsam aus dem philosophischen Wissensfundus emergiert; der Entwurf einer Systematisierung wird so in den Spielraum des Literarischen verlagert, wo die probatorische Abgrenzung und Kohärenzbildung des pathologischen Phänomens verhandelt und ausgelotet werden können, freilich nur, soweit dies im Kontext von historischen Zensurbedingungen und theologischer Leitautorität möglich ist. Mercados vergleichsweise vielgelesener Dialog besitzt dabei, so der diskursarchäologische erste Teil unserer These, einen wissenschaftsgeschichtlichen Meta-Charakter, er dient dem Sichtbarmachen der prekären Lozierung und Epistemologisierung eines schwierigen Gegenstands im Dazwischen von Moral- und Naturphilosophie. Hierfür wird das Material nicht einfach schulmäßig wiederholt, vielmehr werden mögliche plurale Sichtweisen mitinszeniert, deren Ausgestaltung die fiktionale Qualität des Textes betont. An die Stelle monologischer Unterweisung tritt der Perspektivismus der doppelten Magisterfigur, der gewiss den Kern der ungewöhnlichen Inszenierungsstrategie bildet. Joanicio, dem Erben der galenischen Humoralpathologie, wird der scholastisch argumentierende Basilio gegenübergestellt, der die Melancholie als Problem der Imagination, der starren Fixierung auf irrige Bilder des eigenen Selbst zurückführt. Dabei bildet, so der zweite Teil unserer These, ein negatives Bedeutungsmoment den Höhepunkt der Argumentation des Geistlichen: Das seelische Leiden

225 Vgl. Theunissen 1996; Agamben 2012, S. 21-26; Orobitg 2015.

226 Einen guten Überblick bietet die Studie von Gambin (2008), vgl. Bartra 1999; Sainz de la Maza 2010, S. 605-608; Orobitg 2015.

hat eine hermeneutische Matrix im problematischen Selbstverständnis des Subjekts, das seinen Ichbezug auf irrtümlich für wahr gehaltene Vorstellungen gründet und an eine Sündenverfallenheit glaubt, die jeder Grundlage entbehrt. Mit dieser literarisch durchgespielten Verlagerung der Melancholie aus der Schuldtheologie in die Imaginationstheorie wird letztlich auch der Weg vorbereitet für eine „Ästhetisierung der Melancholie"[227], die die weitere Diskursentwicklung kennzeichnet und sich in so prominenten Gestalten wie dem Licenciado Vidriera in der gleichnamigen Novelle oder dem Quixote von Miguel de Cervantes niederschlägt.[228]

Die Formation der Objekte
Im kurzen Paratext, der dem eigentlichen Dialog erneut vorausgeht, wird zunächst der Anlass des Gesprächs genannt, die Erkrankung der beiden *personae* Antonio und Damián, dann der diegetische Rahmen der genretypisch minimalen Fabel, die sich hier auf eine zufällige Begegnung der Patienten mit dem Arzt und dem Geistlichen beschränkt. Der einleitende Sprechakt Antonios paraphrasiert diese Einleitung beinahe wörtlich, so dass die Grenze zwischen *argumentum* und *praeparatio* durchlässig wird.

> Diálogo sexto, de la melancolía, en el cual un caballero llamado Antonio, lleno de temor y tristeza, se queja a Damián que, habiendo pedido remedio para su melancolía a Joanicio, médico, se la hacía escrúpulos y caso de conciencia, y lo remitía a Basilio, teólogo, y pidiendo el remedio a éste hacía la enfermedad corporal y remitíalo a Joanicio, médico, hasta que juntos ambos, cada uno en su facultad, le da remedios muy competentes. Y se declara qué cosa sea melancolía, y la diversidad de sus especies, las diversas imaginaciones, temores e infortunios que nascen de ella, con munchos avisos y razones contra escrúpulos.
>
> Antonio: Parece que Dios los ha juntado al señor Basilio y al señor Joanicio, y así se puede creer, pues ha más de quince días que no los puedo juntar para dar algún remedio a mi melancolía: que si lo pido al señor Basilio hace la enfermedad corporal y remíteme a los médicos; si al señor Joanicio, hácemela escrúpulos y caso de conciencia y remíteme a los teólogos.[229]

Die poetische Inszenierungsstrategie, die sich mit dieser Eröffnung abzeichnet, steht zunächst im Einklang mit etablierten literarischen Konventionen. Zum einen, da sie – wie andere medizinische Dialoge auch – die Patienten selbst als fiktive Sprecher auftreten lässt, zum anderen, weil sie damit an das Formprinzip

227 Olejniczak Lobsien 1999, S. 178.
228 Zur späteren literarisch-ästhetischen Ausarbeitung der Melancholie bei Cervantes und weiteren spanischen Barockautoren vgl. ebd., S. 127-179; Gambin 2008, S. 230-235.
229 Mercado 2010, S. 771.

der Fallgeschichte anknüpft, das schon in den antiken Quellen bei Galen und Hippokrates erscheint und im weiteren Verlauf des Gesprächs immer stärker genutzt wird, teils mit gelehrten und buchgestützten Exempla und volkstümlichen Anekdoten, teils mit empirisch gewonnenem Figurenwissen. In diesem Zusammenhang finden sich auch mehrere Krankenberichte, die ironisch oder komisch inszeniert werden und den historischen Zusammenhang von Melancholie und Lachkultur betonen.[230] Weniger konventionell ist die Darstellungsform hingegen in der ungewöhnlichen Verdoppelung des Magisters, die sonst nur im agonalen Wettstreit anzutreffen ist, hier aber eher den prekären Aspekt des Redegegenstands andeutet: Zwei Lehrer sind erforderlich, weil bei der Melancholie Körper und Seele zusammenwirken, es sich also um ein „mal fronterizo"[231] zwischen den Disziplinen handelt, aber auch, weil ganz grundsätzlich die genaue Definition und Abgrenzung des Leidens noch unklar scheint und beide sich einem „negocio dudoso"[232] mit unklarem Ausgang gegenübergestellt sehen. Trotz oder gerade wegen des überreichen antiken und mittelalterlichen Texterbes zeigt sich so „la convicción de que los sujetos melancólicos, no disputados aún por teólogos y médicos como ocurrirá en años posteriores, pueden encontrar consuelo y respuesta sólo por medio de una combinada intervención en el alma y el cuerpo."[233]

Wenn die Figurenkonstellation formal damit eine symmetrische und paritätische Verhandlung des Wissensobjekts suggeriert, so löst der Haupttext diesen Eindruck im Folgenden nicht ganz ein, tatsächlich tritt im Textverlauf die theologische Dimension der Melancholie thematisch und quantitativ in den Vordergrund, weshalb Mercados berühmter Dialog auch als Beleg für das Phänomen der religiösen Melancholie herangezogen worden ist.[234] Im

---

230 Vgl. Oño Guil 2008, S. 103-104; Gambin 2008, S. 88-89.

231 Oño Guil 2008, S. 73

232 Ebd., S. 80.

233 Gambin 2008, S. 85.

234 Vgl. Scott Soufas 1990, S. 37-62, hier S. 38; Orobitg 2015; Rodríguez de la Flor 2007, S. 226-238. Inwiefern dies die tatsächliche Auffassung Mercados abbildet, oder ob es sich doch eher um eine zensurbedingte Konzession handelt, bleibt trotz der angenommenen Identifizierung zwischen Joanicio und dem Verfasser letztlich unentscheidbar. Pedro de Mercado hat neben seinen Dialogen noch ein zweites Werk veröffentlicht, nämlich den wissenschaftlichen Traktat *De febrium differentiis*, der in Granada ohne Jahresangabe auf dem Frontispiz erschienen ist, die *tasa* wurde allerdings von Cristóbal de León 1583 unterschrieben. Hier widmet sich das neunte Kapitel erneut der Melancholie und erklärt die Krankheit aufbauend auf Galen und arabische Kommentatoren als reines Fieberphänomen, ohne theologische Aspekte zu benennen, vgl. Mercado 1583, S. 258-283, dazu Gambin 2008, S. 95-96.

Zentrum steht dabei das Symptom der „escrúpulos“[235], die im Paratext gleich zweimal genannt werden und deren historische Semantik eine ebenso ängstlich besorgte wie rastlose Erforschung des Gewissens umschließt, stets in der Furcht, doch bereits Schuld auf sich geladen zu haben. So formuliert der Eintrag bei Covarrubias hier:

> ESCRÚPULO: [...] Por metáfora llamamos escrúpulo una duda que tenemos de alguna cosa, si es así o no es así; y esto nos trae inquietos y desasosegados, hasta que nos satisfacemos y enteramos de lo que es, y particularmente en materias de conciencia.[236]

In einer ersten Phase des Gesprächs erweist sich der Text als poetischer Resonanzraum eines Geschehens, das man aus diskursarchäologischer Perspektive als ‚Schwelle der Epistemologisierung‘ beschreiben könnte. Hierunter versteht Michel Foucault in seiner Analyse der historischen Wissensprozeduren jene Phase einer diskursiven Praxis, in der die bereits formierten Wissensobjekte durch Prinzipien der Verifikation und der Kohärenz stabilisiert werden, jedoch noch keine verbindliche Wissenschaftssprache und Formalisierung ausgebildet worden sind.[237] In ihren Untersuchungen zu Mercados Melancholie-Dialog haben entsprechend Gambin und Oño Guil darauf hingewiesen, dass das Krankheitsbild um 1558 noch keinen klaren Status im historischen Diskursfeld besaß und das fiktive Gespräch hier vielmehr ein offenes Feld auslotet,[238] das erst in den erwähnten späteren Traktaten stärker elaboriert und systematisiert wird.[239] Im fiktiven Erprobungsraum des Gesprächs kommt es vor diesem Hintergrund zu einer ersten möglichen Bestimmung und Feststellung des melancholischen Leidens durch die *personae*, nämlich zur semantischen Eingrenzung des Phänomens, seiner Beziehung zu Instanzen und Institutionen.[240] So stehen eingangs durchaus vielfältige und heterogene Krankheitsbilder im Raum, die sowohl von der medizinischen als auch von der kirchlichen Seite für die jeweilige Kompetenz beansprucht werden könnten.

---

235 Mercado 2010, S. 771.

236 Covarrubias 2006, S. 818.

237 Vgl. Foucault 1969, S. 243-247, hier S. 244.

238 Vgl. Oño Guil 2008, S. 80, die im Wissensobjekt der Melancholie einen prekären „negocio dudoso“ sieht, dessen Konturen noch unscharf und theologisch möglicherweise prekär sind, Gambin sprich von den „sujetos melancólicos, no disputados aún por teólogos y médicos como ocurrirá en años posteriores“ (Gambin 2008, S. 85, vgl. ebd., S. 84-85). Auch der Status der Medizin als Disziplin selbst sei noch unklar, vgl. ebd., S. 83.

239 Vgl. erneut Gambin 2008; Orobitg 2015.

240 Vgl. zum diskursarchäologischen Ansatz hier im Folgenden die Subkapitel „La formation des objets“ (aus Teil I) und „Science et savoir“ (aus Teil III) in Foucault 1969, S. 55-67, 232-255.

Definition, Abgrenzung und Einordnung der *atrabilis* in einem offenbar noch nicht lückenlos geordneten historisch-empirischen Diskursfeld bestimmen demzufolge die Entwicklung, wobei Mercados *Diálogo de la melancolía* hier nur einen kleinen Ausschnitt aus der insgesamt komplexeren Gesamtdebatte des späten sechzehnten Jahrhunderts zeigt.

Eine erste allgemeine Begriffsbestimmung schlägt Joanicio vor, demzufolge die Melancholie ihrer Etymologie entsprechend als humoral bedingte Geisteskrankheit gelten kann, die mit trübsinnigen Gedanken und Angstzuständen einhergeht, „temor y tristeza“[241], wobei diese im Dialog oft wiederholte Kollokation auf die hippokratisch-galenische Filiation verweist:[242]

> JOANICIO: Toma nombre esta pasión del humor melancólico que peca en ella, porque *melancolía* en griego quiere significar ‚humor negro‘. Es una mudanza de la imaginación de su curso natural a temor y tristeza, hecha por tiniebla y obscuridad de los spíritus claros del celebro.[243]

In den folgenden Erläuterungen erweisen sich erneut die Namen der beiden Magister als aufschlussreicher Fingerzeig auf eingebaute Modelle und Positionen, denn während Joanicio weiter als fiktionaler Wiedergänger des früharabischen Gelehrten Johannitius zu lesen ist, dessen Kompendienwerk sich auch auf galenische Lehrmeinungen bezog,[244] zitiert Basilio überwiegend patristisches Gedankengut und verweist damit auf die moraltheologischen

---

241 Mercado 2010, S. 773.

242 Denn „Furcht und Betrübnis“ gelten sowohl im *Corpus Hippocraticum* wie in Galens *De locis affectis* als Haupterscheinungen, vgl. Klibansky/Panofsky/Saxl 1990, S. 54.

243 Mercado 2010, S. 773, die Formulierung findet sich zudem schon im einleitenden Paratext, so dass einmal mehr die auktoriale Stimme und der Magister Joanicio sich einander annähern, vgl. ebd., S. 771.

244 Mit ihrem Namen erweist sich Mercados Arztfigur, wie erwähnt, als Wiedergänger des historischen Johannitius bzw. Hunain Ibn-Ishaq, der als christlich-arabischer Übersetzer und Kommentator galenischer Schriften in Bagdad wirkte. Die johannitischen Hauptwerke *Isagoge in artem parvam Galeni* und *Isagoge in tegni* waren vereinfachende Exzerpte aus den medizinischen Traktaten des römischen Gelehrten, der durch diese Vermittlung stark rezipiert wurde; zu den beiden Isagogen entstehen dann im italienischen 12. Jahrhundert wiederum anonyme Glossen, die von der langen Wirkung des Johannitius zeugen. Ähnlich wie der historische Johannitius ist auch der fiktive Joanicio auf „Brauchbarkeit der Symptomatik und der Therapie [bedacht], die sich in der Verabreichung von Medikamenten, diätetischen Maßnahmen und [...] Aderlässen erschöpft“ (vgl. die Bemerkungen bei Klibansky/Panofsky/Saxl 1990, S. 108, 154-161, 168, 174, Zitat S. 146, vgl. dann Sainz de la Maza 2010, S. 598). Neben dem Namen selbst finden sich bei Mercado auch zusätzlich explizite Hinweise des Typs „cuenta Galeno“ (Mercado 2010, S. 777). Die theoretische Komplexität der galenisch-johannitischen Filiation wird indessen im *Diálogo de la melancolía* eher unterboten, da weder die Temperamentenlehre, noch die Krasenlehre oder die Zweiteilung in natürliche und aduste Melancholie erwähnt werden.

Diskussionen der Kirchenväter,[245] zu denen auch der heilige Basilius selbst zu rechnen wäre. In galenisch-johannitischer Tradition stehen folgerichtig die ersten Einlassungen des Joanicio mit ihrer pejorativen Sichtweise der Melancholie. Kaum berührt von der pseudo-aristotelischen Aufwertung gilt sie im Sinne des erwähnten Zitats recht allgemein als bösartige und gefährliche Erkrankung der schwarzen Galle, die zum Wahnsinn führt, ohne dass weitere medizinische Einzelheiten etwa zur Temperierung oder Mischung der *humores* ergänzt würden. Im Zentrum steht dann vielmehr die farbenreiche Symptomatologie der pathologischen „accidentes"[246], die nun in einem vielgliedrigen Aufzählungsschema rhetorisch inszeniert werden und deren Spektrum Unruhe, Furcht und Kummer umfasst, aber eben auch Wahnsinn und Raserei. Letztere gelten Joanicio überhaupt als prägnantes Leitbild der Melancholie („yo la digo ‚mal de rabia'"[247]), wobei die Gleichsetzung von *atrabilis* und *furor* später erneut bekräftigt wird („La misma melancolía, ¿qué es sino locura?"[248]). Abgerundet wird dieses negative Bild durch die auktoriale Randglosse, die hierzu bündig „desastres de los melancólicos"[249] notiert.

Die vom Mediziner erwähnten Symptome innerer Unruhe und zersetzender Zweifel, die sich im rastlosen Hin und Her der Imagination zeigen, leiten dann zum seelischen Zuständigkeitsbereich des Beichtvaters Basilio über, denn: „Ya se consuelan y animan, ya se recelan y entristecen, ya se condenan, ya se absuelven, ya en discordia se remiten a sus confesores y predicadores."[250] Gemäß den patristischen Moralreflexionen gilt Melancholie hier als Einwirkung des Teufels, die den Gläubigen in innere Selbstzweifel und Versuchungen verstrickt, um ihn so von frommen Werken abzuhalten, ihn der Freude an der göttlichen Schöpfung zu entfremden. Auch Joanicio weiß daher von der schwarzgalligen Krankheit, dass „munchos antiguos [...] la llamaron ‚demonio'"[251], und Basilio schildert entsprechend, wie der Teufel die Gläubigen in ihr gottabgewandtes Gedankennetz einspinnt, „teniéndolos suspensos en vanas imaginaciones y tristes"[252]. Aufgerufen ist damit die mittelalterliche Lehre von der *acedia*, der dumpfen Trägheit, die sich mit dem schon den

245 Vgl. Klibansky/Panofsky/Saxl 1990, S. 136-144.
246 Mercado 2010, S. 773, vgl. ebd.
247 Ebd.
248 Ebd., S. 775, vgl. zur vorperipatetischen Sicht Klibansky/Panofsky/Saxl 1990, S. 39-54, 96-110.
249 Mercado 2010, S. 774.
250 Ebd., S. 773.
251 Ebd.
252 Ebd., S. 774.

frühen Anachoreten vertrauten Phänomen der „Mönchsmelancholie"'[253] verbindet. Kreisende Gedanken, Zweifel am Seelenheil und skrupulöse Selbsterforschung bilden hier die Merkmale einer religiös gewendeten Melancholie, die sich gemäß Orobitg im nachtridentinischen Spanien zunehmend verbreitet und theologisch schwer kontrollieren lässt, ähnlich wie Formen mystischer Spiritualität.[254] Auf entsprechend prekäre Fälle geht nun bezeichnenderweise nicht Basilio selbst ein, sondern erst wesentlich später Damián, der zwei Exempla aus Francisco de Osunas *Tercer abecedario espiritual* (1527) zitiert, die übertriebene Selbst- und Gewissenszweifel schildern: Bald fühlt sich ein Mönch nie genügend bußfertig, bald ein anderer der Messe stets unwürdig, was mit teils komischen Sprachstörungen einhergeht.[255] Solche bereits topischen Fälle der *acedia* können freilich, wie Basilios Erläuterungen darlegen werden, durch geistlichen Beistand und mentale Selbstkontrolle korrigiert werden, eher als die veranlagungsbedingte Mischung der Säfte.[256]

Nach der galenisch-patristischen Auslotung wird das Objekt der Melancholie durch die Arbeit der fiktiven Argumentationsgemeinschaft in einer zweistufigen Typologie genauer verortet: Joanicio unterscheidet die heimlichen Melancholiker, die ihren Einbildungen im Verborgenen nachhängen, von den offenkundigen Melancholikern, die ihre obsessiven Phantasien auch aussprechen und sich solchermaßen zu erkennen geben. Schlägt die eigentlich friedfertige Melancholie aber in krankhaftes Handeln um, so liege die *locura* vor, die hier auch mit *furia* oder *manía* zusammenfällt und dann nicht weiter differenziert wird.[257] Im Sinne Foucaults wäre damit das ‚Spezifikationsraster',

---

253 Vgl. Klibansky/Panofsky/Saxl 1990, S. 136-144, Zitat S. 137. Als *acidiosi* erfuhren die Gottessucher in der Wüste auch den verborgenen und abwesenden Gott und verfielen dabei in eine der Melancholie ähnliche Schwermut, in ein dumpfes Brüten, vgl. ebd., S. 136-140. In Thomas von Aquins scholastischer *Summa theologiae* wird diese Erfahrung der Privation indessen als heimliche Abkehr des Gläubigen von Gott und damit als Hauptlaster und Todsünde der *acedia* denunziert, vgl. Theunissen 1996, S. 30-38. Freilich bleibt eine klinische Trennung von Melancholie und *acedia* schwierig; grundsätzlich verdankt sich die erste eher einer humoralen Veranlagung, während letztere als Akt der Sünde potenziell selbstverschuldet ist, vgl. ebd., S. 30.

254 Vgl. Oño Guil 2008, S. 76-77, die darauf hinweist, dass auch in den Fallgeschichten, von denen die Figuren berichten, gerade Geistliche von der Krankheit betroffen sind; allgemein Orobitg 2015.

255 Vgl. Mercado 2010, S. 785-786. Es handelt sich um vielzitierte Exempla der Traktatliteratur, die nicht nur beim Franziskaner Osuna, sondern später auch bei Juan de los Ángeles in den *Diálogos de la conquista del Reino de Dios* (1595) erscheinen, vgl. Gambin 2008, S. 97-101; ähnlich Klibansky/Panofsky/Saxl 1990, S. 138.

256 Vgl. bereits Gambin 2008, S. 100-101.

257 Ähnlich wie im pseudo-aristotelischen *Problem XXX* wird damit auch hier noch einmal die nobilitierende Absetzung der Melancholie vom mythischen Wahnsinn oder vom Wahn

wären die *„grilles de spécification“*[258] umrissen, die die Klassifizierung der teilweise ähnlichen oder benachbarten Erkrankungen erlauben, wobei der äußere Manifestationsgrad als Leitkriterium dient.

> JOANICIO: Los melancólicos no confirmados, aunque padecen daño en la imaginación, y los confirmados lo manifiestan por palabras, ninguna furia ni pelea tienen los unos ni los otros como los locos que llaman ‚maníacos‘, los cuales, aliende de la corrupción que tienen en la razón están en continua furia y pelea. Y estos ya salen de melancolía y entran en furia y manía, y son los que el vulgo llama ‚locos‘, y a los que aprisionan y atan en las casas de orates, y no a los melancólicos, por ser pacíficos; antes se sirven de ellos más aprovechadamente que de otros sirvientes, porque la solicitud y cuidado que la melancolía les causa los hace muy presurosos y diligentes.[259]

Zugleich deutet sich in diesem ausführlichen Sprechakt kurzfristig die positive Umbesetzung der Melancholie an, die dem lange wegweisenden Gründungstext des Pseudo-Aristoteles folgt und die bekanntlich die besonderen intellektuellen Vermögen der Patienten betont.[260] In diesem Sinne bereitet auch die beschriebene Typologie eine diskrete Entfernung der Melancholie von evident schweren Fällen geistiger Erkrankungen vor, so dass zuletzt eine vorteilhaftere Wahrnehmung des Leidens sozusagen im Lichte des sekundären Krankheitsgewinns möglich wird, der in der Schärfung von *agudeza* und *ingenio* besteht. Eben diese vorsichtige Würdigung der pseudo-aristotelischen Tradition bedeutet im *Diálogo de la melancolía* eine gewisse Besonderheit

---

der Tragödienfiguren formuliert, allein der „schöpferische [...] Wahn“ des Enthusiasmus bleibt als Bezugspunkt erhalten, vgl. Klibansky/Panofsky/Saxl 1990, S. 89-90, hier S. 89.

258 Foucault 1969, S. 58, vgl. ebd.

259 Mercado 2010, S. 779. Mit diesem Zwischenfazit des *magister* Joanicio wird beispielsweise die Auffassung Damiáns überwunden, derzufolge auch die Gruppe der ‚manifesten‘ Melancholiker mit ihren „manifiestos desvaríos“ schon zu den Wahnsinnigen zu rechnen sei, vgl. ebd., S. 774, vgl. Gambin 2008, S. 86-91.

260 Am Anfang der ebenso langen wie verzweigten Tradition steht gemeinhin die pseudoaristotelische Beschreibung der Melancholie. Sie findet sich vor allem im Kapitel XXX aus den *Problemata*, wo die Krankheit als potenziell vorteilhaftes Leiden im Zeichen außergewöhnlicher Geistesbegabung geschildert wird, das „alle außergewöhnlichen Männer“ (Aristoteles 1991, S. 250 [953a]) in den verschiedenen Lebensbereichen kennzeichnen kann, „in Philosophie oder Politik oder Dichtung oder in den Künsten“ (ebd.). Ausgehend von einem Vergleich mit den Wirkungen des Weines begreift Pseudo-Aristoteles die Melancholie dabei grundsätzlich als rauschähnlichen Zustand, der auf einem krankhaften Ungleichgewicht im Säftehaushalt des Patienten beruht, nämlich auf einer veranlagungsbedingt falschen Temperierung der schwarzen Galle. Auf diese Episode bezieht sich unter Benennung der Quellenvorlage auch die Paraphrase Joanicios, vgl. Mercado 2010, S. 779.

Mercados im Vergleich zu anderen zeitgenössischen Traktaten, so zumindest die Lesart bei Gambin:

> No obstante, lo sustancial es otra cosa. Sin duda el autor de los *Diálogos* [*de filosofía natural y moral*] insiste en las obsesiones de los melancólicos y en las variedades de la atrabilis, pero lo que hace singular el tratado de filosofía natural de Mercado es que los melancólicos señalan la agudeza como su elemento caracterizador. En efecto, a veces muestran ‚el juicio tan agudo y subtil por el gran exercizio de la imaginación' que dicen y hacen cosas *agudas*.[261]

Ätiologien

Nach dieser ersten Einkreisung des Wissensobjekts widmet sich das Gespräch der Frage nach den Ursachen der Melancholie,[262] worauf die beiden Lehrmeister verschiedene Antworten zu geben wissen. Als Vertreter der galenischen Medizin führt Joanicio erwartungsgemäß die Auswirkungen der schwarzen Galle an, wobei – so wie beim römischen Gelehrten – nicht die übermäßige Erhitzung oder Abkühlung des Saftes als Grundübel genannt wird, sondern dessen dunkle Farbe, die, wenn sie von der individuellen Ratio einmal Besitz ergreift, auch die Gedanken einschwärze:

> DAMIÁN: ¿Tanto poder tiene ese humor que fuerza a los hombres a que estén tristes y teman? ¿Por qué lo tiene más ese que ninguno de los otros humores?
> JOANICIO: Porque sólo el humor melancólico es negro, y de la manera que en las cosas adefuera de nosotros ninguna cosa nos espanta tanto como las tinieblas y privación de la luz, así no es de maravillarnos que ocupando este humor negro (el cual es semejante a tinieblas) la silla de la razón y imaginación, que haga imaginar cosas temerosas y tristes. Y de la misma manera que este humor melancólico hace tristeza y temor, así la tristeza y temor hacen este humor de suerte que lo uno acrecienta y añade a lo otro y todo junto es causa de las imaginaciones que padecen.[263]

Zur Diagnose gelangt der Arzt insbesondere durch den Ausschluss eventueller äußerer Ursachen der Traurigkeit, denn erst grundlose und anhaltende Schwermut sind die eigentlichen Merkmale der Melancholie,[264] die es dann mit einer detailreich beschriebenen diätetischen Therapie zu behandeln gilt. Hier zeigt sich das botanisch-physiologische Wissen des Mediziners im

261 Gambin 2008, S. 90-91.

262 Mercado 2010, S. 779.

263 Ebd., S. 780, zur Parallelstelle in Galens *De locis affectis* vgl. die Übersetzung bei Klibansky/Panofsky/Saxl 1990, S. 55: „so erzeugt auch die finstere Farbe der schwarzen Galle Furcht, indem sie den Sitz der Vernunft verdunkelt".

264 Vgl. Mercado 2010, S. 780, schon Hugo von St. Viktor nennt die „tristitia absque causa", nach Klibansky/Panofsky/Saxl 1990, S. 140.

Rahmen einer langen Aufzählung gesundheitsfördernder Speisen und pflanzlicher Rezepturen, die den beiden Patienten empfohlen werden.[265] Zugleich knüpft dieser Abschnitt an ähnliche Speiselisten an, die im vierten Dialog aus Pedro de Mercados Sammlung, dem *Diálogo de la cena*, während des Gastmahls erörtert wurden.[266]

Auf die bereits erwähnte dämonische Deutung der Krankheit geht indessen Basilios Erklärung zurück, wenngleich ebenfalls mit einigen Modifikationen. Dunkle Gedanken und sündhafte Verstrickungen gelten dort als Werk des Teufels, der den Menschen zur Sünde der Trägheit verleitet. Dem steht jedoch in Basilios Erläuterung die Betonung des freien Willens entgegen, mit dessen Hilfe sich der Leidende allen Anfechtungen entziehen könne.[267] Letztere erscheinen daher eher als göttliche Prüfungen, als Auszeichnung, bei der sich der Gläubige bewähren könne:

> BASILIO: Munchas malas cosas pueden imaginar los hombres de sí mismos sin que a ellas concurra demonio, porque nuestra imaginación naturalmente imagina, de tal manera que es en nuestra mano imaginar lo que queremos y cuando queremos, y no lo es dejar de imaginar lo que perciben los sentidos; y a este propósito dice San Pablo: „Es tentado cada uno de su misma concupiciencia". Aliende de esto somos tentados del demonio, el cual, aunque pueda movernos malas imaginaciones, ningún daño puede en nosotros. Y siempre nos queda libre el albedrío para amarlas o aborrecerlas; que si de hecho pudiera perjudicarnos, según su malicia y el aborrecimiento que nos tiene y su antigua experiencia y cautela, toda la tierra hobiera asolado. Y más digo, que aun tentar ni ocasionarnos no podría, si no fuese para mayor merecimiento y gloria nuestra, porque el camino de la bienaventuranza es estrecha y el reino de los Cielos padece fuerza, y no se alcanza un estado lleno de tan perfectos bienes sino por trabajos y tentaciones.[268]

---

265 Vgl. Mercado 2010, S. 782-784, Gambin 2008, S. 93-97.

266 Vgl. Mercado 2010, S. 703-740, Gambin 2008, S. 77-83.

267 Vgl. Gambin 2008, S. 92-93. Diese Betonung des freien Willens erscheint schon in der thomistischen Behandlung der *acedia* (vgl. Theunissen 1996, S. 30-38); zugleich gehörte der *liber arbitrium* zu den theologischen Lehrsätzen innerkatholischer Reformdiskussionen und wurde seit dem tridentinischen Konzil als Abgrenzungsmerkmal zum protestantischen Bekenntnis formuliert; der von Basilio vorgetragene Standpunkt hält sich folglich an die orthodoxen Positionen, vgl. Iserloh/Glazik/Jedin 1967, S. 476-520, hier S. 492-493. Zu dieser konformen Figurenrede passt der Rahmen mit Mercados Widmungsepistel an den Erzbischof von Granada, Pedro Guerrero, der als spanischer Legat an den Konzilsverhandlungen teilgenommen hatte (vgl. ebd., S. 462); im Paratext lautete es hierzu: „Que de los teólogos sois la prima [sic], y por tal nombrado, por último, difinidor en el concilio tridentino" (Mercado 2010, S. 617-618).

268 Mercado 2010, S. 780-781. Die hier verwendete Ausgabe nennt bei diesem Sprechakt irrtümlich Joanicio als Sprecher, vgl. Gambin 2008, S. 92-93.

Melancholie entsteht folglich, so die nuancierte Erklärung des Geistlichen, nicht eigentlich durch die teuflischen Einflüsterungen selbst, sondern durch die mangelnde Willenskraft des Gläubigen, solchen Versuchungen gegenüber standhaft zu bleiben, aber auch durch den verbreiteten Irrglauben, der Teufel könne gleichsam allmächtig auf sämtliche Gedankenhandlungen des Menschen Einfluss nehmen.[269] Die Therapie besteht folgerichtig in einer mentalen Technik des konsequenten Kampfes gegen die beständigen Versuchungen des Teufels, wobei es sich dessen eigentlich schwächere Position und die Mächtigkeit des freien Willens immer wieder neu zu vergegenwärtigen gilt.

> ANTONIO: Yo siempre entendía que como podía interiormente mover imaginaciones, que también entendiera lo que se respondía a ellas y que en *continenti* se regocijaba y triunfaba de nuestro daño y pecado, y del placer que él había de recebir tenía mayor tristeza que de mi propria culpa.
> DAMIÁN: Yo así lo entendía hasta agora.
> BASILIO: Todo esto causa el demasiado temor que le tenéis, siendo la más abatida y flaca criatura del mundo y más atormentada, tanto que el más fuerte de ellos padece más pena que el mayor pecador que ha habido, y de munchos sanctos y bienaventurados se dice que lo ataron.[270]

Unscharf bleibt freilich noch das genaue Verhältnis der beiden Erklärungswege zueinander, denn wo Joanicio die Melancholie als organisches Leiden erklärt, führt Basilio seelische Glaubenszweifel als Auslöser an.[271] Die im Gespräch gegebene Auflösung bekräftigt zunächst erwartungsgemäß das fortwährend betonte Komplementärverhältnis der Disziplinen: Ausgehend von der wiederum pseudo-aristotelischen Dichotomie von Körper und Seele vergleicht Joanicio den von der *atrabilis* gezeichneten Leib mit einem schadhaften Werkzeug, einem „instrumento mal dispuesto y corrompido"[272], mit dem dann die Seele auch schwerlich gute Gedanken und Werke hervorbringen könne. Dass es sich hierbei eher um einen metaphorischen Behelf handelt, bemerkt indessen Damián, beide Lehrer handeln tatsächlich unabhängig voneinander:

> DAMIÁN: El señor Joanicio, como médico, todos los efetos de nuestros cuerpos los ha de atribuir a los humores, pero el señor Basilio y los teólogos dirán otra cosa, porque les he oído decir que los malos pensamientos e imaginaciones que tenemos nos las mueve el demonio para turbarnos y tentarnos con ellas, que es muy diferente de lo pasado; y el señor Joanicio pone la causa de esto

269 Vgl. Mercado 2010, S. 789-790.
270 Ebd., S. 790, vgl. Gambin 2008, S. 97-99.
271 Vgl. Mercado 2010, S. 780, Gambin 2008, S. 92.
272 Mercado 2010, S. 785.

dentro de nosotros y los teólogos la ponen fuera. Y en esto antes me aterné a lo que el señor Basilio dijere.[273]

In der Gesamtschau zeigt sich die Melancholie damit als komplexes Krankheitsbild zwischen Natur- und Moralphilosophie, bei dem humoralpathologische Disposition und innere Glaubensschwäche zusammenkommen, wobei sich – wie Damiáns Einwurf andeutet – letztlich doch ein Primat der Moraltheologie abzeichnet,[274] womöglich als Signatur der theologischen Leitautorität, so noch einmal Orobitg: „le texte médical prend le relais des autorités religieuses dans la démarche de la normalisation et de mise au pas des consciences."[275]

Melancholie als ‚heterotopische Imagination'

In den späteren Phasen des Dialoggeschehens rückt dann endgültig der geistig-seelische Aspekt der Erkrankung in den Blick, der sich naturgemäß stärker mit der theologischen Zuständigkeit Basilios verknüpft und dessen Bedeutung Joanicio gleich zu Beginn eingeräumt hatte, denn „las tristezas e imaginaciones de estos [melancólicos] por la mayor parte paran en escrúpulos y casos de conciencia"[276]. In diesem Sinne werden nach den ersten Gesprächsphasen zunehmend die moraltheologischen Dimensionen des Leidens beschrieben, die indessen strukturell, wie wir zeigen möchten, als Problem der Imagination und des Selbstverstehens erscheinen. Beide Aspekte verweisen auf innere Bilder und auf die Einbildungskraft des melancholischen Subjekts, für das Eckhard Lobsien und Verena Olejniczak Lobsien in ihrer Studie zum literarischen Denken im 16. Jahrhundert einen eigenen Typus der Imagination beschrieben haben, der sich durch eine unablässig bewegte und letztlich ortlose Geistestätigkeit auszeichnet: Melancholie meint damit nicht einfach ein somatisches Krankheitsbild der Frühen Neuzeit, vielmehr impliziert sie eine eigene Theorie der Imagination.[277] Immer noch auf pseudo-aristotelischer Grundlage erscheint Melancholie jetzt als Exzess einer selbstreflexiven Imagination, deren ruhelose Tätigkeit zunehmend fatale Wirkungen zeitigt, verfängt sich doch die stete Bewegung der Vernunft in einem engen Netz aus fixen

---

273 Ebd., S. 780, vgl. Gambin 2008, S. 96-97.

274 Vgl. Gambin 2008, S. 97, Klibansky/Panofsky/Saxl 1990, S. 81-82.

275 Orobitg 2015, Abs. 42, vgl. ebd., Abs. 39-42.

276 Mercado 2010, S. 772.

277 Mit Blick auf die moraltheologische und imaginationsbezogene Diskussion der Melancholie stützen wir uns im Folgenden auf die Rekonstruktion bei Lobsien/Olejniczak Lobsien 2003, S. 292-314, dort steht freilich die englische Literatur der Renaissance im Blick.

Gedanken und inneren Bildern, die dann immer neu durchlaufen werden. Es kommt zum obsessiven Kreisen um imaginative Positionen, die im ruhelosen Hin und Her sich abwechseln, ohne zur abschließenden Synthese gebracht zu werden. Thematische ‚Monomanie' und übererregte Reflexivität verursachen so eine „imaginative Unruhe bei gleichzeitiger Fixierung einer Gedankenbahn, die den Melancholiker auszeichnet"[278]. Für Lobsien und Olejniczak Lobsien ähneln die vom melancholisch begabten Intellekt gleichermaßen virtuos und hartnäckig duchgearbeiteten Gedankenstationen einem Distributionssystem aus imaginativen Topoi, das in ruhelosem Wechsel atopisch-‚heterotopisch' abgegangen wird:

> Unsere These ist nun, daß die melancholische Imagination – die Geistesbeschäftigung (mit) der Geistesbeschäftigung – eine Welt hervorbringt, die nicht nur durch eine Vielzahl von Relationen, Orten und Grenzen geprägt ist, sondern vor allem durch eine beständige Unruhe und Ortlosigkeit angesichts dieser unzähligen Topoi; sie ist wahrhaft heterotopische Imagination. [...] Diese Heterotopisierung der Welt hat nichts Spielerisches oder gar Zynisches an sich, sie ist zwanghafter Vollzug der obersten Erkenntnisleistung, die selber weiß, daß sie nicht überboten werden kann, da sie zirkelhaft sich selber erkennt. Die melancholische Imagination ist Reflexion der Imagination und Imagination der Reflexion in einem Zirkel, der eigentlich nicht stillgestellt werden kann.[279]

Selbst wenn der Melancholiker nun in einer gleichsam metakritischen Übersicht die Zirkularität des inneren Kreisens um solche Topoi erkenne, bilde auch diese Einsicht selbst wieder nur einen Topos neben anderen und bedeute keineswegs die heilsame Durchbrechung des *circulus vitiosus*.[280] So zeichnet sich die melancholische Imagination nach Lobsien und Olejniczak Lobsien schließlich durch eine permanente gedankliche Bewegung aus, die jeden gefassten Gedanken sogleich auf mögliche andere Gedanken transzendiert, jede Auffassung sogleich auf den Horizont ihrer möglichen Abwandlungen öffnet; dabei wechseln sich manische und depressive Phasen rasch ab; zuletzt entsteht ein moralisch prekärer Zustand, der gleichzeitig durch innere Erregung und dumpfes Brüten gekennzeichnet ist.[281]

Vor dem Hintergrund dieser noch pseudo-aristotelisch verrechenbaren Deutung der melancholischen Einbildungskraft lässt sich nun auch in Mercados *Diálogo de la melancolía* die Schwermut als Krankheit einer exzessiven Imagination rekonstruieren, verweist doch der Mediziner Joanicio

278 Ebd., S. 298.
279 Ebd., S. 296.
280 Vgl. ebd.
281 Vgl. ebd., S. 296-297.

etwa eingangs auf die virtuose Geübtheit des immerzu unruhig tätigen Geistes der Patienten: „Pero tienen a veces el juicio tan agudo y subtil por el gran ejercicio de la imaginación y dicen y hacen cosas tan agudas que las alegan por muy notables."[282] Später wird ergänzt, dass sich diese außergewöhnliche Einbildungsgabe stets selbstreflexiv auf die eigene, zunehmend hermetisch-eigendynamische Innenwelt der Leidenden beziehe, denn diese „toman ocasiones de dentro de sí y no de los acaecimientos que acaecen"[283].

Wie subversiv und für die subjektive Glaubenspraxis prekär nun diese Dynamik der heterotopischen Imagination ausfallen kann, ist ebenfalls wiederholt Gegenstand der frühneuzeitlichen Traktatliteratur und damit im Wissensbestand der Renaissance-Episteme verankert.[284] Auch aus moraltheologischer Sicht befördert die melancholische Imagination Selbstzweifel über das vernünftige Maß hinaus bis zur pathologischen „Zweifelsucht"[285], die sich in ebenso skrupulöser wie desaströser Gewissenserforschung niederschlägt. Unabschließbar kreisende Selbstanalysen lassen den um die eigene Sündenverfallenheit besorgten Melancholiker nun allfällige Schwächen und Unsicherheiten entdecken, die die Gewissensruhe verhindern und sich mit einer grundlegenden Aporie der Absicherung angesichts der „beängstigenden Undurchschaubarkeit der Prädestination"[286] ungut verbinden. Einen Ausweg könnten hierbei wohl nur das Vertrauen auf göttliche Gnade und die Annahme der Heilsverkündigung bieten; doch diese gewissermaßen naiven Glaubensmittel sind zugleich auch Glaubensgeheimnisse und verschließen sich als solche einer allerletzten verstehenden Durchdringung, die allein dem Betroffenen wieder Seelenruhe verschaffen könnte. Tatsächlich will der hyperhermeneutische Melancholiker letzte Gewissheit auch über jene Dinge erlangen, die wir eher annehmen als verstehen sollen, so dass ihm die demütig-fromme Zuversicht kaum genügen kann. In dieser skeptischen Haltung ist dann freilich immer schon eine diskrete Hybris des Allesverstehenwollens und ein impliziter Zweifel an der verheißenen Gnade verborgen, der schließlich die Häresie berührt und zeigt, inwiefern in letzter Konsequenz die „Melancholie [...] zum Einfallstor satanischer Machenschaften"[287] werden kann.[288] Im Sinne der heterotopischen Imagination sucht demnach der zweifelnde

282 Mercado 2010, S. 775.

283 Ebd., S. 780.

284 Vgl. die Analyse von Timothy Brights *A treatise of Melancholy* (1586) bei Lobsien/Olejniczak Lobsien 2003, S. 306-310, für die spanische Renaissance Orobitg 2015.

285 Lobsien/Olejniczak Lobsien 2003, S. 309.

286 Ebd.

287 Ebd., S. 310.

288 Vgl. ebd., S. 309-310.

Melancholiker nach jenen Wahrnehmungen und Erinnerungen, die über seine vergangenen Handlungen und somit zuletzt über sein Seelenheil entscheiden könnten, doch seine „Suche nach Gedächtniseindrücken (die die Imagination vorher geformt hat) läßt sich, einmal in Gang gesetzt, nicht abbrechen, sie folgt einer Eigendynamik"[289].

Diese Kennzeichen des Krankheitsbildes lassen sich auch in Basilios kritischen Diagnosen durchaus wiederfinden, dessen zunehmend traktathafte und lange Monologe eine kasuistische Aufzählung von fünf exemplarischen Argumenten und Fallbeispielen entwickeln, die anaphorisch parallel mit dem lateinischen *„Iten"* eingeführt werden.[290] In scholastischer Systematik wird nun von den zahlreichen Melancholikern berichtet, die ihn als Beichtvater aufsuchen: Diese werden durch beständige Zweifel gepeinigt, ob und inwieweit sie bereits teuflischen Imaginationen insgeheim nachgegeben haben und dem Dämon, etwa aufgrund fehlender Glaubensfestigkeit, Macht zugebilligt haben; und mit dieser Sorge suchen sie bei den Beichtvätern Rat, ohne jedoch deren Empfehlungen zu folgen.[291] Im Einzelnen schildert Basilio, wie die skrupulöse Selbstanalyse den Melancholiker bei sich Nachlässigkeiten finden lässt, die ihn zum Trugschluss der eigenen Sündenverfallenheit führen, und wie er sie behutsam vom Gegenteil zu überzeugen sucht:

> BASILIO: [...] *Iten*, las cosas inciertas hanse de declarar en la mejor y más pía parte; ellos dudan si consintieron o no, luego persuadirse tienen no haber consentido; que lo duden no hay duda, pues tienen de ello escrúpulo y no certidumbre.[292]

Manchmal scheint die pathologische Unfähigkeit zur Selbstberuhigung und zum Erlangen eigener Gewissheit einem Vergessen zu ähneln, das die Frage nach eventuellen Verfehlungen nicht mehr beantworten kann, so dass auch die ruhelose Suche nach den ‚richtigen' imaginativen Erinnerungen fortschreiten muss. Dabei neigt der selbstzerstörerische Gedankengang des Melancholikers eher dazu, die Dinge gleichsam *mala fide* zu seinen Ungunsten auszulegen, so noch einmal Basilio: „Es porque todo lo interpretan en su perjuicio creyendo y aun quiriendo haber consentido todo lo que escrupulan."[293] Ganz im Einklang mit der Amtskirche vertraut Basilio auf die Überzeugungskraft geistlicher Argumente: Hilfreich erscheint, dass die Vernunft natürliche Wahrheitsliebe

---

289 Ebd., S. 297-298, vgl. ebd.

290 Vgl. Mercado 2010, S. 786-787.

291 Vgl. ebd., S. 785.

292 Ebd., S. 787.

293 Ebd., S. 786.

auszeichne, dass Gott den Kranken das Heil nicht verweigere und dem reuigen Sünder vergebe.[294] Doch auch die auferlegten Bußen verlieren ihre beruhigende und salvierende Kraft, wenn das obsessive Hin und Her der Imagination den Melancholiker noch an der eigenen Bußfertigkeit zweifeln lässt – der häretische Zweifel am Wort des Geistlichen ist da nicht mehr weit:

> BASILIO: [...] Dícele su confesor que para la confisión se aparejaron bastantemente y que cumplieron la penitencia y no lo creen, y creen al demonio o a su imaginación, que les dice no haberse aparejado ni cumplido la penitencia.[295]

Wie bei einer *self-fulfilling prophecy* wird der imaginative Topos eines eigentlich ausgebliebenen, aber doch plausibel vermuteten und scheinbar erhärteten Sündenfalls zuletzt zum tatsächlichen „Einfallstor satanischer Machenschaften"[296], so dass die wandernde heterotopische Imagination das Seelenheil der Melancholiker gefährdet: Nicht zufällig lässt Basilio wie in einem reimenden Hendiadyoin „imaginaciones y tentaciones"[297] zusammenklingen, in denen sich die monomanische Einbildungskraft ebenso eigensinnig wie heillos verstrickt.

Melancholisches Selbstmissverständnis

Basilios ausführliche Langrede erweitert den diskursiven Rahmen der Rechtfertigungsfrage im weiteren Verlauf um eine neuartige Sicht auf die Krankheit der Melancholie. Denn diese beruhe, zumindest in ihren geistig-seelischen Dimensionen, wohl nicht nur auf einem Problem der exzessiven Imagination, deren zirkuläre Heterotopien keine rechte Glaubensfestigkeit zulassen, sondern auch auf einer devianten Hermeneutik, einem quasi-defektiven Verstehensapparat der betroffenen Patienten. Dazu kann Basilio implizit auf zwei eng verwandte Erscheinungen zurückgreifen, die schon die pseudoaristotelischen Andeutungen des *Problem XXX* benennen. Denn dort werden dem Melancholiker in einer lange wegweisenden Umbesetzung der genialische Enthusiasmus und das intellektuelle Vermögen zugesprochen, das ihn wie keinen anderen zu außergewöhnlichen Leistungen befähigt. Die genaue Entstehung dieser scheinbar vorteilhaften Pathologie deuten in einem späteren Abschnitt dann die Ausführungen zu Schlaf und Traum an, in denen die starke Anregung des Denkens als Überhitzung der schwarzen Galle erläutert wird,

294 Vgl. ebd., S. 787.
295 Ebd., S. 785.
296 Lobsien/Olejniczak Lobsien 2003, S. 310.
297 Mercado 2010, S. 782.

die die Gedanken in steter Erregung halte. Dies mache sich gerade nachts eher nachteilig bemerkbar, schließlich könne

> außerdem […] infolge der im Körper herrschenden Verwirrung die Seele nicht zur Ruhe kommen. Die Melancholiker aber fahren deshalb im Schlaf auf, weil infolge ihres stärkeren Wärmegehaltes die Seele über das Normalmaß hinaus in Bewegung ist; weil aber diese Bewegung zu stark ist, können sie nicht einschlafen.[298]

Eben damit verbinde sich aber, so weiter Pseudo-Aristoteles, eine empfindliche Störung des subjektiven Verstehens, denn nur bei Stillstand der Gedanken sei ja ein eigentliches Verstehen von Gegenständen möglich; mit gutem Grund spreche man daher, so das Wortspiel, von „‚Verstehen' […], weil es die Seele ‚zum Stehen bringt' […]. Denn wenn die Seele bewegt ist und herumgetragen wird, ist weder Wahrnehmung noch das Fassen eines Gedankens möglich."[299] Dies bedeutet aber das hermeneutische Dilemma des Melancholikers, bleibt ihm doch aufgrund seines immerzu angeregten Denkens die innere Ruhe verwehrt, die ein abgewogenes Selbstverhältnis allererst möglich machen würde. Das Sichselbstverstehen des Melancholikers ist demnach einerseits überschnell und scharfsinnig, zugleich aber auch hastig und defektiv, so Joanicio: „no dejan los melancólicos de decir cosas agudas, aunque tienen, como dije, daño grande en la razón."[300]

Gerade diese pseudo-aristotelischen Merkmale des hyperhermeneutischen Melancholikers greift nun Basilio auf, um das Leiden selbst als grundsätzlich pathologisches Verstehen, als hermeneutische Krankheit zu deklarieren, zu der der Theologe im *Diálogo de la melancolía* eine komplizierte Theorie des Verstehensvorgangs entwickelt. Ausgangspunkt der Argumentation ist dabei die Diagnose des Sich-Verkennens: Denn durch den überschnellen Gang der unruhigen heterotopischen Gedanken komme es auch zu Kurz- und Trugschlüssen im Sichselbstverstehen, die den Patienten irrigerweise annehmen lassen, er habe den teuflischen Imaginationen längst nachgegeben. Dieser Konnex lässt sich immerhin herstellen, wenn man die einleitende Diagnose der melancholischen Sündenfurcht mit den verstehensbezogenen Einlassungen zusammenführt:

---

298 Aristoteles 1991, S. 261 (957a).

299 Ebd., S. 260 (956b-957a).

300 Mercado 2010, S. 776.

> BASILIO: Es porque todo lo interpretan en su perjuicio creyendo y aun quiriendo haber consentido todo lo que escrupulan.[301]
> [...]
> quiero yo consolar al señor Antonio que esta enfermedad sigue a hombres de subtil ingenio, porque estos, con la presteza y facilidad que tienen en entender, descubren en breve tiempo cien mil cosas entre las cuales algunas los han de atormentar y parar tristes[302]

Die tiefere Ursache dieses Sich-Verkennens, das hartnäckig an die eigene Sündenverfallenheit glauben will, liegt für Basilio darin, dass der ‚natürliche' Verlauf der kognitiven Verstehensoperation gestört sei, wobei die falschen Selbstansichten entstünden. Bei der genauen Erläuterung dieses Selbstmissverständnisses liegt ein schematischer Verlauf von Wahrnehmung, Vernunftprüfung und intellektuellem Verstehen zugrunde, der noch einmal an das Ventrikel-Modell der Imagination erinnert, das über Aristoteles und die Avicenna-Kommentartradition in die Renaissance überführt wird.[303]

> BASILIO: [...] Para consentir alguna cosa es necesario que el entendimiento la haya entendido y, entendida, la presente e intime a la voluntad, y presentada en especie de bondad, que la voluntad la codicie y ame. Vuelvan agora, como el que busca cosa que ha perdido, por los mismos pasos andados y hallarán que imaginaron tan presurosamente que ni su entendimiento entendió lo imaginado y, caso que lo entendiera, no lo presentó en especie de bondad a la voluntad, ni la voluntad la codició, y por consiguiente, no consentieron.[304]

In kasuistischer Konzentration schildert der Geistliche hier seine Theorie eines hermeneutischen Prozesses, dessen Irrweg die quälenden Selbstzweifel des Melancholikers verschuldet. Denn um einen Gedanken innerlich billigend anzuerkennen („consentir"[305]), müsse dieser von der Vernunft verstanden, also nachvollzogen worden sein; erst dann könne er dem Willen unterbreitet und vertraut gemacht werden, und zwar im Zeichen wohlwollender Güte, so dass der Wille ihn schließlich gerne und begierig annehme. Würde der Melancholiker die Ruhe finden, aus seinem manischen Kreisen auszuscheren und die skizzierte Chronologie des Verstehensvorgangs zurückverfolgen,

---

301 Ebd., S. 786.

302 Ebd., S. 790.

303 Vgl. Lobsien/Olejniczak Lobsien 2003, S. 11-35. Vgl. zur Verbindung zwischen Melancholie und Ventrikellehre in den historischen Traktaten bei Huarte und Velásquez weiter Bartra 1999.

304 Mercado 2010, S. 786.

305 Ebd.

so könnte er erkennen dass die Gedanken zu rasch („presurosamente“[306]) durch den Gang geschleust wurden, so dass keine vernünftige Prüfung oder Zustimmung stattgefunden hat: „y por consiguiente no consentieron.“[307] In der demnach eigentlich grundlosen Annahme, einer teuflischen Eingebung zugestimmt, sie ‚gebilligt‘ zu haben, unterliegt der Melancholiker einem pathologischen Sich-Verkennen, das er sich selbst freilich nicht bewusst machen kann, da ihn das manisch-fixierte Kreisen der heterotopischen Imagination daran hindert und ihm die objektive Rekonstruktion der Verstehenskrise nicht erlaubt. So bleibt das ursächliche Nichtverstehen dem Patienten unbewusst, es sinkt unterhalb der Wahrnehmungsschwelle ab und wird ohnehin vom steten Erlebnisvollzug der atopischen Gedankenzirkel überlagert; so bleiben innere Zweifel über den Vollzug der Sünde, die selbstverständlich eher vom Negativen ausgehen, „aun quiriendo haber consentido“[308]. Diesem originellen Erklärungsansatz der Melancholie aus einer hermeneutischen Matrix des Nichtverstehens, den Basilios Diagnose umreißt, entspricht ein adäquater therapeutischer Ansatz, der dem Melancholiker die logischen Brüche des devianten Selbstverstehens aufzeigen will und den durch zu große hermeneutische Eile „presurosamente“[309] übergangenen Schritt der innerlichen Gewissensbejahung aufdecken möchte: „probarles he que en sus escrúpulos e imaginaciones no consintieron, habiendo tenido aborrecimiento de las cosas que escrupulan, como publican.“[310]

In seiner neuartigen Deutung der Melancholie lässt Basilio das Leiden als Ausdruck eines defektiven Selbstverstehens erscheinen und rückt somit ganz grundsätzlich den Problemkreis des Nichtverstehens in den Blick. Dabei bezieht dieses sich hierbei sowohl auf das fehlende Wissen des Schwermütigen um ein eventuell erfolgtes Nachgeben angesichts der teuflischen Eingebungen, die Selbsttäuschung hinsichtlich der Sündenverfallenheit, als auch auf die fehlende Selbsterkenntnis der eigenen pathologisch-zirkulären Geistestätigkeit, schließlich nimmt der Melancholiker das manisch begrenzte Kreisen seiner gedanklichen Irrwege meist nicht metakritisch wahr. Das Verkennen des früheren Selbst wie auch der eigenen imaginativen Struktur bilden dabei Figuren des defizienten Selbstverstehens, die im Sinne der Überlegungen von Dirk Westerkamp auf grundsätzliche Kategorien und Figuren des Nichtverstehens verweisen.[311] In seinen sprachphilosophischen Ausführungen

306 Ebd.
307 Ebd.
308 Ebd.
309 Ebd.
310 Ebd.
311 Vgl. Westerkamp 2014, S. 63-99, vgl. Kapitel 2.3.4.

zur negativen Hermeneutik des Subjekts bilden die sogenannten Verständnishorizonte einen Sektor der vierteiligen Kategorientafel, zu ihnen gehören näher das Welt-, das Fremd- und eben das bei de Mercado auftretende Selbstunverständnis. Solche Verständnishorizonte bilden dabei ein wesentliches Orientierungsfundament für menschliches Handeln, sie funktionieren im Sinne einer „lebensweltlichen Unhintergehbarkeit“[312] und grundieren das Subjekt in seinem Weltbezug:

> Heidegger hat das, was hier Verständnishorizonte heißt, Daseinsverstehen genannt. Danach trifft unser primär praktisches Verhältnis zur Welt dankbarerweise stets auf deren ‚Erschlossenheit‘ für und durch uns. Welt verschließt sich nicht prinzipiell unserem Verstehen, zu dessen Bedingungen stets auch die je geschichtliche Situation des ‚Mitseins‘ mit Anderen gehört. Auch dadurch haben die Verstehenshorizonte – Heideggers ‚existenziales Verstehen‘ – eine solch hartnäckige Evidenz. Dennoch ist deren Beirrung, Suspension oder Verschiebung, ebenso notwendig wie folgenreich.[313]

Eine solche Irritation der fundierenden Verständnishorizonte birgt nun offenkundig das (bei Mercado melancholisch begründete) Selbstunverständnis, das die hermeneutische Handlungsfähigkeit des Subjekts aus der Bahn wirft, auf ‚krankhafte‘ Abwege bringt. Im Einzelnen kennt solches Selbstunverständnis nach Westerkamp zwei verschiedene Erscheinungsformen, eine produktiv-selbstkritische und eine deviant-pathologische Ausprägung. Im ersten Fall tritt das Subjekt in eine reflexive Distanz zur eigenen Person. Anknüpfend an Hans Günthers frühe Studie zum *Problem des Sichselbstverstehens* (1934) lässt sich die subjektive Denkpraxis grundsätzlich als eher intuitiver Wahrnehmungs- und Erlebnisfluss beschreiben, der sich nicht permanent seiner eigenen Tätigkeit kritisch bewusst wird. Vielmehr kommt es nur punktuell zu einer produktiven Unterbrechung, die Westerkamp als *„retentional“*[314] und *„normativ“*[315] bezeichnet, da sie einen Akt kritischer Selbstdifferenz im Rückblick umschließt. Wenn das Subjekt nämlich bemerkt, sich selbst nicht mehr zu verstehen, so meint dies zumeist die Distanzierung von einer Handlungsweise oder einem Persönlichkeitsaspekt, oft in der Vergangenheit liegend, der nun geprüft und kritisiert wird. Selbstunverständnis ist daher ein gleichsam periodisch auftretender metakritischer Vorgang, bei dem sich „Verstehen und Nichtverstehen besonders stark zu durchdringen [scheinen]“[316], da gerade

312 Westerkamp 2014, S. 70.
313 Ebd., S. 85.
314 Ebd., S. 75.
315 Ebd.
316 Ebd.

das Nichtverstehen etwa früherer Einstellungen und Gedanken nun zu einer neuen Revision, einem neuen Verstehen in der hermeneutischen Subjektivität führt. – Der zweite Fall, das sogenannte Selbstmissverständnis, gilt hingegen als pathologisches Geschehen, er tritt etwa ein, wenn der Sprecher sich irrtümlich für Napoleon hält. Entscheidend ist dabei die offene Diskrepanz zwischen den Perspektiven der redenden ersten Person und einer zweiten Person, die den evidenten Bruch zwischen kontrafaktischer Selbstaussage und tatsächlichen Verhältnissen von außen diagnostiziert: „Selbstmissverständnis lässt sich also zuschreiben nur aus der Perspektive einer Zweiten Person, welche die vorgeblich sich selbst missverstehende Erste Person besser zu verstehen glaubt, als diese sich selbst."[317]

Das Selbstunverständnis als tiefgreifende Aufhebung eines kategorialen Verständnishorizontes lässt sich in seiner inszenierten Erscheinungsform bei Pedro de Mercado nun noch einmal differenzierter beschreiben, nämlich als Selbstmissverständnis. Dem an der melancholischen Verstehenskrise leidenden Antonio fehlt offensichtlich gerade die metakritische Selbstreflexivität samt ihrem späteren Erkenntnisgewinn, die der Vorgang des Selbstunverständnisses birgt. Stattdessen verharrt er aus pathologischen Dispositionen heraus in der irrigen Annahme, wohl ein verlorener Sünder zu sein, der er aber aus der Perspektive des Beichtvaters Basilio eben nicht ist, und verkennt so die Situation des eigenen Seelenheils. Antonios Selbstmissverständnis bedarf entsprechend des Blicks von außen, um zur heilsamen Korrektur gebracht zu werden und in ein produktiv distanziertes Selbstunverständnis überführt zu werden, das retentional die melancholische Krankheit als hyperhermeneutische, morbid-zirkuläre Denkstruktur begreifen könnte.

Die Melancholie und das ihr zugrunde liegende Selbstmissverständnis mithilfe der hellsichtigeren Perspektive einer zweiten Person aufzulösen, dies ist das erklärte Ziel des Beichtvaters in Mercados *Diálogo de la melancolía*, wobei sich Basilio näherhin auf zwei rhetorische Strategien stützen wird. Zum einen erklärt er in der bereits näher gewürdigten Langrede dem Schwermütigen die Genese seines Leidens, erläutert, inwiefern der überschnelle, hyperhermeneutische Verstehensapparat zu falschen Annahmen und Selbstbildern und damit zum Selbstmissverständnis geführt hat. Zum anderen aber wird gleichzeitig die göttliche Gnade beschworen, auf die es ohnehin bedingungslos zu vertrauen gelte. Basilios diskursive Redekur ist damit letztlich ihrem Wesen nach eine rhetorische Persuasion, dies betonen die Dialogfiguren auch ausdrücklich selbst, etwa wenn der Geistliche fordert, „luego

317 Ebd., S. 79, vgl. ebd., S. 75-79.

persuadirse tienen no haber consentido“[318], und solche Überzeugungsarbeit ähnelt einer Beweisführung: „probarles he que en sus escrúpulos e imaginaciones no consintieron“[319]. Schon zu Beginn des fingierten Gesprächs hatte der Arzt Joanicio solchen Heilungsweg angekündigt, kurierten doch die Geistlichen „con las persuasiones que les hacen y *Autoridades* de la Sagrada Escritura que les traen.“[320] Neben die belehrende *demonstratio* tritt eine christliche *admonestatio*, „siendo la ley de Gracia tan llena de sacramentos y misericordias“[321], beides zusammen soll zur Einsicht in die pathologische Struktur des Selbstmissverständnisses und deren Überwindung führen. Bemerkenswert scheint zuletzt ein Detail der persuasiven Heilkunst des Basilio, die dem Schwermütigen die logischen Brüche seiner Denkzirkel verdeutlichen soll. So erwähnt der Beichtvater in seiner traktathaften Aufgliederung der Pathologie, dass ihm im Beichtgespräch der intuitiv-spontane Widerwille, den die Melancholiker gegen die teuflischen Versuchungen recht unmittelbar bekunden, als Beweis auch für frühere und sonstige Standhaftigkeit gelte und daher die Gewissensqualen des Gläubigen grundlos seien:

> BASILIO: […] *Iten*, caso que consintieran, viniendo luego tan grande aborrecimiento y pesar, es notorio que fuera con los primeros movimientos y no con los segundos, pues en *continenti* aborrecieron lo que imaginaron; los cuales movimientos, por no ser en manos de los hombres, ninguna culpa y merecimiento acarrean.[322]

Die Überzeugungsarbeit am Kranken, den es von inneren Zweifeln zu befreien gilt, soll schließlich auch vom Melancholiker selbst ausgeübt werden und nach und nach den Seelenfrieden herbeiführen: „os ejercitéis en creer que no consentistes“[323].

Basilios Einsicht in die Melancholie als hermeneutische Krankheit und sein Heilmittel der rhetorischen Persuasionskur scheinen sodann im weiteren Verlauf des Dialoggeschehens erste Früchte zu tragen. So beginnt sich das ursächliche Selbstmissverständnis allmählich zu lösen, wenn der schwermütige Antonio aus den kreisenden Gewissenszweifeln ausschert und sich eben nicht mehr als Sünder begreifen muss, wenn er einsieht, keineswegs den bösen Verlockungen der inneren Bilder unmerklich nachgegeben zu haben: „Quiero

318 Mercado 2010, S. 787.
319 Ebd., S. 786.
320 Ebd., S. 772.
321 Ebd., S. 787.
322 Ebd.
323 Ebd., S. 788.

estar a vuestras razones y creer que en lo que dudamos no consentimos."[324] Gleichwohl ist der Erfolg zunächst nur von kurzer Dauer, denn neue Zweifel der ruhelosen Einbildungskraft führen wieder zum irrigen Selbstbild zurück, woraufhin Basilio von der Strategie der logischen Aufklärung ablässt und das übende Ablassen von den fatalen Vorstellungsbildern im Sinne einer ‚Selbstüberredung' empfiehlt:

> BASILIO: [...] que os ejercitéis en creer que no consentistes otro tanto tiempo como el de creer que habíades consentido. Y de esta manera haréis contrarios hábitos y costumbre de la que teníades, haciendo contra vuestras imaginaciones.[325]

So soll das Übel der hermeneutischen Krankheit mitsamt ihrer überraschen Geistestätigkeit und Fehlschlüsse zwar nicht mehr an der Wurzel beseitigt werden, wohl aber lässt sich eine neue Praxis einüben, die das gestörte Selbstverstehen bewusst hält und metakritisch entkräftet. Denn das Subjekt schafft sich gemäß Basilios Empfehlung letztlich eine innerliche zweite Person, deren ‚andere' Außenperspektive Antonio sogar punktuell übernimmt, etwa wenn er abgrenzend von den Melancholikern als „ellos"[326] spricht, sich also gerade nicht mehr in die Gemeinschaft der Leidenden einschließt, diese vielmehr beobachtet und analysiert.[327]

Basilios Diagnose und seine scheinbar erfolgversprechende Behandlung der Melancholie im Zeichen der hermeneutischen Krankheit können jedoch nicht die offenkundigen Schwachstellen dieses Deutungsansatzes auflösen, die wiederum auf ein mögliches oder notwendiges Nichtverstehen des Fremdpsychischen verweisen. Denn die aus dem Blick der zweiten Person getroffene Behauptung, der Schwermütige missverstehe sich selbst und sei nur in seiner irrigen Einbildung zum Sünder geworden, beruht ihrerseits auf einer mehr wohlwollenden, äußeren Annahme des Beichtvaters, die kaum je zur unumstößlichen Gewissheit werden kann: Ob der Melancholiker in seinen zirkulären Gedankenfluchten irgendwann einer Versuchung nachgegeben hat, kann schlechterdings ein fremder Beobachter nie mit letzter Sicherheit beweisen oder entkräften. Nicht von ungefähr hatte schon der Arzt Joanicio zu Beginn des fiktiven Gesprächs die Grenzen des medizinischen Einfühlungsverstehens betont, gebe es hier doch keinerlei „certidumbre por el secreto grande

---

324 Ebd.
325 Ebd.
326 Ebd., S. 787.
327 Vgl. ebd.

que guardan [los melancólicos] de sus imaginaciones“[328]; und auch Damián hatte die prekäre Unsichtbarkeit des seelischen Leidens erwähnt.[329] Tatsächlich bildet auch Basilios sozusagen behavioristisch gewonnener Beweis, nämlich die erwähnte impulsiv-unwillkürliche Abneigung der Kranken gegenüber den sündigen Gedanken, eher eine mögliche und anfechtbare Hypothese empathischer Herkunft, die nichts daran ändern kann, „dass alle diese durchgespielten Möglichkeiten stets fallible *Interpretationen* des beobachteten Verhaltens gemäß einem heuristischen Prinzip bleiben“[330]. Auf die engen Grenzen fremdpsychischen Einfühlungsverstehens weist ja sogar der Patient selbst in einem skeptischen Einwurf hin, wenn er die spontane Unmittelbarkeit der geäußerten Abneigung hinterfragt,[331] bevor dieser schwierige Aspekt der Diagnose schließlich zum turbulenten Höhepunkt der dialogischen Gesprächsdynamik führt.

Hier bestreitet Antonio rundweg jede Möglichkeit einer verstehenden Einsicht in fremde Gedankenwelten, während Basilio weiter den behavioristischen Standpunkt vertritt, aus Gestik und Handlungsweise plausible und belastbare Hypothesen im Sinne eines Quasi-Wissens abzuleiten, eben aus den „gestos y meneos con los cuales como conjecturas vengo a conjecturar lo que por ventura imaginábades“[332]. Anders noch einmal Antonio, der – dabei von Damián unterstützt – solchen Mutmaßungen die größere Macht des Teufels entgegenhält, dem die übernatürliche Innenansicht der fremden Gedanken ganz möglich sei, auf die er ja durch die Versuchungen ohnehin Macht ausüben könne.[333] Auf diese volkstümliche Vorstellung, die dem Teufel mehr Macht zugesteht als dem Beichtvater, reagiert nun Basilio bezeichnenderweise gleich zweimal nur ausweichend: zunächst mit einem strategischen Nichtverstehenwollen („¿Entender o qué?“[334]), dann mit einer nur ganz allgemeinen Schelte der allzu großen Dämonenfurcht, die das offene Problem der Unzugänglichkeit des Fremdpsychischen und des Konstruktcharakters der Zweite-Person-Diagnose kurzerhand übergeht.[335]

***

328 Ebd., S. 777.
329 Vgl. ebd., S. 772.
330 Westerkamp 2014, S. 88, vgl. ebd., S. 87-89.
331 Vgl. Mercado 2010, S. 787.
332 Ebd., S. 789.
333 Vgl. ebd., S. 789-790.
334 Ebd., S. 790.
335 Vgl. ebd.

Pedro de Mercados fiktionale Verhandlung der Melancholie situiert sich in einer formativen Phase frühneuzeitlicher Wissensgeschichte und zeigt – im Freiraum der poetischen Gesprächsmimesis – eine mögliche Ordnung des Diskursfeldes der *atrabilis* auf, das im ausgehenden 16. Jahrhundert zunehmend wissenschaftliche und literarische Aufmerksamkeit erfährt. Anders als bei den Gesprächen zur Naturphilosophie, die ein bereits stark kanonisiertes und institutionell verfestigtes Wissen poetisch synthetisieren, um hierzu dann kritische Kommentare und alternative Perspektiven anzubringen, gehört der *Diálogo de la melancolía* in einen noch stärker dynamischen kulturellen Prozess, wie Oño Guil und Gambin betonen. Wo die Naturtexte etwa den schulphilosophischen Aristoteles in zunehmender Erstarrung und Isolierung zeigen, setzt der Dialog zur *atrabilis* an einem archäologisch vergleichsweise ‚früheren' Punkt an; er verfügt noch über keine ähnlich stabilen Objekte und sortiert eher verschiedene bereits bestehende diskursive Praktiken, die sich verbinden und in ein bestimmtes Beziehungsverhältnis setzen lassen. Was Michel Foucault in seiner Analyse der historischen Wissensprozeduren als ‚Schwelle der Epistemologisierung' beschrieben hat,[336] bildet Mercados literarische Darstellungsform wie in einem Brennglas ab. So verhandelt der Dialog zum einen Formierung und Verifikation des Wissensobjekts, nämlich die Eingrenzung des spezifischen Leidens durch vergleichende Fallbeschreibungen, Symptomatiken und Therapien, so dass schließlich die diagnostische Unterscheidung zwischen Melancholie, Wahnsinn und Manie, zwischen frommen Gewissenszweifeln und Häresie möglich wird. Auf der anderen Seite erprobt der literarische Text mögliche Kohärenznormen des historisch-empirischen Gegenstands, indem er die verzweigten Traditionen der galenischen Humoralpathologie, der pseudo-aristotelischen *Problemata* und der patristischen *acedia* in Einklang zu bringen sucht. Dies gelingt durch eine poetische Darstellungsform, die die Melancholie als „mal fronterizo"[337], als Schwellenphänomen zwischen Körper und Seele vorführt und folgerichtig zwei Magister einsetzt, die nun kooperieren möchten, anders als im agonalen fünften Dialog zum Wettstreit der Wissenschaften. Zu Beginn der Gesprächsmimesis dominiert die schrittweise Präzisierung des Wissensobjekts selbst, der Melancholie, die als andauernde Traurigkeit ohne äußeren Grund bei gleichzeitig überaktiver Geistestätigkeit beschrieben wird, abgegrenzt von gefährlichen Pathologien des Wahnsinns und der Raserei. Scheinbar ohne Hierarchie sind hierbei Arzt und Beichtvater gleichermaßen herausgefordert, betrifft die Melancholie doch sowohl den Körper, dessen Säftehaushalt empfindlich gestört ist, als auch die

336 Vgl. erneut Foucault 1969, S. 243-247.

337 Oño Guil 2008, S. 73.

Seele, deren schwarze Gedankenzirkel zunehmend in prekäre Gewissenszweifel umschlagen. Zu diesem paritätischen Prinzip passt die Verdoppelung von Ätiologie und Therapie der Krankheit: Während die überhitzte schwarze Galle durch Diät bezwungen werden soll, muss das destruktive Zweifeln der Seele durch eingehende Beichtgespräche und geistliche Ermahnungen gelöst werden. Die genaue Relation der beiden herausgeforderten Disziplinen beruht indessen auf der labilen Gelenkstelle einer technischen Metapher, derzufolge der melancholische Körper ein verstimmtes Instrument sei, das keine reinen Gedanken hervorbringen könne. Dass sich Mediziner und Theologe tatsächlich vergleichsweise wenig zu sagen haben, wird indessen von Damián sehr deutlich erkannt: „pero el señor Basilio y los teólogos dirán otra cosa"[338]. Letztlich bleibt, wohl auch aus strategischer Vorsicht, in diesem Dialog „cada uno en su facultad"[339], wie schon der Paratext vermerkt.

Innerhalb des Gesprächs über die Melancholie wird dann die pseudo-aristotelische Lesart, die der Erkrankung auch euphorische Aspekte abzugewinnen wusste, zugleich aufgenommen und umgedeutet, zugunsten einer Ausleuchtung des Leidens als negativer Selbsthermeneutik, die die überhasteten Zirkel der Gedanken nicht stillstellen kann und so zur vernünftigen Prüfung eigener Vorstellungen unfähig ist. Die Unruhe der ‚heterotopischen Imagination' und eine skrupulöse Selbsterforschung, die in manischem Kreisen die inneren Bilder abschreitet, lassen den Patienten zuletzt irrtümlich an die eigene Sündenverfallenheit glauben, wobei diese religiöse Auffassung von Melancholie Entwicklungen im historisch-empirischen Feld der nachtridentinischen Jahre entspricht, wie Orobitg betont hat. Den tieferen Grund der melancholischen Imagination sieht Basilio indessen in einer Verstehenskrise des Subjekts, die in gewisser Weise schon im pseudo-aristotelischen Urtext angedeutet ist: Da das überschnelle Denken ein abgewogenes Verstehen unmöglich macht, kann auch der Patient sich selbst nicht mehr richtig verstehen und begreift sich in prekärem Selbstmissverständnis als der verlorene Sünder, der er eigentlich gar nicht ist. Mit einer komplizierten Theorie des Selbstmissverständnisses führt der Geistliche vor Augen, wie der zu rasche Gedankengang den Schein der Schuldverstrickung erzeugt und wie die intuitive Ablehnung des Bösen als Beweis dafür herangezogen werden sollte, dass der Patient in Wahrheit doch nicht gesündigt haben kann und schließlich noch zu Gnaden angenommen wird. Entsprechend gelte es, kraft der Zweite-Person-Perspektive dem Melancholiker diese logischen Brüche zu vergegenwärtigen, die übertriebene Dämonenfurcht zu bändigen und in mentaler Selbstkontrolle die inneren Bilder zu disziplinieren.

---

338 Mercado 2010, S. 780.

339 Ebd., S. 771.

KAPITEL 5

Alethische Heterotopie. Wahrheit und Negativität bei Antonio López de Vega

Die von uns entwickelte Deutung des Dialogs als hybrides Format der Gesprächsmimesis, in dem fiktionale Verhandlung von historischem Wissen und dessen ausleuchtende Kommentierung mithilfe der Inszenierungsstrategie zusammengehen, ist hier zunächst an humanistischen Dialogen der Renaissance erprobt worden. Ein abschließender Ausblick soll nun ausloten, inwieweit die gewonnenen Kategorien und Ergebnisse im weiteren Verlauf der Gattungsgeschichte bis hinein in das 17. Jahrhundert modifiziert und transformiert werden. Ein naheliegender Referenztext sind dabei die noch zuwenig gelesenen *Paradoxas racionales* (1655) von Antonio López de Vega, der nach wie vor zu den „desconocidos" der barocken Dialogliteratur gehört.[1] Als Neffe des Erzbischofs von Otranto wurde der portugiesische Gelehrte wahrscheinlich 1586 in Lissabon geboren und gelangte im Zuge der Eingliederung Portugals in die spanische Herrschaft früh an den Hof Philipps IV. in Madrid. Dort trat er vielfach literarisch in Erscheinung, zunächst mit Kritiken zu Dichterkollegen, dann mit enkomiastischen Gelegenheitswerken im Umfeld von poetischen Wettbewerben und religiösen Feierlichkeiten, etwa anlässlich der Seligsprechung Theresas von Ávila im Jahr 1614; diese teils stark beachteten Werke wurden 1620 als *Lírica poesía* publiziert und erleichterten ihm den Zugang zu höfischen Kreisen und Akademien.[2] Obwohl López de Vega damit in das spanische Machtzentrum vordringen kann, bleibt ihm eine feste Stellung bei Hof zeitlebens verwehrt, allerdings erfährt er Unterstützung durch wechselnde Förderer und Mäzene. So wird er zunächst Sekretär und Bibliothekar des Condestable von Kastilien, Bernardino Fernández de Velasco, spätere Stellungen werden folgen, deren Wechselgang vom im Werk immer wieder kritisch beleuchteten Problem der Patronage zeugt.[3] Folgt

1 So der kritische Herausgeber Máximo Higuera im Klappentext (López de Vega 2005), ähnlich Robbins 2001, S. 137; in der einzigen größeren Studie zum spanischen Barockdialog wird López de Vega nur peripher erwähnt (Gómez 2015[a], S. 175). Wir verwenden im Folgenden die Ausgabe von Buceta (López de Vega 1935) und vergleichen sie mit der neueren von Higuera (López de Vega 2005), zur Erforschung des Werks vgl. neben den Einleitungen der kritischen Editionen insbesondere Acquier 2000; Núñez 2007; Albert 2018.

2 Vgl. zum Frühwerk Buceta 1935, S. XVI-XXIII, Acquier 2000, S. 89, Núñez 2007, S. 80-82.

3 Vgl. Acquier 2000, S. 90-92.

© BRILL FINK, 2022 | DOI:10.30965/9783846766835_006

man Marie-Laure Acquier, so liegt in dieser sozialen Instabilität überhaupt ein zentraler Impuls für die literarische Produktion, denn López de Vega „estuvo buscando durante toda su vida una consagración social que no llegó a alcanzar con ninguno de sus mecenas“[4]. In den langen Jahren als Höfling entsteht dann das Hauptwerk von López de Vega, jene drei großen Schriften, in denen literarische, moralphilosophische und epistemologische Diskurse in einen fiktiven Aussagerahmen verschoben und dort für Befragungen geöffnet werden. Dabei ist das bereits 1626 publizierte Werk *El perfeto señor, sueño político* noch eher konventionell als lehrreiches Handbuch in der Nachfolge Castigliones und Guazzos konzipiert, das ein ideales Hofleben zeigt und doch bereits erste kulturkritische Diagnosen der höfischen Gesellschaft erkennen lässt.[5] Zwei große Prosafiktionen werden folgen, nämlich der allegorische Lehrdialog *Heráclito i Demócrito de nuestro siglo* (1641), und der zu Lebzeiten unpublizierte Zyklus der *Paradoxas racionales*, dessen Entstehung gemeinhin kurz vor dem Tod des Schriftstellers um 1655 angesetzt wird.

Der sechsteilige Werkzyklus ist ein in vielfacher Hinsicht ungewöhnliches, beinahe exzentrisches Schreibprojekt, das zu Lebzeiten des Verfassers nicht publiziert werden konnte.[6] Nach einem ironischen und selbstbewussten Vorwort an die zukünftigen Zensoren folgen sechs Dialoge zwischen einem Höfling und dem Philosophen, wobei der erste ein narrativ vermitteltes Gespräch darstellt, während die übrigen fünf in direkter Figurenrede gehalten sind. Verhandelt werden dabei topische Fragen der frühmodernen Monarchie in Spanien, etwa das Verhältnis zwischen Geburtsadel und Meritokratie, der Ehrbegriff, Eitelkeit und Karrieredenken im äußeren Erscheinungsbild und in den höfischen Akademien. Insgesamt formuliert der Zyklus dabei eine kulturkritische Diagnose der historischen Gesellschaft auf dem Boden der neostoischen Philosophie, die zuvor bereits der mit López de Vega befreundete Francisco de Quevedo in mehreren Traktaten verkündet hatte, insbesondere in *La cuna y la sepultura para el conocimiento propio y desengaño de las cosas ajenas* (1634) sowie *Nombre, origen, intento, recomendación y descendencia de*

4 Vgl. ebd., S. 94. Womöglich findet dieses Außenseitertum eine Entsprechung in der Exilsituation, aber auch in der diskutierten jüdischen Herkunft López de Vegas, vgl. Núñez 2007, S. 79.

5 Vgl. Acquier 2000, S. 95-98.

6 Obwohl die nötigen Approbationen am 20. Dezember 1654 und am 21. Februar 1655 erteilt worden waren, wurde das Werk nicht in den Druck gegeben, so dass die kritische Ausgabe durch Erasmo Buceta (1935) die erste Veröffentlichung des Werks darstellt, zu den entsprechenden Hypothesen dazu vgl. Buceta 1935, S. XXIII-XXIV; Núñez 2007, S. 77-78; Albert 2018, S. 327-328. Gleichwohl zirkulierte der Text offenbar als Manuskript, wie entsprechende Zeugnisse bei Juan Pablo Forner und Gregorio Mayans belegen, vgl. Albert 2018, S. 334.

la doctrina estoica (1635).[7] Trotz des veränderten historischen Horizonts lassen sich sinnvolle genetische Linien in die Renaissance aufspannen, namentlich zwischen der ersten Dialogerzählung bei López de Vega, die den Untertitel *El solitario en la Corte* trägt, und Mexías *Coloquio del Porfiado*, der im rhetorisch virtuosen Eselslob seinen Höhepunkt fand. So hat Erasmo Buceta darauf hingewiesen, dass beide Texte das Genremuster des Dialogs mit dem der Paradoxenliteratur verknüpfen,[8] darüber hinaus sind sie aber auch strukturell als Metadialoge lesbar, die akademische bzw. höfische Formen des Argumentierens sowie den Glauben an die vorgestanzte *opinio communis* kritisieren. Im dialogischen Reflexionsraum werden daher zwar auch einzelne semantische Wissensaussagen fiktional verformt und verhandelt, etwa wenn anerkannte Meinungen durch den Philosophen als irrational diskreditiert werden, vor allem aber werden zeitgenössische Repräsentanten und Räume des Wissens zum Gegenstand der Kritik, Möglichkeitsbedingungen und Prozeduren der Sinngewinnung. In sehr verschiedenen kulturellen Situationen kreisen beide Dialoge so um die fiktive Wiederherstellung einer ethisch zentrierten Wissenspraxis: Wo Mexías stärker spielerisch und komisch angelegter Text einen a priori disqualifizierten, weil im Selbstmissverständnis der *mauvaise foi* lebenden Streitsüchtigen zeigt, der die ungeprüfte Übernahme antiker Modelle denunziert, hat die *persona* des neostoischen Gerardo bei López de Vega längst die Flucht aus dem höfischen Machtzentrum angetreten und widmet sich an der Peripherie dem zurückgezogenen Studium der Bücher. Der grundsätzliche Unterschied zwischen beiden dialogischen Wissensinszenierungen lässt sich indessen als Figur der Zuspitzung beschreiben, die die immanenten epistemologischen Transformationen andeutet. Danach entspringt Mexías wohl für eine *in-group* gedachte Satire einer sich abzeichnenden Krise des humanistischen Projekts um 1550,[9] die im Schutzraum komischer Distanz sagbar ist, López de Vegas skeptischer Kommentar hingegen dem Zerfall ethisch fundierter Rationalität im Milieu der höfischen Scheinwelt.

Deutlicher noch als bei Mexía rückt dann bei López de Vega das negative Bedeutungsmoment in den Vordergrund der poetischen Gesprächsmimesis. Bereits der Werktitel und der ironische *Prólogo a los censores* schreiben den Text ausdrücklich in die Tradition der Paradoxenliteratur ein, wobei sich mit diesem Begriff in der historischen Semantik sowohl die Verneinung der *opinio*

---

7 Eine ausführliche Darstellung der neostoischen Seneca-Rezeption im spanischen Barock überschreitet den Rahmen dieses Kapitels, sie ist geleistet worden in der nach wie vor gültigen Studie von Karl A. Blüher (1969).

8 Buceta 1935, S. XXVIII-XXIX, vgl. Acquier 2000, S. 98-102.

9 Vgl. Castro Díaz 2004, S. 79-80.

communis als auch der Widerspruch zum gesunden Menschenverstand verbinden konnte. Im Vorwort sieht López de Vega sich hier selbst in einer entsprechenden Filiation, denn „muy grandes varones, antes i después del gran Cicerón, han echado por paradoxas, sin quedar odiosos por singulares. Súfrase uno más, aunque no grande."[10] Insgesamt wird das Vorhaben im imaginären Dialog mit den Zensoren als barocke Krisenbewältigung angekündigt, nämlich als Abrechnung mit den Widersprüchen der absolutistischen Gesellschaft, deren gelehrte Akademien einzig von Streitsucht und Prahlerei geprägt seien und wo das falsche Wissen als anerkannte Meinung gelten darf.

> Engaños son muy generales y admitidos (con opinión de aciertos, los más) en todos los siglos; disimulados, a más no poder, de los sabios; aprobados de los políticos; y observados con general aprobación en todas las repúblicas. Incapaces siempre de corrección, pero no por eso tan abominables por muy comunes, como ridículos a los pocos que saben examinar la razón o sinrazón de las introducciones de los hombres. Al oído he deseado siempre decir a muchos lo que agora digo en público a todos.[11]

Mit dieser offenen Aussprache „sin alteraciones ni porfías"[12], die sich der Verfasser allerdings erst nach seinem Rückzug vom Hof leisten will, verbindet sich ebenso ein Gefühl der Erleichterung wie die Kritik an konkreten Personen. Daneben werden indessen auch strategische und publizistische Gründe für die Titelwahl eingebracht, mit der die „curiosidad de los lectores"[13] geweckt werden soll.[14]

Die ungewöhnliche Überschrift bezeichnet dann nicht nur eine bestimmte Gattungstradition, sondern auch eine Figur der historischen Rhetorik, die den Verlauf der Gespräche prägt und dabei an die *persona* des neostoischen Weisen Gerardo gebunden bleibt, dessen gelehrte Existenz an der abgelegenen Peripherie Madrids dem müßigen Höfling Rätsel aufgibt. Das Paradoxe bezieht sich dabei weniger auf echte epistemische Aporien, sondern eher auf einen fremdartigen Lebensentwurf und dessen zunächst unbekannte Gründe, die jedoch im folgenden Gespräch genau erläutert werden.[15] Die Faszinationskraft

---

10 López de Vega 1935, S. 7, zur Paradoxenliteratur in Spanien vgl. kurz Buceta 1935, S. XXV-XXVI; ausführlicher Sánchez García 2001.

11 López de Vega 1935, S. 6.

12 Ebd., S. 5.

13 Ebd., S. 7.

14 Vgl. zum Prolog insgesamt Albert 2018, S. 330-336.

15 In diesem Sinne wird auch hier dem Paradoxen „eine erkenntniskritische und erkenntnisfördernde Funktion zugeschrieben" (Neumeyer 2003, Sp. 516, vgl. ebd., Sp. 516-524). Vgl. weiter Albert 2018, S. 334-335.

des Irrationalen, das hervorgerufene Nichtverstehen und dessen Auflösung samt Überführung in ein sekundäres besseres Verstehen bestimmen so den Gang der ethischen Erziehung, ebenso wie die daran geknüpften poetischen Wirkungseffekte, denn:

> Tiene este proceso dialéctico mucho de espectáculo. El proceso artístico por el que al fin uno de los dos se dará por vencido está repleto de argumentos sutiles, atajos imprevistos, caminos cortados, trampas y vueltas, que mantienen la tensión atenta de un lector que lo ha de disfrutar descubriéndolos.[16]

Ähnlich wie bei Mexía bezieht der Dialog demnach aus einem lebendigen Portrait des exzentrischen Sonderlings und der entsprechend ungewöhnlichen Kontroverse sein ästhetisches Potenzial, auch bei López de Vega ist das Negative produktiv und generiert neue Einsichten. Völlig verändert ist freilich der kulturelle Horizont der paradoxal bezogenen Argumentation, die das neostoische Modell auf skeptische Dimensionen öffnet; beide Paradigmen fügen sich in einem zusammengesetzten Komplex ineinander. So verbindet sich im Dialog die entsprechende intertextuelle Bezugnahme auf Seneca mit Merkmalen einer ‚strukturellen Skepsis' im Sinne Olejniczak Lobsiens, die sich an die neostoische Matrix anlagern. Hier bestätigt sich die bereits erwähnte Beobachtung der Anglistin, dass die skeptische Philosophie als Geste zögernder Relativierung selbst keine starke inhaltliche Substanz besitzt, dafür aber bestehende frühneuzeitliche Diskurse kontaminiert und hybridisiert,[17] hier im Falle der säkularen Moralphilosophie des spanischen Barock im Zeichen von *prudencia* und *desengaño*. In der poetischen Inszenierung der *Paradoxas racionales* äußert sich diese Komplexion wohl insbesondere in der bewussten Hofflucht als kritischer Abstandnahme, für die sich der neostoische Weise Gerardo entschieden hat, in der gelassenen Meta-Perspektive also desjenigen, der als „Weltzuschauer" vom Rand auf das höfische Zentrum und die diskursiven Machtkämpfe blicken kann, ohne sich darin verstricken zu müssen.[18] Auch der dort noch eingebundene Erzähler, der von seinem Besuch bei Gerardo berichtet, wird im Zuge der ethischen Unterweisung nach und nach in jene Haltung hinübergezogen, die die Deliberation aus sicherem Abstand bei kritischer Enthaltung erlaubt. Beiden ermöglicht die skeptisch-stoische Haltung eine gelassene Seelenruhe im Sinne der Ataraxie, diese „fällt dem Skeptiker als Korrelat seines Innehaltens gleichsam zu"[19]. Anders gesagt,

---

16 Higuera 2005, S. 12, vgl. ebd.

17 Vgl. Olejniczak Lobsien 1999, S. 10, vgl. Kapitel 2.3.5.

18 Vgl. ebd., S. 9-48, Zitat (nach Blumenberg) S. 23.

19 Ebd., S. 23, vgl. ebd., S. 34-35.

das skeptische Denken führt gleichsam natürlich in die Haltung der stoischen Philosophie, wie Jeremy Robbins bemerkt: „Scepticism is viewed positively as the most direct means of achieving the desired neo-Stoic goal."[20] Obgleich Gerardo gelegentlich auch explizit erkenntniskritische Aussagen in den Mund gelegt werden,[21] ist seine stoische Skepsis allerdings kein totaler Zweifel, sondern eher konstruktives Mittel moralistischer Kritik: Nicht das Wissen (oder das Wissenkönnen) selbst steht hier unter Verdacht, schließlich widmet sich Gerardo ja den philosophischen Schriften und pflegt den Umgang mit ausgewählten Zeitgenossen, wohl aber werden die schlechten Repräsentanten des Wissens angegriffen, die dessen eigentlichen Wert verkennen und veruntreuen.

Die produktive Komplexion einer neostoischen Skepsis, die die *Paradoxas racionales* entwickeln, findet sich auch schon im bereits erwähnten älteren Dialogzyklus von López de Vega wieder, dem 1641 veröffentlichten *Heráclito y Demócrito de nuestro siglo*, der erkenntniskritisches Denken noch deutlicher propagiert.[22] In den fiktiven Gesprächen gibt sich die *persona* des Demócrito offen als Anhänger der ‚pyrrhonischen Sekte' zu erkennen, wenngleich in den Ausführungen der negative Dogmatismus der karneadischen Akademie und die zögernde Epoché der Pyrrhonisten inhaltlich durcheinandergehen – womöglich ein Hinweis auf die diffuse und indirekte Rezeption der skeptischen Lehre, von der Muratta Bunsen ausgegangen war.[23] Im Zentrum der Kritik steht auch hier die kritische Revision der antiken Autoritäten und der *opinio communis*, daneben der Relativitätstropus als universales Instrument der Zurückweisung gültiger Wahrheitsaussagen. Mit diesen Verfahren können die innerweltlichen Diskurse der Naturphilosophie, der Historiographie und der Politik abgeschritten, ihre Ergebnisse als bloß vermeintliche und eitle Erkenntnis diskreditiert werden. An die Stelle der trügerischen Evidenzen tritt hingegen die Kategorie des Wahrscheinlichen, die als einzig mögliche Sinngewinnung in jenen Disziplinen gesehen wird, die nicht theologisch oder mathematisch fundiert sind; allein hier wird gesichertes Wissen für möglich gehalten.[24] Ähnlich wie auch in den späteren *Paradoxas racionales* entsteht so das Bild des neostoischen Weisen, der sich mit den begrenzten epistemischen Möglichkeiten zufrieden gibt und einen pragmatischen Weg nüchterner Zurückhaltung findet, der der Selbsterhaltung dient und in eine säkulare Moralphilosophie

20 Robbins 2001, S. 143.

21 So formuliert Gerardo, „he llegado a conocer cuán poco se sabe y que donde más se aprende, se aprende poco más que a disputar, quedando siempre la verdad en duda" (López de Vega 2005, S. 54, vgl. Ocasar 2015, S. 351-355).

22 Vgl. Robbins 2001, S. 137-151.

23 Vgl. ebd., S. 138, vgl. Kapitel 2.3.5.

24 Vgl. Robbins 2001, S. 139-148.

im Zeichen barocker Krisenerfahrung ausläuft. Distanzierende Epoché und Nichtbeteiligung an Debatten sind die angemessene Reaktion auf eine unsichere und moralisch korrumpierte Lebenswirklichkeit. In López de Vegas Dialogzyklen zeugen damit beide *personae*, Demócrito und Gerardo, von jener punktuellen Überlagerung aus Gesprächsmimesis und skeptischer Lehre, die die Dialogliteratur des 17. Jahrhunderts allerdings eher gelegentlich kennt, wie Jesús Gómez in seiner ausführlichen Studie betont.[25]

Aus historischer Perspektive werden gemeinhin zwei Perspektiven an López de Vegas spätes Meisterwerk herangetragen. Dominierend ist dabei im Sinne Acquiers zunächst die politische Lesart, die den Zyklus als fiktionalen Kommentar zur höfischen Barockgesellschaft begreift, welche als ambivalenter Bezugspunkt einerseits scharf kritisiert, andererseits aber nicht grundsätzlich verworfen werde, wobei in dieser nie ganz gelösten Abhängigkeit ein latent biographisches Moment zu sehen sei. Im komplexen Aussagefeld der verschiedenen Kontrollinstanzen entstehe dann eine im Maskenspiel des Dialogs chiffrierte kritisch-didaktische Positionierung, deren teils kühne Angriffe aber noch durch das klassisch-autoritative Genremuster der lateinischen *Paradoxa* abgesichert seien.[26] Erweitert wird diese politische Lektüre dann bei Núñez, der die Sammlung als frühes Dokument einer modernen Auffassung von Privatsphäre deutet. Das Exil des gelehrten ehemaligen Höflings zeige einen unabhängigen Ort der eigenen Meinungsbildung, der scharf zu den höfischen Akademien mit ihren teils suspekten, teils naiv autoritätsgläubigen *opiniones* kontrastiere. Solche frühmoderne „individualidad privada“[27] als Ausdruck bislang ungekannter Subjektivitätspraxis bleibe zugleich im Kontext einer säkularen Ethik neostoischer Prägung, die sich kirchlichen Ideologien mit ihren normierten Moralvorgaben konsequent entziehe, ohne sie ausdrücklich anzugreifen.[28] Im Folgenden möchten wir diese kulturhistorische Deutung um eine epistemologische Tiefendimension ergänzen und die exklusive Privatsphäre des Philosophen als kompensatorischen Gegenort zum Hofleben aufzeigen, der sowohl der ethischen Wahrrede als auch der konsensualen Wahrheitsfindung dient. Hierauf deuten insbesondere die dichten alethischen Isotopien und Themenfelder hin, die den gesamten Langdialog auffällig durchziehen und mindestens zwei Aspekte der Wahrheitspragmatik aufrufen.

---

25 Vgl. Gómez 2015[a], S. 164, eine systematische Koppelung von Dialog und Skepsis lässt sich nach Gómez im barocken Textkorpus nicht beobachten, vielmehr lagert sich die skeptische Struktur fallweise an einzelne Diskurssegmente bzw. deren dialogische Inszenierung an.

26 Vgl. Acquier 2000, S. 105-106.

27 Núñez 2007, S. 118.

28 Vgl. ebd., S. 78-79, 117-119.

Zum einen wird die Wahrhaftigkeit als ethisches Attribut des Gerardo in der Exposition verdichtet; sie qualifiziert ihn für die aus der antiken *parrhesia* hergeleitete Wahrrede und lässt seine Kritik am historischen Wissenssystem der Hofakademien als authentischen Metakommentar erscheinen. Zum anderen wird im Gespräch die in der aristotelischen Topik verwurzelte Konsenstheorie der Wahrheit ambivalent inszeniert; bald scheitert sie in den Akademien am eitlen Stolz der sophistischen Höflingsreden, bald gelingt sie im neostoischen Gartendialog zwischen Gerardo und seinem Besucher. Beide alethisch beziehbaren Aspekte verbinden sich raumpoetisch in der Heterotopie, der Enklave des Gartens, in der die neostoische Ethik als anderes und besseres Wissen entlang an paradoxen Figuren des Nichtverstehens aufgefaltet und überindividuell annehmbar gemacht wird. Zuletzt entsteht so ein alternativer Produktionsort des Wissens, dessen ethisch fundierte *sapientia* der *consolatio* dienen kann.

Wahrhaftigkeit – alethisches Programm und Parrhesie

Zu Beginn des fiktiven Gesprächs der *Paradoxa primera* steht bei López de Vega nun eine Ausprägung alethischer Pragmatik, die sich in der dialogischen Rede besonders überzeugend inszenieren lässt, nämlich die ‚Wahrhaftigkeit' als ethische Qualität und Überzeugungsinstrument, deren aufrichtiger Ernst den Wortgefechten der höfischen Akademien entgegensteht.[29] Anders als die Sach- oder Satzwahrheit bezieht sie ihr Potential weniger aus der formalen Entsprechung von Assertion und außersprachlicher Wirklichkeit, sondern vielmehr aus der Seinswahrheit der Persönlichkeit selbst, des stoischen Weisen Gerardo, dessen Redeakte in der programmatischen *Paradoxa primera* weitgehend dominieren und so eine ausführliche Selbstcharakterisierung des Sprechers erlauben. Folgt man den Überlegungen von Dirk Westerkamp zum alethischen Pragmatismus, so stehen bei einem solchen Wahrheitsverständnis insbesondere drei gesprächsrelevante Aspekte im Blick. Zum einen erfordert Wahrhaftigkeit eine offenkundige Kohärenz zwischen den Aussagen und der Lebenspraxis des Sprechers, sie kann sich nur dann einstellen, „wenn

29 Im Sinne des alethischen Pragmatismus bezieht sich Wahrheit damit nicht allein auf eine diskursive Aussagestruktur von reinen Sätzen oder Propositionen, sondern ergänzend auch auf eine Handlungsdimension, die die ausgesagte Wahrheit im performativen Akt verlängert. Jenseits einer einfachen Entsprechung von wahrer Aussage und dazu passendem Handeln richtet sich der Blick dabei gemäß Westerkamp auf spezifische Modalitäten des ‚Bewährens' der als wahr gesetzten Überzeugungen, auf das „wahrmachende Komplement zu ihren Behauptungen" (Westerkamp 2014, S. 232). Zu solchen Figuren des ‚Wahrmachens' darf dann, wie im Folgenden zu entwickeln ist, auch die in unserem Dialog relevante ‚Wahrhaftigkeit' als ethische wie alethische Qualität des Sprechers selbst gelten, vgl. zum Gesamtzusammenhang die Subkapitel *Evidenz und Geltung* sowie *Bewährte Überzeugungen*, ebd., S. 231-319.

assertorische Aussagen tatsächlich der hinter ihnen stehenden Überzeugung einer Person entsprechen“[30] und so das Bild eines geschlossenen Charakters zeichnen. Zum anderen kann die Validierung solcher Wahrhaftigkeit nur durch die Außensicht einer zweiten Person erfolgen, sie ist „kein diskursiv einlösbarer Geltungsanspruch, sondern eine Glaubensgewissheit, die nur durch unmittelbare Interaktion mit der diesen Geltungsanspruch erhebenden Person *erfahren* wird“[31]. Wahrhaftigkeit entstünde demnach in einem fortwährenden Erlebnisgeschehen der Kohärenzprüfung durch den skeptischen Zuhörer, der allfällige Zweifel, Widersprüche und Täuschungen ausschließen muss.[32] Zuletzt können die Argumente des wahrhaftigen Sprechers dann deshalb in der Performanz überzeugen, weil dieser selbst beispielhaft für seine Wahrheiten einstehen kann, die im Ergebnis den bisherigen Konsensbestand der Dialoggemeinschaft gegebenenfalls erweitern; ein für gelingende Kommunikation unabdingbarer „Minimalbestand gemeinsamer Überzeugungen“[33] kann so vom ethisch zuverlässigen Sprecher erweitert und durch neue geteilte Überzeugungen erweitert werden, die in einer symbolischen Ergebnisperformanz des „*Wir* taten es‘“ aufgehen.[34]

Ein wirkungsmächtiges historisches Bezugsmodell finden die systematischen Kriterien des alethischen Pragmatismus in der ethisch-rhetorischen Grenzfigur der Parrhesie, deren Entwicklung in spätantiken Diskussionen Michel Foucault eingehender gewürdigt hat.[35] Als ‚Wahrrede‘ oder „freimütige [...] Rede“[36] des Lehrers ermöglicht sie eine Übermittlung (*paradosis*) von Wahrheit, bei der eher ethische als technische Aspekte entscheidend sind und die in letzter Konsequenz auf die pädagogische Herstellung souveräner Haltung beim Schüler abzielt:

> Der Terminus *parrhesia* bezieht sich, wie mir scheint, sowohl auf die sittliche Qualität, die sittliche Haltung, auf das *ethos*, wenn Sie so wollen, als auch auf das technische Verfahren, die *techne*, die beide notwendig und unabdingbar sind, damit die wahre Rede demjenigen mitgeteilt werden kann, der ihrer bedarf, um

30 Ebd., S. 279.

31 Ebd.

32 Vgl. ebd., S. 279-280.

33 Ebd., S. 281.

34 Vgl. ebd., S. 280-282, Zitat S. 282.

35 Mit der Einordnung der *parrhesia* als historischer Ausprägung alethisch-pragmatischer Wahrhaftigkeit folge ich der Andeutung bei Westerkamp (ebd., S. 280); vgl. zum Gesamtzusammenhang hier Foucault 2004, S. 433-481.

36 Ebd., S. 455.

sich selbst als sich selbst gegenüber souveränes Subjekt und als zu sich selbst über sich selbst wahr sprechendes Subjekt zu konstituieren.[37]

In den bei Foucault einbezogenen Quellentexten wird die Parrhesie zunächst vor allem negativ definiert, nämlich über die Hindernisse, die sich der Wahrrede entgegenstellen. Diese finden sich einerseits in der vieldiskutierten Schmeichelei als kluger Verstellung des Untergebenen, der den Herrscher mit falschen Lobreden günstig stimmen will und so daran hindert, ein realistisches Selbstbild zu gewinnen.[38] Hinzu tritt andererseits die Rhetorik selbst, die als strategische Kunst der Überredung notwendig prekär für die Parrhesie bleibt, kann sie doch gleichsam indifferent je nachdem von der Wahrheit oder von der Lüge überzeugen.[39] Rhetorische Enthaltsamkeit im Sinne der *claritas* ist daher der geeignete Weg der Wahrrede, denn „die *parrhesia* ist sozusagen die nackte Übermittlung der Wahrheit selbst."[40]

Das Interesse der Parrhesie richtet sich folglich weniger auf die strategisch-kunstvolle Ausschmückung der Rede durch den verdächtigen *ornatus*, sondern vielmehr auf die diskursethische Haltung des Sprechers, seine Wahrhaftigkeit, und die Beschaffenheit der Kommunikationssituation, in der wahre Rede allererst möglich werden kann. Sie ist in diesem Sinne anders als die Rhetorik gerade keine „Kunst mit geregelten Verfahren"[41], sondern speist sich aus der ethischen Eigenschaft des Sprechers selbst, der allerdings der Wahrrede förderliche „Regeln des umsichtigen und kunstfertigen Vorgehens"[42] anwenden kann, die unter anderem die Wahl des günstigen Augenblicks (*kairos*) für die Übermittlung der Wahrheit im Augenblick der Aufnahmebereitschaft betreffen.[43] Im Blick steht folgerichtig auch eine der klassischen Rhetorik fernstehende Gesprächssituation, gilt es doch nicht mehr, ein kollektives Publikum in

37 Ebd., S. 454.

38 Die Darstellung bei Foucault stützt sich auf einschlägige Diskussionen bei Philodemos, Plutarch und namentlich bei Seneca, dessen *Naturwissenschaftliche Untersuchungen* zum einen Schmeichelei und Zorn als zusammengehörige Laster darstellen, die Herrscher und Untergebenen in einer asymmetrischen Machthierarchie verbinden, zum anderen aber die Lebenspraxis von „*otium* und *litterae*" (ebd., S. 460) als Antidot der Schmeichelei aufzeigen, das die Selbstreflexion ermöglicht und so eine angemessene Selbstsorge fördert: „Sofern das arbeitsame *otium* eine Kunst des Umgangs mit sich selbst (*art de soi-même*) ist, die darauf abzielt, das Individuum zu sich selbst in ein angemessenes und selbstgenügsames Verhältnis zu setzen, verhindert es, daß das Individuum sein eigenes Ich, seine eigene Subjektivität von einem wahnhaften […] Dünkel leiten läßt." (ebd., S. 460-461)

39 Vgl. ebd., S. 465-466.

40 Ebd., S. 467.

41 Ebd.

42 Ebd., S. 468.

43 Vgl. ebd., S. 474.

Gerichts- oder Volksreden zu überzeugen, sondern im pädagogischen Einzelgespräch Wahrheiten zu übermitteln, die wiederum den Schüler oder die Schülergruppe zu souveränem Handeln und zur wahren Selbsterforschung befähigen sollen; ein Verhältnis, das Foucault zuletzt als „psychagogisch“[44] bezeichnet.[45]

Unter den bei Foucault berücksichtigen Philosophen, die sich zur *parrhesia* geäußert haben, scheint mit Rücksicht auf den neostoischen Diskursrahmen bei López de Vega nun gewiss Seneca die zentrale Bezugsfigur zu sein, in dessen Briefwechsel mit Lucilius die freimütige Wahrrede als Idealbild der sittlichen Kommunikation beschrieben wird. Zu den Voraussetzungen der Parrhesie zählen nun auch bei Seneca bereits erwähnte Merkmale, namentlich die unauflösbare Kohärenz zwischen den als wahr behaupteten Assertionen und dem Lebenswandel des Meisters, der die propositionalen Inhalte gleichsam als lebendiges *exemplum* verkörpert und bekräftigt: „Die *parrhesia*, die Wahrheit des Gesagten, muß durch das Verhalten und die tatsächliche Lebensführung des Sprechenden besiegelt werden.“[46] Besondere Aufmerksamkeit wird dann noch einmal der Kommunikationssituation selbst zuteil. Gesucht wird im Zeichen der Wahrhaftigkeit hierbei das „persönliche Gespräch unter vier Augen“[47], das von der freundschaftlichen Zuwendung des *magister* getragen wird und eine offene, annähernd symmetrische Relation anstrebt.[48] Die Übermittlung der Wahrheit als *paradosis* erfordert schließlich eine unpretiöse Sprechweise, eine *oratio simplex*, die als Schwundstufe der *techne* auf rhetorischen Ballast verzichtet und dennoch wohlgeordnet sein soll, so klar strukturiert immerhin, dass die einzelnen Wahrheiten wie „kleine Samenkörner“[49] in die Seele des Zuhörers eindringen können. Als Ziel einer solchen ‚psychagogischen‘ Diskursethik gilt in der Summe bei Seneca erneut die Befähigung zu freiem und souveränem Handeln, das vom Wissen um die aufgenommene Wahrheit getragen wird.[50]

Im sechsteiligen Zyklus der *Paraxoxas racionales* kommt nun dem ersten Gespräch in mehrfacher Hinsicht eine Sonderstellung zu. Einerseits werden hier wichtige Figuren und Themen der Sammlung eingeführt und konturiert, andererseits handelt es sich im Gegensatz zu den übrigen Dialogen um eine

44 Ebd., S. 497, vgl. ebd., S. 496-499.
45 Vgl. ebd., S. 467-472.
46 Ebd., S. 494.
47 Ebd., S. 491.
48 Vgl. ebd., S. 491-493.
49 Ebd., S. 489.
50 Vgl. ebd., S. 488-493.

Redemimesis „del género narrativo“[51], also um einen narrativ eingebetteten Dialog.[52] Als Sprecher fungiert hier ein extradiegetisch-homodiegetischer Erzähler, der in der Rückschau seine Begegnung mit einem fremden Gelehrten schildert, welcher am Rande der Stadt Madrid lebt und sich vom gesellschaftlichen Hofleben bewusst zurückgezogen hat. Auch wenn es sich somit formal um eine Erzählung handelt, dominiert doch in weiten Teilen der Modus wörtlich wiedergegebener Figurenrede, so dass nach den einleitenden narrativen Passagen beinahe ausschließlich die direkte Rede verwendet wird und den Eindruck eines quasi-dramatischen Gesprächs bewirkt, bei dem der Akt der Präsentation auf die jeweils in runde Klammern gesetzten Inquit-Formeln reduziert ist. Geschildert wird in der überschaubaren Fabel der *Paradoxa primera* ein zurückliegender Spaziergang des Erzählers, der im Stadtviertel von Santa Bárbara einem Freund begegnete und dessen Vorschlag folgte, die freie Mußestunde gemeinsam dem Besuch eines ihm bekannten Sonderlings zu widmen. Dieser habe sich als ehemaliger Höfling aus Verdruss über den kulturellen Tiefstand der Akademien am Hof zurückgezogen und führe nun, begünstigt durch eine reiche Erbschaft, eine Existenz als Privatgelehrter. Der Hauptteil des ersten Paradoxons wird im Folgenden die Begegnung und dann in wortwörtlicher Ausführlichkeit das Gespräch mit jenem Gerardo wiedergeben, den der zunächst rätselhafte Untertitel als *El solitario en la Corte* ankündigt.

Wahrhaftigkeit als ethisches Handlungskomplement und als Sprache der Parrhesie werden nun in der *Paradoxa primera* zu zentralen Motiven, die maßgeblich in das Portrait des vor der Welt im Verborgenen lebenden Gerardo eingehen, dem der Erzähler so unverhofft begegnet. Ganz im Sinne Westerkamps wird das Kriterium der Wahrhaftigkeit dabei nicht als statisch gesetztes Attribut aufgefasst, sondern als dynamisch sich entwickelndes Erfahrungs- und Vergewisserungsgeschehen des fiktiven Sprechers, das sich in den zunächst narrativen, dann stärker argumentativen Sequenzen der erzählten Erinnerung konkretisiert und dem ‚Wahrmachen‘ der geäußerten Überzeugungen dient. Vorbereitet durch die Schilderungen seines Freundes darf der Erzähler zunächst einen kauzigen Sonderling oder Einsiedler erwarten, der mehr durch bizarre „extravagancias“[53] als durch philosophische Einsichten Interesse weckt und gerade deshalb eine „buena tarde“[54] verspricht. Das

51 López de Vega 1935, S. 3.

52 Vgl. zur Gegenüberstellung von narrativem und dramatischem Dialog Vian Herrero 2010[a], S. XV-XVII.

53 López de Vega 1935, S. 11.

54 Ebd.

Treffen steht demnach zunächst im Zeichen einer auf Zerstreuung und Unterhaltung bedachten *curiositas*, wie der Sprecher bekennt: „¿A quién no picara la curiosidad de conocer hombre tan extravagante? Consentí en el arbitrio del nuevo entretenimiento."[55] Gleichwohl lassen die als halbe Warnung vorausgeschickten Hinweise des Freundes doch bereits einen dem ernsthaften *otium in litteris* gewidmeten Menschen erwarten, das sich mit der Weltflucht verbindet und auf eine gelehrte Existenz vorausweist („recogido en sus libros"[56]). Eben dieser Eindruck findet sich nun auch beim ersten Zusammentreffen bestätigt, bei dem der Fremde im Garten „passando con un libro en la mano"[57] angetroffen wird. Diese plastische Verbindung von *otium* und *litterae*, die bereits bei Seneca als förderlicher Boden für aufrichtige Selbstreflexion und Wahrrede beschrieben wird, stellt auch hier den kommunikativen Rahmen für eine alethische Redekultur der Wahrheitssuchenden dar, in deren Kreis der Erzähler bei der Begrüßung symbolisch eintritt, wie der Freund andeutet:

> ¡O, qué hombre tan de nuestro modo le traygo a v. m. aquí, señor Gerardo! Estudioso, desengañado, apreciador de las verdades i menospreciador de las apariencias. No me parece que, aunque somos dos los que venimos, nos ha de hallar su retiro con algún resabio de la pluralidad que aborrece.[58]

Im Sinne Westerkamps wird mit diesen Worten gleichsam der vorauszusetzende „Minimalbestand gemeinsamer Überzeugungen"[59] abgesichert, der Gelehrtheit, Wahrheitsliebe und Verachtung der höfischen Scheinwelt zusammenschließt und damit ein Versprechen auf Wahrhaftigkeit andeutet, das gleichsam einen alethischen Gesprächspakt zwischen den drei Figuren impliziert. Der Ich-Erzähler lässt sich hierauf sogleich ein, denn „antes me precio tanto de atender más a lo sustancial que a lo ceremonioso"[60], er und der Einsiedler scheinen sich demnach als geistesverwandt zu erkennen, wie die Antwort des Gelehrten zeigt, die bereits eine dem Wahrmachen dienliche Kohärenz von Wort und Tat vorwegnimmt: „Si eso (me instó) se siente como se dize, v. m., sin más ver, es de los míos."[61]

Tatsächlich aber muss solche Wahrhaftigkeit erst im Gesprächsprozess sukzessive konsolidiert und insbesondere als Qualität des philosophierenden Gerardo bestätigt werden, wie die folgenden Passagen zeigen. In ihnen wird

55 Ebd., S. 12.
56 Ebd., S. 10.
57 Ebd., S. 12.
58 Ebd.
59 Westerkamp 2014, S. 281.
60 López de Vega 1935, S. 12-13.
61 Ebd., S. 13.

das titelgebende Zentralparadox des ersten Gesprächs diskutiert, nämlich die hofkritische Weltflucht im Machtbereich des Hofs, für die die vom *solitario en la Corte* gewählte exterritoriale Enklave offenbar einsteht. Die Erörterung dieser „paradoxa muy desacomodada“[62] wird jedoch noch um ein Geringes aufgeschoben („remitía el examen de su modo de sentir“[63]), um zuvor die besondere Kommunikationssituation des Gesprächs näher zu konkretisieren, deren Beschaffenheit mehrere der im Sinne Foucaults parrhesieförderlichen Voraussetzungen aufweist. Günstig für die *paradosis* folgender Wahrheiten ist hier bereits der Ort selbst als quasi-ländliches Gegenstück zum Hofleben, handelt es sich doch um einen weitläufigen Garten („jardín [...] espacioso“[64]), dessen wohlgeordnete Anlage auf einfache Klarheit setzt („con proporcionada distribución de quadros i frutales“[65]); erkennbar sorgfältige Pflege und abwechslungsreiche Vielfalt lassen zudem die Praxis des *otium* erkennen, dem sich Gerardo als Gärtner hingibt. Der *locus amoenus* wird so zum chorographischen Sinnbild kultivierter Geistesbeschäftigung, zum Ort, von dem aus die Wahrheit gesehen werden kann, zu deren Betrachtung sich die drei Figuren bald im peripatetischen Spaziergang („demos, si quieren, una buelta por el jardín“[66]), bald in der Gartenlaube zusammenfinden.[67] Noch schwerer als die symbolreiche Lokaldeixis wiegt der Gesprächsbeginn selbst, in dem sich Hinweise auf jene symmetrisch-gleichberechtigte, aber auch freundschaftliche und ‚psychagogische‘ Diskursethik finden, die das Geben und Nehmen der freimütigen Rede bedingt und hier die Glaubwürdigkeit des vermeintlich paradox handelnden Gerardo ermöglichen soll. Dazu gehört in erster Linie der ausdrückliche Verzicht auf konventionelle Höflichkeitsrituale und auf die dem *cortesano* eigene Kultur rhetorischer Dissimulation; frei von solchen förmlichen Zwängen möge der Erzähler seine skeptischen Fragen unbefangen an Gerardo stellen, der im Gegenzug seinerseits die Wesensart seines Gegenübers zu ergründen sucht. Dies zumindest formuliert der erste längere Sprechakt des Gelehrten gleichsam als alethische Konversationsmaxime, die das unbequeme höfische Zeremoniell suspendiert, um stattdessen zum freimütigen Austausch der Parrhesie unter gleichberechtigten Zeitgenossen einzuladen.

62 Ebd.
63 Ebd.
64 Ebd.
65 Ebd.
66 Ebd.
67 Vgl. ebd., S. 12-13.

> Yo le quiero hazer gracia del coste de las diligencias, que en tiempo de calor no son a propósito los reboços. Si le parece la deliberación de mi vida muy estraña, manifieste primero en qué lo funda, i luego vaya inquiriendo quan individualmente quisiere la razón de todo lo que le hiziere duda o le pareciere paradoxa muy desacomodada, que yo también de sus objecciones y reparos sabré sacar la entera noticia de lo que hasta aora no puedo tener en v. m. más que una leve conjetura. I sabremos assí ambos la estimación i recato que de aquí adelante deve hazer cada uno del otro.[68]

Auf den Sprecher wirkt dieser alethische Gesprächsauftakt befreiend („quitarme con tanta urbanidad el empacho de las diligencias"[69]), ermöglicht er doch namentlich das Geständnis der drängenden Frage nach dem zentralen Paradoxon, das der ungewöhnlichen Lebensentscheidung des Gerardo innezuwohnen und ihn als wahrhaftige Person zu disqualifizieren scheint, denn: „¿cómo, pregunto, haviéndole dado la suficiencia de su patrimonio facultad para elegir i edificar lexos de la corte la vivienda, se ha resuelto a quedarse tan cerca o tan dentro de las ocasiones de lo que huye?"[70] In der schon bei Seneca empfohlenen *oratio simplex* mit ihrer einfachen Satzordnung erläutert nun Gerardo geduldig seine Gründe, „respondiendo por capítulos a sus instancias"[71], wobei die Redekapitel ganz im Zeichen einer grundsätzlichen Kritik an der höfischen Gesellschaftskonversation stehen. Für die genaue Wahl des merkwürdig hofnahen Refugiums werden hingegen vor allem praktische Gründe angeführt, die bald auf die verschlagenen und ungebildeten Dorfbewohner verweisen (und so den Topos der *alabanza de la aldea* provokant unterlaufen), bald auf die mangelnde medizinische Versorgung fernab der Hauptstadt.[72]

Die Prüfung der Kohärenz zwischen Aussage und Lebensführung,[73] die Westerkamp und Foucault als Kernprozess der alethischen Vergewisserung beschrieben haben, endet so mit einer ersten Beseitigung der Zweifel und bestätigt die Wahrhaftigkeit Gerardos, die im Gesprächsverlauf performativ „durch unmittelbare Interaktion"[74] bekräftigt wurde. Die inhärente Kritik am Hofleben entspricht einer bewussten Hofflucht, die durch die paradox anmutende Wahl des Exilorts am Rande von Madrid nur scheinbar unterlaufen

---

68 Ebd., S. 13-14.

69 Ebd., S. 14.

70 Ebd.

71 Ebd.

72 Vgl. ebd., S. 14-15.

73 Eine solche gedankliche Prüfung unterstellt Gerardo dem Erzähler immerhin ausdrücklich, dieser „andará buscando con la imaginación cómo examinar también, *tanquam aliud agens*, las razones de mi voluntaria soledad en medio de una corte" (ebd., S. 13).

74 Westerkamp 2014, S. 279.

wird, da diese Entscheidung allein praktischen Gründen geschuldet ist. Die zunächst unverständliche Lage der exterritorialen Enklave wird damit evident, und es entsteht der Gesamteindruck einer gelehrten Persönlichkeit, die ihre Überzeugungen konsequent als Lebensentwurf umsetzt und dabei allein der Vernunft gehorcht, nicht aber den denunzierten Höflichkeitsspielen im Machtzentrum („governarme por el dictamen de la razón"[75]). Aus Sicht der zweiten Person des Erzählers wird demnach die ‚wahrhaftige' Übereinstimmung zwischen Reden und Handeln erfahrbar, die Gerardo von Anfang an als „clarito como el agua d'essa fuente"[76] bezeichnet hatte und die die dialogische Rede als Überzeugungsgeschehen erinnert, welche in eine explizite Anerkenntnis des fiktiven Sprechers einmündet:

> El de v. m. (le dixe) me ha parecido hasta aquí más puesto en razón de lo que yo pensava. I es porque le imaginé un solitario más allá de lo heremita, un capital enemigo, quiero dezir, de toda la vista i trato de la sociedad humana. I hallo aora que es un acomodado a su modo, si no en medio, a la vista por lo menos del siglo; i que deste género de soledad que elige ha echado mano por parecerle más conveniente para su comodidad.[77]

Eingebettet in die durch die Lokaldeixis und den Konversationspakt bestimmte alethische Rahmensituation ist somit die *paradosis* der in Gerardos Entscheidung sichtbaren Wahrheit möglich, derzufolge die höfische Kommunikation gerade kein Ort der Wahrheit sein kann und den erkenntnissuchenden Gelehrten abstoßen muss, eine Einsicht, die vom Erzähler umstandslos dem Konsensbestand hinzugefügt wird.[78] Gerardos Weltflucht ist *sui generis*, sie lässt sich weder als religiöses Einsiedlertum, noch als Misanthropie oder Melancholie auslegen, vielmehr bildet sie eine ökonomisch privilegierte Form des selbstbestimmten Lebens, wie der Erzähler abschließend resümiert.[79]

Defektive Prozeduren der Verifikation

Die Diskussion des zweiten Paradoxons, das die *persona* des rätselhaften Philosophen nun aufgibt, füllt den verbleibenden Anteil des dialogischen Lehrgesprächs. Das hermeneutische Beirrungsmoment kreist um Figuren des ‚Irrtums', der zu ‚Verwunderung' führt, und es betrifft diesmal das Kerngeschäft des Gelehrten selbst, nämlich den lebendigen Austausch im Gespräch: Wie

75 López de Vega 1935, S. 15.
76 Ebd., S. 13.
77 Ebd., S. 16.
78 Vgl. ebd.
79 Vgl. ebd, vgl. zu diesen teils pathologisierenden Hypothesen dann ebd., S. 16, 20, 29.

passen folglich, so der Zweifel des fiktiven Erzählers, das selbstgewählte Exil Gerardos und das natürliche Bedürfnis des *docto* nach intellektuellem Austausch und vertiefter Bildung zusammen, die doch nur am Hof zu haben sind?

> I aquí, a mi ver, puede estar el yerro. I assí me ha de dar licencia para que inquiera la razón de cosa que a todos se nos haze tan estraña. [...] Pero la comunicación de los hombres entendidos, que no sólo de toda Hespaña, más también de todas las provincias y naciones estranjeras, acuden en tanto número a Madrid, i muchos d'ellos a vivir de assiento, ¿cómo puede dexar de apetecerla el más desengañado i más circunspecto sabio?[80]

Die ungewöhnlich weit ausgreifende und verzweigte Begründungsrede Gerardos entfaltet im Folgenden eine detailreiche und teils topisch geprägte Kritik der zahlreichen urbanen Zusammenkünfte und höfischen Akademien,[81] die das geistige Leben von Madrid als unbestrittenem Zentrum der Kultur und der Wissenschaft bestimmen und Gelehrte von weither anziehen, wie auch Gerardo selbst bekennt, der die Hauptstadt als „océano de la urbanidad i del saber"[82] ausweist. Aus historischer Perspektive bleibt im hier vorliegenden Text freilich oft eher unscharf, welche konkreten Bezugsmodelle der Begegnung im gelehrten *otium* von der fiktional geäußerten Kritik betroffen sind; sie werden von Gerardo ebenso umstandslos wie selbstverständlich bald als „estos concursos i comunicaciones de la corte", „estas juntas i academias cotidianas de Madrid", bald als „ordinarios concursos, juntas, academias i congregaciones cortesanas" oder „concursos i conversaciones de Madrid" bezeichnet.[83] Wie die Einlassung des Philosophen und unsere folgenden Erläuterungen aufzeigen, können hierunter sehr heterogene Foren verstanden werden, etwa fallweise literarische Akademien im engeren Sinne des *certamen*, also formalisierte Dichterwettbewerbe zu einem gegebenen Thema, manchmal auch Alltagskommunikation unter Höflingen, überwiegend aber gelehrte Debatten unter Beteiligung von *gramáticos* und *humanistas* mit potenziell wissenschaftlichem Anspruch. Die häufigen Hinweise auf den ungeordneten, ungeplanten und

---

80 Ebd., S. 16.

81 Mit diesem thematischen Ansatz ergänzt López de Vega zunächst offenbar die lange Tradition der Hofkritik, die sich seit Antonio de Guevaras *Menosprecio de corte y alabanza de aldea* (1539) etabliert und auch in das Gattungsmodell des Dialogs Eingang gefunden hatte, vgl. Strosetzki 1987, S. 43-47. Gleichwohl steht bei López de Vega weniger ein praktisches Interesse des Ratgebers im Vordergrund, vielmehr dominiert aus der Perspektive des Hofflüchtlings ein erasmisch geschultes Sittenportrait mit ironisch-resignativen Zügen, vgl. erneut Núñez 2007, S. 88-90.

82 López de Vega 1935, S. 18.

83 Vgl. ebd., S. 20, 26, 20, 29.

quodlibetalen Charakter dieser letzteren Dispute könnten eine Zuordnung zu den *academias misceláneas* im Sinne von Sánchez nahelegen, bei denen die Einheit der gegebenen Leitfrage im performativen Hin und Her der Argumente verloren geht,[84] so dass der Philosoph schließlich unbefriedigt zurückbleibt.[85]

Die philosophische Kritik der höfischen Akademien führt nun in der *Paradoxa primera* verschiedene argumentative Hauptstränge zusammen, die zunehmend den alethischen Themenfaden der Einleitung aufnehmen und zugleich neu akzentuieren. Denn die einzelnen Figuren und Elemente der Akademien, die hier im farbenreichen moralistischen Zeitbild denunziert werden, verbinden sich jeweils auch mit einem verneinten Attribut der Wahrheitssuche, so dass die Summe der verstreuten qualitativen Prädikate sich zu einer alethischen Isotopie *ex negativo* zusammenschließt, die den Ausfall von *verdad* und *ciencia* in der barocken Gesprächskultur beleuchtet und damit eine kulturkritische Diagnose von nicht unerheblicher Tragweite aufbaut. Unausgesprochen bleibt dabei der mögliche Einwand, weshalb Gerardo an sämtliche heterogenen Gesprächsformate der urbanen Hofkultur eben diesen Anspruch heranträgt, gleichwohl wird gerade dieses philosophische Moment immer wieder neu bekräftigt und semantisch verdichtet.

Ein erster Ansatz kategorisiert die Teilnehmer der Akademien nach ihrer Herkunft und gibt Anlass zu einer scharfen Kritik des spanischen Nationalcharakters, den Gerardo, der selbst nach Madrid zugereist ist, aus der Außensicht beurteilen kann („pues aunque de origen estrangero, ha assistido la mayor parte de su vida en Madrid“[86]). Aus dem Ausland selbst käme indessen freilich nur „raras vezes […] lo eminente“[87] in die Hauptstadt, da außerhalb Spaniens die *letras* gemeinhin höher im Kurs stünden und die weniger strenge Behandlung der Religionsfragen ein freieres Gespräch zulasse;[88] es seien daher eher „achacosos“[89], die sich in Madrid niederließen und bei Hofe nur oberflächlich eine kulturelle Verfeinerung erführen.[90] Die einheimischen Spanier selbst hingegen erschwerten durch ihren moralischen Defekt der *superbia* jeden philosophischen Disput, wofür als autoritative Sentenz ein Beleg von Scaliger angeführt wird:

84 Vgl. ebd., S. 24.

85 Zur Verbreitung der literarischen Akademien im *Siglo de Oro* vgl. Sánchez 1961, S. 158-166, zu Patronage und Mäzenatentum in diesem Umfeld ebd., S. 14-15, vgl. Ruiz Pérez 2003, S. 44-45.

86 López de Vega 1935, S. 18.

87 Ebd.

88 Vgl. ebd.

89 Ebd., S. 19.

90 Vgl. ebd.

> Vaya, señor: i digo que el *fastus Tartareus supercilium cerbereum*, que el juizio de Julio César Scalígero atribuye, entre otros defetos, a la nación hespañola, sobresale i se manifiesta tanto en esta parte del entendimiento i del saber, que de suyo suele desvanecer a los demás hombres, que es por esto el más selecto concurso de los eruditos, no academia i escuela, como en otras partes, sino un terrible campo de batalla, una perpetua herrería de estruendo de voces i controversias.[91]

Vermeintlich forschende Gespräche geraten so aufgrund des eitlen Charakters der Spanier zur substanzlosen Selbstdarstellung, zum rhetorischen Schaulaufen der Höflinge, die eine mittelmäßige Bildung durch arrogantes Auftreten kompensieren und denen am kollektiven Disput oder dem Auffinden teilbarer Überzeugungen überhaupt nicht gelegen ist. In diesem Milieu scheitert notwendig jeder philosophische Anspruch auf Wahrheitsfindung, der hier noch einmal ausdrücklich geäußert wird, denn unter den Spaniern „raros son los que tratan de investigar la verdad. De ostentar ingenio o erudición, todos."[92]

Ein zweiter Ansatzpunkt betrifft die heterogene Zusammensetzung der Akademien, deren Teilnehmer über sehr verschiedene Vorbildung verfügten, denn:

> Suelen componerse estas juntas de diversas jerarchías de entendidos, no todos cultivados con estudios, sino con una mezcla de zánganos i de abejas; de legos, que llaman de buena razón, y de noticiosos, aunque mucho menos de los segundos que de los primeros. De los faltos de letras, los que en aquella buena disposición de ingenio más sobresalen son los más intolerables; i entre los doctos, donde el reconocimiento de lo que les falta deviera humillarlos, se ponen de peor calidad en la arrogancia.[93]

Da die Höflichkeitskonventionen den Ausschluss einzelner Diskutanden verbieten,[94] ergibt sich so eine überaus asymmetrische Zusammensetzung der Gruppen, die die erinnernde Rückschau des Ex-Höflings Gerardo differenziert aufführt. Während die ungebildeteren „legos"[95] durch unverschämte Fragen auffallen, verfallen die Gebildeten in unerträgliche Arroganz, obgleich sie eigentlich nur „necedades i absurdos"[96] zu sagen wüssten. In einem erhitzten Gespräch voller Spott und Beleidigungen gehe jeder echte Wille zum Disput verloren, eben „todo lo que el docto quiere averiguar científicamente"[97]. Auch

---

91 Ebd., S. 20.

92 Ebd., S. 21.

93 Ebd.

94 Vgl. ebd., S. 22.

95 Ebd., S. 21.

96 Ebd.

97 Ebd.

die ausgewiesenen Humanistentreffen selbst böten keinerlei Reiz, da dort eigentlich nur „meros gramaticones“[98] sprächen, oder doch „humanistas de classe inferior, sin apoyo alguno de la filosofía (govierno i dirección legítima de todas las artes)“[99]. Auch hier verlöre sich freilich jeder höhere Anspruch aufgrund der meist belanglosen Sujets und der erwähnten Eitelkeit der Redner, „esta droga, siendo en los ordinarios humanistas generalmente casi infalible, raros son los hespañoles en quien no se halle con más abundancia.“[100]

Die ausführlichen und detailreichen Schilderungen, die der exilierte Philosoph vor den Ohren der Besucher entwickelt, sollen offenkundig ein genaues Zeitbild der alltäglichen Gesellschaften und Akademien am Hof Philipps IV. geben,[101] wobei die Praxis der skeptisch-moralistischen Menschenbeobachtung hier an Sprechsituation und ironischen Tonfall der erasmischen *Colloquia* erinnert. Gleichwohl gehen Gerardos Ausführungen doch über die humanistische Sittenkritik hinaus, indem die erinnerten Zirkel und ihre Dispute immer wieder mit Prädikaten der Wahrheit *ex negativo* verbunden werden und damit erneut einen alethischen Verstehenszusammenhang aufrufen, den der Philosoph Gerardo offenbar noch an die höchst divergenten Gesellschaftstreffen heranträgt; höfisch-urbane Konversationen zu Kunst und Wissenschaft erscheinen so als Orte des Verfalls der Wahrheitssuche und lassen damit die prekäre Unbehaustheit des eingangs als ‚wahrhaftig‘ attribuierten Gelehrten hervortreten. Nicht gemeinschaftliche Wahrheitssuche, sondern Spott, Eitelkeit und Geltungssucht prägen die Gesprächskultur, und die notwendig enttäuschte Erwartungshaltung verdichtet sich in einer weitgespannten alethischen Isotopie, deren Prädikate die Schilderungen begleiten. So komme es am Hof zur Produktion von falschem oder negativem Wissen, „porque no se oye ni se discurre con amor de la verdad, sino de la gloria“[102], ganz grundsätzlich „raros son los que traten de investigar la verdad. De ostentar ingenio o erudición, todos“[103], so dass kein Gewinn von den Gesprächen zu erwarten sei und dem wahren Gebildeten nur die Flucht bleibe. Mehrfach wird freilich alledem zum Trotz der eigene Anspruch der Wahrheitssuche betont: Der in ihrer Enklave symbolisch entrückten Gestalt Gerardos ging es eben um „la averiguación de la principal [questión]“, um „la averiguación de la verdad“, um den „amor de la verdad“[104], selbst wenn sich dieser Anspruch mit Blick auf

98 Ebd., S. 26.
99 Ebd.
100 Ebd., S. 27.
101 So im Prolog, vgl. ebd., S. 6.
102 Ebd., S. 24.
103 Ebd., S. 21.
104 Ebd., S. 24, 25, 30.

die ganz heterogenen höfischen Rahmen gelegentlich naiv und hochgespannt ausnimmt.

Aus systematischer Perspektive kommen in Gerardos wahrheitsbewusster Hofkritik Aspekte zusammen, die weniger einzelne Assertionen oder gehörte Aussagen betreffen, sondern vor allem die Akademien als fallibles und *in praxi* scheiterndes Diskursmodell beleuchten, folglich weniger auf der semantischen als auf der historisch-pragmatischen Ebene argumentieren. Wenn das gelehrte Forum der Akademien geschildert wird, so könnte einerseits die dialektische Tradition der Topik als Methode der Verständigung anhand venünftiger und weithin anerkannter Überzeugungen im Raum stehen, bei der konsensfähige und autoritativ begründete Meinungen den Gesprächsgegenstand bilden; andererseits ließe sich an die strengere, logisch-philosophische Tradition des Dialogs platonisch-sokratischer Herkunft erinnern, der Wahrheit im suchenden Prozess der diskursiven Annäherung einzukreisen sucht.[105] Beide Vorbilder zeigen das Gespräch als historisch-kulturelle Praxis und verbinden sich namentlich mit dem konstitutiven Element der Argumentationsgemeinschaft, in der bald *sensus communis*, bald bewährte Wahrheit im Zeichen „*allgemeine*[*r*] *Zustimmungsfähigkeit*"[106] hergestellt werden sollen. Für den anspruchsvollen, von Beginn an als ‚wahrhaftig' inszenierten Philosophen Gerardo würde dabei eher das letztgenannte alethische Modell einer Konsenstheorie der Wahrheit naheliegen, das weniger auf rhetorische Soziabilität, sondern auf Aushandlung potenziell wahrer Aussagen abzielt, die im Diskurs zwar nicht selbst produziert, wohl aber kollektiv abgewogen und validiert, mithin ‚wahr gemacht' werden, wie Westerkamp betont: Das Augenmerk liege auf der „Argumentationspraxis einer Prüfung von Aussagen mit Wahrheitsanspruch, nicht aber auf bestimmte[n] Methoden der Aussagen*gewinnung*"[107]. Dieses Konsensmodell findet seine Grenzen dann in der Utopie einer ausgewogenen Argumentationsgemeinschaft, in der idealerweise gleichberechtigte Sprecher ohne taktisches Kalkül im freien Spiel der Propositionen zur gültigen Aussage finden müssten. Wahrscheinlich ist aber vielmehr das Gegenteil, so dass sich noch im günstigsten Fall einer symmetrischen Gruppe „die Argumentationsgemeinschaft irrtümlich auf Falsches einigen kann"[108].

Mag der von Gerardo aufgebaute alethische Anspruch auch in den höfischen Akademien gelegentlich deplatziert oder naiv wirken, so wirft er immerhin ein grelles Licht auf das Scheitern einer Konsenstheorie der Wahrheit selbst in den

105 Vgl. zu diesen Traditionen von Moos 2005, Westerkamp 2014, S. 303-306.

106 Westerkamp 2014, S. 304.

107 Ebd., S. 303.

108 Ebd., S. 306.

gelehrten Humanistenkreisen am Hof, die die „diskursethischen Bedingungen der Argumentation und idealen Sprechsituation"[109] eklatant unterbieten: Gezeigt wird im Kontrastspiel von philosophischem Anspruch und höfisch-urbaner Lebenswirklichkeit so die Praxis defektiver Verifikationssysteme, und zwar als Verfall gelehrter Wahrheitssuche noch an dem Ort, wo diese am ehesten zu erwarten wäre. In diesem Sinne beschreibt Gerardo die alethische Konsenstheorie als abwesendes, aber noch gewusstes Idealbild, das außerhalb Spaniens als fruchtbare Prozedur gepflegt werde, im Land selbst aber aufgrund des wiederholt denunzierten Nationalcharakters der *superbia* scheitere:

> Porque los demás hombres aprenden en las disputas, y disputan para aprender esso poco que se sabe. Dase atención a los más provectos. Óyense i pondéranse las dudas de los demás. Resuélvese en buena paz lo más probable de la questión, o se remite a más espacioso examen. Pero aquí ni se pretende ni se saca más fruto de las controversias que la ostentación de superioridad, o en los estudios o en el ingenio. I el que más amedrenta o dessazona con azedias al contrario, esse piensa que ha conseguido su intento.[110]

Das nüchterne Geben und Nehmen logischer Gründe zur regulativen Herstellung von konsensualem Wissen wird an anderer Stelle erneut als abwesendes Ideal beschrieben:

> Con los eruditos que padecen toda esta mezcla ya dexo insinuado que no se puede instar, porque siendo en todo el mundo los más dignos de ser comunicados, tienen aquí, por la mayor parte, cosas insufribles, que casi siempre les falta la modestia, i no se satisfazen con dezir llanamente: ‚Esto he leído en tal o tales autores' o ‚Esto me parece más llegado a la razón', sino que pasan a determinar como de fe qualquiera proposición suya i a condenar como heréticas las de los otros. I líbrenos Dios de que en llegando a ponerlas en esta altura se atreva alguno, aunque igualmente estudioso, a no venir en ello. Aquí son las vozes, las irrisiones, las inmodestias i baldones.[111]

Neben der typischen Eitelkeit verhindert die höchst asymmetrische Zusammensetzung der Argumentationsgemeinschaft ein Gelingen der beschriebenen und von Gerardo wie spiegelverkehrt aufgezeigten Konsenstheorie. Bereits erwähnt haben wir die tageszufälligen „diversas jerarchías de entendidos, no todos cultivados con estudios"[112], hinzu kommt aber wohl als Haupthindernis, dass die Motivation der Höflinge und selbst der Gelehrten am

---

109 Ebd., S. 305.
110 López de Vega 1935, S. 24-25.
111 Ebd., S. 23.
112 Ebd., S. 21.

Hof gerade keinen „Charakter reinen kommunikativen (d.h. nicht strategisch-instrumentellen) Handelns“[113] besitzt, sondern im Gegenteil überhaupt *nur* strategisch begründet ist und auf Selbsterhöhung, Reputation und Prestige abzielt. In der Summe zeigen die *ex negativo* aufgebaute alethische Isotopie und das Verfahren der Kontrastbildung zwischen dem Ideal des philosophischen Gesprächs und der Wirklichkeit eines „terrible campo de batalla“[114] den kulturkritischen Blick auf eine scheiternde Konsenstheorie, deren Verifikationsprozeduren sich im Umfeld des Hoflebens nicht verwirklichen lassen.

Der zweite und folgenreichere alethische Aspekt betrifft dann die Frage der Diskursregulierung und der soziokulturellen Durchsetzung von behaupteten Überzeugungen im historischen Wissenssystem. Gemäß Michel Foucault arbeiten historische Diskurse mit bestimmten regulativen Mechanismen und Exklusionsstrategien, die bald zum Wahrmachen einzelner Aussagen, bald zum Ausschluss der Worte führen, wobei im Einzelnen das Verbot, die Grenzziehung zwischen Vernunft und Wahnsinn sowie die Wahr/Falsch-Dichotomie zur Anwendung gelangen und sich jeweils spezifischen historischen Konstellationen und Machtstrukturen angliedern. Figuren des Wissens verweisen daher nicht einfach auf propositionale Sätze und Assertionen, vielmehr implizieren sie eine eigene prozedurale Maschinerie der Wissensorganisation, aufgrund derer bestimmte Sätze zu einem historischen Zeitpunkt als wahr gelten dürfen. Anders gesagt: „Unter ‚Diskurs‘ muss daher zunächst jedes theoretische System der Wissensorganisation verstanden werden, das Wissen ermöglicht und dabei anderes ausschließt“[115]. Das in der *Paradoxa primera* aufgezeigte defektive Konsensmodell gemeinsamer Wahrheitsfindung erscheint daher besonders prekär, da es aus der Perspektive Gerardos nicht nur kein regulatives, diskursethisch abgesichertes Wissen hervorbringen kann, sondern zudem ‚falsche‘ Aussagen in das Wissenssystem einträgt, wenn sich in den Akademien ungebildete, aber lautstarke Redner mit ihrer Position durchzusetzen vermögen. Die sozialen Gegebenheiten der Akademien sind demnach verantwortlich dafür, „*welches* Wissen produziert wird; aber auch dafür, warum es als *Wissen* gelten darf“[116]. Aus der Rückschau des Philosophen wird demnach auch die Wahr-Falsch-Dichotomie *ad absurdum* geführt, da sich in den erinnerten Gesprächen keineswegs Auffassungen „durch erfolgreiche Theorie- und Argumentationsarbeit“[117] durchsetzen, sondern vielmehr

113 Westerkamp 2014, S. 304.
114 López de Vega 1935, S. 20.
115 Westerkamp 2014, S. 258, vgl. ebd., S. 256-262, Foucault 1972.
116 Westerkamp 2014, S. 258.
117 Ebd., S. 261.

überhebliche Redner, die in der *verbal battle* obsiegen. So bewähren sich im Diskurs der Akademien Überzeugungen, die auch nach dem historischen Wissensstand des *sabio* selbst als falsch gelten und demnach nicht diskursfähig werden sollten:

> Éstos son los que de nadie hazen estimación, los que más atrevidos hablan en qualquiera punto que se ofrezca, los más ocasionados a descomponer el más modesto i los que nunca puede esperar convencer el más sabio, que como las questiones que suelen venir a plática son más comúnmente de facultades en que no hay demonstración mathemática, nunca le falta al ingenioso presumido por donde escaparse, i aun instar contra las conclusiones más admitidas de los doctos.[118]

An die Stelle der gelehrten Abwägung tritt ein Wortgefecht, bei dem auch ‚falsche' Positionen zustimmungsfähig werden und als siegreicher *sensus communis* stehen bleiben: „Aquí son las vozes, las irrisiones, las inmodestias i baldones. I es fuerça que quede siempre la vitoria por el que más coraje usare d'estos medios, i vencido en la opinión de los circunstantes idiotas el que menos se descompusiere."[119] Alethische Wahrhaftigkeit erscheint in diesem Umfeld der sophistischen Rhetorik schließlich als merkwürdiger, gar lächerlicher Makel des Philosophen:

> I lo que sobre todo esto más me enoja es el ver el poco caso que hazen del que no atiende a aquello mismo, calumniándole con el nombre de filósofo i dándole por inhábil para todo lo que llaman de agibilibus, como si el governarse cómodamente i con las menos perturbaciones que sea posible no fuera, con toda propriedad, el ser más apto i más diestro en el exercicio de lo que piensan que ignoramos.[120]

Alethische Heterotopie – der andere Ort

Zum Ende des Gesprächs zwischen dem fiktiven Sprecher und dem neostoischen Weisen Gerardo tritt schließlich noch einmal der besondere Ort in den Blick, von dem aus die Wahrheit gesehen werden kann, die Enklave des Gartens, in dem die *parrhesia* des skeptischen Gelehrten ihre weitgespannte Kritik an den verzerrten Verifikationssystemen der höfischen Akademien entwickelte. Mechthild Albert hat diesen Ort zuletzt als Residuum eines ‚prekären Wissens' im Sinne Martin Mulsows beschrieben, das im offiziellen Diskurs unbehaust geworden ist und daher nur noch in ausgelagerten ‚Nischen'

118 López de Vega 1935, S. 22.
119 Ebd., S. 23.
120 Ebd., S. 28-29.

gleichsam klandestin formuliert und geteilt werden kann.[121] Im Sinne Michel Foucaults gehört dieser besondere Ort der philosophischen Rede aber gleichzeitig auch zu den verwirklichten oder wahr gewordenen Utopien, den „sortes d'utopies réalisées", und erfüllt die Bedingungen der Heterotopie.[122] Der ehemalige Höfling fremdländischer Herkunft weiß nicht nur träumend von einem anderen und besseren Ort, der die freimütige Wahrrede gestattete, vielmehr hat er diesen Entwurf dank seiner ökonomischen Privilegien in die Wirklichkeit überführt und sich so eine eigene Existenz als *solitario* geschaffen. In all seiner kühnen Alterität als Freiraum alethisch fundierter Hofkritik bewahrt sich der verborgene Garten dabei noch den Geist des Aufbruchs und der Abwendung von aller „corrupción de nuestro siglo"[123], jenen „utopischen Impuls, der realen Orten die Faszination eines ‚anderen Ortes' verleiht"[124]. Dieser Faszination scheint die *curiositas* des müßigen Spaziergängers und Gastes nachzugehen, der Gerardo in seinem Exil besucht. Mit Rücksicht auf Foucaults thesenhaften Aufsatz von 1963, der verspätet 1994 in den *Dits et écrits* zugänglich gemacht worden ist, erscheint der philosophische Garten in López de Vegas *Paradoxa primera* demnach als literarische Modellierung einer kompensatorischen Heterotopie, als transgressiver Raum, dessen notwendige Erfindung auf Defizite der Wissenskultur einer gesellschaftlichen Formation des spanischen Barock verweist und die prekäre Ortlosigkeit einer Wahrheitssuche bewusst macht, die sich von den sozialen Kleidern befreien will. Die abgelegen am Stadtrand verortete Wohnung Gerardos wäre dann der ausgleichende Gegenentwurf zum Hof als topischem Inbegriff defektiver epistemischer Praktiken, wenngleich zu betonen bleibt, dass es sich – anders als in Foucaults bekanntem Modell – hier um keine gesellschaftlich vorgesehene oder instituierte Heterotopie handelt, sondern um einen individuellen Einfall des materiell begünstigen Ex-Höflings, der immer wieder im Verdacht der Idiosynkrasie, der Melancholie oder der Misanthropie steht, so dass der dissidente Randort noch diskret Spuren jener ‚Anomalie' in Erinnerung ruft, die Foucaults Begrifflichkeit ihrer Herkunft nach eingeschrieben sind.[125]

Gerardos Garten ist als kompensatorischer ‚anderer Ort' vor allem als Ort eines anderen und ‚besseren' Wissens inszeniert, als Ort einer überschauenden Metaperspektive auf das höfische Akademiewissen, wobei diese skeptische Distanznahme auf den beiden alethischen Hauptfeldern des Langgesprächs

121 Vgl. Albert 2018, S. 335-336, unter Bezug auf Mulsow 2012.

122 Zum Begriff der Heterotopie vgl. Foucault 1994[d], S. 752-762, Zitat S. 755, dazu Warning 2015, S. 178-187.

123 López de Vega 1935, S. 30.

124 Warning 2015, S. 181.

125 Vgl. ebd.

konstruktive Effekte bewirkt. Der sophistischen Persuasion und Selbstdarstellung setzt Gerardo von Anfang an die alethische Pragmatik der *parrhesia* entgegen, die als dynamisches Attribut des *filósofo* schon in der Exposition konsolidiert wird; der fiktive Sprecher kann sich so als Gesprächspartner (und wohl auch als eingebauter Modellrezipient) von dieser eher charakterlichen als rhetorischen Qualität performativ überzeugen. Von Anfang an im Kreis der „apreciador[es] de las verdades"[126] beheimatet, ist Gerardo geradezu lebendiges *exemplum* der Wahrrede („aquel exemplo"[127]) bei dem hofkritische Distanznahme und eskapistischer Lebenswandel kohärent zusammenpassen und den Gesamteindruck einer authentisch-geschlossenen und daher glaubhaften Persönlichkeit vermitteln, womit der Weg zur Gabe der *paradosis* geebnet ist. Zudem steht dem Getöse der Akademien als „terrible campo de batalla"[128] in der Heterotopie das offene Gespräch unter werdenden Freunden gegenüber, deren seelenverwandte Affinität sich mehr und mehr enthüllt. An die Stelle rhetorisch ausgespielter *superbia* und eitlen Nationalwesens treten die psychagogische Diskursethik der *libertas* und der *paradosis*, die hier als Übermittlung der Wahrheit von den Vorzügen neostoischer Wissens- und Redekultur gelten kann. Der anfängliche „Minimalbestand gemeinsamer Überzeugungen"[129], den die Wahrhaftigkeit nach Westerkamp voraussetzte, erweitert sich dann um immer mehr konsensual geteilte Auffassungen, die in der Einsicht des fiktiven Sprechers in seine eigene Heterotopiebestimmung gipfeln, die nur aus ökonomischen Gründe nicht umzusetzen ist („la diferencia de las fortunas haga en mí detenida i temerosa la resolución que v. m. ha podido tomar tan libremente"[130]). Schon die Erfahrung des Gegenorts ist aber dennoch *consolatio* („halléme después en mi casa [...] consolado"[131]), als Wissen um einen Ort alethischer Wahrhaftigkeit und Wahrheitssuche.

Als Gegenmodell und Metakommentar der höfischen Akademien bestreitet Gerardos alethische Heterotopie das Wissenssystem im Machtzentrum, wobei die Kritik nicht bei einzelnen autoritativen Überzeugungen oder semantischen Assertionen ansetzt, sondern fundamentaler noch an den Prozeduren der Verifikationsstrukturen selbst. Zeigte der gelehrte Austausch am Hof das Zerrbild einer antik tradierten, alethischen Konsenstheorie der Wahrheit, die an nationalstereotyper Eitelkeit und sozialer Renommisterei scheitert, so gelingt in der inversiven Heterotopie durchaus der im Geben

126 López de Vega 1935, S. 12.
127 Ebd., S. 33.
128 Ebd., S. 20.
129 Westerkamp 2014, S. 281.
130 López de Vega 1935, S. 31.
131 Ebd., S. 33.

und Nehmen logischer Gründe gewonnene Konsens. Auf mindestens zwei Ebenen beweist der erzählte Dialog die Möglichkeit einer solchen Übereinkunft auf der Basis von ernsthafter „Theorie- und Argumentationsarbeit"[132], etwa in bestimmten Gesprächserinnerungen des *filósofo*, der vom Austausch mit Freunden berichtet:

> A los que amo busco i visito tal vez a solas, i si los hallo acompañados los dexo i passo adelante, que no es mi soledad odio de la especie de los hombres, sino de los concursos i conversaciones de Madrid. En los varones religiosos, doctos i cuerdos, que veo también (como he dicho) algunas vezes, suelo hallar no pequeño desquite de la falta de los otros. Voy siempre a hora en que sé los he de hallar desembaraçados, i procuro también embaraçarlos poco. Danme ciencia útil, documentos a las costumbres i desengaños a la vida. Los puntos más serios de las dos filosofías nos suelen dar materia a la conversación. Arrímase lo escolástico. Discúrrese sobre lo sólido. Comunícanse las dudas con más amor de la verdad que de la disputa, i ya que no se halle con evidencia lo que se busca, reconócese lo más probable i exercítase, por lo menos sin molestia, lo estudiado.[133]

Solche diskursethischen Ideale des alethischen Pragmatismus werden freilich stärker noch auf der innerdiegetischen Ebene selbst inszeniert, spätestens wenn der *cortesano* in die kritischen Urteile des *filósofo* einstimmt und seine eigene Bestimmung zur neostoischen Heterotopie feststellt:

> Y porque vea quán lexos estoy de condenarle los motivos d'esta renunciación que ha hecho de los concursos i conversaciones de Madrid, confiéssole ingenuamente que, mientras los estuvo refiriendo, me parecía que los iva copiando de mi coraçón, porque lo tengo ha algunos años tan marcado de lo mismo que, haviendo reduzido i estrechado todos mis passados tiempos a sólo éste, de algunos ratos que me junto con los amigos i teniéndole por el mayor que la corte puede dar a los hombres de mi edad y professión, me sucede muchas vezes venir a mi casa tan fastidiado de lo que v. m. tan vivamente pondera, que hago entonces propósito de no bolver, o bolver con menos frecuencia, a donde me dieron el pesar.[134]

Der fiktionale Aufbau einer alethischen Heterotopie, an dem die *Paradoxa primera* konsequent arbeitet, bleibt dabei an poetische Figuren der Negativität gebunden, die den Langdialog entsprechend auszeichnen. Zum einen führt der verborgene Gegenort in räumlicher Konkretion vor Augen, inwiefern die defektiven Verifikationsprozeduren der gelehrten Akademien am Hof in die serielle Produktion von negativem Wissen und Unwissen einmünden, das

---

132 Westerkamp 2014, S. 261.

133 López de Vega 1935, S. 29-30.

134 Ebd., S. 31.

selbst vor dem Kenntnisstand der Zeit nicht bestehen kann und allein vom blinden Glauben an die vorgestanzte *opinio communis* und die Allmacht der Autoritäten zehrt. In der hochkonzentrierten Argumentationsarbeit zwischen Gerardo und seinem Schüler spielt zum anderen das produktive Nichtverstehen eine entscheidende Rolle, nämlich als zunächst negative Hermeneutik, die dann als solche reflektiert und in neue Erkenntnisse überführt wird.[135] Dies betrifft die kalkuliert eingesetzten Paradoxa, die der *filósofo* seinem Gast aufgibt und deren provokatives Moment der Beirrung die Gesprächsdynamik entscheidend vorantreibt, ja als Wagenheber des neostoischen Erkenntnisgewinns fungiert. Beide Paradoxa stehen dabei zwischen Einfühlungs- und logischem Zusammenhangsunverständnis: Zunächst wirkt die Wahl des merkwürdig hofnahen Refugiums eines Hofkritikers unverständlich, später der freiwillige Verzicht des Gelehrten auf intellektuellen Austausch im kulturellen Machtzentrum. Beide Paradoxa sind freilich nur zu Beginn „razón de escándalo"[136], sie werden im dialogischen Prozess durch anfangs fehlende Erläuterungen nachvollziehbar gemacht und schließlich zum einzig möglichen Weg des vernünftigen Menschen erhoben, zum modellhaften Lebensentwurf, der Bewunderung abnötigt: „Voy no sólo satisfecho de mis escrúpulos, mas aun agradecido al amigo i al caso que oy me dignaron del conocimiento de v. m., cuyas singularidades quedan tan lexos de dexarle para conmigo odioso, que le dexan admirable."[137]

135 Vgl. Westerkamp 2014, S. 80-84.
136 López de Vega 1935, S. 33.
137 Ebd., S. 32.

KAPITEL 6

Konklusion

Eine Zusammenschau der Ergebnisse zeigt, dass jenes Segment innerhalb des umfangreichen Dialogkorpus des 16. Jahrhunderts in Spanien, das wir als poetisch elaborierte Wissensgespräche oder epistemische Gespräche beschrieben haben, nicht allein aus Motiven didaktischer Effizienz mit Blick auf ein bürgerliches oder adliges, jedenfalls nichtakademisches Publikum erklärt werden kann, wie die ältere Forschung annimmt. Diese mehrfach vorgetragenen Topoi zu reflektierten humanistischen Verfassern wie Pedro Mexía und Pedro de Mercado mit ihren enzyklopädisch angelegten Gesprächen haben sich als überspannendes Netz auf die beiden großen Werkzyklen gelegt und die kunstvollen Texte zu scheinbar unscheinbaren Objekten gemacht, deren poetische Kreativität in der Nachfolge von Bataillon immer wieder unterschätzt worden ist. Dass es sich gerade hier um einen Höhenkamm der Gattungsgeschichte handelt, zugleich auch um formal komplexe Gegenstücke zur faktualen Traktatliteratur, hat nach Florent Pues erst Rafael Malpartida Tirado in seiner Studie aus dem Jahr 2005 wieder ausgesprochen, wenn er Mexías *Diálogos o Coloquios* als „cima del género"[1] bezeichnet.

Perzepte von Wissenschaftlichkeit

Mit einem an Michel Foucaults archäologischem Ansatz ausgerichteten Blick auf das historische Gattungssystem ließ sich darlegen, dass die säkulare Philosophie der spanischen Renaissance alternativ im Traktat oder im Dialog formuliert werden kann, hierin besteht die strategische Wahlmöglichkeit der humanistischen Verfasser als generische „alternancia"[2], auf die nicht zuletzt in zahlreichen paratextuellen Erläuterungen hingewiesen wird, die von der zögernden Abwägung zwischen den beiden Darstellungsformen sprechen. Ein identischer Materialbereich aus ‚kulturellen Propositionen' des historischen Archivs kann offenbar in verschiedenen prozeduralen Bedingungen materialisiert werden, die – erneut im Sinne von Foucault und daran anknüpfend auch Vogl – ihrerseits *auch* bereits eine Form von Wissen darstellen und mit demjenigen der semantischen Aussagen untrennbar verknüpft sind. Die konkrete diskursive Herstellung der Gegenstände, die verschiedenen Äußerungsmodalitäten, ebenso wie die genauen Bildungen

1 Malpartida Tirado 2005, S. 145, vgl. ebd., vgl. Pues 1959[a], S. 122.
2 Ynduráin 2006, S. 336, vgl. ebd.

© BRILL FINK, 2022 | DOI:10.30965/9783846766835_007

von bestimmten Begriffen und Strategien gehen der Realisierung einer epistemischen Äußerung voraus und entscheiden zugleich darüber, ob diese in ihrem situativen Umfeld als kulturelle Wirklichkeit oder als fiktional mögliche Ansicht rezipiert wird.[3] Derselbe Gegenstand kann daher, wie schon Sigonio in seinem Traktat genau beobachtet, je nach argumentativer Einbettung im Wissenschaftssystem bald als Tatsache akzeptiert, bald als dialektische Meinung diskutiert werden.[4] Anders jedoch als Sigonios vor allem an Platon geschulte Modellierung des idealen philosophischen Dialogs es vorsieht, stellen die spanischen Wissensgespräche des mittleren 16. Jahrhunderts überwiegend keine heuristischen Wege zu gänzlich neuen Wahrheiten dar, die in sozusagen ungesicherten Gebieten zumindest vorläufige Erkenntnisse sichern könnten, vielmehr besteht ihr Prädikat des Innovativen darin, alternative Perzepte auf kulturell bereits gut bekanntes Wissen in einer spezifisch holistischen Darstellungsform zu stiften. Der dialogische Modus erzeugt die Setzung der topisch bewährten *énoncés* in den Andersraum der poetischen Fiktion, er ist die Andersmaterialisierung epistemischer Aussagemengen in einem zweiten Emergenzfeld, dem des poetischen Genremusters. Mit dieser wegscheidenden ‚Geste der Alterierung' zugunsten des Poema geht der sprachhumanistische Wirklichkeitsbezug jedoch nicht verloren, Dialog und Traktat zielen beide auf *realitas*, wie Sigonio in einer pragmatischen Wendung zu den Dingen betont,[5] allerdings ist die Art der Bezugnahme je verschieden. Im Traktat besteht nämlich eine unmittelbare referenzielle Engführung von semantischer Wahrheitsbehauptung und faktischer Tatsache, während im Dialog nicht jede Äußerung auch außersprachlich direkt überprüfbar zu sein braucht, wohl aber legt das Gespräch insgesamt eine bestimmte Deutung von wirklichen Sachverhalten nahe, die in ihrer hermeneutischen Aufschlusskraft indirekten Weltbezug stiftet.[6]

In den poetologischen Beobachtungen der spanischen Humanisten selbst bleiben die kriteriellen Attribuierungen zu der generischen Alternative schwankend, die Abgrenzung zwischen den Wissensregionen ist fließend. Während einige Dialogverfasser beide Darstellungsformen scheinbar gleichberechtigt sehen und als sozusagen bloß stilistische Varianten ausweisen (etwa unter Berufung auf die ökonomische Auslassung der *verba dicendi*), sehen andere in der offeneren und akademisch weniger prestigereichen

3 Vgl. Foucault 1969, S. 55-101, Kapitel 2.2, Kapitel 2.1.4.

4 Sigonio 1993, S. 214, vgl. ebd., dazu Spranzi Zuber 2011, S. 137-140, 147-148, Kapitel 2.1.3., Kapitel 2.3.2.

5 Vgl. Sigonio 1993, S. 166-167, Spranzi Zuber 2011, S. 146-148.

6 Vgl. Kapitel 2.1.3, Kapitel 2.1.4.

Gesprächsmimesis einen „descenso"[7] als ‚Vulgarisierung' im sprachlichen und didaktischen Anspruch, mit Blick auf ein weniger vorgebildetes Publikum jenseits der Fachexperten. Allerdings sind diese stark exordialtopischen Einlassungen der dialogischen Schwellentexte auch oft eher punktuelle Momentaufnahmen und müssen stets im konkreten Zusammenhang der Veröffentlichung und der Adressaten gesehen werden. Tatsächlich zeichnet sich eine strikte Hierarchie zwischen Traktat und Dialog, von der eine ältere Forschung noch sicher ausgehen zu dürfen glaubte, kaum eindeutig ab, vielmehr betonen die Autoren wiederholt, sie hätten für ihre Wissenstexte sowohl die eine als auch die andere Form wählen können. Anders gesagt, der Dialog ist keineswegs apriorisch als unwissenschaftliches, bloß nachahmendes und pädagogisch populäres Instrument zu sehen, er kann durchaus spezifische Beiträge auch zur Wissenschaftskultur der Zeit leisten.[8] Daran anknüpfend ist es vor dem Hintergrund des historischen Selbstverständnisses auch wenig wahrscheinlich, dass der Dialog in seiner ambivalenten Hybridität eine substanziell ‚schwächere' Wissensformatierung darstellt, die auf das ‚starke' Wissen des systemisch markierten Traktats nur ‚reagiert',[9] vielmehr handelt es sich je nach Text und Kontext um prinzipiell gleichberechtigte Modi der Verhandlung kultureller Aussagen des Archivs, die wohl über je eigene Möglichkeiten und Akzente verfügen, aber beide auf ihre Weise Explikationen von Wirklichkeit entwickeln. Gerade für die Renaissance mit ihren hybriden epistemischen Genremustern bestätigt sich die Einsicht Joseph Vogls, dass „die Gegenstände des (kulturellen) Wissens nicht auf privilegierte Weise in den Wissenschaften und durch sie bereitgestellt [werden]"[10]. Der Dialog wäre demnach gegenüber dem Traktat die Möglichkeit eines ‚anderen' Philosophierens, er ist „another way of doing philosophy"[11], eben „something that cannot be done in the philosophical language he or she knows"[12]. Diese spekulative Andersheit des dialogischen Philosophierens rührt daher, dass die kulturellen Propositionen in einen neuen Aussagerahmen gestellt und dort mit ästhetischen Prozessen kontaminiert werden, woraus die Gabe einer gemischten Erkenntnis eigener Art entsteht. Während, noch einmal mit Foucault und Warning gesprochen, der Traktat sozusagen ganz im Bereich des historischen Wissensdiskurses ruhen kann, besitzt der Dialog im Zeichen poetischer Konterdiskursivität erhebliche ‚ausbettende' Anteile, die ihrerseits eigene Fliehkräfte besitzen

---

7 Ynduráin 2006, S. 347, vgl. ebd.

8 Vgl. Baranda Leturio 2011, Kapitel 2.1.4, 2.1.5, 2.1.6.

9 Vgl. Borgards/Neumeyer 2004, S. 213-214, Vogl 2014, S. 158-162.

10 Vogl 2014, S. 159, vgl. ebd.

11 Spranzi Zuber 2011, S. 137, vgl. ebd.

12 Cave 1991, S. 131, vgl. ebd., vgl. Kapitel 2.2, Kapitel 2.3.3.

und damit den epistemisch-ästhetischen Holismus der Gattung prägen. Sie können semantisch explizit und damit diskursiv sein, wenn in den Repliken abweichende oder dissidente Lehrmeinungen nun doch formuliert werden, im Schutzraum des simulativen Als-Ob. Sie können aber insbesondere auch in der ästhetischen Materialität der strukturellen Komponenten angelegt sein, also in der spezifischen Inszenierungsstrategie, den Charakteren und den rhetorisch-stilistischen Verfahren. Hier vermag die dialogische Schreibweise aus den abstrakten Feststellungen der Wissenschaft gleichsam ästhetische Funken zu schlagen und ihnen alteritäre Momente abzugewinnen, die teils kritisch und funktional auf die Aussagen rückbeziehbar sind, teils wohl auch schlicht spielerische Einstellungen zum Wissensdiskurs bezeugen. Wichtig bleibt, dass diese ausbettenden Anteile in der Regel eher nicht affirmativ und statisch zum Wissensdiskurs stehen, sondern vielmehr ein Fließendwerden von dessen starren Propositionen bewirken und so eine Dynamik kultureller Öffnung und Befragung stiften. Der Dialog kann als fiktionaler Text zumindest teilweise auch ein ästhetisches Außen besetzen und muss sich nicht lückenlos in die Topologie kultureller Wissensdiskurse einfügen. Aus dieser im Sinne von Roland Barthes leicht ‚atopischen' Situation heraus können die ideologisch präparierten Aussagen des Archivs aus ihrer Verkrustung gelöst und in eine offene Beweglichkeit überführt werden, die die konventionellen Sinnzusammenhänge produktiv suspendiert, hin zur heteronomen Lust am Text, die dem Wissensstoff sozusagen eine ästhetische Dimension abringt,[13] oder hin zur poetisch artikulierten Kritik. Nach Sigonio ist der Traktat eben strukturell genötigt, szientifische Aussagen in monologischer Rede darzulegen und zu behaupten, die argumentative Einbettung derselben Aussagen im Dialog darf die Wissenschaft hingegen, wie es ausdrücklich heißt, ‚erschüttern' und ‚ins Wanken bringen', „ipsam prope scientiam labefactet"[14].

Wo der Traktat Aussagemengen des historischen Archivs mit assertorischer Geltung formuliert, erlaubt die Gesprächsmimesis eine imaginative Auseinandersetzung mit den kulturellen Propositionen, zu denen eine spezifische

13 Dies wäre dann eine Möglichkeit des epistemisch angeleiteten Vergnügens, das das kulturelle System im Text beweglich werden lässt: „Le texte, lui, est atopique, sinon dans sa consommation, du moins dans sa production. Ce n'est pas un parler, une fiction, le système est en lui débordé, défait (ce débordement, cette défection, c'est la signifiance). De cette atopie il prend et communique à son lecteur un état bizarre: à la fois exclu et paisible." Anders gesagt, „le plaisir du texte ne fait pas acception d'idéologie." (Barthes 1994, S. 1509 und 1510, vgl. ebd.) Es wäre genauer zu vertiefen, auf welche Weise eine solche ‚atopische Ästhetik' sich unter den Voraussetzungen der humanistischen Poetik entfaltet, vgl. allgemein Oster 2006, S. 26-33.

14 Sigonio 1993, S. 261, vgl. ebd.

Sichtweise entwickelt wird. In der diegetisch reduzierten Textwelt entfaltet sich das gelehrte Spiel, das im Modus des simulativen Als-Ob die Befragbarkeit von orthodoxen Lehrgebäuden, topisierten Meinungen oder humanistischen Sprachwerkzeugen erprobt. In der genrespezifischen Gestaltung der Wissensgenese als poetischer Dialogfabel entsteht dann eine betonte und abgetönte Metaperspektive, ein Sehen auf das Wissen, das gerade für einen humanistisch vorgebildeten Leserkreis attraktiv sein, wenn nicht überhaupt nur von diesem aufgefasst werden konnte. Epistemische Gespräche der spanischen Renaissance verkörpern damit in besonderer Prägnanz jene Disposition zur tentativen Verformung und Alterierung von Sinnmodellen, die für das frühneuzeitliche Literarische im Sinne von Lobsien und Olejniczak Lobsien bezeichnend ist: Sie sind ein kritisches Reflexionsmedium von Wissen, wobei auf der Ebene der Dialogkomposition kaum noch Gegensätze zwischen der ‚faktualen' Theoriebildung antiker Herkunft und der ‚immateriellen' Textwelt des fiktiven Figurengesprächs zu bestehen scheinen.[15] Das enzyklopädische Schreiben bei Pedro Mexía und Pedro de Mercado findet im Genre des Dialogs eben nicht nur einen verstärkenden Schallraum humanistischer Bildungsfülle, sondern zugleich auch ein Forum der Nachdenklichkeit, das die gezielte Präsentation und Kommentierung von Fragmenten aus Diskursen verfolgt und dabei die Imagination herausfordert. Entscheidend ist die Überlagerung von Darstellung und Kritik: Während die konkrete *doxa* auf der semantischen Ebene explizit diskutiert wird und ein sukzessives Aufnahmen der Doktrin erlaubt, geben die mannigfachen Verfahren der Inszenierung sowie die einrahmende Als-Ob-Setzung der Fiktion zu erkennen, dass die Texte gerade nicht als einfache Repräsentation gelesen werden wollen, sondern als Ergebnis einer kritischen Reflexion, die bestimmte Hinsichtnahmen auf Wissen entwirft und diese in szenisch-bildlicher Prägnanz entfaltet. Dieser kommentierende Meta-Charakter ist desto stärker betont, je mehr der fiktionale Ausbau von Fabel und Figurencharakterisierung vorangetrieben ist. Ebenso fragwürdig wie folgenreich war daher die Unterschätzung der poetischen *fictio*-Komponenten durch eine traditionelle spanische Humanismusforschung, die die Dialoge als primär nützliche Ideenprosa aufgefasst hat und ihr Wissen damit auf den propositionalen Gehalt von Aussagen eingrenzt. Auch wenn einzelne Gespräche aus dem umfangreichen Korpus des 16. Jahrhunderts eher der bloßen Vermittlung dienen mögen, läuft eine solche Haltung doch Gefahr, das vieldeutige

---

15 Vgl. Kapitel 2.1.

Potenzial des rhetorischen Dekors zu verkennen, sie „verwechselt das Beiwerk mit dem Beiläufigen“[16].

Die tendenzielle Aufwertung der indexikalisch-poetischen Anteile, die den Dialog der Renaissance gegenüber den mittelalterlichen Traditionen auszeichnet, kann die Marge der inneren ästhetischen Pluralität und das damit verbundene Prädikat der Kritisierbarkeit ausweiten; gerade dort, wo die Wissensgespräche bühnennahe Effekte erzielen, scheint die Erschütterung oft besonders substanziell zu sein. Zugleich droht aber mit dieser fiktionalen Expansion auch der Umschlag hin zu einer Art von gehobener Unterhaltungsliteratur, in der gelehrte Einsprengsel, Anekdoten und Exkurse die Konversation im Stil der *misceláneas* bereichern, wie in Gaspar Hidalgos *Diálogos de apacible entretenimiento* (1605), nicht aber einheitliche Fragen oder sachlogische Probleme kontinuierlich erörtert werden. Auch die spät einsetzende historische Dichtungstheorie reflektiert dieses aspektreiche Spannungsverhältnis aus *episteme* und *fictio*, ohne es freilich zum zentralen Gegenstand zu erheben. Während ein philologisch und akademisch verorteter Humanist wie Sigonio dabei das poetische *artificium* der Gesprächsmimesis möglichst unsichtbar machen will, um den Dialog als seriöses Medium einer Forschung im protowissenschaftlichen Bereich zu präparieren, bemerkt der Dichter Tasso sehr genau, dass die ästhetischen Manöver und Verfeinerungen die Transparenz der dialektischen Argumentation und deren Ergebnisse potenziell zersplittern können. Spanische Theoretiker wie Pinciano oder Carvallo nähern den Dialog bereits ausdrücklich dem Genus der dramatischen Schreibweise an und betonen so dessen Zugehörigkeit zu einem übergreifenden Feld klar literarischer Praktiken. Umso stärker wächst dann natürlich die Beirrung durch größere epistemische Immersionen im sprachlichen Poema und die Konstruktion einer gemischten Praxis, für die *persona* des ‚Pinciano‘ ist es keineswegs mehr selbstverständlich, weshalb Platon, der Ahnherr des philosophischen Dialogs, auch als Dichter gelten soll.

Im Zeichen solchen ästhetischen Grenzgängertums zwischen *episteme* und *fictio* können die epistemischen Dialoge schließlich von anderer Warte aus in die historische Wissensordnung der Frühen Neuzeit eingreifen als der Traktat, indem sie mit den Mitteln der Fiktion alternative Zugänge zu den kulturellen Aussagen aufbauen, Krisen artikulieren und Übergänge erkunden. Diese Literatur

16 Waldenfels 2012, S. 210. Eine solche Einstellung würde sich gemäß Waldenfels in die abendländische Tradition der Missachtung des Schmucks und seiner ‚überschüssigen‘ Sinneffekte einordnen, vgl. ebd., S. 198-233.

> positioniert sich an Orten, wo Wissenschaften keine exakten Ergebnisse erzielen können oder dürfen; sie erzählt fiktionale Geschichten über Problembereiche gegenwärtigen Wissens mit Bezügen zu vergangenem und zukünftigem Wissen; und sie stößt vor in Bereiche, in denen ein verifizierbares Wissen nicht zu erlangen ist.[17]

Michael Gampers Aussage zum Verhältnis zwischen literarischen Texten und den Rändern der Diskursformation ließ sich zumindest für die von uns untersuchten Dialoge prinzipiell bestätigen, die in ihrer komplexen Verstrickung aus farbiger Indexikalisierung, ästhetischer Ambiguisierung und negativen Störungen auf kontroverse Aushandlungsprozesse und diskursgeschichtliche Ablösungsmomente hindeuten. Dabei fällt auf, dass humanistische Verfasser der spanischen Renaissance wie der universalgelehrte Pedro Mexía oder der Mediziner Pedro de Mercado die nichtaffirmative Modalität des Dialogs oft dazu nutzen, Spuren einer kulturellen Verunsicherung gegenüber der aristotelischen Tradition zu formulieren. Hier dokumentieren die Gespräche diskursgeschichtlich aufschlussreiche Phasen eines sich verändernden Wahrheitsgefühls gegenüber der aristotelischen Schultradition, in einer Spannweite, die von diskretem Zweifel bis zu konsistenter Kritik reicht. Eine radikale Skepsis formulieren die Wissensdialoge dabei nicht, allenfalls „a mildly skeptical notion of knowledge"[18]. Wohl aber zeigen sie Anfänge einer vorsichtigen Revision im historischen Kontext, ebenso wie ein Bewusstsein der Fragwürdigkeit einzelner gesellschaftlicher Praktiken und epistemischer Selbstverständlichkeiten, wie unsere Beispiele aus der Naturphilosophie und der dialektischen Argumentationstheorie vorgeführt haben. In diesem Sinne inszenieren die poetischen Wissensgespräche spezifische Wahrnehmungs- und Rezeptionszusammenhänge im historischen Wissenschaftssystem. Sie bilden ästhetisch aufgebaute Perzepte von Wissenschaftlichkeit in der epistemischen Schwellen- und Übergangssituation der spanischen Renaissance um die Mitte der fünfziger Jahre des 16. Jahrhunderts und können in diesem Sinne auch als poetische Arbeit am Archiv, als spezifische Interventionen in einer dynamischen Ordnung des Diskurses gelesen werden. Solche Kontroversinszenierungen von Wissen erlauben in ihren unendlichen poetischen Nuancierungen ideologiekritische Distanznahmen, ohne dass ein Dissens ausdrücklich faktual behauptet werden müsste.

---

17 Gamper 2012, S. 15, vgl. ebd., vgl. Kapitel 2.3.
18 Spranzi Zuber 2011, S. 135.

Krisen der Argumentation, Schwellen der Wissenschaftlichkeit

Im Zeichen solcher poetischer Hinsichtnahmen auf das Archiv erzielen wahrscheinlich zwei der hier behandelten Dialoge einen besonders hohen Grad an Metaisierung, da sie zwar auch jeweils bestimmte Sachgebiete oder kanonisches Autoritätenwissen zur Diskussion stellen, vor allem aber die dialektische Begründungsprozedur als Werkzeug humanistischen Sprachdenkens und Fundament rationaler Erkenntnissicherung im historischen Kontext. Gerade der raffinierte *Coloquio del Porfiado* von Pedro Mexía, der noch bei Bataillon als missglückte Erasmus-Imitation verworfen wird, zeigt hier ein selbstreflexives *in-group*-Spiel humanistischer Zirkel, in dessen Verlauf die topisierte Dialektik, die vereinfachende Kompendienliteratur, aber auch typische Repräsentanten von rhetorischem Handlungswissen reflektiert werden, so wie hier der exzentrische Bachiller Narváez. Es liegt aufgrund der Zeitbezüge und der plastischen Figurencharakterisierung nahe, bei diesem Text an ein *community fashioning* konkreter Gelehrtenkreise und Akademien um Mexía zu denken. In Abhängigkeit von einer gebildeten, jedoch ethisch fragwürdigen Äußerungsinstanz, dem in Verkennung seiner manischen Streitsucht lebenden Narváez, werden die blinde Wiederholung der *loci communes* und die Lektüre bloßer Summen und Zusammenfassungen scharf denunziert, das Gegenideal philologischer Tugend kann der ingeniöse Meisterlehrer selbst indessen nur bedingt einlösen, vielmehr fällt er der Lust am rhetorisch virtuosen Schauspiel anheim. Echte Kritik und überdrehte Argumentierkunst verwickeln sich hier bis zur Unentscheidbarkeit. Liest man den Dialog als komödiantisch distanziertes Sehen auf zentrale Techniken humanistischer Erkenntnisgewinnung, so bleibt eine vieldeutige Schwebe stehen, denn die *porfía* treibt bald berechtigte Kritikmomente hervor, bald ist sie bloße Schaustellung, all dies relational zum moralisch disqualifizierten Protagonisten. Diese aufwändige und aspektreiche Inszenierungsstrategie kann als ernster Scherz aufgefasst werden, der an die Paradoxenliteratur anknüpft und zuletzt auf eine prekäre Fundierung jenen Wissens hindeutet, das sich auf vorgestanzte Topoi und Exzerpte aus zweiter Hand sowie auf problematische Lehrerfiguren stützt. Skeptisch gewendet: Wie können unter solchen Voraussetzungen Wissenschaft und Sprachdisziplinen überhaupt noch zu substanzieller Erkenntnis führen?

Von anderer Seite her wird das dialektische Argumentieren in Pedro de Mercados großangelegtem Dialog über den Vorrangsstreit zwischen Medizin und Jurisprudenz zum Gegenstand kritischer Hinsichtnahme. Zeigt sich der Text zunächst als thematische Fortschreibung älterer Streitinszenierungen in der scholastischen Tradition oder im Florentiner Bürgerhumanismus, ganz im Sinne der humanistischen Nachahmungspoetik, so steht doch zugleich auch ein realer wissenschaftsgeschichtlicher Kontext im Raum, nämlich die

Emanzipation der Medizin als anerkannter Disziplin, die durch den Nachweis ihrer dialektischen Erkenntnissicherung im Gespräch gefördert würde. Ähnlich wie der folgende Dialog über die Melancholie ist daher auch der *Diálogo de la comparación de las sciencias* zunächst die fiktionale Modellierung einer epistemologischen Schwellensituation. Und doch liegt das zentrale textuelle Ereignis auf einer anderen Ebene, nämlich in der kritischen Reflexion der dialektischen *techne* als Streitwerkzeug der Vertreter beider Disziplinen; deren Strategie folgt dem Prinzip der Überbietung durch Akkumulation, durch immer neue Meinungen der Autoritäten, historische Belege und lokale Anekdoten. Im Raum steht damit das rhetorische Programm der *copia*, das zunächst insbesondere von Erasmus erfolgreich propagiert, bei Rhetorikern der spanischen Renaissance aber auch bereits problematisiert wird, wobei die Suche nach effektreicher Fülle der Gefahr inhaltlicher Beliebigkeit gegenübersteht. Tatsächlich verläuft auch der agonale Wettstreit bei Mercado als akriterielle und zunehmend inkohärente Montage zahlloser Wissensatome, deren massive Anhäufung zugleich Grundlage und Bedrohung logischer Rationalität ist. Im konkreten Dialog mündet diese Kompilationsarbeit eher in eine epistemische Überlastung, die sich in abrupten thematischen Sprüngen, monologisch-isolierten Langreden und fehlender Bezugnahme der Repliken äußert, so dass keine zielgerichtete und fokussierte Debatte zustandekommt. Das Gespräch endet in skeptischer Urteilsenthaltung, die zur Entscheidung gerufenen Richter bleiben stumm. Mercados fiktionale Reflexion solchen Gebens und Nehmens rationaler Gründe formuliert ihre Kritik indirekt, mithilfe ästhetischer Gestaltungsmittel: Als sinnlich erfahrbares Dispositionswissen tritt zunehmend das nackte Gerüst der *copia* in den Vordergrund der Wahrnehmung, mit dem hartnäckig repetierten Synkategorem ‚und', das die Mechanik der Verkettung als Motor enzyklopädischer Fülle freilegt. Zugleich nimmt die logische Stringenz der so verknüpften Gründe und Prämissen eher ab, die im Dialogtitel anklingende scholastische Strenge der *comparatio* löst sich förmlich auf. Zurück bleibt das reine Gerüst der Fülle als regellose Bewegungsfigur, deren verzweigte Konstellationen eigenwillig fortlaufen, wie Mersch in seinem Ansatz beschreibt. Vor dem Hintergrund einer Krise der humanistischen Rhetorik steht somit auch die topisierte Dialektik als Prozedur wissenschaftlicher Beweisführung im Fokus der kritischen Reflexion, die ins Offene ausläuft, ebenso wie der in der Sache bis zuletzt ungelöste Vorrangsstreit. Diese nachdenkliche Haltung macht das Gespräch erfahrbar in einer komplexen Komposition, „in der nicht das Resultat im Vordergrund steht, sondern eine anhaltende *Skepsis*."[19]

19 Mersch 2015, S. 68.

Stärker noch als der *Diálogo de la comparación de las sciencias* erweist sich dann der in Mercados Sammlung unmittelbar folgende *Diálogo de la melancolía* als poetischer Resonanzraum einer epistemologischen Übergangssituation, die den unklaren Status des Krankheitsbildes in einer frühen und formativen Phase der Auseinandersetzung beleuchtet. Hier ist die offene Form des Dialogs einmal mehr das ideale Verhandlungsmedium für die probatorische Auslotung des Diskursfeldes zwischen Moral- und Naturphilosophie, in das die durch verzweigte Theorietraditionen geprägte Schwermut einzuordnen ist. Der im Spielraum der Gesprächsmimesis vorgelegte Entwurf zeigt das Leiden als doppelgesichtiges „mal fronterizo"[20], bei dem der Arzt des Leibes den gestörten Säftehaushalt diätetisch kuriert, während der Geistliche die affizierte Seele, das unruhige Denken und die steten Gewissenszweifel in einer Redekur behandelt. In Mercados poetischer Inszenierungsstrategie bildet zuletzt die moraltheologische Dimension das markierte Element, ob aus tatsächlicher Überzeugung oder als Konzession an den erzbischöflichen Widmungsträger der Dialogserie. Basilios scholastische Monologe führen das exzessiv kreisende Denken der Melancholiker, deren Sorge um die mögliche Sündenverfallenheit auf eine hermeneutische Matrix des Selbstmissverständnisses zurück; der Kranke lebt im irrigen Glauben an eine Gedankensünde, die er tatsächlich nicht begangen hat. Mit den Mitteln der dialogischen Praxis kann Pedro de Mercados Text von anderer Warte aus in das archäologische Gebiet des medizinischen Diskurses eingreifen, als die wenig später publizierten Traktate von Santa Cruz, Huarte de San Juan oder Velásquez. Dabei ist das Gespräch selbst keine wissenschaftliche Erarbeitung, es ist aber die grobe Skizze eines möglichen Raums, in dem die Melancholie eingegrenzt, an Definitionen und Konstruktionsprinzipien gebunden und so in einen entstehenden Wissenschaftsbereich überführt werden kann.[21] Zugleich hat der Text mit den *fictio*-Anteilen der szenischen Lebendigkeit und den teils drastischen Fallstudien Anteil an der ästhetisch-literarischen Aneignung der Melancholie insbesondere im spanischen Barock.

Ablösungsprozesse im spanischen Aristotelismus

Nur elf Jahre trennen die beiden naturphilosophischen Dialoge von Pedro Mexía und Pedro de Mercado, die sich direkt oder über zwischengeschaltete Kommentare auf eine der physikalischen Hauptschriften des Aristoteles beziehen, nämlich das *Meteorologicon*. Im Sinne unserer Überlegungen zum reflexiven Kommentarcharakter der Dialogform erweist sich gerade hier, dass die Texte wie in einem Brennglas die komplizierten epistemologischen

20 Oño Guil 2008, S. 73.
21 Vgl. Foucault 1969, S. 236-240.

Ablösungsprozesse des spanischen Renaissance-Aristotelismus erfassen, mit den Mitteln der poetischen Fiktion. Vor dem Hintergrund der argumentativen Weiterentwicklungen der italienischen Aristoteles-Rezeption ist die wissenschaftsgeschichtliche Signatur der spanischen Naturdialoge oft als konservativ eingestuft worden. Tatsächlich sind diese Texte aber vor allem von einer diffizilen Gleichzeitigkeit des Ungleichzeitigen getragen und kennen sowohl bewahrend-affirmative als auch kritische Elemente. Insgesamt dominiert, ob aus Gründen akademischer Verfestigung oder aus kirchlichen Rücksichten, gewiss eine ‚konservative' Haltung, so im Fortschreiben des scholastischen Aristotelismus bei Mexía und im präzisen Nachahmen der kanonischen Stoffordnung bei Mercado; die italienischen Entwicklungen werden nicht rezipiert und die empirische Beobachtung ist der buchgestützten Theorie untergeordnet. Gleichwohl sind diese Texte aber wiederum auch nicht bloß affirmativ. Denn zum einen formulieren die *discipuli* durchaus immer wieder berechtigte *dubia*, die von der Kenntnis historischer Diskussionen zeugen, zum anderen tritt gerade bei diesen formal orthodoxen Texten umso mehr die Möglichkeit des Genres in den Vordergrund, mithilfe sprachlich-ästhetischer Verfahren Kritik anzudeuten. In dieser spezifischen Verstrickung aus Affirmation und Ressentiment wären die naturalistischen Dialoge insgesamt das Dokument tiefgreifender Umbrüche in der Naturphilosophie der Renaissance; sie formulieren eine im historischen Kontext moderat geöffnete Position, die womöglich nur mit den Mitteln der Gesprächsmimesis dargestellt werden kann. Dabei ist die poetische Vorgehensweise in den beiden von der kritischen Rezeption vergessenen Dialogen sehr verschieden, obwohl beide gleichermaßen die Elementenlehre und die Wetterphänomene thematisieren. In Pedro Mexías ausdrücklich als „artificiosamente"[22] angekündigter Schreibweise erscheint die Naturerkenntnis zunächst als versinnlichte Imagination im Kontext der Theorien zur Einbildungskraft, die in der Renaissanceepisteme breit rezipiert werden, nicht zuletzt in der *Silva de varia lección*. Die Darstellung der spröden meteorologischen Grundprinzipien durch den Magister Antonino evoziert hier intensive innere Bilder und appelliert zugleich an die zuhörenden *discipuli*, eigene korrespondierende Gedächtniseindrücke zu vergegenwärtigen, so dass die aristotelische Abhandlung in eine kollektive Bilderzählung überführt wird, deren suggestive Evidenz wichtiger scheint als das teils verfehlte didaktische Ziel. Neben dieses kritische Moment tritt eine weitere skeptische Abtönung, wenn die Antiperistase als Ursache von Donner und Blitz erläutert wird. Die rhetorische Kopie des thomistischen Langsatzes wirkt in ihrer volkssprachlichen Form zugleich bewundernswert komplex

22 Mexía 2004, S. 487.

und syntaktisch prekär; wie die heiße Wolke selbst droht der Satz förmlich zu zerreißen. Die Kompetenz des Magisters scheint hier ein epistemisch überlastetes Denksystem gerade noch mit Mühe bändigen zu können. – Bei Pedro de Mercado wirkt die formale Struktur demgegenüber deutlich wissenschaftlicher, aufgrund der langen Lehrmonologe und der an das das antike Modell angelehnten Stoffanordnung. Dieser Dialog könnte gut als Lehrbuch zu Vorlesungen des Universitätsprofessors aus Granada gedient haben. Der Meta-Charakter gegenüber der schulphilosophischen Doktrin ist hier noch subtiler ausgeformt, er ergibt sich vor allem aus der ästhetischen Kollision zwischen traktathafter Systematizität und genrespezifischen Erwartungen an *verosimilitudo* und *decorum*. Nachdem die *praeparatio* eine Straßenbegegnung zwischen gebildeten Stadtbürgern als knappen Rahmen öffnet, folgt ein medial schriftlichkeitsgeprägtes Langgespräch, das aufgrund der starren Methodik, des Bruchs kommunikativer Regeln, der kausallogischen Schließungen und der Monologe den Anspruch einer Gesprächsmimesis weitgehend aufgibt. Aus dieser Quelle der Beirrung speist sich indessen gerade die inszenatorische Anlage des Textes, die die Stimme der aristotelischen Schuldoktrin als zunehmend isolierte und gegen Einwände immun gewordene Äußerungsinstanz markiert.

Skeptische Fluchtlinie

Der letzte von uns behandelte Text erinnert noch einmal an die seit Jacqueline Ferreras' Studie aus dem Jahr 1985 mehrfach vorgetragene Hypothese einer inneren Affinität zwischen dem spanischen Renaissancedialog, mit seiner Spezifik der Pluralität und Relativität, und skeptischen Strömungen der Frühen Neuzeit. Wenn diese Annahme gültig ist, dann wahrscheinlich nicht im Sinne einer expliziten Rezeption pyrrhonischer oder akademischer Leitgedanken, sondern eher in einer aufgewerteten Geste des Zweifelns, in Momenten des Zögerns und der Nachdenklichkeit, die auf epistemische Aporien hindeuten. Auf diesen Modus einer fragenden Schreibweise bezieht sich auch Verena Olejniczak Lobsiens Begriff der ‚strukturellen Skepsis', die sie dem frühneuzeitlichen literarischen Denken zuordnet. Die fiktionale Inszenierung von Weltmodellen und Ideologien erlaubt deren spielerische Modifizierung, Verformung und Alterierung, als Erprobung möglicher Formen von „Anders-Sehen, Anders-Sagen"[23], der Rezipient kann hingegen aus der distanzierten Beobachterrolle diese neuartigen Sichtweisen ausloten, ohne ausdrücklich Position beziehen zu müssen. Diese Konstellation hat, so Olejniczak Lobsien, eine Nähe zum Argumentationsmodell der antiken Skepsis, die auch vom

23 Mahler 2008, S. 122.

Gegeneinanderstellen und wechselseitigen Ausspielen kultureller Wahrheiten lebt und dabei eine suchende Haltung einnimmt. All das aber verkörpert die Gattung des Dialogs in geradezu idealtypischer Form; erzielt werden soll auch hier für den Rezipienten ein Effekt der Distanz, verbunden mit einer Anleitung zur kritischen Reflexion.[24]

Dort, wo Dialoge diese Nähe zur Skepsis besonders stark ausspielen, stehen oft gar nicht unbedingt gesellschaftlich verfestigte Ideologien oder kanonische Wissensaussagen der Autoritäten als Objekt des Zweifels im Raum, sondern – grundlegender noch – die historischen Ermöglichungsbedingungen von Wissen, die Repräsentanten, institutionellen Orte und diskursiven Praktiken. Hier stellt der ausgeprägte Meta-Charakter, den die Dialogform mit dem skeptischen Denken teilt, die epistemologischen Strukturen in Frage, auf deren Grundlage Rationalität im historischen Kontext überhaupt möglich ist. Dies galt bereits für den serio-iocosen *Coloquio del Porfiado*, der einen nicht mehr im Ethischen zentrierten Gelehrten als prekären Grenzgänger zeigt, welcher bald verblüffende Einsichten ausspricht, bald bloße sophistische Spiegelfechterei betreibt und die beliebig mögliche Relativierung der anerkannten Meinungen vorführt. Steht Pedro Mexías ironisch formulierte Skepsis noch im Zeichen der Filiation um Lukian, Cicero und Erasmus, so ändert sich der Ton bei Antonio López de Vega, dessen pessimistisches Spätwerk der *Paradoxas racionales* als produktive Rezeption des älteren sevillanischen Humanisten gelesen worden ist, so dass sich hier eine skeptische Fluchtlinie zwischen Renaissance und Barock öffnet. Geradezu modellhaft formt López de Vega die skeptische Aussageszene: Der Philosoph Gerardo und seine Gäste blicken aus einem heterotopischen Außen auf das höfische Zentrum und die kulturellen Praktiken der Erkenntnisbildung in den Akademien, die als Ort des falschen Wissens denunziert werden. Dort regiert ein eitler Karrierismus, der sich durch Desinteresse an Bildung und Wahrheit auszeichnet. Zugleich fusionieren bei López de Vega das skeptische Denken und die neostoische Philosophie, beides schließt sich in einer säkularen Ethik zusammen, die beobachtendes Reflektieren und kritische Enthaltung verknüpft.

---

24 Vgl. Olejniczak Lobsien 1999, S. 9-48, vgl. Kapitel 2.3.5.

Bibliographie

Antike bis frühneuzeitliche Primärquellen

AGRIPPA VON NETTESHEIM, Heinrich Cornelius: *Über die Fragwürdigkeit, ja Nichtigkeit der Wissenschaften, Künste und Gewerbe*, hrsg. v. Siegfried Wollgast, übers. u. mit Anm. versehen v. Gerhard Güpner. Berlin: Akademie Verlag 1993.

ARISTOTELES: *Meteorologie*, übers. u. hrsg. v. Paul Gohlke. Paderborn: Schöningh 1955.

— *Meteorologie. Über die Welt* (=*Werke in deutscher Übersetzung*, Bd. 12), übers. v. Hans Strohm. Darmstadt: Wissenschaftliche Buchgesellschaft 1970.

— *Problemata physica* (=*Werke in deutscher Übersetzung*, Bd. 19), übers. v. Hellmut Flashar. Darmstadt: Wissenschaftliche Buchgesellschaft ^{4}1991.

— *Über die Seele*. Mit Einleitung, Übers. (nach W. Theiler) und Kommentar, hrsg. v. Horst Seidl. Griech. Text in der Edition v. Wilhelm Biehl u. Otto Apelt. Griechisch-Deutsch. Hamburg: Meiner 1995 (Philosophische Bibliothek, 476).

— *Topik*, übers. u. komment. v. Tim Wagner u. Christof Rapp. Stuttgart: Reclam 2004 (RUB 18337).

— *Poetik. Griechisch/Deutsch*, übers. u. hrsg. v. Manfred Fuhrmann. Stuttgart: Reclam 2006 (RUB 7828).

— *Meteorologica. Translatio Guillelmi de Morbeka*, hrsg. v. Gudrun Vuillemin-Diem, 2 Bde. Amsterdam: Brepols 2008 (Aristoteles latinus, X, 2).

CARVALLO, Luis Alfonso de: *Cisne de Apolo. Introducción, edición y notas de Alberto Porqueras Mayo*. Kassel: Reichenberger 1997 (Teatro del Siglo de Oro. Ediciones críticas, 82).

CASTELLIO, Sebastian: *De arte dubitandi et confidendi, ignorandi et sciendi*, hrsg. v. Elisabeth Feist Hirsch. Leiden: Brill 1981 (Studies in medieval and reformation thought, 29).

CÉSPEDES, Baltasar de: *Discurso de las letras humanas llamado ‚el humanista'*. Edición, estudio y notas de Mercedes Comellas. Prólogo de Francisco Rico. Madrid: Real Academia Española 2018 (Anejo de la Biblioteca Clásica de la Real Academia Española).

CICERO, Marcus Tullius: *Hortensius. Lucullus. Academici libri*, hrsg., übers. u. komm. v. Laila Straume-Zimmermann, Ferdinand Broemser u. Olof Gigon. München/Zürich: Artemis 1990 (Tusculum).

— *De oratore. Über den Redner*, hrsg. u. übers. v. Theodor Nüßlein. Düsseldorf: Artemis & Winkler 2007 (Tusculum).

DEMETRIOS VON PHALERON: *Du style*. Texte établi et traduit par Pierre Chiron. Paris: Les belles lettres 1993 (Collection des Universités de France).

DIOGENES LAERTIUS: *Leben und Meinungen berühmter Philosophen*, übers. von Otto Apelt unter Mitarbeit von Hans Günter Zekl, neu hrsg. sowie mit Einleitung und Anmerkungen versehen von Klaus Reich. Hamburg: Meiner ³2015 (Philosophische Bibliothek, 674).

ERASMUS, Desiderius: *De copia verborum ac rerum*, hrsg. v. Betty I. Knott (=*Opera omnia Desiderii Erasmi Roterdami*, Bd. 6). Amsterdam u.a.: North-Holland Publishing Company 1988.

ESPINOSA DE SANTAYANA, Rodrigo: *Arte de retórica. En el cual se contienen tres libros. El primero enseña el arte generalmente. El segundo particularmente el arte de Hystoriador. El tercero escrivir Epístolas y Diálogos*. Madrid: Guillermo Drouy 1578.

FOX MORCILLO, Sebastián: *De naturae philosophia, seu de Platonis, & Aristotelis consensione. Libri V. Additus est eiusdem libellus ad finem de studii philosophici ratione*. Leuven: Petrum Colonaeum 1554.

FUENTES, Alonso de: *Summa de philosophía natural, en la qual assí mismo se tracta de astrulugía y astronomía y otras sciencias*. Sevilla: Juan de León 1547.

HUNAIN IBN-ISHAQ: *Ein Kompendium der aristotelischen Meteorologie in der Fassung des Hunain Ibn-Ishaq*, hrsg. v. Hans Daiber. Amsterdam: North-Holland Publishing Company 1975.

LÓPEZ DE VEGA, Antonio: *Paradoxas racionales, escritas en forma de diálogos del género narrativo la primera, del activo las demás, entre un cortesano i un filósofo*, hrsg. v. Erasmo Buceta. Madrid: Hernando 1935 (Revista de filología española, Anejo 21).

— *Paradojas racionales. En forma de diálogo entre un filósofo y un cortesano*, hrsg. v. Máximo Higuera. Madrid: Trifaldi 2005 (Historia de las ideas).

LÓPEZ PINCIANO, Alonso: *Philosophía antigua poética*, hrsg. v. José Rico Verdú (=*Obras completas*, Bd. 1). Madrid: Fundación Castro 1998.

MEDINA, Pedro de: *Suma de cosmographía*, hrsg. v. Juan Fernández Jiménez. Valencia: Albatros Hispanófila 1980.

MERCADO, Pedro de: *Diálogos de philosophía natural y moral*. Granada: René Rabut 1558.

— *De febrium differentiis, earumq[ue] causis, signis, medela*. Granada: Apud inclitam Granatam in aedibus Antonij Nebrissensis [1583].

— *Diálogos de filosofía natural y moral*, hrsg. v. Eva María Oño Guil. Málaga: Universidad de Málaga 2008.

— „Diálogos de filosofía natural y moral", hrsg. v. Consolación Baranda Leturio, Carlos Sainz de la Maza, Milagro Laín, Doris Ruíz Otín, José Luis Ocasar Ariza, in: Ana Vian Herrero (Hrsg.), *Diálogos españoles del Renacimiento*, Toledo: Almuzara 2010 (Biblioteca de literatura universal), S. 583-791.

MEXÍA, Pedro: *Diálogos o Coloquios*, hrsg. v. Margaret L. Mulroney. Iowa: University Press 1930.

— *Silva de varia lección*, 2 Bde., hrsg. v. Antonio Castro Díaz. Madrid: Cátedra 1989, 1990 (Letras Hispánicas, 264, 288).

— *Diálogos o Coloquios*, hrsg. v. Antonio Castro Díaz. Madrid: Cátedra 2004 (Letras Hispánicas, 568).

SALUTATI, Coluccio: *Vom Vorrang der Jurisprudenz oder der Medizin. De nobilitate legum et medicinae*. Lateinisch-deutsche Ausgabe übers. u. komment. v. Peter Michael Schenkel. Eingeleitet von Ernesto Grassi und Eckhard Keßler. München: Fink 1990 (Humanistische Bibliothek. Reihe 2, Texte, 25).

SIGONIO, Carlo: *Del dialogo*, a cura di Franco Pignatti. Prefazione di Giorgio Patrizi. Florenz: Bulzoni 1993 (Biblioteca del Cinquecento, 58).

TASSO, Torquato: „Discorso dell'arte del dialogo", in: ders., *Prose*, hrsg. v. Ettore Mazzali, Milano/Napoli: Ricciardi 1959, S. 331-346.

VATABLUS, Franciscus: *In hoc Opere Continentvr Totivs Philosophiæ naturalis paraphrases / a Francisco Vatablo, insigni philosopho, ac linguæ hebraicæ apud Parisios professore regio, recognitæ, adiectis ad literam scholijs declaratæ, & hoc ordinæ digestæ*. Paris: Petit 1533.

— *S. Tho. In meteora Aristo. Commentaria. / Rursus nuper emendatos in hoc codice habes solertissime lector Aristotelis Stagiritae libros Meteorum, cum duplici interpretatione, antiqua videlicet, & Francisci Vatabli, expositore divo Thoma Aquinate*. Venedig: apud Iuntas 1547.

VIVES, Juan Luis: *De disciplinis. Savoir et enseigner. Édition, traduction, introduction et notes par Tristan Vigliano*. Paris: Les belles lettres 2013 (Le miroir des humanistes).

Forschungs- und Sekundärliteratur

ACQUIER, Marie-Laure: „Los tratados en prosa de Antonio López de Vega: aproximación al discurso político en el siglo XVII", in: *Cuadernos de Historia Moderna* 24 (2000), S. 85-106.

AGAMBEN, Giorgio: *Stanzen. Wort und Phantasma in der abendländischen Kultur*, übers. v. Eva Zwischenbrugger. Zürich: diaphanes ^{2}2012.

ALBERT, Mechthild: „Introducción", in: dies./Ulrike Becker (Hrsgg.), *Saberes (in)útiles. El enciclopedismo literario áureo entre acumulación y aplicación*, Madrid/Frankfurt am Main: Iberoamericana/Vervuert 2016[a] (Biblioteca áurea hispánica, 112), S. 7-16.

— „Saberes enciclopédicos y alegoría moral en Juan de Zabaleta y Francisco Santos", in: dies./Ulrike Becker (Hrsgg.), *Saberes (in)útiles. El enciclopedismo literario áureo entre acumulación y aplicación*, Madrid/Frankfurt am Main: Iberoamericana/Vervuert 2016[b] (Biblioteca áurea hispánica, 112), S. 265-283.

— „Autocensura y ‚saberes precarios' en las *Paradoxas racionales* (1655) de Antonio López de Vega", in: Dámaris Montes/Víctor Lillo/María José Vega (Hrsgg.), *Saberes inestables. Estudios sobre expurgación y censura en la España de los siglos XVI y XVII*, Madrid/Frankfurt am Main: Iberoamericana/Vervuert 2018 (Biblioteca áurea hispánica, 118), S. 327-344.

ALCALÁ GALÁN, Mercedes: „Las misceláneas españolas del siglo XVI y su entorno cultural", in: *Dicenda. Cuadernos de Filología Hispánica* 14 (1996), S. 11-19.

ALLÉS TORRENT, Susanna: „Pedro Mexía y las varias lecciones de Plutarco", in: *Quaderns d'Italia* 22 (2017), S. 215-224.

ALT, Peter-André: „Beobachtungen dritter Ordnung. Literaturgeschichte als Funktionsgeschichte kulturellen Wissens", in: Walter Erhart (Hrsg.), *Grenzen der Germanistik. Rephilologisierung oder Erweiterung?* Stuttgart/Weimar: Metzler 2004 (Germanistische Symposien. Berichtsbände, 26), S. 186-209.

ANGERMÜLLER, Johannes: *Nach dem Strukturalismus. Theoriediskurs und intellektuelles Feld in Frankreich*. Bielefeld: Transcript 2007.

BARANDA LETURIO, Consolación: „Formas del discurso científico en el Renacimiento: tratados y diálogos", in: *Studia Aurea* 5 (2011), S. 1-21.

BARTHES, Roland: *Fragments d'un discours amoureux*. Paris: Seuil 1977.

— „Die alte Rhetorik", in: ders., *Das semiologische Abenteuer*, übers. v. Dieter Hornig, Frankfurt am Main: Suhrkamp 1988 (Edition Suhrkamp, 1441), S. 15-101.

— „Le Plaisir du texte", in: ders., *Œuvres complètes*, Bd. 2, *édition établie et présentée par Éric Marty*, Paris: Seuil 1994, S. 1493-1532.

— „Das Rauschen der Sprache", in: ders., *Das Rauschen der Sprache. Kritische Essays*, Bd. 4, übers. v. Dieter Hornig, Frankfurt am Main: Suhrkamp 2006 (Edition Suhrkamp, 1695), S. 88-91.

BARTRA, Roger: „Melancolía y ciencia en el Siglo de Oro", in: *Ciencias* 55/56 (1999), S. 4-12.

BATAILLON, Marcel: *Erasmo y España. Estudios sobre la historia espiritual del siglo XVI*, übers. v. Antonio Alatorre. México D.F.: Fondo de Cultura Económica ^{2}1966.

BIANCHI, Luca: *Studi sull'aristotelismo del Rinascimento*. Padua: Il poligrafo 2003.

— /Simon Gilson/Jill Kraye (Hrsgg.): *Vernacular Aristotelianism in Italy, from Fourteenth to Seventeenth Century*. London: The Warburg Institute 2016 (Warburg Institute Colloquia, 29).

BIES, Michael/Michael Gamper (Hrsgg.): *Literatur und Nicht-Wissen. Historische Konstellationen 1730-1930*. Zürich: diaphanes 2012.

BLAIR, Ann: „Natural philosophy", in: Katherine Park/Lorraine Duston (Hrsgg.), *The Cambridge History of Science*, Bd. 3, *Early Modern Science*, Cambridge: University Press 2006, S. 365-406.

— *Too Much to Know. Managing Scholarly Information before the Modern Age*. New Haven/London: Yale University Press 2010.

BLÜHER, Karl A.: *Seneca in Spanien. Untersuchungen zur Geschichte der Seneca-Rezeption in Spanien vom 13.-17. Jahrhundert*. München: Francke 1969.

BLUMENBERG, Hans: „Nachdenklichkeit“, in: *Jahrbuch der Deutschen Akademie für Sprache und Dichtung* (1980), S. 57-61.

— „Die essentielle Vieldeutigkeit des ästhetischen Gegenstands“, in: ders., *Ästhetische und metaphorologische Schriften*, hrsg. v. Anselm Haverkamp, Frankfurt am Main: Suhrkamp 2001 (stw 1513), S. 112-119.

BŒGLIN, Michel: *Réforme et dissidences religieuses en Castille au temps de Charles Quint. L'affaire Constantino de la Fuente (1505?-1559)*. Paris: Champion 2016 (Littératures hispanophones et lusophones).

BORGARDS, Roland/Harald Neumeyer: „Der Ort der Literatur in einer Geschichte des Wissens. Plädoyer für eine entgrenzte Philologie“, in: Walter Erhart (Hrsg.), *Grenzen der Germanistik. Rephilologisierung oder Erweiterung?* Stuttgart/Weimar: Metzler 2004 (Germanistische Symposien. Berichtsbände, 26), S. 210-222.

BOUZA, Fernando: *Comunicación, conocimiento y memoria en la España de los siglos XVI y XVII*. Salamanca: SEMYR 1999 (Publicaciones de la SEMYR. Estudios y ensayos. Serie chica, 2).

BRADBURY, Jonathan David: *„The misceldnea of the Spanish Golden Age: an unstable label“*, in: *Modern Language Review* 105 (2010), S. 1053-1071.

— *The Miscellany of the Spanish Golden Age. A Literature of Fragments*. London/New York: Routledge 2017.

BRAVO GARCÍA, Antonio: „Aristóteles en la España del s. XVI. Antecedentes, alcance y matices de su influencia“, in: *Revista Española de Filosofía Medieval* 4 (1997), S. 203-249.

BRIESEMEISTER, Dietrich: „Rhetorik und Humanismus in Spanien“, in: Heinrich F. Plett (Hrsg.), *Renaissance-Rhetorik*, Berlin/New York: Gruyter 1993, S. 92-106.

BUCETA, Erasmo: „Introducción“, in: Antonio López de Vega, *Paradoxas racionales, escritas en forma de diálogos del género narrativo la primera, del activo las demás, entre un cortesano i un filósofo*, hrsg. v. Erasmo Buceta, Madrid: Hernando 1935 (Revista de filología española, Anejo 21), S. V-XLIII.

BURCKHARDT, Jacob: *Die Kultur der Renaissance in Italien. Ein Versuch*, hrsg. v. Walther Rehm. Stuttgart: Reclam 1987 (RUB).

BURON, Emmanuel/Philippe Guérin/Claire Lesage: „Introduction“, in: dies. (Hrsgg.), *Les états du dialogue à l'âge de l'Humanisme*, Rennes: Presses universitaires 2015 (Collection Renaissance), S. 11-23.

CANTARERO DE SALAZAR, Alejandro: „Reexamen crítico de la biografía del humanista Sebastián Fox Morcillo (c. 1526-c. 1560)“, in: *Studia aurea* 9 (2015), S. 531-564.

CASINI, Lorenzo: „Self-Knowledge and the Quest for a New Method: Juan Luis Vives on Cognition and the Impossibility of Perfect Knowledge“, in: Gianni Paganini/ José R. Maia Neto (Hrsgg.), *Renaissance Scepticisms*, Dordrecht: Springer 2009 (Archives internationales d'histoire des idées, 199), S. 33-60.

Castro Díaz, Antonio: *Los „Coloquios" de Pedro Mexía. Un género, una obra y un humanista sevillano del siglo XVI*. Sevilla: Diputación provincial 1977.

— „Introducción", in: Pedro Mexía, *Silva de varia lección*, Bd. 1, hrsg. v. Antonio Castro Díaz, Madrid: Cátedra 1989 (Letras Hispánicas, 264), S. 7-132.

— „Introducción", in: Pedro Mexía, *Diálogos o Coloquios*, hrsg. v. Antonio Castro Díaz, Madrid: Cátedra 2004 (Letras Hispánicas, 568), S. 11-193.

Cave, Terence: „Epilogue", in: Neil Kenny (Hrsg.), *Philosophical Fictions and the French Renaissance*, London: The Warburg Institute 1991 (Warburg Institute Surveys and Texts, 19), S. 127-132.

— *Cornucopia. Figures de l'abondance au XVI*e *siècle: Érasme, Rabelais, Ronsard, Montaigne*. Paris: Macula 1997 (Collection Argo).

Cayuela, Anne: *Le paratexte au Siècle d'Or. Prose romanesque, livres et lecteurs en Espagne au XVII*e *siècle*. Genf: Droz 1996 (Travaux du Grand Siècle, 5).

Cherchi, Paolo: „Sobre las fuentes de la *Silva* de Pedro Mexía", in: *Revista de filología española* 73 (1993), S. 43-53.

Chevalier, Maxime: „Cuento y novela corta", in: María Jesús Lacarra (Hrsg.), *Cuento y novela corta en España*, Bd. 1, *Edad Media*. Barcelona: Crítica 1999, S. 7-25.

Conde Parrado, Pedro/Miguel Ángel González Manjarrés: „Dialéctica, retórica y fuentes clásicas en el *Coloquio del Porfiado* de Pedro Mexía", in: Nicolás Castrillo Benito (Hrsg.), *Herencia greco-latina en la lengua y literatura castellanas. Actas de las XIII Jornadas de Filología Clásica de Castilla y Léon*, Burgos: Universidad de Burgos 2000, S. 75-95.

— „El humanismo en los *dos coloquios del combite* de Pedro Mexía", in: Asunción Rallo Gruss/Rafael Malpartida Tirado (Hrsgg.), *Estudios sobre el diálogo renacentista español. Antología de la crítica*, Málaga: Servicio de Publicaciones de la Universidad de Málaga 2006, S. 411-448.

Comellas Aguirrezábal, Mercedes: *El humanista (En torno al* Discurso de las letras humanas *de Baltasar de Céspedes*). Sevilla: Secretariado de publicaciones de la Universidad de Sevilla 1995 (Serie Literatura, 6).

Courcelles, Dominique de: „Le mélange des savoirs: pour la connaissance du monde et la connaissance de soi au milieu du XVIe siècle, dans la *Silva de varia lección* du Sévillan Pedro Mexía", in: *Ouvrages miscellanées et théories de la connaissance à la Renaissance*, Paris: École nationale des Chartes 2003, S. 103-115.

— „Humanismo y lengua latina en la España del Renacimiento: la *dignitas* del autor en lengua latina", in: Manfred Tietz/Marcella Trambaioli/Gero Anscheidt (Hrsgg.), *El autor en el Siglo de Oro. Su estatus intelectual y social*, Vigo: Academia del Humanismo 2011 (Biblioteca Giambattista Vico, 26), S. 51-64.

Covarrubias Horozco, Sebastián de: *Tesoro de la lengua castellana o española*, hrsg. v. Ignacio Arellano u. Rafael Zafra. Madrid/Frankfurt am Main: Iberoamericana/ Vervuert 2006 (Biblioteca Áurea Hispánica).

Cox, Virginia: *The Renaissance Dialogue. Literary Dialogue in its Social and Political Contexts, Castiglione to Galileo.* Cambridge: University Press 1992 (Cambridge Studies in Renaissance Literature and Culture, 2).

Deleuze, Gilles: *Foucault.* Paris: Minuit 1986.

Demonet, Marie-Luce: „Le dialogue à la Renaissance entre cognition et fiction. Théâtre des idées et *exercitatio dialectica*", in: Klaus W. Hempfer/Anita Traninger (Hrsgg.), *Der Dialog im Diskursfeld seiner Zeit. Von der Antike bis zur Aufklärung*, Stuttgart: Steiner 2010 (Text und Kontext, 26), S. 143-164.

Des Chene, Dennis: *Physiologia. Natural Philosophy in Late Aristotelian and Cartesian Thought.* Ithaca/London: Cornell University Press 1996.

Detel, Wolfgang: *Geist und Verstehen. Historische Grundlagen einer modernen Hermeneutik.* Frankfurt am Main: Klostermann 2011.

Díaz Marroquín, Lucía: *La retórica de los afectos.* Kassel: Reichenberger 2008 (Teatro del Siglo de Oro. Estudios de literatura, 110).

Eggs, Ekkehard: „Argumentation", in: Gert Ueding (Hrsg.), *Historisches Wörterbuch der Rhetorik*, Bd. 1, Tübingen: Niemeyer 1992, Sp. 914-991.

Ehrlicher, Hanno: *Einführung in die spanische Literatur und Kultur des Siglo de Oro.* Berlin: Erich Schmidt 2012 (Grundlagen der Romanistik, 25).

Eisele, Roman: „Skeptizismus", in: Gert Ueding (Hrsg.), *Historisches Wörterbuch der Rhetorik*, Bd. 8, Tübingen: Niemeyer 2007, Sp. 930-942.

Eisenstein, Elizabeth: *Die Druckerpresse. Kulturrevolutionen im frühen modernen Europa*, übers. v. Horst Friessner. New York/Wien: Springer 1997 (Medienkultur).

Erhart, Walter: „Admiratio", in: Gert Ueding (Hrsg.), *Historisches Wörterbuch der Rhetorik*, Bd. 1, Tübingen: Niemeyer 1992, Sp. 101-117.

Ferreras, Jacqueline: *Les dialogues espagnols du XVIe siecle ou l'expression littéraire d'une nouvelle conscience*, 2 Bde. Paris: Didier 1985.

— „El éxito del diálogo humanista en la Sevilla carolina", in: Pedro M. Piñero Ramírez/ Christian Wentzlaff-Eggebert (Hrsgg.), *Sevilla en el Imperio de Carlos V: encrucijada entre dos mundos y dos épocas*, Sevilla: Universidad de Sevilla 1991, S. 95-103.

— *Los diálogos humanísticos del siglo XVI en lengua castellana.* Murcia: Universidad de Murcia 2003.

— „Pedro Mejía", in: Gilbert B. Kaplan (Hrsg.), *Sixteenth-Century Spanish Writers*, Detroit: Thomson Gale 2006, S. 161-168.

Foucault, Michel: *Les mots et les choses. Une archéologie des sciences humaines.* Paris: Gallimard 1966 (Collection tel).

— *L'archéologie du savoir.* Paris: Gallimard 1969 (Bibliothèque des Sciences humaines).

— *L'ordre du discours.* Paris: Gallimard 1972.

— „Introduction [zu Ludwig Binswanger, *Le Rêve et l'Existence*]", in: ders., *Dits et écrits*, Bd. 1, hrsg. v. Daniel Defert u. François Ewald, Paris: Seuil 1994[a], S. 65-119.

— „Postface [zu Gustave Flaubert, *La Tentation de Saint Antoine*]“, in: ders., *Dits et écrits*, Bd. 1, hrsg. v. Daniel Defert u. François Ewald, Paris: Seuil 1994[b], S. 293-325.

— „La pensée du dehors“, in: ders., *Dits et écrits*, Bd. 1, hrsg. v. Daniel Defert u. François Ewald, Paris: Seuil 1994[c], S. 518-539.

— „Des espaces autres“, in: ders., *Dits et écrits*, Bd. 4, hrsg. v. Daniel Defert u. François Ewald, Paris: Seuil 1994[d], S. 752-762.

— *Hermeneutik des Subjekts. Vorlesung am Collège de France (1981/1982)*, übers. v. Ulrike Bokelmann. Frankfurt am Main: Suhrkamp 2004.

Franchini, Enzo: *Los debates literarios en la Edad Media*. Madrid: Ediciones del Laberinto 2003 (Colección Arcadia de las Letras, 9).

Friedlein, Roger: *Kosmovisionen. Inszenierungen von Wissen und Dichtung im Epos der Renaissance in Frankreich, Portugal und Spanien*. Stuttgart: Steiner 2014 (Text und Kontext, 36).

Gambin, Felice: *Azabache. El debate sobre la melancolía en la España de los Siglos de Oro. Presentación de Aurora Egido. Prólogo de Giulia Poggi. Traducción de Pilar Sánchez Otín. Texto corregido y aumentado*. Madrid: Biblioteca nueva 2008 (Colección historia biblioteca nueva).

Gambino Longo, Susanna: Rez. zu „Luca Bianchi/Simon Gilson/Jill Kraye: Vernacular Aristotelianism in Italy, from Fourteenth to Seventeenth Century“, in: *Travaux d'Humanisme et Renaissance* (2017), S. 451-456.

Gamper, Michael: „Einleitung“, in: ders./Michael Bies (Hrsgg.), *Literatur und Nicht-Wissen. Historische Konstellationen 1730-1930*, Zürich: diaphanes 2012, S. 9-21.

García Gibert, Javier: *La* humanitas *hispana. Sobre el humanismo literario en los Siglos de Oro*. Salamanca: Universidad de Salamanca 2010 (Acta Salmanticensia. Estudios filológicos, 327).

Gargano, Antonio: „El *Encomium asini* de Pero Mexía (*Coloquio del Porfiado*, 2ª parte)“, in: Pierre Civil/Giuseppe Grilli/Augustin Redondo (Hrsgg.), *Il paradosso tra letteratura e potere nella Spagna dei secoli XVI e XVII*, Neapel: Istituto universitario orientale 2001 (Collana di Letterature Comparate, 3), S. 73-95.

Geisenhanslüke, Achim: *Foucault und die Literatur. Eine diskurskritische Untersuchung*. Opladen: Westdeutscher Verlag 1997 (Historische Diskursanalyse der Literatur).

— „Genealogie des Nicht-Wissens. Zu Sokrates und Nietzsche“, in: Michael Gamper/Michael Bies (Hrsgg.), *Literatur und Nicht-Wissen. Historische Konstellationen 1730-1930*, Zürich: diaphanes 2012, S. 25-38.

Genette, Gérard: *Introduction à l'architexte*. Paris: Seuil 1979.

— *Die Erzählung*, übers. v. Andreas Knop. München: Fink [3]1998 (UTB 8083).

Gernert, Folke: „Introduction“, in: dies., *Fictionalizing heterodoxy. Various uses of knowledge in the Spanish world from the Archpriest of Hita to Mateo Alemán*, Berlin/Boston: de Gruyter 2019, S. 1-6.

González Manjarrés, Miguel Ángel: *Andrés Laguna y el humanismo médico. Estudio filológico*. Salamanca: Junta de Castilla y León 2000 (Estudios de historia de la ciencia y de la técnica, 15).

Gómez, Jesús: *El diálogo en el Renacimiento español*. Madrid: Cátedra 1988 (Crítica y estudios literarios).

— „Los límites del diálogo didáctico", in: *Ínsula* 542 (1992), S. 10-11.

— *El diálogo renacentista*. Madrid: Ediciones del Laberinto 2000.

— „La variedad del paradigma cortesano en el diálogo renacentista", in: *Librosdela corte.es* 2 (2010), S. 4-8.

— „La amenidad del relato breve en los *Diálogos de apacible entretenimiento*", in: Valentín Núñez Rivera (Hrsg.), *Ficciones en la ficción. Poéticas de la narración inserta* (*siglos XV-XVII*), Barcelona: Servei de publicacions Universitat Autònoma de Barcelona 2013 (Studia Aurea Monográfica, 4), S. 145-165.

— *Tendencias del diálogo barroco* (*Literatura y pensamiento durante la segunda mitad del siglo XVII*). *Madrid*: Visor 2015[a] (Biblioteca filológica hispana, 163).

— „El lugar del diálogo en el sistema literario clasicista: después de 1530", in: *Etiópicas* 11 (2015[b]), S. 39-68.

Gómez-Montero, Javier: „Licet poetae fingere? Los textos ficcionales de J. L. Vives y su legitimación de la ficción poética", in: Christoph Strosetzki (Hrsg.), *Juan Luis Vives. Sein Werk und seine Bedeutung für Spanien und Deutschland*, Frankfurt am Main: Iberoamericana/Vervuert 1995, S. 82-96.

Granjel, Luis S.: „El ejercicio de la medicina en la sociedad española renacentista", in: *Cuadernos de Historia de la medicina española* 10 (1971), S. 13-53.

— *La medicina española renacentista*. Salamanca: Ediciones Universidad de Salamanca 1980 (Historia general de la medicina española, 2).

Greenblatt, Stephen: *Shakespearean Negotiations. The Circulation of Social Energy in Renaissance England*. Oxford: Clarendon Press 1988.

Grosse, Max: „Kanon ohne Theorie? Der Dialog als Problem der Renaissance-Poetik", in: Maria Moog-Grünewald (Hrsg.), *Kanon und Theorie*, Heidelberg: Winter 1997 (Neues Forum für Allgemeine und Vergleichende Literaturwissenschaft, 3), S. 153-179.

Guillén, Claudio: *Entre lo uno y lo diverso. Introdución a la literatura comparada*. Barcelona: Crítica 1985.

Häsner, Bernd: „Der Dialog: Strukturelemente einer Gattung zwischen Fiktion und Theoriebildung", in: Klaus Hempfer (Hrsg.), *Poetik des Dialogs. Aktuelle Theorie und rinascimentales Selbstverständnis*, Stuttgart: Steiner 2004 (Text und Kontext, 21), S. 13-65.

— „Dialog und Essay. Zwei ‚Weisen der Welterzeugung' an der Schwelle zur Neuzeit", in: Klaus W. Hempfer (Hrsg.), *Grenzen und Entgrenzungen des Renaissancedialogs*, Stuttgart: Steiner 2006 (Text und Kontext, 24), S. 141-203.

HEMPFER, Klaus W.: *Gattungstheorie. Information und Synthese.* München: Fink 1973 (UTB 133).

— „Probleme traditioneller Bestimmung des Renaissancebegriffs und die epistemologische ‚Wende'", in: ders. (Hrsg.), *Renaissance. Diskursstrukturen und epistemologische Voraussetzungen*, Stuttgart: Steiner 2002[a], S. 9-45.

— „Lektüren von Dialogen", in: ders. (Hrsg.), *Möglichkeiten des Dialogs. Struktur und Funktion einer literarischen Gattung zwischen Mittelalter und Renaissance in Italien*, Stuttgart: Steiner 2002[b] (Text und Kontext, 15), S. 1-38.

— „Die Poetik des Dialogs im Cinquecento und die neuere Dialogtheorie: zum historischen Fundament aktueller Theorie", in: ders. (Hrsg.), *Poetik des Dialogs. Aktuelle Theorie und rinascimentales Selbstverständnis*, Stuttgart: Steiner 2004 (Text und Kontext, 21), S. 67-96.

— /Anita Traninger (Hrsgg.): *Der Dialog im Diskursfeld seiner Zeit. Von der Antike bis zur Aufklärung.* Stuttgart: Steiner 2010 (Text und Kontext, 26).

— „Zum Verhältnis von Dialektik, Dialog und Dichtung im 16. Jahrhundert", in: *Romanische Forschungen* 125 (2013), S. 495-517.

HIGUERA, Máximo: „Introducción", in: Antonio López de Vega, *Paradojas racionales. En forma de diálogo entre un filósofo y un cortesano*, hrsg. v. Máximo Higuera, Madrid: Trifaldi 2005 (Historia de las ideas), S. 5-24.

HIRZEL, Rudolf: *Der Dialog. Ein literarhistorischer Versuch*, 2 Bde. Hildesheim: Olms 1963.

HOMZA, Lu Ann: *Religious Authority in the Spanish Renaissance.* Baltimore/London: Johns Hopkins University Press 2000 (The Johns Hopkins University Studies in Historical and Political Science. 118th series, 1).

HUSS, Bernhard: Rez. zu „Thomas Klinkert: Epistemologische Fiktionen", in: *Zeitschrift für französische Sprache und Literatur* 123,2 (2013), S. 198-193.

INFANTES, Víctor: „De *Officinas* y *Polyantheas*: los diccionarios secretos del Siglo de Oro", in: Augustin Redondo/Luisa López Griguera (Hrsgg.), *Homenaje a Eugenio Asensio*, Madrid: Gredos 1988, S. 243-257.

ISER, Wolfgang: *Das Fiktive und das Imaginäre. Perspektiven literarischer Anthropologie.* Frankfurt am Main: Suhrkamp 1993 (stw 1101).

ISERLOH, Erwin/Josef Glazik/Hubert Jedin: *Reformation. Katholische Reform und Gegenreformation.* Freiburg/Basel/Wien: Herder 1967 (=Handbuch der Kirchengeschichte, 4).

JESERICH, Philipp: „Schwellentexte in der historischen Poetik. Zu Juan del Encinas *Arte de poesía castellana (1496)*", in: *Romanische Forschungen* 129 (2017), S. 169-202.

KABLITZ, Andreas: *Kunst des Möglichen. Theorie der Literatur.* Freiburg im Breisgau: Rombach 2013 (Rombach Wissenschaften. Reihe Litterae, 190).

KALLENDORF, Hilaire: „A Renaissance for the ‚Spanish Renaissance'?", in: dies. (Hrsg.), *A Companion to the Spanish Renaissance*, Leiden: Brill 2018 (The Renaissance Society of America, 11), S. 1-30.

KAPPL, Brigitte: *Die Poetik des Aristoteles in der Dichtungstheorie des Cinquecento*. Berlin: de Gruyter 2006 (Untersuchungen zur antiken Literatur und Geschichte).

KENNY, Neil: „Introduction", in: ders. (Hrsg.), *Philosophical Fictions and the French Renaissance*, London: The Warburg Institute 1991 (Warburg Institute Surveys and Texts, 19), S. 1-6.

KEẞLER, Eckhard: *Die Philosophie der Renaissance. Das 15. Jahrhundert*. München: Beck 2008.

KLIBANSKY, Raymond/Erwin Panofsky/Fritz Saxl: *Saturn und Melancholie. Studien zur Geschichte der Naturphilosophie und Medizin, der Religion und der Kunst*, übers. v. Christa Buschendorf. Frankfurt am Main: Suhrkamp 1990.

KLINKERT, Thomas: *Epistemologische Fiktionen. Zur Interferenz von Literatur und Wissenschaft seit der Aufklärung*. Berlin/New York: de Gruyter 2010.

KLUETING, Harm: *Das Konfessionelle Zeitalter 1525-1648*. Stuttgart: Ulmer 1989 (UTB 1556).

KNEEPKENS, Corneille Henri: „Comparatio", in: Gert Ueding (Hrsg.), *Historisches Wörterbuch der Rhetorik*, Bd. 2, Tübingen: Niemeyer 1994, Sp. 293-299.

KOHUT, Karl: „La posición de la literatura en los sistemas científicos del siglo XV", in: *Iberoromania* 7 (1978), S. 67-87.

KÖPPE, Tilmann: „Literatur und Wissen: Zur Strukturierung des Forschungsfeldes und seiner Kontroversen", in: ders. (Hrsg.), *Literatur und Wissen. Theoretisch-methodische Zugänge*, Berlin/New York: de Gruyter 2011 (linguae & litterae, 4), S. 1-28.

KULLMANN, Wolfgang: *Aristoteles als Naturwissenschaftler*. Berlin/Boston: de Gruyter 2014.

KUSHNER, Eva: *Le dialogue à la Renaissance. Histoire et poétique*. Genf: Droz 2004.

LAÍN MARTÍNEZ, Milagro/Doris Ruíz Otín: „Médecine et droit: un débat dans les *Colloques* de Pedro de Mercado", in: Emmanuel Buron/Philippe Guérin/Claire Lesage (Hrsgg.), *Les états du dialogue à l'âge de l'Humanisme*, Rennes: Presses universitaires 2015 (Collection Renaissance), S. 503-514.

LAUSBERG, Heinrich: *Handbuch der literarischen Rhetorik. Eine Grundlegung der Literaturwissenschaft*. Stuttgart: Steiner [3]1990[a].

— *Elemente der literarischen Rhetorik. Eine Einführung für Studierende der klassischen, romanischen, englischen und deutschen Philologie*. Ismaning: Hueber [10]1990[b].

LAY BRANDER, Miriam: *Raum-Zeiten im Umbruch. Erzählen und Zeigen im Sevilla der Frühen Neuzeit*. Bielefeld: transcript 2011 (Kultur- und Medientheorie).

LEANZA, Matthias: „Semantik und Diskurs. Die Wissenskonzeptionen Niklas Luhmanns und Michel Foucaults im Vergleich", in: Robert Feustel/Maximilian

Schochow (Hrsgg.), *Zwischen Sprachspiel und Methode. Perspektiven der Diskursanalyse*, Bielefeld: transcript 2010, S. 119-146.

Ledo, Jorge/Harm den Boer (Hrsgg.): *Moria de Erasmo Roterodamo. A Critical Edition of the Early Modern Spanish Translation of Erasmus's* Encomium Moriae. Leiden: Brill 2014 (Heterodoxia Iberica, 1).

Leinkauf, Thomas: *Grundriss Philosophie des Humanismus und der Renaissance 1350-1600*, 2 Bde. Hamburg: Meiner 2017.

Link, Jürgen: „Literaturanalyse als Interdiskursanalyse. Am Beispiel des Ursprungs literarischer Symbolik in der Kollektivsymbolik", in: Jürgen Fohrmann/Harro Müller (Hrsgg.), *Diskurstheorien und Literaturwissenschaft*, Frankfurt am Main: Suhrkamp 1988, S. 284-307.

Lobsien, Eckhard/Verena Olejniczak Lobsien: *Die unsichtbare Imagination. Literarisches Denken im 16. Jahrhundert*. München: Fink 2003.

Lohr, Charles H.: „The Sixteenth-Century Transformations of the Aristotelian Natural Philosophy", in: Eckhard Keßler/Charles H. Lohr/Walter Sparn (Hrsgg.), *Aristotelismus und Renaissance. In memoriam Charles B. Schmitt*, Wiesbaden: Harrassowitz 1988, S. 89-99.

Long, Antony A.: „Skeptizismus [Teil 1: Antike]", in: Joachim Ritter/Karlfried Gründer (Hrsgg.), *Historisches Wörterbuch der Philosophie*, Bd. 9, Darmstadt: Wissenschaftliche Buchgesellschaft 1995, Sp. 938-950.

López Poza, Sagrario: „Polianteas y otros repertorios de utilidad para la edición de textos del Siglo de Oro", in: *La Periola* 4 (2000), S. 191-214.

Lozar, Angelika: „Der Dialog zwischen Dialektik und Rhetorik: Carlo Sigonios *De dialogo liber*", in: *eTopoi. Journal for Ancient Studies* 1 (2011), S. 1-22.

Luján Atienza, Ángel Luis: „Juan Lorenzo Palmireno y el canon estilístico de la literatura vernácula", in: *Bulletin Hispanique* 117,1 (2015), S. 43-64.

Mack, Peter: *A History of Renaissance Rhetoric 1380-1620*. Oxford: University Press 2011 (Oxford Warburg Studies).

Mahler, Andreas: „Skepsis – Imagination – ‚Kultur'. Zu Genealogie und Funktion des Literarischen in Früher Neuzeit", in: *Arbeiten aus Anglistik und Amerikanistik* 33,1 (2008), S. 119-140.

— „Glauben, Nicht-Glauben, Anders-Sagen. Wege des Fingierens in Englands früher Neuzeit", in: Ulrike Schneider/Anita Traninger (Hrsgg.), *Fiktionen des Faktischen in der Renaissance*, Stuttgart: Franz Steiner 2010 (Text und Kontext, 32), S. 22-44.

Malpartida Tirado, Rafael: *Aprendices, escépticos y curiosos en el Renacimiento español. Los diálogos de Antonio de Torquemada*. Málaga: Universidad de Málaga 2004.

— *Varia lección de plática áurea. Un estudio sobre el diálogo renacentista español*. Málaga: Universidad de Málaga 2005 (Analecta Malacitana. Anejos, 54).

MARTÍ, Antonio: *La preceptiva retórica española en el Siglo de Oro*. Madrid: Gredos 1972 (Biblioteca románica hispánica. Serie Tratados y Monografías, 12).

MARTIN, Craig: „Conjecture, Probabilism and Provisional Knowledge in Renaissance Meteorology", in: *Early Science and Medicine* 14 (2009), S. 265-289.

— *Renaissance Meteorology. Pomponazzi to Descartes*. Baltimore: Johns Hopkins University Press 2011.

MARTÍNEZ RUIZ, Juan: „La biblioteca del arzobispo tridentino Don Pedro Guerrero", in: Carlos H. Magis (Hrsg.), *Actas del Tercer Congreso International de Hispanistas (México D.F., 26.-31.8.1968)*, México D.F.: El Colegio de México 1970, S. 593-599.

MATZAT, Wolfgang: „Dialogizität und Marginalität im Roman des Siglo de Oro", in: ders./Wolf-Dieter Lange (Hrsgg.), *Sonderwege in die Neuzeit. Dialogizität und Intertextualität in der spanischen Literatur zwischen Mittelalter und Aufklärung*, Bonn: Romanistischer Verlag 1997 (Abhandlungen zur Sprache und Literatur, 103), S. 67-82.

MCCUAIG, William: *Carlo Sigonio. The Changing World of the Late Renaissance*. Princeton: University Press 1989.

MCELENEY, Corey: *Futile Pleasures. Early Modern Literature and the Limits of Utility*. New York: Fordham University Press 2017.

MENÉNDEZ PELAYO, Marcelino: *Obras completas. Historia de las ideas estéticas en España*, Bd. 2 (*siglos XVI y XVII*). *Edición revisada y compulsada por D. Enrique Sánchez Reyes*. Santander: Aldus ²1947.

MERSCH, Dieter: „Argumentum est figura. Bemerkungen zur Rhetorik der Vernunft", in: Gabriele Brandstetter/Sibylle Peters (Hrsgg.), *‚de figura'*, München: Fink 2002, S. 101-126.

— *Posthermeneutik*. Berlin: Akademie 2010.

— *Epistemologien des Ästhetischen*. Zürich/Berlin: diaphanes 2015 (Denkt Kunst).

MÜLLER, Gernot Michael: „Zwischen Aristotelesrezeption und literarischer Praxis. Carlo Sigonios *De dialogo liber* und die Genese einer Poetik des literarischen Dialogs im 16. Jahrhundert", in: Beate Hintzen/Roswitha Simons (Hrsgg.), *Norm und Poesie. Zur expliziten und impliziten Poetik in der lateinischen Literatur der Frühen Neuzeit*, Berlin/Boston: de Gruyter 2013 (Frühe Neuzeit, 178), S. 7-43.

MULRONEY, Margaret L.: „Introduction", in: Pedro Mexía, *Diálogos o Coloquios*, hrsg. v. Margaret L. Mulroney, Iowa: University Press 1930, S. 5-16.

MULSOW, Martin: *Frühneuzeitliche Selbsterhaltung. Telesio und die Naturphilosophie der Renaissance*. Tübingen: Niemeyer 1998.

— *Prekäres Wissen. Eine andere Ideengeschichte der Frühen Neuzeit*. Berlin: Suhrkamp 2012.

MURATTA BUNSEN, Eduardo: *La pasión por dudar. Escepticismo y probabilismo en los dramas seculares de don Pedro Calderón de la Barca*. Frankfurt am Main u.a.: Lang 2016.

MURILLO, Luis Andrés: „Diálogo y dialéctica en el siglo XVI español", in: Asunción Rallo Gruss/Rafael Malpartida Tirado (Hrsgg.), *Estudios sobre el diálogo renacentista español. Antología de la crítica*, Málaga: Servicio de Publicaciones de la Universidad de Málaga 2006, S. 25-36.

NAGEL, Frank: „Los saberes del diálogo. Enciclopedismo y hermenéutica negativa en Pedro Mejía", in: Mechthild Albert/Ulrike Becker (Hrsgg.), *Saberes (in)útiles. El enciclopedismo literario áureo entre acumulación y aplicación*, Madrid/Frankfurt am Main: Iberoamericana/Vervuert 2016[a] (Biblioteca áurea hispánica, 112), S. 69-85.

— Rez. zu „Jesús Gómez: *Tendencias del diálogo barroco (Literatura y pensamiento durante la segunda mitad del siglo XVII)*", in: *Arte nuevo. Revista de estudios áureos* 3 (2016[b]), S. 285-298.

— Rez. zu „Ana Vian Herrero/María José Vega/Roger Friedlein (Hrsgg.): *Diálogo y censura en el siglo XVI (España y Portugal)*", in: *Romanistisches Jahrbuch* 68 (2017), S. 369-373.

— „Mexía cosmógrafo. Erudición y estética en los *Diálogos o Coloquios*", in: Christoph Strosetzki (Hrsg.), *Perspectivas actuales del hispanismo mundial (Actas del XIX Congreso Internacional de la Asociación Internacional de Hispanistas, Münster, 11.-16.7.2016)*, Bd. 1, Münster: Universitätsverlag 2019 (Wissenschaftliche Schriftenreihe der WWU Münster, Reihe XII, Bd. 22,1), S. 215-228.

— „Irenische Phantasie. Überlegungen zum Verhältnis von Stimme und Schrift in Constantino Ponce de la Fuentes *Suma de doctrina cristiana* (1543)", in: Kai Merten/Claus-Michael Ort (Hrsgg.), *Konfessionspolitik und Medien in Europa 1500-1700. Konflikte, Konkurrenzen, Theorien*, Berlin: de Gruyter/Oldenbourg 2021 (Diskursivierung von Wissen in der Frühen Neuzeit, 4), S. 183-198.

NAKLÁDALOVÁ, Iveta: *La lectura docta en la Primera Edad Moderna (1450-1650)*. Madrid: Abada 2013 (Lecturas. Serie Historia).

NAVARRETE, Ignacio: *Orphans of Petrarch. Poetry and Theory in the Spanish Renaissance*. Berkeley: University of California Press 1994.

NAVARRO BROTÓNS, Víctor: „De la filosofía natural a la física moderna", in: José María López Piñero (Hrsg.), *Historia de la ciencia y de la técnica en la corona de Castilla*, Bd. 3, Valladolid: Junta de Castilla y León 2002, S. 383-436.

— /William Eamon: „Spain and the Scientific Revolution: Historiographical Questions and Conjectures", in: dies. (Hrsgg.), *Más allá de la Leyenda Negra: España y la Revolución Científica / Beyond the Black Legend: Spain and the Scientific Revolution*, Valencia: Instituto de Historia de la Cienca y Documentación López Piñero 2007, S. 27-38.

— *Disciplinas, saberes y prácticas. Filosofía natural, matemáticas y astronomía en la sociedad española de la época moderna*. Valencia: Publicacions de la Universitat de València 2014.

NEUMEYER, Martina: „Paradoxe, das“, in: Gert Ueding (Hrsg.), *Historisches Wörterbuch der Rhetorik*, Bd. 6, Tübingen: Niemeyer 2003, Sp. 516-524.

NÚÑEZ, César A.: „Un solitario en la Corte. Las *Paradoxas racionales* de Antonio López de Vega“, in: *Nueva Revista de Filología Hispánica* 55,1 (2007), S. 77-119.

OCASAR, José Luis: „Marcas formales de la filosofía escéptica en diálogos españoles del siglo XVI“, in: María Luisa Lobato/Francisco Domínguez Matito (Hrsgg.), *Memoria de la palabra. Actas del VI Congreso de la Asociación Internacional Siglo de Oro (AISO), Burgos – La Rioja 15.-19.7.2002*, Madrid/Frankfurt am Main: Iberoamericana/Vervuert 2004, S. 1377-1388.

— „La palabra exiliada. El cronotopo como expresión de ideología anticultural“, in: *eHumanista* 29 (2015), S. 342-359.

OLEJNICZAK LOBSIEN, Verena: *Skeptische Phantasie. Eine andere Ideengeschichte der frühneuzeitlichen Literatur: Nikolaus von Kues, Montaigne, Shakespeare, Cervantes, Burton, Herbert, Milton, Marvell, Margaret Cavendish, Aphra Behn, Anne Conway*. München: Fink 1999.

OÑO GUIL, Eva María: „Introducción“, in: Pedro de Mercado, *Diálogos de filosofía natural y moral (1558). Estudio y edición anotada*, hrsg. v. Eva María Oño Guil, Málaga: Universidad de Málaga 2008, S. 4-118.

OROBITG, Christine: „La face noire de l'âme: la mélancolie ‚religieuse' dans les textes spirituels et médicaux de l'Espagne des XVIe et XVIIe siècles“, in: *Études Épistémè. Revue de littérature et de civilisation (XVIe – XVIIIe siècles)* 28 (2015), Abs. 1-54.

ORT, Claus-Michael: „Das Wissen der Literatur. Probleme einer Wissenssoziologie literarischer Semantik“, in: Tilman Köppe (Hrsg.), *Literatur und Wissen. Theoretisch-methodische Zugänge*, Berlin/New York: de Gruyter 2011 (linguae & litterae, 4), S. 164-191.

OSTER, Angela: *Ästhetik der Atopie. Roland Barthes und Pier Paolo Pasolini*. Heidelberg: Winter 2006 (Neues Forum für allgemeine und vergleichende Literaturwissenschaft, 31).

OTTO, Stephan: *Das Wissen des Ähnlichen. Michel Foucault und die Renaissance*. Frankfurt am Main: Lang 1992.

PARDO TOMÁS, José: „La difusión de la información científica y técnica“, in: José María López Piñero (Hrsg.), *Historia de la ciencia y de la técnica en la corona de Castilla*, Bd. 3, Valladolid: Junta de Castilla y León 2002, S. 202-217.

PAULUS, Sybille: *Wissenschaftliche Textsorten in der italienischen Renaissance. Der Sprachwechsel aus dem Lateinischen in der astronomischen, meteorologischen und kosmologischen Literatur*. Tübingen: Narr 2005 (ScriptOralia, 131).

PETHES, Nicolas: „Literatur- und Wissenschaftsgeschichte. Ein Forschungsbericht“, in: *Internationales Archiv für Sozialgeschichte der deutschen Literatur* 28,1 (2003), S. 181-231.

POPKIN, Richard H.: *The History of Scepticism from Erasmus to Spinoza*. Berkeley: University of California Press 1979.

PORCAR MIRALLES, Margarita: „La estructura informativa en el diálogo renacentista de divulgación científica: el tratado encubierto", in: Rosa María Castañer Martín/ Vicente Lagüens Gracia (Hrsgg.), *De moneda nunca usada. Estudios dedicados a José María Enguita Utrilla*, Zaragoza: Instituto Fernando Católico, CSIC 2010, S. 515-526.

PORTUONDO, María: *Secret Science. Spanish Cosmography and the New World*. Chicago: University Press 2009.

— „Iberian science: Reflections and studies", in: *History of Science* 55,2 (2017), S. 123-132.

PREISINGER, Alexander/Pascale Delormas/Jan Standke: „Diskursforschung in der Literaturwissenschaft", in: Johannes Angermüller/Martin Nonhoff/Eva Herschinger/ Felicitas Macgilchrist/Martin Reisigl/Juliette Wedl/Daniel Wrana/Alexander Ziem (Hrsgg.), *Diskursforschung. Ein interdisziplinäres Handbuch*, Bd. 1, *Theorien, Methoden und Kontroversen*, Bielefeld: Transcript 2014 (DiskursNetz, 1), S. 130-144.

PRESBERG, Charles D.: *Adventures in Paradox. ‚Don Quixote' and the Western Tradition*. Pennsylvania: The Pennsylvania State University Press 2001.

PRIETO, Antonio: *La prosa española del siglo XVI*, 2 Bde. Madrid: Cátedra 1986 (Crítica y estudios literarios).

PRIETO BERNABÉ, José Manuel: *Lecturas y lectores. La cultura del impreso en el Madrid del Siglo de Oro 1550-1650*, 2 Bde. Mérida: Editora regional de Extremadura 2004.

PROCTOR, Robert/Londa Schiebinger (Hrsgg.): *Agnotology. The Making and Unmaking of Ignorance*. Stanford: University Press 2008.

PUES, Florent: „La silva de varia lección de Pero Mexía", in: *Les Lettres Romanes* 13 (1959 [a]), S. 119-143.

— „Les sources et la fortune de la *Silva* de Mexía", in: *Les Lettres Romanes* 13 (1959[b]), S. 279-292.

RALLO GRUSS, Asunción: „El sevillano Pedro Mexía, historiador de Carlos V", in: *Actas del I Congreso de Historia de Andalucía (diciembre de 1976). Andalucía moderna (siglos XVI-XVII)*, Bd. 2, Córdoba: Publicaciones del Monte de Piedad y Caja de ahorros de Córdoba 1978, S. 307-314.

— „Las misceláneas: conformación y desarrollo de un género renacentista", in: *Edad de Oro* 3 (1984), S. 159-180.

— *La prosa didáctica en el siglo XVI*. Madrid: Taurus 1987 (Historia crítica de la literatura hispánica).

— „La confluencia de los géneros: Reflexiones sobre la autonomía del diálogo renacentista", in: *Ínsula* 542 (1992), S. 14-15.

— *La escritura dialéctica: estudios sobre el diálogo renacentista*. Málaga: Servicio de Publicaciones de la Universidad de Málaga 1996 (Colección Thema, 1).

— *Erasmo y la prosa renacentista española.* Madrid: Ediciones del laberinto 2003 (Arcadia de las Letras, 22).

— /Rafael Malpartida Tirado (Hrsgg.): *Estudios sobre el diálogo renacentista español. Antología de la crítica.* Málaga: Servicio de Publicaciones de la Universidad de Málaga 2006.

— *Humanismo y Renacimiento en la literatura española.* Madrid: Síntesis 2007 (Historia de la literatura universal, 16. Literatura española. Movimientos y épocas).

Redondo Pérez, Germán/Sara Sánchez Bellido: „El ámbito hispano-portugués y la censura de un género: aproximación a un corpus de diálogos prohibidos y expurgados", in: Ana Vian Herrero/María José Vega/Roger Friedlein (Hrsgg.), *Diálogo y censura en el siglo XVI (España y Portugal)*, Madrid/Frankfurt am Main: Iberoamericana/Vervuert 2016 (Tiempo emulado, 45), S. 349-370.

Rico Verdú, José: *La retórica española de los siglos XVI y XVII.* Madrid: CSIC 1973 (Anejos de Revista de literatura, 29).

Robbins, Jeremy: *The Challenges of Uncertainty. An Introduction to Seventeenth-Century Spanish Literature.* Lanham/Boulder/New York: Rowman & Littlefield Publishers 1998.

— „Scepticism and Stoicism in Spain: Antonio López de Vega's *Heráclito y Demócrito de nuestro siglo*", in: Nigel Griffin/Clive Griffin/Eric Southworth/Colin Thompson (Hrsgg.), *Culture and Society in Habsburg Spain. Studies presented to R. W. Truman by his pupils and colleagues on the occasion of his retirement*, London: Tamesis 2001, S. 137-151.

Rodríguez de la Flor, Fernando: *La península metafísica. Arte, literatura y pensamiento en la España de la Contrarreforma.* Madrid: Biblioteca Nueva 1999 (Colección Metrópoli).

— *Era melancólica. Figuras del imaginario barroco.* Barcelona: José Olañeta y Universitat de les Illes Balears 2007 (Medio maravedí. Serie estudios).

Rubini, Paolo: *Pietro Pomponazzis Erkenntnistheorie. Naturalisierung des menschlichen Geistes im Spätaristotelismus.* Leiden: Brill 2015.

Ruiz Pérez, Pedro: *Manual de estudios literarios de los Siglos de Oro.* Madrid: Castalia 2003 (Castalia Universidad).

Sainz de la Maza, Carlos: „Introducción [Pedro de Mercado: Diálogos de filosofía natural y moral]", in: Ana Vian Herrero (Hrsg.), *Diálogos españoles del Renacimiento*, Toledo: Almuzara 2010 (Biblioteca de literatura universal), S. 585-613.

Sánchez, José: *Academias literarias del Siglo de Oro español.* Madrid: Gredos 1961 (Biblioteca románica hispánica. Serie II: Estudios y ensayos).

Sánchez García, Encarnación: „‚Paradoxa', vocablo griego y su introducción en castellano", in: Pierre Civil/Giuseppe Grilli/Augustin Redondo (Hrsgg.), *Il paradosso tra letteratura e potere nella Spagna dei secoli XVI e XVII*, Neapel: Istituto universitario orientale 2001 (Collana di Letterature Comparate, 3), S. 11-27.

Santamaría, José A.: *Juan Luis Vives. Escepticismo y prudencia en el Renacimiento.* Salamanca: Universidad de Salamanca 1990 (Acta salmaticensica. Biblioteca de pensamiento y sociedad, 69).

Sartre, Jean-Paul: *L'être et le néant. Essai d'ontologie phénoménologique*, hrsg. v. Arlette Elkaïm-Sartre. Paris: Gallimard 2009.

Schäfer, Armin: „Poetologie des Wissens", in: Roland Bongards/Harald Neumeyer/ Nicolas Pethes/Yvonne Wübben (Hrsgg.), *Literatur und Wissen. Ein interdisziplinäres Handbuch*, Stuttgart/Weimar: Metzler 2013, S. 36-40.

Schmidt-Biggemann, Wilhelm: *Topica universalis. Eine Modellgeschichte humanistischer und barocker Wissenschaft.* Hamburg: Meiner 1983.

Schmitt, Charles B.: *Cicero scepticus. A study of the influence of the Academica in the Renaissance.* Den Haag: Nijhoff 1972 (Archives internationales d'histoire des idées, 52).

— „Philosophy and Science in Sixteenth-Century Universities: Some Preliminary Contents", in: John E. Murdoch/Edith D. Sylla (Hrsgg.), *The Cultural Context of Medieval Learning. Proceedings of the first international colloquium in philosophy, science and theology in the middle ages*, Dordrecht/Boston: Reidel 1975 (Boston Studies in the Philosophy of Science, 26), S. 485-530.

— *Aristotle and the Renaissance.* Cambridge: Harvard University Press 1983.

Schneider, Ulrike/Anita Traninger: „Fiktionen des Faktischen: Zur Einführung", in: dies. (Hrsgg.), *Fiktionen des Faktischen in der Renaissance*, Stuttgart: Franz Steiner 2010 (Text und Kontext, 32), S. 7-21.

Schwartz, Lía: „El diálogo en la cultura áurea: de los textos al género", in: *Ínsula* 542 (1992), S. 1-2 und 27-28.

— /Susan Byrne „Intellectual Life", in: Hilaire Kallendorf (Hrsg.), *A Companion to the Spanish Renaissance*, Leiden: Brill 2018 (The Renaissance Society of America, 11), S. 317-339.

Scott Soufas, Teresa: *Melancholy and the Secular Mind in Spanish Golden Age Literature.* Columbia: University of Minnesota Press 1990.

Sevilla Arroyo, Florencio: „Los ‚diálogos narrativos': entre *novela* y *coloquio*", in: *Ínsula* 542 (1992), S. 15-19.

Shapin, Steven: „The Man of Science", in: Katherine Park/Lorraine Duston (Hrsgg.), *Cambridge History of Science*, Bd. 3, *Early Modern Science*, Cambridge: University Press 2006, S. 179-191.

Smith, Paul Julian: *Writing in the Margin. Spanish Literature of the Golden Age.* Oxford: Clarendon Press 1988.

Snyder, Jon R.: *Writing the Scene of Speaking. Theories of Dialogue in the Late Italian Renaissance.* Stanford/CA: University Press 1989.

Solervicens, Josep: „Ficción y argumentación en los diálogos renacentistas de Vives, Despuig y Milán", in: Roger Friedlein (Hrsg.), *El diálogo renacentista en la Península*

Ibérica. Der Renaissancedialog auf der Iberischen Halbinsel, Stuttgart: Steiner 2005 (Text und Kontext, 23), S. 12-45.

SPOERHASE, Carlos/Dirk Werle/Markus Wild: „Unsicheres Wissen. Zur Einführung", in: dies. (Hrsgg.), *Unsicheres Wissen. Skeptizismus und Wahrscheinlichkeit 1550-1850*, Berlin/New York: de Gruyter 2009 (Historia hermeneutica. Series studia, 7), S. 1-13.

SPRANZI ZUBER, Marta: „Rhétorique, dialectique et probabilité au XVIe siècle", in: *Revue de synthèse* 122 (2001), S. 297-317.

— *The Art of Dialectic between Dialogue and Rhetoric. The Aristotelian Tradition*. Amsterdam/Philadelphia: John Benjamins Publishing Company 2011 (Controversies, 9).

STEMPEL, Wolf-Dieter/Karlheinz Stierle (Hrsgg.): *Die Pluralität der Welten. Aspekte der Renaissance in der Romania*. München: Fink 1987.

STIENING, Gideon: „Am ‚Ungrund' oder: Was sind und zu welchem Ende studiert man ‚Poetologien des Wissens'?", in: *KulturPoetik* 7,2 (2007), S. 234-248.

STROSETZKI, Christoph: *Literatur als Beruf. Zum Selbstverständnis gelehrter und schriftstellerischer Existenz im spanischen Siglo de Oro*. Düsseldorf: Droste 1987 (Studia humaniora, 8).

— „Fundamentos filosóficos de la vida social y de la conversación en el Siglo de Oro", in: Mechthild Albert (Hrsg.), *Sociabilidad y literatura en el Siglo de Oro*, Madrid/Frankfurt am Main: Iberoamericana/Vervuert 2013, S. 73-91.

THEUNISSEN, Michael: *Vorentwürfe von Moderne. Antike Melancholie und die Acedia des Mittelalters*. Berlin/New York: de Gruyter 1996.

THORNDIKE, Lynn: „The debate for precedence between medicine and law: further examples from the fourteenth to the seventeenth century", in: *Romanic Review* 27 (1936), S. 185-190.

TITZMANN, Michael: *Strukturale Textanalyse. Theorie und Praxis der Interpretation*. München: Fink 1977 (UTB 582).

— „Kulturelles Wissen – Diskurs – Denksystem. Zu einigen Grundbegriffen der Literaturgeschichtsschreibung", in: *Zeitschrift für französische Sprache und Literatur* 99 (1989), S. 47-61.

— /Christine Maillard: „Vorstellung eines Forschungsprojekts: ‚Literatur und Wissen(schaften) in der Frühen Moderne'", in: dies. (Hrsg.), *Literatur und Wissen(schaften) 1890-1935*, Stuttgart/Weimar: Metzler 2002, S. 7-37.

TRANINGER, Anita: „Techniken des Agon: Zu Inszenierung, Funktion und Folgen der Konkurrenz von Rhetorik und Dialektik in der Frühen Neuzeit", in: Herbert Jaumann (Hrsg.), *Diskurse der Gelehrtenkultur in der Frühen Neuzeit. Ein Handbuch*, Berlin/New York: de Gruyter 2011, S. 629-665.

— *Disputation, Deklamation, Dialog. Medien und Gattungen europäischer Wissensverhandlungen zwischen Scholastik und Humanismus*. Stuttgart: Steiner 2012 (Text und Kontext, 33).

Ueding, Gert: „Wechselrede. Rhetorische Anmerkungen zur europäischen Brieftheorie“, in: *Cahiers d'Études Germaniques* 70 (2016), S. 21-34.

Vega, María José: „*Coram simplicipus*: *disputatio* y diálogo doctrinal en el pensamiento censorio del siglo XVI“, in: dies./Ana Vian Herrero/Roger Friedlein (Hrsgg.), *Diálogo y censura en el siglo XVI* (*España y Portugal*), Madrid/Frankfurt am Main: Iberoamericana/Vervuert 2016 (Tiempo emulado, 45), S. 73-105.

Vian Herrero, Ana: „La ficción conversacional en el diálogo renacentista“, in: *Edad de Oro* 7 (1988), S. 173-186.

— „El diálogo como género literario argumentativo: imitación poética e imitación dialógica“, in: *Ínsula* 542 (1992), S. 7-10.

— „Interlocución y estructura de la argumentación en el diálogo: algunos caminos para una poética del género“, in: *Criticón* 81-82 (2001), S. 157-190.

— „Defensa e ilustración del oficial mecánico en la prosa literaria del siglo XVI“, in: Ignacio Arellano/Marc Vitse (Hrsgg.), *Modelos de vida en la España del Siglo de Oro*, Bd. 1, *El noble y el trabajador*, Madrid/Frankfurt am Main: Vervuert/Iberoamericana 2004 (Biblioteca áurea hispánica, 30), S. 289-351.

— „Los paratextos dialógicos y su contribución a la poética del diálogo (siglos XV a XVII)“, in: María Soledad Arredondo/Pierre Civil/Michel Moner (Hrsgg.), *Paratextos en la literatura española. Siglos XV-XVIII*, Madrid: Casa de Velázquez 2009, S. 395-446.

— „Diálogos españoles del Renacimiento: introducción general“, in: dies. (Hrsg.), *Diálogos españoles del Renacimiento*, Toledo: Almuzara 2010[a] (Biblioteca de literatura universal), S. XIII-CCXLIV.

— „‚Graçia y dulçura de la buena conversación de los hombres‘: opiniones y voluntad de estilo de los defensores hispánicos del *volgare* en diálogo (siglos XV-XVII)“, in: Jimena Gamba Corradine/Francisco Bautista Pérez (Hrsgg.), *Estudios sobre la Edad Media, el Renacimiento y la temprana Modernidad*, Salamanca/San Millán de la Cogolla: Instituto Biblioteca Hispánica CiLengua/SEMYR 2010[b], S. 803-840.

— „Palabra y responsabilidad compartidas. Cooperación y conflicto en el diálogo renacentista hispánico“, in: Klaus W. Hempfer/Anita Traninger (Hrsgg.), *Der Dialog im Diskursfeld seiner Zeit. Von der Antike bis zur Aufklärung*, Stuttgart: Steiner 2010[c] (Text und Kontext, 26), S. 241-289.

— „Diálogos en llamas o expurgados en España y Portugal (siglo XVI): algunos dilemas y varias tareas aplazadas“, in: dies./María José Vega/Roger Friedlein (Hrsgg.), *Diálogo y censura en el siglo XVI* (*España y Portugal*), Madrid/Frankfurt am Main: Iberoamericana/Vervuert 2016 (Tiempo emulado, 45), S. 23-72.

Vilanova, Antonio: „Preceptistas españoles de los siglos XVI y XVII“, in: Guillermo Díez-Plaja (Hrsg.), *Historia general de las literaturas hispánicas*, Bd. 3, Barcelona: Barna 1953, S. 562-692.

VOGL, Joseph: „Für eine Poetologie des Wissens", in: Karl Richter/Jörg Schönert/Michael Titzmann (Hrsgg.), *Die Literatur und die Wissenschaften 1770-1930*, Stuttgart: Metzler 1997, S. 107-127.

— „Poetologie des Wissens", in: Armen Avenassian/Jan Niklas Howe (Hrsgg.), *Poetik. Historische Narrative und aktuelle Positionen*, Berlin: kadmos 2014 (Kaleidogramme, 111), S. 145-164.

VON MOOS, Peter: „Die ‚bloße' und die wahrheitsfähige Meinung im Mittelalter", in: Klaus Hempfer/Anita Traninger (Hrsgg.), *Macht Wissen Wahrheit*, Freiburg im Breisgau: Rombach 2005 (Rombach Wissenschaften. Reihe Litterae, 133), S. 55-75.

— „Gespräch, Dialogform und Dialog nach älterer Theorie", in: Barbara Frank/Thomas Haye/Doris Tophinke (Hrsgg.), *Gattungen mittelalterlicher Schriftlichkeit*, Tübingen: Narr 1997 (ScriptOralia, 99), S. 235-259.

WAGNER, Tim: „Topik", in: Gert Ueding (Hrsg.), *Historisches Wörterbuch der Rhetorik*, Bd. 9, Tübingen: Niemeyer 2009, Sp. 605-626.

WALDENFELS, Bernhard: „*Vérité à faire*: Merleau-Pontys Frage nach der Wahrheit", in: Beate Niemeyer/Dirk Schütze (Hrsgg.), *Philosophie der Endlichkeit*, Würzburg: Königshausen & Neumann 1992, S. 148-167.

— *Hyperphänomene. Modi hyperbolischer Erfahrung*. Berlin: Suhrkamp 2012 (stw 2047).

WALLACE, William A.: *Domingo de Soto and the Early Galileo. Essays on Intellectual History*. New York: Routledge 2018.

WARNING, Rainer: „Der inszenierte Diskurs. Bemerkungen zur pragmatischen Relation der Fiktion", in: Dieter Henrich/Wolfgang Iser (Hrsgg.), *Funktionen des Fiktiven*, München: Fink 1983 (Poetik und Hermeneutik, 10), S. 183-206.

— „Poetische Konterdiskursivität. Zum literaturwissenschaftlichen Umgang mit Foucault", in: ders., *Die Phantasie der Realisten*, München: Fink 1999, S. 313-345.

— „Utopie und Heterotopie", in: Jörg Dünne/Andreas Mahler (Hrsgg.), *Handbuch Literatur & Raum*, Berlin/Boston: de Gruyter 2015 (Handbücher zur kulturwissenschaftlichen Philologie, 3), S. 178-187.

WERLE, Dirk: „Zum Verhältnis von Skeptizismus und Enzyklopädistik bei Gabriel Naudé und Pierre Bayle", in: ders./Carlos Spoerhase/Markus Wild (Hrsgg.), *Unsicheres Wissen. Skeptizismus und Wahrscheinlichkeit 1550-1850*, Berlin/New York: de Gruyter 2009 (Historia hermeneutica. Series studia, 7), S. 179-199.

WESTERKAMP, Dirk: „Grund oder Gabe? Thesen zur frühneuzeitlichen Verwandlung der Wahrheitssemantik", in: Thorsten Burkard/Markus Hundt/Steffen Martus/Claus-Micheal Ort (Hrsgg.), *Politik – Ethik – Poetik*, Berlin: Akademie Verlag 2011, S. 221-246.

— *Sachen und Sätze. Untersuchungen zur symbolischen Reflexion der Sprache*. Hamburg: Meiner 2014.

WIGGER, Anne: *Vom ‚matamoros' zum ‚médico perfecto'. Zum literarischen Bild des Arztes im Spanien des 16. Jahrhunderts.* Berlin: Edition Tranvía/Verlag Walter Frey 2001.

WUNDERLICH, Stefan: *Michel Foucault und die Frage der Literatur. Beitrag zu einer Archäologie des poststrukturalistischen Denkens.* Frankfurt am Main: Books on demand 2000.

WYSS-MORIGI, Giovanna: *Contributo allo studio del dialogo all'epoca del Rinascimento.* Bern: Monza 1950.

YNDURÁIN, Domingo: *Humanismo y Renacimiento en España.* Madrid: Cátedra 1994 (Crítica y Estudios literarios).

— „Los diálogos en prosa romance", in: ders., *Estudios sobre Renacimiento y Barroco. Edición al cuidado de Consolación Baranda, María Luisa Cerrón, Inés Fernández-Ordóñez, Jesús Gómez y Ana Vian Herrero*, Madrid: Cátedra 2006 (Crítica y Estudios literarios), S. 333-376.

Register

Nachbemerkung

Die vorliegende Studie stellt eine überarbeitete Fassung meiner Habilitationsschrift dar, die im Frühjahr 2019 von der Philosophischen Fakultät der Christian-Albrechts-Universität zu Kiel als Habilitationsleistung angenommen worden ist. Danken möchte ich an dieser Stelle zunächst meinen Gutachtern Prof. Javier Gómez-Montero, Prof. Claus-Michael Ort, Prof. Bernhard Teuber und Prof. Rainer Zaiser, denen ich viele thematische Anregungen und weiterführende Gedanken zum ‚Wissen des Dialogs' verdanke, die nun in die endgültige Fassung eingehen konnten. Vor allem Javier Gómez-Montero hat das Vorhaben in seinen verschiedenen Entstehungsphasen unermüdlich betreut und unterstützt, für diese stete Begleitung und Förderung sei ihm ganz herzlich gedankt. Erwähnen möchte ich gerne auch das ehemalige Projektkolleg „Formen und Leistungen des Nichtverstehens" an der Universität zu Kiel, an dem ich als wissenschaftlicher Koordinator von 2011 bis 2014 beteiligt war, den vielen Gesprächen und Workshops mit den Kollegiatinnen und Kollegiaten verdanke ich hier zahlreiche wesentliche Impulse, insbesondere dem Austausch mit Prof. Dirk Westerkamp.

Die Entstehung dieser Studie ist dann auch in verschiedenen institutionellen Rahmen gefördert worden. Zu nennen sind hier das Seminario de Poética del Renacimiento an der Universitat Autònoma de Barcelona und die gemeinsamen Kolloquia mit Prof. María José Vega und Prof. Folke Gernert, in denen einzelne Aspekte der Dialoge immer wieder produktiv diskutiert und mit überaus wertvollen Hinweisen weitergedacht worden sind. Daneben danke ich auch der Fritz Thyssen-Stiftung für die Gewährung eines Stipendiums im Rahmen des Herzog Ernst-Programms, mit dem im Winter 2018 ein Arbeitsaufenthalt am Forschungszentrum Gotha der Universität Erfurt ermöglicht wurde. Aus der Recherchearbeit in dieser einzigartigen Bibliothek und dem gemeinsamen Austausch bei den Projektvorstellungen sind viele wichtige Hinweise hervorgegangen, ebenso wie aus den Gesprächen mit den Stipendiatinnen und Stipendiaten des Forschungszentrums. Danken möchte ich dann auch meinem akademischen Lehrer, Prof. Wolfram Nitsch, der das Vorhaben aus der Ferne stets begleitet hat und mir in regelmäßigen Gesprächen mit seinem Rat zur Seite stand, ebenso wie meiner Familie für ihre Unterstützung während der Arbeit an dem Buch. Mein besonderer Dank gilt schließlich auch Prof. Martin Mulsow und Prof. Sabrina Ebbersmeyer für die Aufnahme dieser Studie in die „Humanistische Bibliothek".

Kiel, im März 2021